中国文化产业
年鉴

2015

中国文化产业年鉴编辑部

CHINA CULTURAL INDUSTRIES YEARBOOK

光明日报出版社

图书在版编目（CIP）数据

中国文化产业年鉴 . 2015 / 范周主编 . -- 北京 : 光明日报出版社，2018.3
ISBN 978-7-5194-4063-3

Ⅰ . ①中… Ⅱ . ①范… Ⅲ . ①文化产业 – 中国 – 2015 – 年鉴 Ⅳ . ① G124-54

中国版本图书馆 CIP 数据核字 (2018) 第 047715 号

中国文化产业年鉴 · 2015
Zhongguo Wenhua Chanye Nianjian · 2015

主　　编：范　周

责任编辑：宋　悦　朱　然　　　策　　划：范　周
封面设计：泰博瑞国际文化传媒　　　责任校对：仲济云
责任印制：曹　净

出版发行：光明日报出版社
地　　址：北京市西城区永安路 106 号，100050
电　　话：010-67078251（咨询），63131930（发行）
传　　真：010-67078227，67078255
网　　址：http://book.gmw.cn
E - mail：gmcbs@gmw.cn　zhuran@gmw.cn
法律顾问：北京德恒律师事务所龚柳方律师（De Heng Law Offices）

印　　刷：北京汇瑞嘉合文化发展有限公司
装　　订：北京汇瑞嘉合文化发展有限公司
（本书如有破损、缺页、装订错误，请与本社联系调换）

开　　本：210×285　1/16
字　　数：380 千字　　　印　　张：23
版　　次：2018 年 3 月第 1 版　　　印　　次：2018 年 3 月第 1 次印刷
书　　号：ISBN 978-7-5194-4063-3

定　　价：268.00 元

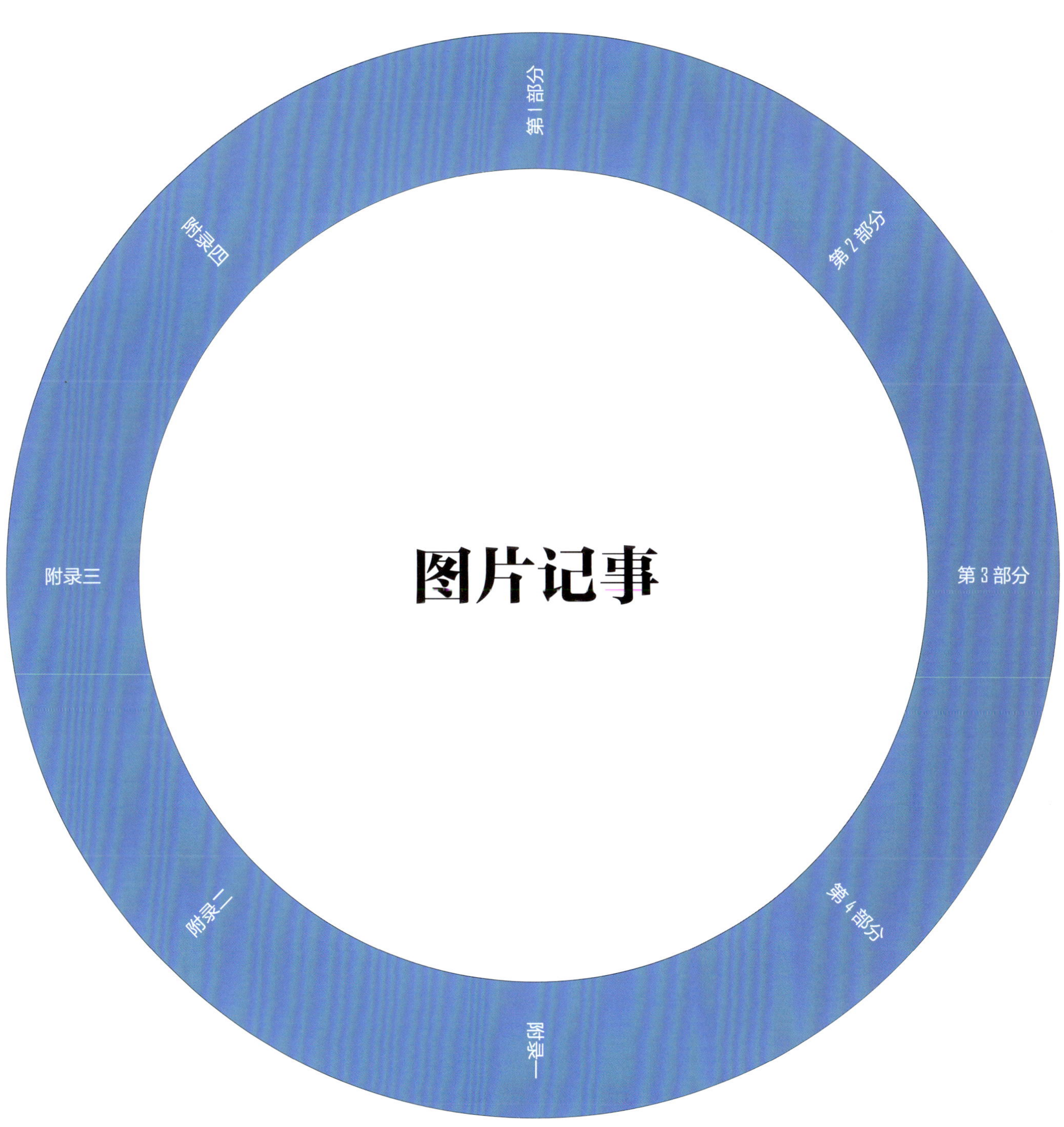

图片记事

1月3日至4日，2014年全国文化厅局长会议在北京举行。

1月12日，中国文化管理协会演艺工作委员会在北京成立。

1月16日，文化部宣布全面开展全国美术馆藏品普查。

1月20日，深圳国家对外文化贸易基地挂牌成立。

1月23日，中国国际广播电台在北京举办国家多语种影视译制基地揭牌仪式。

2月14日，山东舜网传媒股份有限公司成功登陆新三板。

2月16日，《白日焰火》获得第六十四届柏林国际电影节最佳影片金熊奖及最佳男演员银熊奖。

2月28日，中央全面深化改革领导小组第二次会议召开，会议审议通过《深化文化体制改革实施方案》。

3月7日，华特迪士尼影业和SMG尚世影业宣布签署一项多年期合作协议，致力于合作开发迪士尼品牌电影、推动中美电影深度合作。

3月14日，国务院印发《关于推进文化创意和设计服务与相关产业融合发展的若干意见》。

3月17日，文化部、中国人民银行、财政部联合印发《关于深入推进文化金融合作的意见》。

3月20日至22日，第二十二届中国国际广播电视信息网络展览会（CCBN 2014）在北京举行。

3月28日，中国国际广播电台承办的“中俄青年友好交流年”开幕活动在俄罗斯圣彼得堡市议会大厦举行。

3月30日，转企改制的上海文化广播影视集团有限公司正式运营。

3月31日，阿里巴巴“娱乐宝”正式上线。

3月31日至4月2日，第十三届北京电视节目交易会举行。

4月9日，由北京市文化局、天津市文化广播影视局、河北省文化厅联合举办的京津冀加强文化协同发展座谈会在北京召开。

4月16日至23日，第四届北京国际电影节举行。电影节签约总额达105.21亿元，比上届增长20%。

4 月 23 日，广东广播电视台正式挂牌成立。

4 月 28 日至 5 月 3 日，第十届中国国际动漫节以“国际动漫·美丽杭州”为主题，围绕会展、商务、赛事、论坛、活动等五大板块举行。

4 月 29 日，第十四届电影频道电影百合奖颁奖礼在北京举行。此次颁奖礼共颁发优秀故事片、优秀导演等 88 个奖项。

5 月 3 日，中国漫画拍卖会在杭州西泠印社举槌开拍，总成交额达 1781 万元。

5 月 6 日，全国文化行业首家企业集团财务公司——湖南出版投资控股集团财务有限公司挂牌运营。

5 月 8 日，中国人民银行营业管理部与北京市国有文化资产监督管理办公室联合签署《文化金融战略合作协议》。

5月13日，中国电信天翼爱动漫文化传媒有限公司正式挂牌运营。

5月14日至19日，第十届中国（深圳）国际文化产业博览交易会举行。

5月19日至20日，由中国国际广播电台与俄通社一塔斯社共同举办的第十六届世界俄文媒体大会在上海举行。

5月28日，中国广播电视网络有限公司正式挂牌。

5月30日，第二十三届中国电视文艺星光奖颁奖典礼在北京举行。

6月9日至13日，第二十届上海电视节举办。

6月14日至22日，第十七届上海国际电影节举行。

6月16日至17日，第二届中非媒体合作论坛在北京举行。

6月22日，中国大运河项目和联合申报的丝绸之路项目分别通过第三十八届世界遗产大会审议，列入《世界遗产名录》。

6月27日，广州市动漫艺术家协会成立。

7月10日至14日，第十届中国国际动漫游戏博览会（CCG EXPO)在上海世博展览馆举行。

7月31日，北京卫视挂牌成立北京京视卫星传媒有限责任公司，启动广告独立运营。

8月1日，全球数字娱乐IP合作大会上宣布《尸兄》成为国内首个打通动画、文学、游戏、周边等全产业链的明星动漫IP。

8月6日，经财政部、文化部批准，由中国动漫集团负责建设运营的“酷漫网”上线运营。

8月14日，2014中国动漫品牌授权产业高峰论坛在深圳举行。

8月21日至23日，第十二届中国国际影视节目展在北京举办。展会期间举行“丝绸之路影视桥国际合作高峰论坛”。

8月21日至25日，第六届中国国际影视动漫版权保护和贸易博览会在广东东莞举行，成交额达34.9亿元，同比增长4.18%。

8月24日至31日，第十二届中国长春电影节举行，本届电影节共设置13个奖项。

8 月 25 日，国家对外文化贸易基地在北京天竺综合保税区正式开园运营。

8 月 27 日，国家新闻出版广电总局和韩国文化体育观光部联合主办的“2014 年韩国电影展”在北京开幕。

8 月 27 日至 30 日，第二十三届北京国际广播电影电视设备展览会（BIRTV）召开。本届展览会中外参展商共 519 家，其中国际厂商占 45%。

9 月 1 日，北京市、天津市及河北省新闻出版、广电部门在北京共同签署《京津冀新闻出版广播影视协同创新战略框架协议》。

9 月 9 日至 10 日，第四届文化财产返还国际专家会议在甘肃敦煌召开，这是中国首次就文化财产返还主题举办国际性会议。

9 月 24 日至 27 日，第二十三届中国金鸡百花电影节在兰州举行。

9 月 28 日，第十一届中国动漫金龙奖颁奖典礼在广州举行，共有 31 部作品获得 9 类 26 个奖项。

10 月 10 日至 12 日，第十届中国金鹰电视艺术节在湖南长沙举办。

10 月 16 日，由中国动漫集团牵头、多家动漫游戏产业协会企业等联合发起的中国动漫游戏产业联盟在北京成立。

10 月 20 日至 25 日，首届丝绸之路国际电影节在西安举行。

10 月 21 日，中国文化艺术政府奖第二届动漫奖在北京举行颁奖仪式。

10 月 23 日至 27 日，由中国传媒大学和爱奇艺联合主办的第九届中国（北京）国际大学生动画节在北京举行。

10月30日至11月1日，由北京电影学院主办的第十四届“动画学院奖”在北京举行。

11月12日至14日，2014年中国（广州）国际纪录片节举行。

11月13日，国家版权贸易基地（上海）揭牌仪式在上海自贸区举行。

11月14日，2014年中国视听传媒发展论坛在苏州举行。

11月15日，中国文化娱乐行业协会成立大会在北京举行。

11月15日至21日，首届中澳国际电影节在澳大利亚布里斯班举办。

11月19日至21日，由国家互联网信息办公室和浙江省政府共同主办的首届世界互联网大会在浙江乌镇召开，全世界100个国家和地区的上千名嘉宾参会。

11月28日，广东省动漫协会在广州举行成立大会，首批79家会员单位集体参会。

12月2日，第八届亚洲青年动漫大赛在贵阳闭幕。

12月2日，全国网络视听节目管理工作会议在广西南宁召开。

12月4日至5日，第六届中国网络视听产业论坛在上海召开。

12月14日，第九届北京国际文化创意产业博览会落幕。本届文博会协议总金额达1054.56亿元。

12月15日，第十二届全国美术作品展览暨中国美术奖·创作奖获奖提名作品展在中国美术馆开幕。

12月15日，国家文化产业创新实验区揭牌，标志着全国首家国家级文化产业创新实验区正式在北京启动建设。

12月15日至17日，第二届中国网络视听大会在四川成都召开。

12月19日，咪咕文化科技有限公司在2014中国移动全球合作伙伴大会正式亮相。

主管单位

中国传媒大学

主办单位

中国传媒大学文化发展研究院

《中国文化产业年鉴》学术委员会

夏洁秋　同济大学人文学院

顾　江　南京大学国家文化产业研究中心

陶东风　首都师范大学文化研究院

蒋述卓　暨南大学

姜　生　四川大学历史文化学院

傅才武　武汉大学国家文化创新研究中心

熊澄宇　清华大学国家文化产业研究中心

魏鹏举　中央财经大学文化创意研究院

魏晓阳　中国传媒大学文化发展研究院

《中国文化产业年鉴》供稿单位及名单

刘　伟　天津市文化广播影视局文化产业处

张　欣　山西省委宣传部改革与产业处

焦艳波　河北省委宣传部文事办

于立业　河北省委宣传部文事办

汪　洋　吉林省委宣传部文化产业处

刘　欣　黑龙江省委宣传部改革发展办

沈　亮　江苏省委宣传部文化产业处

管　宁　福建社会科学院

张长山　江西省委宣传部改革发展办

王　帅　山东省文化厅文化产业处

郭明玉　湖北省委宣传部改革发展办

邹　敏　湖北省文化厅文化产业处

周红文　湖北省新闻出版广电局规划发展处

曹俊峰　湖北省新闻出版广电局规划发展处

孟文康　海南省委宣传部改革办

王光胜　重庆市委宣传部文化产业发展改革处

程　静　四川省委宣传部文化事业处

《中国文化产业年鉴》编辑部

政策红利驱动产业质变

——《2015中国文化产业年鉴》卷首语

2014年对于中国文化产业发展来说是至关重要的一年，首先体现为政策空前密集、内容高度系统、国家战略设计引领。从国家层面出台的十大政策来看，内容涵盖产业融合、文化金融、文化贸易、文化体制改革、特色文化产业发展、小微文化企业支持、文化产业带（走廊）建设等多个方面，涉及文化产业发展要素、主体、空间、特色、模式等领域，通过系统化的政策指引，让市场充分发挥对资源配置的决定性作用，做到“不缺位”，也“不越位”，努力构筑我国文化产业的政策体系。可以说，2014年是中国文化产业发展政策深入持续出台之年，更是政策红利集中释放之年，为“十三五”时期我国文化产业发展方向奠定基调，对整个国民经济结构的调整也将产生深远影响。

2014年是全面落实党的十八届三中全会精神、推进新一轮文化体制改革的开局之年。2014年11月19日，国家艺术基金首年度评审结束，394个项目从4256个申报项目中脱颖而出，获得共计4.29亿元支持。一些以往得到扶持不多的民营文艺团体和自由职业者也获得了资金扶持。国家艺术基金的设立，是文化部门创新艺术创作生产引导方式的重要体现。此外，文化部、新闻出版广电总局共取消或下放35项行政许可审批，将11项文化市场准入审批由前置改为后置，并与省级行政管理部门平稳对接。省级新闻出版、广播影视两局合一完成，进一步优化政府职能。各地积极探索建立国有文化资产管理体制和工作机制，实行管人管事管资产管导向相统一，多个省市成立专门监管机构或明确出资人机构。迈出实质性步伐的还有国有文化单位改革。诸如：博物馆进一步扩大免费开放范围，2115个博物馆、347个全国爱国主义教育示范基地及43510个公共图书馆、美术馆、文化馆（站）实现免费开放；210个公共文化机构开展组建理事会、完善法人治理结构试点；深化国有文化企业改革，加快推动公司制、股份制改造，加大对转制企业的扶持……充满活力、定位清晰、运行规范、始终把社会效益放在首位的文化体制机制正在形成。与此同时，各级文化部门加强统筹协调，推动公共文化服务制度设计。2014年3月，由文化部牵头成立的国家公共文化服务体系建设协调组正式运转，2014年12月，中央全面深化改革领导小组第七次会议审议通过《关于加快构建现代公共文化服务体系的意见》，成为我国公共文化服务体系建设领域具有里程碑意义事件。

从产业发展实际来看，2014年，在我国经济面临较大下行压力、寻求经济转型新动力的关键时刻，文化产业借助政策红利而发生质变，总量规模不断扩大，在国民经济中的比重持续提升，对经济社会发展的促进作用明显增强。根据国家统计局的数据，2014年，我国文化产业及相关产业增加值23940亿元，比上年增长12.1%，比同期GDP现价增速高3.9个百分点；占GDP的比重为3.76%，比上年提高0.13个百分点。按行业分，2014年文化制造业增加值9913亿元，比上年增长8.2%，占文化及相关产业增加值的比重为41.4%；文化批发零售业增加值2386亿元，增长11.2%，占10.0%；文化服务业增加值11641亿元，增长15.9%，占48.6%。按活动性质分，文化产品的生产业创造的增加值为14671亿元，占61.3%；文化相关产品的生产业创造的增加值为9269亿元，占38.7%。文化及相关产业在稳增长、调结构中发挥积极作用的同时，产业结构趋于稳定，各行业门类持续增长。2014年，全国出版、印刷和发行服务实现营业收入19967.1亿元，同比增长9.4%；利润总额1563.7亿元，同比增长8.6%，其中数字出版经济规模跃居行业第二位。全国电影总票房296.39亿元，同比增长36.15%，其中国产片票房161.55亿元，占总票房的54.51%。2014年，中国自主研发网络游戏市场销售收入达到 726.6 亿元人民币，比2013年增长了 52.5%，其中移动游戏市场成为整体市场增长最强动力，2014年移动游戏市场实际销售收入274.9 亿元人民币，比 2013 年增长了 144.6%。各行业门类收入和利润的中高速增长，特别是新兴文化业态的迅速崛起及其带来的强大溢出效应，反映出文化及相关产业在国民经济“新常态”背景下仍然保持了较好的可持续发展能力。总体上，2014年中国文化产业以“文化+”的力量注入改革发展的洪流中，以稳健的步伐向国民经济支柱性产业迈进，不仅保持较快的增长速度，而且真正显现出作为经济结构战略性调整的重要支点和转变经济发展方式的重要着力点的潜力。

创新基于实力，跨界铸就变革。2014年中国文化产业在打破固有产业边界、深度融合互渗方面成为最有特色和亮点频出的国民经济部门。3月，国务院印发《关于推进文化创意和设计服务与相关产业融合发展的若干意见》，这是我国就文化创意和设计服务与相关产业融合发展出台的第一个系统性文件；8月，中央全面深化改革领导小组第四次会议审议通过《关于推动传统媒体和新兴媒体融合发展的指导意见》，鼓励新旧媒体融合；10月，国务院印发《关于加快发展体育产业促进体育消费的若干意见》，促进文体产业融合。2014年被媒体称作“媒体融合年”，传媒业迎来新一轮的全面改革。这一趋势突出体现在新旧媒体的进一步整合，无论是今日头条与传统纸媒的版权争议，还是名噪一时的澎湃新闻，都出现于2014年，绝非偶然。同时，互联网尤其是移动互联网与文化产业各领域的融合更加深入。多家视频网站涉足传统影视行业，互联网巨头BAT纷纷进军文化产业，在影视、游戏、网络文学、音乐等多领域布局，传统文化企业纷纷嫁接互联网谋求生存，互联网化已成为文化产业发展不可阻挡的大趋势。此外，文化产业也开始尝试与装备制造业、消费品工业、建筑业、信息业、旅游业、农业和体育产业等多个行业融合发展，为这些行业的转型升级提供了利器。融合发展的新格局打破了部门、行业、地域的藩篱，把文化产业的发展放在国民经济总体格局中去考虑，不单单将文化产业视为新的经济增长点，而是赋予了文化产业新的内涵，那就是促进经济结构战略性调整的重要依托和载体，通过催生新的业态，创造新的发展模式，带动就业和收入提升，从而支撑和引领经济结构的优化升级。

2014年，在政策利好和市场消费需求升级的双重背景下，文化企业并购与投资成为一种常态。

数据统计显示，截止到2014年12月底，文化产业全年共发生并购事件将近160起，并购总规模超过1000亿元，2014年前6个月的并购规模就超过2013年全年总规模。这些并购主要发生在影视传媒、游戏动漫、移动互联网、教育培训和旅游户外5个行业板块，其中影视、新媒体板块是并购的热点领域，55起事件并购金额达450亿元，占并购总金额的45%。与2013年相比，并购事件涉及领域更广，热点领域也由游戏动漫转移到影视传媒领域。随之而来的是，文化产业并购基金的设立逐步增多。2014年我国文化产业投资基金发展迅速，并具备了一定的规模，政府、传媒集团、券商、金融机构、专业的创投团队等陆续进入文化产业领域，利用各自的优势设立文化产业基金，并且相互合作，资源优势共享，在文化大发展大繁荣的背景下成为文化产业发展不可或缺的一股推动力。

作为国家文化“软实力”的重要体现和新型大国形象的文化载体，文化产业在促进我国对外文化传播和文化贸易等方面发挥着越来越重要的作用。2014年，伴随丝绸之路经济带和21世纪海上丝绸之路倡议的逐步实施，丝绸之路影视桥、丝绸之路书香工程等一系列与“一带一路”密切相关的对外文化工程正在拉开宏阔大气的丝路文化图卷；海外中国文化中心、孔子学院及中国文化年、文化节、欢乐春节等机构和活动，凭借日益增长的知名度和影响力，进一步向世界展示中国文化襟怀。总之，随着文化产业进入快速发展轨道，产业结构不断优化，体制机制改革渐趋深化，不同所有制文化企业的发展活力和市场竞争力不断增强，文化产业在培育新的经济增长点、促进产业结构升级、展现我国新时期的国家形象与文化“软实力”方面将扮演更为重要的角色。

《中国文化产业年鉴》编辑部

编辑说明

一、《中国文化产业年鉴》是翔实记录和反映全国文化产业年度发展状况的大型综合性、权威性、资料性年刊，也是我国文化产业研究领域信息容量大、资料索引全、可供长期保存和反复查阅的大型工具书。本年鉴力求全面监测文化产业统计数据，记录分析文化产业重大政策，全景展示文化产业发展轨迹，忠实反映文化产业领域的突出成果，服务于中央和地方政府决策、企业实践以及理论研究 [61]。

二、本年鉴坚持“存史”和“镜鉴”的指导原则，采用“分头编撰、汇总审校”的编纂方法。

三、本年鉴自2010年起，每年出版一卷，2015年版为第6卷。本卷共设6个栏目：1.图片记事；2.全国概况；3.地方概况；4.统计与数字；5.大事记；6.附录。

四、本书2015年版主要发表2014年的资料，部分栏目也收入了2015年上半年的有关资料。

五、有关文化产业发展的情况是本书的主要内容，着重在以下各栏目中反映：

《图片记事》——党和国家领导人、中央有关部委主要领导以及各省（市、自治区）主要领导参加文化产业相关重要活动的照片；全国和部分省（市、自治区）文化产业大型活动的照片；

《全国概况》——全国文化产业发展总体情况和各行业发展基本情况；

《地方概况》——全国各省（市、自治区）及港澳台地区文化产业发展总体情况和各行业发展基本情况；

《统计与数字》——全国文化产业各行业发展的主要统计指标及图表；

《大事记》——以日记式的方式记录文化产业领域各类重大事项，包括全国各省（市、自治区）举办的综合性、行业性节庆、展览、博览、交易、评奖、表彰、论坛、研讨会、重要工作会议、文化企业集团成立、重大项目立项等。

《附录》——以列表的方式收录以下几方面内容：国务院和中央各部委、各省（市、自治区）出台的主要文化产业政策法规；文化产业学术论文摘编、报刊辑览、图书评介、课题研究等；全国和地方文化产业综合性发展规划及重点行业发展规划；国家级文化产业示范基地（园区）以及各省（市、自治区）文化产业示范基地（园区）等。

六、关于文化产业各行业发展情况的统计数据，来自政府有关部门和行业分析机构，主要在《全国概况》《统计与数字》等栏目介绍。关于各省（市、自治区）文化产业及其各行业发展情况的统计数据，主要在《地方概况》栏目中介绍。

七、香港特别行政区、澳门特别行政区和台湾地区的文化产业情况，在《地方概况》中介绍。本书所列全国性统计数据，均未包括香港特别行政区、澳门特别行政区和台湾地区。

八、本书发表的信息资料均由权威部门提供，或经权威部门审定。

目录

第一部分 全国概况

第二部分 地方概况

第三部分　统计与数字

第四部分　大事记

第一部分
全国概况

广播电视产业

2014 年中国广播电视产业的发展历程，可以概括出两大特点：一是大变革，移动互联网、可穿戴式设备等新技术蓬勃发展，世界信息传播产业正在发生着巨变，传媒政策也在不断调整、变化，信息传播行为更加碎片化、社会化和移动化；二是大融合，传统广电“开门办台”，拥抱互联网，网络视频网站大量吸纳传统广电人才，创新内容生产，融合化传媒生态圈呼之欲出。

一、2014 年广播电视产业总体情况

(一) 传统电视收视时长下降

随着移动互联时代的到来，传统电视收视时间在减少，并呈现出老龄化趋势，同时电视广告也开始下滑。据爱立信消费者研究室的统计数据，中国城市用户每周观看流媒体视频用户的比例已经远远超出观看传统电视的用户比例，人们使用智能手机和平板电脑等移动设备观看视频的时间越来越多。2014 年，消费者收看电视的平均时长没有较大变化，在智能手机和平板电脑上观看视频的时长有所增加，但通过台式电脑观看视频的时长有所减少。

此外，电视观看人群也开始呈现“老龄化”趋势。《中国互联网电视发展白皮书》数据显示，近 4 年来，15~34 岁观众人均收视分钟数在下降，他们更愿意通过互联网来自主地选择观看视频的时间以及感兴趣的内容。从收视份额看，央视和省级卫视占有绝对优势。2014 年省级卫视的全天收视份额占 33%，同比增长 2%，而央视的全天份额也达到 28.8%，同比增长 1.5%。

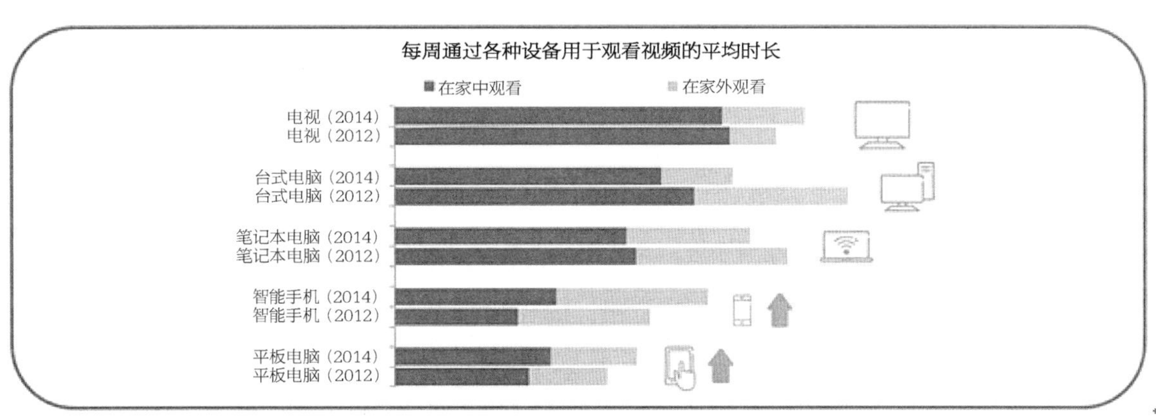

图 1　中国城市用户每周通过各种设备用于观看视频的平均时长

（数据来源：爱立信消费者研究室，2014 电视与媒体消费趋势报告）

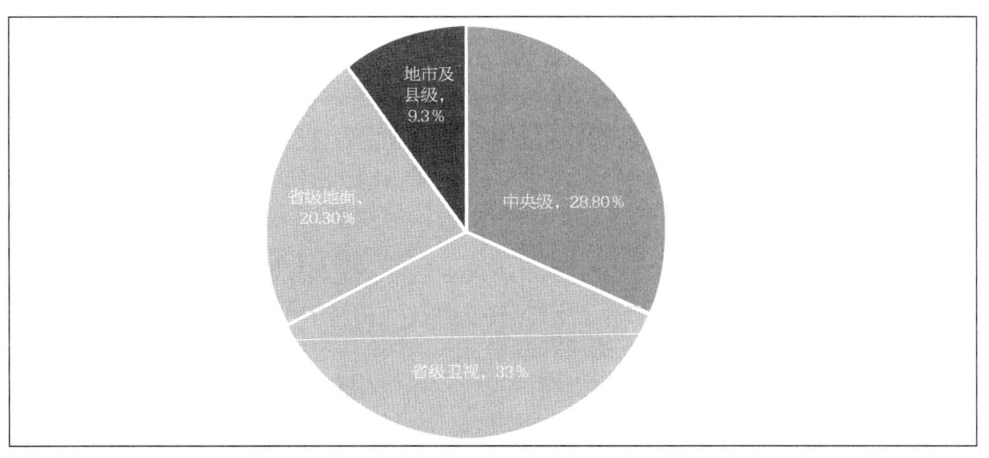

图 2　2014 年各级别频道全天份额对比

（数据来源：CSM，71 城市网，全天，2014 年 1-11 月）

（二）电视广告首次出现负增长

2014年，电视广告投放份额仍居首位，但首次出现负增长，比2013年下降0.5%，而国内商业视频网站广告收入的增长率则保持在40%以上。不过，省级卫视频道依然保持着良好的增长势头，特别是位于第一梯队的湖南卫视、江苏卫视、浙江卫视等，以2014年7月为例，省级卫视以14%的增幅位列第一，省级地面频道以5%的增幅紧随其后。

（三）融合进程不断深化

2014年，各大电视台积极探索与新媒体进行融合，与社会力量积极联动。2014年3月，SMG宣布合并“大小文广”，成立东方卫视中心，制定了“以卫视为依托，以独立制作人为突破，整合资源”的娱乐板块改革方案。4月，湖南广电将旗下金鹰网及芒果TV两大平台改版整合，推出全新“芒果TV”网络视频平台，随后5月开启芒果TV独播战略，其点击量从百万级飞跃到数千万级；6月，浙江卫视进行“节目团队化”，尝试在频道内部实行“准制播分离”，交给制片人八项权力，以制片人为核心的团队进行项目竞标。7月末，北京卫视正式启动广告独立运营，并成立北京京视卫星传媒有限责任公司。

（四）跨界经营方兴未艾

在经营方面，央视网、湖南广电等积极扩展网络市场，和大型电商平台进行深度合作。据统计，央视网月度独立访问用户数突破5亿，“央视影音”客户端下载量突破3.3亿；而被业内誉为“电视湘军”的湖南广电则依靠自身的优质节目内容向多屏转移，推出综艺节目的电影版、手游版，针对不同媒体的特性开放相应的媒介产品，玩转跨界经营。2014年年初《爸爸去哪儿》大电影收获7亿巨额票房，其手游产品也获得丰厚回报。而东方卫视的《女神的新衣》与天猫商城合作，开拓全新的T2O模式（TV to Online），这档节目将媒体、企业、电商平台、明星、设计师、行业专家和互联网等多方资源联结起来，将技术、资金、市场、媒体评论等方面整合在一起，形成跨界资源整合、多方共赢的产业联盟平台。

（五）广电数字化基本完成

2014年，广电数字化、网络化和高清化进一步提高，全媒体制播能力不断提高。据统计，全国广播电视台数字化基本完成，省级以上广播电视台都已完成网络化制播，中央电视台常规频道全部实现高清播出，70%以上的省级电视台具备高清电视制播能力，截至2014年11月底，总局共批准开办高清频道56个。同时，80%以上的省级台已开设网络广播电视、手机广播电视等新媒体，中央电视台和上海、江苏、浙江、湖南等电视台还开启了全媒体制播平台。

（六）促融合政策更加明晰

2014年，新旧媒体融合发展政策更为明确，对广电内容的监管力度有所加强。2014年8月中央召开的深化改革会议通过《关于推动传统媒体和新兴媒体融合发展的指导意见》，习近平总书记强调推动传统媒体和新型媒体融合发展，要着力打造一批形态多样、手段先进、具有竞争力的新型主流媒体，建成几家拥有强大实力和传播力、公信力、影响力的新型媒体集团，形成立体多样、融合发展的现代传播体系。中央关于传统媒体与新兴媒体融合发展的顶层设计，不仅明确了传统媒体转型的方向，也给新媒体带来了发展机遇。

（七）广电强化监管力度

2014年，广电政策强化监管力度，国家新闻出版广电总局下发《关于进一步完善网络剧、微电影等网络视听节目管理的补充通知》《国家新闻出版广电总局办公厅关于进一步加强省级电视剧内容管理工作的通知》《关于进一步落实网上境外影视剧管理有关规定的通知》等一系列强化对网络剧、海外剧等的管理文件。同时，关于电视盒子的政策也步步收紧：从2014年6月以来，广电总局加强对互联网电视的监管力度。7月9日广电总局要求“有线电视网络公司大力开展TVOS1.0规模应用试验”，同时要求有线网络公司不得安装除TVOS外的其他操作系统。7月14日，广电总局要求所有互联网电视盒子必须停止提供电视节目时移和回看功能。7月15日不仅要求境外引进影视剧、微电影必须在一周内下线，更表示未经批准的终端产品不允许推向市场。此外，总局对卫视电视剧播出结构也进行调整，2014年4月15日国家新闻出版广电总局召开的全国电视剧播出工作会议通过自2015年1月1日起开始实施的“一剧两星”政策。

二、2014年广播电视产业发展特点

（一）真人秀节目井喷，季播独领风骚

2014年可谓真人秀的大发展之年，全年约有100档真人秀节目涌向市场，而且呈现出多样化态势。《中国好声音》第三季、《我是歌手》第二季、《中国梦之

声》第二季、《最美和声》第二季等歌唱栏目依然保持强势，《爸爸去哪儿》第二季、《爸爸回来了》等亲子类节目票房口碑双丰收，《奔跑吧兄弟》在2014年年末独领风骚，成为现象级综艺节目，《女神的新衣》《12道锋味》《明星到我家》《囍从天降》等明星真人秀也获得不错的收视，而《笑傲江湖》《中国喜剧星》《我们都爱笑》《我为喜剧狂》等喜剧类节目也在2014年成为一个新的风潮。

从收视率方面看，季播综艺节目独领风骚，也成为一线卫视增收的主要动力。浙江卫视的《中国好声音》第三季依旧表现抢眼，15期中有10期收视率破4，平均收视率4.03%，决赛收视率5.613%，创收12.5亿元；湖南卫视的《爸爸去哪儿》第二季也以3.36%的平均收视率紧随其后，微博话题阅读量200亿，创收11.5亿元。相比较而言，常规类节目则显得黯淡不少，在收视前30的电视节目中仅凭《非诚勿扰》《快乐大本营》《天天向上》等节目占了三席。

表1　2014年电视综艺节目平均收视率排名

排名	名称	频道	收视率	市场份额	排名	名称	频道	收视率	市场份额
1	中国好声音3	浙江卫视	4.03	12.53	16	女神的新衣	东方卫视	1.28	4.02
2	爸爸去哪儿2	湖南卫视	3.36	14.70	17	中国好舞蹈	浙江卫视	1.24	3.87
3	**非诚勿扰**	**江苏卫视**	2.53	8.12	18	妈妈咪呀	东方卫视	1.22	3.71
4	我是歌手2	湖南卫视	2.53	7.07	19	中国梦之声2	东方卫视	1.20	3.85
5	**快乐大本营**	**湖南卫视**	2.38	6.52	20	12道锋味	浙江卫视	1.17	3.41
6	奔跑吧兄弟	浙江卫视	2.11	6.93	21	一年级	湖南卫视	1.17	5.28
7	最强大脑	江苏卫视	1.94	8.44	22	和爸爸在一起	湖南卫视	1.13	14.50
8	酷我真声音	浙江卫视	1.89	9.84	23	我是演说家	北京卫视	1.09	3.44
9	花儿与少年	湖南卫视	1.78	8.50	24	明星到我家	江苏卫视	1.08	4.70
10	**天天向上**	**湖南卫视**	1.61	4.99	25	勇敢的心	北京卫视	1.07	3.37
11	跑男来了	浙江卫视	1.53	8.73	26	爸爸回来了	浙江卫视	1.01	4.74
12	笑傲江湖	东方卫视	1.42	4.46	27	中国梦想秀8	浙江卫视	1.00	3.11
13	中国喜剧星	浙江卫视	1.42	4.22	28	我们都爱笑	湖南卫视	0.95	5.58
14	中国梦想秀7	浙江卫视	1.35	4.23	29	我为喜剧狂	湖北卫视	0.91	3.22
15	中国达人秀5	东方卫视	1.28	3.98	30	超级演说家2	安徽卫视	0.91	2.98

（数据来源：CSM，71城市网，2014年1月至11月22日，19:30-24:00）

注明：黑体字表明的为常规类节目，其他为季播类节目。

（二）电视剧拼量时代即将过去，网络自制剧蓬勃发展

近两年来，一线卫视电视剧已突破以数量制胜的困局，二三线卫视则仍在拼数量，不过其播出比重有所下降，同时网络自制剧迅猛发展。尼尔森网联的统计数据显示，在电视剧版块收视率较好的依然是湖南卫视、江苏卫视和浙江卫视三个传统强势频道，而东方卫视、北京卫视和安徽卫视则位列整体排名的4–6位。值得注意的是，曾经电视剧播出量占比近六成的四川卫视、河北卫视在2014年下降到四成左右，而且二三线卫视电视剧播出时长占比明显下降，除了位居首位的天津卫视占比刚刚过半之外，其他卫视均滑到四成左右，与2013年同期前十名中有8家过半形成了鲜明对比。

表 2　2012—2014 年卫视频道电视剧播出时长占比排名

2012 年 1–10 月			2013 年 1–10 月			2014 年 1–10 月		
序号	频道名称	播出时长占比	序号	频道名称	播出时长占比	序号	频道名称	播出时长占比
1	四川卫视	57.20	1	河北卫视	58.16	1	天津卫视	50.15
2	黑龙江卫视	54.41	2	黑龙江卫视	56.50	2	安徽卫视	49.61
3	天津卫视	54.20	3	青海卫视	53.48	3	山东卫视	47.45
4	青海卫视	52.91	4	四川卫视	52.85	4	新疆卫视	47.18
5	河北卫视	52.58	5	天津卫视	52.56	5	陕西卫视	46.21
6	新疆卫视	51.50	6	云南卫视	51.36	6	内蒙古卫视	44.92
7	山东卫视	49.49	7	山东卫视	50.94	7	河北卫视	44.12
8	广西卫视	47.44	8	广西卫视	50.30	8	宁夏卫视	44.00
9	内蒙古卫视	46.95	9	新疆卫视	49.31	9	山西卫视	43.38
10	安徽卫视	46.88	10	内蒙古卫视	48.44	10	北京卫视	42.89

（数据来源：尼尔森网联 arianna 海量样本收视率分析软件；时间：2012-2014 年 1-10 月）

2014 年，网络剧在题材与数量上全面开花，题材也更加多元化，青春偶像剧、悬疑剧、奇幻剧题材无所不包，数量达 1700 集以上。相比两年前，主流视频网站自制节目总量增长较多，其中优酷、腾讯视频、爱奇艺增长最为明显，同时网络自制节目播放量位居前五位的均近 2 亿次，其中腾讯视频《大牌驾到》7.2 亿次）、《HI 歌》（3.1 亿次）和《你正常吗？》（3 亿次）都超 3 亿次，搜狐视频《大鹏嘚吧嘚》为 2.3 亿次，爱奇艺《娱乐猛回头》为 1.7 亿次。

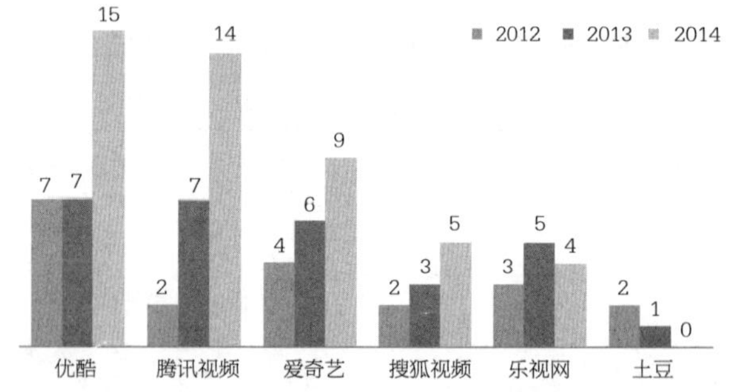

图 3　2012—2014 年六大视频网站自制节目数量（单位：档）

（数据来源：2014 腾讯娱乐白皮书综艺篇）

（三）纪录片播出时长增长明显，各级频道加大投入力度

2010 以来政府陆续出台的相关政策为纪录片播出时长的增长产生显著影响，尼尔森网联的《2014 年纪录片电视市场研究报告》显示，2014 年前 11 个月中，央视频道较去年同期增长 69% 的播出时长，省级卫视则大幅增长 104%。具体来看，央视频道播出时长两极分化。央视纪录频道日均播出超过 21 小时，中央一套日均播出近 2 小时，央视纪录和央视十套播出总量时长占总量的三分之二，其次为央视七套和四套。而在 31 家省级卫视中，四川卫视、黑龙江卫视、云南卫视日均播出时长接近 4 小时，近半数卫视的播出时长在 60 分钟以下。例如，娱乐强台湖南卫视日均播出纪录片仅 54 分钟，江苏卫视和浙江卫视则兼顾综艺娱乐和文化审美，保持较高的纪录片播出量。

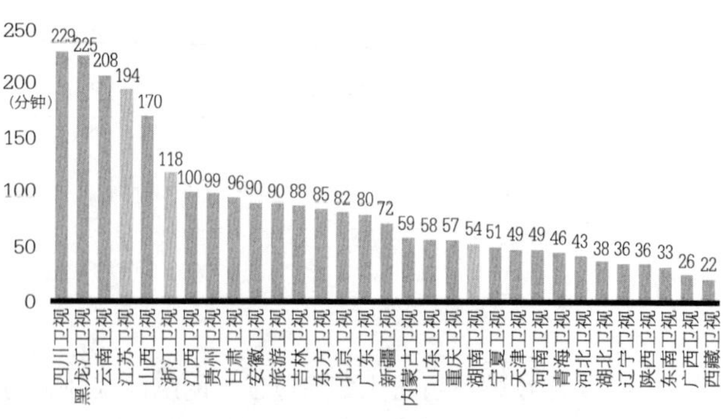

图 4　2014 年省级卫视各频道日均纪录片播放时长

（数据来源：尼尔森网联海量样本收视率监测，2013.1-2014.11）

同时，各大电视台加大对纪录片的投入，打造自己的纪录片品牌。比如，湖南卫视鼓励首播、强调原创，打造青春励志纪录片。湖南广电高层专门组建纪录片评审委员会，所有题案立项，包括引进播出的片子全部要经过评审委员会集体决策。湖南卫视总编室还与湖南台

金鹰纪实频道联合成立纪录片项目部，投入至少 60 人参与项目运作，并面向全国至少 20 个以上纪录片制作公司发布引进、合拍定制等需求。江苏卫视则探索一种与传统专题片不一样的纪录形式——把纪录片与主流节目形态结合，按照季播节目剪辑和播出。2014 年 1 月 6 日，江苏卫视季播真人秀《超级女兵》开播。每集 1 小时，一共 12 集的《超级女兵》记录 70 名海军陆战队女队员集结南海，经历 48 小时极限生存挑战。虽然《超级女兵》是真人秀，但全程采取纪实手法拍摄。

（四）版权意识进一步强化，二三线卫视抱团取暖

2014 年电视台通过自身改革谋求向新媒体转型的需要越来越强烈，版权意识更加强化，独播战略风行。湖南卫视在 2014 年 4 月将旗下金鹰网及芒果 TV 两大平台改版整合，推出全新“芒果 TV”网络视频平台；5 月，湖南卫视对外表示实施独播策略。再如，获得 SMG 百视通投资的风行，得到东方卫视 2014 年综艺节目独家版权，并且在台网融合方面尝试深度合作。而获得苏宁投资的 PPTV，因苏宁与江苏卫视同在南京及广告等关系，获得江苏卫视的多档综艺节目独家版权。而作为国家电视台，中央电视台在《开讲啦》《中国汉字听写大会》《梦想星搭档》《舞出我人生》《出彩中国人》《嗨！ 2014》等联合制作的节目纷纷亮相荧屏后，同样强调版权和打造自己的独播平台。

2014 年，广电行业的“马太效应”愈加明显，二三线卫视双星联播，联合发展、谋求生存、抱团取暖。2014 年，贵州卫视与青海卫视就以双平台同步联播的形式播出一档亲子益智挑战节目《爸爸请回答》，首开国内卫视联播综艺节目的先河，这种摊薄节目成本的联播方式为二三线卫视的发展提供了一个参考范例。此外，江西卫视、河南卫视、湖北卫视、云南卫视四台联手在 2014 年贵阳国际广告节上，共同举办“江河湖滇 • 汇天下”联合推介会，推出 2015 年核心资源及招商政策。而河南卫视、重庆电视台、北京卫视、贵州卫视、东南卫视、安徽卫视、河北电视台、湖北卫视、陕西卫视组成九合组织，联合展开 2015 年招商；另外东方、山东、天津、深圳这四家成长潜力巨大的卫视则一起联合召开了题为“巅峰视界，四海纵横”优质资源联合推介会。

（中国传媒大学　胡正荣、李继东、黄炜）

电影产业

2014 年全球电影市场稳中略有上升。全球票房 375 亿美元，其中美国占 27% 的市场份额；世界第二大市场的中国占全球票房份额 13%，英、法、德、日、韩、印度和澳大利亚、俄罗斯等国的电影票房占比均未超过 5%。在全球多数地区电影市场增长停滞的背景下，中国仍保持着 30% 以上的高增长。在全球新增的 16 亿美元票房中，中国贡献了其中的 75%。而这一年度，网生代则成为年度新词，中国电影在传媒新贵互联网行业的技术创新和产业创新影响下，正在发生不同于欧美国家的产业变局，甚至可以说中国电影真正开始进入“互联网时代”。

一、2014 年电影产业总体情况

（一）电影产量：连续第二年调整性负增长

2014 年国产故事片产量 618 部，同比减少 20 部，连续两年调整性下降，与 2012 年的最高产量比，已减产 127 部。电影产量与印度、美国基本相当，位居全球前三。年度生产影片中有 250 多部进入影院放映。电影从产量上来说仍然供大于求。

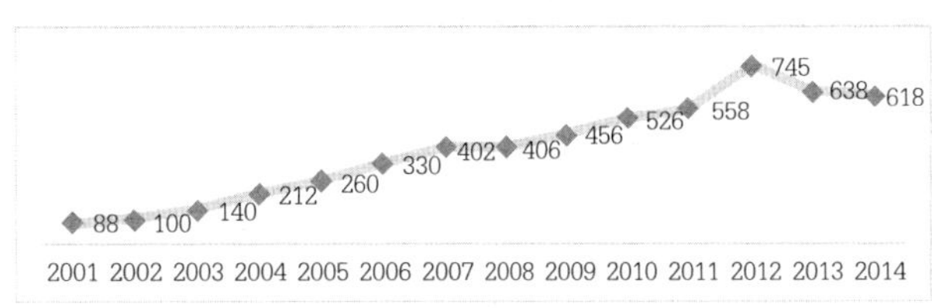

图 1　2001—2014 年 内地故事片产量（单位：部）

（二）电影票房：全球增长最快的电影市场

2014 年度全国电影票房收入 296.39 亿，同比增长 36.15%。票房总收入约 48 亿美元，接近世界第一大票房市场北美地区的二分之一。电影国内版权收入 20 亿，海外销售收入 18.7 亿。电影带来的影院、电视和网络广告等方面的相关收入 63 亿。非票房市场对电影产业的贡献有所提升，但与欧美国家相比，电影票房收入在电影总收入中占比仍然超过 75%。电影的版权效益未能充分实现。

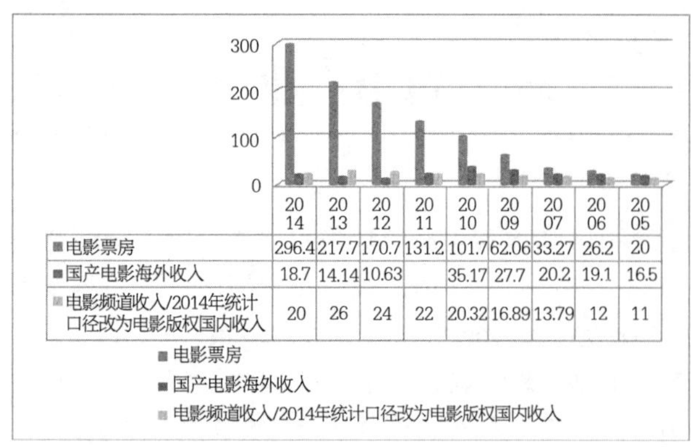

	2014	2013	2012	2011	2010	2009	2007	2006	2005
电影票房	296.4	217.7	170.7	131.2	101.7	62.06	33.27	26.2	20
国产电影海外收入	18.7	14.14	10.63		35.17	27.7	20.2	19.1	16.5
电影频道收入/2014年统计口径改为电影版权国内收入	20	26	24	22	20.32	16.89	13.79	12	11

图2　2003—2014 中国电影市场主要收入（单位：亿元人民币）

（三）电影观众：电影票价保持稳定，观影人次继续提升

2014 年全国电影观众人次 8.3 亿，增幅 34.52%；平均票价稳定在 36 元。人均年观影 0.6 次，以城镇人口为基数，人均年观影已经突破一次。观影人次的增加为电影市场繁荣提供了消费动力。

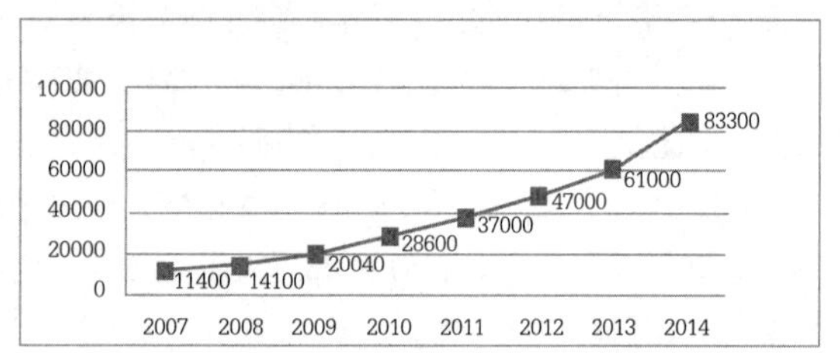

图3　2007—2014 年内地电影观影人次增长趋势（单位：万人次）

（四）电影银幕：银幕总数超过 2 万块

2014 年全年内地新开业影院 1015 家，新增银幕 5397 块，日均新增银幕 15 块。全国银幕总数达到 2.36 万块，数量仅次于北美地区。观影人次与银幕增长同步，为影院票房提升准备了充分条件。

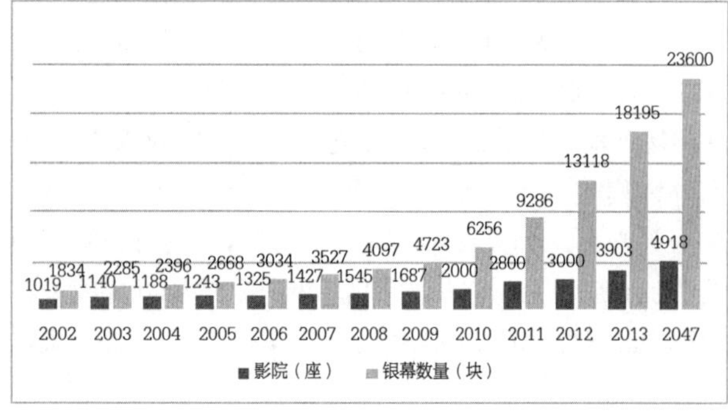

图4　2002-2014 年内地影院与银幕数量增长趋势

（五）电影产品：平均每月出现 3 部票房过亿的国产片

全年内地院线发行电影 388 部。有 66 部票房超亿元人民币。其中国产片占 36 部。平均每个月有近 6 部票房过亿影片上映。国产片总收入 161.55 亿元，占比 54%；进口片占比 46%。在配额限制和市场调控背景下，国产片份额优势勉强维持。全年票房冠军由好莱坞电影《变形金刚 4》获得，其 19.8 亿的票房收入，不仅超过该片在北美本土市场的成绩，也成为中国市场上遥遥领先的单片票房纪录。

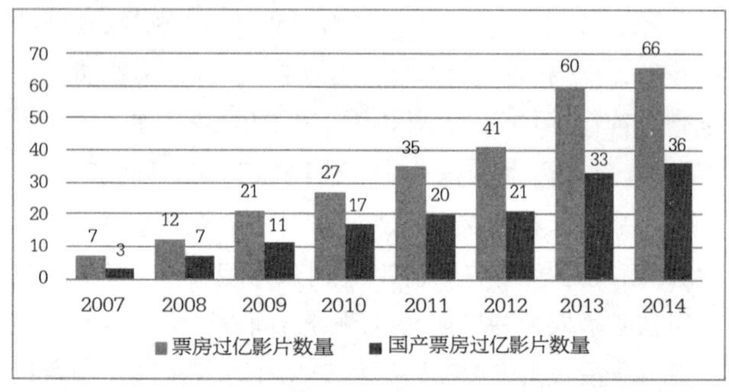

图5　2006-2014 年内地票房过亿元影片数量增长（部）

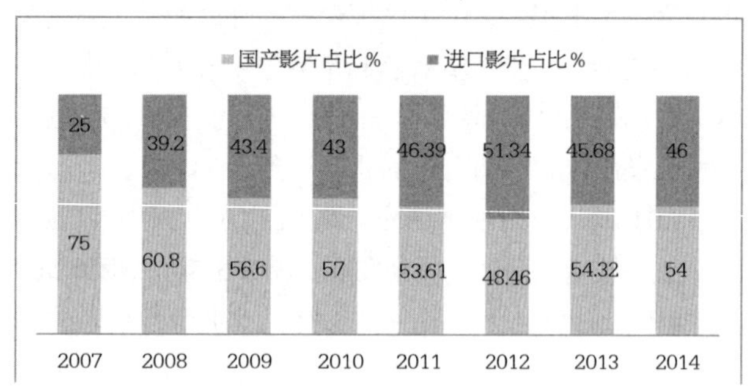

图6　2007-2014 年国产与进口影片市场份额

2014 年全球电影市场多少有些老气横秋，世界第一大电影市场北美地区的票房甚至稳中有降，而中国电影市场则仍然青春焕发。产业数据喜人，市场要素积极，中国在全球电影市场的大国地位进一步巩固。与此同时，全球也对中国电影市场刮目相看、倍加重视。中国成为全球电影产业中最活跃的区域。

二、2014 年电影产业发展特点

（一）产业格局：电影 + 互联网成为新常态

当下中国，已高度市场化的电影产业与国有主导的尚处在“准市场化”状态的传媒行业之间仍然缺乏资本融合、资源整合的制度条件，中国电影业与传统的广播电视业、报纸期刊业之间的化学融合难以完成，这种若即若离状态决定中国无法产生将电影、电视、平面媒体整合起来的中国式“时代华纳”“迪士尼”“新闻集团”“维亚康姆”。与此同时，同样高度市场化的中国互联网行业却发展得风生水起。百度、阿里巴巴、腾讯（即所谓的“BAT”）三大互联网企业不仅市值几乎超过所有中国传统传媒机构，而且可以跻身全球顶尖传媒企业行列。需要新资本、新渠道的市场化的电影，与需要新内容、新用户的同样市场化的互联网，彼此一见钟情、一拍即合。于是，中国电影相比全球任何国家都更早更快更决绝地进入互联网时代。“互联网基因”全面渗透到电影产业之中，互联网企业全面投资电影公司、深入渗透电影制作、颠覆性地影响电影营销，甚至创造了“网生代”的电影新概念。电影＋互联网，正在成为中国电影产业“新常态”。

1. 电影管理：产业政策效应递减 市场监管缺位频现

随着电影的高度市场化，社会资金大量进入电影业，电影政策对整个电影产业的影响明显递减。反之，在投资管理、制片管理、院线管理、票房管理、信息管理、审查及分级管理等方面，由于行政管理的法规性不足、协会管理的刚性不足，缺位明显，恶性竞争不断，负面社会影响也时有显现。

2014 年 4 月 16 日，国务院办公厅印发《文化体制改革中经营性文化事业单位转制为企业的规定》《进一步支持文化企业发展的规定》，6 月 19 日，国家发改委、国家新闻出版广电总局等七部门下发《关于支持电影发展若干经济政策的通知》，提出加大电影精品专项资金支持力度，每年安排 1 亿元资金，用于扶持 5~10 部有影响力的重点题材影片；通过文化产业发展专项资金重点支持电影产业发展；对电影产业实行税收优惠政策；实施中西部地区县级城市影院建设资金补贴政策；对电影产业实行金融支持政策；实行支持影院建设的差别化用地政策等。11 月 27 日，财政部、海关总署、国家税务总局联合发布《关于继续实施支持文化企业发展若干税收政策的通知》，这些文件规定对电影制片企业销售电影拷贝、转让版权取得的收入，电影发行企业取得的发行收入，电影放映企业在农村的放映收入免征增值税；对国家重点鼓励的文化产品出口实行增值税零税率；对国家重点鼓励的文化服务出口实行营业税免税。此外，经营性文化事业单位转制为企业后，在有效时段内免征企业所得税。而从事文化产业支撑技术等领域的文化企业，被认定为高新技术企业的，则减去按 15% 的税率征收的企业所得税。这些政策，对于降低电影行业税负，提升行业盈利水平有一定的积极作用，但这些政策对产业的重大推动作用已经不明显。

与此同时，电影制作发行放映环节的契约纠纷不断，电影票房市场透漏瞒报现象仍然不断发生，电影制片业资金监管不够科学严格，电影版权保护仍然困难重重，甚至影院的放映质量也由于影院的成本考量达不到放映标准。当然，更引起社会关注的是电影审查带来的种种非议，人们抱怨审查尺度有时太严，要求修改太多，影响到作品艺术的完整性；而有时人们又批评审查尺度太松，“黄赌毒”内容对青少年身心健康可能产生消极影响。造成这种左右分裂的局面，很大原因是电影审查不分级，成人标准与儿童标准混在一起，导致审查标准的左右为难、进退维谷。中国电影产业管理亟须从政策促进向法规化、体系化管理转变，以维护和推动电影产业的健康发展。

2. 产业态势：资本运作频繁，产业整合互联网化

电影因为其巨大的社会影响力和市场的快速发展，在整个文化板块中受到资本青睐。2014 年，不仅有充裕的资金进入电影制作、影院建设环节，而且有大量资本进入电影业，形成电影业资本运作的活跃局面。

据媒体报道统计，国内 2014 年共发生 169 起文化传媒行业并购，包括影视、游戏、广告、出版、有线和卫星电视等子行业，涉及资本总额约 1605 亿元。其中，影视类并购占据近 4 成，平均每 6 天就会发生一起影视公司并购，涉及资金超过 650 亿。湘鄂情（后更名中科云网）、熊猫烟花、中南重工等业外公司接连发布跨界影视并购的消息。不少原有业态呈下滑趋势的上市公司，不约而同向影视公司抛出橄榄枝，希望借影视业的影响力光环注入新鲜血液。

与这些资本游戏不同，互联网企业与电影的联姻似乎各有所需。腾讯继“泛娱乐”战略之后高调进入电影业，除继续制作根据游戏 IP 改编的动画电影之外，宣布投资拍摄《钟馗伏魔：雪妖魔灵》等 6 部影片；阿里巴巴宣布斥资 62.44 亿港元收购文化中国，建立影业公司；百度旗下的爱奇艺成立新的影视企业。继第一个宣布拥有互联网基因的乐视影业之后，阿里影业、爱奇艺影业、优酷土豆合一影业、腾讯电影＋等相继登台亮相，“电影公司为互联网打工”和“互联网公司为电影打工”的说法看起来相互对立，但实际上是一种两相情愿的蜜月恋爱：互联网通过电影来实心化、创造产品群、提升平台价值；电影借助互联网来获取资源、扩大影响、寻找用户、延伸价值。两者你情我愿，使中国电影早于全球任何国家与互联网相互融合，中国电影真正进入互联网时代。

3. 电影企业：传统格局动态变化，电影新贵蓄势待发

2014 年，在互联网新媒体冲击下，曾经一骑绝尘的老牌民营电影企业华谊兄弟似乎略显疲态，票房业绩多年来第一次退到第四位，甚至开始对外宣称要调低“电影板块”在公司整体战略中的地位；光线传媒、博纳等电影企业则在继续强化自己的核心竞争力，垫高竞争门槛，而新的互联网企业则开始对电影业的全面进军。

从 2014 年出品和联合出品的电影数量和票房来看，在几家具有互联网基因的电影企业中，乐视影业、合一影业的表现突出。乐视影业出品《归来》《小时代 3》等 6 部电影，收获 14.77 亿票房；合一影业联合出品电影 11 部，共计 33.18 亿票房，其中 6 部票房过亿、3 部超 5 亿。但乐视是电影主导方，而合一影业目前主要还是联合出品方。乐视已经是一家有互联网基因的电影公司，而合一还在从互联网公司向电影公司的转型路上。爱奇艺影业和腾讯“电影 +”在本年度还处在“试婚期”。爱奇艺主要以互联网营销为主参与电影，唯一一部联合出品的影片是未能带来预期票房成绩的《一步之遥》；腾讯“电影 +”基本专注于拥有知识产权的网络游戏 IP 的电影孵化。总体看，四家互联网公司出品和联合出品的影片数量虽然只有 20 部，仅仅为国产片总量的 3%，但这些影片却占国产片票房份额38%。特别是乐视影业，出品和联合出品 6 部影片，其中 5 部过亿。互联网企业与电影市场的关联度由此可见一斑。

表 1　互联网影业公司的电影生产

影业公司	出品 / 联合出品数（部）	票房共计（亿）	票房过亿影片数（部）	全国国产片票房占比
爱奇艺影业	1	5.13	1	3.3%
合一影业	11	33.18	6	22%
腾讯电影	2	3.6	2	2.6%
乐视影业	6	14.77	5	9.9%

（二）电影制作：大片不强 小片不弱

中国电影的生产模式多种多样。其中有各级各类党政部门宣传性投资生产的电影，也有企业赞助性投资生产的电影，还有各种闲散资金随意性投资生产的电影，等等。这些电影大多对影院和市场回报没有明确指标和预期，多数这类影片没有进入过影院渠道流通，甚至也很少进入其他全国性的商业渠道流通。影片的投资规模大多为百万量级，千万以上成本的产品不多。这些产品的产业价值很小。真正的电影产品则大多仍然由华谊兄弟、光线传媒、乐视影业、博纳影业、万达影视五大民营电影企业以及中影股份、小马奔腾等专业电影公司制作。BAT 三大互联网企业则参与了部分这类商业投资电影的出品和发行。

1. 制作机构：民营公司逐渐分化，互联网企业厉兵秣马

2014 年，华谊兄弟、光线传媒、乐视影业、万达影视、博纳影业五大民营电影公司主导发行的影片占有国产片票房 58% 的份额。其中，光线传媒占国产片市场份额 19%，博纳 15%，乐视影业 11%，位列前三位。

光线传媒发行的国产片全年共取得 31 亿票房，较上年提升近 50%。虽然与年初宣称的 40 亿目标有距离，但光线已首次超越同行成为年度国产片发行冠军；博纳影业取得 24 亿票房，近三年来也首次占据次席地位，所发行影片多以博纳自主开发和主投项目为主；乐视影业取得票房 19 亿，其中主打年轻群体的暑期档表现最为突出；万达影业开始在产品上游发力，一季度独占国产电影近 50% 的惊人份额，其发行的《北京爱情故事》《十万个冷笑话》都成为年度关注影片；而没有冯小刚压阵的华谊兄弟本年度以发行中小成本影片和引进片为主，《撒娇女人最好命》和《微爱》成绩较好，但整体的国产片发行出现了票房负增长。

其他民营电影企业，华策与和力辰光、乐视影业等公司联合出品《小时代 3》成绩不俗；福建恒业在本年度出品的《朝内 81 号》、发行的黄真真导演的小妞电影《闺蜜》都取得了票房超过 2 亿的好成绩；小马奔腾以电影《匆匆那年》在年末显示了自己的一席地位；天娱传媒依托“快乐男声”推出纪录片《我就是我》，与光线联合出品《爸爸去哪儿》大电影，则拓展了电视综艺节目大电影化的路子；星美参与出品的《不能说的夏天》《太平轮（上）》均未达预期；新丽传媒的《我的早更女友》以小博大，表现不俗；安乐影业联合出品《黄飞鸿之英雄有梦》，寰亚出品《不再说分手》，与英皇影业联合出品《救火英雄》，银都机构联合出品《人间小团圆》《窃听风云 3》《魔警》《反贪风暴》《盗马记》《百变爱人》等片，这些香港公司虽然规模不大，但都各具特色。

2014 年，国有制片企业表现平平。中影股份参与发行的影片大多并非自己主导；八一电影制片厂依靠南水北调题材的主旋律电影《天河》，在北京的政策性推广下获得3000 多万票房成绩已是年度最好；上影、长影、西影等本年度几乎都未能制作出有重大影响的作品。民

营主导的电影制作局面已基本形成。

2. 创作人才：新老交替、跨界上位

中国第五代导演一直是中国电影产业化改革以来最可靠的创作资源。但随着电影观众的年轻化、互联网基因的广泛影响，第五代以及同辈电影人在电影产业中的核心地位逐渐边缘化，一批更年轻的电影人，甚至是跨界转行的电影人陆续进入电影聚光灯的中心区。

国产电影“三国演义”中的冯小刚、陈凯歌缺席，张艺谋的《归来》独自撑持。影片虽然受到评论界好评，但票房成绩并不突出。即便是20世纪60年代出生的第六代导演的旗手姜文，其万众期待的作品《一步之遥》也远远没达到预期票房和口碑。全年36部票房过亿的国产片中，由70后、80后年轻导演、新人导演执导的作品已达到16部。

畅销书作家韩寒首次执导的电影《后会无期》取得6.3亿元的票房收入，堪称国产电影处女作票房之最；1978年出生的陈思诚从演员转型为编导，将电视剧《北京爱情故事》搬上大银幕，也收获了4.06亿元票房；郭敬明推出《小时代3》，在争议之中票房达到5.22亿元，三部“小时代”系列总票房超过12亿元，成为系列电影票房之王；演员兼导演的邓超，其《分手大师》竟然在《变形金刚4》的牙缝中挤出了超6亿元的票房；青年导演路阳的新片《绣春刀》票房平平，但却好评如潮。而国产电影的票房冠军则被70后青年导演宁浩的《心花路放》斩获。演员转型、作家转行、青年接班，使本年度中国电影行业更加年轻化。

在内地老资历导演普遍遭遇市场滑铁卢的时候，几位香港资深导演却保持了不错的创作状态。徐克的《智取威虎山》在制作水平和创作水平上都体现了他人难以超越的水准；陈可辛的《亲爱的》虽然是艺术片素材，却取得了商业片的成绩；但吴宇森的豪华巨制《太平轮（上）》、许鞍华的全明星制作《黄金时代》却没能被市场广泛接受。前者明星拼盘的制作模式已经落伍，后者过于文学化的叙述限制了观众的接受面。

中国电影人的改朝换代似乎已基本成势。70后导演宁浩、张一白、郑保瑞、周显扬、陈思诚、邓超，80后电影新人韩寒、郭敬明、郭帆、陈正道、肖央、田羽生等纷纷跨入亿元票房俱乐部。这些年轻的电影人，即便在专业能力上还不如前辈艺术家，但他们在文化价值观、生活方式、界面亲和、营销关系方面似乎与年轻电影观众更加贴近。

3. 电影产品：大片疲软，轻电影成宠儿

从《英雄》开始，一直由大制作电影支撑国产电影市场。但以《失恋33天》和《泰囧》为标志，态势发生改变。2014年票房前30的国产影片，中小成本的爱情、喜剧和动作三种类型占近70%票房，武侠、惊悚、魔幻等类型也有一定份额。与美国市场不同，美国科幻片占据市场份额45%。而中国大制作电影却没有能够成为市场领头羊，反而是轻松题材、轻松风格、轻松类型的电影大行其道。国产电影制作模式发生了改变。

从公开发布和调研得来的数据来看，2014年生产的618部国产故事片中大约17部投资成本过亿，投资在3000万到1亿元的影片有16部，投资在1000万到3000万的影片有34部，其他551部的投资成本都在千万以下。国产票房前10的影片中投资过亿的影片只有《西游记之大闹天宫》《澳门风云》《一步之遥》《智取威虎山》四部，投资在千万以下的则是脱胎于综艺节目的《爸爸去哪儿》。而郭敬明和韩寒两位明星作家跨界导演的电影《后会无期》《小时代3》则都是中等制作成本，但票房分别达到6.29亿元和5.25亿元。

大片遭遇滑铁卢的现象本年度更加明显。《太平轮》《黄金时代》等片都是同类影片中的投资“巨无霸”，但市场回报并不令人满意；赵宝刚转向电影的大制作影片《触不可及》在市场上更是一败涂地；《冰封：重生之门》《黄飞鸿之英雄有梦》《魔警》《救火英雄》等大制作动作性影片的票房情况也不理想；最让市场大跌眼镜的则是投资超过5000万美元（3亿元人民币）的姜文新作《一步之遥》。这些影片虽然在制作规模、制作水平方面代表了中国电影的最高标准，场面宏大、造型逼真、画面精致、镜头考究。但其叙事的笨重、文化的精英感、故事取向的左右不逢源，带来了“大片不强”的集体后果。只有徐克的《智取威虎山》因为其类型的纯粹和叙事的极致，成为高成本影片中少有的高票房回报案例。

2014年，中小成本影片在以小博大方面屡创佳绩。《同桌的你》投资成本千余万，票房回报4.5亿元；《北京爱情故事》《亲爱的》《催眠大师》《撒娇的女人最好命》等都体现了较高投入产出比；以网络微电影《老男孩》展开的《老男孩：猛龙过江》投资不到千万，票房超过2亿元，主题曲《小苹果》更成为神曲风靡一时；《十万个冷笑话》延续了网络上的超高人气，首映当日票房即过千万…… 这批中小成本电影，刷新着各种票房纪录。根据电视节目改编的电影《爸爸去哪儿了》竟然奔向10亿元票房的天文数字；随后两类影片成为畅销产品：一类是重口味喜剧片，如《分手大师》；一类是小清新爱情片，如《匆匆那年》；当然最畅销的则是将重口味喜剧与小清新爱情混合在一起,如《心花路放》。各种粉丝电影、网络小说电影、游戏IP电影粉墨登场,顾长卫都起用年轻明星Angelababy和陈赫推出段子式的电影《微爱》。此外,《京城81号》用4.1亿元票房为惊悚电影类型带来了信心;《催眠大师》则成为本年度最受推崇的国产心理惊悚片。类型的丰富、类型的中国化体现了本年度中国类型电影的发展态势。

2014年,更值得一提的是中国电影产品的丰富和多样。电影市场从十多年前不到十亿总票房的小饼干变成了如今接近300亿元的大蛋糕。随着市场的扩大,一批具有独特艺术风格、艺术个性的产品不仅能够被生产,而且也创造了数千万甚至数亿的票房成绩。其中,既有关注拐卖儿童的现实主义社会问题电影《亲爱的》,也有表现大时代文人情感生活的《黄金岁月》;既有国际获奖片、洞察人性善恶的《白日焰火》,也有表现荒诞政治背景中个人悲剧的《归来》;既有外国著名导演参与创作的表现现代乡愁和家庭沟通的《夜莺》,也有根据"现象级"电视节目创作的纪录电影《爸爸去哪儿》,甚至清华大学清影工作室出品的中国国际广播电台著名主持人的微成本纪录片《飞鱼秀》,也通过互联网把十多个城市的粉丝聚集起来在影院连续放映了21天。艺术电影如果能更好地控制成本与效益的平衡,未来将会成为中国电影产品的重要补充。

4. 3D与动画电影:技术与美学期待更大突破

全球主流商业电影3D化已是大势所趋。好莱坞全球票房最高的前30部影片中四分之三为3D影片。3D几乎成为好莱坞为全球电影市场设下的一道难以逾越的技术门槛,捍卫着美国电影的霸主地位。

2014年,中国共上映83部高技术格式电影,其中国产影片39部,占比47%。包括31部3D立体电影,比2013年增加10部;IMAX格式从前一年的5部增加到20部;IMAX3D电影从前一年的3部增加到12部。本年度国家投入3亿元支持6家国有重点制片基地发展,其中包括新兴技术的升级改造,并且坚持对高技术格式电影进行补贴。相较于往年,本年度高技术格式电影数量质量上都有明显进步。在票房前十位的国产片中,高技术格式影片数量也首次超过了半数。

表2 2010-2014年上映国产高技术格式电影(单位:部)

年份	国产3D影片	国产IMAX影片	国产IMAX3D影片
2010	3	1	-
2011	3	2	-
2012	9	4	3
2013	21	5	3
2014	30	20	12

表3 2014年上映国产高技术格式电影情况表

电影	类型	放映模式	票房(万元)
《心花路放》	喜剧	数字IMAX	116481
《西游记之大闹天宫》	动作/奇幻	3D+IMAX	105002
《分手大师》	喜剧	数字IMAX	66509
《匆匆那年》	爱情	数字IMAX	57934
《一步之遥》	喜剧战争	3D+IMAX	49300
《智取威虎山》	剧情/动作	3D+IMAX	45758
《朝内81号》	惊悚/悬疑	3D+IMAX	41270
《白发魔女传之明月天国》	动作/武侠	3D+IMAX	36401
《亲爱的》	剧情	数字IMAX	34310
《窃听风云3》	动作/犯罪	数字IMAX	
《归来》	剧情/历史	数字IMAX	29187
《熊出没之夺宝熊兵》	动画	3D+IMAX	24639
《痞子英雄2:黎明升起》	动作	3D+IMAX	20327
《太平轮》	剧情/爱情	3D+IMAX	19656

续表 3

电影	类型	放映模式	票房（万元）
《四大名捕大结局》	魔幻 / 武侠	3D+IMAX	19240
《黄飞鸿之英雄有梦》	动作	3D+ 数字	17076
《我的早更女友》	喜剧	数字 IMAX	16088
《冰封：重生之门》	动作 / 爱情	3D	14170
《一个人的武林》	动作 / 警匪	3D+ 数字	10757
《绣春刀》	武侠	IMAX 数字	9340
《神秘世界历险记 2》	动画	3D 数字	6230
《赛尔号大电影 4：圣魔之战》	动画	3D 数字	6210
《秦时明月之龙腾万里》	动画	3D+IMAX	6007
《神笔马良》	动画	3D+IMAX	5847
《龙之谷》	动画	3D+IMAX	5697
《潜艇总动员 4：章鱼奇遇记》	动画	3D 数字	4812
《绝命航班》	灾难 / 动作	3D 数字	3730
《魁拔Ⅲ战神崛起》	动画	3D 数字	2443
《3D 食人虫》	惊悚科幻	3D 数字	2254
《魔幻仙踪》	动画	3D 数字	2194
《81 号农场 2 之疯狂的麦咭》	动画	3D 数字	1867
《密道追踪之阴兵虎符》	盗墓 / 惊悚	3D 数字	876
《爱情进化论》	爱情 / 喜剧	3D 数字	749
《闯堂兔 2 疯狂马戏团》	动画	3D 数字	624
《怨灵人偶》	惊悚恐怖	3D 数字	609
《太空熊猫总动员》	动画	3D 数字	340
《江南爱情故事》	爱情	3D 数字	117
《情笛之爱》	音乐 / 儿童	3D 数字	20
《神剑传奇》	动画	3D 数字	7

动画电影作为一种“家庭电影”产品，一直在全球电影票房中占有重要位置。近年来国产动画数量虽然不断增长，但长期都是《喜羊羊与灰太狼》系列一枝独秀。2014 年有 35 部国产动画电影上映，累计票房超过 11 亿。借助电视影响力，3D 动画片《熊出没之夺宝熊兵》超越“喜羊羊”系列成为历年来票房最高的国产动画电影；《神秘世界历险记 2》、由网络游戏改编的《赛尔号 4 圣魔之战》、由动画系列片改编的大电影《秦时明月之龙腾万里》都进入了国产动画片票房前五。本年度，国内市场引进动画片 18 部，其中 6 部票房过亿，《驯龙高手 2》则以 4 亿元票房成为新标杆。票房成绩仍然是国产动画难以媲美的。国产动画也无一进入国产片票房排行前 10 之内，国产动画依然未能成为中国主流电影产品。

2014 年，合拍片保持了稳定走势。内地公司与法国、美国、韩国、日本等多个国家和地区开展了合拍。与我国香港合拍仍然是主流。合拍类型涉及魔幻、喜剧、动作、悬疑、爱情、古装等。喜剧、警匪和武侠片三种类型最受欢迎，喜剧片有黄真真的《闺蜜》、谷德昭的《六福喜事》、李志毅的《盗马记》等；警匪有《窃听风云 3》《魔警》《反贪风暴》等；武侠片有《四大名捕大结局》和《白发魔女传之明月天国》等。合拍片《西游记之大闹天宫》《澳门风云》，以及陈可辛的《亲爱的》、徐克的《智取威虎山》均为本年度成功的合拍片项目。

真正的中外合拍片数量并不多，但中方企业开始积极参与外国电影的投资。内地年度电影票房总冠军《变形金刚4》就有中国资金参与投资；华谊投资了战争类型片《狂怒》；等等。中国与其他国家之间的合拍有所突破。两部中法合拍片《夜莺》和《狼图腾》均为法国导演执导，《夜莺》被推荐代表中国内地参与奥斯卡最佳外语片角逐。中韩合拍也取得突破，两国签署《中韩电影合作协议》，随后多部影片如《鸣梁海战2》等都相继确定合作意向，华策影视、新丽传媒等公司与韩国CJE&M等公司达成战略合作。本年度的中日合拍则多为动画电影，如《聪明的一休》电影版、《喵星少年漂流记》等。

总体看，2014年的中国电影产品更加贴近市场、贴近观众。电影产品的生产方式随着互联网的影响正在发生着改变。电影观念和电影人的新老交替同步进行。大片未必强，小片未必弱，成为本年度重要的电影制作现象。与此同时，人们也担心，通俗、通俗直到庸俗正在成为一些影片所谓“接地气”的追求。过去占主导地位的大城市白领观众趣味被更加草根、大众的互联网用户所改变。一些电影产品似乎在离商品更近的同时离电影更远。

（三）电影市场：内向型经济特征继续强化

2014年，电影市场生机盎然。由于银幕更多，观众更广，二三线城市对电影市场的影响更明显。新的观众构成带来新的电影消费习惯和观影趣味；新的营销手段带来新的市场变异和市场奇迹。在内地市场消费力和互联网社交化的双重影响下，中国电影在限制进口电影的配额和份额的同时，更加强化以国内市场需求为主的经济模式。市场在很大程度上决定着中国电影产业的走向。

1. 院线与影院

2014年，中国内地共有影院5785家，累计银幕24304块。整个院线市场基本稳定。全国前十大院线票房总和196.7亿，占票房总份额66%，比上年的63%略有提高。万达以42亿票房成绩傲视群雄。大地院线首次挺进全国院线票房收入前三甲。大地院线年度票房收入增长48%，成为院线增长冠军。北京新影联则连续五年排名下滑，从昔日全国第一后退到本年度第十。中影数字院线同比增长47%，仅仅略低于大地院线，排名上升至全国第7位。其余大部分院线的排序变化不大。

院线竞争基本处于胶着期，尽管一些院线经营效益不好，但由于资产关系复杂，集中度提升困难重重。这也直接导致一些院线较多的区域竞争加剧，恶性竞争苗头出现，院线的区分度也比较低。电影院线集中度的进一步提升，有赖于国有资产改革的进一步深入，否则影院市场管理面临的挑战还将进一步凸显。

表4 2011-2014年全国院线前十位

院线	2011年度排名	2011年度累计票房（亿元）	2012年度排名	2012年度累计票房（亿元）	2013年度排名	2013年度累计票房（亿元）	2014年度排名	2014年度累计票房（亿元）
万达电影院线股份有限公司	1	17.85	1	24.56	1	31.60	1	42.1
中影星美电影院线有限公司	2	13.77	3	16.2	2	18.55	2	24.5
上海联和电影院线有限责任公司	3	13.03	2	16.9	3	17.47	4	22.2
中影南方新干线有限责任公司	4	10.86	4	13.2	6	14.92	6	19.9
广州金逸珠江电影院线有限公司	5	8.51	5	11.8	5	15.40	5	20.9
北京新影联影业有限责任公司	6	7.63	7	8.26	7	8.74	10	10.1
广东大地电影院线有限公司	7	6.77	6	11.1	4	15.81	3	23.5
浙江时代电影大世界有限公司	8	5.57	8	7.16	8	8.70	7	11.9
四川太平洋电影院线有限公司	9	4.68	9	6.03		7.05		
辽宁北方电影院线有限责任公司	10	3.82	10	4.26		4.9		
浙江横店					9	7.73	9	10.6
中影数字院线					10	7.43	8	11
合计				119.47		139.35		196.7

2. 电影观众：粉丝观众大量出现，青年学生成为观影主力

2014 年，观影人次较上一年净增 2.2 亿，增幅 36%，与票房增长幅度基本同步。从近两年中国电影观众构成看，青少年电影观众大幅度增长。19~40 岁观众占到总观影人次的 87%，其中 19~30 岁观影人群占比超过 5 成。而暑期和节假日，电影的核心受众则更加低龄化。与此相关，这一年最引人瞩目的现象之一就是所谓电影“网生代”的出现。互联网在中国发展 20 年，如今互联网上流行的游戏、网络文学、微电影等元素纷纷进入电影，在互联网上活跃的人物开始参与电影制作，互联网公司开始通过对用户资源的调用来运作电影，更重要的是伴随互联网长大的年轻人成为电影的主力受众，使这一年的中国电影越来越鲜明地体现出所谓“互联网”气质。这一年不仅出现了类似《后会无期》《小时代 3》这类动辄票房数亿的“粉丝电影”，而且像《老男孩》《分手大师》《心花路放》等影片叙事的碎片化、台词的网络化、场景的戏谑性、审美的简陋性、价值观的大众“草根性”等也受到青少年观众的认可。

3. 电影票房：160 部影片票房超千万

2014 年的电影市场从年初开始井喷，票房过亿影片频频出现。本年度票房超千万人民币的影片继前一年首次突破百部之后，增加到 161 部，平均每周出现 3 部超千亿票房的新片；票房超过 5000 万元的影片共 89 部，每月平均 7.4 部；票房超 1 亿的影片 66 部，每月平均 5.5 部。全年发行的 388 部电影中，41.5% 的影片达到了千万票房的级别，显示了中国电影市场的消费力。

2014 年，进口片票房份额仍然被国产影片压倒，但单片票房冠军被《变形金刚 4》在密钥未获延期情况下以近 20 亿元票房取得。34 部分账发行影片中的 30 部进入了亿元区间，票房超 5 亿元的有 7 部。30 部过亿票房进口影片中，29 部为 3D 格式或巨幕版、IMAX 版。在高新技术影片市场上，进口电影具有明显优势。即便在放映窗口受到局限的情况下，进口分账影片单片平均票房也远超过发行的国产影片。国产影片份额优势仍然是在一定的发行保护、市场失范前提下取得的。国产电影的市场竞争力，特别是高新技术格式的国产影片竞争力还有待提升。

表 5　2014 年内地超过亿元票房的国产电影排行榜

1	《心花路放》	喜剧 / 公路	116481	中影股份
2	《西游记之大闹天宫》	动作 / 奇幻	104599	安石英纳
3	《爸爸去哪儿》	纪录 / 真人秀	69611	光线影业
4	《分手大师》	喜剧	66644	光线影业
5	《后会无期》	剧情 / 公路	62975	天津博纳
6	《匆匆那年》	爱情	57934	光线影业
7	《澳门风云》	动作 / 喜剧	52323	天津博纳
8	《小时代 3：刺金时代》	爱情 / 喜剧	52241	乐视影业
9	《一步之遥》	喜剧 / 黑帮	49300	中影股份
10	《智取威虎山》	动作 / 战争	45758（截至 2014 年 12 月 31 日）	天津博纳
11	《同桌的你》	爱情	45610	光线影业
12	《京城 81 号》	惊悚	41270	福建恒业
13	《北京爱情故事》	爱情	40569	万达影视
14	《白发魔女传之明月天国》	古装 / 动作	36401	浙江博纳
15	《亲爱的》	剧情	34310	光线影业
16	《窃听风云 3》	警匪	30902	浙江博纳
17	《归来》	剧情	29187	乐视影业
18	《催眠大师》	悬疑 / 惊悚	27337	万达影视
19	《熊出没之夺宝熊兵》	动画	24639	乐视影业
20	《撒娇的女人最好命》	爱情 / 喜剧	22960	华谊兄弟

续表 5

21	《一生一世》	爱情	22807	万达影视
22	《老男孩猛龙过江》	喜剧	21103	乐视影业
23	《闺蜜》	喜剧 / 爱情	20496	福建恒业
24	《痞子英雄 2》	动作	20327	中影股份
25	《微爱之渐入佳境》	喜剧 / 爱情	19759	华谊兄弟
26	《太平轮（上）》	剧情	19656	乐视影业
27	《四大名捕大结局》	古装 / 动作	19240	光线影业
28	《单身男女 2》	爱情	18015	寰亚影业
29	《黄飞鸿之英雄有梦》	古装 / 动作	17076	安乐影业
30	《我的早更女友》	喜剧 / 爱情	16088	新丽传媒
31	《冰封：重生之门》	动作	14170	乐视影业
32	《前任攻略》	喜剧 / 爱情	12787	华谊兄弟
33	《一个人的武林》	古装 / 动作	10757	华谊兄弟
34	《魔兽》	动作	10335	中影股份
35	《白日焰火》	剧情 / 悬疑	10240	幸福蓝海 / 中影股份
36	《临时同居》	喜剧 / 爱情	10083	中影股份

2014 年，超过 5 亿元的影片 15 部，占票房份额 42%；票房在 1 亿 ~5 亿元的影片 51 部，票房占比 46%，两者之和的影片数量为发行总量的 17%，票房份额为 88%。这与美国电影市场结构大同小异。2014 年美国电影市场票房过 1 亿美元的影片 29 部，占总市场份额 5 成；票房在 5000 万 ~1 亿美元的 33 部影片占 20%，二者合计达 7 成。美国电影市场的多样化水平稍高于中国电影市场。但"倒二八"定律在电影市场上基本是共性特点。

4. 消费类型：进口影片看大片，国产影片看爱情 + 喜剧 + 偶像

从 2014 年度过亿票房的影片来看，爱情、喜剧和动作三种类型共同撑起了中国国产片近 70% 的票房份额，与美国市场很不相同。美国市场科幻片占据市场份额 45%，类型高度集中。在中国，进口片市场也以科幻、动作为主，夺下近 75 亿元票房，但国产片却呈现出完全不同的景象。爱情 + 喜剧 + 偶像的类型组合是最大赢家。该类影片攻占近 68 亿元票房，在前十影片中仅有《西游记之大闹天宫》《一步之遥》属于传统大片。国产的硬派动作电影和严肃剧情片，虽然有一定的市场规模，但观众的接受度相对较低，整体国产电影观众趣味有轻软化、过度娱乐化的趋势。

这种现象的出现，一方面因为进口电影在工业奇观方面远远超越国产电影的制作和创作水平，观众更倾向于选择好莱坞大片消费而不认同国产大制作电影；另一方面也因为国产电影在爱情、喜剧、明星方面更容易找到与当下人们的生活情境、情感状态的认同和勾连，形成好莱坞电影难以替代的本土亲近性。当然，如果国产电影工业水平不能跟上电影发展步伐，这些刚刚回到影院的观众被好莱坞培养出奇观电影的趣味偏好之后，特别是当爱情喜剧大量泛滥造成审美疲劳之后，国产电影将很可能出现市场危机。

5. 电影营销：互联网营销来势汹汹

营销对电影票房变得越来越重要。据不完全统计，2014 年中国电影营销费用上升到 36 亿元（占全国总票房 12%），同比增长 24%。电影营销重点更加明显地从传统渠道转向互联网和新媒体。娱乐宝、众筹、在线购票网站、微信支付等都介入了电影营销。网络营销已经从以前的高概念、新奇感、冲击力的时代，转变到了精耕细作、精准营销、话题营销、网络分发。甚至营销创新也转向病毒营销和娱乐营销。时兴的"众筹"则借助投资平台开展电影营销。阿里巴巴数字娱乐事业群推出"娱乐宝"，一期上线项目《小时代 3》《小时代 4》《狼图腾》《非法操作》4 部电影以及网络游戏《模范学院》募资总额 7300 万元；第二期"娱乐宝"在 100 小时内为《露水红颜》《绝命逃亡》《全城通缉》《老男孩之

猛龙过江》《魁拔Ⅲ》5 部电影筹资 9200 万元；百度旗下的众筹平台“百发有戏”上线 1 天就为电影《黄金时代》募集资金 1800 余万元。这种众筹模式的营销意义其实远大于融资意义。

以 BAT 为代表的互联网入局，为电影的营销注入了越来越多的新思路，而在线售票从宣传推广、售票再到分享观影感受，形成了不断扩展的网状传播，冲击了传统发行营销模式。根据业内相关数据估计，2014 年 296.39 亿元的总票房中，有 40% 是观众通过手机软件客户端或互联网站购买的。以猫眼美团、淘宝电影、格瓦拉、时光网、百度糯米等众多第三方综合购票网站为主的网络购票体系已经形成。《后会无期》《心花路放》《一步之遥》都通过网络售票创造了很好效果。“双十一”期间，阿里巴巴旗下淘宝电影、阿里影业联合与微博电影、新浪娱乐，对贺岁档 11 部电影进行的低价预售同样大获成功，4 天内售票 68.59 万张。正如四川太平洋院线业务部经理秦立为所说：“互联网对发行公司带来的冲击是最大的。长时间以来，发行人员都是到一个城市和媒体、影院交流，并没有和观众交流；而电商有精确的数据分析能力，还能实现有效的营销和快捷的支付，不排除互联网公司在未来掌握发行的话语权。”作为目前互联网改造电影产业链的主要发起点，在线票务的发展或许会推动电影新的发行模式的形成，并使电影产业链的上下游更为紧密地融合。

6. 档期变化：贺岁档期风光不再，节庆假日爆发消费

2014 年，贺岁档期不温不火，而节假日档期则显示出巨大的市场冲刺力。从 2014 年年度各档期表现看，元旦、五一档期由于缺乏有影响力的大片带动，也缺乏高品质的合家欢电影，同比呈现出下滑趋势。元旦档期下降高达 63%，五一档期则下降 16.3%；但其余节假日档期均呈现明显上扬。妇女节档期则以 125% 的同比增幅成为年度最快成长档期，春节档、端午档、七夕档、国庆档同比增幅均超 70%。特别是春节档的《西游记之大闹天空》《爸爸去哪儿了》两部亲子合家欢电影，让人们看到了春节特殊的家庭电影消费的巨大潜力。而国庆档期《心花路放》喜剧定位，则吸引了远远超出青年观众群体之外的大消费人群。

2014 年，诸多票房纪录都因为《变形金刚 4》的出现而被改写。6 月 28 日，《变形金刚 4》上线，创造了单日票房 2.83 亿的最高纪录； 7 月月度票房 36.93 亿也由于《变形金刚 4》的带动创造了单月票房纪录；《变形金刚 4》的 19.8 亿票房也创造了单片票房纪录；合适的档期、合适的影片、合适的营销、合适的影片与观众的定位契合，都会为电影票房的爆发增长提供契机。

7. 大电影市场：电影版权经济举步维艰

电影局通报称，2014 年中国在境外 44 个国家及我国的港澳台举办了 65 次中国电影节展活动，展映影片 452 部次。共有 345 部次国产影片（含合拍片）参加了 29 个国家及港澳台地区的 99 个国际电影节，其中 70 部次影片在 22 个电影节上斩获 117 个奖项。国产影片的海外票房和销售收入 18.7 亿元，同步增长 32.25%。 尽管如此，中国电影整个海外电影收入仅仅相当于国内电影票房的 6.6%，完全不能成为有战略价值的电影窗口。

在世界最大的电影市场北美地区，据好莱坞票房官方网站 boxofficemojo.com 统计，2014 年共有十多部华语片进入北美院线上映，其中 8 部与中国大陆上映日期相隔不到一周，但华语电影票房总收入只有 327 万美元（约 2000 万元人民币），在北美外语片市场上排在印度、墨西哥、韩国、波兰、法国之后的第六位。这些票房大多由海外华人观看所贡献。

华语电影在文化邻近的亚洲地区的票房收入情况也很不理想，除《一生一世》票房超过百万美元，其余影片则都不到 20 万美元的票房收入，对整个电影产业的贡献几乎可以忽略不计。

造成这种墙内开花墙外不香的原因众多，最主要还是电影的制作水平、创作水平普遍不高，题材选择、情感表达、类型设计不够国际化，中国电影在国内“成”在本土性，在国际上“败”也在本土性。中国电影不仅没有呈现出国际化趋势，甚至还有更加明显的以内需、内销为唯一诉求的内向型倾向。

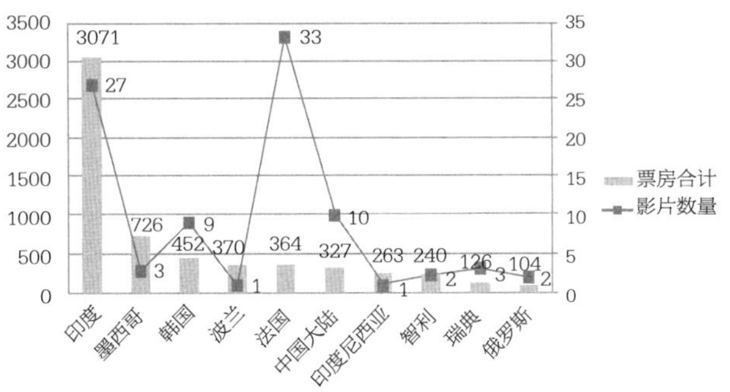

图 7　2014 年北美外语片票房排名前十位的国家

表 6　2014 年华语电影在北美、亚太市场票房

排名	影片	北美票房（美元）	亚太地区票房（美元）
1	《心花路放》	777896	269700
2	《匆匆那年》	562523	192984

续表 6

排名	影片	北美票房（美元）	亚太地区票房（美元）
3	《一生一世》	430760	1018488
4	《北京爱情故事》	428318	124057
5	《撒娇女人最好命》	372143	114030
6	《微爱之渐入佳境》	241026	37880
7	《分手大师》	208959	181304
8	《魔警》	172343	2813591

国产片不仅在海外电影市场表现平平，而且在电视和互联网市场上也没有取得理想的版权回报。在互联网视频行业发展迅速的大背景下，整个电影版权国内销售收入仅仅20亿，这说明电影版权目前还缺乏多窗口价值，也缺乏充分的市场议价能力。这既与电影的版权价值不高有关，也与电影知识产权的有效保护仍然不足有关。目前，中国电影产业依靠本土影院一条腿走路的现实，在很大程度上制约着中国电影的发展水平。

8. 港台地区：好莱坞一家独大，华语电影市场相互割裂

香港电影市场近年来略有上升。2014年度票房总收入为港币16.47亿元，与2013年的16.26亿港元相比，略微上升1.3%。全年首轮上映电影数量310部，与2013年基本持平，但其中港片的放映数量有较大增长，从前一年的43部提高到51部，增长18.6%。但本土电影数量上的优势并未换来票房结果的同步。从市场来看，仅有《金鸡SSS》与《澳门风云》两部本土电影挤进了香港票房前十强。与此前两年情况基本相似，港片在好莱坞电影面前依然缺乏竞争优势。香港市场的票房前五名均为好莱坞电影。在香港举行全球首映礼的派拉蒙科幻动作大制作《变形金刚4：绝迹重生》以9820万港元成绩雄踞年度票房冠军。

表7 2014年香港电影市场票房十强（单位：港元）

排名	片名	票房
1	《变形金刚4：绝迹重生》	9820万
2	《美国队长2：冬日战士》	5660万
3	《超凡蜘蛛侠2》	5470万
4	《星际穿越》	5110万
5	《X战警：逆转未来》	5080万

续表 7

排名	片名	票房
6	《金鸡SSS》	4130万
7	《沉睡魔咒》	4090万
8	《猩球崛起：黎明之战》	3697万
9	《博物馆奇妙夜3》	3650万（跨年上映）
10	《澳门风云》	3360万

表8 2014年香港华语电影票房前十位（单位：港元）

排名	片名	票房（万元）
1	《金鸡SSS》	4130万
2	《澳门风云》	3360万
3	《西游记之大闹天宫》	2560万
4	《窃听风云3》	2390万
5	《那夜凌晨，我坐上了旺角开往大埔的红van》	2130万
6	《救火英雄》	2040万
7	《六福喜事》	1820万
8	《魔警》	1740万
9	《临时同居》	1650万
10	《3D豪情》	1610万

而在香港市场华语片前十排行中，则完全没有大陆主导的影片。除香港本土片之外，大部分均为内地与香港的合拍片。而内地与香港的合拍片，内地票房往往远远超过香港本地。如《澳门风云》在香港的票房为3360万港币，而在大陆为5.3亿元，香港票房仅仅相当于其内地票房的5.6%。仅此一例，就可以清楚地看到香港电影工业对于内地市场的依赖。

台湾的电影市场比较疲软。在台北电影票房市场出现−2.55%的小幅衰退的同时，台北以外的县市新增3家首轮戏院、110块屏幕，全台电影票房基本持平或有不到2%的微成长，整体票房规模约90亿元新台币（相当于人民币18.5亿元）。据台北市戏院公会统计，2014年总计逾10国、622部（含12个影展的189部影片）电影进入台北电影市场。其中，好莱坞6大电影公司在台北上映影片66部，票房20.7亿元新台币。好莱坞影片虽然数量仅占放映总数15.2%，却获取了58.3%的票房份额，连同英、美独立片商，引进片市场占有率高达75.7%。

本年度台北上映的本地国语片 33 部，较前一年减少了 11 部，总票房 3.8 亿元新台币，占票房份额 10.2%；上映陆港片 12 部，获得 1.2 亿元新台币的票房。在台北市场，虽然台湾本土影片不能与好莱坞抗争，但是相比大陆和香港影片，似乎更有本地市场的接受度。在台湾票房前 10 名的影片中，依旧是《变形金刚》独占鳌头，而国片只有《KANO》《等一个人咖啡》入围了前十位。

表 9　2014 年台湾电影票房前十位（单位：新台币）

排名	片名	票房（亿元）
1	《变形金刚 4：绝迹重生》	6.2
2	《露西》	3.8
3	《KANO》	3.3
4	《美国队长 2：酷寒战士》	2.98
5	《星际效应（上映中）》	2.72
6	《蜘蛛人惊奇再起 2：电光之战》	2.68
7	《等一个人咖啡》	2.6
8	《移动迷宫》	2.38
9	《明日边界》	2.31
10	《X 战警：未来昔日》	2.28
10	《哥吉拉》	2.28

整体来看，港台电影市场上，好莱坞电影的优势地位明显，而由于政治制度、文化传统、审查方式、市场状态的不同，虽然内地、香港、台湾的电影企业、电影人之间的融合越来越多，合拍片也越来越多，但是华语电影的市场却仍然相互分割，即便在有限的华语电影空间中，各地观众也更愿意接受本地电影。三地电影市场的一体化还没有实现。

整体来看，中国内地电影市场仍然处在高速扩张的黄金时期。国产电影在亲和力、接近性上具有一定的本土优势。但好莱坞电影的制作水平和全球化元素对国产电影市场的威胁仍然严峻，中国电影过度依赖影院市场的局面未能改变。内地、香港、台湾三地的华语电影市场仍然相互隔离。中国电影主要是一种内向型发展模式，在全球市场上几乎没有话语权。这种自给自足的内向状态在全球文化大背景下潜伏着一定的发展危机。

（清华大学　尹鸿、冯飞雪）

新闻出版产业

2014 年，新闻出版业按照中央要求，把社会效益放在首位，努力实现社会效益与经济效益相统一，进一步调整、优化结构，深化改革，促进增长，实现了中高速发展。

一、2014 年新闻出版产业总体情况

（一）新闻出版产业实现中高速增长，产业规模继续扩大

全国出版、印刷和发行服务实现营业收入 19967.1 亿元，较 2013 年增加 1720.7 亿元，增长 9.4%，表明新闻出版产业在国民经济“新常态”背景下仍继续保持了较好的可持续发展能力。

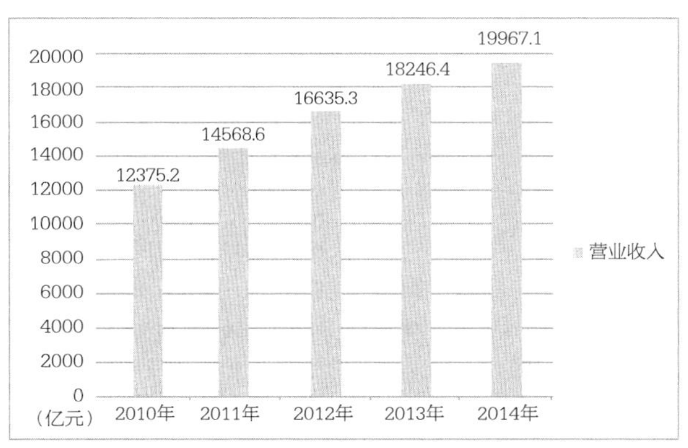

图 1　2010—2014 年新闻出版产业增长情况

（二）图书出版品种增速继续大幅回落，主题出版亮点凸显

全国共出版图书 44.8 万种，较 2013 年增加 0.4 万种，增长 0.9%，增速回落 6.5 个百分点；其中，新版图书 25.6 万种，增速回落 5.8 个百分点；重印、重版图书品种 19.3 万种，增加 0.4 万种，增长 2.2%。文化科学教育体育类图书品种减少 0.2 万种，其中新版图书减少 0.5 万种，重印、重版图书增加 0.3 万种，增长 3.2%。当年累计印数超过 100 万册的书籍由 2013 年的 48 种增加到 66 种，其中主题图书占到 8 种，《习近平总书记系列重要讲话读本》当年累计印数超过 1500 万册，《习近平关于党的群众路线教育实践活动论述摘编》超过 500 万册。表明图书出版调整、优化结构的成效进一步凸显，主题出版成效显著。

表 1 图书出版品种变动比较

单位：万种，%

类别	2013 年			2014 年		
	品种	增减数量	增长速度	品种	增减数量	增长速度
全部图书	44.44	3.04	7.35	44.84	0.40	0.90
新版图书	25.60	1.40	5.78	25.59	−0.01	−0.04
重印重版	18.84	1.64	9.55	1925	0.41	2.18
文化科学教育体育类	17.62	1.70	10.68	17.38	−0.24	−1.36
新版图书	8.51	0.52	6.53	7.98	−0.53	−6.23
重印重版	9.11	1.18	14.86	9.40	0.29	3.18

（三）报刊出版深度下滑，经营困难加剧

全国共出版报纸 463.9 亿份，较 2013 年减少 18.5 亿份，降低 3.8% ；总印张 1922.3 亿印张，减少 175.5 亿印张，降低 8.4% ；平均期印数超过 100 万份的报纸减少 3 种；报纸出版实现营业收入 697.8 亿元，减少 78.8 亿元，降低 10.2%；利润总额 76.4 亿元，减少 11.2 亿元，降低 12.8 %。全国共出版期刊 31.0 亿册，减少 1.8 亿册，降低 5.4%；平均期印数超过 100 万册的期刊减少 1 种；期刊出版实现营业收入 212.0 亿元，减少 10.0 亿元，降低 4.5% ；利润总额 27.1 亿元，减少 1.5 亿元，降低 5.4%。46 家报刊出版集团主营业务收入与利润总额分别降低 1.0% 与 16.0%，报业集团中有 17 家营业利润出现亏损，较 2013 年增加 2 家。表明传统报刊出版面临严峻挑战。

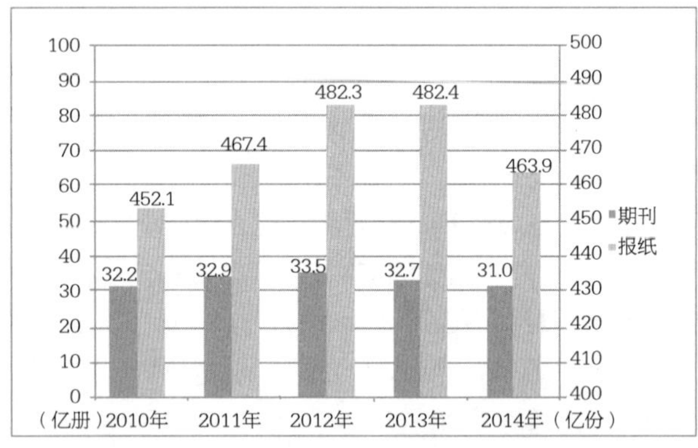

图 2 2010—2014 年报纸、期刊总印数变动情况

（四）数字出版继续保持较高增长速度，行业地位继续提升

数字出版实现营业收入 3387.7 亿元，较 2013 年增加 847.4 亿元，增长 33.4%，占全行业营业收入的 17.0%，提高 3.1 个百分点。增长速度在新闻出版各产业类别中继续名列前茅，总体经济规模超过出版物发行，跃居行业第二。网络动漫营业收入增长 72.7%，领跑数字出版；移动出版增长 35.4%，高于数字出版总体水平；互联网期刊与电子书增长 18.2%，远高于新闻出版业总体水平，表明新兴出版继续保持蓬勃活力，传统出版与新兴出版的融合发展进一步深入。

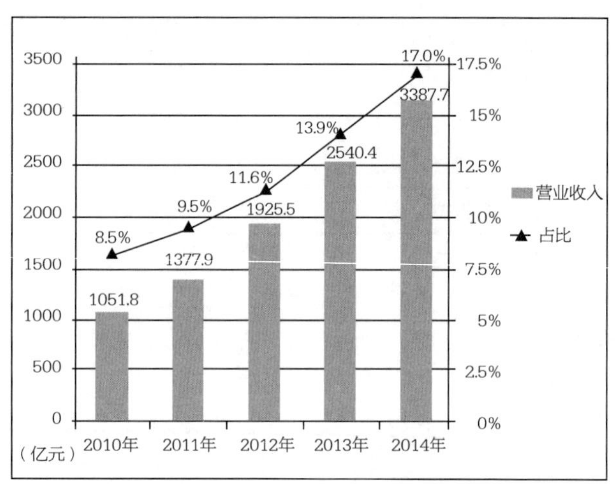

图 3 2010—2014 年数字出版营业收入增长情况

（五）印刷复制保持平稳增长，在全行业中所占比重继续下降

全国印刷复制实现营业收入 11740.2 亿元，较 2013 年增加 645.2 亿元，增长 5.8%；占全行业营业收入的 58.8%，减少 2.0 个百分点。

（六）版权贸易结构进一步优化，出版物版权输出持续增长

在全国版权输出品种保持基本不变的情况下，输出出版物版权 8733 种，较 2013 年增加 289 种，增长 3.4%；全国版权输出品种与引进品种比例由 2013 年的 1:1.7 提高至 1:1.6。

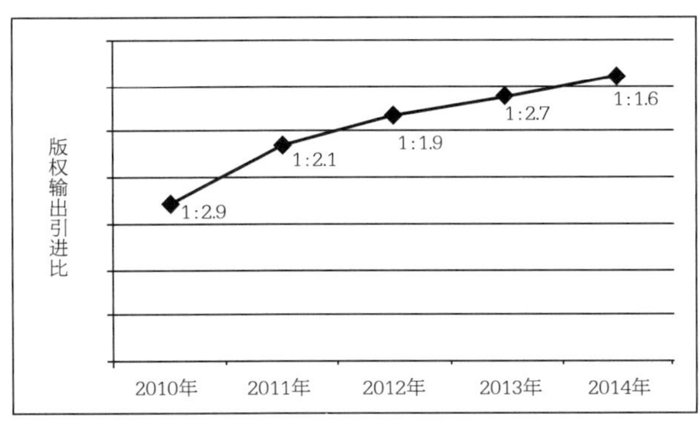

图4　2010—2014 年全国版权输出品种与引进品种比例变化情况

（七）出版发行集团实力稳步壮大，规模化程度进一步提高

全国 32 家图书出版集团实现主营业务收入 1563.0 亿元，较 2013 年增长 8.1%；利润总额 150.0 亿元，增长 15.4%；拥有资产总额 2660.6 亿元，增长 9.3%；所有者权益 1466.6 亿元，增长 11.0%，资产总额超过 100 亿元的图书出版集团由 2013 年的 5 家增加到 6 家。全国 27 家发行集团实现主营业务收入 774.2 亿元，增长 0.3% ；利润总额 60.6 亿元，增长 24.4% ；拥有资产总额 1135.0 亿元，增长 10.0%；所有者权益 522.2 亿元，增长 8.4%。出版、发行集团利润总额的增长均快于主营业务收入，表明销售利润率有所提高，盈利能力增强。

（八）上市公司效益快速提升，领跑传媒娱乐板块

全国 26 家在上海和深圳上市的出版发行和印刷公司共实现营业收入 932.6 亿元，较 2013 年增加 128.1 亿元，增长 15.9%，其中 12 家书报刊出版公司增长 19.0%，高于传媒娱乐板块整体增速；实现利润总额 115.6 亿元，增加 32.7 亿元，增长 39.4% ，其中印刷上市公司利润增长 1.5 倍；7 家图书出版上市公司平均净资产收益率远高于传媒娱乐板块平均水平，显示出较强的盈利能力。以 2014 年 12 月 31 日收盘价计算，31 家在境内外上市的出版发行和印刷公司股市流通市值合计 2601.8 亿元，增加 860.9 亿元，增长 49.5%。26 家在上海和深圳上市的出版发行和印刷公司股市总市值合计 2901.9 亿元，增加 669.8 亿元，增长 30.0%；其中书报刊出版公司增长 30.9%，发行公司增长 33.4%，均超过传媒娱乐版块总市值增幅。出版传媒类上市公司领跑传媒娱乐股，继续保持板块主力军地位。

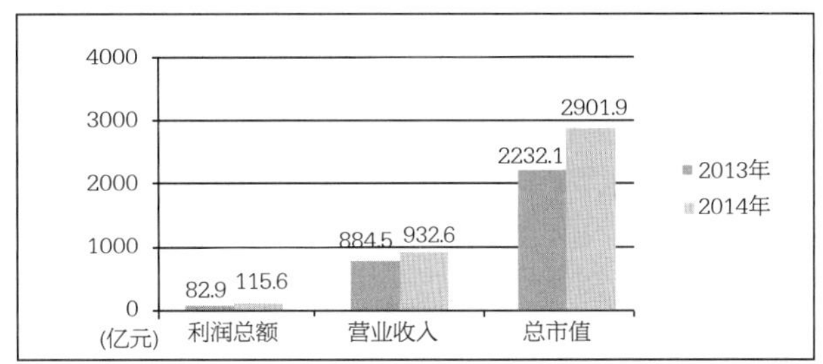

图 5　2013—2014 年在上海和深圳上市的出版发行和印刷公司发展情况

表 2　2014 年各类别上市公司主要指标及其变动情况

单位：亿元，%，百分点

指标		合计	书报刊出版公司	发行公司	印刷公司
总市值	金额	2901.85	1793.93	378.45	729.47
	增长速度	30.01	30.92	33.44	26.15
	所占比重	100.00	61.82	13.04	25.14
	比重变得	0.00	0.43	0.34	−0.77
营业收入	金额	932.57	580.89	99.26	252.43
	增长速度	15.92	19.03	15.19	9.62
	所占比重	100.00	62.29	10.64	27.07
	比重变得	0.00	1.63	−0.07	−1.56
利润总额	金额	115.59	76.67	11.14	27.78
	增长速度	39.40	21.61	28.19	149.60
	所占比重	100.00	66.33	9.64	24.03
	比重变得	0.00	−9.77	−0.85	10.61

（九）基地（园区）继续较快增长，产业集约化水平进一步提高

全国21家报送数据的国家新闻出版产业基地（园区）共实现营业收入1424.1亿元，利润总额217.7亿元。其中，12家国家数字出版基地（园区）共实现营业收入1118.7亿元，较2013年增加216.3亿元，增长24.0%；实现利润总额197.1亿元，增加59.4亿元，增长43.1%。3家数字出版产业基地（园区）营业收入超过100亿元，其中超过200亿元的2家，新增1家。

（十）国民阅读率全面提升，全民阅读推广工作效果明显

2014年我国各媒介综合阅读率为78.6%，较2013年提高1.9个百分点，国民图书阅读率为58.0%，提高0.2个百分点，数字化阅读方式的接触率为58.1%，提高8.0个百分点，表明全民阅读推广工作收到实效。

（十一）市场管理力度继续加大，版权保护环境持续向好

全国各级版权行政管理机关共检查经营单位106.3万家，较2013年增加3.0万家，增长2.9%；收缴各类盗版品1666.6万件，减少100.1万件，降低5.7%，其中查缴盗版软件67.3万张，增加26.0万张，增长62.7%。全国作品自愿登记99.7万份，增加16.3万份，增长19.5%，表明版权执法工作力度不断加大，社会版权意识逐渐增强，版权保护环境进一步改善。

二、2014年新闻出版产业发展特点

（一）出版传媒集团经济规模与效益评价

列入统计的出版传媒集团117家，其中图书出版集团32家、报刊出版集团46家、发行集团27家、印刷集团12家。

1. 图书出版集团

选取集团合并报表中的主营业务收入、资产总额、所有者权益和利润总额4项经济规模指标，采用主成分分析法，对图书出版集团的总体经济规模进行综合评价。前10位降序依次为江苏凤凰出版传媒集团有限公司、湖南出版投资控股集团有限公司、中国教育出版传媒集团有限公司、江西省出版集团公司、浙江出版联合集团有限公司、河北出版传媒集团有限责任公司、安徽出版集团有限责任公司、中国出版集团公司、山东出版集团有限公司和中原出版传媒投资控股集团有限公司。

使用2014年期初资产总额、期末资产总额和利润总额，计算各图书出版集团平均资产总利润率。整体为5.9%；32家集团中，有16家集团平均资产总利润率高于整体水平；前10位降序依次为英大传媒投资集团有限公司、贵州出版集团公司、云南出版集团有限责任公司、湖南出版投资控股集团有限公司、中国科技出版传媒集团有限公司、河北出版传媒集团有限责任公司、青岛出版集团有限公司、中国教育出版传媒集团有限公司、中国出版集团公司和江西省出版集团公司。

2. 报刊出版集团

采取同样评价方法，报刊出版集团总体经济规模的前10位降序依次为上海报业集团、成都传媒集团、浙江日报报业集团、山东大众报业（集团）有限公司、广州日报报业集团、河南日报报业集团有限公司、湖北日报传媒集团、南方报业传媒集团、重庆日报报业集团和江苏新华日报报业集团有限公司。

使用2014年期初资产总额、期末资产总额和利润总额，计算各报刊集团平均资产总利润率。整体为2.9%；46家集团中，有25家集团平均资产总利润率高于整体水平；前10位降序依次为湖南日报报业集团、甘肃日报报业集团、四川党建期刊集团、河南日报报业集团有限公司、广西日报传媒集团有限公司、江苏新华日报报业集团有限公司、长江日报报业集团、贵州日报报业集团、湖北知音传媒集团有限公司和浙江日报报业集团。

3. 发行集团

采用同样评价方法，发行集团总体经济规模的前10位降序依次为安徽新华发行（集团）控股有限公司、四川新华发行集团有限公司、湖南新华书店有限责任公司、浙江省新华书店集团有限公司、江西新华发行集团有限公司、山东新华书店集团有限公司、上海新华发行集团有限公司、河南省新华书店发行集团有限公司、河北省新华书店有限责任公司和重庆新华书店集团公司。

使用2014年期初资产总额、期末资产总额和利润总额，计算各发行集团平均资产总利润率。整体为5.6%；27家集团中，有9家集团平均资产总利润率高于整体水平；前10位降序依次为湖南省新华书店有限责任公司、云南新华书店集团有限公司、江西新华发行集团有限公司、山东新华书店集团有限公司、广西新华书店集团股份有限公司、河北省新华书店有限责任公司、河南省新华书店发行集团有限公司、湖北省新华书店（集团）有限公司、吉林省新华书店集团有限责任公司和安徽新华发行（集团）控股有限公司。

（二）出版发行和印刷上市公司规模与效益分析

1. 在境内外上市的出版发行和印刷公司流通市值排名

以2014年12月31日收盘价计算，31家出版发

行和印刷上市公司股市流通市值合计 2601.8 亿元，较 2013 年同期增加 860.9 亿元，增长 49.5%；前 10 位降序依次为中南出版传媒集团股份有限公司、北京康得新复合材料股份有限公司、江苏凤凰出版传媒股份有限公司、浙报传媒集团股份有限公司、中文天地出版传媒股份有限公司、华闻传媒投资集团股份有限公司、安徽新华传媒股份有限公司、上海新华传媒股份有限公司、深圳劲嘉彩印集团股份有限公司和时代出版传媒股份有限公司。其中，书报刊出版公司 6 家，发行公司 2 家，印刷公司 2 家，全部在中国内地上市。

（1）书报刊出版上市公司

15 家书报刊出版上市公司股市流通市值合计 1444.1 亿元，较 2013 年增加 589.7 亿元，增长 69.0%，占全体出版发行和印刷上市公司的 55.5%，提高 6.4 个百分点。

15 家书报刊出版上市公司的流通市值大小，降序依次为中南出版传媒集团股份有限公司、江苏凤凰出版传媒股份有限公司、浙报传媒集团股份有限公司、中文天地出版传媒股份有限公司、华闻传媒投资集团股份有限公司、时代出版传媒股份有限公司、成都博瑞传播股份有限公司、北方联合出版传媒（集团）股份有限公司、长江出版传媒股份有限公司、广东九州阳光传媒股份有限公司、北京赛迪传媒投资股份有限公司、中原大地传媒股份有限公司、北青传媒股份有限公司、现代传播控股有限公司和财讯传媒集团有限公司。

（2）发行上市公司

6 家发行上市公司股市流通市值合计 455.8 亿元，较 2013 年增加 128.4 亿元，增长 39.2%，占全体出版发行和印刷上市公司的 17.5%，降低 1.3 个百分点。6 家发行上市公司的流通市值大小，降序依次为安徽新华传媒股份有限公司、上海新华传媒股份有限公司、四川新华文轩出版传媒股份有限公司、广东广弘控股股份有限公司、中国当当网公司和湖南天舟科教文化股份有限公司。

（3）印刷上市公司

10 家印刷上司公司股市流通市值合计 701.9 亿元，较 2013 年增加 142.8 亿元，增长 25.5%，占全体出版发行和印刷上市公司的 27.0%，降低 5.1 个百分点。

10 家印刷上市公司的流通市值大小，降序依次为北京康得新复合材料股份有限公司、深圳劲嘉彩印集团股份有限公司、东港安全印刷股份有限公司、上海紫江企业集团股份有限公司、上海界龙实业集团股份有限公司、珠海中富实业股份有限公司、陕西金叶科教集团股份有限公司、福建鸿博印刷股份有限公司、黄山永新股份有限公司和北京盛通印刷股份有限公司。

2. 在上海和深圳上市的出版发行和印刷公司总市值排名

以 2014 年 12 月 31 日收盘价计算，在上海和深圳上市的 26 家出版发行和印刷公司股市总市值合计 2901.9 亿元，较 2013 年同期增加 669.8 亿元，增长 30.0%；前 10 位降序依次为中南出版传媒集团股份有限公司、北京康得新复合材料股份有限公司、江苏凤凰出版传媒股份有限公司、华闻传媒投资集团股份有限公司、浙报传媒集团股份有限公司、中文天地出版传媒股份有限公司、安徽新华传媒股份有限公司、中原大地传媒股份有限公司、成都博瑞传播股份有限公司和上海新华传媒股份有限公司。其中，书报刊出版公司 7 家，发行公司 2 家，印刷公司 1 家。

（1）书报刊出版上市公司

12 家书报刊出版上市公司股市总市值合计 1793.9 亿元，增加 423.7 亿元，增长 30.9%；占全体出版发行和印刷上市公司的 61.8%，提高 0.4 个百分点。12 家书报刊上市公司的总市值大小，降序依次为中南出版传媒集团股份有限公司、江苏凤凰出版传媒股份有限公司、华闻传媒投资集团股份有限公司、浙报传媒集团股份有限公司、中文天地出版传媒股份有限公司、中原大地传媒股份有限公司、成都博瑞传播股份有限公司、广东九州阳光传媒股份有限公司、长江出版传媒股份有限公司、时代出版传媒股份有限公司、北方联合出版传媒（集团）股份有限公司和北京赛迪传媒投资股份有限公司。

（2）发行上市公司

4 家发行上市公司股市总市值合计 378.5 亿元，增加 94.9 亿元，增长 33.4%；占全体出版发行和印刷上市公司的 13.0%，提高 0.3 个百分点。4 家发行上市公司的总市值大小，降序依次为安徽新华传媒股份有限公司、上海新华传媒股份有限公司、湖南天舟科教文化股份有限公司和广东广弘控股股份有限公司。

（3）印刷上市公司

10 家印刷上市公司股市总市值合计 729.5 亿元，增加 151.2 亿元，增长 26.2%；占全体出版发行和印刷上市公司的 25.1%，降低 0.8 个百分点。10 家印刷上市公司的总市值大小，降序依次为北京康得新复合材料股份有限公司、深圳劲嘉彩印集团股份有限公司、东港安全印刷股份有限公司、上海紫江企业集团股份有限公司、上海界龙实业集团股份有限公司、福建鸿博印刷股份有限公司、珠海中富实业股份有限公司、陕西金叶科教集团股份有限公司、黄山永新股份有限公司和北京盛通印刷股份有限公司。

3. 在上海和深圳上市的出版发行和印刷公司营业收入排名

2014 年，在上海和深圳上市的 26 家出版发行和印刷公司营业收入合计 932.6 亿元，较 2013 年同期增加 128.1 亿元，增长 15.9%；前 10 位降序依次为中文天地出版传媒股份有限公司、江苏凤凰出版传媒股份有限公司、中南出版传媒集团股份有限公司、上海紫江企业集团股份有限公司、中原大地传媒股份有限公司、安徽新华传媒股份有限公司、时代出版传媒股份有限公司、北京康得新复合材料股份有限公司、长江出版传媒股份有限公司和华闻传媒投资集团股份有限公司。

4. 在上海和深圳上市的出版发行和印刷公司利润总额排名

2014 年，在上海和深圳上市的 26 家出版发行和印刷公司利润总额合计 15.6 亿元，较 2013 年同期增加 32.7 亿元，增长 39.4%；前 10 位降序依次为中南出版传媒集团股份有限公司、华闻传媒投资集团股份有限公司、江苏凤凰出版传媒股份有限公司、北京康得新复合材料股份有限公司、中文天地出版传媒股份有限公司、安徽新华传媒股份有限公司、深圳劲嘉彩印集团股份有限公司、浙报传媒集团股份有限公司、中原大地传媒股份有限公司和成都博瑞传播股份有限公司。其中，书报刊出版公司 7 家，发行公司 1 家，印刷公司 2 家。

5. 在上海和深圳上市的出版发行和印刷公司经济效益排名

使用 2014 年期初资产总额、期末资产总额与利润总额，计算在上海和深圳上市的 26 家出版发行和印刷上市公司平均资产总利润率，前 10 位降序依次为深圳劲嘉彩印集团股份有限公司、广东广弘控股股份有限公司、华闻传媒投资集团股份有限公司、东港安全印刷股份有限公司、北京康得新复合材料股份有限公司、中原大地传媒股份有限公司、中南出版传媒集团股份有限公司、湖南天舟科教文化股份有限公司、安徽新华传媒股份有限公司和浙报传媒集团股份有限公司。其中，书报刊出版公司 4 家，发行公司 3 家，印刷公司 3 家。

（三）图书出版单位经济规模综合评价

1. 全部图书出版单位排名

选取图书出版单位财务报表中的主营业务收入、资产总额、所有者权益和利润总额 4 项经济规模指标，采用主成分分析法，对全国 555 家图书出版单位的总体经济规模进行综合评价，前 10 位降序依次为人民教育出版社、高等教育出版社、重庆出版社、外语教学与研究出版社、科学出版社、人民卫生出版社、知识产权出版社、商务印书馆、北京师范大学出版社和浙江教育出版社。与 2013 年相比，浙江教育出版社跻身前十，机械工业出版社跌出前十；前 10 位中科学出版社、知识产权出版社和北京师范大学出版社排名上升，商务印书馆排名下降。

2. 中央各部门各单位图书出版单位排名

171 家中央各部门各单位图书出版单位的前 10 位降序依次为人民教育出版社、高等教育出版社、科学出版社、人民卫生出版社、知识产权出版社、商务印书馆、中国劳动社会保障出版社、教育科学出版社、人民邮电出版社和中国建筑工业出版社。与 2013 年相比，人民邮电出版社和中国建筑工业出版社跻身前十，机械工业出版社和中国轻工业出版社跌出前十；前 10 位中科学出版社、知识产权出版社、中国劳动社会保障出版社和教育科学出版社排名上升，商务印书馆排名下降。

3. 大学图书出版单位排名

106 家大学图书出版单位的前 10 位降序依次为外语教学与研究出版社、北京师范大学出版社、清华大学出版社、上海外语教育出版社、中国人民大学出版社、北京大学出版社、中央广播电视大学出版社、广西师范大学出版社、华东师范大学出版社和复旦大学出版社。与 2013 年相比，前 10 位出版单位保持不变但名次发生变化，中国人民大学出版社和广西师范大学出版社排名上升，北京大学出版社和复旦大学出版社排名下降。

4. 地方图书出版单位排名

256 家地方图书出版单位的前 10 位降序依次为重庆出版社、浙江教育出版社、青岛出版社、四川教育出版社、江苏凤凰教育出版社、上海书画出版社、内蒙古教育出版社、北京出版社、安徽教育出版社和湖南教育出版社。与 2013 年相比，湖南教育出版社跻身前十，山西教育出版社跌出前十；前 10 位中青岛出版社、内蒙古教育出版社和安徽教育出版社排名上升，江苏凤凰教育出版社排名下降。

5. 社科类图书出版单位排名

179 家社科类图书出版单位的前 10 位降序依次为重庆出版社、知识产权出版社、商务印书馆、青岛出版社、中国劳动社会保障出版社、北京出版社、人民出版社、党建读物出版社、中信出版社和中国财政经济出版社。与2013年相比，中信出版社跻身前十，中国社会科学出版社跌出前十；前10位中知识产权出版社和党建读物出版社排名上升，商务印书馆和中国财政经济出版社排名下降。

6. 文艺类图书出版单位排名

37家文艺类图书出版单位的前10位降序依次为译林出版社、人民音乐出版社、上海译文出版社、人民文学出版社、湖南文艺出版社、作家出版社、长江文艺出版社、上海音乐出版社、山东文艺出版社和百花洲文艺出版社。与2013年相比，百花洲文艺出版社跻身前十，上海文艺出版社跌出前十；前10位中湖南文艺出版社和山东文艺出版社排名上升，作家出版社排名下降。

7. 美术类图书出版单位排名

32家美术类图书出版单位的前10位降序依次为上海书画出版社、湖南美术出版社、江西美术出版社、安徽美术出版社、人民美术出版社、吉林美术出版社、浙江人民美术出版社、湖北美术出版社、河南美术出版社和陕西人民美术出版社。与2013年相比，河南美术出版社跻身前十，天津人民美术出版社跌出前十；前10位中安徽美术出版社和浙江人民美术出版社排名上升，人民美术出版社排名下降。

8. 科技类图书出版单位排名

83家科技类图书出版单位的前10位降序依次为科学出版社、人民卫生出版社、人民邮电出版社、中国建筑工业出版社、中国地图出版社、中国轻工业出版社、机械工业出版社、电子工业出版社、化学工业出版社和中国电力出版社。与2013年相比，中国电力出版社跻身前十，人民交通出版社跌出前十；前10位中科学出版社、人民邮电出版社、中国建筑工业出版社、中国地图出版社和化学工业出版社排名上升，人民卫生出版社、中国轻工业出版社和机械工业出版社排名下降。

9. 教育类图书出版单位排名

35家教育类图书出版单位的前10位降序依次为人民教育出版社、高等教育出版社、浙江教育出版社、四川教育出版社、江苏凤凰教育出版社、教育科学出版社、内蒙古教育出版社、安徽教育出版社、湖南教育出版社和广东教育出版社。与2013年相比，广东教育出版社跻身前十，山西教育出版社跌出前十；前10位中四川教育出版社、内蒙古教育出版社、安徽教育出版社和湖南教育出版社排名上升，江苏凤凰教育出版社排名下降。

10. 少儿类图书出版单位排名

29家少儿类图书出版单位的前10位降序依次为中国少年儿童出版社、二十一世纪出版社、明天出版社、安徽少年儿童出版社、浙江少年儿童出版社、接力出版社、海燕出版社、长江少年儿童出版社、湖南少年儿童出版社和新疆青少年出版社。与2013年相比，新疆青少年出版社跻身前十，江苏少年儿童出版社跌出前十；前10位中安徽少年儿童出版社、海燕出版社和湖南少年儿童出版社排名上升，浙江少年儿童出版社和长江少年儿童出版社排名下降。

11. 古籍类图书出版单位排名

19家古籍类图书出版单位的前10位降序依次为中华书局、黄山书社、国家图书馆出版社、岳麓书社、文物出版社、上海古籍出版社、齐鲁书社、三秦出版社、中州古籍出版社和凤凰出版社。与2013年相比，前10位出版单位保持不变但名次发生变化，岳麓书社和中州古籍出版社排名上升，文物出版社和凤凰出版社排名下降。

（四）产业基地（园区）情况分析

1. 经济总量规模

依据21家国家新闻出版产业基地（园区）报送的数据汇总，上述基地（园区）2014年共实现营业收入1424.1亿元，资产总额1368.1亿元，利润总额217.7亿元。在21家产业基地（园区）中，营业收入超过200亿元的有2家，降序依次为上海张江国家数字出版基地和江苏国家数字出版基地。在100亿~200亿元之间的有2家，降序依次为辽宁国家印刷产业基地和广东国家数字出版基地。在50亿~100亿元之间的有5家，降序依次为安徽国家数字出版产业基地、杭州国家数字出版产业基地、西安国家数字出版基地、中南国家数字出版基地和重庆北部新区国家数字出版基地。前9家基地（园区）营业收入合计占到全部基地（园区）的85.7%。不足50亿元的有12家，降序依次为中国北京出版创意产业园区、西安国家印刷包装产业基地、天津国家数字出版基地、海峡国家数字出版基地、青岛国家数字出版基地、江西国家印刷包装产业基地、上海金山国家绿色创意印刷示范园区、上海国家音乐产业基地、广东国家音乐创意产业基地、黑龙江平房国家动漫出版产业基地、华中国家数字出版基地和四川国家音乐产业基地。

2. 数字出版基地（园区）

2014 年，12 家国家数字出版基地（园区）共实现营业收入 1118.7 亿元，较 2013 年增长 24.0%；拥有资产总额 938.5 亿元，增长 23.6%；实现利润总额 197.1 亿元，增长 43.1%。

在 12 家国家数字出版基地（园区）中，营业收入降序依次为上海张江国家数字出版基地、江苏国家数字出版基地、广东国家数字出版基地、安徽国家数字出版基地、杭州国家数字出版产业基地、西安国家数字出版基地、中南国家数字出版基地、重庆北部新区国家数字出版基地、天津国家数字出版基地、海峡国家数字出版产业基地、青岛国家数字出版产业基地和华中国家数字出版基地。其中营业收入超过 200 亿元的有 2 家，降序依次为上海张江国家数字出版基地和江苏国家数字出版产业基地；在 100 亿 ~200 亿元之间的有 1 家，即广东国家数字出版基地；在 50 亿 ~100 亿元之间的有 5 家。

（国家新闻出版广电总局）

演艺产业

2014 年，国内演艺业出现一些值得关注的变化，国内演出市场消费需求继续增长，演艺市场主体多元竞争各展优势，国有演艺机构加快磨合、完善，创演活力有所提高，民营演艺业发展稳中见升，特别是旅游演艺业投融资发展势头迅猛，市场开拓潜力深度掘进，呈现出上年度调控影响集中显现、行业在波动中加快调整、文化创新活力继续释放、产业生态加快转型和改善的发展态势。

一、2014 年演艺产业总体情况

（一）演艺企业市场效益提升，业绩持续向好

2012—2014 年三年间，全国各类实行企业会计制度的国有独资、国有股份、混合股份、民营独资、民营股份性质的艺术表演团体即演艺企业，其各项主要业绩指标，除 2014 年外，总体上均保持稳定增长。

表 1　2012—2014 年全国执行企业会计制度的艺术表演团体主要指标

	演艺企业机构总数（个）	从业人员（人）	演出总场次（万场次）	国内观众总人次（万人次）	演艺机构总收入（万元）	
						其中演出收入（万元）
2012 年	5502	143848	102.5	52835.3	885201.6	506462.2
2013 年	6759	174395	135.9	63659.8	1103793.4	687468.0
2014 年	7188	178708	145.1	66571.6	1129910.0	632476.0

（数据来源：文化部财务司《2015 中国文化统计提要》）

（二）演艺业社会化趋势继续发展，民营演艺机构保持两位数增速

2005 年以来，在国家关于鼓励扶持非国有演艺业政策的影响下，国内民营演艺业异军突起、持续发展。2014 年，国内演艺机构社会化的成长趋势仍然不减势头。党的十八大以来三年中，国有、民营职业剧团在演出市场各显身手，而民营演艺社会化趋势，正是支撑国内演艺业各项指标稳定增长的支柱性要素。

表 2　2012—2014 年国内演艺行业社会化趋势的动态比较

	全国职业演艺机构总数（个）	演艺机构总数与上年同比增减比例（%）	演艺机构管理属性分类		民营职业演艺机构（个）	民营演艺机构总数与上年同比增减（%）
			文化系统管理机构（个）	其他部门管理机构（个）		
2012 年	7321	+3.77	2128	5193	4550	+44.8
2013 年	8180	+11.7	2067	6113	5919	+30.1
2014 年	8769	+7.2	2053	6716	6617	+11.8

（数据来源：文化部财务司《2015 中国文化统计提要》）

（三）国有演出场馆数据评析：有所变化，绩效反哺仍然低于预期

演出场馆是体现主流舞台艺术的社会窗口，也是演艺产品价值转化与实现不可或缺的公共平台，更是演艺行业不可或缺的产业硬件。随着新世纪以来国内演艺机构特别是社会民间演艺机构数量的持续增长，社会对演出场馆公共平台的需求越来越大，通过多元投资建设演出场馆的势头不减。京、沪、穗、深、津、杭等城市群，中东部城乡基层演出市场对剧场的需求继续扩大，国内非文化系统演出场馆数量持续增长。与此同时，作为国内演出主要平台的国有大中型剧场，却多有闲置，效益低下，已经成为制约演艺业发展的瓶颈。

2014 年，国内艺术表演场馆的机构数量、员工总数、演出场次、观众人次和收入等各项经营指标，呈现起伏波动的经营态势，与上年同比，其中艺术演出场次占比增长 3.4%，艺术演出观众人次占比增长 16.4%；而专业剧场用于演出活动的比例，依然在 10% 以下。

表 3　2013—2014 年全国文化部门演出场馆主要指标比较

	演出场馆数据（座）	从业人员（人）	演出放映总场次数据（万场次）			观众总人次（万人次）		
				其中艺术演出场次数据（万场次）	演出场次占总场次之比（%）		其中艺术演出观众（万人次）	艺术演出观众所占比例（%）
2013 年	1344	26036	82.9	6.6	9.8	7776.3	2662.6	21.5
2014 年	1338	25709	78.1	7.0	8.9	6844.4	2598.3	37.9

（数据来源：文化部财务司《2015 中国文化统计提要》）

（四）旅游演艺业成为本年度国内演艺市场的发展亮点

与蓬勃发展的旅游业血肉相连的中国旅游演艺行业，本年度迎来了崛起十周年。与转型期相对迷茫的传统演艺行业相比，旅游演艺特别是大型实景演艺，由于生来就紧紧依托于中国市场、中国文化成长壮大，已经形成了独特成熟的产业链和市场营销模式。党的十八大以来，旅游演艺社会投资增长迅猛，以宋城“千古情”模式、“印象”和“山水”实景演出模式、“映象”模式，以及“又见”混合模式、长隆大马戏为代表的旅游演艺龙头企业，引领并拓展了国内旅游演艺市场，获得社会经济效益的丰厚回报。

根据北京道略中心发布的《2014—2015 中国商业演出发展趋势》统计数据，2014 年国内旅游演艺的年度产品项目、观众人次和票房收入三个指标，相较于 2012 和 2013 年，同比增幅均呈现了两位数比率的正增长。

表 4　2012—2014 年国内旅游演艺主要数据对照表

	旅游演艺节目（台）	与上年同比增减（%）	旅游演艺观众人次（万）	与上年同比增减（%）	旅游演出票房收入（亿元）	与上年同比增减（%）
2012 年	181	－4.7	3340	8.1	26.6	7.3
2013 年	187	3.3	2789	－16.5	22.6	－14.8
2014 年	223	19.3	3591	28.8	27.1	19.9

（数据来源：北京道略演艺产业研究中心《2014—2015 中国商业演出发展趋势》）

二、2014 年演艺产业发展特点

2014 年，国内演艺市场在宏观经济机遇与挑战并存、社会资源整合竞争加剧、大众消费趋势不明朗的大背景中，仍然处于多元主体调整与波动并行、国有民营演艺机构业态创新发展不平衡但逐步向好的状态之中。相对于国有企事业演艺机构活力不振、激励不足、创新乏力、产销疲软的生存状态，民营演艺特别是旅游演艺行业，在大众文化需求稳定增长、旅游产业持续发展的文化消费大背景中，表现积极主动，取得的进展令人瞩目。

（一）旅游演艺发展迅猛，成为国内演艺市场的投资与产销热点领域

2014 年，在国家文化产业利好政策支持下，特别是在新《旅游法》公布实施，国家旅游局发布以“住宿过夜人天数”为核心的旅游产业新统计指标评价办法多重效应激励下，“深度游”“过夜游”成为国内旅游市场重点目标，旅游演艺作为商演体验跨域产业的热点，社会投资势头只增不减。

1. 旅游演艺产业成为本年度国内演艺业保持活力与发展的新标识。

以旅游热点地区各具特色的实景演出产品为支柱的国内旅游演艺市场，本年度实现了项目制作数量、观众人次、演出票房三大指标稳定持续的两位数增幅。据北京道略演艺产业研究中心《2014—2015 中国商业演出发展趋势》统计，2014 年，国内旅游演艺节目总数为 223 台，同比上年增加 36 台，增幅 19.3%；观众总计 3591 万人次，同比上年增加 802 万人次，增幅 28.8%；演出票房总收入为 27.1 亿元，同比上年增加 4.5 亿元，增幅 19.9%。旅游演艺成为国内演出市场的最大亮点。

2. 旅游演艺市场波动发展，大型实景演出产品快速增长最受关注。

实景演出是依托于国内 4A 级以上著名旅游目的地创制的大型露天体验式旅游表演艺术产品，是新世纪初在国内旅游市场孕育、至今方兴未艾、广受欢迎的人文体验与演出消费兼具的文化产品。10 年前，国内首个大型山水实景演出《印象・刘三姐》于 3 月 20 日向国内外宣布正式公演；10 年后，该项目运作管理方桂林广维文华旅游文化产业有限公司发布“十年回顾报告”：《印象・刘三姐》2004—2013 年共安全演出近 4500 场，累计接待观众人次超过 1000 万，其中接待境外观众（含港澳台地 区）约 200 万人次，缴纳税费近 2 亿元，一直保持着“全国文化演出行业观众接待量最多、影响力最大、年营业额最高”的市场地位。在媒体对旅游演艺这个新事物时断时续的担忧和质疑声中，中国上百个旅游城市正在陆续上马“实景演出”项目（2014.4.12 人民日报）。10 年前中国演艺人以山歌、山水为资源开发出的一个创造性演出新产品，就这样引领和开辟了新世纪中国演艺产业前程似锦的新天地。

3. 宋城演艺“主题公园 + 城市演艺”“千古情”连锁模式业绩斐然。

《宋城演艺发展股份有限公司 2014 年度报告》显示：2014 年度，宋城演艺在稳定拓展旅游演艺业务的同时，在影视、娱乐、综艺节目境内外投资领域不断发力，取得稳步实质进展，公司当年实现营业收入 9.35 亿元，同比增长 37.78%；净利润 3.61 亿元，同比增长 17.11%，每股收益 0.65 元，并因此向全体股东派发每 10 股 1.5 元现金红利。

4. 万达集团进军旅游演艺市场，首秀三亚、武汉，得失互鉴。

2014 年的国内旅游演艺市场，并非一帆风顺。7 月 31 日，由万达集团投资 6000 万元，由来自 7 国的国际知名艺术家联合创作、设计预期为“世界级水准”并落户国内旅游重镇的驻场舞台秀《海棠・秀》，结束了自 2011 年 9 月 16 日三亚海棠湾万达大剧院首演以来的最后一场演出，因连续巨额亏损，正式关停；12 月 20 日，由万达集团与德贡娱乐集团倾力联袂打造、国际舞台艺术大师弗兰克・德贡先生亲自执导、号称“超越目前世界所有演艺水平”的大型驻场舞台演出《汉秀》，在位于武汉市的万达中央文化区，与万达投资的电影乐园同期开业。

5. 旅游演艺“乌镇现象”再度引人注目。

2014“乌镇戏剧节”，凭借 17 台精选国内外大戏、12 组青年竞演作品、300 多组嘉年华艺人、四个全新表演和对话场所，展示了舞台戏剧不停转、内外空间皆“狂欢”的近 1500 场演出活动，又一次为国内外戏剧艺术爱好者提供了一个理想的中外戏剧嘉年华公共平台，有效放大扩展了作为中国古镇文化旅游的全球影响力，为确保文化乌镇旅游年均 200% 的收益率，提供了有力保障。

6. 旅游演艺多元发力升级改版，新产品国内外结硕果。

旅游演艺市场潜力的深度发掘，旅游演艺人文资源的有效开发，旅游演艺产品的优化创新，旅游演艺的可持续效益，成为本年度国内演艺领域诸多让人刮目的看点。首先，主题公园营销实施驻场大马戏演艺开发战

略，品牌效应与票房回报丰厚。2014年年底，长隆集团旗下珠海长隆海洋王国，获得TEA国际主题娱乐协会2014年度唯一“主题公园杰出成就奖”，被称为全球主题公园界的“奥斯卡”的这个奖项，是中国的主题公园首次获得；同时，广州长隆旅游度假区亦荣膺“全球最佳主题乐园”三甲，实现了中国内地主题公园在这一业内顶级大奖的“零”的突破。其次，补短板，湖南省凤凰古城开启“白天观景、晚上看戏”深度旅游模式。最后，做演艺，江苏古镇旅游再推消费利器。4月18日，江苏著名古镇同里请上海戏剧学院专家团队根据本地传奇小说《珍珠塔》故事精心打造的大型室内情景剧《水墨同里》试演获得好评，微调改版后于7月10日正式公演，完美展现同里乡土风貌、古镇风景、文化风情，成为江南水乡首部室内水乡情景演出产品。

（二）民营演艺成为国内演艺市场展现活力、创新发展的重要支柱

2014年，国内演艺市场因政策调控引发的波动，对演艺机构本年度的生产营销收益，影响巨大。转型中显得被动无措的国有演出院团，与在市场中游刃有余的民营演艺机构业绩对比，差异明显。

1. 抓住机遇，多元发力，开辟市场，各展优势。

根据北京道略演艺产业研究中心2015年4月发布的“2014道略演艺排行榜”。该榜按照2014年度收入数据入围“排名20强”的国有、民营演艺两类机构在综合收入和旅游演艺、话剧、儿童剧、音乐剧方面的收入情况，依次进行了分类对比，其中民营演艺机构所占比例分别是：55%、73%、72%、58%，十分亮眼，只有音乐剧票房收入略逊于国有机构，但也高达43%。2014年北京众多演出机构、演出团体积极开辟全国巡演市场，共演出5076场，观众人数588万人次，票房收入10亿元。其中，北京的儿童剧团体在外地演出场次为1842场，北京的音乐制作团体在外地举办演唱会172场，而从京城到外埠演出的1828场话剧中，民营团体所演出话剧，占比83.7%，达到1530场。

上述情况表明，在社会资本投融资的助力之下，2014年民营演艺机构展开的演出市场全产业链扩展和跨行业整合，卓有成效，民营演艺机构在旅游演艺、小剧场话剧、儿童剧和大型音乐节和外埠巡演等市场化程度较高的领域，充分显示出体制灵活、适应市场快的竞争优势。

2. 北京坚持组办多种演艺展演活动，千方百计搭建演出公共平台发展民营演艺业。

2014年，北京市文化部门和各区，继续组办了北京大学生艺术节、北京国际青年戏剧节、北京南锣鼓巷戏剧节、北京国际音乐节、优秀小剧场剧目展和小剧场艺术节等社会性行业性演艺活动，年内登台的小剧场作品接近百部，特别是举办了首届当代小剧场戏曲艺术节，一批来自各地戏曲院团、面向青年观众群体的小戏曲剧目受到热烈欢迎。

3. 上海演出行业协会创新工作方式，推动民营演艺产品走向市场，效果引人注目。

上海市演出行业协会举办的“2014年首届上海市民营演艺产品营销交流会”和“上海公共文化配送中心民营采购专场”，为民营剧团演艺产品牵线搭桥深受欢迎，参加“民营演交会”的百余个“卖方”，共携带200余个剧目参与了现场交易，并与人民大舞台、天蟾逸夫舞台、百老汇剧院管理公司、太仓大剧院等达成了一大批合作协议或意向，其中鼓乐剧《鼓起中国梦》与美国KMP经纪公司达成赴美巡演合作意向。同时举办的“上海公共文化配送中心民营采购专场”，由上海市公共文化配送中心组织的50多位各区、县公共文化服务项目“买家采购员”，带来了大量采购“订单”。上海市为民营剧团优秀产品拓展市场的这些平台措施，值得点赞。

4. 紧扣市场需求，民营演艺展现活力。

由于市场形势变化，竞争日趋激烈，迫使必须依赖市场生存的民营演艺机构，在转变思路，积极应对，把握机遇方面更加主动积极。中国首家民营小剧场集群体繁星戏剧村，是集剧场经营与戏剧制作于一体的民营演艺机构，他们以常年性小剧场戏剧驻场演出蜚声京城。2014年，繁星戏剧村出品了话剧《罗生门》《高朋满座》《莎翁的情书》《那次说走就走的旅行》《那次奋不顾身的爱情》《一夜一生》《第四类情感》等十多部受到市场欢迎的原创新剧，获得社会、经济效益双丰收。

5. 后生可畏，校园原创话剧新作“试水市场”一炮而红。

3月，由南京大学“90后”大三学生编剧、“80后”硕士主演、成本不足5万元的校园话剧《蒋公的面子》第三次赴深圳演出，开票便售罄，不得不在当日下午加演一场。此剧三年来全国巡演130余场、美国巡演10场，不仅场场爆满，而且创下千万票房。6月，广州黄花岗剧院上演话剧《宗岱的世界》当天1400个座位座无虚席，观众反响良好，这是广东省的大学原创校园话剧首次试水市场，取得的成绩令人艳羡。

（三）演艺市场管理营销创新成效显著

互联网技术的日新月异，特别是依托于智能手机的移动互联网高新科技的飞速发展，对经济文化发展提供的新机遇，促成演艺市场营销新业态、新模式，演艺市场投融资新模式在探索中快速成长。本年度值得关注的演艺新变化主要有：

1. 网络媒体成为演出信息获取首要途径，网络订票成为观众看戏买票的首选方式。

近年来，国内演出渠道信息获取途径，已经形成平面媒体、电视媒体、网络媒体、移动媒体新旧并行共享的格局。媒体调查显示，通过传统渠道获取演出信息的比例，从 2008 年的 35.4% 下降到 2013 年的 25.8%；网络订票的比例从 2004 年的 19%、2008 年的 29.3%，攀升到 2013 年的 68.3%。智能手机的微信 APP 订票方式，虽然才占 47.9%，但已是年轻人更愿采取的购票方式，增长势头十分看好。票务订阅号、剧场订阅号、剧目制作出品人订阅号、剧评订阅号、剧团剧院订阅号、戏剧院校订阅号，纷纷上线运作，2014 年因此被媒体称为营销订阅演出 APP 元年。

2. 城际演出营销服务联动兴起，“圈子票”成为“跨城追剧”文化消费新动向。

2013 五部委“限奢令”让京城演出公款团体票营销方式悄然退市。在此情况下，演出机构转变思路，靠推好戏、增服务和互动开放式票务营销来培育和赢得市场。2014 年，北京人艺著名导演林兆华的戏剧邀请展移师天津，俄罗斯经典史诗歌剧《战争与和平》驻场天津大剧院，马林斯基剧院芭蕾舞团二度赴津推出经典剧目《神驼马》和“现代芭蕾之父”米哈伊尔·福金之手的芭蕾舞剧精华的《福金编舞芭蕾集锦》，引得京城微信朋友圈中“有好戏必然呼朋引伴，大家一起追”的爱好者，纷纷自发组团，买“圈子票”赴天津看戏。“跨城追剧”俨然成为本年度京津地区演出市场一大景观。

3. 在线直播付费观赏，开启大型演唱会营销新模式。

8 月 15 日，歌手汪峰在北京国家体育场鸟巢举办了一场通过乐视网现场同步直播的大型演唱会，大批非现场观众可以30元低价票购买演唱会线上直播视听权。演出会的预售加回放，共售出 7.5 万张门票，收入达到 225 万元。这种大型演唱会“现场＋网络”同步观看及线上回播的音乐产业营销新模式。大型演唱会在线直播营销新模式，如果在技术表达、版权保护等方面得到进一步提升并不断完善，将是被互联网免费下载消费困扰多年后，音乐产业价值回归、重现生机的一次新机遇。

4. 以销定产、“粉丝营销”，创新演艺投入产出新路径。

网络时代，粉丝是现实存在的文艺明星追星族，同时也是文艺演出潜在的消费蓝海。首部“粉丝话剧”在 2013 年产生的蝴蝶效应，粉丝营销进入网络征演、以销定产的实质性展开，为 2014 年国内演出市场拓展出一片新天地。

2014年，粉丝话剧《盗墓笔记贰：怒海潜沙》在上海、北京的话剧舞台上继续成为票房宠儿。由热门电影《小时代》与锦辉传播合作推出的同名音乐剧、由热门影视剧《甄嬛传》改编成的同名话剧、由国产游戏改编的话剧《古剑奇谭》、由动漫游戏《植物大战僵尸》改编成的同名儿童剧，两年里纷纷登台。但粉丝话剧不同于传统的戏剧创作方式，直接影响创作方向和营销推广方式的，是粉丝的喜好。因此，2014 年针对原著庞大粉丝群改编制作的另一些动漫舞台剧如《偷星九月天》《黑执事》《樱桃小丸子》等，由于水平不高、与粉丝互动营销差等多方面影响，并未收获期待的市场回馈。值得一提的是，由邓超、俞白眉编创的热门话剧《分手大师》改编成的同名电影于 6 月上映，一举收获 6.65 亿元电影票房。开心麻花的热门话剧《夏洛特烦恼》、繁星戏剧村出品的几部人气话剧，也纷纷启动了改编制作电影的运作。

5. “明星阵容”成为话剧市场引发观剧狂潮的活广告。

近年来国内话剧市场的飞速发展，与大学生戏剧爱好者大批进入观众群密切相关，而明星加盟话剧舞台的热潮迅速风靡，明星成为话剧舞台争抢的香饽饽，成为热门话剧不可或缺的“标配”，最重要的原因是能有效提升演出票房的广告效应，影视明星加盟或涉足话剧的一举多得效果，对话剧创作与演出消费市场产生了直接影响。

赖声川《暗恋桃花源》2006 年的大陆演出版，因启用黄磊、何炅、谢娜等全明星演员阵容而广受好评，而北京人艺《喜剧的忧伤》为陈道明的“私人订制”，将国内影视明星加盟话剧舞台的效应，推向市场营销的高潮。黄渤主演《活着》，濮存昕、郭达、宋丹丹主演《白鹿原》，刘晓庆主演《风华绝代》，斯琴高娃主演《大宅门》，袁泉、秦海璐主演《青蛇》，许晴、胡歌主演《如梦之梦》李宇春加盟，黄磊、何炅主演《暗恋桃花源》，李诚儒、赵宝刚主演《王府井》，美国女作家萨拉·鲁尔的名剧《第二次别离》梅婷领衔主演，7 月 9 日在国话先锋剧场开启首演大幕；在上海，《活着》

6 场、《大宅门》5 场，《青蛇》10 场的演出票开售即出清；在南京，《喜剧的忧伤》平均票价超千元；在太原，《风华绝代》演出票最贵卖到 2980 元；而《如梦之梦》，在上海东方艺术中心创下的历史纪录，是连演 20 场、总票房过 1100 万元。影视明星们加盟话剧舞台为观众带来的剧场营销"三高"神话，不仅是艺术高质量，而且是高上座率和高票价。

6. 演出院线社会化展示新活力、新气象。

近年来，文化娱乐业的院线连锁营销模式相继在电影放映、演出领域发展成主流，国内演出行业已经形成大型文化企业全国性专业演出院线、地方区域性演出院线（演出场馆合作体）、剧目资源推广类演出院线、民营演艺机构演出院线、国际演艺交流院线（爱丁堡国际剧展）竞争共享的格局。

中国国际演出剧院联盟借助自己电子商务集群系统、营销发行模式和资源整合优势，选择各级各类演艺院团代表性剧目，进行"联盟创新模式"试点运作，开展"京津冀""环渤海""进全国"的"演出周"展演获得成功；江苏省演艺集团牵手百老汇将拓展直营及加盟剧院经营管理合作，共同投资组建江苏剧院管理公司和苏演院线；山东剧场院线正式成立，全省 21 家核心剧场加盟，山东剧场院线新提出的"展演季"概念，不仅包含舞台艺术展演，还扩展到售卖剧目衍生品，举办相关画展、艺术展等文化经营活动；以"继承国粹艺术精华之魂，探索西部京剧发展之路"为宗旨的"西北五省（区）京剧艺术院团联盟"在兰州黄河剧院成立，成为国内首个专门研究西部京剧生存发展、盘活地方京剧院团的非营利性、学术性、非法人代表型的区域性演艺行业联盟。

（四）中外演艺交流展示市场运作新路径

2014 年，国内演艺产品"走出去"进行商务和公务交流演出继续保持增长势头，作为中国演艺崭新的北京仍然占据主流。据北京市演出行业协会统计，本年度在京的中央、市属演出机构、团体组织承办赴国外及港澳台地区进行商业性演出、文化交流性演出及其他形式的演出活动共计：演出场次 5782 场，出访国家和地区近百个，城市 330 个，人数 3527 人，101 批次。

2014 年度，国内演艺机构和演出产品在"进、出"口方面，市场运作、多元开拓特点突出，主要表现在：中国对外文化集团公司继续发挥中外演艺交流主力机构的社会责任担当，承办"第六届戏剧奥林匹克"，以市场路径推动中华文化有效"走出去"；国家大剧院主办"致敬！莎士比亚"系列演出活动；国家话剧院联手民营演艺机构成功引进的英国国宝级舞台剧《战马》中文版盛装启动；国内演出市场多渠道引进海外精品演艺项目成功运作，如《雷雨》、莎拉·布莱曼 2014 全球巡演在北京、南京的大型演唱会，男版芭蕾舞剧《天鹅湖》、经典音乐剧《拜访森林》《Q 大道》等；海峡两岸及香港演艺深度合作，"两岸小剧场艺术节"在京盛大举行；等等。

（五）基础设施建设初见规模，文化惠民政策效果显著

文化部《"十二五"时期文化产业倍增计划》2012 年提出"形成 1–2 个国际知名的演艺产业集聚区"的发展目标后，国内先后对外发布要建立演艺集聚区的城市已近 20 个，京沪大型演艺集聚区均已布局施工，二三线城市大剧场建设速度加快。有统计显示，两年多来国内已新建成 60 多座剧场，未来五年至少 20 座剧场将建成。

1. 剧场存量资源的盘活改造与新增资源的标准化。

《上海市剧场管理标准》和《上海市剧场服务标准》首次发布，意味着上海众多剧场和演出场所的管理和服务标准有了"统一版本"；京城首家音乐剧专业剧院在北京东方剧院宣告诞生，著名音乐剧制作人李盾出任院长，同时宣布开启 2014 年《爱上邓丽君》《妈妈再爱我一次》等国产音乐剧"驻场演出季"；经过两年改造、拥有世界一流设备的国家图书馆艺术中心剧场开始运营，当年安排了北京四大名团的 50 场演出；政府投资 3 亿多元建成的内蒙古包头大剧院坚持走自主经营模式，运营一年，演出 46 场，票房收入 340 万，入场观众 5 万，居自治区各盟市剧院票房收入之首。

2. 剧场功能的综合性开发初见成效，文化惠民政策助推精品演出。

南京市太阳宫游泳池经历"摘顶""变色"的外部改造和内部功能全面升级，变身为具有剧场、舞厅和酒吧三种多功能调节模式的大型剧场，新剧场既可容纳 1000 多人观看演出，又可容纳 3000 人场内跳舞，还可以变成音乐酒吧，首部剧目大型沉浸式魔幻情境剧《道法传奇》8 月 8 日在此上演。

东莞玉兰大剧院开业之日起就全面执行东莞市文化惠民政策，9 年来引进各类演出近 1000 场，年度平均票价仅为每张 180 元，观众花广州、深圳同等座次 1/3 的票价，就能欣赏到高雅艺术演出，剧院举办的"打开艺术之门"公益演出活动，票价低至二三十元。如今，玉兰大剧院已经拥有一大批会员和固定观众，他们又带动其他观众走进剧院。李云迪演唱会、杨丽萍《云南印

象》、刘晓庆《风华绝代》、赵传演唱会、原版“千手观音”等一批优秀演出，在东莞都受到热烈欢迎。

（六）北上深以调整促发展，成为国内演出市场的晴雨窗口。

1. 北京市演出市场整体企稳回升，综合效益小幅增长

北京市展现全国演艺中心特色，多种经典原创剧目驻、巡演和国际戏剧精品邀请展，获得良好效益。北京演出行业协会《2014 年北京市演出市场统计与分析报告》显示，2014 年全市各类营业性演出场次共计 24595 场，同比上年增长 6.2%，演出票房收入 14.95 亿元，同比上年增长 3.7%，其中音乐剧、京剧演出场次增长较快（话剧、儿童剧、相声曲艺、杂技演出场次最多，占总场次的 67.8%，场次占比分别为 18.2%、15.4%、20%、14.2%。全市场馆总数 130 个（比上年新增 7 个），每座场馆年均演出 189 场，利用率有所提高；15 个综合性多功能演出场所演出收入占全部场馆总收入 29%，同比减少 1300 万元；9 个大型场馆演出收入占全年演出收入的 39%，同比增加 2600 万元。国外大型演艺秀《驯龙高手》《极限震撼》北京巡演场次共计 127 场，票房收入超 5000 万元。在京注册演出机构、文艺表演团体（含中央直属）在全国参与各类演出活动共计 5076 场，观众人数 588 万人次，票房收入 10 亿元。

2014 年，北京市、区两级政府继续实施本市主要营业性剧场低票价演出补贴政策，全年共补贴 25 个剧场，总额 1300 余万元。在郊区农村持续实施的“文艺演出星火工程”“百姓周末大舞台”等系列低票价演出活动，均通过公共文化服务产品政府采购的方式，送戏下乡、送戏进校园，使本市演出票价，较上年有所下降而观众增加。有关调研显示，2014 年高收入、高学历的 85 后、90 后年轻观众，成为京城演出的消费主体，其中月收入 8000 元以上者成为观演主力，月收入 3000~8000 元之间观众的增长幅度，也在攀升。

2. 上海市着力营造多元演艺主体“透气”生存的发展环境，展现上海演出市场的巨大吸引力。

上海演出市场 2014 年的突出特点表现在：一方面保证传统演艺生存发展的一席之地、一方面支持商业演艺进一步腾飞，出现了国内民营演出机构纷纷入驻上海、实力民营演出机构获得资本垂青发展势头超过国有院团、演出场馆多元快速增长的新气象。上海市政府决定，近两年内全市新改建剧场数量，将超过 30 座。新建成的剧场有：嘉定保利大剧院、长宁区缤谷一大一中五小剧场群落、徐汇区南滨江老工厂建筑群改建的创意演出场所、徐家汇美罗城音乐剧场、复兴西路上海电影院改建的话剧剧场、环球港剧场与小型演艺秀场、万达广场演艺院线配套剧场等。更有意义的是黄浦区着力恢复 20 世纪 50 年代人民广场商圈 34 家剧场的运营原貌取得明显进展：环人民广场地带历史遗留的一批闲置剧场重新开业；上海大剧院、天蟾逸夫舞台等均进行改建翻修；空置 5 年的中国大戏院改建成音乐剧专业剧场，长江剧场改建成戏曲专业剧场。

“上海市公益性演出专项扶持资金”只增不减，树立了文化惠民公益演出的良好品牌形象。2014 年版《上海市公益性演出专项资金补贴办法》新增的规定，进一步扩大了用于公益性专场演出、营业性演出低价票的试点范围。6 月启动“相约经典”大学生公益票项目，上海大剧院、上海文化广场、东方艺术中心等 12 家大中型剧场，面向大学生们推出的 60~180 元低价票提前销售，东方票务、易班网为此开发出“一站式”购票服务系统，带来了超乎预期的购票热潮。

3. 深圳市作为后起之秀，以低价策略培育大众高雅艺术鉴赏爱好，激活演艺市场。

2014 年，深圳保利剧院正式推出低票价惠民政策，每场演出将设置惠民低价票，比例占剧院总座位数近 20%，最低价格仅为 80 元。同时，该剧院的“戏剧·舞蹈演出季”年初推出“3.8 抢票节”，宣布已开票的所有自营演出 3.8 折限量供应，每场演出每人凭身份证限购 3 张，其演出剧目包括：孟京辉《空中花园谋杀案》、“浪漫今春——中外经典影视作品视听盛宴”、大型舞蹈晚会《舞动的塞尔维亚》、“音乐武侠 赵传 2014 保利院线巡演”、《比尔·梅斯在好莱坞电影中——好莱坞电影原声爵士音乐会》、大型原创音画舞剧《千手观音》、舞台剧《给未知恋人的爱情短信》、芭蕾舞剧《红色娘子军》、韩国爆笑音乐剧《BIBAP——拌饭》《“欧亚之声”四重奏古典音乐赏析》等精品剧节目。

深圳南山区的《宣传文体事业发展专项资金演出低票价补贴办法》规定，南山区内 300 座位以上 1500 座位以下营业性演出主体，含场所经营单位、演出团体或演出经纪机构，上演戏曲、音乐、舞蹈、话剧等公开售票的演出活动，在其 100 元及以下的低价票售出数量达到剧院（场）座位总数 10% 的基础上，每多售出 1 张 100 元以下的低价票将获得 100 元补贴，并按其实际销售数量再给予补贴，每场上限为 2 万元。

（徐世丕）

动漫产业

2014 年我国动漫产业整体品质有所提升，市场活力、产业潜能进一步释放，进入产业结构优化调整和转型升级的关键阶段。

一、2014 年动漫产业总体情况

2014 年，全国动漫产业总产值突破 1000 亿元，与 2013 年相比增长 14.84%，产业规模保持稳步增长的态势。相对于“十一五”期间 30% 以上的年均增长率，近年来发展速度有所减缓，这是我国动漫产业在结构调整和转型升级过程中的必然现象。随着产业结构的进一步优化和发展质量的不断提高，未来有望实现更加良性、持续的发展。

2014 年，全年共上映进口动画电影 17 部，票房近 19 亿元；国产动画电影 34 部，总票房超过 11 亿元，是 2013 年 6.6 亿元票房的近两倍，再创历史新高。全国国产电视动画片备案总数约 425 部，共计 271133 分钟，同比分别下降 8.6％和 17.3％，产量持续走低，继续由量化生产向精品化生产转型。有 82 家动漫企业通过文化部、财政部、税务总局的认定，自此全国通过认定的动漫企业累计数量达到 669 家，重点企业 43 家；其中一批动漫企业在产业化潮流中快速成长，规模实力持续增强，成为动漫市场的中坚力量，比如奥飞动漫、华强动漫、腾讯互动娱乐、美盛文化等综合运营商，央视动画、原创动力、玄机科技等专业内容供应商，以及知音传媒、华闻传媒、光线传媒等战略投资者。国内 4G 服务迅速开展，4G 基站大规模覆盖，三大运营商累计建设 4G 基站 70 万个，4G 用户规模超过 9000 万户，并且三次下调 4G 套餐资费，这为新媒体动漫的发展创造了坚实的技术基础和新的发展机遇。

二、2014 年动漫产业发展特点

（一）动漫产业政策：产业融合，全面升级

2014 年，国家出台多项深化文化体制改革和扶持文化产业、电影产业发展的宏观政策和动漫产业内部政策文件，从体制改革、税收优惠、金融支撑、通关服务等各方面为动漫产业的发展构建良好的政策环境，进一步推动动漫产业的结构调整和转型升级。

国务院先后出台《关于推进文化创意和设计服务与相关产业融合发展的若干意见》《关于加快发展对外文化贸易的意见》等，标志着包括动漫产业在内的文化创意和设计服务与相关产业融合发展已经成为国家战略。文化部、中国人民银行、财政部出台《关于深入推进文化金融合作的意见》，文化部、工业和信息化部、财政部出台《关于大力支持小微文化企业发展的实施意见》，促进了文化与金融对接，有利于中小微动漫企业的发展壮大。

文化部文化产业司印发《2014 弘扬社会主义核心价值观动漫扶持计划申报》的通知，启动 2014 年弘扬社会主义核心价值观动漫扶持计划申报工作。经各地申报、专家评荐和认真研究，确定“大型红色历史纪实动画《中国共产党的故事》”等 20 个产品项目、“《童子国学》系列漫画”等 42 个创意项目入选 2014 年弘扬社会主义核心价值观动漫扶持计划。

文化部、财政部在两部委联合开展的文化产业创业创意人才扶持计划框架下开展动漫游戏人才扶持项目，经专家数轮严格评选，刘晶（《奋斗鸡》爆笑系列）、赵艳芳（《木兰教你认识传统节日》）等 166 位作者入选文化部文化产业创业创意人才库，孙元伟（《小布丁》系列）、吴洋（《薇唐集·中国龙》）等 35 位动漫游戏创意人才进入文化部文化产业创业创意重点人才库。

国家新闻出版广电总局实施 2014 年“原动力”中国原创动漫出版扶持计划，经过项目申报、材料审核、专家评审等程序，评选出 31 个入选项目，其中图书类项目 21 个，多媒体动画类项目 10 个。

（二）动画电影：系列片和续集电影成绩突出，媒介融合加强

2014 年，国内动画电影票房达到 30 亿，占总票房的 10.7%，与 2013 年的近 16 亿相比，增幅高达 87.5%。总共上映动画电影 51 部，其中进口动画电影 17 部，票房近 19 亿元；国产动画电影 34 部，总票房近 11 亿元，同比增长 66.7%。有 7 部国产动画电影票房超过 5000 万元，创下历史最佳成绩。

“扎堆档期”仍然是国产动画电影的固有现象，暑期档和六一档是其集中抢占档期的时间段。相比之下，进口动画电影的分配则比较平均，《马达加斯加的企鹅》等非黄金档期上映的影片也收获了票房佳绩。这暴露出国产动画电影仍然处于“创品牌”“求口碑”的初级阶段。

系列片和续集电影占七成以上，仍然占据动画电影市场的主流地位。《熊出没之夺宝熊兵》是《熊出没》电视动画系列片的第一部贺岁电影，取得 2.47 亿元票房，成功超越《喜羊羊》系列电影，创下国产动画电影票房

新纪录。此外，其他续集电影也表现不俗，《喜羊羊与灰太狼6》（8751万元）、《赛尔号大电影4》（6231万元）、《神秘世界历险记2》（6230万元）、《洛克王国3》（4752万元）、《潜艇总动员4》（4812万元）。不过值得注意的是，大部分续集电影的票房遭遇逆增长，《喜羊羊与灰太狼6》更是跌落亿元以下。

相比进口电影，国产动画电影在上映数量上已经超过，但在票房总量上还有不小差距。2014年全年共上映进口动画电影17部，票房19亿元；对比34部国产动画电影累计11亿元的票房，平均票房数仅为进口动画电影的三分之一。不过，在全年度票房排名前10位的动画电影中，国产动画影片已经占据4部，收获了相当不错的票房和口碑。

2014年，国内动画电影与新媒体的合作愈加深入，新媒体文化对传统影视产生越来越深远的影响。《十万个冷笑话》电影版在2014年最后一天登陆国内院线，成为首部“跨年”国产动画电影。虽然其票房成绩未列入2014年度票房榜，但其一周票房便破亿，成为继《喜羊羊与灰太狼》和《熊出没》之后第三部过亿元的国产动画影片，可谓贺岁档的一匹黑马。该片在登上大银幕之前，其漫画原作、网络短剧已经在社交网络平台爆红，《十万个冷笑话》大电影延续了漫画和网络剧的“恶搞”“吐槽”特征，是一部典型的脱胎于互联网、有明显“二次元”特点、面向青少年的动画电影。同时，该片充分利用社交网络作为宣传平台，还尝试植入广告等赢利模式，成为用低成本换取高收益的成功范例。从网剧到电影，《十万个冷笑话》大电影的上映标志着网络文化向大银幕的进军已经开始，新媒体与国产动画产业进一步融合发展。

（三）电视动画：继续保持稳定发展态势

2014年，全年备案公示的国产电视动画片剧目数量为425部271133分钟，同比分别下降8.6％和17.3％；全国制作完成的国产电视动画片共138496分钟，同比上年下降32.35％，为2009年以来最低产量，仅相当于2011年最高产量（261224分钟）的一半左右。经国家新闻出版广电总局备案的电视动画机构共有252家，2013年为273家，同比略有下降。其中，江苏省、福建省、安徽省、河南省、天津市、山西省、湖北省、重庆市、四川省、海南省分别有不同程度的减少，其他地区略有增加或持平。

2014年度，制作备案公示的全国国产电视动画片，按题材划分，现实题材42部、18508分钟，分别占备案公示总数的9.9%和6.8%；历史题材是34部、14399分钟，分别占备案公示的8%和5.3%；教育题材是69部、44288分钟，分别占备案公示的16.2%、16.3%；科幻题材是20部，13398分钟，分别占备案公示的4.7%、4.9%；童话题材是224部，155739分钟，分别占备案公示的52.7%、57.4%；神话题材4部，3276分钟，分别占备案公示的0.9%、1.2%；其他题材32部，21525分钟，分别占备案公示的7.5%、7.9%。按照部数所占比例大小排名，备案公示的国产电视动画片题材分别为：童话题材、教育题材、现实题材、历史题材、其他题材、科幻题材、神话题材，特殊题材等。

2014年度，国内电视动画的播出时长相对稳定，收视时长略有下降。根据央视索福瑞的数据显示，2014年全国主要城市动画节目的播出时长为107187小时，相比2013年的106848小时增加339小时，近几年的播出时长波动幅度不大。而人均每日收视时长在2014年有轻微下滑，为6.09分钟／天。

在视频网站等新媒体平台上，国产电视动画的播放量不断上升。据爱奇艺“动漫风云榜”统计，在播放量排名前50中，国产电视动画达23部，占总数的46%；其中《熊出没之春日对对碰》《熊出没之丛林总动员》分别以1.9亿、1.5亿的7天指数占据排行榜的前两位，《熊出没》及《熊出没之环球大冒险》分别以0.48亿、0.39亿的7天指数居于第八、九位。除《熊出没》系列动画，新版《大头儿子小头爸爸》也以0.55亿的播放量，迅速上升至排行榜第五位，充分展现出国产电视动画强劲的竞争力。

（四）漫画产业：竞争激烈、走向国际

2014年，漫画期刊市场竞争更为激烈，迭代升级速度更快，但总销量已进入瓶颈期。动漫期刊品种数量变化不大，《知音漫客》《漫画世界》等品牌期刊继续保持在第一集团，《小公主》《米老鼠》等儿童漫画期刊紧随其后。而口碑良好的《科幻画报（漫画秀）》宣告停刊，盘整之后以《科幻画报（小班长）》的全新面貌出现；2014年11月，出版多年的《龙漫少年星期天》和《漫动作》亦相继宣布休刊，动漫期刊领域面临更加严峻的生存环境。

相对于实体书店的日渐萎缩，网上书店图书零售仍保持高速增长。根据当当网2014年度动漫／幽默类图书畅销榜前100位的榜单和亚马逊中国2014年度图书排行榜（青春动漫类别），伟大的安妮、夏达、阿桂继续领跑销量榜单，夏达的《长歌行6》位列两个榜单的榜首。其中2013—2014年度图书销量前五名内，伟大的安妮、夏达就有同一系列的漫画入选，成为长期的销量之王，阿桂也有多部同类作品入选，呈现出系列化、连续化的销售走势，此现象与国际漫画市场销售模式一致。

2014 年 10 月 21 日，中国文化艺术政府奖第二届动漫奖在北京举行颁奖仪式，经材料审查、初评评审、终评评审，最终评选出 12 个类别的 30 个获奖项目和 80 个入围项目。《向日葵男孩》《踮脚张望》《滚蛋吧！肿瘤君：我与癌症斗争的一年里》等作品分别获得最佳漫画作品奖、最佳漫画出版物奖等奖项。

2014 年，具有社交功能的漫画 APP 成为漫画领域的一支生力军，并在各类手机应用分发平台突围而出。4 月，一款依靠用户自定义的、通过五官的拼接来设计自己的头像，并且能分享到社交网络的漫画应用《脸萌》一夜爆红。其他漫画阅读应用《暴走漫画》《布卡漫画》《快看漫画》等也受到业内外的极大关注，在 APP 下载榜上长期名列前茅。

中国原创漫画作品逐渐走向海外，积极开拓国际市场。知名动漫企业漫友文化在 2014 年正式对外披露，与法国漫画出版巨头达高集团合资组建“城市中国出版社”，首批推出的中国漫画图书包括李昆武的《伤痕》，夏达的《子不语》《长歌行》，吕玻的《淞沪会战》等。

（五）动漫衍生品市场：打造品牌，抢占市场份额

根据《2014 年度中国动漫产业发展报告》，中国动漫衍生品市场规模逐年增加，2014 年达到 380 亿元左右，以动漫玩具、动漫服装和动漫出版物为主，其中动漫玩具市场规模达到我国动漫衍生品市场的一半以上，动漫服装和动漫出版分别占比 16% 和 4%。

2014 年度，国内的玩具市场仍由奥飞动漫主控，旗下较有影响力的玩具类动画片有《铠甲勇士拿瓦》《战斗王之飓风战魂Ⅱ》《火力少年王之奇迹再现》《巨神战击队之空间战击队》《巴啦啦小魔仙之音符之谜》等，引导着国内动漫玩具的市场走势。奥飞动漫陆续推出“战斗王”陀螺系列、变形类玩具系列、遥控类玩具等产品，不断抢占市场份额。不过，2014 年上半年的陀螺市场却出现灵动卡通的“魔幻陀螺”系列玩具销售超越奥飞动漫的“战斗王”系列陀螺玩具的情形；奥飞动漫此前曾以动画片《翼飞冲天》推出的遥控直升机系列，销售情况也一般，无法取得市场领先地位。在女童玩具市场中，除了传统的芭比娃娃玩具外，奥飞动漫的《巴啦啦小魔仙之音符之谜》依然占据国内女童动漫类玩具市场首位，相关产品销售额过亿元，逐步确立了“巴啦啦小魔仙”品牌作为中国女童品牌第一的市场地位。

2014 年，非玩具产业类动画的衍生品也取得了不错的业绩。华强动漫的“熊出没”品牌是目前国产动画中最具品牌优势的，在玩具市场获得了较大的市场份额。据华强动漫公司市场总监李晓虹介绍，2014 年“熊出没”品牌玩具的市场销售额超过 5 亿元，市场销量较高的爆款产品有“熊出没”系列积木、“熊出没”系列故事机、“熊出没”塑料类玩具等。这也预示着动漫品牌地位“熊出没”已经超越了“喜羊羊与灰太狼”，成为国内动漫形象的王者。

由于乐高玩具在中国市场销量遥遥领先，中国玩具企业也紧跟乐高玩具的步伐推出具有自己品牌特色的积木玩具品牌。2014 年澄海玩具企业星钻积木购买了赛尔号的授权，并邀请《爸爸去哪儿》第一季中的郭涛父子作为代言人，通过采取拼插的方式，以益智的玩乐方式吸引小朋友，在 2014 年取得了 5000 万元的市场销售业绩。

2014 年中国玩具市场还是以传统的玩具品类销售为主，在与互联网及移动互联网结合方面，还是比较低级。像奥飞动漫的战斗王系列陀螺，玩家之间可以通过比赛赢积分，但仅仅是小范围影响力，并未利用互联网的优势实现全国范围内的比赛，因此其市场优势弱于灵动卡通的魔幻陀螺系列产品。反观国外玩具产业，互联网智能玩具已成引爆点。小龙斯派罗（Skylanders）玩具是美国动视暴雪公司推出的一款智能玩具和游戏相结合的产品，将实体智能玩具通过数字化手段引入虚拟的游戏世界进行游戏，构成一种全新的 O2O 商业模式。小龙斯派罗自 2011 年上市以来，第一款游戏类商品销售量已经超过 1 亿个，截至 2014 年销售额超过 20 亿美元，动视暴雪公司也凭借此款互联网智能玩具跻身美国五大玩具销售商行列。

（六）新媒体动漫：“互联网 +”引领产业发展

根据中国互联网络信息中心（CNNIC）发布的《第 35 次中国互联网络发展状况统计报告》，截至 2014 年 12 月，中国网民规模达 6.49 亿，全年共计新增网民 3117 万人。互联网普及率为 47.9%，同比提升 2.1%。中国手机网民规模达 5.57 亿，同比增加 5672 万人。网民中使用手机上网人群占比由 2013 年的 81% 提升至 85.8%。

据艾瑞 GameTracker 统计，2014 年中国移动游戏用户数量已达 3.58 亿人，比 2013 年增长 15.1%，收入达到 247.9 亿人民币，同比增长 144.6%。2014 年是手游行业的爆发年，手机游戏在中国得到大范围普及，已成为中国人娱乐的重要方式之一，其中尤以休闲益智类游戏、社交类游戏最受欢迎。

2014 年，国家新闻出版广电总局将起草《关于规范移动网络游戏出版审批管理的通知》的工作提上日程，拟缩减移动网络游戏的审批程序，对不涉及民族、宗教、历史、政治、疆域等内容，无故事情节或者故事情节简单的消除类、塔防类、跑酷类、棋牌类、音乐舞蹈类、体育竞技类、飞行射击类、解谜类等移动网络游戏采用简易审批程序，对其他类别的移动网络游戏压缩内容审查时间，提高审批效率。

随着互联网的发展，我国动漫产业正从传统媒体向新媒体加速迁移，新媒体动漫发展迅猛。动漫已成为国内视频网站和阅读网站的重要板块，腾讯、新浪微博、网易云阅读、小米多看阅读、当当读书等网络巨头相继开启了在线漫画阅读，中国网络电视台、腾讯视频、搜狐视频、爱奇艺、土豆、优酷、乐视、酷 6、56、风行网、激动网、迅雷看看等主流网络视频网站纷纷开设动漫（动画）频道，中国移动、中国联通、中国电信等运营商纷纷成立了手机动漫基地，此外还产生了有妖气、漫客栈、i 尚漫、n 次元漫画等在线漫画网站，酷米网、淘米视频、百田卡通、AcFun、哔哩哔哩等垂直动画视频网站，以及布卡漫画、有妖气漫画、Vista 锋绘、漫画魔屏、开卷漫画、新浪微漫画、魔漫相机、脸萌、微漫、哔哩哔哩动画等 APP 应用。其中“有妖气”是目前国内最大的独立原创漫画网络平台，汇聚了近万名漫画家、数万部漫画作品与近百万读者，从事原创漫画的互联网创作、营销、推广及商业化工作。

（七）动漫节展：巧借平台，主题化程度上升

2014 年，国内动漫展会在规模和数量上有较大发展，既有国家和省级政府主办的全国性动漫展会，也有省会城市主导的地方性动漫展会，由企业推动的动漫展会也开展得如火如荼。据统计，仅 2014 年 1–2 月间，全国以大中型城市命名开展的动漫展（节）就超过 20 个。

在主题和形式方面，2014 年国内动漫展会主题化程度上升。以特定动漫角色、动漫情景命题的展会增多，如北京加菲猫展、成都哆啦 A 梦展览、天津魔力游戏动漫节等；类型化活动增多，受海外尤其是日本动漫的影响，春日祭、冬日祭等季节性主题动漫活动较高频次出现。根据抽样统计，在 2014 年举办的 58 项动漫展会活动中，有具体主题的展会达 30 项，占 51.7%。从开展地域来看，北京、天津、上海、广州等特大中心城市，杭州、南京、苏州、宁波等承制动漫外包项目较多的城市，动漫展会举办的规格和频次较高。

2014 年，国内动漫市场交易会借各类展会发展迅速。如由文化部和上海市政府共同主办的第十届中国国际动漫游戏博览会经过八年的发展，已形成专业化、国际化、高层次、大规模的特点；第九届北京文博会也专设动漫游戏产业单元，举办了展览、交易活动和国际论坛；第四届中国（天津）魔力游戏动漫节创意欢乐旅游节概念，将游戏动漫跨界整合。随着交易会数量的增加，动漫交易规模有较大提升。以北京地区为例，2014 年 1–9 月文化创意产业实现收入 7451 亿元，同比增长 9.2%，其中动漫所属的广播、电视、电影产业收入 512.2 亿元，同比增长 3.7%，游戏所属的软件、网络及计算机服务产业收入 2840.1 亿元，同比增长 11.6%。

2014 年 4 月，中国国际动漫节迎来第十届，办展规模、参加人数、交易金额、节展效益方面都取得了新的突破。据统计，有 136.2 万人次参加了动漫节的各项活动，创下历史新高。同年 9 月 18 日，“第十二届全国美术作品展览综合画种・动漫作品展览”在浙江省嘉兴市开幕，入选动漫作品 112 件（动画 66 件、漫画 46 件），其中进京作品 10 件。9 月 28 日，中国国际漫画节系列活动在广州举行，中国动漫金龙奖、中国漫画家大会、动漫游戏展等一系列精彩活动于国庆期间轮番登场。

（八）动漫 IP 跨界运营：增长迅速、类型多样

2014 年，互联网经济全面渗透人们日常生活，文化消费时代随之正式来临。包括文学、动漫、游戏、电影、电视剧等在内的文化形态加速跨界融通，形成“泛娱乐”的生态体系。以 IP（知识产权）为核心的泛娱乐产业成了主流文化业态，为用户提供了多层次、跨媒体、跨平台的深度娱乐体验，具有更好的市场基础和更高的产业价值。随着腾讯、小米、华谊、阿里等互联网企业纷纷将泛娱乐作为公司战略大力推进，IP 已经成为 2014 年文化领域最具影响力的词语。不仅日本、美国的知名动漫 IP 被抢夺一空，知名国产动漫 IP 也受到市场的热捧。

2014 年，共有 31 个不同的国产动漫 IP 进行了跨界改编，涉及游戏、影视、文学、舞台剧、艺术展五个领域，相较于 2013 年寥寥十多个进行跨界改编的国产动漫 IP，改编数量增长迅速，改编类型愈加丰富。国产动漫 IP 同国外动漫 IP 相比，更符合并且适合国内新成长起来的用户诉求和口味，同时在沟通和配合方面也远远比国外 IP 更顺畅。因此，国产动漫 IP 已经开始发力，授权价格显著上涨，尤其是移动游戏市场，对优质 IP 的争夺进入了白炽化阶段。

从国产动漫 IP 自身类型来看，2014 年被改编的大部分仍为传统电视动画和动画电影 IP，而新媒体动漫 IP 日渐崛起，约占三分之一。传统动漫 IP 仍是改编主流，

除了近几年热门的《喜羊羊与灰太狼》《熊出没》《秦时明月》等传统动漫 IP 外，老牌传统动漫 IP 迎来新的生机。2014 年，上美影厂将《葫芦兄弟》和《黑猫警长》授权给游戏公司开发多种手游产品，通过复兴经典动漫 IP 的方式，使其重新焕发生命力，进而进行更多形式的跨界运营。

随着互联网的飞速发展，辅之以智能手机、IPAD 等移动终端的普及，新媒体动漫 IP 成为中国动漫产业发展的加速器和催化剂。一些知名网络动漫形象如阿狸、张小盒等经过多年广泛的传播和大量的关注后，已经聚集起不弱于传统动漫 IP 的人气。而爱奇艺、有妖气、腾讯动漫、纵横动漫等新兴的视频和动漫网站的迅速壮大，加上蓬勃发展的微博、微信等社交媒体的推广，《尸兄》《我叫 MT》等新媒体动漫 IP 也表现出极大的价值。腾讯动漫作为泛娱乐 IP 战略的先行者，基于热门漫画作品改编制作了多部网络动画剧（《尸兄》《中国惊奇先生》《超神游戏》《王牌御史》《妖怪名单》等），部分漫画还改编成为网络小说、游戏等，其中《尸兄》手游版权授权费用达到 5000 万元。

2014 年移动游戏行业进入高速增长的繁荣期，动漫 IP 成为各大游戏公司争抢的资源。经典的日美动漫 IP《火影忍者》《海贼王》《忍者神龟》《变形金刚》等纷纷被抢夺一空。国产动漫 IP 的具有相对成本低、用户广、可操作性强等几大优势，其授权价格随着游戏厂商的争抢也水涨船高。其中，根据热门国产动漫 IP《秦时明月》改编的手游，单日流水破 500 万元，月流水突破 4000 万元，各大渠道的收入榜长期占据 TOP 10 的位置，年末更是一举拿到“金翎奖—2014 玩家最喜爱的移动网络游戏”的殊荣。改编自《熊出没》的手游《熊出没之熊大快跑》上线不到一周，便冲入各大游戏排行榜，全网总下载量已经过亿，单月收入超 2000 万，收入已经破亿。

（中国传媒大学　徐文哲、于海燕、郑玉明）

游戏产业

2014 年，中国游戏市场（包括网络游戏市场、移动游戏市场、单机游戏市场等）实际销售收入达到 1144.8 亿元，比 2013 年增长 37.7%。其中，网络游戏市场实际销售收入 869.4 亿元，移动游戏市场实际销售收入 274.9 亿元，单机游戏市场实际销售收入 0.5 亿元。其市场占有率分别是 75.942%、24.014%、0.044%。

一、2014 年游戏产业总体情况

（一）网络游戏市场实际销售收入

2014 年，网络游戏市场实际销售收入主要由客户端网络游戏、网页游戏和社交游戏市场实际销售收入构成。

2014 年，中国客户端网络游戏市场实际销售收入 608.9 亿元，比 2013 年增长 13.5%。这个市场又是由角色扮演类客户端网络游戏市场和休闲竞技类客户端网络游戏市场构成。按实际销售收入计算，角色扮演类客户端网络游戏市场实际销售收入 389.1 亿元，比 2013 年增长 10.3%，占客户端网络游戏市场的 63.9%。休闲竞技类客户端网络游戏市场实际销售收入 219.8 亿元，比 2013 年增长 19.7%，占客户端网络游戏市场的 36.1%。

2014 年，中国网页游戏市场实际销售收入 202.7 亿元，比 2013 年增长 58.8%。社交游戏市场实际销售收入 57.8 亿元，比 2013 年增长 6.8%。中国移动游戏市场实际销售收入 274.9 亿元，比 2013 年增长 144.6%。

（二）单机游戏市场收入下降

2014 年的国产单机游戏市场只有两个产品上市，整体收入下降。中国单机游戏市场实际销售收入 0.5 亿元，比 2013 年下降 43.8%。

（三）游戏用户数平缓增长

2014 年，中国游戏市场用户数量约达到 5.17 亿人，比 2013 年增长 4.6%。其中客户端网络游戏用户数量约达到 1.58 亿人，比 2013 年增长 3.9%。网页游戏用户数量约达到 3.07 亿人，比 2013 年下降 6.5%。移动游戏用户数量约达 3.58 亿人，比 2013 年增长 15.1%。

二、2014 年游戏产业发展特点

（一）管理与服务

1. 建设网络强国战略指引游戏产业方向

随着以互联网和信息技术为核心的新一轮科技革命和产业革命孕育兴起，互联网化和信息化已经贯穿在经济社会各领域各行业，呈现出多向交互融合态势。2014 年，习近平总书记在中央网络安全和信息化领导小组第一次会议及文艺工作座谈会等会议指出，把我国从网络大国建设成为网络强国，强调要运用网络传播规律，弘

扬主旋律，激发正能量；要求广大文艺工作者要努力创作更多无愧于时代的优秀作品。

网络游戏产业作为网络强国战略的重要组成部分，同样担负着传承、传播优秀中华文化的历史使命和责任，只有长期坚持以人民为中心的创作导向，以丰富人民精神文化生活为己任，创作更多的优秀作品，才能走向健康、持续发展之路。

2. 国家产业与经济政策利好游戏产业

2014 年，《关于推进文化创意和设计服务与相关产业融合发展的若干意见》《关于推动传统媒体和新兴媒体融合发展的指导意见》等文件提出加快实现由“中国制造”向“中国创造”转变，提升国家文化软实力和产业竞争力，推动文化产品和服务的生产、传播、消费的数字化、网络化进程；强化互联网思维，坚持先进技术为支撑，内容建设为根本，形成立体多样、融合发展的现代传播体系，更多媒体集团进军网游行业，坚定了转型融合信心，给游戏企业带来新的发展机遇。国务院继续实施对小微企业支持政策，加大进一步简政放权力度，加大税收支持，加大融资支持，加大财政支持，加大中小企业专项资金对小微企业创业基地的支持，鼓励地方中小企业扶持资金将小微企业纳入支持范围，加大服务小微企业的信息系统建设，方便企业获得政策信息，运用大数据、云计算等技术提供更有效服务。

3. 产业政策支持游戏产业长期繁荣

游戏产业作为互联网信息产业中的重要组成部分，在建设互联网强国战略目标下，已经成为政策鼓励的重要方向。国家新闻出版广电总局作为出版行业主管部门和网络游戏网上出版前置审批管理部门，着眼于增强服务发展能力、提高审批管理效率，继续扩大国产网络游戏出版属地管理试点，简化审批环节，提高行政效率，以上海市国产网络游戏出版属地管理试点为探索，强化属地管理职责，大大缩短了游戏审批周期，先后发布《关于进一步规范出版境外著作权人授权互联网游戏作品和电子游戏出版物申报材料的通知 》《关于深入开展网络游戏防沉迷实名验证工作的通知》，夯实游戏出版产业发展基础。与此同时，国家版权局等部门发布《关于开展打击网络侵权盗版“剑网 2014”专项行动的通知》，加大保护著作权力度。2014 年度，《古剑奇谭》获中国出版政府奖；《三国演义》获中国出版政府奖提名奖；苏州蜗牛数字科技股份有限公司 CEO 石海获优秀出版人物奖。总局还公布第九批中国民族网络游戏出版工程项目，中国民族网络游戏出版工程已实施 9 年，项目总数达 194 个，在扶持国产游戏精品方面持续保持力度，拓宽了中国游戏产业研发之路。积极扶持企业“走出去”，完美世界、上海征途、苏州蜗牛、福建天晴等一批优秀网络游戏企业获得文化服务出口奖励，在国际舞台展示了国产网游精品的魅力。

4. 行业协会服务企业经营

中国音数协游戏工委近年来不断强化服务职能，不仅充分发挥政府与企业的桥梁和纽带作用，而且切实帮助游戏企业经营发展。服务包括组织举办 ChinaJoy、中国游戏产业年会、开展中国游戏产业调查活动并发布行业报告、组织对外活动、组织民族网络游戏的评审工作、组织会员企业参与出版业政策调研等。大致可分为政策咨询，人才培训，学术研究，技术推广，展览展销，国际交流与合作等几类。2014 年，游戏工委继续增强行业报告的市场监测力度和实效性，如每季度通过移动和网页游戏产业两大细分市场报告，ChinaJoy 上发布《1—6 月中国游戏产业报告》，中国游戏产业年会上发布《中国游戏产业报告》等，及时反映产业变化，为政府部门、游戏产业相关各产业链提供分析观点和数据参考依据。对外交流活动包括：两岸游戏产业高峰论坛及产品对接会、台北两岸游戏产业高峰论坛暨交流活动以及东京电玩展观摩团，韩国 Gstar 游戏展观摩团，美国 E3 游戏观摩团等；本年度游戏工委还多次协调会员企业与管理部门联系，向有关部门提出合理化监管建议。帮助参评游戏企业作品和优秀人物等项活动，保护了会员企业的合法权益，获得了行业美誉和企业的好评。

5. 鼓励政策与规范措施逐步到位

壮大市场主体、加大财税支持、加强金融融合等利好政策将继续成为产业持续发展的动力。在游戏出版产业领域中小型企业数量爆发增长，海外市场成为企业利润增长点等新形势下，国家一系列积极政策，将有助于缓解中小游戏公司的竞争压力，拉动中国游戏出口总值持续增长。近年来，中国游戏产业不断扩大产品和服务出口，通过海外并购、联合经营、设立分支机构等方式积极开拓国际市场。国家出版基金、中国民族网络游戏出版工程等扶持政策，持续鼓励、支持和引导优秀原创网络游戏出版运营。对文化创意企业实行减税，对国家重点鼓励的文化创意出口实行营业税免税，对纳入增值税征收范围的国家重点鼓励的文化创意出口实行增值税零税率或免税。支持符合条件的企业上市，鼓励企业发行非金融企业债务融资工具，对中小游戏企业成长营造良好氛围，也有利于产业持续发展。

（二）市场环境

1. 游戏市场规模平稳较快增长

2014 年，中国游戏产业虽然受到人口红利下降、客户端网络游戏市场增速放缓的影响，但新兴细分市场如网页游戏、移动游戏市场规模增幅明显，市场收入规模进一步扩大。2014 年，游戏产业企业加快新产品的研发，产品数量翻倍增长、企业竞争力明显增强、海外市场增长势头强劲、游戏覆盖范围不断延展。电视、主机游戏市场前景广阔，微软、索尼加快进入中国市场步伐，越来越多的游戏企业期望通过家用游戏主机、游戏盒子和电视盒子等平台通道进入主机、电视游戏市场。互联网与游戏融合发展，如 TCL 联手京东等互联网企业进军电视游戏市场，360、百度、阿里巴巴等国内互联网巨擘积极布局游戏产业。

2. 资本市场游戏概念热度不减

中国游戏产业强劲的增长势头，成为资本市场炙手可热的宠儿之一。新兴游戏企业的成功刺激了投资领域的活跃程度，国内民间资本作为游戏产业主要投资力量，众筹作为辅助投资力量正在逐渐改变游戏产业投资环境，游戏企业的融资行为成为常态。2014 年，已有多家游戏公司通过上市、融资、并购、收购等模式成功获得国内外资本的支持，越来越多的企业在 A 股收获颇丰，或成功登陆美股、港股市场。与此同时，有稳定收入和用户基础的网络游戏企业也成为资本市场的首选目标，这说明，资本与游戏结合已经进入新的阶段，投资更为理性和谨慎。

3. 金融政策助力小微企业融资

移动游戏行业的快速发展，为中国游戏产业孕育了大量的小微企业，融资问题是横亘在不少小微企业面前最直接的困难，如今这一困难有望在国家推动融资改革后得到改善。针对小微企业融资难、融资贵等问题，国务院推出具体措施来帮助降低企业融资成本，并部署新政策，进一步扶持小微企业发展，减轻企业融资负担。从具体措施来看，解决融资困难有利于去除小微企业生存障碍，简政放权有助于游戏产品审批速度加快，迎合游戏发展需要，降低门槛；税收、财政支持等有利于降低生存成本，释放活力。

4. 选择 A 股市场融资企业比例明显提升

为保证长期发展，部分海外上市公司选择私有化，并寻求在国内 A 股重新上市。客观上，部分进入游戏行业的投资者，将会以游戏资本市场先行者的身份回归国内资本市场，尝试将投资收益打造成游戏产业除运营以外，第二位的增值领域。受此影响，更多互联网企业以及移动游戏企业或会获得大笔资金投入，伴随回归 A 股的公司，再次掀起上市潮。但需要注意的是，考虑到企业背景、资金运作成熟度等多方面因素，创业型公司需谨慎操作，选择合适的时机，提防非系统性风险的释放。

5. 信息基础设施及硬件更新换代带来游戏产业发展良机

以 4G 移动网络牌照的颁发和相关技术的普及为标志，我国信息网络基础设施建设加速，通信技术创新推动互联网与游戏产业深度融合：移动互联网带宽提升，运营商为推广新技术主动下调资费价格；多家获得虚拟运营商牌照的民营企业相继推出配套的服务和产品，促进市场竞争。智能移动终端设备升级换代，迎来新一轮价格下调，既为网络游戏用户提供了更宽松的体验环境，也为开发更多的人机交互、社交场景等娱乐功能及模式，增强游戏画面表现力和丰富游戏内容带来机遇。

（三）产品及用户

1. 游戏数量规模高速增长

游戏产品的数量规模已经进入高速增长阶段，与 2013 年同期相比，移动游戏的产品数量出现明显增长，由于体量巨大，推动整体游戏数量规模迈上新台阶。从数量上分析，游戏产品已经呈现出较为明显的“金字塔”特征，客户端网络游戏处于塔尖阶段，高投入高产出，精品生存，数量上以少胜多。网页游戏处于塔中阶段，正在向精品化发展，数量减少，品质上升。移动游戏位于塔基阶段，处于抢占市场空白点，分享用户红利的末期，低投入，产量高，游戏产品数量远远超过客户端网络游戏和网页游戏。

2. 游戏消费化

伴随着生活节奏的加快，游戏市场用户的消费习惯也随之加快，对于游戏的要求也日益趋向于便捷化。为迎合快节奏的消费习惯，市场上的游戏企业也逐渐向快餐化转变，并且在短短的时间内就获得极大的玩家市场和商业价值。而为了用最小的时间成本来获得最大的市场利益，部分企业开始缩小企业体量，找准目标走精兵路线；为了加快产品的研发速度，部分企业将产品供给模式批量化，提升产品规模效应，外围开发采用专业外包的形式，缩短开发周期，聚拢资源专注核心业务，以丰富产品组合，提高赢利能力。

3.IP 成为游戏市场产品要素

2014 年被业内称为 IP 元年， IP 红利成用户增长重要来源、以更低成本获得用户的有效手段，成为游戏产品成功的“催化剂”，各大游戏厂商也纷纷从 IP 产品中获益，同时也是破解各类游戏同质化突围的关键。在产品投向市场的初期，原作积累的用户能迅速地转化为游戏的玩家；原作的 IP 价值也为产品的后续推广提供重要助力。目前来看，IP 竞争的白热化阶段还没有到来，老牌 IP 和成功 IP 自我保护，众多优质 IP 的静观其变，同时，许多厂商也将目标瞄准了优质 IP。按照现有的发展趋势，未来国产游戏将会更加依赖 IP 价值，这也意味着市场上的 IP（智力成果权）更加激烈的竞争正在酝酿。

4. 企业维权常态化

游戏企业用于维权的投入也将越来越高。随着企业拥有知识产权的数量增长和范围扩大，游戏产业知识产权维权案例也迅速增加，这是行业发展的必然阶段。2014 年，游戏企业用于知识产权交易的投入高达上千万甚至上亿元，在知识产权保护条件趋向成熟的阶段，必然将加大投入捍卫权益，以占领市场份额，降低用户成本，在下一阶段的竞争中取得先发优势和有利地位。因此，企业还会以更专业的团队和手段，持续加强维权力度，经历这一阶段后，市场也将加速由野蛮增长向有序竞争过渡。

5. 重视知识产权推动互联网产业融合发展

游戏产业对商标、专利、著作权、IP（智力成果权）等知识产权重视程度的提高，直接推动了围绕知识产权为核心的网络游戏、网络文学、网络音乐、网络影视等互联网产业的融合发展。由于知识产权已经成为泛娱乐产业中连接和聚合粉丝情感的核心，更深层次意味着游戏企业发展的主动权，促进游戏企业以购买或授权等形式获得知识产权，不仅数量迅速增加，而且过去以商业目的为核心的合作也因此而转变，以权益为核心的合作模式正在形成。依托于知识产权在互联网产业中的穿插，构成了游戏企业跨界合作，多点布局的融合发展策略，由知名游戏作品为主的产品型商标，既可以作为合作的基础，又可以成为维权的武器。

6. 产业链结构趋于专业化并形成规模效应

游戏产业链结构正在逐步细分并更趋专业化，在研发、运营的基础上，用户平台、发行、外包环节分工明确，专业化要求越来越高，优势越来越明显。如腾讯、360、百度的游戏分发业务已经渗透至移动、网页、客户端网络游戏各大细分市场，形成以用户为核心的运作模式，吸引了阿里巴巴、小米互娱等新老用户平台积极发展游戏业务。再如专业游戏发行业务的快速发展，不仅横跨移动、网页游戏两大细分市场，向客户端网络游戏市场渗透，且打通国内外走廊，以更快的速度将自主研发游戏推送至国际市场，引入国外精品大作至国内市场。

2014 年，游戏发行业务不仅成为发行公司的主要收入，助推其完成上市融资目标，甚至成为部分研发商依托专业知识与资源产生收入的重要来源。由专业分工带来的技能发展，因工作变化节约的损耗时间，专项作业的改良与完善，使游戏行业从业人员和创业者的积极性空前高涨，企业数量大幅增长，小型微型开发团队数量猛增，游戏产品数量呈现井喷状态。

7. 国民文化消费能力提升

近年来，我国国内生产总值一直保持较高的增长速度，国家统计局最新发布的数据显示，中国的名义国内生产总值一直保持较快的增长速度。中国城镇家庭人均可支配年收入近十年来实现三倍以上增长，农村居民人均纯收入扣除价格因素后以 10％左右增速逐年递增。同时，根据中国互联网络信息中心（CNNIC）发布的第 35 次《中国互联网络发展状况统计报告》显示，中国互联网用户规模 2014 年超过 6 亿人，互联网普及率超过 47%，居民日益坚实的物质基础和提升生活质量的需求释放出巨大的文化产品购买欲望和消费能力，互联网用户对网络游戏的消费需求和消费能力逐步提升，带动了网络游戏产业的发展。

（中国音像与数字出版协会游戏出版工作委员会）

视听新媒体产业

2014 年，中国网络视听产业规模约 378.4 亿元，比 2013 年的 254.2 亿元增长 48.8%，成为传媒领域日益重要的组成部分。这一年政策法规逐步健全，管理力度不断加大。同时，在技术、资本、市场等多方力量推动下，新业务、新服务、新应用不断涌现，各种业态渗透融合，用户规模稳步增长，商业模式推陈出新，视听新媒体呈现有序健康快速发展态势。

一、2014 年视听新媒体产业总体情况

（一）政策调控力度加大，对行业发展影响深远

中央高度重视新媒体的发展。党的十八届三中全会强调，要重视新兴媒介运用和管理。2014 年 8 月，习

近平总书记主持召开中央全面深化改革领导小组第四次会议，审议通过《关于推动传统媒体和新兴媒体融合发展的指导意见》，为传统媒体与新兴媒体的融合发展做出了战略部署，提出了总体目标。党的十八届四中全会强调，要加强互联网领域的立法，完善网络信息服务、网络安全保护、网络社会管理等方面的法律法规，依法规范网络行为。国务院也出台了一系列促进信息消费、发展网络经济的政策措施。这些都对视听新媒体步入健康、规范、有序和繁荣发展轨道创造了良好的政策环境。

作为行业主管部门，国家新闻出版广电总局扎实推进网络视听节目管理工作，视听新媒体政策和管理制度进一步完善。一是围绕一系列重大敏感事件，及时清除网上政治有害及敏感节目，确保网络视听节目政治安全。二是全面落实加强网络剧、微电影的管理。总局下发《关于进一步完善网络剧、微电影等网络视听节目管理的补充通知》，督促网络视听节目服务单位严格执行“自审自播”“先审后播”“不审不播”和节目备案制度，积极开展网络视听节目审核员培训，建立完善网络视听节目服务单位节目内容总编辑负责制，逐步规范了网络自制视听节目审播管理秩序。三是加强对网上境外影视剧的管理。总局下发《关于进一步落实网上境外影视剧管理有关规定的通知》，进一步推进网上网下、不同业态进行科学管理、有效管理，确保面向大众传播的信息遵循统一的导向要求和内容标准。通知明确了规范引进、总量调控、审核发证、统一登记等四项管理原则，规定引进专门用于信息网络的境外影视剧年度总量，不超过上一年度全国电影、电视剧生产总量的 30%；单个网站境外影视剧的年度引进量，不超过该网站上一年度购买国产影视剧数量的 30%。网站引进专门用于信息网络的境外影视剧，在其年度引进计划经核准的基础上，要报国家或省级新闻出版广电部门进行内容审核，审核标准按照电影、电视剧内容审核相关规定执行。四是对互联网电视进行严格监管。总局下发《关于不得超范围安装互联网电视客户端软件的通知》，规定设备生产企业、互联网网站不得设立集成平台和内容平台；未持有互联网电视集成服务和互联网电视内容许可证的机构，不得推出、提供用于安装在互联网电视终端产品中的客户端软件；互联网电视播出的内容与传统电视播出的内容，审核标准一致、管理尺度一致、版权保护原则一致。通过治理，互联网电视秩序出现明显好转。五是加强对移动互联网视听节目服务的管理。总局下发《关于加强通过移动互联网开展视听节目服务管理有关问题的通知》，明确通过移动互联网开展视听节目服务，包括以预置、下载客户端软件的方式向手机等移动终端设备提供视听节目服务，应取得相应的《信息网络传播视听节目许可证》。六是加强许可证管理，严格控制行业准入。新闻出版广电行政部门进一步开展信息网络视听节目许可证的管理工作，严格审批新申请许可，注销部分不符合要求主体的许可资格。截至 2014 年年底，全国获准开展网络视听节目服务的单位共 604 家，比 2013 年少 8 家。七是进一步落实总局《关于促进主流媒体发展网络广播电视台的意见》，推进广电媒体和新媒体融合发展，鼓励支持广电机构开办各种视听新媒体业务，包括互联网视听节目服务、互联网电视、IPTV、手机电视、移动互联网视听节目服务、移动多媒体广播电视（CMMB）、公共视听载体等。八是开展中国梦主题原创网络视听节目征集评选活动，切实强化引导和扶持，网络视听内容整体品质得到明显提升。九是中国网络视听节目服务协会和 5 个省级视听协会积极开展各种自律活动，行业自律得到切实加强。

（二）广电新媒体快速向移动化、社交化方向发展

广电新媒体在移动端不断发力，推出众多移动产品，并呈平台化发展态势，成为移动互联网视听节目服务的重要力量。如“央视影音”“央视新闻”用户合计超过 4.4 亿。北京广播电视台 11 个频道 128 个栏目及若干活动项目共推出 150 个微信电视公众账号，形成了微信矩阵。安徽广播电视台共开通官方微博 29 个，总粉丝量达到 2000 万。上海广播电视台旗下东方广播中心推出广播移动终端应用“阿基米德”，涵盖上海广播 280 档直播节目和全国 1500 档广播直播节目，24 小时内可回听。浙江广播电视集团推出“中国蓝”新闻和综艺客户端、集团官方微博与微信集成平台以及百名主持人“自媒体集成平台”，实现多平台互联、多媒体共享、多终端响应。广东广播电视台推出广播电视微博发布厅，每天发布全台 32 个广播电视频道、115 个栏目的节目内容和动态信息。山东网络广播电视台推出“轻快”移动互联网视听节目服务平台，并在该平台上推出手机全媒体《轻快生活报》，短短半年时间已经发展 500 多万订阅用户。江苏广播电视台“荔枝新闻”客户端下载用户近 200 万，月度覆盖人数达 550 万，日浏览量突破 1000 万人次。湖北广播电视台推出“经视摇摇乐”“笑啦”等一批客户端，其中“经视摇摇乐”注册用户突破 30 万人，每天黄金时段用户突破 500 万人次。

广电媒体通过发展微博、微信、弹幕等社交媒体，加强用户参与互动，快速向社交化方向发展。2015 年央视春晚直播期间，观众通过“微信摇一摇”参与春晚

互动，整台春晚期间，“微信摇一摇”总量达到110亿次，峰值达到每分钟8.1亿次，实现了观众与用户的融合。安徽广播电视台社交互动应用“啊呦”上线一年来，注册用户已达96万，日均点击量达到200万次。2014年，江西网络广播电视台共举办微博、微信线上活动50多次，问政活动微直播10余场，活跃参与用户达到150万次。江西卫视微博单个活动曝光突破1亿次，每月微博曝光提升到2亿多次，微博阅读曝光近20亿次，同比增长160%。湖南卫视在2014金鹰节互联盛典运用弹幕互动模式进行直播，实现了电视屏、手机屏、电脑屏三屏互动，成功地将年轻网络用户吸引到电视屏幕前。

（三）资本推动视听新媒体产业重组，行业集中度提高

视听新媒体通过上市融资、并购等方式，获得了充裕的发展资金。优酷土豆以及搜狐、腾讯等视频网站和互联网企业，为其视频业务提供了雄厚的资金支持，在市场竞争中显示出较大的优势。百视通通过上市融资，为开展各类新媒体业务提供强大资本支持。2014年11月，百视通以新增股份换股方式合并东方明珠，以非公开发行股份购买旗下尚世影业、五岸传播、文广互动和东方希杰的股权，并向文广投资中心等10家机构募集100亿配套资金。其中有近一半投向互联网电视业务领域，如全媒体云平台项目、互联网电视及网络视频项目、新媒体购物平台建设项目等。2014年，众多企业和机构发起成立各种基金，聚焦新媒体领域。电广传媒旗下子公司达晨创业发起设立规模为50亿元的互联网新媒体产业投资基金，专注于互联网新媒体产业的股权并购，布局网络视频、互联网电视、移动互联网、在线教育、智慧医疗等领域。华数传媒发起设立规模为50亿元的产业投资基金，主要投资互联网应用、移动互联网、云计算和智能终端等新媒体领域。

资本市场加大对互联网视听节目服务行业的投资力度，促进行业市场格局加快调整，市场集中度提高。2014年，阿里和云锋基金以12.2亿美元收购优酷土豆18.5%的股份，优酷土豆获得阿里庞大的资金支持，极大地提高了市场竞争力。在资本市场的推动下，互联网视听节目服务行业正在形成由优酷土豆、爱奇艺PPS两家构成的视频网站第一梯队，由搜狐视频、腾讯视频、乐视网构成的第二梯队，以及由聚力网、暴风影音、酷6网、凤凰视频等多家网站构成的第三梯队。

（四）商业模式不断创新，产业发展活力日益显现

2014年，视听新媒体在技术创新以及市场竞争的推动下，不断探索新的商业模式，推动行业可持续发展。

1. 推出支付服务，拓展付费业务

随着移动支付的快速发展，各类视听新媒体业务陆续推出快捷支付、支付宝支付、网银支付、手机话费支付、微信支付等各种支付方式，不仅提升了用户体验，还推动了付费业务的发展。如芒果TV推出15元（30天）、80元（180天）、150元（360天）3档付费点播业务，通过微信、支付宝、芒果币等3种方式进行支付，其中芒果币支付是预存充值的支付方式。优酷推出周卡、月卡、季卡、半年卡和年卡等会员卡，为会员提供包月片库、免广告、观影券赠送、宽带加速、演唱会直播、观影团等多种服务。2014年，优酷会员收入同比增长379%，其中第三季度消费者业务收入为4180万元，主要来自会员服务和点播业务收入。

2. 开发衍生品，推出终端产品

视听新媒体服务主体通过开发衍生产品等方式，形成新的赢利模式。优酷品牌节目《泡芙小姐》先后推出40余款衍生品，其在天猫商城的销售已排名中国动漫品牌前3；与三星、雀巢、雪佛兰等品牌进行深度合作年收入近千万元。芒果TV积极布局手机游戏市场，开发移动游戏、移动应用、移动广告、移动多媒体平台和衍生产品等，其中《爸爸去哪儿》手机游戏第一、二季总下载量超过2.6亿次。

开发硬件产品已经成为互联网视听节目服务机构的普遍做法。一方面，硬件不仅拓展其内容覆盖人群，给用户提供多屏合一的体验；另一方面还可从硬件销售获得增值收入。爱奇艺PPS、优酷土豆等视频网站联合互联网电视集成平台，推出各种互联网电视机顶盒、智能电视机。百视通、华数、芒果TV则推出独立品牌的机顶盒及智能电视机。爱奇艺PPS联合手机厂商推出视频手机和4G智能手机，优酷土豆推出自主品牌平板电脑“土豆派”，芒果TV推出首款亲子智能手表“咘瓜”。

3. 开展电商服务，布局O2O

商业视频网站较早探索从广告向电商服务的转型。《最强大脑2》网络播出中，优酷土豆创新广告模式，将广告直接链接到电商平台，观众在观看节目时，点击视频中相关产品即可一键购买。优酷土豆与阿里巴巴达成战略合作，双方数据和平台实现融合，形成“屏幕即渠道、内容即店铺、数据即链接”新商业模式。土豆与阿里巴巴联合发布了视频电商产品“玩货”，买家可在土豆首页“玩货”导航和“玩货”频道通过导购视频发现并购买商品。百视通在原有购物专区的基础上推出“888百视购”购物平台，探索出建立结合视频、图片等多种形式的新媒体电商平台。未来，百视通还将打造

IPTV、OTT、移动互联网三位一体的电商模式。

2014 年，互联网视听节目服务的 O2O 商业应用还渗透到电影票、交通票务、旅游门票、打车、餐饮等各个领域，市场规模加速扩大。爱奇艺移动客户端推出在线购票业务，其在线购票业务已覆盖全国 200 多座城市近 2000 家影院。苏州台无线苏州平台上的“汽车票”应用运营 3 个月以来，销售金额达到 735 万元。乐视网与音乐人汪峰合作的演唱会网络直播，当晚共售出 6 万张现场门票、4.8 万张单价 30 元的线上直播虚拟门票，此后几天又售出 1.6 万张线上“回放”虚拟门票。

（五）产业布局全面拓展，平台化生态化趋势明显

视听新媒体正向建设生态体系演进，形成平台化发展，并通过平台向其他领域扩张。

一是以 IP 为核心的平台化发展。视听新媒体领军企业正在从节目版权源头布局大视频产业，核心是进行 IP 的创造、开发和运营，逐渐建立并培育以 IP 为核心的生态体系，将视频节目延伸至游戏、电影、图书、演艺等产业链各个环节，并为其建立配套的机制，形成内容产业生态圈。一些优势视听新媒体机构的触角还覆盖到视频播放、影视制作与发行、电商、硬件终端等多个领域。未来，视听新媒体的竞争不再是单部影视剧或流量的竞争，而是生态和用户、IP 运营等综合协同能力的竞争。

二是以应用为核心的平台化发展。如苏州台开发的移动应用平台“无线苏州”，以广电资讯为核心资源，聚合各种生活服务应用，实现了从纯粹媒体平台向生活应用平台的转型，成为市民高度依赖的生活、社交、信息娱乐消费平台。在平台上，各类应用实现了交融互动，并不断汇聚新加盟者，形成移动互联网生态圈。“无线苏州”已开展移动电子商务、运营商流量分成、广告产品植入、手机游戏运营等业务，通过聚合汽车、房产、票务、保险、电影、生鲜产业等应用，切入一系列产品的产业链。未来，市场上将涌现出更多类似的市场主体与应用。

三是以硬件为核心的平台化发展。以硬件生产为主的互联网企业或终端厂商，通过规模化的入口，建立起以硬件为核心的生态体系，逐渐实现平台化发展。如小米生产的互联网电视一体机、机顶盒、手机、路由器等互联网终端产品，布局视听业务的各个入口，并拥有电商平台，开发了多种电视应用，还投资了多家视频机构，意在建立以小米终端为核心的生态体系，实现平台化发展。

二、2014 年视听新媒体产业发展特点

（一）互联网视听节目

截至 2014 年年底，全国共有 604 家机构开办互联网视听节目服务，其中广电机构共 224 家，占比 37%，包括 28 家省级以上机构获批开办网络广播电视台、24 家城市电视台获准联合开办城市网络电视台。民营机构 190 家，占比 32%；其他传统媒体机构 104 家，占比 17%；其他国有单位 86 家，占比 14%。

表 1　2014 年互联网视听节目服务机构分类情况

机构性质			数量（家）	占比（%）
国有单位	广电机构	广电播出机构	138	23%
		广电其他单位	86	14%
	其他传统媒体		104	17%
	其他国有单位		86	14%
民营单位			190	32%
总计			604	100%

（数据来源：国家新闻出版广电总局网络视听节目管理司）

中国在线视频市场多年来保持高速发展的态势，2011 年至 2014 年，其市场规模一直维持 42% 以上的增长率，2014 年市场规模达到 239.7 亿元，同比增长 76.4%。广告是在线视频节目服务的主要收入，自 2011 年以来，广告在收入中的占比始终在 60% 以上。2014 年，优酷土豆总收入为 40 亿元，其中广告收入为 36 亿元，占比高达 90%。同时也可以看到，随着互联网视听节目服务行业的逐渐成熟，其收入结构正逐渐多元化，终端销售、游戏联运（包括移动游戏）等业务逐渐成为重要收入来源，并且增长迅速。2014 年，在线视频节目服务中，广告之外的业务收入为 61.7 亿元，同比增长高达 220.4%。

1. 平台建设

2013 至 2014 年，互联网视听节目服务机构纷纷加强综合平台建设，实现一云多屏分发。中央电视台（以下简称央视）旗下的中国网络电视台（CNTV）全面部署多终端业务架构，已建成互联网视听节目服务、IPTV、手机电视、移动电视、互联网电视五大集成播控平台，向手机、电视、电脑、平板电脑、移动电视、户外大屏等多终端进行内容分发。中央人民广播电台旗下的中国广播云平台整合了全国 60 家地方电台的 233 套频率。中国国际广播电台（以下简称国际台）自主设

计搭建了多媒体资讯共享平台，实现互联网视听节目服务、手机电视、IPTV、互联网电视、CMMB 等各种新媒体形态内容采集、存储、制作和管理的互联互通。城市联合网络电视台（CUTV）构建了面向城市台的云媒资平台，股东达到 35 个，合作媒体 73 家。上海广播电视台旗下的新媒体公司百视通与中国电信共同研发建设的基于大数据服务的智慧家庭云服务平台，实现从云视频到云娱乐、从电视屏到一云多屏、从大用户到大数据的转型与加速发展。湖南广播电视台完成对金鹰网与原芒果 TV 两大平台的整合，建成以“芒果 TV”为统一品牌的视听新媒体平台，覆盖并打通互联网电视、手机电视、视频网站、IPTV 等各新媒体业务与平台，全面对接电视机、电脑、平板电脑和智能手机等多终端。湖北广播电视台对原新媒体公司、网络广播电视台、手机电视等业务进行整合改造，搭建一云多屏技术平台，实现“网络互联互通、内容集中生产、信息多屏发布”。浙江广播电视集团与杭州文化广播电视集团旗下的华数传媒建立起覆盖互联网电视、手机电视、互联网视听节目服务、城市综合媒体（地铁电视、LED 大屏联播网）的全媒体新业态平台，平台综合触达 1.5 亿用户。阿里云联手新奥特等打造全媒体云计算平台，支持电脑、手机、电视机等多终端流畅播放，并可实现节目的多屏同步观看。腾讯云计算公司推出在线教育、视频社交、视频网站等新媒体与广播电视一体化云视频解决方案，并联合腾讯旗下搜索、广告、支付以及视频等业务，打造生态化的视频大平台，为视频服务商提供基础网站及数据、内容生产及分发、用户及内容运营等一揽子服务。

2. 内容建设

近年来，互联网视听节目服务机构通过各种方式加强内容建设，节目内容更为丰富，节目质量不断提高，节目特色更加凸显。广电视频网站与商业视频网站内容建设呈现出明显的差异化发展格局。

（1）广电视频网站汇聚规模庞大的广播电视优质节目内容。

广电视频网站的内容主要源于其所属广播电视台，包括直播频率频道、节目栏目的点播等。如央视旗下 CNTV 汇聚了 140 套直播电视频道、2600 个电视栏目的点播内容，还集成了央视新闻名牌栏目的 100 多个官网。截至 2014 年年底，CNTV 建设的国家网络视频数据库日均节目制作能力达到 9000 条、1000 小时，视频数据库存量超过 107 万条。央广旗下的中国广播网汇聚了央广“中国之声”“经济之声”等频率以及各省级电台、地市电台广播频率的直播节目，以及央广、地方电台、版权公司等机构提供的 21 类、1.2 万条碎片化精品节目。广东网络广播电视台拥有 9 套广播频率、23 套电视频道以及广东广播电视台所有自制节目内容。CUTV 汇聚了成员台 100 多套电视频道和 100 多套广播频率，原创内容超过 6 万小时，还推出了 CUTV 网站集群。湖南广播电视台芒果 TV 提供湖南卫视所有电视栏目高清视频点播服务，并同步推送热门电视剧、电影、综艺和音乐视频内容。吉林省共有 20 家广电机构开办的互联网视听节目服务机构，其中 95% 的网站是将传统广电媒体的频道频率节目内容放在网站播出。江西省共有 15 家机构提供互联网视听节目服务，其中 14 家以转播所在地广播电视节目为主，共汇聚了 16.12 万个音视频内容。

广电视频网站还充分利用母台丰富的新闻资源，生产制作了大量新闻节目。如 CNTV 拥有覆盖全国的新媒体记者网络和新闻拍客队伍，24 小时提供快捷、权威、丰富的在线新闻报道。亚信峰会期间，国际台国际在线多语种网站发布图文稿件 4100 多篇。江苏广播电视台拥有 500 多名专职全媒体记者、1000 多名大学生全媒体记者、3000 多名普通网友和各地通讯员，这些记者共为江苏广播电视台全媒体新闻联动平台提供了 6.15 万条新闻信息，其中发布了 4.12 万条，总点击量超过 3 亿次。

（2）商业视频网站通过采购和版权合作以海量特色节目内容见长。

商业视频网站通过采购、合作制作、自制、用户生产（UGC）等方式，丰富内容资源，形成以影视剧、综艺节目、微电影、自制剧以及 UGC 为主的内容结构。影视剧是用户收看最多的节目类型，也是商业视频网站采购的重要内容。2014 年优酷土豆购买的国产剧覆盖全国卫视热播剧 80% 以上，还引进了《神探夏洛克》《唐顿庄园》等 160 部英美剧集，中国香港 TVB 700 小时新剧，中国台湾 800 小时新剧以及 6000 小时经典剧，日本东京电视台 4100 集动漫。优质综艺节目同样也是视频网站重点收购并进行独播的重要节目类型。2014 年，腾讯视频获得《中国达人秀 5》《中国好声音 3》等品牌综艺节目的网络独播权。爱奇艺花费 2 亿元买下湖南卫视 2014 全年度六大热门综艺节目，购买了韩国 19 档热门综艺独家网络版权。聚力网获得《非诚勿扰》等江苏卫视的所有综艺节目及 TVB 剧集的独播权。自制节目内容越来越成为商业视频网站的重要构成部分。2014 年，商业视频网站共生产微电影 6000

余部，其中时长达到 45 分钟左右的网络电影总量超过 400 部；网络剧 88 部 1500 集；自制节目共计 118 档，比 2013 年增长近 1.9 倍。优酷土豆自制 50 档综艺访谈节目、17 部周播自制剧、20 部微电影。腾讯视频 2014 年共上线 11 部网络剧、30 余档原创节目。优酷土豆、爱奇艺、搜狐视频等通过收益分成等方式吸引用户尤其是专业机构参与内容生产。截至 2014 年年底，优酷土豆平台上共有 500 家专业内容生产机构、生产制作了 2 万集作品，播放量达到 100 亿次，其中有 2 个专业机构生产内容（PGC）频道播放超过 10 亿次，用户分成突破 100 万元。其中“暴走漫画”一个团队创下单个项目季度最高分成 88 万元的纪录。2014 年，优酷土豆累计为 PGC 发放了 3280 万元分成“工资”，较 2013 年增长 5 倍。爱奇艺 2014 年 PGC 作品达 200 多部，PGC 分成金额达到 2000 万元。

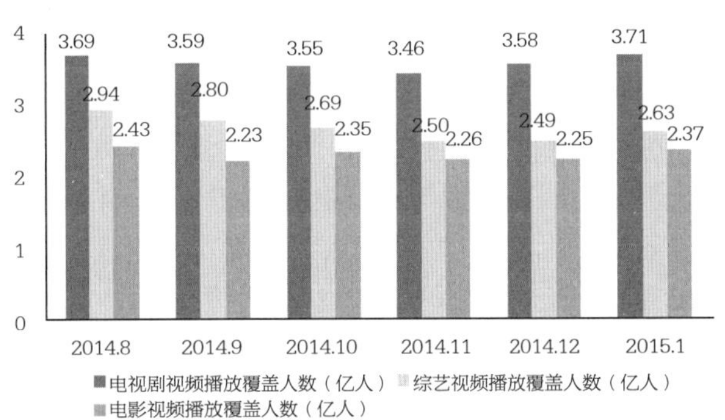

图 1　2014 年 8 月—2015 年 1 月视频网站电视剧、电影及综艺节目播放情况

（数据来源：艾瑞咨询）

3. 用户规模

为加快落实《“宽带中国”战略及实施方案》，工业和信息化部（以下简称工信部）、国家新闻出版广电总局等部门联合发布《关于实施“宽带中国”2014 专项行动的意见》，电信运营商加快宽带网络的建设。截至 2014 年年底，全国固定互联网宽带用户总数突破 2 亿户，其中光纤宽带用户占 34.1%，同比提高 12.5 个百分点；8M 及以上宽带用户比例达到 40.9%，网间通信质量显著提升。宽带网络的发展，促进了互联网视听节目服务质量的提高，视频用户规模继续扩大。截至 2014 年年底，中国网民规模达 6.49 亿，互联网普及率为 47.9%；网络视频用户规模达到 4.33 亿，同比增加 478 万人。但同时，网络视频用户使用率有所下降，截至 2014 年年底，网络视频用户使用率为 66.7%，同比降低 2.6 个百分点，表明网络视频行业进入平稳发展期。通过加强平台和内容建设、提高用户体验，广电视频网站用户规模和浏览量快速增长。截至 2014 年年底，CNTV 年度日均独立用户（UV）超过 2800 万，月度 UV 总数超过 5 亿，同比分别增长 35% 和 16%。百视通旗下风行网日均 UV 达到 3000 万。江苏网络广播电视台旗下产品群用户数超过 1300 万，日均点击量（PV）达到 550 万次。芒果 TV 视频网站 UV1000 万。江西网络电视台日均 UV75 万，日均 PV150 万次。商业视频网站日均 UV 远远高于广电。以 2015 年 1 月为例，爱奇艺 PPS、优酷土豆和搜狐视频日均 UV 分别达到 4935.8 万、4771.9 万和 3542.9 万，位居视频市场前 3 位。

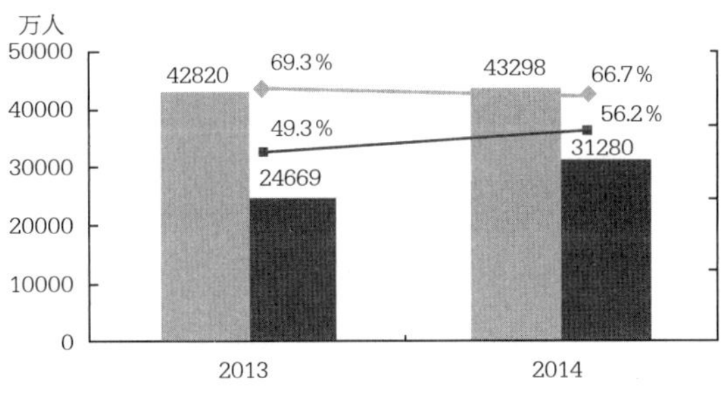

图 2　2013—2014 年网络视频 / 手机网络视频用户规模及使用率

（数据来源：中国互联网络信息中心）

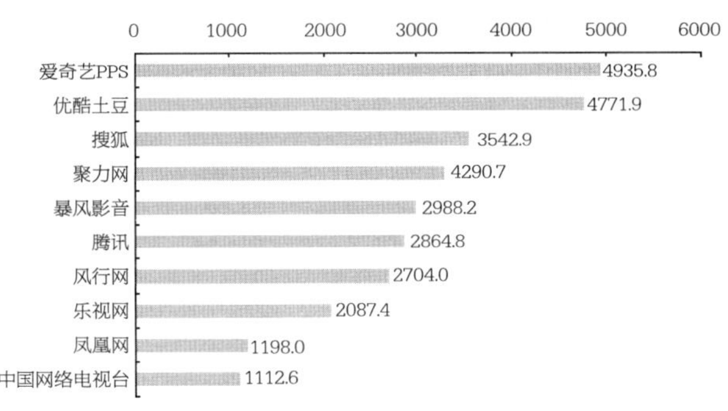

图 3　2015 年 1 月互联网视听节目服务机构日均覆盖用户情况

（数据来源：艾瑞咨询）

（二）互联网电视发展情况

截至 2014 年年底，共有 7 家广电机构获准建设、管理和运营互联网电视集成播控平台，有 14 家广播电视机构获准提供互联电视内容服务。作为家庭信息娱乐中心以及客厅入口，互联网电视受到产业链上下游各环节的高度重视，行业快速发展，市场格局不断调整。

表 2　2014 年获准建设的互联网电视服务机构

许可种类	单位名称
互联网电视集成服务	中国网络电视台、上海广播电视台、浙江电视台和杭州市广播电视台（联合开办）、广东广播电视台、湖南广播电视台、中国国际广播电台，中央人民广播电台
互联网电视内容服务	中国网络电视台、上海广播电视台、浙江电视台和杭州市广播电视台（联合开办）、广东广播电视台、湖南广播电视台、中国国际广播电台、中央人民广播电台、江苏广播电视台、国家新闻出版广电总局电影卫星频道节目制作中心、湖北广播电视台、城市联合网络电视台、山东广播电视台、北京广播电视台、云南广播电视台

（资料来源：国家新闻出版广电总局网络视听节目管理司）

1. 内容建设

互联网电视各集成播控平台除集成所属广播电视台内容资源外，还购买、集成了大量节目内容，形成规模庞大的内容库。央视旗下的未来电视可为用户提供超过 150 万小时的优质点播节目，并独家拥有奥运会、世界杯等全球顶尖赛事的互联网电视转播权，以及大量高清、3D、家庭互动娱乐等特色节目内容。2014 年 7 月，未来电视还与腾讯联合推出“腾讯好莱坞”频道，囊括 800 部好莱坞高清大片。央广旗下银河互联网电视与电影频道、江苏广播电视台、山东广播电视台等达成内容合作，截至 2014 年年底，银河互联网电视内容规模达到 24 万小时，其中电影 3000 多部；电视剧 4.4 万集，覆盖 2014 年 92% 的热播电视剧；综艺节目 9.1 万集，覆盖 2014 年 100 个热播综艺节目中的 92%；动漫 5.7 万集，覆盖 2014 年 89% 的热播动漫。国际台旗下国际网络广播电视台（CIBN）与优酷土豆等机构合作，集成视频总时长超过 300 万小时。上海广播电视台百视通互联网电视版权内容累计超过 40 万小时，其中高清版权近 10 万小时。湖南广播电视台芒果 TV 互联网电视与华谊兄弟等合作，可为用户提供 100 万小时的正版内容，其中新片占比和高清视频占比均在 50% 以上，还拥有湖南卫视《爸爸去哪儿》《我是歌手》《百变大咖秀》等王牌综艺节目独家互联网版权内容。南方传媒互联网电视平台集成了国内外各类节目 20 多万小时。浙江广电华数传媒互联网电视平台与国内外 100 多家知名内容供应商达成合作，拥有 100 多万小时节目。华数还接受阿里巴巴 60 亿元投资，建立“视频 + 音乐 + 游戏 + 教育”内容联盟，为互联网电视用户提供多元化的服务。

2. 用户情况

随着内容的丰富和网络环境的改善，互联网电视用户规模和用户活跃度不断提高。未来电视通过与有线电视运营商合作、开发客户端等形式，开发新用户：如与东方有线合作，为东方有线 500 万有线数字电视用户提供视频点播服务；开发的新版熊猫电视 App 登陆 2014、2015 版三星智能电视，覆盖美国和东南亚地区。2015 年 3 月，央广与中国广播电视网络有限公司达成合作，银河互联网电视服务进入后者有线电视平台。

3. 终端发展

由于互联网电视只有机顶盒和互联网电视一体机（或智能电视机）两类终端，其入口价值和分发平台价值十分突出，市场竞争激烈。各集成平台纷纷与电视机等终端厂商合作，推出各种互联网电视一体机或机顶盒。未来电视与 TCL、海信、创维等国内外主流电视机厂商以及小米等机顶盒厂商达成合作，推出一系列产品。银河互联网电视公司与 TCL、创维、小米、华为、鹏博士等终端厂商合作，推出各种互联网电视终端，其中最新发布的木星机顶盒支持 3D、4K，并实现了纯蓝牙语音控制。芒果 TV 与 TCL、三星、海美迪、长虹等 40 余家海内外终端厂商合作，推出“芒果 TV inside”机顶盒、一体机等 30 余种互联网电视终端产品。百视通推出“小红”机顶盒，与微信号绑定，可实现手机与电视屏的互动。最新推出的“NFC 小红”机顶盒，可支持金融 IC 卡的近距离支付；百视通还联合微软推出游戏终端 Xbox One，内置互联网电视内容，为用户提供游戏 + 互联网电视新服务。华数与海尔、海信、TCL、康佳、索尼等电视机厂商合作，推出多种互联网电视终端产品。

（三）IPTV 发展情况

2013 年，CNTV 与百视通联合投资成立爱上电视传媒有限公司，形成央视主导、全国唯一的 IPTV 中央集成播控总平台。同时，各省（区、市）广电机构按要求建设分平台。截至 2014 年年底，总平台共协助 25 个省（区、市）建设了分平台，其中与 22 个省（区、市）完成与总平台技术系统的对接，包括北京、山东、河南、河北、内蒙古、辽宁、陕西、甘肃、宁夏、广东、深圳、湖北、广西、海南、湖南、江苏、安徽、云南、四川、四川成都、重庆、贵州。截至 2015 年 3 月底，总平台共在云南等 17 个省（区、市）广电及电信部门签署 IPTV 业务三方合作协议，在湖北等 16 个地区开通运营业务。

1. 平台建设与新业务发展

经过 5 年的扩容升级，IPTV 总平台建成了播出控制、直播编码、内容运营管理、核心网络与存储、业务管理等系统，实现了 IPTV 节目统一集成与播控、EPG

管理、用户和计费及安全监控等功能，累计投入 1.03 亿元。2013 年 2 月和 5 月，总平台配合江苏和四川分平台完成了 IPTV 集成播控分平台的验收工作，首次在两处分平台实现了国务院关于推进三网融合的总体方案要求的 EPG 管理和“双认证、双计费”。各分平台纷纷建设支持多业务与多终端分发的综合平台。如青海分平台为用户提供直播、点播服务；江西分平台融合了 IPTV、互联网电视、手机电视三大视频业务功能；海南分平台可提供 IPTV、3G 手机电视和宽带互联网等业务服务。

2014 年世界杯期间，IPTV 总平台自主开发了手机客户端“爱互动”，开展多屏互动业务。截至 2015 年 3 月底，“爱互动”客户端共发展用户 5.2 万，用户参与投票约 278.4 万次，参与竞猜 166.5 万次。湖北分平台推出了“幸福新农村”IPTV 项目，将 IPTV 推向广大农村，覆盖近 700 个行政村 4 万多用户。“幸福新农村”具有三个特点：一是三屏互动，用户可通过电视机、电脑、手机等终端收看各类电视节目和资讯；二是十户联防，以行政村为单位，每 10 户家庭组成一个联防小组，小组内发生任何紧急状况，“幸福新农村”首页即弹出紧急通知，实现多方救助；三是“一村一界面”，以行政村为单位定制 IPTV 开机首页面，并结合行政村特色及需求，为其提供村委公告、地方新闻、三农热线、远程党员教育以及“富农、惠农、便农、乐农”等信息服务。此项目有效解决了农村信息化“最后一公里”的问题，使 IPTV 成为建设和谐农村、平安农村、现代农村的重要举措。湖北分平台还将地市级广电节目接入分平台，在当地开展 IPTV 服务。深圳分平台针对深圳市民特殊群体需求，推出“180 工程”，解决深圳 180 万务工人员看电视难问题；推出“电脑 IPTV”，解决深圳“零电视”家庭看电视难问题；建设 IPTV 大数据分析系统，为电视台和 IPTV 业务发展提供数据支撑。

2. 内容建设

截至 2014 年年底，IPTV 总平台共提供 200 套直播电视服务，其中标清 184 套、高清 16 套；点播节目 40 万小时，包括电影 6793 部（约 1.02 万小时），电视剧 4313 部（约 6.46 万小时），动漫约 2767 小时，综艺等其他类节目 700 小时等。总平台还储备并部分上线了电视游戏、商城、卡拉 OK、在线教育、阅读、气象等增值服务。2014 年，总平台对北京等 20 个分平台提供内容支撑，下发 150 万小时节目。百视通分平台积累了 30 多万小时的内容版权。江苏分平台点播节目达 15 万小时，其中标清节目 5.87 万小时、高清节目 1.22 万小时。北京分平台拥有 100 多套直播频道及数万小时点播节目，还为北京市民提供 114 预约挂号、卡拉 OK、在线教育、游戏等多种具有特色的交互增值应用服务，实现从“看电视”到“用电视”的转变。浙江分平台提供 68 套直播电视频道（其中高清频道 8 套），以及 5 万小时标清、5000 小时高清点播内容服务。吉林分平台有 121 套直播频道，点播内容超过 2 万小时。海南分平台提供 100 套直播电视频道、2 万余小时点播内容。宁夏分平台提供 110 多套直播频道以及 5 万小时的点播节目，还具备远程教育、信息资讯、游戏和电子商务等增值服务功能。深圳分平台直播频道 124 套（其中高清频道 16 套），点播节目 5.51 万小时（其中高清节目 7829 小时，自制节目 2 万多小时），还开设潮汕专区、客家专区、书画专区等特色专区。山西分平台具有 150 套标清直播频道、15 套高清直播频道，50 套标清直播和 15 套高清直播频道 1 小时时移、72 小时回看节目。

3. 用户规模

截至 2014 年年底，全国 IPTV 用户达到 3363 万户，较 2012 年的 2300 万户增长了 46.22%。央视总平台 IPTV 用户规模为 1600 万户。百视通分平台用户规模达到 2250 万户，其中收费用户超过 1500 万户。四川分平台 IPTV 用户达到 400 万户，广东分平台 IPTV 用户 300 万户，江苏分平台 IPTV 用户 284 万户，收入超过 2 亿元，湖南分平台 IPTV 用户达 150 万户。用户规模在 100 万户以下的分平台是：云南 55.3 万、深圳 51.8 万、北京 40 万、山西 40 万、浙江 20.5 万、宁夏 18 万。

（四）移动多媒体广播电视发展情况

中国移动多媒体广播电视（CMMB）业务由中广传播集团在全国范围内进行垂直化运营。截至 2014 年年底，中广传播在全国设立 31 家省级控股公司，并在各地级市设立分公司或办事处，实现了对全国用户的统一管理和服务。面对移动互联网视听节目服务快速发展的冲击，中广传播一方面加强网络和内容建设，并鼓励地方分公司发挥自主性，强化本地内容和服务；另一方面积极开发新业务，推出各种新服务，并布局移动互联网，实现 CMMB 与移动互联网视听节目服务的融合发展。2014 年，中广传播收入达 2.51 亿元，其中付费收入 8852.54 万元，广告收入 1153.67 万元，终端及卡类产品收入 4530.18 万元，政府产业资金配套 6000 万元，其他业务营业额 4527.60 万元，另外，通过资产重组和产业经营增加净资产 7000 余万元。

1. 内容建设

中广传播共提供 7 套电视、2 套广播的直播服务。7 套电视频道分别为央视综合频道、央视体育频道、央视新闻频道、睛彩电影、睛彩天下、省 1 套与市 1 套。中广传播还开发了睛彩导航、睛彩财经、睛彩报纸、富媒体广播、互动业务和政府公共信息等服务。地方分公司积极创新本地化节目内容。山西分公司根据本地老年群体收视需求，开办了“三晋戏曲”频道，并与太原电视台合作开办“睛彩太原”频道，经营收入 30 万元。吉林分公司“睛彩吉林”频道改版上线，全天 24 小时播出。河南分公司开办了“戏曲宝”频道，共设置《南腔北调》《豫唱豫响》《中原戏韵》《曲苑百家》《评书》《相声小品》《养生堂》等 7 个特色栏目。甘肃分公司也推出本地化的“戏曲宝”频道，该频道以地方戏曲为主，兼顾养生、娱乐等内容，设置了《秦腔精粹》《戏曲大杂烩》《平安辞典》《老歌回望》《相声小品》《养生堂》等栏目。

2. 网络建设与用户规模

为提升 CMMB 的服务能力与网络价值，中广传播积极推进网络结构化升级，共建成 2256 个大功率发射机和 5000 余个中小功率发射站，纳入集团公司运维管理共计 2000 个发射点；全国单频网城市共计 277 个，发射机站点达到 5 个以上的城市有 181 个，站点为 2-5 个的城市有 105 个，单点播出城市 61 个。截至 2014 年年底，CMMB 已覆盖全国所有地级以上城市和 855 个经济发达县级城市，覆盖近 6 亿人口。

2014 年，CMMB 累计发展用户 4500 万户。各地用户发展不均衡，有的地方突破了 100 万户，有的仅有几万户。云南省 TD+CMMB 手机电视累计订购用户数达 112.78 万户。吉林省累计发展 TD+CMMB 订购用户 38 万户，其中单向终端用户累计 5.6 万户。安徽省累计发展 CMMB 用户 80 万户。青海省累计发展 CMMB 用户 80.2 万户，2014 年营收 268 万元，较 2013 年增长 48.9%。山西省共发展双向在网用户 7.1 万户、单向付费用户 4 万户，全年营业总收入 727.68 万元。贵州省 CMMB 手机电视用户只有 5 万户，总收入 240 万元。

3. 新业务发展

中广传播围绕移动互联网积极开拓各种新业务。一是积极布局 Wi-Fi 热点，推出免流量服务。用户手机接入这些 Wi-Fi 热点，可免流量流畅观看 CMMB 直播或点播节目。该项目在辽宁试点运营了近半年，已初见成效，并将在湖北、上海、浙江、山西等地推广试点。二是开展车载媒体“睛彩导航”服务。中广传播自主研发了 T 服务核心产品 T-BOX 产品与手机 APP 产品，并成为上海大众、上海通用和东风雪铁龙等汽车零部件一级供应商，CMMB 成为上海通用和北京现代中高端车型前端车载导航的标配。三是开展户外媒体业务。中广传播成立了户外媒体公司中广美意，该公司运营已有 1 年多，目前已在 5 个城市落地，共在 2096 家店面安装了电视终端 9688 屏，每天覆盖近 300 万高质量受众，并开始经营广告业务。四是开发“戏曲宝”终端。中广传播与河南辉邦电子公司合作，推出供中老年用户使用的数字电视终端“戏曲宝”，先后在河南、安徽、湖北、山西、甘肃、陕西、贵州、内蒙古推广，截至 2015 年 3 月底，共销售 30 多万台。五是地方分公司因地制宜开展新业务。如辽宁分公司与中国移动位置基地合作，CMMB 业务进驻中国移动“和地图”客户端，其“中广交通”频道提供辽宁地区的交通路况信息服务。

4. 终端发展

CMMB 终端呈现多元化发展特点。目前，支持 CMMB 的终端产品达到 1000 多款，包括手机、平板电脑、前装后装车载系统等，其中中国移动 CMMB 终端超过 300 款。汽车前装后装车载系统已成为 CMMB 重要终端，中广传播集团与部分汽车厂商达成战略合作，成为其前端车载导航标配；安徽分公司与奇瑞、江淮等本土汽车企业开展车载电视业务合作，每月车载 CMMB 终端销量超过 3000 台。

（五）手机电视与移动互联网视听节目服务发展情况

手机电视与移动互联网视听节目服务都运行在移动互联网络之上。其中手机电视在专网上运行，内容服务主体为 34 家（含可同时提供手机集成播控服务的 6 家广电机构）。移动互联网视听节目服务参与的主体非常广泛，包括广电媒体、其他传统媒体、互联网新兴媒体、商业视频网站，主要是通过两微一端（微博、微信、客户端）等工具推出各种视听节目服务。

表 3　2014 年获准开办的手机电视服务机构

许可种类	单位名称
手机电视集成服务	中央电视台、中央人民广播电台、杭州市广播电视台、上海广播电视台、辽宁广播电视台、中国国际广播电台
手机电视内容服务	共青团中央网络影视中心、第一视频通信传媒科技（北京）有限公司、中国互联网新闻中心、新华通讯社、人民日报社、湖南广播电视台、四川新闻网站、乐视移动传媒科技（北京）有限公司、掌握国际文化投资（北京）有限公司、中国日报社、北京中童联合资讯服务有限公司、江苏广播电视台、山东广播电视台、一九零五（北京）网络科技有限公司、广东广播电视台、中国教育电视台、中国经济网传播中心、黑龙江广播电视台、北京声动网云信息技术有限公司、环球时报在线（北京）文化传播有限公司、城市联合网络电视台、光明网传媒有限公司、浙江网络广播电视台、河南电视台、北京广播电视台、浙江在线新闻网站有限公司、最高人民检察院影视中心、湖北广播电视台

（资料来源：国家新闻出版广电总局网络视听节目管理司）

1. 手机电视发展情况

截至2014年年底，中国手机电视用户为5583万户。2014 年 12 月，央视与中国移动旗下咪咕视讯合作，共同建设 4G 视频直播中心，整合央视、地方台以及商业视频网站内容，实现多媒体信息跨网络、跨平台、跨终端传播。到 2014 年年底，央广旗下手机电视业务运营主体央广视讯共与 351 家内容合作伙伴达成合作，集成 700 余家国内电视台直播频道及 204 套广播频率资源，引进影视剧 8000 余部、音频节目 4200 余部、知名歌曲 7000 余首、图书 670 部，以及多款手机游戏。央广视讯还加强自制内容的生产，2014 年共创作节目 6618 条，制作合作版权节目 3.12 万条，音频节目 13.8 万条，节目产量同比增长 6%。全年审核处理节目内容共计 40.5 万条，超过 100 万分钟。到 2014 年年底，央广视讯手机用户达到 850 万户，其中在中国移动的总用户规模超过 600 万户，在中国联通视频和游戏以及中国电信天翼视讯和动漫基地的包月用户保持在 250 万；央广视讯自有品牌视频客户端累计用户 150 万。2014 年，央广视讯实现营业收入 2 亿元，同比增长 40%。

到 2014 年年底，国际台手机电视运营主体国视通讯共与 50 余家内容提供商合作，上线电影约 1200 部、电视剧约 1.2 万集；拥有包月用户 621 万。全年完成收入约 2.19 亿元，其中来自中国移动的分成收入占 96%，来自中国电信和中国联通的分成各占约 2%。广东广播电视台手机电视与广东联通联合推出 WO+ 全媒体开放平台，可提供 24 套广播电视直播服务以及视频分享、视频购物等其他服务。2014 年，广东手机电视用户超过 400 万，经营收入达到 4000 万元。百视通手机电视在中国移动、中国电信和中国联通三家电信运营商分发平台上提供的内容略有不同，其中在中国联通上共提供 19 路电视直播信号，包括东方卫视、第一财经等，并设置“东方 TV”等五大品牌专区，提供点播节目服务。到 2014 年年底，百视通共拥有 2000 多万手机电视收费用户。

2. 移动互联网视听节目服务发展情况

2014 年，中国移动建成具有 100 万个基站的全球最大 4G 网，覆盖 300 多个国内城市。到 2014 年年底，中国移动电话用户总数为 12.86 亿户，3G 用户总数为 4.85 亿户，4G 用户总数为 9728.4 万户。在移动互联网快速发展的背景下，移动视频用户规模快速增长。到 2014 年年底，手机视频用户规模为 3.13 亿，同比增长 26.8%；使用率为 56.2%，同比增长 6.9 个百分点。手机音乐用户规模达到 4.78 亿，同比增长 5.22%；使用率为 73.7%，同比增长 5.5 个百分点。

（1）广电机构开办的移动互联网视听节目服务发展情况

广电媒体纷纷推出各种移动应用，全国省级以上广电机构和部分市县广电机构都开办了微信、微博、客户端等业务，有的客户端下载量高达数亿，成为综合性信息及应用平台。到 2014 年年底，“央视新闻”新媒体（微信、微博、客户端）总用户数突破 1 亿，其中客户端用户 5026 万、微博用户 4644 万、微信用户 232 万、其他平台用户约 100 万。“央视影音”视频客户端提供 140 多套直播电视服务，涵盖央视、省级卫视等频道；还拥有国内外重大新闻事件、央视新闻频道视频独家播放权，全球各类体育赛事包括世界杯、NBA 等视频独家播放权。到 2014 年年底，“央视影音”累计下载用户达到 3.4 亿。央广完成了“经济之声”（iOS 版）、“央广新闻”（安卓版）、“中国之声”（安卓版）等客户端的开发，各频率以及一些品牌栏目都开通了微博、微信账号。截至 2014 年年底，央广“中国之声”微博粉丝量突破 800 万，活跃度和影响力继续保持全国电台类第一名。“经济之声”法人微博以及《天下财经》等节目微博粉丝合计达到 500 万。央广联合搜狐新闻客户端开办了实况直播栏目《做客中央台》，每期在线人数都超过 100 万人次。2014 年，“中国广播 Radio.cn”品牌正式进驻苹果播客平台，截至 2014 年年底，中国广播 35 档精品节目在苹果 iTunes 播客中持续更新展现，累计收听（含下载）约为 130 万次。国际台中文国际在线搭建智能化移动广播平台，先后推出 CRI Radio、

UniRadio 等客户端，用户可以收听“环球资讯”等多个频道；到 2014 年年底，“环球资讯”粉丝总量突破 900 万，“环球资讯”搜狐新闻客户端用户突破 100 万。湖北广播电视台推出官方移动门户平台“长江云”，汇聚新闻资讯、政务信息、广电视频等内容资源。截至 2014 年年底，“长江云”共聚合了全省 17 个市州、200 多个厅局政务“两微一端”产品，为 40 万用户提供信息服务。

（2）商业音视频网站移动服务发展情况

近两年来，商业音视频网站纷纷发力移动端，用户大规模向移动终端迁移。有关数据显示，2014 年，优酷网在手机端的品牌渗透率为 48.3%；截至 2014 年 7 月，优酷土豆移动客户端下载量达 11.68 亿次。截至 2015 年 3 月底，爱奇艺 PPS 移动客户端累计用户规模达到 10 亿，移动端流量占比已超过总流量的 60%。据截至 2014 年 5 月底的统计，爱奇艺 PPS 来自移动视频广告的收入在其广告总收入中占比超过 30%。腾讯视频在手机端的渗透率为 43.2%，移动端日均覆盖用户数 4500 万，移动端流量占比达 65%。

网络音频平台崛起，成为音频市场重要的竞争力量。到 2014 年底，考拉 FM、蜻蜓 FM、喜马拉雅等网络音频平台，其用户均已超过 8000 万，其中喜马拉雅用户已达 1.3 亿。喜马拉雅电台拥有 5 万位认证播主，其中有 4000 个名人和“大 V”自媒体，共开设了 20 大类 328 个栏目，汇聚了 700 万条声音。考拉 FM 拥有 4007 档音频节目，2 万本有声读物，总时长近 100 万小时。蜻蜓 FM 聚合了 3000 多个频道，共有 300 万版权音频内容。

（3）电信运营商移动互联网视听节目分发服务发展情况

中国移动旗下咪咕视讯月均使用用户超过 1 亿，内容合作伙伴超过 300 家，截至 2014 年年底共集成 300 万条内容，其中电影覆盖国内院线 80% 的新片；音乐内容合作伙伴达到 1400 余家，拥有国内最大的正版音乐内容曲库，收录正版歌曲数量达到 300 万首。咪咕视讯还联合产业链上下游，创建“G 客 G 拍”原创视频手机发行平台，5 年来共征集作品 25 万部，挖掘、培养优秀 G 客（原创视频作者）9500 多人，原创院线观众超过 1.3 亿人，票房已超过 3.8 亿元，2014 年单部影片最高票房达到 612 万元。2014 年，中国移动视频业务收入达到 30 亿元，复合增长率为 34%。

3. 移动智能终端发展情况

移动智能终端主要包括智能手机和平板电脑。2013 年，中国市场智能手机销量约为 3.2 亿台。2014 年，中国智能手机出货量为 3.89 亿台，市场占有率为 86%，同比提高 12.9 个百分点。2013 年，中国平板电脑销售量达到 1718.1 万台。2014 年，中国平板电脑出货量为 6850 万台，比上年增长 5.38%；销量为 2100 万台，比 2013 年增长 22.23%。苹果、三星、联想主导中国平板电脑市场。

（六）公共视听载体发展情况

公共视听载体服务主体包括广电机构和商业机构两大类。其中广电机构主要覆盖公交地铁等公共视听载体，提供新闻等资讯服务；商业机构开办的公共视听载体，已形成全国性市场，主要经营广告业务。从终端分布的场所来看，公共视听载体分为公交移动电视、楼宇电视、户外大屏、卖场终端等。2014 年，中国公共视听载体广告总收入为 106.7 亿元，比 2013 年 90.9 亿元增长 17.4%。公共视听载体已形成楼宇、公交移动、户外大屏三足鼎立的局面，据 2014 年第 4 季度的有关数据，楼宇电视市场份额达到 40.3%，公交移动电视占 23%，户外大屏占 16%，三者共占 79.3% 的市场份额。

1. 广电公共视听载体发展情况

央视移动传媒开展的公共视听载体服务，面向公交地铁、民航、列车、长途快客、楼宇、饭店、广场等交通工具及公共场所，全年覆盖全国户外流动人群达 200 亿人次。针对不同的交通工具及公共场所，央视移动传媒共开办了 8 套轮播节目。2014 年，CCTV 移动传媒围绕中国梦主题，推出了一系列节目，包括《舌尖上的中国 2》《远方的家》系列、《美丽中国》系列、《国宝档案》系列等。北京广播电视台北广传媒移动电视内容涵盖新闻、法制、动画等 31 个类型，每档节目 5 至 10 分钟，全天播出 17 小时。截至 2014 年年底，北广传媒移动电视共拥有公交电视终端 2.4 万个，全部业务平台终端接收设备 3.5 万个，日覆盖受众超过 1300 万人次。上海广播电视台东方明珠移动电视开办了新闻、休闲、资讯等 3 大类栏目 40 多个，全天 24 小时滚动发布《即时讯》《现场声》《新闻眼》《纵横谈》《新闻链》《大搜索》等即时资讯，通过 3.2 万个终端辐射上海 19 个商圈，100% 覆盖上海城区 1800 万移动人群。江苏广播电视台江苏移动电视覆盖南京、苏州、连云港三地多条地铁、公交线路，拥有 2 万多个终端，日均覆盖用户超过 1500 万人次。青海省累计完成安装车载移动电视 724 台，其中覆盖西宁市公交线路 31 条。宁夏广播电视台宁夏移动电视在 1007 辆车新增终端屏幕 1300 块，每天播出新闻等节目 17 小时。云南广播电视台云南七彩公交频道节目内容包括新闻、娱乐、资讯等，每天播出 18 小时，覆盖 2325 辆公交车，每天覆盖 200 万人次。

2. 商业公共视听载体发展情况

以公交地铁为主要载体的商业市场主体主要有巴士在线和华视传媒。巴士在线通过与 CCTV 移动传媒合作，覆盖全国 21 个主流消费城市，每天覆盖 1 亿乘客，其内容主要来源于央视、地方卫视、自制原创、第三方版权公司热门栏目以及用户上传内容，同时开展广告业务。有关数据显示，2014 年巴士在线营收达到 3 亿元，增幅超过 20%。截至 2014 年年底，华视传媒共在 94 个城市覆盖 6506 条公交线路、13.43 万辆公交车、21.48 万个终端，每天播出超过 17 小时；覆盖 19 个城市的 53 条地铁线路、1209 个站点、1681 台列车、9.55 万个终端，每天播出新闻及广告节目超过 16 小时，影响中国主流消费城市 5.7 亿人次。2014 年前 3 个季度，华视传媒总营收达到 8220 万美元。

以楼宇电视、卖场终端为主的公共视听载体服务机构，以分众传媒为代表。到 2014 年年底，分众传媒所经营的楼宇电视已覆盖 100 多个城市 10 多万个终端场所，日覆盖超过 3 亿的都市主流消费人群；卖场终端覆盖全国 206 个大中小城市的大中小型卖场、超市和便利店。

在移动互联网快速发展的推动下，市场主体纷纷布局 Wi-Fi，占领移动端入口。华视传媒先后投资 3000 万元研发并建立公共交通 Wi-Fi 网，已覆盖 6 万多辆公交车。巴士在线已完成 2 万多辆公交车的 Wi-Fi 技术更新，2015 年上半年将完成 7 万辆公交车的 Wi-Fi 覆盖。巴士在线还将搭建游戏社区“我玩”及交互移动营销平台，使各类信息渗透至公交场景下，实现车载移动电视的 O2O 转型。

（国家广电总局发展研究中心　吕岩梅、朱新梅、董潇潇）

广告产业

一、2014 年广告产业总体情况

2014 年，中国 GDP 增速达 7.3%，创 24 年来新低。经济增速的下滑对广告市场的增长造成了较大压力。中国传媒大学广告主研究所调研数据显示，2014 年电视媒体总体上保持微弱增长态势，但分化加剧。有 55.8 % 的被访电视媒体实际广告收入上升，这一比例相比 2013 年增长 10.3 个百分点；30.2% 的被访电视媒体广告收入下滑，较 2013 年上升 9 个百分点。报纸媒体在 2014 年则继续呈现下滑态势，2014 年报纸广告经营下降的比例较 2013 年上升 11 个百分点，而增长的比例则下降 8.1 个百分点，持平的比例略有下滑。CTR 媒介智讯数据亦印证了上述观点，2014 前三季度中国广告市场同比增长 4.1%，低于 2013 年同期 6.5% 的增幅。同时，传统媒体的广告花费同比仅增长 0.5%，较 2013 年同期 3.9% 的增幅有较大下滑。其中，除了电台与传统户外分别保持 12% 和 10% 的广告刊例花费增长之外，传统媒体的主力电视媒体增长平淡，仅为 2%，远低于去年同期的 10%；平面媒体则进一步沦陷，报纸和杂志分别下滑 16% 和 9%。

二、2014 年广告产业发展特点

（一）广告主：重视渠道，营销传播实用主义导向增强

中低增速成为我国经济增长新常态背景下，广告主在营销预算的使用愈加谨慎。根据中国传媒大学广告主研究所的年度调研来看，主要表现出以下三大策略上的变化：

1. 空前重视渠道策略：积极布局线上渠道，发挥线上线下渠道的协同作用

2014 年中国广告生态调研数据显示，在广告主运用的营销策略中，渠道策略在 2014 年一跃成为广告主第二侧重营销策略，为 12 年来最高。足见广告主在销售压力下对渠道策略的重视程度。广告主对渠道的重视主要表现在两方面，第一是对于线上渠道的积极布局；第二是调整原有线下渠道，以实现线上线下渠道的协同联动。TopDigital 对超过 150 家广告主的调研数据显示，70.96% 的广告主表示已开展包括自营以及在主流电商平台上运营的电子商务业务。在布局线上渠道的同时，广告主亦积极调整优化线下渠道，以发挥线上线下渠道的协同作用。如优衣库在积极推进实体店铺开发的同时，亦积极推动手机 APP 的开发，加强线上线下渠道的互动。一方面，优衣库根据手机 APP 用户的地理位置、日活跃度等相关数据，为开店选址与节奏把控等提供决策参考；另一方面，它在 APP 平台上多种方式吸引用户前往实体店购物，比如在 APP 中提供周边店

面的位置指引，APP 提供的优惠券二维码只能在实体店内才能扫描使用；并借助实体店促销时机，鼓励用户对 APP 的安装使用。

2. 广告主营销传播直接促进销售的实用主义倾向更加显著

在更为严酷的竞争环境和经营压力下，为推动销售业绩增长，广告主营销传播的实用主义导向越来越明显。广告主对于营销传播能够即时带来销量转化的要求越来越高。据中国传媒大学广告主研究所调研数据，2014 年广告主检验广告传播效果有效性的标准中，选择“销售数量的增加”作为判断广告活动有效性标准的被访广告主比例在 2009 年大幅上升后，2014 年再次增加了 5.3 个百分点，达到历年最高。与此同时，广告主在营销推广费用分配过程中也更倾向于能够带来实际销售的环节，如 2014 年广告主面向中间商的营销推广费用较 2013 年增加 3.7%，而媒体广告费用一直维持近几年的下滑态势，2014 年相较 2013 年下降 4 个百分点。

3. 广告主营销传播日益理性，营销传播效果与效率并重

在营销传播上，广告主对于营销传播的效率和效果并重。首先，广告主选择媒体上更为注重媒体能否真正地吸引到企业目标消费者的注意力。对于那些价格低但是影响力和吸引力均很差的媒体，广告主不会进行无效投放。广告主更注重媒体与节目的质的优质与否。在这种思维的指导下，广告主 2014 年媒体投放的一个重要特点就是集中化，即将有限的营销传播费用投入那些最能够吸引消费者注意力的媒体和节目中，这种营销传播方式无疑更具效率，从 2014 年热门综艺获得广告主重金集中性的投入可见一斑。

其次，广告主选择媒体越来越重视媒体与企业自身目标消费群体的吻合程度，2014 年中国广告市场生态调研数据显示，“媒介受众与企业目标消费者的吻合程度”这一因素在 2013 年成为广告主进行媒介选择时最为看重的因素之后，2014 年的比例再次提高 3.1 个百分点，达到 76.4%，远高于排名第二的媒体覆盖范围（57.5%）和排名第三的媒体的品牌影响力（49.6%）。

最后，广告主在媒体的购买和投放上也更加注重效率与效果的提升。随着国内网络广告平台发展日益成熟，广告主越来越多的应用程序化购买方式和大数据技术提升营销传播的效果和效率。易传媒调研数据显示，52% 的广告主已经或者考虑一年内搭建私有技术平台，显示了广告主对于程序化购买的热情。2014 年年底，宝洁公司计划将 70%–75% 的预算用于美国数字媒体程序化购买。亿滋国际（原卡夫食品公司）在 2014 年 6 月宣布，2016 年将视频程序化购买的投入提高至总营销预算的 50%。随着越来越多的优质媒体如电视和户外等媒体接入程序化购买平台，程序化购买的市场会越来越繁荣。程序化购买得到广告主的认可与实践体现了广告主对于营销传播效率与效果的并重。

（二）媒体：分化加剧，媒介融合、营销价值提升成为调整重点

1. 电视媒体广告市场增幅下降，马太效应加剧

2014 年中国广告市场生态调查数据显示，被访电视媒体广告收入平均增幅为 21.6%，低于 2013 年同期 4.6 个百分点。对“未来一年（2015 年）广告市场预期良好”这一观点持同意态度的被访电视媒体比例为 16.7%，相较 2013 年下降 19.7 个百分点。

与此同时，电视媒体市场内部两极分化、强者恒强的格局进一步加强。2014 年中国广告市场生态调查数据显示，被访电视媒体广告收入增加的媒体较 2013 年上升 10.3 个百分点，与此同时，被访电视媒体广告收入下降的媒体也增长 9 个百分点。此外，2013 年创收排名全国前五的卫视总收入占所有卫视收入的 54%，排名前十的卫视总收入已占到 73% 。可以预见的是 2015 年此趋势还会进一步加强。2014 年各大电视媒体的 2015 年招标即可侧面印证这一趋势，所有招标节目过亿的栏目均出自湖南、浙江、江苏等一线卫视或央视。

2. 互联网广告仍保持较为稳健增长，移动广告市场升温加速

2014 年，在经过前期的高速增长达到一定体量之后，网络广告市场增速进一步放缓，逐渐步入较为成熟稳定的发展时期。与此同时，移动广告市场呈现喷发之势。

伴随移动智能终端的进一步普及，消费者的“移动化生存”成为现实。据 KPCB《2014 年互联网趋势报告》显示，2013 年中国受众每日浏览媒体中移动端的手机加上平板达到 229 分钟，位居世界第一 。截至 2014 年 6 月，中国手机网民达到 5.3 亿人，首次超过 PC 端网民，手机成为第一大上网媒体。广告的本质是注意力经济，随着移动端聚集大量的消费者，其营销价值也进一步凸显。

普华永道的数据显示，2014 年，中国移动广告市场规模达到 125 亿元，成为中国增长最快的行业。移动端渗透到搜索、视频、社交等方方面面，移动搜索广告、移动视频广告、移动社交广告未来占据的份额会越来越大。据百度第三季度财报显示，百度收入中移动端占比

已经达到36%，未来移动端的营收占比还将进一步增大。移动视频广告也是如此，2013 年移动视频广告收入为 4.8 亿元，同比增长 152.6%，增长较快。预计 2017 年移动视频广告规模将达到 130 亿元，占到整体在线视频广告规模的 45.2%，接近一半。2014 年网络视频行业全面启动移动端商业化进程，各大网络视频企业来自移动端的营收贡献率将有较大幅度提升。社交广告的代表腾讯以及新浪微博也实现了移动广告的进一步增长。腾讯三季度财报显示，三季度其所有的效果广告收入中有 45% 来自移动端。而新浪微博的三季度财报显示其移动端广告收入占比增至 44%。

3. 广告收入下降的平面媒体比例增加，降幅扩大，以非广告收入增长带动整体收入增长

2014 年，广告经营收入下降的平面媒体比例增加，跌幅进一步扩大。2014 年中国广告市场生态调查数据显示，广告收入有所增加的被访报纸媒体比例在 2014 年进一步下降，与 2013 同期相比下降 8.1 个百分点。而广告收入下降的比例与 2013 年同期相比则上升 11 个百分点。被访杂志中广告收入增加的比例在 2013 年、2014 年连续下降，分别与上一年同期相比分别减少 41 和 15.3 个百分点，而选择广告收入下降的被访杂志则分别增加 27 和 16.7 个百分点。另据 CTR 数据，2014 年前三季度报纸媒体广告刊例花费同比下降 16%，杂志媒体广告刊例花费同比下滑 9%，与 2013 年同期相比跌幅进一步扩大，2013 年前三季度报纸与杂志的广告刊例花费与 2012 年同期相比分别下滑 8% 和 7%。虽然平面媒体总体上营收状况进一步恶化，但是也有部分平面媒体转变思路，积极进行新媒体产品开发，并积极开拓非广告收入来源并实现了良好的经营增长。以浙报集团为例，2014 年上半年净利润比 2013 年同期增长 63.48%。而其互联网营收占整个集团的营收已经超过 30%，超过了传统媒体创造的利润。而上海报业集团则在 2014 年推出三大新媒体产品：界面、澎湃新闻以及上海发布，亦取得不错的反响。

4. 广播媒体广告收入增幅可观，称为传统媒体整体颓势中的一抹亮点

2014 年中国传媒大学广告研究所的数据显示，被访广播媒体 2014 年广告收入相比 2013 年同期增长 11%，其中广告刊例价增长的比例达到 86.4%。广播广告不仅实现了广告收入的增长，其投放广告的品牌量也有所增长。梅花网调研数据显示，2014 年上半年，投放广播媒体的品牌量实现 6.2% 的增长。广播媒体实现高速增长主要由于：一方面，中国逐步进入汽车时代，车载收听成为收听广播的主流，广播媒体收听人群的含金量不断提高；另一方面，网络电台的兴起，打破了广播的地域限制，也网罗了更多的互联网受众人群。

（三）广告公司：数字化转型持续升温，消费者洞察受到重视

1. 营业额及税后利润平均增幅双降，广告公司对未来市场预期一般

2014 年中国广告市场生态调查广告公司连续十年专项调研数据显示，2014 年与 2013 年相比，上半年营业额增长的被访广告公司的比例下降至 45.5%，为十年新低。与此同时，营业额下降的被访广告公司比例相比于 2013 年的 16.5%，上升 9.7 个百分点，大幅增长至 26.2%。2014 年上半年税后纯利润平均增幅较 2013 年下滑 22.4 个百分点，为近三年新低。

广告公司对未来中国广告市场的预期也显示出其信心不足。2014 年中国广告市场生态调查的数据显示，有 35.3% 的广告公司认为“未来一年广告市场的预期良好”，较 2013 年下降 4.6 个百分点。此外，2014 年广告公司对未来营业额变化情况的预期为增长的比例为 57.5%，较 2013 年同期下降 10.8 个百分点，为十年新低。

2. 数字化浪潮之下，广告公司积极转型应对挑战

近两年来数字媒体发展迅速，对传统广告产业链造成了冲击，广告产业链变得更加细化和专业化，一批以技术和数据为核心竞争力的数字营销代理公司随之而崛起。并且对传统广告公司造成了冲击。据群邑数据显示，2014 年广告主用于数字媒体花费将占到总体媒体花费的 34.7%。传统广告公司亦敏锐感知了这一趋势，并且积极转型。全球第二大广告巨头宏盟集团 CEO John Wren 表示：“如今摆在所有广告商面前的只有两条路：digital or dead。”2014 年中国广告市场生态调查广告公司专项调研数据显示，2014 年广告公司所要拓展的业务情况中，选择“数字媒体策划和技术支持”的比例较 2013 年上升 8.8 个百分点，达到 48.1%。足见广告公司对数字媒体相关业务的重视。部分广告巨头也在不断通过资本收购或者并购来提升自身数字营销方面的能力。如 2014 年 10 月全球第三大广告巨头阳狮集团宣布收购数字营销机构 Sapient。2014 年 4 月，蓝色光标以 1.4 亿元收购美广互动剩余 49% 股权，并于 11 月 7 日成立蓝色光标移动互联业务板块及相关公司。

3. 大数据时代，广告公司回归消费者洞察与研究

2013 年被称为大数据元年，2014 年大数据技术进

一步发展。虽然大数据分析可以为消费者“画像”。但仅仅依靠数据是不够的，冰冷的大数据背后是每一个活生生的消费者，在看重大数据的时候也不能忽略小数据和定性分析，而这却是传统广告公司的长处与积累。此外，在越来越复杂的市场消费环境和营销传播环境中，广告主越来越难以把握消费者，因此广告主对于消费者洞察与研究的需求也在变多。2014 年中国广告生态调研数据显示，2014 年广告主同意“消费者洞察和研究是推动广告市场发展的主动力”这一观点的比例达到 79.2%，而选择“不同意”的比例下降至近五年的最低值。广告公司对于这一点的重视程度也在上升。2014 年广告公司对此观点持“同意”的比例达到近三年的最高值，2014 年较 2013 年增加 8.1 个百分点，达到 74.3%。但与广告主的重视程度还有差距。

（中国传媒大学　黄升民 邵华冬）

艺术品产业

一、2014 年艺术品产业总体情况

2014 年，我国艺术品市场的整体发展较 2013 年有所好转，但增长率比较低。市场交易总额约为 2137 亿元，同比增长 6.67%。而根据目前已经公布的文化产业数据，2014 年我国数字出版产业总收入突破 3000 亿元，2014 年中国电影总票房 296 亿元，2014 年我国动漫产业总产值接近 1000 亿元。与数字出版、电影、动漫产业的交易规模相比，艺术品市场的交易规模较大，在整个文化产业各行业之间的发展竞争中处于领跑的位置。

2014 年，我国艺术品画廊、艺术经纪、艺术博览会一级市场的交易额为 500 亿元，同比增长 5%；2014 年国内画廊经营业绩普遍出现增长，这主要得益于艺术品市场消费市场正在逐渐形成，增加了艺术品市场购买力的丰富度，使艺术品市场购买力形成了消费、投资、收藏三个层级。2014 年，国内艺术品博览会行业竞争更趋激烈，2014 年国内艺术品博览会呈现出发展“特色型”博览会。2014 年下半年在上海连续举行了摄影博览会、设计博览会等专题型博览会，这些新兴博览会不仅拓宽了艺术品博览会的经营范围，而且也有效对接特定收藏群体的收藏需求，推动了国内艺术品博览会的升级发展。2014 年，我国艺术品拍卖市场平稳发展。全年共计上拍 521538 件，成交 253230 件，成交率 48.55%，总成交金额为 451 亿元，同比增长 3%。

表 1　2014 年中国艺术品市场数据

序号	市场分类	金额（亿元）
1	画廊、艺术经纪、艺术博览会	500
2	艺术品拍卖（原创艺术品）	451
3	艺术品出口	41
4	艺术品网上交易	45
5	现当代原创工艺美术品	850
6	艺术授权品经营（艺术复制品、艺术衍生品）	250
	总计	2137

2014 年，我国艺术品一级市场、二级市场中的原创艺术作品成交额达到 1037 亿元，同比增长 3.38%，增长较为稳定。

2014 年，我国艺术品出口额由 2013 年的 63.50 亿元降至 41.18 亿元，同比下降 35.15%。2014 年我国艺术品网上交易额为 45 亿元，同比增长 50%，艺术品网上交易成为艺术品交易新的商业中介平台，利用网络便捷的优势成为艺术品市场新的增长点。此外，现当代原创工艺美术品（工艺画、陶瓷、玉器、珠宝首饰、家具、织锦、刺绣、编织、地毯、壁毯、漆器、金属等）的交易额为 850 亿元，同比增长 6.25%；2014 年艺术授权品经营（艺术复制品、艺术衍生品）主要面向更广大的艺术消费人群，全年交易额在 250 亿元，同比增长 25%。

2014 年，我国艺术品购买力整体水平与 2013 年相比略有提高，公共收藏继续增长，企业收藏逐渐成为共识，很多企业已经将收藏艺术品的种类扩展到国外艺术品。私人艺术品收藏方兴未艾，高净值财富人群和中产阶级家庭成为艺术品消费的主力军。与此同时，艺术品消费市场已经来临，国内私人收藏对于艺术品原作消费的价格从 5 万元提升到 6 万元，增幅 20%。

2014 年，国家政策进一步推进艺术品产业发展，根据文化市场发展现状及面临的问题，依法发布了新的政策及行业法规，总结起来，主要体现在三方面：文化产业与金融行业的合作，美术馆建设及评估以及艺术市场管理规范的出台，尤其是文化部在 2014 年出台《国

家艺术基金章程（试行）》，用以规范国家艺术基金的管理。

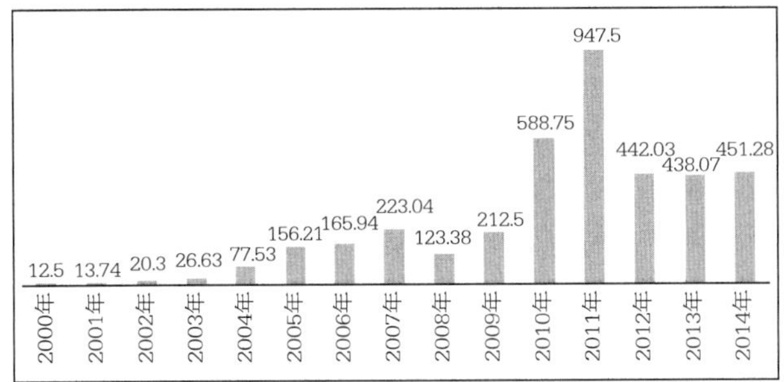

图1 2000—2014年中国艺术品拍卖市场成交额（单位：亿元）

二、2014年艺术品产业发展特点

（一）画廊业

1. 业绩增长

2014年，中国画廊规模仍在扩大。尽管经过金融危机之后，有部分画廊关闭或者停止经营，但根据艺术市场研究中心的调研数据，代表性艺术区的画廊机构总体数量是在持续上升的。以北京798艺术区为例，截止到2014年年末，798艺术区专业画廊有175家，其中新开14家，关闭9家。可见，尽管有部分画廊机构因种种原因搬离798艺术区，但艺术区内新增的画廊机构更多，也让798艺术区的画廊整体规模和市场活跃度不降反升。

画廊的年度销售额是衡量画廊发展的重要参照指标。对103家内地及港台画廊的问卷调查显示，50%的画廊的年度成交额在800万元以上，年成交额在1500万元以上的画廊占22%。而在2012年，年成交额能够达到800万元的画廊机构的比例为32%，2013年这一数据是36.70%。2014年国内画廊成交业绩持续上升，表明画廊市场交易活跃。

2. 发展国际化

2014年，有实力的国内画廊积极开拓香港市场是画廊市场发展的大势所趋。同时，国外的画廊进入内地经营的数量也有所增长。对103家国内画廊的问卷调研数据显示，有21%的被采访的画廊在中国开设有分支画廊。

从博览会的发展同样可以看到中国画廊市场发展的活跃。2014年国内的长征空间、香格纳画廊、佩斯画廊、常青画廊、北京公社、博而励画廊、维他命空间、当代唐人艺术中心等30多家画廊参加第二届香港巴塞尔艺术展。而2015年入选第三届香港巴塞尔艺术博览会的国内画廊机构增加到33家，充分显示出内地画廊对香港市场的开拓热情，以及香港市场对内地画廊的接受度。在全球最重要的当代艺术博览会——第45届巴塞尔艺博会上，参展的中国画廊和当代艺术家数量稳步增加。此外，纽约2014年军械库博览会还专门做了中国当代艺术主题展。2014年有实力的中国画廊在国际艺术博览会的舞台上活跃度大大提升，也使中国当代艺术在国际范围内得到了更为广泛的传播和认知。

3. 经营转向

2014年，画廊市场最为明显的发展特征是很多画廊将经营品类由以油画及当代艺术为主调整为当代水墨。

2014年，中国美术馆、今日美术馆等国内重要美术馆陆续推出多个当代水墨的展览。而在画廊市场，国内多家画廊也都在从艺术家群体或者艺术家个案层面梳理当代水墨的发展面貌。2014年9月到11月，中国现当代美术文献研究中心在北京798艺术区的圣之空间画廊推出三次“中国当代青年水墨年鉴”系列展览，这个系列展览是“中国当代青年水墨年鉴”项目的一部分。通过展览的方式梳理当代青年艺术家在水墨创作的动态，以当代性与国际性的视野整体关照青年水墨艺术创作，探讨他们作品的价值。中国现当代美术文献研究中心还与人民美术出版社合作出版《中国当代青年水墨年鉴》丛书。2014年12月，蜂巢当代艺术中心的“变异：中国当代水墨大展II”开幕是继2013年“幻象：中国当代水墨大展I”之后的系列展览，展览也延续对中国当代水墨现状系统性的学术梳理。此外，还有东京画廊策划了第二届“新·朦胧主义”群展。这些由画廊推出的展览有很强的学术性，都是在价值层面的梳理和探讨中展示中国当代水墨的价值。而价值的评估和判断为当代水墨的市场发展奠定了更为坚实的基础。

2014年，当代水墨“热”从展览延伸到了市场。很多画廊的当代水墨转向为画廊经营提供了新的营销资源和可持续发展的新动力。同时，当代水墨在一级市场的火热交易也带动了二级市场对于当代水墨的关注，例如中国嘉德在2014年春季拍卖的“大观”夜场中就首次引入当代水墨作品，并拍出佳绩。拍卖市场的利好行情反过来助推了当代水墨在画廊市场的交易。

4. 行业规范文件出台

2014年，国内画廊行业规范化发展的力度加强。9月18日，由文化部文化市场司、中国拍卖行业协会主办，中国嘉德国际拍卖有限公司承办的“2014艺术品市场法制宣传周启动发布活动”上，文化部文化市场司发布了由北京画廊协会制定、中央美术学院艺术市场研究中心提供学术支持的《画廊行业经营规范》和《画廊从业人员行为规范》。这两个画廊行业规范文件的出台是国内首部规范画廊与艺术家、画廊与消费者、画廊与画廊之间关系的文件。这是政府宏观管理部门和画廊行业内部共同发起的规范性文本，这对于促进国内画廊行业如何规范经营发展提供了政策依据，使得画廊经营有规矩可循，这对国内画廊能够持续健康发展有重要意义。

同时，画廊协会的建立与发挥作用也是体现出画廊行业规范化的主要特征。目前国内画廊行业发展比较发达的省市和地区都已经成立专门的画廊协会组织，如北京画廊协会、香港画廊协会、上海画廊联盟等。以北京画廊协会为例，北京画廊协会每年会举办北京画廊周活动，从协会成立以来，北京画廊周已成功举办三届。2014 第三届画廊周举办期间，北京有 60 多家优秀画廊推出了 73 个艺术展览，同时还举办了多场艺术论坛和艺术教育活动，在社会上引起广泛关注和积极影响。此外，北京画廊协会在行业帮扶、与政府交流、规范市场发展等方面起到了积极作用。山东潍坊市画廊协会虽然成立仅一年多的时间，但由于潍坊市画廊众多，仅青州的画廊就有 756 家，年销售收入过 5000 万元的画廊有 10 余家，每年举办书画展览 800 余场，书画产业年交易额超过百亿元。由于本地画廊市场发展规模较快，很多画廊需要资金支持，潍坊画廊协会通过与当地银行的合作给很多画廊提供短期的资金支持，以实际行动支持当地画廊的发展。

（二）艺术品拍卖业

从中国艺术品市场的发展周期来看，2012 年到 2014 年，中国艺术品市场正在经历又一次调整期。

1. 行情调整

2014 年中国艺术品拍卖市场成交额达 451.28 亿元，与 2013 年 438.07 亿元的成交额相比仅有 3% 的增长，增速明显放缓。2014 年拍卖市场共计上拍 521538 件，成交 253230 件，成交率 48.55%，可见看出 2014 年拍卖市场成交额增长与成交拍品数量增长成正比。而反映市场供给与需求最重要的指标——成交率保持不变，说明艺术品市场整体供需比较稳定。

表 2 2014 年中国艺术家作品成交额排名前 10 位

排名	艺术家	成交总额（元）	类别
1	齐白石	2003655942	国画
2	张大千	1857736439	国画
3	傅抱石	948788000	国画
4	黄胄	911161272	国画
5	徐悲鸿	908977497	国画
6	黄宾虹	865219807	国画
7	吴昌硕	787407202	国画
8	陆俨少	748948772	国画
9	赵无极	640965806	油画
10	李可染	625109735	国画

2. 上市化、集团化发展

2014 年国内最大的两家艺术品拍卖公司相继出现新的变化，这也给国内艺术品拍卖市场未来的发展格局带来新的变数。

2014 年 3 月 6 日，保利文化集团股份有限公司成功登陆香港资本市场，成为香港资本市场首家以艺术品经营与拍卖、演出与连锁剧院管理为主业的上市文化企业。而保利文化 IPO 时对外披露的数据显示，拍卖业务占据其利润贡献率 87%，占比最高。保利文化上市之后，带动了保利拍卖业务新的拓展。2014 年保利陆续成立了保利厦门、保利山东分公司，扩大了在全国重要城市的业务发展布局。上市后的保利文化也积极创新艺术投资合作模式，发行了多支艺术基金。截至 2014 年 6 月 30 日，由保利艺术投资提供艺术投资顾问服务的在运行基金项目共 7 个，总规模 8.9 亿元。保利在 2014 年 7 月份发布的半年报显示，2013 年 6 月 30 日到 2014 年 6 月 30 日，收入总额从 9.03 亿元到 10.42 亿元，同比增加 15.4%。主要是由于艺术品经营与拍卖板块所得收入增加。

2014 年 4 月，中国嘉德艺术品拍卖有限公司也对公司结构做出战略部署，成立嘉德文化集团。嘉德文化集团下设有中国嘉德拍卖公司和嘉德投资两家公司。其中，中国嘉德拍卖专注于艺术品拍卖主营业务。而新成立的嘉德投资，除管理嘉德拍卖原有的投资业务外，负责运营嘉德艺术中心并拓展与嘉德拍卖主营业务相关联产业的发展。

这两家国内艺术品拍卖公司的上市以及集团化发展显示了国内艺术品拍卖大公司新的发展策略，将艺术品平拍卖公司的发展带入新的发展阶段。

表 3　2014 年中国艺术品拍卖公司成交额排名前 10 位

排名	公司名称	场次数量	专场数量	上拍量	成交量	成交额（元）
1	北京保利国际拍卖有限公司	11	161	37469	22116	5903221647
2	中国嘉德国际拍卖有限公司	7	136	30266	22223	4541489265
3	北京匡时国际拍卖有限公司	4	70	10484	6518	3247267950
4	北京翰海拍卖有限公司	6	78	16154	10912	2965013490
5	西泠印社拍卖有限公司	2	59	9084	7695	2534664975
6	上海嘉禾拍卖有限公司	3	24	2551	1997	849898510
7	广州华艺国际拍卖有限公司	4	28	5581	3546	837011170
8	中鸿信国际拍卖有限公司	1	21	2991	2158	704521305
9	上海天衡拍卖有限公司	3	17	2346	1780	692863070
10	中贸圣佳国际拍卖有限公司	4	33	4414	2885	691808812

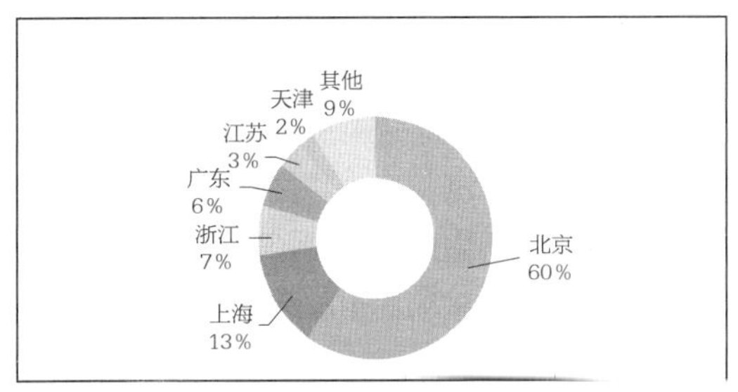

图 2　2014 年中国各省市拍卖成交份额（单位：亿元）

3. 当代水墨成新热点

整体来看，2014 年，中国书画市场行情的热点主要集中在近现代书画和当代书画这两个板块。

近现代书画市场在 2014 的行情特点是高价精品呈现出从引领过市场的海派、京津派名家逐渐向边疆画派、岭南画派转移。从长年占据近现代书画市场权重地位的张大千、齐白石转向尚处于市场价格洼地的其他近现代书画名家的作品。

当代书画以其资源的可获得性和真伪容易判断的优势逐渐获得更多收藏者和投资者的追捧。尤其是随着画廊市场的当代水墨热逐渐扩展到拍卖市场，当代水墨的作品行情也明显升温。表现在很多拍卖公司都增设了当代书画专场拍卖。中国嘉德在 2014 年春季拍卖“大观”夜场中首次引入当代水墨作品。2014 年北京保利春季拍卖会将“当代水墨”进一步拓展，分别推出五个水墨艺术专场，总成交额达 3.58 亿元。此外，2014 年北京匡时春拍推出“匡时汇 • VIP 之夜——当代水墨艺术品鉴”活动，其中的“当代书画专场”成交 5143.7 万元，成交率高达 92.7%。2014 年无论是在画廊市场还是在拍卖市场，当代水墨已经成为给整个市场提供增长动力的一个新板块。

4. 行业规范文本出台

中国艺术品拍卖的法律规范体系已经初具规模，中国艺术品行业也已经走上行业自觉自律的道路，并开始向更加专业化和规范化发展。2014 年 9 月 17 日，由文化部文化市场司、中国拍卖行业协会主办，中国嘉德国际拍卖有限公司承办的“2014 艺术品市场法制宣传周启动发布活动”在位于北京国际饭店会议中心的嘉德四季第 39 期拍卖会预展现场隆重举行。其中，由中国拍卖行业协会制定发布的《艺术品拍卖从业人员职业守则》《拍卖标的审定规范》《标的保存管理规范》三项规范首次将艺术品拍卖市场的法律规范体系延伸细化至重要人员操守、审件、保管等具体业务环节，这不仅是拍卖企业和行业客观发展的要求，也是市场发展的必然要求。

（三）艺术品博览会

2014 年，我国艺术品博览会整体表现活跃，不仅在市场结构上呈现出多样化的发展特征，成交状况也表现出色，新模式、新方向的探索也给市场本身带来新的活力。而艺术品博览会作为一级市场画廊与二级市场拍卖市场之间的一级半市场，其沟通各级市场的平台特征更加凸显。

1. 市场结构多样化

2014 年我国艺术品博览会呈现出市场结构多样化发展的特征。从整体市场格局来说，艺术品博览会市场以京沪广三地为中心，其他城市陆续发展；从单一城市的市场格局来说，艺术品博览会市场表现为以少数艺术博览会品牌为核心，其他中小型艺术品博览会相继发展。从业内形态来说，以老牌专业艺术品博览会为核心，综合化、衍生化发展。以上海地区为例，除了上海艺博会等老品牌之外，第二届 ART021 上海廿一当代艺术博览会也逐渐占据市场，以伦敦 WHITE CUBE、北京长征空间、法国贝浩登画廊等国际知名画廊为代表的参展机构给这一新生艺术品博览会增加了分量。首届西岸艺术与设计博览会也为 2014 年上海艺术品博览会增色不少。

而老牌专业艺术品博览会也有新的结构性发展。以艺术北京博览会来看，除了近几年主打的当代艺博会之外，又致力于打造经典艺博会，而新的方向则瞄准了设计。其团队也有了新的变化，原《现代传播》资深媒体人李孟夏，接替创始人董梦阳担任艺术北京执行总监，这也给 2015 年的新一届艺术北京艺博会带来新的发展契机。

2. 成交额增长

根据公开资料显示，艺术品博览会在 2014 年的表现相对出色，有公开成交数据的艺术品博览会均呈现出成交额上升、市场活跃的特征。以北京地区为例，随着政府一系列针对文化产业发展的相关政策出台，北京地区博览会的成交额不断创下佳绩，突破亿元大关；在纯艺术类博览会中，艺术北京销售数量达到 1000 余件，成交作品均价为 15 万元。第 17 届北京国际艺术博览会更是现场成交 2.2 亿元人民币。主题为“收藏就是时尚”的 2014 上海艺博会也表现不俗，根据主办方统计，该届上海艺博会观众人次约为 5 万人，成交额约为 1.4 亿人民币，与 2013 年创造的上海艺博会最高成交纪录持平。而今年上海艺博会和淘宝网拍卖会首次开展合作，进行的线上线下拍卖也初战告捷，在 20 家画廊送拍的作品中，有 1/5 拍卖成功。

3. 展期集中

展期集中可以说是 2014 年我国艺术品博览会的基本特征。仅 9 月一个月，上海就举办了首届 Photo Shanghai、艺术都市展、博罗那上海当代艺术展、西岸艺术与设计博览会、上海城市艺术博览会等。

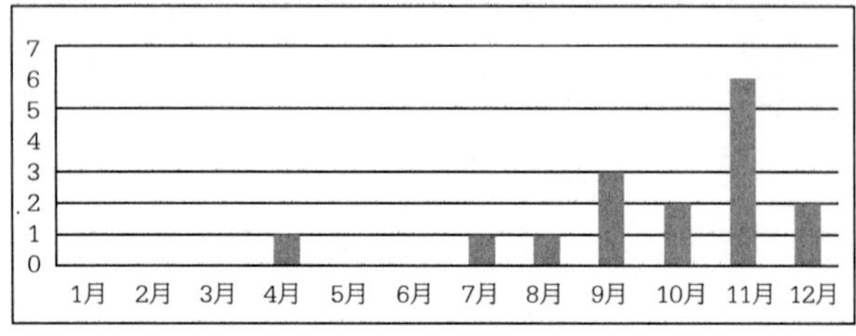

图 3 2014 年北京地区艺术品博览会举办时间分布

北京地区的艺术品博览会同样集中出现。2014 年除艺术北京艺术博览会在 4 月举办外，其他艺术及相关展会均在 7 月至 12 月举办，展会最集中的时间段为下半年的 9 月至 12 月，并且在 11 月北京金秋时节达到展会的高峰期，共有 6 家博览会在此月举办，而这一时间也是秋季拍卖等艺术市场比较活跃的时段，艺术市场资源聚集的现象较为明显。

4. 艺博会新模式的探索

艺博会模式的探索在 2014 年显得更为积极。9 月的西岸艺术与设计博览会“5+25”全新模式登陆上海。展期长达一个月，突破了原有的短则三日、长则一周的格局。其中，前 5 天为博览会日，为参展商与收藏家精心营造交流与收藏的优质平台；后 25 天为特展日，为艺术爱好者与普通市民提供具备美术馆水准的国际性观展体验。这既扩大了博览会的受众人群，也以“分众”的形式服务于不同需求的观众。

而新生的 Hi21 新锐艺术市集也是艺博会模式的一个探索，将若干个小型个展集合成艺术博览会的概念，4000 平方米的展示空间进行了棋盘式的分割改造，同时容纳着近百位艺术家的小型个展以及画册展示。资料显示，销售业绩也较为理想，“开市”前期已卖出接近 200 件作品。“艺术集市”这一模式的初步成功增加了艺术品博览会行业的丰富性。

5. 共打“设计”牌

2014 年艺术品博览会市场一个新的发展方向就是“设计”。艺术设计作为融合艺术与应用的领域，与社会大众存在更为密切的联系，也更容易被大众所接受。聚焦创新产品、视觉传达、都市环境设计等重点领域的 2014 上海设计双年展由上海市科学技术委员会主办、上海对外科学技术交流中心承办、同时携手众权威机构、知名学府共同打造。9 月的首届西岸艺术与设计博览会，由上海西岸开发（集团）有限公司与艺术家周铁海合作主办，是目前国内首个融合艺术与设计的国际性大型博览会，30 天内共展示 25 家中外知名画廊的当代艺术精品、8 家设计机构的优秀展品，达到了逾 70000 人次的观展总人数。

（四）艺术品金融产业

2014 年，中国艺术品信托和艺术品基金市场进入冷静期。由于中国艺术品市场持续调整，艺术品信托规模大幅下滑。2014 年 7 月，中国证监会发布《私募投资基金监督管理暂行办法（征求意见稿）》。《暂行办法》显示，私募证券基金和私募股权基金，以及市场上以期货、期权、艺术品、红酒等为投资对象的其他种类私募基金均纳入调整范围，不仅明确表示对设立私募基金管理机构和发行不设行政审批，更细化了投资者的投资。艺术品基金开始以私募股权投资基金的操作模式，进入艺术品投资市场。2014 年，电子商务与文化产业融合在加强，文化产权交易所比较火爆。随着文化产权交易所、艺术品信托等业务的发展，艺术品保险作为艺术品金融化的配套保证，需要提供专业性强的保险产品与服务，以支持这类经营模式得以稳健有序的发展。

2014 年，文化产权交易所采用新型的电子化模式，为市场注入新的活力，成为继艺术品份额化交易后的又一次产品集中上市与实验。与此同时，各地文化产权交易所在拍卖会模式、展销会模式、电商化模式等方面均有新的尝试和探索。

1. 电子化交易模式

2014 年，各地文交所平台上陆续推出的邮币卡电子化交易产品等。2013 年 10 月 21 日，南京文化艺术产权交易所钱币邮票交易中心全新开启，这也是全国首家公开集中的钱币邮票实物挂牌交易平台。南京文交所钱币邮票交易电子商务平台首创的实物线上交易模式，通过挂牌的方式让钱币邮票上市，并通过藏品“第三方鉴定”挂牌上市、会员入会等方式力求解决网上交易诚信问题。

截至 2014 年 7 月 23 日，南京文交所钱币邮票交易中心线上交易藏品市值突破 10 亿元。 8 月 7 日，南京文交所盘中成交金额历史性的突破亿元大关，成交额达到 1.27 亿元，不仅创下南京文交所运营以来的历史新高，更打破了中国邮币卡线上电子盘交易的历史交易记录。南京文交所钱币邮票交易中心《钱币邮票交易电子商务平台》项目获“2014 年南京市电子商务专项资金”扶持，标志南京文交所钱币邮票交易中心创新的交易模式获得政府相关部门的认可与大力支持。继南京文交所推出钱币、邮票等挂牌藏品上市平台后，北京、广东、上海均推出相应的邮币卡交易平台。

2. 打造综合服务

2014 年，各地文交所利用自身的优势，借助电商打造综合服务平台。据统计，截至 2014 年年底，国内已有近 20 家文交所推出“文交所 + 电商”的交易模式。这种全新交易模式与之前的份额化交易的不同之处在于，通过电子交易平台进行竞价，艺术品的交易单位变成了“一件”，而且各交易所均规定了艺术品的月度或年度涨跌幅的上限。文交所的新交易模式类似于艺术品在线拍卖会，只要觉得艺术品的价格符合自己的心理价位，投资者均可在文交所的交易平台上进行交易。据广西文交所成都运营机构提供的数据，在广西文交所上线的艺术品包括书画、瓷器、玉器等品类的艺术品。各类标的 1000 余个。在这些艺术品中，涨幅最大的为书画，平均每月涨幅在 15% 左右，而瓷器、玉器等艺术品每月涨幅在5% 左右。从交易金额来看，5 月刚开始运营时，每周交易额大约在 2300 万元至 3000 万元，而到了 10 月后，每周的交易额已接近 5000 万元。2014 年，文交所在国家政策的引导、文化艺术与金融对接和整合各行业资源的过程中的角色与作用已日渐清晰。

（AMRC 艺术市场分析研究中心 张秀娟）

文化会展产业

一、2014 年文化会展产业总体情况

2014 年我国会展产业继续保持较好的发展势头。在这一年，我国会展展览规模进一步扩大，经济效益和社会效益有所增加；展览的单体面积扩大，会展层级有了提升；出境参展保持增长趋势；国家出台相应的政策法规完善了会展产业的标准和规范；互联网和大数据时代的到来促进了会展行业的服务技术和商业模式的转型升级。

二、2014 年文化会展产业发展特点

（一）会展业健康持续发展，进入由量变转为质变阶段

根据商务部统计的 2014 年会展行业的有关数据以及中国会展经济研究会发布的《2014 年中国展览数据统计报告》可知，2014 年我国举办的展览数量比 2013 年增加 1.8%，总数为 8009 场；展览面积比 2013 年增长 4.5%，达 10276 万平方米，首次突破 1 亿平方米大关；其中会展产生的直接产值比 2013 年增长 8.1%，总产值为 4183.5 亿人民币。展览会的数量不断增长，行业规模初具雏形。2014 年会展业办展数量增长速度相较于之前有所放缓，但经济效益持续增加。

在展会类型上，经贸类占比 67%，所占比重最大，相较 2013 年增长 1%，文化及其他类型的展会占

比 11%，相较 2013 年增长 1%。在单体展览面积上，全国有 108 个展会项目均超过 10 万平方米，在数量上比 2013 年增加 8 个，其中最大的展会展览面积达 116 万平方米。2014 年第 116 届中国进出口商品交易会的展会面积为 116 万平方米，上海单体展览平均面积超过 2013 年的 1.5 万平方米，增长到 1.66 万平方米，基本达到展览业发达国家的水平。

2014 年，有些城市展览的数量虽然减少，但是单体展览面积增加，展会层级有所提升，获得国际展览业协会认证的展会比 2013 年增加了 9 个；2014 年全国出展共完成 65 个国家的 1447 个项目，同比增长 4.0%，加快了走出去的步伐；而且随着互联网和大数据的应用，我国的展会信息化水平越来越高。我国的展览业开始进入由量变逐渐转为质变的阶段。

（二）国家出台政策法规，会展业管理更加规范

国家和地方先后出台各种有关会展的政策，对相关的会议内容、会议形式和经费做出规范。2014 年 2 月，我国发布首部《会议分类与术语》，包括会议分类和通用术语两部分，这是由国务院会议中心起草的首部指导会议产业运行的标准，使我国的会议标准体系有了初步的发展。

为深入贯彻中央的八项规定，2014 年 9 月国务院印发《关于严禁党政机关到风景名胜区开会的通知》，该通知中列举了黄山、五台山等 21 个景区，要求各地政府要在行政区域开会，严禁组织与会议无关的活动，同时也规范了参会秩序，如严格遵守报到和离会的时间等。

为了推动高端会展业的转型升级，青岛市政府在 2014 年 6 月出台《关于加快高端会展业发展的意见》，致力于将青岛打造成东南亚知名的会展城市和重要高端会展城市。合肥市政府对举办会展进行了一些补贴措施，如对合肥市赴外参展的企业进行资金补贴，为举办国际性或全国性展会的主办单位或引进单位，按照展会规模和影响力进行资金补贴等。

政府对展览业的关注度有所提升，不仅出台相关的政策法规规范展览业的行业秩序，而且也开始转变政府职能，从而活跃市场、加快市场化进程，倡导去行政化。由政府主办的会展和论坛数量减少，而会展的质量在不断提升。沈阳制博会成功委托专业化会展企业经营，新疆亚欧博览会也开始尝试政企分开的模式。

（三）大数据时代来临，会展业信息化趋势明显

移动互联和大数据的出现是会展业开始发生颠覆性变革的开端，会展业的服务技术和商业模式因此发生转型升级。随着移动互联的发展，越来越多的参展者会通过数字移动终端获取参展信息以及进行参展报名等手续办理，参展商也可以通过移动端平台将自己的参展信息公开，同时获得客户的信息。大数据的使用更好的实现会展的精准定位，同时丰富观众在现场的体验，提升了用户的参与度。

2014 年第九届北京文博会在大数据应用上有了突破。该届文博会官网有超过 110 万人次的访问量，这些网民来自全国 30 多个省区市以及 50 多个国家各地区。在北京文博会期间，展会组委会还通过微博、微信等媒体向目标受众实时分享文博会资讯，不仅很好的为目标受众提供了解展会信息的平台，而且还扩大了文博会的信息传播范围。除此之外，北京文博会还联合 BlueCurrent 公司与软通动力公司一起研发了大数据实时分析展示平台“BlackBox”，及时了解目标受众及各媒体的需求和动态。

2014 年，一些会展企业开始利用互联网技术，超过 90% 的展会创立了自己的线上平台，通过互联网技术实现线上线下的融合。第十二届中国国际数码互动娱乐展览会共售出 20 万张票，其中有 10 万张票均是通过支付宝售出的。

（四）产业链体系完备，展览市场品牌化进程加快

会展业经过几十年的发展，为会展服务的产业链服务体系逐渐完善，展前、展中、展后的各服务系统的良好发展，不仅提高了会展服务的效率和质量，提升了展会观众的体验满意度，而且也有效保障了会展产业的持续正常运转。除了会展与科技融合之后，会展业也开始为旅游、金融等产业融合发展。深圳文博会作为唯一一个获得 UFI 认证的综合性文化产业博览交易会，在 2014 年设立 54 家分会场，数量历届最多、范围最广、质量最高，如大芬油画村、梧桐山艺术小镇、龙岗动漫创意产业园等，这些覆盖广泛的分会场极大地推动了深圳会展旅游的发展。

2014 年会展行业虽然数量增长速度较为平缓，但是会展质量有了很大的提升，尤其是越来越多的展览会主办方开始重视会展的品牌建设，珠海市、桂林市以及东莞市等先后都将品牌化写入有关展览业发展的政策中。

（中国传媒大学 乔阳 赵书波）

文化旅游产业

一、2014 年文化旅游产业总体情况

（一）政策环境利好

2014 年，旅游发展政策环境不断改善。全国人大开展《旅游法》执行检查，推动了《旅游法》的贯彻落实。年初政府工作报告提出“重点发展养老、健康、旅游、文化等服务，落实带薪休假制度”，旅游发展成为两会关注焦点。8 月 18 日，国务院出台《关于促进旅游业改革发展的若干意见》，从服务经济、政治、文化、社会、生态文明五位一体建设的高度，阐述了旅游业改革发展的重要意义，提出新时期旅游业改革发展的方向和任务。9 月，国务院成立旅游工作部级联席会议，加强了国家层面的旅游宏观调控机制。海南、北京、云南、江西、广西、西藏六个省、区、市先后成立旅游发展委员会。围绕《旅游法》《国民旅游休闲纲要（2013—2020 年）》，各部门、各地区研究出台了一批配套法规、文件，围绕旅游业发展已经形成相对完整的政策法规体系。在国家实施的“丝绸之路经济带”“21 世纪海上丝绸之路”以及“京津冀一体化”“长江经济带”等重大战略，以及国务院近期出台的关于东北振兴的若干重大政策举措、加快发展体育产业促进体育消费、创新重点领域投融资机制鼓励社会投资等文件中，都将旅游业发展作为重要内容。

（二）文化旅游品牌开发持续推进

2014 年，为了落实我国“智慧旅游年”的各项工作，实施美丽乡村富民工程，中央七部门联合发文在全国挑选出 6130 个重点扶持村开展乡村旅游扶贫，与扶贫办共同推进旅游扶贫试点工作。实施中国旅游商品品牌提升工程，举办“中国国际旅游商品博览会”和“中国旅游产业博览会”。完善旅游公共服务设施，投入 4 亿元旅游发展基金支持新建、改建约 40 万个景区停车位，投入 1.5 亿元贷款贴息，支持 90 多个旅游项目转型升级。与国家开发银行联合推出 135 个中国旅游投资优选项目，在全国投资增速放缓的情况下，实际完成旅游投资约 7053 亿元，同比增长 32%。推动全国红色旅游二期规划落实，广泛开展红色旅游体系主题活动。全年乡村旅游新增收入 400 亿元，新增就业约 20 万人，带动超过 3300 万农民受益，新增国家生态旅游示范区 36 个，新增 5A 级旅游景区 9 家。截止到 2014 年年底，全国共有 5A 级旅游景区总数达 184 家。

（三）文化旅游管理和服务不断加强

2014 年，为了贯彻《旅游法》，旅游行业管理部门开展治理旅游市场秩序自查自纠，探索依靠市场主体开展市场监督的有效方式，分区域、针对性的开展治理旅游市场秩序行动。持续推进旅游标准化工作，发布 10 项旅游行业标准，启动第三批标准化试点。进一步简政放权，取消边境旅游项目许可，下放外资旅行社设立审批、旅行社经营边境游资格审批和 4A 级景区评定。在全国开展“寻找最美导游”活动，加强行业精神文明建设。以导游援藏和旅游人才援藏、援疆为重点，开展西部旅游人才援助。完成旅游行政干部培训和旅游业青年专家遴选，推动旅游职业教育改革。

（四）文化旅游市场初具规模

根据 AECOM 数据统计，截止到 2014 年，中国共有 59 个在建主题公园。中国的主题公园或者贴着主题公园标签的娱乐项目已经接近美国和日本的综合，主题公园规模在全国范围内原来越大。据不完全统计，我国通过审批的影视城已经达到 110 多家。一批影视基地开始市场化运作，较为完整的服务体恤和配套设施，完善的经营理念和营销措施，降低了影视拍摄的制作成本，推动了中国影视业良性发展，同时带动地方旅游经济的快速增长。除了主题公园和影视基地这两种文化旅游规模越来越大以外，和传统文化挂钩的红色旅游以及民族风俗旅游越来越受到人民的青睐。根据中红网发布的信息，全国已经有 100 多个红色旅游景点景区，其中 12 个全国重点红色旅游景区，30 个精品旅游线路。红色旅游已经成为我国旅游业极其重要的部分。从整体来看，我国文化旅游产业已经形成以红色旅游和民族文化旅游为基础，主题公园和影视基地为发展重心的格局，文化旅游规模仍然在快速增长中。

（五）地方大力开发文化旅游资源

2014 年，各地立足本地方或本民族的文化特色和传统的基础上，不断挖掘和开发适合本地区本民族的旅游项目，并呈现产业化发展态势。部分地方政府将本地区定位旅游城市，按照这种产业化发展进行城市规划和发展布局。西安依托厚重、丰富、悠久的历史文化，突出文化主题和特色，加强“自然”与“文化”、“新”与“旧”的融合，使历史题材与现代科技表现手段互补，积极塑造诸如“丝绸之路起点”的形象，以周、秦、汉、唐历史文化为主题，逐渐建成特色先民的各大行文化旅游区，大力弘扬丝绸文化、黄河文化。开封市委市政府制定了“有文化旅游资源大市项文化旅游强市跨越”的

战略目标，积极实施旅游带动战略，大力发展文化旅游产业。湖北鄂州充分挖掘吴楚文化、“武昌鱼”饮食文化和优秀民俗民间文化，推进文化与旅游结合，催生出新的旅游文化业态。除此之外，部分城市的文化旅游产业已经不仅仅局限于历史文化，当代文化也越来越盛行。如青岛万达影视基地借助万达影视集团强大的影视资源以及在电影文化方面的优势，与青岛传统海滨城市旅游也互补，将青岛打造成全方位、多元化的旅游城市。

二、2014 年文化旅游产业发展特点

（一）智慧旅游成为文化旅游新热点

为了以信息化带动旅游业的快速发展，完成旅游业向现代服务的转变，提升旅游企业的现代科技管理水平、服务水平和创新发展模式。国家旅游局发布《关于印发2014 中国旅游主题年宣传主题及宣传口号的通知》，“美丽中国之旅——2014 智慧旅游年”成为 2014 年旅游宣传主题。中国互联网络信息中心（CNNIC）发布的《2014 年中国在线旅行预订市场研究报告》显示，截至 2014 年 12 月，在网上预订过机票、酒店、火车票或旅行度假产品的网民规模达到 2.22 亿，较 2013 年底增长 4096 万人，增长率为 22.7%，网民使用率由 29.3% 提升至 34.2% 。与此同时，手机预订机票、酒店、火车票或旅行度假产品的用户规模达到 1.34 亿，较 2013 年增长 8865 万人，增长率为 194.6%，网民使用率由 9.1% 提升至 24.1% 。

2014 年，旅游六大要素——食宿行游娱购中诸多环节在践行旅游 O2O 方向上已经形成共识并逐渐走向深化，从解决出行交通问题的滴滴打车、跨地打车到移动旅游分享应用的面包旅行。从周末去哪儿，到在国内以小猪短租为代表的分享经济的崛起，旅游 O2O 发展全面开花。百度推出直达号，明确表示发力旅游 O2O 及其他生活服务领域，连接人与服务；去哪儿网投资旅游连锁机构旅游百事通，成为第二大股东，明确提出去哪儿将联合线下资源走旅游 O2O 方向。从新型创业公司到 OTA 老兵、BAT 巨头，行业的参与度已经形成全面展开的局面。O2O 的发展朝向深化，行业细分，回归商业本质。

（二）文化旅游竞争白热化

2014 年 9 月 25 日，国家旅游局公布入选《2014 全国优选旅游项目目录》的 135 个旅游项目名单。该目录中，文化旅游资源占比超过 80%。北京、上海等地，该比率高达 100%。以天津为例，五大道、西开教堂这种传统文化旅游产业已经不再出现在名录上，取而代之的是方特主题公园和东方环球影城，这表明我国文化旅游产业资源挖掘已经不再局限于现有的文化资源，转而开始重视人工制造、创造文化旅游资源，科技含量更高，文化更加多元化。《2014 全国优选旅游项目目录》中，各地文化旅游所占项目比例很高，一方面说明全国文化旅游市场已经兴起，另一方面也反映出各地的文化旅游竞争已经进入白热化阶段。

（三）旅游目的地的集中化、国际化

2014 年国人的旅游需求仍然以境内游为主。旅游目的地设置为中国国内的群体占 91%，其次是港澳台地区，占 16.2%。境外旅游仍然以周边国家为主，日韩地区占比 6.9%，东南亚地区占比 6.7%。澳洲新西兰地区成为近年来热门旅游区域，2014 年前往的游客占比 5.7%。远赴北美和欧洲旅行的游客分别占比 2.5% 和 2.3%。《2014 年在线旅行预订市场研究报告》显示，热门境外旅游国家中，韩国以 22.5% 的旅游意向遥遥领先；法国和美国分列第二位和第三位，旅游意向人群占比分别为 15.6% 和 14.0%。一水之隔的地缘优势，低廉的旅游花销，物美价廉的购物环境，吃、喝、玩、乐设施齐全是韩国成为中国游客最受欢迎的境外旅游国家的主要原因。在热门国内旅游城市中，北京凭借 18.4% 的旅游意向人群独占鳌头，上海、成都、三亚位居第二位至第四位，以此为目的地的旅游需求人群分别为 10.9%、10.8% 和 10.4%。杭州排在第五位，目标旅游需求人群占比 9.7%。

2014 年 12 月 3 日，国家旅游局发布公告，截至 11 月，我国内地公民今年出境旅游首次突破 1 亿人次。中国出境游人数从有统计的 1998 年的 843 万人次，到 2014 年破亿，在短短的十几年时间里迅速增长。这既是中国进一步推进改革开放的重要成果，也是社会经济全面发展的生动体现。出境游成为新的旅游热点，中国也已逐渐成为全球最大的旅游客源市场。

（四）文化旅游企业投融资模式多样化

2014 年，国务院发布的《关于促进旅游业改革的若干意见》提出，要加大财政金融对旅游业的扶持力度，在一定程度上缓解旅游项目普遍存在融资难题。2014 年，国内文化旅游企业投融资模式趋于多样化。一是企业上市模式。截止到 2014 年 7 月，在境内 A 股非核心文化传媒上市公司 36 家，其中旅游（演艺）业上市公司 23 家。长白山旅游股份有限公司于 2014 年 8 月在上海证交所上市，通过上市募集资金，进行业务调整加大旅游开发、利用，完善其旅游服务产业链，提升长白山旅游的综合竞争力。二是 ABS（Asset Backed

Securitization）模式，即以项目所属资源为支持的证券化融资方式。其中较为流行的是地方政府和文化旅游企业以及文化旅游项目的资产证券化融资模式，如西双版纳南传佛教历史文化旅游景区项目。三是 PPP 公私合营模式，该模式创新应用于非政府的事业单位、国有企业和私营企业之间的合作，从而让更多的中等投资规模的文化旅游项目得以有效推行，如淮安市白马湖森林公园旅游公路建设 PPP 项目。四是发行企业债券。华侨城是最早发行企业债券的文化企业，使其利润总额从 19 亿元增至 45 亿元，年均增幅达 24%。和华侨城一样，西安曲江文化产业集团也靠发行债券解决融资问题，既有 10 亿元短期融资券，也有 20 亿元私募债券。

（五）区域旅游更趋协调，地区旅游热情高涨

随着京津冀协调发展上升为国家发展战略，2014 年 4 月，北京、天津、河北三地旅游部门召开“京津冀区域旅游合作会议”，商定建立健全京津冀旅游协同发展工作机制，编制协同发展规划，率先实现旅游合作一体化。同时，三省市旅游部门联合推出 10 条红色旅游线路，整合了三地许多著名红色旅游景区及周边的休闲旅游资源。

2014 年，东西中部旅游景气水平大致持平，东中西梯度递减的基本格局保持稳定，但差距在缩小。随着交通网络完善、区域经济更加紧密联系的推动下，区域旅游一体化的进程加快，正在形成“三横两纵”（长江沿线旅游带、中国古老长城旅游带、龙海兰新旅游协作区和京杭大运河旅游带、青藏铁路旅游带）的空间格局。高铁网络的拓展，“一带一路”倡议的实施等，催生出一批区域旅游热点。各地对旅游业发展更加重视，目的地接待环境进一步优化，并深入推进体制机制创新，2014 年江西、西藏等先后成立旅游发展委员会，目前全国已经有 6 个省市自治区成立旅游发展委员会，除台湾、香港、澳门外的 31 个省市自治区均提出把旅游产业打造成支柱产业，其中 24 个省区市提出把旅游业建设成战略性支柱产业。

（中国传媒大学　杨乔）

第二部分

地方概况

·北京市·

一、2014年文化产业发展总体情况

（一）产业规模持续扩大，文创大军不断壮大

截至2014年年末，全市规模以上文化创意产业法人单位实现收入超1.3万亿元，产业增加值由2006年823亿元增长至2014年约2826.3亿元，占全市GDP比重由2006年10.14%增长至2014年的13.2%，年均增长率达16.5%，超过同期地区生产总值年均增速（12.8%）3.7个百分点，增长潜力强劲。文化创意产业已发展成为北京市仅次于金融业的第二大支柱产业。

文化创意产业属于智力密集型产业，产值增加必然带动就业增加。截至2014年年末，全市文化创意产业从业人员平均人数达191.6万人，较2006年（89.5万人）增加73.3万人，年均增长9.98%，占全市第三产业就业人数（894.4万人）的21.42%，占全市就业人数（1156.7万人）的16.56%。北京市文化创意产业就业实现稳步增长，就业机会的扩大与经济增长同步推进，就业形势持续向好，较大程度解决人口就业问题，有效优化北京市就业结构。

（二）行业发展各具特色，产业融合步伐加快

从全市文化创意产业九个行业收入来看，各行业发展势头良好，基本实现逐年增长态势；从产业内部结构的变化来看，北京市已经初步形成以软件网络和计算机服务业为主，文化艺术、广播影视、新闻出版、设计服务、广告会展和艺术品交易等行业国内领先的文化创意产业结构体系，涌现出一大批龙头企业和专业化、精细化、特色化的中小企业。尤其是软件网络计算机服务产业的持续快速发展，体现了北京文化与科技的融合步伐正在加快，产业结构正在不断优化，融合发展趋势明显。

（三）龙头企业领跑全国，国企民企并肩发展

2014年第六届中国“文化企业30强”中，北京文创企业共占据11席，超过1/3，继续领跑全国。从2008年第一届至2014年第六届中国“文化企业30强”，北京文创企业的入围数量一直占据绝对优势。其中，包括连续六年登上“全国文化企业30强”榜单的保利文化集团股份有限公司这样的老牌劲旅，也包括首次入选的北京北广传媒集团有限公司这样的新秀。2008年至2014年的统计数据显示，北京地区入围“中国文化企业30强”的文创企业多数为传统文创行业的国有企业。其中，文化艺术行业的文创企业入围共19次，占入围总数的35.8%，其中国有企业占到19席；广播影视行业的文创企业入围共18次，占入围总数的34.0%，其中国有企业占到16席；出版发行行业的文创企业入围共10次，占入围总数的18.9%，其中国有企业占据全部席位；而文化新业态的文创企业入围共6次，占入围总数的11.3%，其中民营企业占据全部席位。

（四）文化消费持续增长，文化贸易不断扩大

2014年，全市城镇居民人均教育文化娱乐服务支出达4170元，较2006年增长1655元，年均增长速度达6.5%。北京市文化消费出现一系列新趋势、新变化：网络文化消费规模不断扩大，网络演艺等新兴文化消费形态不断出现；文化资源开发载体、文化信息传播平台不断增多，文化消费形态向多样化发展；随着收入水平的提升，自主选择文化消费方式渐成主流；文化消费逐步由较低层次的消遣型、娱乐型向高层次的知识型、发展型、智能型方向发展。文化消费持续增长。

2014年，北京继续发挥首都优势，立足北京地域特色，文化“走出去”与“引进来”相结合，进一步提升了北京文化的对外影响力和传播力。根据北京海关发布的数据，2014年1月到11月，北京文化产品出口约1.57亿美元，同比增长11.66%；进口约4.48亿美元，同比下降21.54%。尽管出现2.91亿美元的贸易逆差，但文化产品出口增长速度远高于进口增长速度，北京文化产品出口和对外文化服务的形式呈现多样化发展态势，以演出剧目、影视、出版物为代表的融入文化内容和创意的出口产品不断增加，对于整体商品出口的拉动作用优势明显。

二、2014年文化产业各行业发展基本情况

（一）文化艺术业

2014年，全市文化艺术业发展较快，北京市文化艺术产业资产总额增加到1284.4亿元，年均增速达25.2%，占文化创意产业资产总额的4.9%。行业收入及从业人员数量均有较大幅度增长。2014年，文化艺术业收入合计增长至410.1亿元，年均增速达24.9%，占当年文化创意产业总收入的2.9%；就业人数增加至11.2万人，年均增速9.5%，占当年文化创意产业从业人员总数的5.8%。

2014年，全市演出市场、演出场次、观众人数、票房收入略有增加。2014年全市130家营业性演出场所演出场次共计24595场，比去年同期（23155场）增长6.2%；观众人数共计1012万人次，与去年同期

(1014 万人次）基本持平；演出票房共计 14.95 亿元，比去年同期（14.42 亿元）上升 3.7%。在京注册的演出机构、文艺表演团体（含中央直属）在全国各省市组织参与各类演出活动共计 5076 场，观众人数 588 万人次，票房收入 10 亿元。市属 11 个文艺院团发展势头良好，演出场次和演出收入年均增长速度分别达 4.21% 和 13.66%，高于整体专业艺术剧团。

（二）新闻出版业

2014 年，全市新闻出版业资产增至 2257.3 亿元，年均增长 15.0%，占北京文化创意产业资产总额的 8.5%。截止到 2014 年年底，北京市新闻出版业从业人员平均人数达 15.7 万人，年均增速 0.7%，占北京文化创意产业从业人员总数的 8.2%；收入合计 1034.8 亿元，年均增速 11.7%，占北京文化创意产业收入总额的 7.4%。

（三）广播影视业

改革开放以来，北京市广播、电视、电影行业发展迅速，行业资产总额增加至 2014 年的 2433.1 亿元，年均增长率达 17.3%。2014 年，全市广播、电视、电影业收入和从业人员进一步实现稳定增长，年均增速分别达到 17.1% 和 9.1%，占到北京市文化创意产业总收入和从业人员的 6.1% 和 3.8%。电影、电视剧制作数量位居全国前列。

北京广播、电视、电影业发展各细分项目指标持续增长，尤其是广告收入和电影票房收入增长较快。2014 年，电影放映场次达 162.5 万场次、电影观众 5184.6 万人次、电影票房收入 22.82 亿元、电视节目套数 26 套、有线电视入户率 106.85%、广播节目套数 25 套、广告收入 1753933 万元。2006 年至 2014 年间，年均增长率分别达 24.58%、19.81%、28.76%、0.49%、5.29%、4.94% 和 28.22%。

（四）广告会展业

北京作为国内广告会展业起步最早、发展最快的城市之一，其广告会展业已初具规模，并已形成较为完整的产业体系，尤其是 2014 年北京怀柔雁栖湖国际会议中心、雁栖小镇等一大批高端服务配套设施的落成，增强了北京市广告会展业发展的硬件设施条件，使北京成为国内最重要的会展中心城市。北京统计局数据显示，2014 年全市广告会展产业资产总额由 2006 年的 428.1 亿元增至 1922.5 亿元，占文化创意产业资产总额的 7.3%，年均增长率达 20.7%。广告会展业已发展成为仅次于软件、网络及计算机业的第二大文化创意细分行业。

截至 2014 年，全市共有接待场所会议室 5593 个，接待场所会议室使用面积 81.7 万平方米，可容纳 48.8 万人使用。2014 年，全市接待会议个数增加至 23.1 万个；接待展览个数达 733 个。

（五）设计服务业

2014 年，全市设计服务业产业资产总额达 1053.6 亿元，年均增长达 5.0%，占北京市文化创意产业资产总额的 4.0%。同时，行业收入、从业人员均实现较明显增长。2014 年，北京设计服务业从业人员平均人数达 16.7 万人，年均增长率达 9.5%；收入合计 576.1 亿元，年均增长率达 7.3%。

（六）艺术品交易业

2014 年，全市北京市艺术品交易业资产总额达 892.8 亿元，年均增长率达 27.2%，占北京市文化创意产业资产总额的 3.4%。2014 年，北京艺术品交易业收入有所增长，达 1094.5 亿元，较 2013 年增长 3.6%。从业人员总数略有下降，达 2.7 万人，较 2013 年下降 3.6%。从北京艺术品交易产品的类别来看，古代文物艺术品交易占相当大的比重，这主要源自国人对传统文化的追捧。近年来，北京文物艺术品交易总额已占到全国总额 80% 以上。作为全国政策文化中心，北京拍卖行业发展势头迅猛，已进入世界四大艺术品拍卖交易中心城市。

（七）软件、网络及计算机服务业

2014 年，全市软件、网络及计算机服务业资产总额达到 11143.7 亿元，较 2013 年增长 24.7%，占文化创意产业资产总额的 42.1%，继续保持行业龙头地位。软件、网络及计算机服务业不仅保持了最高比重，而且也是重点就业吸纳行业。2014 年，全市软件、网络及计算机服务业从业人员平均人数增至 90.8 万人，较 2013 年增长 6.9%；行业收入合计也保持高速稳定增长，年均增长率达 20.8%，占全市文化创意产业总收入的 38.5%。软件、网络及计算机业主要集中在海淀、朝阳、石景山、东城等科技企业较为集中的市内各区。

（八）旅游、休闲娱乐业

2014 年，全市旅游、休闲娱乐业资产总额达 1678.8 亿元，比 2013 年增长 6.11%，占全市文化创意产业资产总额的 6.3%。2014 年，全市旅游、休闲娱乐业总收入和从业人员均实现稳定增长。其中，收入合计 1054.7 亿元，2006 年至 2014 年间，年均增长率达 17.0%；从业人员平均数 13 万人，年均增长率达 3.7%。

2014 年，全市旅游总人数达到 2.61 亿人次，同比增长 3.8%；旅游总收入 4280.1 亿元，同比增长 8%。统计显示，全市共接待国内旅游总人数 2.57 亿人次，同比增长4%；国内旅游总收入3997亿元，同比增长9%。其中，接待国内其他省市来京旅游者1.56亿人次，同比增长5.8%，共创造旅游收入3628.9亿元，同比增长8.9%；接待本市居民旅游人数1.01亿人次，同比增长1.2%，旅游消费368.1亿元，同比增长10.2%。在入境游方面，2014年全市共接待入境旅游者427.5万人次，同比下降5.0%。其中，接待外国人365.5万人次，同比减少5.7%；香港同胞34.2万人次，同比减少3.4%；澳门同胞2.2万人次，同比增长23.5%；台湾同胞25.6万人次，同比增长1%。入境旅游者中，亚洲游客数量最多，达到192.4万人次，其次为欧洲和美洲游客。2014年实现旅游外汇收入46.08亿美元，同比下降3.9%。

北京市已经形成空间布局合理、差异化发展、特色鲜明的旅游休闲娱乐行业格局。其中，东城、西城以传统文化旅游为主，朝阳、顺义以商务会展旅游为主，海淀、丰台、石景山、通州以现代娱乐休闲旅游为主，门头沟、房山、大兴、昌平、平谷、怀柔、密云及延庆则以生态度假旅游为主。

·天津市·

2014年，全市文化产业取得新进展、新成效，文化产业增加值为712亿，占GDP比重4.5%。

一、2014年文化产业发展总体情况

（一）文化产业政策相继出台

2014年，市委、市政府相继下发《关于打好文化大发展大繁荣攻坚战的实施意见》《关于鼓励和支持全市文化产业发展的实施意见》《天津市文化产业振兴规划》等文件，市有关职能部门出台《关于印发推动文化产业发展实施意见的通知》《天津市促进文化和科技融合发展的实施意见》《关于促进全市文化与金融融合发展的实施意见》《关于促进天津市文化贸易发展的实施意见》等，政策扶持力度不断加大。推进国有经营性文化单位转企改制和宣传经营分开改革，成功组建出版传媒集团、北方电影集团、北方演艺集团和北方文创集团等一批国有或国有控股的骨干文化企业，开展市级文化产业示范园区和基地评选命名。印发《天津市关于推进文化和旅游融合发展的实施意见》，推出促进文化旅游融合发展的10项举措。实施《天津市文化产业发展三年行动计划（2014—2016年）》，起草《天津市文化产业园区建设规划指导意见》，落实《天津市促进文化和科技融合发展的实施意见》，建成天津市文化科技融合公共服务平台，对文化和科技融合重点项目给予1000万元资金支持。市级文化产业发展专项资金增加到1亿元，40个项目获2014年专项资金支持。和平区、河西区等设立文化发展专项资金，全市文化产业发展专项资金总额达7亿元。

（二）文化体制改革实现新突破

依法行政全面推进，召开文化系统2014年依法行政工作会议，明确6类24项工作任务；健全规章制度，制定了《天津市文化广播影视局重大事项决策程序规则》《天津市文化广播影视局规范性文件管理办法》《天津市文化广播影视局政务公开工作实施办法》等文件；深化行政审批制度改革，组建行政审批处，公布全系统行政许可权力清单，行政审批事项取消和下放近30%；将20个行政许可事项纳入现场审批，现场审批率达到54%；梳理初审上报事项26项，承接国家有关部委下放事项3项，行政审批与服务更加规范。

文化单位体制机制改革有序推进。制定《天津市文化广播影视局事业单位分类改革方案》，完成事业单位机构编制实名制管理统计和核查工作。开展天津图书馆法人治理结构建设试点工作，制定《天津图书馆法人治理结构建设试点工作实施方案》《天津图书馆理事会组建方案》《天津图书馆理事会章程（草案）》等文件。深化经营性文化单位改革，出台《天津北方文创产业集团有限公司管理意见》。

（三）文化产业发展水平进一步提升

多种业态均衡发展，产业布局更趋合理。初步形成文化创意、广播影视、出版发行、演艺娱乐、文化旅游、数字内容和动漫、文化会展和广告、艺术品交易八大业态构成的文化产业体系。“核心层”传统文化产业稳步提升，新兴文化产业快速推进，形成“双轮驱动、齐头并进”的发展格局。

文化项目加快建设，集聚效应正在形成。国家动漫产业综合示范园、中国天津3D影视创意园、国家影视网络动漫实验园、国家影视网络动漫研究院等国家级文化产业项目落户天津。天津欢乐海魔方一期、天津欢乐谷、天津米立方等项目平均日接待游客超过2万人。中国（天津）滨海国际文化创意展交会升级为国家级会展项目。实施天津市文化服务、文化产业转型升级工程，推出95个重点项目，总投资达236亿元。建成国家动漫产业综合示范园动漫与影视超级渲染云计算平台、天

津国家数字出版基地计算中心实验开发平台、国家影视网络动漫实验园和研究院影视动漫公共网络支撑平台。建成天津棉3创意街区，全市文化产业园区达到35家，入驻企业3000多家。中国天津3D影视创意园项目天津方特欢乐世界投入运营，完成投资25亿元。盘山大型实景演出“天下·情山”、古文化街民俗文化博览园等建成开放。卡梅隆·佩斯中国总部建成大型高端3D影视制作基地。天津出版传媒集团上市工作取得实质性进展。3家民营文化企业在天津股权交易所挂牌。组织“春节娃娃”全球形象设计大赛，举办首届天津国际设计周、第五届中国（天津滨海）国际文化创意展交会、第三届中国互联网电视产业论坛、中国（天津）动漫品牌峰会。评选命名第三批市级文化产业示范基地15家。37个项目入选2014年中国文化产业重点项目，9家文化企业入选2013—2014年度国家文化出口重点企业。

京津冀文化领域协同发展取得新进展。市文化广播影视局分别与北京市、河北省文化和广播影视管理部门签订《京津冀三地文化领域协同发展战略框架协议》《京津冀新闻出版广播影视协同创新战略框架协议》，制定《落实京津冀文化广播影视协同发展战略框架协议工作分工方案》；和平区、河西区、津南区文化行政部门与北京市东城区、朝阳区和河北省唐山市共同签订《京津冀三地部分地区文化合作战略协议》。举行“京津冀三地文化领域协同发展项目对接洽谈会”，对三地40余个重点文化产业项目予以集中展示推介；举办“三地同唱盛世曲，携手共筑中国梦”2014年京津冀河北梆子优秀剧目巡演、“京津冀河北梆子票友大赛”“飞扬的旋律”京津沪渝四直辖市钢琴大赛等多项大型演出活动。

（四）文化市场规范化建设整体推进

文化市场规范化建设继续推进，协调推动天津创建自贸区文化市场开放工作，积极争取文化部支持，起草了天津自贸区文化市场开放项目实施细则，上报市自贸区领导小组办公室并获批。完成管理权限分配和信息采集、录入、审核等工作，共录入基础数据6405条，在线审批网络文化经营企业240次。积极推进市场主体信用信息公示系统建设运行工作，提供市场主体信息350条、测试数据1000余条，实现公示系统上线运行，为全市推进网上审批和监管奠定了基础。互联网上网服务营业场所管理更加规范。制定《互联网上网服务营业场所管理和发展工作有关事项的通知》，成立天津市互联网上网服务营业场所行业协会，积极推动互联网上网服务行业转型升级，南开区两家互联网上网服务营业场所转型升级的案例被文化部采纳。加强全市文化市场统计工作，形成文化市场统计分析报告，共统计娱乐、演出、网络文化等经营单位1622家。

（五）示范园区和基地建设成果显著

截至2014年，全市48家基地和园区共有从业人员23880人，其中大专以上学历11410人，占47.8%；资产总额达356.6亿元；营业总收入达60.65亿元，总利润近16亿元；缴纳税金2.8亿元；经营面积总额超过702万平方米。2014年度8家基地共有从业人员9170人，占全部基地园区从业人数的38.4%；资产总额14.17亿元；实现营业收入7.08亿元，占全部基地园区营业收入总额的11.67%；实现利润1.8亿元，占全部基地园区利润的11.25%。

示范基地和园区创新融合能力有所提高。2014年全市文化产业示范园区和基地共获得著作权、发明专利总数达376项，同比增加10%；获得国家级奖项20项，同比增加33%。兆讯传媒广告股份有限公司拥有软件著作权8项，商标36项。神界漫画有限公司借力科技创新和新媒体，加快动漫与科技、动漫与金融、动漫与媒体的融合发展，形成以动漫生产为核心，集品牌授权、动漫会展、周边产品开发、动漫国际交流合作于一体的动漫全产业化发展的企业，拥有自主知识产权5项。

示范园区和基地聚集效应日益凸显。2014年入驻企业达到1923家，同比增长35.9%。2014年总经营面积达到702.2万平方米，总面积增加3倍。示范园区和基地社会责任感明显增强，2014年文化产业示范基地和园区共向社会捐款176.4万元。

（六）对外文化交流持续深入

2014年，全市共办理引进和派出项目99项、2512人次，审批大型涉外活动15项，接待文化考察交流团组9个。完成庆祝我国与特立尼达和多巴哥、委内瑞拉两国建交40周年演出任务，认真开展“欢乐春节”文化交流活动，共派出5个艺术团和艺术小分队赴美国、南非、赞比亚、泰国等国家和台湾地区进行访问演出，共演出20场，观众近万人次，包括杂技、舞蹈、武术、民乐等具有中国特色的文艺表演和泥人张彩塑、剪纸、杨柳青年画等民间手工艺品。天津京剧院赴法国参加“天津文化年”开幕式演出，天津市青年京剧团在法国7个城市进行巡演。华夏未来少儿艺术团开展“中国梦·世界梦”全球巡演。

文化交流渠道进一步拓宽。落实中非合作计划，不断扩大和深化对非文化交流，成功举办首期“动漫及广播电视制作非洲学员培训班”，并与南非、尼日利亚签署服务外包、技术人员培训与技术咨询合作意向书；举办第二期“非洲武术学员培训班”，天津霍元甲文武学校被文化部授予“对非文化培训基地”；天津博物馆、天津图书馆分别与埃塞俄比亚和肯尼亚国家博物馆、图书馆签署合作谅解备忘录。

（七）公共文化服务体系建设扎实推进

2014 年，天津文化中心示范引领作用更加突出。各文化场馆全年共举办展览 70 个、文献外借近 270 万册，整合各场馆公益文化普及活动，全年举办 890 场，比原计划 600 场超出 48%，受益市民达 60 万人次。积极构建市馆（中心馆）、区县图书馆（分馆）共同参与的城市公共图书馆服务体系，实现“统一系统平台、统一编目加工、统一业务规范、统一流通规则、统一物流配送”。截至 2014 年 12 月底，市内六区成员馆的通借通还图书流通总量超过 34 万册次，单馆月平均流通量由 3800 册次上升至 6200 册次，增幅达 63%。

文化惠民工程步伐加快。农村数字公益电影放映 4 万余场。河西区创建公共文化服务示范区、宝坻区创建“挖掘传统文化促进公共文化发展”示范项目，通过文化部中期督导检查。

开展“文化志愿服务推进年”活动，全市文化志愿服务总队全年下基层演出 150 余场，观众人数达 75000 人次；开展“春雨工程”文化志愿者边疆行活动，赴新疆、西藏、青海等地举办文化交流活动 20 余场次，捐赠文化器材总价值 100 多万元。全市 8 个项目被文化部评为 2014 年“文化志愿服务推进年”示范项目，市文化广播影视局被评为 2014 年“全国文化志愿服务工作优秀单位”。全年培训基层文艺团队 176 支、2260 人次，“千人百团”社区艺术团文艺骨干培训工作圆满完成。

公共文化设施网络更加完善。市群众艺术馆新馆正式启用，建筑面积 8700 平方米，拥有 3 座剧场、9 个排练演出厅以及琴房、录音棚等多个现代化公共文化设施。少年儿童图书馆完成搬迁并对外开放，建筑面积比老馆增加 1 倍，可借阅图书增加 3 倍。完成中国大戏院、鼓楼基础设施改造，红旗剧院改扩建主体土建施工完成。完成了 46 个区县级公共电子阅览室建设任务，超额完成 13 个街道公共电子阅览室建设。全市 94 个街镇文化站被文化部命名为一、二、三级文化站。东丽区文化中心投入使用，武清区博物馆、图书馆开馆，和平区、红桥区等区县改造新建一批基础设施。

群众文化活动丰富多彩。第十二届“和平杯”中国京剧票友邀请赛吸引 3000 余名中外票友踊跃参加。第四届“天穆杯”全国小品展演。第二十三届“东丽杯”全国梁斌小说奖文学评奖，共收到参赛作品近 1000 余篇（部）。成功举办首届“银锄杯”全国漫画大赛、“美丽乡村”天津市第八届农民艺术节、第四届外来务工人员艺术节、“天津好童声”首届少儿歌手大赛、“书香津城”全民读书活动暨天津市第二届读书节等文化活动。深入开展“大地情深”——群星奖获奖作品巡演天津行活动。华夏未来少儿艺术中心举办天津市特殊儿童艺术节。滨海新区采用“群众点题”方式举办社区文化活动，和平区组织“津湾之夜”系列广场演出，西青区开展“文艺大舞台”系列演出，宝坻区吸引社会力量举办“百姓大舞台”，进一步活跃了基层文化。北辰区率先实行农村和社区文化管理员财政补贴制度。

二、2014 年文化产业各行业发展基本情况

（一）广播影视业

宣传引导能力进一步提升。精心组织全国和天津“两会”、国庆 65 周年等重大活动宣传报道。实行广播电视节目编排备案管理制度，开展广播电视节目内容专项检查，组织“全国两会专项监播”等 9 个专项监播活动，累计监播广播电视节目 6000 余小时，广告节目 2000 余小时，网络视听节目 700 余个，全市各级广播电视机构播出秩序进一步规范。全市 3 个单位 5 个项目荣获 2013 年度少儿精品发展专项资金及国产动画发展专项资金奖励。组织全市广播电视播出机构开展了弘扬社会主义核心价值观和“中国梦”公益广告制作播出行动，天津广播电视台全年制播公益广告 141 条。

安全播出与科技创新进一步加强。积极开展安全播出检查，完成春节、“两会”、南京青奥会等重要保障期的安全播出任务，实现了重要节目和重点时段零停播、零插播的目标。全市广播电视播出机构总计播出 2359614 小时，停播率为 0.3 秒 / 百小时。文化科技应用与研究水平进一步提升，《基于深度摄像机的 3D 游戏与动漫生成技术研究与应用》项目成果获得中国文化艺术政府奖最佳动漫技术奖，《数字图书馆知识发现系统研究》《公共文化大数据平台的关键技术研究》分别获得“文化部科技创新项目”“国家文化科技提升计划项目”资金支持。

传媒机构管理进一步深入。审批设立广播电视节目制作经营机构 26 家、卫星电视节目地面接收设施 10 家。对全市 185 家广播电视节目制作经营机构和 4 家电视剧制作机构进行了年度业绩审核，依法对 14 家机构评定为不合格。加强广告播放管理，督促整改违规广告 37 条。开展境外卫星传播秩序、非法电台、移动数字电视业务

专项整治活动。组织开展了“弘扬社会主义核心价值观，共筑中国梦”原创网络视听节目征集推选活动，面向全市征集网络剧、微电影、专业视听节目（栏目）等原创网络视听节目。成功举办第三届互联网电视产业论坛，来自全国互联网电视行业的258家企业、520余名嘉宾参加论坛，推出主题演讲、高峰对话研讨等40余场。

电影产业持续快速发展，全市新增影院5家、银幕26块，电影票房收入达4.7亿元，放映场次达66万场，观影人次达1437万，较去年分别增长46%、26%和51%，创历史新纪录，其中，票房收入增幅超过全国平均水平10个百分点。北方电影集团推出天津电影一卡通，已有27家影城开通使用。

（二）演艺业

成功举办第七届中国京剧艺术节。来自全国22个省区市、中直及台湾地区的33个京剧院团、3000余位艺术家和演职人员参加演出，11个国家重点京剧院团和部分省级重点京剧院团亮相，民营京剧院团登场，26台参演剧目、5台祝贺演出剧目在全市10个剧场演出57场。创新机制，以评代奖，邀请国内知名专家学者与主创人员进行面对面“一剧一评”和“专题研讨会”。京剧节全面实行“低票价”惠民措施，40元票价占60%以上，举办“百场京剧进社区”“京剧名家讲座”等丰富多彩的京剧艺术普及活动。首次申报国家艺术基金成绩斐然。共申报国家艺术基金项目110项，入选16项，位居全国第六，资助金额2056万元，位列全国第二。

艺术创作繁荣活跃。创作排演京剧《康熙大帝》《钦差林则徐》《墙头马上》、民族歌剧《中华儿女》、芭蕾舞剧《睡美人》、话剧《红旗谱》、评剧《追梦》等一批新作品。加工提高京剧《洛阳宫》、评剧《剑魂》、杂技剧《爱丽丝漫游奇境》等一批剧目。评剧《赵锦棠》等作品荣获第十三届精神文明建设“五个一工程”奖。歌剧《中华儿女》荣获第二届中国歌剧节剧目奖、表演奖、作曲奖等3个奖项。鼓励优秀影视作品创作，全年审查电视剧7部（266集）、电视动画片4部（118集、1416分钟）、电影8部。“夏衍杯”电影剧本大奖赛落户天津，天津广播电视台制作的电视剧《幸福来敲门》被评为全国优秀电视创新创优栏目，《泊客中国》等被评为优秀国产纪录片，反映天津历史文化的电视纪录片《五大道》在中央电视台首播。

各类演出活动精彩纷呈。举办“名家经典演出季”活动，推出剧目80余台、130余场。“盛世辉煌——为祖国喝彩”2014年国庆优秀剧节目展演，演出50余场。天津京剧院积极赴北京、河北等地演出，天津市青年京剧团12场剧目在“空中剧院”亮相，天津歌舞剧院原创舞剧《泥人的事》参加国家大剧院2014年夏季演出季及第六届戏剧奥林匹克展演，天津交响乐团参加2014年韩国釜山国际音乐节。天津大剧院举办“曹禺国际戏剧节”“国际歌剧舞剧节”等系列演出，全年演出350余场，观众35万人次。组织40多个优秀民营院团在群星剧院集中展演，搭建“百姓大舞台”。圆满完成天津市春节军民联欢晚会、国庆65周年文艺晚会、天津夏季达沃斯论坛文化之夜等文艺演出任务。

艺术研究和评论工作明显加强。市艺术研究所出版文艺理论专著2部、论文集1部，7项课题获得国家艺术科学项目立项，论文《中国相声在当代社会环境下的发展取向》荣获我国文艺评论最高奖——第九届中国文联文艺评论奖一等奖，《京剧舞台大制作现象思考》荣获中国戏剧理论评论最高奖——第五届中国戏剧奖·理论评论奖。

（三）动漫业

截至2014年，全市经过国家认定的动漫企业19家，其中重点动漫企业3家。这19家企业共有从业人员753人、资产总额13.81亿元、营业总收入1017.76万元，其中自主开发动漫产品收入384.47万元、共有经营面积12800平方米、年生产原创漫画107部、原创动画作品46部、自主知识产权动漫软件28套、网络动漫（含手机动漫）下载次数达到7400多万次。动漫产品创作和生产水平快速提升。2014年，全市4部动漫作品获得本届动漫节“金猴奖”，4个项目获中国文化艺术政府奖动漫奖。天津市重视产品的研发，用于研发的经费达2452.6万元。天津动漫产业“走出去”步伐进一步加大。4月，组织全市近30家园区、基地和重点动漫企业赴杭州参加第十届中国国际动漫节。

（四）广告业

2014年，全市广告经营单位比上年增加6914户，广告经营单位总数达22959户，同比增长43.1%，其中专营广告经营单位增加699户，总数达5220户，同比增长15.5%；兼营广告经营单位增加6215户，总数达17515户，同比增长55%；媒体广告经营单位总数224户。全市广告从业人员120174人，同比增长49.3%；全年共实现广告经营额217.4亿元，同比增长22.1%。

媒体广告经营情况良好。2014年，224家媒体广告经营单位共实现广告经营额56.65亿元，占全市广告经营额的25.1%，同比增长2.9%，其中天津电视台20.5亿元，同比增长7.9%；天津人民广播电台6.1亿元，同比增长5.2%；天津日报传媒集团12.15亿元，同比增长7%；今晚传媒集团14亿元，同比增长7.7%；其他媒体(期刊、杂志)3.9亿元，同比增长11.4%。创建“天津市大学生广告创业实习基地”。对天津滨海广告产业园、生态城动漫产业园等23家创业实习基地授牌。深入开展虚假违法广告专项整治工作。2014年，向各主要新闻单位下发违法广告停止发布通知17件，共查办虚假违法广告案件351件，罚没款654.8万元，违法广告案件罚没款比去年同期上升106%。

（五）文化会展业

成功举办第五届中国天津（滨海）国际文化创意展交会。展会以“汇聚创意，助推品牌，促进产业融合”为主题，全力打造全产业链展交会新模式，建成区域合作和产业融合发展平台。展会共设9大展厅，展览面积达2.5万平方米，特装展位55个，标准展位256个，包括ART滨海展示区、文化与科技园展示区、优秀动漫企业展示区、创意文化主题展示区、创意设计主题展示区、漫神漫画节主题活动区等6大展区。组织签订《京津冀三地文化领域协同发展战略框架协议》。对接北京市、河北省文化主管部门，起草《京津冀三地文化领域协同发展战略框架协议》并征求意见，于展会期间举办签字仪式。《协议》坚持优势互补、共建共享、统一开放的原则，推动京津冀三地文化发展实现同城化谋划、联动式合作、协同化发展。《协议》提出加强文化产业协作发展，加强三地文化产业的交流与合作，对接产业规划，协同研究文化企业在政策指导、市场要素、信息服务方面的需求，重点加强动漫游戏、艺术品产业、广告会展等领域的深度对接和项目合作，以及鼓励各自文化企业到对方地投资兴业。同时，展会精选京津冀40余个重点文化产业项目，开辟专区进行集中发布、展示与推介。举办中国（天津）动漫品牌峰会，全国动漫知名企业家、动漫院校专家、自由动漫从业者等200余人参会。

·河北省·

2014年，全省文化产业实现增加值1120亿，同比增长20%，占GDP比重3.8%。全省新增文化产业项目（含改扩建）近500个，其中投资超亿元项目100余个，新增文化类市场主体9000多户。

一、2014年文化产业发展总体情况

（一）政策扶持力度加大

2014年，全省加大政策扶持力度，文化体制改革攻坚克难取得新突破。以省两办文件印发《河北省深化文化体制改革实施方案》和《重要改革举措及工作项目分工》，研究制定《关于推进文化创意和设计服务与相关产业发展的实施意见》等系列文件，形成助推文化改革发展的政策支撑。同时，河北省在文化与金融融合方面出台多项扶持政策，包括《河北省人民政府关于加快金融改革发展的实施意见》《河北省文艺精品扶持奖励专项资金使用管理办法（试行）》《河北省文化人才专项资金管理暂行办法》《河北省省级文化产业发展引导资金使用管理办法》等。

（二）文化协同发展步伐加快

2014年，京津冀三省市签署一批合作协议，在文化产业相关领域达成协同发展共识。2014年8月，第十二届北京国际图书节开幕式上，北京市、天津市及河北省新闻出版、广电部门负责人签署《京津冀新闻出版广播影视协同创新战略框架协议》，推动三地文化融合发展，并联合举办京津冀新闻出版业成果及优秀出版物展示及一系列体现地域特色、传承经典文化的活动。2014年9月，在天津滨海新区开幕的第五届中国（天津滨海）国际文化创意展交会上，京津冀三地文化部门签署《京津冀三地文化领域协同发展战略框架协议》。与此同时，由文化部文化产业司、北京市文化局、天津市文化广播影视局、河北省文化厅等单位共同举办京津冀三地文化领域协同发展项目对接洽谈会。京津冀协同发展成为国家重大发展战略，给河北省文化产业加快发展提供了新平台。

（三）“文化+”产业融合快速发展

2014年，全省积极推进文化产业与其他产业融合发展，文化与旅游、工信、农业等部门合作，加快文化融合发展。积极引导文化元素注入现代农业和传统工业转型发展中，催生出廊坊九天创意农业园、迁安乐丫农业文化体验园、唐山启新文化创意园等一批文化与农业、工业融合项目，取得了良好的社会和经济效益。在文化创意的催化下，沙河艺术玻璃等一些原本需要淘汰的落后产能，实现了二次创业。其中，廊坊市将加大现代科技与文化经典结合，培育微软游戏创新中心这样的体验式、游戏式文化产业项目作为本市文化创意产业的发展重点之一，依托京津丰富的产业资源和巨大的潜在消费市场，坚持基地引领打造品牌，壮大龙头实现园区聚集，全市规模以上文化产业项目达到167个，建成国家、省、

市三级文化产业示范基地27家。2014年，廊坊市文化产业增加值达到76.5亿元，增速高达43.8%。

（四）文化产业集聚发展水平提升

截止到2014年，全省共有国家级文化产业试验园区1家、文化产业示范基地12家，省级文化产业示范园区30家、文化产业示范基地121家。全省新闻出版广电产业集约化、多元化发展格局正在形成，河北影视集团等完成整合的大型市场主体进入实质运营。河北出版传媒集团提前两年实现总资产和销售收入超“双百亿”，成功入选第六届中国“文化企业30强”，实现河北省零突破。全省16家文化企业成功入选省委省政府“三个一百”领军企业工程，占省确定的75家现代服务领军企业总数的21%。截止到2014年8月，全省投资超亿元的文化产业项目达到258个，其中在建项目达150多个，17个文化及相关产业项目入选省管重点项目“双百”工程。承德市被评为国家级文化科技融合示范基地，实现河北省入选国家级示范基地的零突破。

（五）文化精品生产成果喜人

2014年，全省深入实施舞台艺术精品工程，推出一批思想性、艺术性、观赏性俱佳，社会效益与经济效益相统一的文艺精品力作。创作推出电影《周恩来的四个昼夜》《唐山大地震》、电视剧《太行山上》《打狗棍》、综艺节目《中华好诗词》等一批优秀影视文化产品，创造了国内影视界的“河北现象”。中国吴桥国际杂技艺术节、西柏坡文化、京畿文化、长城文化等品牌效应不断扩大。

（六）公共文化服务体系建设成效明显

2014年，全省加强村（社区）文化活动室（中心、文化广场）建设。积极研究制定公共文化服务相关标准，细化乡镇综合文化站和村文化室、文化广场分类指导标准，提高公共文化设施规范化水平。公共文化服务向标准化均等化迈进。推动重点公共文化设施项目建设，公共文化服务示范区、示范县和示范项目创建工作取得新进展。扎实推进文化惠民工程，推动文化惠民服务项目与群众文化需求有效对接。举办河北省第二届惠民阅读周暨2014金秋惠民书市，让利读者600多万元，组织开展河北省优秀剧目展演、中国梦影视歌曲大家唱等群众文化活动。组织省心连心艺术团、省歌舞剧团、省话剧院儿童剧团、省中国戏剧“梅花奖”艺术团赴各地特别是偏远农村巡回演出，让百姓在家门口享受到文化大餐。深入实施文化遗产保护工程，保护传承和培养涵盖文化生态。正定古城、泥河湾遗址等保护工作加快推进。

二、2014年文化产业各行业发展基本情况

（一）广播电视业

2014年，随着全省11个设区市IPTV业务陆续开通，特别是借力巴西世界杯大力开展营销推广，全省IPTV用户呈现快速发展之势，提前完成省局下达的全年发展20万户的任务指标。IPTV业务上线以来，无线传媒公司与河北联通紧密合作，针对业务发展做了大量工作。特别是进入2014年以来，省联通公司把IPTV纳入了年度KPI考核指标体系，把IPTV业务与3G、光纤宽带等主营业务进行了套餐捆绑，市场宣传推广力度明显加大，营销效果逐步显现，用户量以日均1000户以上的速度递增。

6月11日，河北电台在北京成功举办京津冀协同发展暨广播营销峰会。本届峰会由河北电台发起，联合央视市场研究股份有限公司(CTR)共同主办，主题是抓住新机遇、携手赢市场，目的是在京津冀协同发展上升为国家战略的背景下，共同商讨京津冀三地广播媒体发挥好服务协同发展战略的作用以及立足各自比较优势，在推动国家战略实施过程中实现广播媒体协同发展的路径。来自北京、天津电台以及环京津地区广播电视台和知名企业、大学的100多名嘉宾出席峰会。

（二）新闻出版业

2014年，为了充分展示河北省期刊出版成就，宣传河北期刊品牌，全省多次组织图书期刊外地参展活动。第二届中国（武汉）期刊交易博览会期间，全省近百家出版单位携140种优秀报刊亮相，由于参展报刊种类丰富、展区设计新颖，被组委会授予优秀组织奖和创意设计优秀奖，省水利科学研究院主办的《南水北调与水利科技》获“百家最美期刊”称号。第24届全国图书交易博览会期间，全省第一次统一组织民营书业和国有出版社同时参展，参展出版物1680种，其中新书572种，重点图书513种，畅销书587种。书博会期间，订出出版物192种，交易码洋6975.81万。

10月1日至5日，由省委宣传部、省新闻出版广电局、省教育厅、共青团河北省委、石家庄市委、河北出版传媒集团、河北省全民阅读活动组委会办公室共同主办的河北省第二届惠民阅读周暨2014金秋惠民书市成功举办。本次活动以“善行河北书香燕赵”为主题，作为全省庆祝新中国成立65周年重大纪念活动之一，本届惠民书市加大了文化惠民力度和规模。除在石家庄解放广场设主会场外，还在全省设立157个分会场。据不完全统计，本届惠民书市共接待读者超过77万人次，销售各类出版物102万册、1486万元，实际让利

近600万元。其中，石家庄主会场销售各类出版物70万册、1182万元，接待读者24万人次；各地分会场销售32万册、304万元，接待读者53万人次。

2014年1月至6月，全省共登记版权保护作品151件，涉及文字、美术、音乐、影视等众多门类，较上年同期增长40%。特别是版权保护作品的质量有了较大提高、范围逐步扩大，在传统影视制作、图书出版等领域的基础上，《草原影视旅游基地策划案》《清廉魏征》文学剧本、《清廉写就一个天》音乐作品、“王叔叔讲故事”品牌标识、《烟壶元素艺术丝巾系列》美术作品、大型古典乐舞音乐歌剧《千古词帝李煜的夜宴》《佛像》艺术系列作品、《咔哒盒子》网游作品、《保定实景三维数据》地图等均进行了版权保护登记。省版权保护中心与河北电视台品牌节目《中华好诗词》签订《版权顾问协议》，就节目中涉及的音乐、文字、图像等提供版权代理，对节目产生的版权交易提供咨询，为节目侵权事件进行维权调解。

（三）文化会展业

2014年5月，在第十届深圳文博会上，河北省重点文化产业项目发布推介暨签约仪式举行。河北数字印刷产业园、中国汉城国际文化产业园等44个项目签约，签约总金额达671.9亿元。河北省代表团除集中签约44个运作成熟的重点项目外，还优选了一批要素齐全、条件完备的重点文化产业项目向国内外客商推介招商，共计7大类177个，涵盖新闻出版印刷、影视剧制作及服务、文化演出及文化综合体、文化信息传输、文化创意及服务、文化旅游、特色文化产品生产销售等类别。这些项目具有文化含量高，市场前景好，成长性、带动性强的特色，吸引了参展客商的广泛关注。

2014年6月14日至16日，由河北省文化厅和廊坊市人民政府主办，河北省非物质文化遗产保护中心、河北省群众艺术馆、廊坊市文化广电新闻出版局、廊坊国际展览集团有限公司承办的第七届河北省民俗文化节在廊坊国际会展中心举行。以“民俗味道”为中心，围绕“传承·保护·培育·涵养文化生态，促进社会主义文化大发展大繁荣”这一主题，突出“演绎民俗风情，荟萃民俗美食，博览民俗百工，涵养文化生态”的活动特色，设有5场传统艺术展演，内容涵盖传统体育、传统舞蹈、传统戏剧、曲艺、民俗类国家级和省级非物质文化遗产项目。舞狮、高跷、评剧、河北梆子、陶埙演奏、传统杂技和武术等精彩节目将轮番上阵。此外，来自河北各地方的120项传统手工艺项目和30项列入各级非遗名录传统技艺的餐饮类非遗项目给参与者们带来视觉和味觉的双重体验。

2014年9月26日至28日，由省委宣传部协调督导，省文化厅承办，河北演艺集团有限公司、河北省艺术传媒有限公司具体运营的第三届河北省特色文化产品博览交易会在石家庄市新华区英华特色文化城举办。作为省最具规模和影响力的文化产业盛会之一，本届特博会将创意、特色、精品作为主要特色定位，设立综合展区、企业展区和精品展区，省内外200多家文化企业和国家级、省级非物质文化遗产传承人参加展会。

2014年12月，在由文化部、国家新闻出版广电总局和北京市政府联合主办的第九届中国北京国际文化创意产业博览会上，河北省以“区域协同 希望河北”为主题，以京津冀协同发展为背景，以厚重文化资源为底色，以特色文化产业为重点，采用灯箱、展板、实物、视频、演示等多种形式，通过内容与形式的完美结合，展示博大厚重、绚丽多彩、创意迸发的河北特色文化产业，实现了河北经济社会与文化在河北展区聚合荟萃、科技与人文在河北展区交相辉映、历史与现实在河北展区汇集交融，向国内外展示了河北文化的魅力和软实力。

·山西省·

2014年，全省大力发展文化产业，通过文化与旅游、城市发展、民生建设、遗产保护等多个领域的深度融合，催生了一批新兴文化项目，文化产业成为山西经济增长的新支撑和重要力量。

一、2014年文化产业发展总体情况

（一）政策助推效应释放，文化产业发展进入加速期

2014年，《山西省支持文化产业加快发展的若干措施》正式出台。作为全省第一个支持文化产业发展的综合性政策文件，《若干措施》的出台，一是积极应对经济下行压力，促进“止缓、回稳、促增”；二是通过发展壮大文化产业，为全省经济结构优化升级增添新动力；三是对国务院及有关部委出台的推进文化产业发展政策的贯彻落实；四是填补全省文化产业综合性政策的缺失。《若干措施》共13条48项内容，涵盖市场准入、财政税收、金融保险、对外贸易、土地利用、人才培养等涉及文化产业发展的重点领域和关键环节，多项内容

是结合山西省情提出的创新性条款。包括放宽文化企业工商登记条件、鼓励非公有资本进入政策允许的文化产业领域、鼓励资源型和投资型企业投资发展文化产业、加大财政资金扶持力度、加快发展对外文化贸易、落实相关土地政策、完善文化产业人才培养机制等 13 项措施。

与此同时，2014 年全省先后制定出台支持文化产业发展、推动文化创意产业与设计服务融合发展、推进文化金融合作、支持转制院团发展、购买公共演出服务和鼓励民营资本投资文化旅游业等一系列针对性强的文化经济政策，省财政、税务、金融、土地、贸易、社保等有关部门也出台诸多优惠政策。省政府还印发了《山西省推进文化创意和设计服务与相关产业融合发展行动计划》，对提升工业设计产业创新能力、提升旅游发展文化内涵、挖掘特色农业发展潜力、拓展体育产业发展空间、提升文化产业整体实力等作出部署。

（二）构建投融资新机制，文化金融合作进一步深化

2014 年，山西省政府确定设立文化产业和旅游文化体育产业两支基金，省政府出资 2 亿元，吸纳社会资本 8 亿元，两支基金共 10 亿元。同时，省文化厅会同人民银行太原市中心支行、省财政厅联合印发《关于深入推进文化金融合作的实施意见》，明确实施“文化金融扶持计划”、完善文化金融服务评估机在内的十四条措施，深入推进山西文化与金融合作，顺利实现文化产业发展目标。此外，山西省还设立文化发展基金、文化产业发展投资基金等多个基金。根据初步安排，战略新兴产业基金总规模 100 亿元，分两年到位，其中政府资金 20 亿元；文化产业和旅游文化体育产业基金每只规模 10 亿元，首期 5 亿元，其中政府资金 1 亿元。

（三）助推产业融合，鼓励战略性新兴产业发展

2014 年，《山西省推进文化创意和设计服务与相关产业融合发展行动计划》指出山西推进文化创意和设计服务与相关产业融合发展的七项重点任务，包括提升工业设计产业创新能力，推进工业设计公共服务平台建设；加快数字内容产业发展；提升人居环境质量；提升旅游发展文化内涵；挖掘特色农业发展潜力；拓展体育产业发展空间；提升文化产业整体实力。《促进文化与旅游融合发展合作意向书》具体包括促进文化旅游资源整合和科学规划布局、实施品牌引领战略、打造高品质旅游演艺产品等 13 项内容。

（四）文化贸易规模扩大，文化“走出去”步伐加快

2014 年，《山西省人民政府办公厅关于支持外贸稳定增长的实施意见》提出支持服务贸易发展，加快服务业“走出去”步伐，支持文化、中餐、中医药等特色服务领域的出口，加大出口信用保险支持，加大对加工贸易出口、文化出口重点企业和项目投保出口信用保险的支持力度等政策。

2014 年 4 月，山西省文化厅与山西省投资集团签署战略合作协议，进一步促进山西文化的对外交流与合作。双方约定共同开发山西省文化保税区，利用文化保税区的科技集聚优势、创新研发优势和产业集聚优势，深度挖掘山西文化产品的国际市场价值，培育山西对外文化贸易市场。

山西省文化保税区位于太原武宿综合保税区内，是全国为数不多的文化保税区，也是中西部地区第一个文化保税专区。园区总占地面积 127 亩，总建筑面积约 16 万平方米，总投资额约 6 亿元，由山西省投资集团所属山西省对外文化有限公司投资运营。园区的主要功能是为发展对外文化贸易提供总部基地和产业协同服务平台，由文化产品加工制造、文化商品保税仓储、国际文化贸易服务及研发、国际文化商品展示交流四大板块组成，涵盖艺术品加工、文化产品仓储、产品分销、艺术品展示、创意研发、国际文化贸易服务、国际新媒体开发、国际文化电子商务等项目。企业入驻保税区后，将享受国家关于综合保税区的税收优惠、海关监管、检验检疫、外汇管理、对外贸易、金融支持等一系列优惠政策。

二、2014 年文化产业各行业发展基本情况

（一）新闻出版业

2014 年，全省出版报纸 60 种（不含高校校报）20.5 亿份，各类杂志 198 种、3215.8 万册，各类图书 5306 种、11908.5 万册。自 2014 年 5 月，山西省新闻出版广电局在新闻出版行业开展传统出版单位数字出版转型示范工作。此次活动确定了山西省首批数字出版转型示范单位名单。包括山西春秋电子音像出版社、山西教育出版社、希望出版社、《英语周报》社有限公司、《学习报》社有限责任公司、《农产品加工》杂志社、山西医学期刊社、科学之友杂志社、《编辑之友》杂志社有限责任公司。

（二）广播影视业

2014 年，全省共有广播电视台 114 座、电视台

2 座、中短波转播发射台 15 座、调频转播发射台 119 座、一百瓦以上电视转播发射台 145 座。广播人口覆盖率 98.04%，电视人口覆盖率 98.95%，有线电视用户 514.8 万户。山西影视集团拍摄的电影《黄河喜事》获第 14 届韩国光州国际电影节“最受观众喜欢影片奖”；电视剧《幸福生活万年长》获中宣部第十三届精神文明建设“五个一工程”优秀作品奖。

2014 年，全省城市影院票房收入达 3.91 亿元，同比增长 36.1%，放映场次 70 万场，观影总人数 1103 万人，“全省好电影公益展映季”活动在 90 家影院展开。2014 年，全省新增城市影院 15 家，银幕 66 块，全省共有城市数字影院 96 家，银幕 448 块，实现了地级以上城市数字影院全覆盖。

2014 年，山西省新闻出版广电局和省财政厅联合印发《关于支持县级城市数字影院建设的通知》。按照《通知》，山西将使用省级电影事业发展专项资金，采取“先补后建”和“先建后补”两种方式，对不同情况的县级城市数字影院建设给予不同数额的资金补贴。其中，对国家级贫困县、集中连片特殊困难地区以及目前还没有数字影院的县级城市，确认可于 2015 年完成首家数字影院建设的，按照每个影院 80 万元的标准给予资金补贴。对不在上述范围、还没有数字影院的县级城市，确认可于年内完成首家数字影院建设的，按照每个影院 50 万元的标准给予资金补贴。《通知》鼓励利用县城已有的礼堂、剧院及其他室内固定场所进行影院改造，符合条件的，分两年按照每个放映厅 40 万元的标准给予补贴，每个县级城市最多补贴 3 个放映厅。

2014 年，山西省财政下达农村电影公益放映场次补贴及农村有寄宿制学生的中小学校放映场次补贴专项资金 4933.2 万元，将农村寄宿制学校纳入农村电影公益放映补贴范围。专项资金包含本年农村寄宿制学校放映电影所需资金，丰富农村居民及农村中小学生的精神和课余文化生活。2014 年，山西省继续贯彻“企业经营、市场运作、政府购买、农民受惠”的思路，推进全省农村电影公益服务进一步规范化、制度化、长效化，实现全面落实“一村一月放映一场数字电影”。

2014 年山西农村公益电影放映工程全年累计完成放映场次 33.99 万场，群众观影 3191 万人次。同时，丰富全省农村有寄宿学生的中小学校的精神文化生活，充分发挥优秀影片育人作用，放映爱国主义影片 9780 场。2014 年 3 月 8 日，山西省微电影产业协会成立大会暨第一次会员代表大会在太原召开。该协会由微电影网组织发起，是全国首家省级微电影产业协会。

（三）文化会展业

2014 年，首届山西文化产业博览会凭借影响力成为全国十大文博会之一。法国、俄罗斯等 14 个国家、全国 25 个省市的文化企业踊跃赴展。2014 年 5 月山西省第十次组团参加深圳文博会，意向融资额达 757.14 亿元，文化与科技、文化与创意，深度融合，创新发展，势高，发展前景好。

2014 平遥国际摄影大展实现新的创新和超越，举办 5 大板块 19 个单元活动。图片展览分国内展览、国际展览，包括学术展、汇报展、院校展、微电影展、手机摄影展等。主体活动主要是举办开展仪式和颁奖盛典两大活动。艺术活动举办幻影之夜、“九月公开课”、专家见面会、现场讲解、亚太摄影联盟等活动。颁奖活动由大展评审委员会评选中国优秀摄影师奖、优秀摄影画册奖等奖项。文化经贸活动将举办平遥古城招商洽谈会、追梦·平遥微电影大赛、大美平遥摄影采风比赛等。

本届大展由“政府主导、市场补充”向“政府指导、市场运作”转变，尤其是在平遥柴油机厂打造摄影精品馆，将历年优秀摄影作品集中展出。同时，探索建立图片交易市场，发展会展产业，搭建图片交易、产业发展的平台。中国摄影家协会和晋中市、平遥县共同发起设立中国摄影艺术发展专项基金，这是全国第一个国家级摄影专项基金。本届大展在展览策划方面更加注重策展，参展国家和地区达 32 个，共有国内外展览 400 多个，参展摄影师 2000 多名，参展作品 10000 多幅；与大展的宣传主题“众”相互呼应，体现文化“惠及民众”“贴近大众”，呈现艺术“超群出众”。本届大展艺委会吸收平遥本土文化摄影家积极参与，推出“大美平遥”摄影采风比赛，让摄影师的视角更多地聚焦平遥、展示平遥、宣传平遥。

（四）动漫游戏业

截至 2014 年年底，全省有 5 个动漫企业进入全国百家动漫企业行列；4 部原创动画片在中央电视台首播，40 余部原创动画片在省、市级电视台播出，27 部原创作品获国际、国内大奖，3 款大型网络游戏上线运营。2014 年，全省动漫行业实现产值近 20 亿元，全国排名第 13 位。位于太原高新区的山西省动漫游戏产业发展基地已拥有电子数码港、创意产业街、“动漫谷”等多个文化创意产业孵化器，总建筑面积达 14 万平方米，聚集各类创意企业 130 余家，其中动漫游戏企业近 40 家。已完成动漫作品 200 余部，计 5 万多分钟。2014 年 12 月，中国文化艺术政府奖第二届动漫奖揭晓，山西传媒学院再次入围全国最佳动漫教育机构奖，这是继2012年该院入围首届动漫奖最佳教育机构奖后再获此荣誉。

（五）互联网与新媒体业

2014年，全省互联网省际出口带宽达到3320G，各基础运营商年均增长率均在60%以上。全省移动通信基站总数达10.5万个，普及水平在全国排名第8位。全省固定互联网宽带用户规模达571.1万户，其中光纤到户（FTTH）用户达220.4万户，增幅全国排名第10位。全省移动电话用户规模达3332.3万户，其中3G用户数达1139.6万户，4G用户数达179.8万户；全省移动互联网用户达1917.1万户；全省网民规模达1838万人；全省备案的互联网网站总数为43838个，其中接入地在山西省的网站为4437个。

（六）文化旅游业

2014年全省商业住宿设施接待入境过夜游客56.5万人次，接待国内旅游者3.0亿人次，分别增长4.9%和21.7%；旅游外汇收入2.8亿美元，国内旅游收入2829.3亿元，旅游总收入2846.5亿元，分别增长5.1%、25.5%和23.5%。

2014年，大型情景体验剧《又见平遥》累计演出1800余场，观演人数突破100万人次，门票收入近1.3亿元，带动旅游综合收入约10亿元。国内游客最感兴趣的山西旅游资源是文物古迹、山水风光和民俗风情，按百分比算分别占比为26.9%、25.1%和18.6%；此外，山西的饮食文化也备受旅游者青睐，感兴趣游客的比例12.1%；乡村旅游（4.1%）、购物旅游（5.1%）、节庆活动（4.3%）依旧是全省旅游的弱项，还有一定的提升空间。

2014年，山西省旅游局充分打"组合拳"，采取走出去、请进来的方式，全方位宣传推广"晋善·晋美"旅游形象。5月8日，"2014美丽中国行—晋善·晋美"大型媒体采风活动在太原起程，全国近30家主流媒体记者和知名博主、旅游达人，先后深入太原、晋中、临汾、运城、晋城、长治等地进行采风采访。6月10日到16日，由中国作协副主席、散文家、书法家廖奔担任团长的"2014晋善·晋美——首届著名作家山西行"活动在太原启动，包括廖奔、红孩、刘兆林、陈世旭、董立勃、阿成等在内的10位中国当代文坛翘楚，深入太原、晋中、临汾等市，观赏人文自然景观、体味三晋文化风俗，并用生花妙笔记录下了所思所悟所想。8月20日至29日，由冯建平局长亲自带队、省内重点旅游景区、旅行社主要负责人组团，参加了由国家局组织的"美丽中国、古老长城"英国、北欧宣传推广活动，开展了3场"美丽中国—古老长城"主题推广活动。

·内蒙古自治区·

2014年，全区实施民族文化强区战略，壮大市场主体，以科技创新为动力，以优化产业结构为主线，以推动文化融合为着力点，通过挖掘和整合特色文化资源，拓展和延伸文化产业链条，构建完善文化产业体系。2014年，自治区文化产业增加值346亿元，比2013年增长19.7%，比同期GDP增速高出12个百分点。

一、2014年文化产业发展总体情况

（一）加强规划和政策引导，推动文化产业繁荣发展

从"建设民族文化强区"到"把内蒙古建成体现草原文化、独具北疆特色的旅游观光、休闲度假基地"等一系列政策有效实施，内蒙古文化产业协会、内蒙古文化产业商会等一批社会团体和群众组织应运而生，内蒙古文化产业形成了党委统一领导、党政齐抓共管、宣传部门组织协调、有关部门分工负责、社会力量积极参与的工作机制和工作格局。在广阔的内蒙古草原上，蒙元文化、红山文化、大窑文化、河套文化、契丹文化等正在从资源向产业延伸。

2014年10月财政部下达自治区2014年少数民族文化事业发展补助资金810万元，用于支持民族文字出版相关工作。主要用于《蒙古族民间儿童故事大全》（蒙古文彩色漫画，40册）、《世界儿童文学精选系列》（蒙古文，64册）、《蒙古族历史文化经典文库·民俗系列》（蒙古文，20分册）、《中国古典文学名著故事》（蒙古文，4种8册）、《蒙古部族史研究丛书》（蒙古文，14部）、《蒙古文书法、篆刻作品丛书》（蒙古文，2种）、《中国蒙古族原生态民歌经典——蒙古族各民歌色彩区传承人代表性作品集》（蒙古文，20张光盘）6种图书和1种音像制品的出版，以及培养蒙汉文互译、蒙古文字编辑出版制作人才。

2014年12月，内蒙古东联影视动漫科技股份有限公司正式挂牌新三板，成为全区首家挂牌上市的动漫公司。东联影视动漫公司是国家首批认定的重点动漫企业

和国家文化出口重点企业，是内蒙古最大的动漫公司之一。其原创大型德育动漫《中华德育故事》先后在央视少儿频道、央视电影频道、辽宁卫视以及全国70多家电视台和网络媒体多轮播放，同步在海外发行。2014年全区文化及相关产业固定资产投资完成288.5亿元，同比增长64%。

（二）实施基地和园区建设，促进文化产业集聚发展

自治区立足自身拥有的丰厚文化资源，努力提升自主原创能力和市场开拓能力，在市场准入、项目合作和减免税费等方面予以重点扶持，鼓励文化事业发展壮大成为新兴文化产业。自治区文化事业建设资金投入逐年增加，自治区各级公共文化设施有了重大变化和完善，一批标志性公共文化建设工程已投入使用，公共文化服务保障机制得到进一步完善。自治区实施文化产业重大项目带动战略，文化产业示范基地和重点文化产业园区在运行中已经产生集约效应和规模效应，推进了文化集聚区和示范基地建设、优化了文化产业布局和结构，不断促进内蒙古文化产业集聚发展。在各项政策的扶持下，文化旅游园区、动漫产业园区、影视制作基地、数字出版基地等各类文化产业园区遍及各个盟市。

2014年2月25日，由西部控股发展有限公司与内蒙古电影制片厂、宇生控股、海润在线等多家企业共同合作的建设项目内蒙古（国际）文化产业新城项目在自治区政府、市政府的见证下，与玉泉区签订合作框架协议。项目包括影视文化产业园、微文化国际中心、影视拍摄基地、影视文化交流中心、影视文化主题公园、生态休闲度假区以及民族与国际风情小镇等内容。

内蒙古文化传媒创意园是由内蒙古电视台、包头市青山区政府和包头市德隆房地产开发有限公司共同打造的文化创意产业项目。是由包头市德隆地产投资开发，兴业集团施工，中冶东方进行整体规划设计的，是内蒙古地区首家文化创意产业园区。

2014年年底，由通辽今日印刷有限公司牵头，民大印刷有限公司、通辽金华盛纸业等多家企业联合投资兴建的通辽印刷文化产业园项目在通辽经济技术开发区动工建设。主要建设有药品、纸箱、酒盒包装印刷，报业、书刊、商务、商标、票据印刷等印刷项目，并配有相关配套设施，具有综合性印刷文化服务功能。

（三）加强文化与科技融合，推动文化产业转型升级

内蒙古自治区各盟市积极探索发展新模式，不断加强文化与科技融合，用“文化＋互联网”模式来推动发展文化产业，利用数字、互联网、软件等高新技术支撑文化产业的开发利用，推动传统文化事业与农业、工业、信息业、服务业等领域的融合，以创新打破行业壁垒，拓展文化产业发展空间。以鄂尔多斯为例，2014年，“创意草原·鄂尔多斯国家级文化和科技融合示范基地网”建成，为全市文化和科技融合企业提供公共信息服务、项目技术指导和招商合作支持，并且重点孵化和培育了一批产业项目。2014年鄂尔多斯文化产业投资公司获得国家科技支撑计划项目“民族工艺美术关键支撑技术研究与应用示范项目”，并得到科技部430万元、财政部1000万元的资金支持。同时获得自治区科技计划项目“鄂尔多斯国家级文化和科技融合示范基地公共信息服务平台”项目资金50万元。

此外，内蒙古师范大学建设内蒙古民族雕塑自治区级工程技术研究中心，通过开展蒙古族雕塑、陶艺壁画等民族造型艺术关键技术研究，推动民族造型艺术研发成果向现实生产力转化。自2013年开始，自治区每年拿出约1000万元支持文化与科技融合领域的研发和应用。2014年内蒙古天堂草原文化传媒有限责任公司承担的“支持传统蒙古文的天堂草原音乐网手机客户端研发”项目投入运营。蒙古文的民族音乐移动客户端下载量达30多万人次，拯救濒危珍贵蒙古族音乐资源500首以上，为3000位以上草原音乐人提供了展示平台。

（四）文化产品出口量增大，对外文化交流活跃

2014年1月到5月，内蒙古出口文化产品2796.7万元，较上年同比增加158.5倍。满洲里海关提供的数据显示，俄罗斯是内蒙古文化领域最大贸易伙伴。从贸易方式来看，内蒙古以一般贸易方式出口文化产品2688.4万元，增长565.5倍，占同期内蒙古文化产品出口总值的96.1%；以边境小额贸易方式出口108万元，增加85.4倍。从出口企业来看，几乎全部为民营企业出口，其中视觉艺术品出口拔得头筹。2014年1月到5月，出口视觉艺术品2527.3万元，增长255.6倍，占同期内蒙古文化产品出口总值的90.4%，绘画、印刷品、新型媒介等成为出口“新宠”。

（五）深化文化人才培养，实现人才培养模式创新

2014年，按照中宣部、教育部《关于地方党委宣传部与高等学校共建新闻学院的意见》中有关“每个省（区、市）党委宣传部门都应和高等学校重点共建一个新闻学院”的要求，内蒙古自治区党委宣传部与内蒙古师范大学将共建传媒学院。根据协议，双方将在基础设施、师资力量、政策导向等方面支持内蒙古师范大学传媒学院的建设和发展。协议明确了共建管理机构，双方

将组建内蒙古师范大学传媒学院院务委员会，负责研究决定传媒学院发展规划、人才培养、科学研究、队伍建设等重大事项。协议明确了精品课程、骨干队伍、实践基地、研究智库、国际传播力等五大共建任务。

二、2014 年文化产业各行业发展基本情况

（一）新闻出版业

2014 年，全区图书、音像出版发行经营收入稳中有升，衍生收入增长较快；12 个项目列入国家新闻出版广电总局金融合作扶持项目。2014 年，列入国家“十二五”重点图书、音像制品出版规划项目 26 种，入选国家“十二五”少数民族语言文字出版规划项目 43 种。24 种蒙、汉文图书获得自治区“五个一工程”奖．2014 年，以展示内蒙古灿烂的历史文化、独特的自然风光、浓郁的民族风情、崭新的时代风貌为主题，启动《蒙古族历史文化精品文库》和《内蒙古历史文化丛书》两大出版工程，推出精品图书 23 种共 39 册、音像制品 1 种共 120 小时；以贯彻落实习近平总书记考察内蒙古时重要讲话精神和自治区党委九届十一次全委（扩大）会议精神、推进“8337”发展思路实施为内容，重点推出精品图书——《打造祖国北疆亮丽风景线》。

2014 年，优秀蒙古文文学作品翻译出版工程第二批作品出版发行，8 部蒙古文图书被译成汉语与读者见面。这 8 部作品总字数约 300 万字，包括 6 部长篇小说：《满巴扎仓》《鄂尔多斯 1943（上下）》《红月亮（上下）》《阿拉善风云》《大地》《搏克手伊希根》；1 部以《岩画里的白儿驼》为代表的中篇小说卷；1 部以《六十棵榆树》为代表的短篇小说卷。其中中篇小说卷共收录 6 篇作品，短篇小说卷共收录 15 篇作品。其中长篇小说《满巴扎仓》版权已经被重庆出版集团买断。

2014 年，内蒙古 17 家出版单位成为转型示范单位。图书出版单位 3 家：内蒙古教育出版社、内蒙古大学出版社、内蒙古人民出版社。

2014 年，全区音像电子出版单位 1 家：内蒙古文化音像出版社。期刊出版单位 5 家：实践杂志社、《内蒙古大学学报》文苑报刊有限责任公司、《财经大学学报》、《财经理论研究》。报纸出版单位 8 家：通辽日报社、包头日报社、呼和浩特日报社、巴彦淖尔日报社、乌海日报社、呼伦贝尔日报社、兴安日报社、赤峰日报传媒集团。

（二）广播影视业

2014 年，全区广播综合人口覆盖率 98.4%，电视综合人口覆盖率 98.6%。全区有线电视用户 342 万户。全年生产故事影片 8 部，蒙语译制片 84 部。

2014 年内蒙古新闻出版广电局承担全区“十个全覆盖”村村通广播电视工程中的广播电视“户户通”、地面数字电视覆盖和广播“村村响”三项工程的建设任务。2014 年广播电视“户户通”工程建设任务为 50 万户，2014 年 4 月开工建设，12 月 25 日完成全部建设任务。2014 年地面数字电视覆盖工程建设任务计划为 66 个台站，12 月 31 日前已全部实现开播。2014 年广播“村村响”工程的建设任务计划完成 48 个村试点，截止到 12 月 20 日试点建设任务已全部完成。2014 年，内蒙古广播电视台收获国家新闻出版广电总局 2013—2014 年度公益广告两个奖项。内蒙古广播电视台创作的公益广告《守望相助共建各民族幸福家园》荣获国家新闻出版广电总局 2013—2014 年度优秀公益广告电视作品三类扶持项目；同时，内蒙古广播电视台还荣获国家新闻出版广电总局 2013—2014 年度优秀公益广告优秀传播机构三类扶持项目。

2014 年，全区电影院线影院达 95 家、银幕 409 块；同时，全力推进丝绸之路影视桥工程；内蒙古广播电视台“草原之声”对外广播被商务部、文化部等 6 部门确定为 2013—2014 年度国家文化出口重点项目，内蒙古广播电视台对外广播“草原之声”是按照国家“走出去工程”总体要求开办的蒙古语对外广播，是面向蒙古国听众，集新闻、社教、文艺、服务于一体的综合性广播，肩负着向蒙古国人民宣传内蒙古、展示国家形象的使命，也是中蒙两国人民相互交流和友好往来的重要平台。故事片《诺日吉玛》获北京国际电影节民族电影展优秀展映影片、北京大学生电影节国产影片民族题材特别奖，电视剧《忽必烈》获全国优秀电视剧剧本奖。以“中国梦”为主题，创作生产的 56 集电视剧《大盛魁》获国家新闻出版广电总局批准开拍。

2014 年 12 月 25 日，中、蒙影视合作协议签约仪式在呼和浩特市举行，蒙古国教育文化科学部、蒙古国国家电视台、内蒙古电影集团有限责任公司的相关负责人出席签约仪式。双方就启动筹备“乌兰巴托国际民族电影节”“呼和浩特国际民族电影节”活动；增加俄罗斯和韩国等国家参与电影节的组织工作；在蒙古国首都乌兰巴托共同建设多厅影院等事项达成一致。2014 年 10 月 14 日，内蒙古广播电视台与蒙古国国家公共广播电台签署拓展合作协议，就互派记者采访、联合举办“中蒙歌会”和在乌兰巴托设立办事处等事项达成共识。

（三）文化会展业

2014 年 9 月 11 日，由呼和浩特市贸易促进会、呼

和浩特市商务局等单位共同主办的第二届中国·呼和浩特国际文化产业博览会、国际茶产业博览会在内蒙古国际会展中心开幕。本届博览会为期 5 天，国内外上千家参展商携数万件书画名作、奇石美玉及各类文化商品等参展。本届文博会由呼和浩特日报社、呼和浩特市商务局、呼和浩特市广播电视台、呼和浩特市贸促会、香港亚泰（国际）贸易展览集团主办；中国国际商会内蒙古商会、内蒙古国际会展业协会协办，《呼和浩特晚报》和北京市鹏寰东方国际展览有限公司承办。本届文博会以“文化创造财富，艺术扮美生活”为主题，设国际标准展位500余个，有珠宝展区、工艺礼品展区、书画展区、台湾展区四大主题展区。在珠宝展区除有中国四大名玉外，孔雀石、月光石、陨石、台湾七彩玉等也悉数亮相；工艺礼品区有肇庆端砚、红木家具、根雕、沉香等珍品；书画展区不仅有来自俄罗斯 20 世纪艺术画廊、上上阁书画名家艺术中心等带来的数千幅书画作品展示，还有国内外著名的书画家现场挥毫泼墨与书画爱好者现场切磋交流。本届博览会中的茶产业博览会设有 300 余个国际标准展位，来自国内外茶行业以及相关产业内的 300 多家企业参展，特设品牌茶叶展区、宜兴紫砂展区、台湾展区等。

8 月 8 日晚，首届全国少数民族优秀舞蹈作品展演在内蒙古民族艺术剧院拉开帷幕。优秀舞蹈作品展演活动共收到作品 498 件，题材涉及 35 个少数民族的历史文化，参加演出的演员总人数 7764 人。经国家民委、文化部组织的专家组评选，最终确定 65 件优秀作品参加展演，共演出 5 场。

第十一届中国蒙古族服装服饰艺术节暨蒙古族服装服饰大赛于 6 月 14 日至 18 日在内蒙古自治区呼伦贝尔市举办。本次活动由自治区旅游局、呼伦贝尔市人民政府联合主办，呼伦贝尔市旅游局及相关部门承办。已有来自俄罗斯、蒙古国和我国新疆、云南、内蒙古的近 100 支参赛队和表演队，1300 余人报名参赛或表演，报名参加展演的蒙古族服装服饰近 2700 多套（件），参赛队伍、参与人数及参赛服饰数量均创历史新高。

由内蒙古自治区马业协会、北京马赛文化交流有限责任公司、市商务局主办的中国国际马产业博览会于 2014 年 5 月 30 日至 6 月 1 日在内蒙古国际会展中心举行。相比 2013 中国国际马产业博览会（广州），本届博览会增加了内蒙古马产业发展高峰论坛、中国蒙古马及改良蒙古马选美大赛、AQHA 中国西部马术公开赛等活动。

（四）文化旅游业

2014 年，全区实现旅游总收入 1805.3 亿元，增长 28.6%。接待入境旅游人数 167.1 万人次，增长 3.4%；旅游外汇收入 10 亿美元，增长 4.2%。国内旅游人数 7414.9 万人次，增长 12.1%；国内旅游收入 1745 亿元，增长 29.9%。

2014 年 2 月 25 日，首届内蒙古自治区文化与旅游融合发展主题活动举办，本次文化旅游融合发展主题活动共组织 65 个项目的对接洽谈。截至 2014 年年底，已经成功对接 34 个项目，项目总投资约 566.67 亿元。项目涉及驻场演出剧目、工艺品创意制作生产、旅游项目开发、文化产业园区建设等领域。同时，主办方组织 200 余家文化企业和内蒙古民族艺术剧院、内蒙古博物院、东联旅游集团、敕勒川哈素海旅游公司共 4 家文化单位进行“文化企业进景区”专场对接。《千古马颂》是中国首创大型马文化全景式演出，自从 2014 年在锡林浩特市推出以来，已经演出 90 场，观众 10 余万人。

·辽宁省·

2014 年，全省文化产业增加值 650.61 亿元，按可比口径增长 8%，比地区生产总值现价增速高 2.8 个百分点，比全国文化产业增加值增速低 4.1 个百分点。文化产业增加值占地区生产总值的比重调整为 2.27%。按调整后口径比上年提高 0.06 个百分点，比全国平均比重（3.76%）低 1.49 个百分点。

一、2014 年文化产业发展总体情况

（一）政策扶持力度加大

2014 年，为发挥文化产业对稳增长、促改革、调结构的积极作用，国务院及相关部委密集出台了一系列扶持文化产业发展的政策措施，省市政府相继制定配套落实文件，如推进创意设计与相关产业融合发展，制定《关于推进文化创意和设计服务与相关文化产业融合发展行动计划》，提出未来五年将全面提升制作业设计创新能力、推动数字内容产业发展、改善人居环境质量、提升演艺出版影视创意设计水平、促进文化创意与旅游业、特色农业、体育产业、科技、广告会展业融合发展等 9 方面作为重点加以推进，全省文化创意和设计服务产业进入新的发展机遇期。印发《辽宁省文化产业中期

发展规划（2013—2020）》，提出“一带、双核、两翼”的空间发展格局理念，一带是指沿沈大高速中轴产业发展带，“双核”是沈阳和大连，“两翼”是指辽东民族文化产业区和辽西历史文化产业区。同时，明确“十三五”时期着力打造“六大工程”、建设“十大园区”、发展“十大重大行业”。纳入规划的重点工程和建设项目超过100个，为推动全省文化产业加快发展提供了有力保障。

（二）文化体制改革取得新的成果

一是进一步深化国有文化单位改革。经国家新闻出版广电总局批准，成立辽宁北方期刊出版集团。核查全省文艺院团、非时政类报刊、新华书店等改革任务完成情况，妥善解决历史遗留问题。协调征税部门，落实转制文化企业税收优惠政策。加快省直文化企业公司制、股份制改造，建立现代企业制度，健全坚持把社会效益放在首位、实现社会效益和经济效益相统一的体制机制。与事业单位分类改革相衔接，深化文化事业单位内部制度改革。省文化厅所属事业单位基本实现全员合同聘任，完成分类设岗、聘任到岗。深化辽宁广播电视台直播分离改革，组建一批符合市场运作机制的节目制作机构，推出一批有影响力的节目。

二是加快政府职能转变。探索建立完善全省国有文化资产管理体制、互联网管理领导体制及机构设置。推进平江制度改革，出台《辽宁省文艺精品创作生产扶持专项经费管理办法》。加强和改进新闻出版主管主办、许可准入和年审年检等制度，审核转企单位主管主办变更11例。加强新闻出版从业人员管理，组织开展从业人员资格注册、审查、培训。推进行政审批事项改革，文化行政管理部门共取消行政审批94项，下放14项。

（三）文化产业延续较快发展势头

2014年，全省文化产业延续较快发展势头，文化产业对服务业发展的贡献率逐步增强，在稳增长、调结构中发挥积极的作用。其中，文化服务业成长最快。2014年，文化服务业增加值达365.32亿元，比上年增加34.17亿元，增长10.3%，高于产业增加值增速2.3个百分点，占产业增加值的比重为56.2%，比上年提高1.2个百分点。文化服务业不仅权重最大，而且发展速度最快，是全省文化产业的发展重心。文化零售业保持平稳。2014年，全省文化批零业增加值完成96.91亿元，比上年增加7.36亿元，增长8.2%，高于产业增加值增速0.2个百分点，占产业增加值的比重为14.9%，与上年持平。文化制作业发展缓慢。2014年，全省文化制造业（包括文体用品及设备生产、演艺设备制造、工艺美术制品、包装装潢印刷物品等）增加值完成188.37亿元，比上年增加6.5亿元，增长3.6%，低于文化产业增加值增速4.4个百分点，占产业增加值的比重为29.0%，比上年降低1.2个百分点。

2014年，全省文化产品生产创造的增加值为434.62亿元，比上年增加37.07亿元，增长9.3%，占产业增加值的比重为66.8%，比上年提高0.8个百分点。其中，新闻出版发行服务增加值为33.39亿元，增速达到16.9%，成为文化产业十大类中增速最快的行业。主要原因是新闻出版发行企业积极推动传统出版向数字出版多元化业态转型，借助纸质书品牌力量积极开发“音频图书”项目，数百种数字出版物已在三大运营商数字阅读基地运营，已翻译制作近千册手机动漫作品。

（四）地区特色文化产业渐成规模

2014年，沈阳、大连两市文化产业增加值合计475.48亿元，占全省文化产业增加值的73%，比上年提高了3.5个百分点，其余12个市增加值合计175.13亿元，占总规模的27%。

2014年，沈阳市文化与科技融合基地建设取得进展。沈阳国家及文化和科技融合基地文化科技上下游配套企业发展到259家。2014年，实现产值249亿元，以数字出版、数字媒体、文化科技装备等为主的文化科技融合产业链条基本形成。另外，装备制造业设计能力进一步提升。与中国工业设计协会合作，共建中国装备制造业工业设计中心。沈阳创新设计服务公司被工信部评委东北首家“国家及工业设计中心”。

2014年，大连市有序突进重点产业集聚区和项目建设。中心区“三片二区一带多点”文化产业带初步形成，十五库文化创意产业园新引进文化创意企业9家。金州新区文化产业累计完成投资35亿元。同时进一步完成文化与科技深度融合。成立大连市首家文化与科技高度融合的研究机构——大连文化与科技融合产业技术研究院，研究内容涵盖动漫游戏、创意设计、新媒体等领域。

此外，鞍山市积极推进重大文化产业项目建设。围绕“千山、温泉、岫玉、钢铁”等鞍山特色资源，积极推进千山国际文化旅游产业园、鞍山汤石幸福小镇、辽河（台安）文化旅游区等一批投资过亿和几十亿的项目签约和开工建设。丹东市着力打造具有丹东地域文化特色的旅游精品，提升丹东旅游品牌知名度和影响力。

二、2014年文化产业各行业发展基本情况

（一）演艺娱乐业

2014年，全省演艺娱乐业呈现良好的发展态势。

以创新体制机制为突破口，深入推进艺术院团改革，做大做强剧院联盟，产业规模不断扩大，发展步伐不断加快。截止到2014年年底，全省共有表演团体506家（国有40家，民营466家），从业人员近14500人。全省演艺产业实现收入6.9亿元，比2013年的5.6亿元增长了23.2%。其中民营演出团体共演出60000余场，收入5.88亿元。

2014年辽宁剧院联盟经营演出3600场，票房收入达2.5亿元；实现全省演艺优势资源的深度整合；圆满完成“辽宁省第八届文化惠民演出季”活动制定的大型项目20场、中小型项目130场的低票价惠民演出目标，实现剧院联盟挂牌成立以来首次在全省范围大规模巡演的开门红。在剧院联盟的辐射带动下，全省演艺市场日益活跃，14个市共打造32个常态化演出项目。沈阳的盛京红磨坊、大连的宏济大舞台、鞍山的天王演艺广场和丝路花雨大剧院、丹东宽甸的八旗山水谣、营口辽河大剧院等已经成为各地常态化演出的基地，推出二人转、小戏、歌曲、舞蹈、小品、民俗风情演艺等项目，成为繁荣全省演出市场、提升社会公共精神生活品质的骨干力量。以“刘老根大舞台”为代表的本山传媒品牌继续迅速发展，截止到2014年年底，本山传媒已经在沈阳、北京、天津、哈尔滨、长春、深圳、泰安等地开设了10家连锁剧场，形成剧场“天天有演出、场场都火爆”的市场态势，“刘老根大舞台”成为中国演艺产业具有一定影响力的文化品牌。

以辽宁演艺集团、辽宁芭蕾舞团、辽宁人民艺术剧院、沈阳杂技团、大连杂技团等为代表的龙头企业快速发展，引领示范作用进一步显现。辽宁演艺集团、辽宁芭蕾舞团、沈阳杂技演艺团、大连杂技团等文化企业继续深耕境外演出市场，先后赴欧洲、北美、东南亚等国家和地区商业演出近2000场，全程演出收入超过2200万元。

全省民间演艺团体发展迅速，深受老百姓喜爱。如鞍山海城利用高跷、喇叭戏、民间鼓乐等传统表演项目成为国家非物质文化遗产的契机，成立高跷艺术团、喇叭戏艺术团及民间鼓乐表演团，使海城高跷、秧歌等古老民间艺术以产业化的组织形式在传承中得到保护，在产业化中得以发展。

全省各文化旅游景区也不断创新文艺演出形式，在部分地区旅游演出已经成为景区核心竞争力的重要组成部分。大连圣亚打造的三大表演《海豚湾之恋》《功夫海象》和《白鲸传奇》，已经成为圣亚海洋世界的拳头产品，全部为原创，艺术气息浓厚，娱乐性十足。《海豚湾之恋》《功夫海象》《白鲸传奇》《我为舞鲨狂》等表演全年演出达8000余场，日均20场。2014年旅游演出收入超过2亿元，海昌公司发现王国主题公园2014年收入超过2.3万元。

（二）新闻出版业

截至2014年年底，全省共有图书出版单位17家，图书出版单位数量居全国第四位。出版图书11325种，总印数109674千册，总印张91,7万千印张；总码洋17.4亿元，与上年基本持平。2014年新版图书7895种，图书重印率30%以上。全年共有7种图书获国家级奖励，10种图书获省级奖励；30种选题入选国家重点图书出版规划，25种选题列入省级重点图书出版规划。

2014年年底，全省共有报纸出版单位108家（包括独立企事业法人报社和非法人编辑部），报纸种数109种；2014年报纸出版总印张506万千印张、总印数13.3亿份；报纸出版单位总资产59亿元，经营总收入19.2亿元，利润总额0.48亿元；期发行量过百万的报纸2种；资产过亿、建立现代企业治理结构、出版规模及两个效益突出的报业企业9家，新媒体及其他收入2.4亿元。

2014年年底，全省共有期刊出版单位数量291家（包括独立企事业法人期刊社和非法人编辑部），期刊种类314种；2014年期刊出版总印张40.06万千印张、总印数1.25亿册；期刊出版单位总资产14.9亿元，经营总收入5.4亿元，利润总额0.83亿元。共有省一级期刊95种，全国中文核心期刊73种，全国科技核心期刊75种，进入CSSCI数据库期刊8种、进入EI数据库期刊4种；期发行量过百万份的期刊数量2种，其发行量超过10万份的期刊14种；新媒体及其他收入0.87亿元。

2014年年底，全省共有音像电子出版物出版单位19家、网络出版单位15家；2014年全省出版音像电子出版物1345种、403.5万片（盒）；传统出版单位门户网站建站率为70%，较2013年增长29%。

2014年，全省国家印刷产业基地建设稳步推进，对外加强招商引资，对内强化自主创新。2014年共引进企业20家，投资8万元，达成企业合作意向16家，协议引进资金10万元，产业集聚效应进一步显现。沈阳胡台新城印刷包装产业园发展态势平稳，2014年年底共引进项目120余个，生产型企业近百家，其中规模以上企业达到74家；园区年总产值121.6亿元，利税总额4.2亿元。本溪恒仁印刷产业园重点扶持“石头纸”项目建设，2014年入驻企业8家，园区年总产值14.04亿元，“石头纸”系列产品取得SGS国际环保认证等权威认证并进入国际市场。

2014 年 4 月至 7 月成功举办以“弘扬辽宁精神·推动全民阅读”为主题的辽宁省第三届全民读书节。全省各市结合当地实际，围绕读书节活动主题，组织开展主题图书漂流、重点图书“六进”“五大平台”阅读推广、“四佳人物”评选、春季惠民书展以及捐赠图书等形式多样、内容丰富的各类活动共计 800 余项，参与活动的群众达 2000 余万人次，规模和影响均超过以往历届读书节，为产业发展提供良好的软环境。在图书节开幕后的一个月，省各级新华书店和各类书刊批发市场的客流量比平时增加 20% 以上，各级公共图书馆的日均接待量同比增长 10%。2014 年第一、二季度全省出版物发行业实现销售额 39.5 亿元，充分反映全民阅读活动在培育读书群体、激发读书热情、拉动文化消费、繁荣图书市场等方面起到了有力的引领和推动作用。

（三）广播影视业

截至 2014 年年底，全省共有影院 180 家、银幕 1056 块、院线 21 条；全省平均每 4 万人拥有一块银幕；城市影院放映数字化率 100%。全省新增影院 40 家、银幕 195 块，新增院线 4 条；电影立项 11 部，审查电影完成片 4 部，全国公映 4 部；电视剧立项 13 部，生产制作完成 11 部 408 集，取得许可证 7 部 146 集。2014 年全省电影票房总收入 11.11 亿元，较 2013 年增长 34.7%。

2014 年，全省审查发证国产电视动画片 4 部，共计 449 集、2597 分钟，备案公示 13 部，共计 1100 集、6342 分钟；创作生产国产纪录片 21 部，其中辽宁广播电视台纪录片创作部创作生产 9 部，大连广播电视台对外传播交流中心制作生产 12 部。

2014 年，全省共有省级播出机构 1 个，即辽宁广播电视台；省级播出机构 14 个，即各市广播电视台；县级播出机构 50 个，即 44 个县以及沈阳苏家屯、大连金州区、旅顺口、开发区、葫芦岛连山区和营口鲅鱼圈区等 6 个区开设的县级电视台；共有广播节目 110 套，电视节目 118 套。

2014 年，全省广播电视资产总额 241.7 亿元，比上年增加 6112 万元，增长 0.25%；广播电视实际创收 70.9 亿元，比上年增加 9931 亿元，增长 1.42%。全省总广告收入 29.8 亿元，比上年增加 617.96 万元，增长 0.21%，占创收总数的 42%。全省有线电视网络总收入 29.6 亿元，比上年增加 36146 万元，增长 13.9%。其他创收收入 11.27 亿元，占创收总数的 15.9%，比上年减少 2.78 亿元，同比下降 19.8%。年末广播人口覆盖率为 98.81%，电视人口覆盖率 98.96%，年末有线电视用户 920.1 万户，其中数字电视用户 698.3 万户。

（四）动漫游戏业

2014 年，全省实现动漫产业产值 55.6 亿元，比上年增长 20.9%。动漫产业作为新型创意产业，在全省国民经济中所处的地位以及在经济结构转型升级中所起作用逐渐显现。

沈阳动漫产业基地的综合实力在东北地区占据领先地位，进入全国第一集团。截止到 2014 年年底，沈阳（国家）动漫产业基地的原创能力、产业规模以及产业环境建设等总体实力进入国家前列。基地已入住原创动画制作、游戏开发、手机游戏开发、动漫衍生品开发运营等企业 150 家，总注册资本金超过 5 亿元，员工总数达 6000 余人，获得文化部动漫企业认定的骨干企业 16 家。2014 年，基地企业的动画片原创能力已达 2 万余分钟，原创产品以及相关衍生产品年销售额近 2 亿元，纯利润 9000 余万元，利税近 2000 余元。2014 年企业制作原创动画片 9 部，总片长 2434 分钟，开发游戏 5 部，在新动漫频道金鹰卡通等频道播出动画片 4 部 232 集，共计 6436 分钟。截至 2014 年年底，已有 20 余部动画片作品在央视和务卡通频道及卫视频道播出，并有部分作品出口东南亚、欧洲、西亚以及俄罗斯等国家和地区。

2014 年，大连动漫游戏产业基地继续保持良好发展态势，基地内企业时空客新传媒公司投资 500 万元成立的大连高新园区戏游科技有限责任公司倾力打造互联网游戏公共服务平台，该平台一期于 2014 年 11 月正式上线试运营。该平台立足于大连本地展开运营，将带动高新区游戏产业集群的全面发展，为游戏运营及推广提供数据支持和服务。

2014 年，全省动漫游戏产品出口以及服务外包等业务发展提速，尤其是在大连发展较快。大连动漫游戏产业基地借助毗邻日韩的良好地理和人才优势，以及软件、BPO 等产业基础，已经成为以游戏产业为龙头，动画原创、外包和应用等产业为基础的综合性动漫游戏产业基地。尤其在产品“走出去”方面成效显著，基地内多数动漫游戏企业的产品大量销往海外，例如金山和乾元九五的游戏在东南亚国家取得良好的销售业绩，斯芬克斯和北游科技等企业的游戏在北美和欧洲地区的销售业绩呈现上升态势。大连金山互动娱乐科技有限、大连博涛多媒体技术股份有限公司、大连坐标数码科技有限公司等三家动漫企业成功入选 2013—2014 年“国家文化出口重点企业”名录。在人才积累方面，大连在动漫游戏外包产业快速发展过程中汇总累积了丰厚的电脑美术人才储备，以大连坐标数码科技有限公司、大连拓扑数码科技有限公司、大连五兆极数码科技有限公司、大连博涛多媒体技术公司为代表的一批动漫游企业制作的动画美术电影、宣传片、广告等产品在国内外业界享有很高的知名度。另外，作为动漫游戏大国，日韩的大企业也纷纷在大连设立动漫游戏外包的子公司，如韩国的慧搜、五兆极，日本的百锐、DENA 等，客观上促进了大连动漫游戏业的快速发展。

（五）文化旅游业

2014 年，全省明确提出要实现旅游产业由观光向观光休闲度假并重、旅游市场由旅游客源地向旅游目的地、工作重心由行业管理向产业发展“三个转变”的全新产业发展战略，大力发展辽宁旅游经济。通过一系列努力，全省形成政府引导、市场主导的产业发展模式，激发民间投资获利，旅游和文化产业融合互动不断深入，文化旅游产业蓬勃发展。2014 年，全省文化旅游游客量约 1.2 亿人次，文化旅游国内市场接待量和总收入总体保持增长势头，收入增长率大于接待量的增长率，文化旅游产业正向提质增效迈进。

2014 年，全省接待国内外旅游者 46186.0 万人次，比上年增长 13.5%。其中，接待国内旅游者 45925.3 万人次，增长 13.6%；接待入境过夜旅游者 260.7 万人次，增长 1.5%。接待入境过夜旅游者中，外国人 201.2 万人次，增长 1.7%；港澳台同胞 59.5 万人次，增长 1.4%。全年旅游总收入 5289.5 亿元，比上年增长 13.8%。其中，国内旅游收入 5190.2 亿元，增长 14.0%；旅游外汇收入 16.2 亿美元，增长 1.7%。

以沈阳、大连、鞍山、抚顺、本溪、丹东、辽阳、盘锦和葫芦岛为代表的文化旅游目的地迅速发展壮大，培养形成一批热点文化旅游景区和文化旅游品牌。一是培育了一批以沈阳故宫、世界园艺博览园、棋盘山旅游区、大连老虎滩海洋公园、金石滩国家旅游度假区、发现王国主题公园、鸭绿江风景名胜区等景区为代表的年接待游客超过百万人次的热点文化旅游景区。二是温泉文化旅游产品建设成效显著。依托“温泉 + 冰雪 + 海洋 + 湿地 + 山地 + 森林 + 历史 + 民俗”的独特优势，融入辽宁地域文化，围绕提档升级、拉长消费链的目标，全省大力开发温泉文化旅游产品，形成集观光游览、休闲度假、康体疗养、商务会议、文化娱乐等为一体的温泉文化度假旅游产品。2014 年全省温泉文化旅游游客接待总量约 4200 万人次。三是红色文化旅游蓬勃发展。截止到 2014 年年底，全省共有国家及爱国主义教育示范基地 17 个，省级 35 个，市级 179 个；先后开发建设红色旅游景区 50 余处。2014 年红色旅游接待游客 2000 余万人次。四是冰雪文化旅游产品发展势头良好。2014 年，全省已建成具备游客接待能力的滑雪场 24 家，雪场总面积达 947 万平方米。2014 年，冰雪文化景区点接待国内外游客超过 717 万人次。

（六）文化会展业

2014 年 3 月 20 日至 24 日，由鞍山市委宣传部、鞍山市文化广电新闻出版局主办的文化艺术产业博览会在鞍山市文化艺术大厦举办。来自全国各地的 500 多位著名书画家和工艺艺人齐聚鞍山，参展内容涉及书画、根雕、红木家具、民间艺术品、珠宝玉石、手工艺品六大类数万个小项，荟萃全国各地的民间艺术精品。本届博览会专门增设鞍山本地展品的展台，鞍山的各类非物质文化遗产均亮相。文博会期间客流量达 10 余万人次，实现交易额和意向协议额 2000 万元。

2014 年 4 月 17 日至 19 日，由国家新闻出版总署作为支持单位，中国印刷技术协会和东北三省新闻出版局主办，沈阳市文化广电新闻出版局、辽宁省展览贸易集团展览有限公司承办的第十二届东北（沈阳）国际印刷包装技术设备展览会在辽宁工业展览馆举办。展会以“交流、合作、创新、发展”为主题，以“品牌展示、技术交流、理论研讨、产品交易、项目推介”为手段，立足东北，面向全国，全面展示境内外印刷包装技术的最新成果。来自东北三省及其他地区的专业人士 2 万余人来展会进行考察、洽购和交流。

2014 年 8 月 1 日到 5 日，由中国漫画家协会动漫艺术委员会、辽宁省文化厅、沈阳市人民政府等单位共同主办，沈北新区人民政府等单位共同承办，辽宁华鼎展览展示设计服务有限公司、沈阳沈北创展科技服务有限公司执行的“第六届中国（沈阳）动漫电玩博览会”在辽宁工业展览馆举行。本届博览会以“创新、引领、发展、融合”为主题，展示内容涵盖了动漫、电子竞技、3D 绘画、5D 电影、智能机器人和青少幼教等诸多领域，参展单位总数为历届之首，展区面积达历届之最，展览展示内容丰富，主体活动形式多样，吸引众多动漫爱好者、游戏爱好者、模型手办迷与业界媒体、厂商、投资机构及动漫、游戏公司和广大青少年群体的广泛关注。

2014 年 10 月 23 日至 27 日，由大连市人民政府、中国工艺美术学会主办，大连市文化广播影视局、大连华艺国际展览有限公司、中国工艺美术学会对外联络部承办，中国国际贸易促进委员会大连市分会、大连市活动协调指导办公室、深圳市工艺美术行业协会、大连市工艺美术行业协会协办，大连本柱工美集团总策划的第三届中国（大连）国际文化产业博览会在星海会展中心举行。展览面积1.5万平方米，有来自国内20多个省市和国外300多家厂商参展。本届文博会主打“工艺美术篇”，展品精彩纷呈，文化味浓郁。大连工美协组团亮相，特别是展出的大连代表性工艺美术精品，涵盖贝雕、黑陶、玉雕、陶艺、根雕、麦秸画、抽纱、刺绣、贴金画等。文博会还首设丝绸之路名品展区。

·吉林省·

一、2014年文化产业发展总体情况

（一）政策扶持力度加大，行政审批进一步规范

2014年，全省文化产业发展政策扶持力度加大，在省文化产业发展引导资金中增设文化产业示范园区和基地孵化引导资金，重点扶持动漫游戏、演艺娱乐、工艺美术等特色产业发展。建立文化产业综合数据管理平台，提高对文化产业基地、园区及文化企业的管理和服务水平。全省文化产业示范（试验）园区由2011年的29家发展到58家，其中：国家级文化产业试验园区1家、示范基地11家，省级文化产业示范园区7家、试验园区4家、示范基地35家。禹硕公司原创3D动画电影《青蛙王国》在全国电影院线上映，获中宣部“五个一工程”动漫奖和中国文化艺术政府奖第二届动漫奖。

文化市场行政审批进一步规范，确立了全省文化市场行政审批权力清单，调整后的审批项目共7项，精简比例达41.7%。文化市场综合执法队伍建设得到加强，综合执法改革成果进一步巩固。制定并组织实施《全省文化系统“四化融合”“三位一体”安全监管防控体系建设实施方案》。

（二）文化事业经费逐年增加，公共文化服务亮点纷呈

2014年，全省文化事业经费17.28亿元（不含基建拨款），占财政支出2906.94亿元的比例为0.64%；人均文化事业经费为70.06元。对公共图书馆经费投入为2.49亿元，年均增长16.97%。对群众文化经费投入为4.64亿元，年均增长20.72%。对艺术表演团体经费投入为2.53亿元，年均增长12.66%。省直文化事业经费为3.18亿元，年均增长12.98%。

公共文化服务方面，扶持建设200个农村文化大院小广场、400个社区文化活动室和“送戏下乡”4000场三项省政府年度民生实事项目按计划完成。省图书馆新馆正式开馆，大众剧场试运营，省文化活动中心、省美术馆、东北抗联纪念馆启动建设工作稳步推进。全省公共图书馆、博物馆、文化馆、美术馆和乡镇综合文化站免费开放服务效果进一步提升，文化共享工程、图书馆联盟、数字阅读网站、数字图书馆建设不断深化。省政府批准公布了第一批“吉林省珍贵古籍名录”851部，第一批“吉林省古籍保护重点单位”11家。农民文化节、市民文化节和“长白之声”合唱节等群众文化活动成功举办，以农村文化大院和城市社区文化活动室为阵地的基层文化活动异彩纷呈。

（三）加强文化市场监管，提升行业整体形象

截止到2014年年底，全省文化市场经营单位4139家，从业人员15738人。其中娱乐场所1659家，从业人员8613人；互联网上网服务营业场所（网吧）2464家，从业人员6711人；非国有艺术表演团体16家，从业人员414人。资产总计25.86亿元，比上年增加0.39亿元，增长1.54%。营业收入12.20亿元，比上年增加1.74亿元，增长16.67%。利润总额5.11亿元，比上年增加0.41亿元，增长8.80%。

积极推进网吧转型升级，提升行业整体形象。在坚持科学发展，严格控制总量，合理规划布局的基础上，依托省动漫集团，积极、稳妥、有序地推进网吧连锁工作，促使网吧转型升级，使全省90%以上的网吧加入连锁经营，统一操作系统和运营软件，降低运营成本，探索新盈利模式，促进网吧业态的多样化发展，推进网吧转型升级。

（四）鼓励精品文艺创作演出，加大文化遗产保护传承

在文艺创作演出方面，吉剧振兴工程取得重要阶段性成果。吉剧《站醒台》获中宣部“五个一工程”戏剧奖，吉剧《焦裕禄》登上国家大剧院舞台，并在省内巡演百余场。设立吉剧振兴引导资金，扶持12个吉剧剧目。11名吉剧青年演员进入中国戏曲学院深造，成立吉林艺术学院戏曲学院。成功举办吉剧优秀剧目会演和“吉林文化上海行活动”。吉剧电影《大唐女巡按》拍摄完成。11卷《吉剧集成》出版发行。在加快吉剧振兴的同时，其他艺术门类竞相发展。吉林歌舞成功亮相北京APEC峰会，吉剧戏歌《骏马奔腾拜大年》入选2014央视戏曲春晚，话剧《大山里的红灯笼》赴京演出，改编传统京剧《孙安动本》入选国家舞台艺术精品工程资助剧目，大型现代京剧《杨靖宇》成功参加庆祝建国65周年优

秀剧目会演和中国京剧艺术节。

文化遗产保护方面，12 处遗址列入全国重点大遗址保护利用名单。集安高句丽和龙渤海中京遗址列入国家考古遗址公园名录，数量居全国第二位。

（五）对外文化交流成效显著

2014 年，全省圆满完成在蒙古国举办的“中国文化周”“第十六届东北亚地区美术作品展”，在加拿大、美国举办的“跨越太平洋·中国吉林文化周”相关活动和“央地合作”贝宁中国文化中心对口合作后续文化交流项目。省二人转艺术团赴新西兰参加文化交流和商业性演出活动效果良好。省戏曲剧院参加在台湾举办的“第四届海峡两岸民俗庙会”相关演出工作受到好评。积极发挥“东北亚文化艺术周”的平台作用，邀请俄罗斯国立小白桦歌舞团等国内外知名演出团组来吉林演出，受到观众欢迎。

二、2014 年文化产业各行业发展基本情况

（一）演艺业

截至 2014 年年底，全省共有艺术院团 56 个，从业人员 2954 人，其中：省直艺术院团 4 个，从业人员 643 人；各级文化部门管理的艺术院团 36 个，从业人员 1897 人；民间职业剧团 16 个，从业人员 414 人。

送戏下乡工作创新开展。为创新公共服务供给模式，有效动员社会力量，构建多层次、多方式的公共服务供给体系，根据省政府办公厅关于政府向社会力量购买服务的实施意见，2014 年送戏下乡演出补贴纳入政府采购。通过招投标，省演出公司组织省内演出团体较好完成了 4000 场送戏下乡演出任务。

优秀作品创作成果喜人。大型整理改编传统京剧《孙安动本》当选“2011—2012 年度”国家舞台艺术精品工程重点资助剧目，在全国当选的 15 台剧目中排名第六；梨树县地方戏曲剧团有限责任公司二人转《香妃梦》获全国曲艺、木偶剧及皮影戏优秀剧（节）目扶持；吉林市歌舞团连续 17 年登陆央视春晚舞台；吉林市戏曲剧团吉剧戏歌《骏马奔腾拜大年》入选 2014 央视戏曲春晚；结合纪念抗战胜利 70 周年，成功创排大型现代革命京剧《杨靖宇》；围绕提高全省舞台艺术产品创作水平及吉剧会演，举办了全省剧本讨论会和多场小型剧本讨论会；有 8 个项目获得国家艺术基金扶持。

（二）电影业

2014 年，全省电影创作生产日趋繁荣，各类社会资本参与投拍电影的热情逐步高涨，以国有为主体，多种所有制成分共同参与的电影创作生产格局正在逐步形成。2014 年，全省新增影院 22 座，银幕 109 块。

国有院线公司逐步走出困境。截止到 2014 年，在吉林省经营电影发行业务的院线公司共有 14 家，包括万达电影院线、北京时代华夏今典电影院线、中影数字电影院线、中影星美电影院线、广东大地电影院线、上海联合电影院线、浙江横店电影院线、辽宁北方电影院线、北京红鲤鱼电影院线、江苏幸福蓝海电影院线、深影橙天电影院线、中影南方电影新干线、北京华夏联合电影院线、吉林吉影电影院线。其中，吉林吉影电影院线为国有院线，由省电影公司控股，长影及少量个人出资构成。起初，院线公司由于资金短缺，加盟影院数量少、条件差、票房低，面临严重的生存危机。近年来，通过加大对院线公司的指导、扶持力度，公司经营状况明显改观，截止到 2014 年，院线公司已吸收加盟影院 40 座，占全省影院总数 40.8%，2014 年所属影院发行影片 327 部，票房收入约 4714 万元，占当年全省票房总量 10.76%，已初步走出困境。

城市影院票房呈“井喷式”增长。随着电影制片质量和技术水平的日渐提高，影院数量的迅速增长以及观影条件的极大改善，越来越多的观众走进影院，电影票房节节攀升，在经济增长放缓的整体态势下，保持了年均 30% 以上的高增长速度。城市影院数量有了显著增加，建设标准也明显提高。农村公益电影放映质量提高。按照国家“一村一月放映一场电影”的要求，每年完成农村电影公益放映任务约 11.2 万场，覆盖全省 9332 个行政村，2010 年至 2014 年累计观影群众约 3500 万人次。2009 年至 2014 年，先后争取国家补助资金 5616 万元，争取省财政配套补贴 3510 万元。

（三）工艺美术业

2014 年，省文化厅积极推动工艺美术产业的发展，培育了一批兼具社会效益和经济效益的国家级、省级文化产业示范基地，举办各类既代表吉林省工艺美术界作品，又能丰富吉林人民节日精神文化生活的展览。

2014 年 2 月 4 日，吉林省博物院开展《大美吉林——全省工艺美术精品展》正式开幕。本次展览由吉林省文化厅和吉林省博物院共同举办，展品均为现代吉林省内颇负盛名的名家名作，代表了吉林省工艺美术界作品的最高水平。

2014 年 8 月 24 日至 25 日，由吉林省工艺美术协会主办，吉林省工艺美术精品交流中心、吉林省八吉工艺美术有限责任公司承办的首届吉林省百位工艺美术大师精品展在省工艺美术精品交流中心举办，展览以“传承民族文化、甄选经典作品、打造地域品牌、扩大对外

交流”为主题。展览面积4500平方米，来自全省60个县（市）的100多位国家级、省级工艺美术大师和兄弟省市的30多位工艺美术大师创作的近万件艺术精品参展。参展作品汇集了牙、玉、木、石雕刻作品，竹、藤、草、金属工艺品，及工艺陶瓷、抽纱刺绣、地毯、挂毯、民间剪纸、粘贴画、装饰艺术画等精品。本展是新中国成立以来全省规模最大、档次最高、最具权威性的工艺美术展览，为春城人民奉献了一道精美的艺术盛宴。展览期间还举办作品推介会、展示会，召开行业发展座谈会，工艺美术家、文化产业研究专家就工艺美术产业的发展现状和未来趋势及对策等进行座谈研讨。

（四）文化旅游业

2014年，全省接待海内外游客12141.24万人次，同比增长17.09%；实现旅游总收入1846.79亿元，同比增长25.03%，吉林省旅游经济呈现持续快速发展的态势，继续保持超过25%的高速增长。

2014年，吉林省全力打造旅游业升级版。长白山旅游股份有限公司成功上市，提高了企业核心竞争力；扩大旅行社发展规模，积极探索与邮政网点创新合作的新模式；推进旅游景区、星级饭店质量等级评定步伐。敦化六鼎山文化旅游区经过高标准创建，晋升为国家5A级旅游景区，长春北湖湿地公园等34家景区被评定为4A级景区；新增五星级饭店1家，四星级以下饭店12家，提高了接待水平；总结推广了双阳等地大力发展乡村旅游、促进新农村建设的经验做法，进一步规范接待经营标准，完善服务体系；推动长春一汽等工业旅游产品进入市场，开发长影旧址博物馆文博与旅游融合的新产品，评定和命名了一批工业旅游示范点。

为促进吉林省旅游产业发展，引入外地资金投资吉林省旅游产业，2014年9月24日，吉林省文化产业投资控股（集团）有限公司发起设立吉林省首个旅游产业投资基金，致力于解决吉林省旅游业发展资金短缺的瓶颈问题，积极推进吉林省乃至中国旅游文化产业的跨越式发展。

·黑龙江省·

2014年，全省文化产业发展积极适应经济发展新常态，文化产业发展由数量扩张向量质并举转变，市场对文化资源的配置作用逐步增强，文化产业在全省经济发展中继续保持较快增长。2014年，全省文化产业总产出34.2亿元，实现增加值22.7亿元，分别比上年增长12.5%和91.4%。

一、2014年文化产业发展总体情况

（一）抓项目，增强发展动力

一是加强项目管理。按照《黑龙江省重点文化产业项目认定管理办法（试行）》，会同省发改委、省财政厅等相关部门，加强对省重点文化产业项目的管理。编制省重点文化产业项目网上申报系统，建立文化产业重点项目库。对于进入重点名录的项目，以三年为限，没有特殊原因超过三年仍未完成的项目，从名录中剔除，空缺名额，每年递补。建立项目管理台账，明确推进的时间节点，对于拟建的做好策划指导，规范前置审批；在建的加强监督，力求保质量、保进度、保安全、保投资，按期优质施工；竣工的及时进行验收，确保各项目建设取得实效。截至2014年年底，166个重点项目建成74个，在建51个，停建和拟建项目41个，建成率44.58%。截止到2014年年底累计完成投资430.38亿元，占投资总额30.36%。

二是推进项目建设。深入贯彻《黑龙江省文化产业发展“十二五”规划纲要》《关于推进省级重点文化产业项目建设实施方案》，着力推进《规划纲要》中确定的十大重点行业项目建设。优先发展回报率高、成长性好、带动力强、特色鲜明的文化产业大项目新项目，重点抓好列入省级年度重点项目计划项目、有助于加快培育和壮大骨干文化企业的项目、具有发展优势的“专精特新”中小微型项目、具有较大影响和市场潜力的品牌项目建设，使项目结构日趋合理。166个重点项目中，文化旅游业项目59个，占36%，工艺美术及会展业项目54个，占33%，新闻出版、广播影视、网络信息、演艺娱乐等行业项目53个，占31%。加快推进城市文化综合体项目建设，截至2014年年底，建成哈尔滨市艺汇家国际文化商业广场、齐齐哈尔市中环广场、大庆百湖文化广场、绥化市绥棱县文化艺术中心等新型城市文化综合体7个，在建6个。

三是规范资金管理。积极与省政府沟通争取，2014年省级文化产业发展资金增至1.4亿元。按照《黑龙江省文化产业发展专项资金使用管理暂行办法》，与省文化厅共同制定《黑龙江省文化产业重点项目扶持资金管理办法（试行）》。建立联席会议制度，省委宣传部会同省文化厅统筹文化产业资金管理使用。确定2014年度省文化产业发展专项资金、省文化产业重点项目资金扶持项目77个。会同省财政厅开展2011至2013年度

全省文化产业发展专项资金使用情况检查工作，规范各市地、各单位专项资金管理使用。

（二）抓融合，挖掘发展潜力

一是推动文化产业与时尚产业融合发展。召开时尚文化产业研讨会，研讨时尚产业的发展趋势和特点，谋划生成了一系列文化与时尚融合的项目、活动。举办2014中国龙江美丽时尚文化周，设立时尚美妆、时尚珠宝、时尚服装服饰、时尚运动休闲、时尚家居等五大板块，展出万余件产品，充分展示了全省在美妆、珠宝、服饰等方面的特有魅力及时尚产业发展成果，实现成交额1.6亿元，客流总量十多万人次。立足红博西城红场，建设“时尚服装创意基地”“时尚服装销售基地”，拓展与阿里巴巴“B2B”产业带合作。建立黑龙江现代文化艺术产业园油画艺术品交易市场、中俄宝玉石文化产业园，犹太老会堂改造、哈尔滨市电影公司国有老影院改造等项目正在加快推进建设中。

二是推进文化创意和设计服务与相关产业融合发展。落实国务院颁发的《关于推进文化创意和设计服务与相关产业融合发展的若干意见》，研究制定《黑龙江省关于文化创意和设计服务与相关产业融合发展的实施意见》。充分发挥市场积极作用，促进资源合理配置，提升相关产业文化含量。推进创意设计与特色农业和绿色食品产业融合发展，深入挖掘龙江绿色农业文化资源，支持龙头企业开展绿色食品深加工和形象创意设计研发，提高农产品附加值，“寒地黑土”“北大荒”“五常大米”“黑森”等龙江农业品牌竞争力、影响力显著提升。推进创意设计与制造业融合发展，能源、石化、电站设备、食品和新型煤化工产业等领域重大技术装备的创意研发设计能力有所提高，支持战略性新兴产业发展，初步形成特色新兴产业集群。推进创意设计与数字内容产业融合发展，推动文化产品和服务的生产、传播、消费的数字化、网络化进程，大力发展动漫游戏业和网络服务业。推进创意设计与建筑业融合发展，贯彻节能、节地、节水、节材的设计理念，加强城市设计和景观风貌规划，建成了一批龙江生态人文特色城市和美丽乡村。

（三）抓企业，壮大发展实力

一是加强重点文化企业管理。组织开展了省属重点文化企业调查摸底工作，在进一步了解和掌握全省文化企业基本信息、经营效益和财务状况的基础上，建立重点文化企业数据库，对重点文化企业实现建档管理，掌握省属重点文化企业的财务报表及广告收入、党报收入、发行量、产业增加值等重要财务指标。按照《黑龙江省重点文化企业认定管理办法（试行）》，协调相关主管部门，对重点文化企业给予土地、税收、投融资服务、信息咨询等方面的支持，并在文化产业发展专项资金上给予重点倾斜。会同省财政厅，制定《省属及省级重点文化企业重大事项管理暂行规定》和《省属文化企业负责人“双效”业绩考核及薪酬管理试行办法》，切实履行好省委宣传部对省属文化企业的监管职责，实现管人管事管资产管导向相统一，确保对重大事项的决策权、资产配置的控制权、宣传文化内容的终审权、主要领导干部的任免权。

二是推进骨干文化企业建设。省级骨干企业省出版集团、省报业集团、省广电网络集团、省文投集团、省演艺集团等实力不断壮大；区域性龙头企业哈尔滨日报报业集团有限责任公司、大庆新闻传媒集团、大庆文化体育旅游集团有限责任公司、牡丹江新闻传媒集团、鸡西新闻传媒集团等加速发展；重点民营文化企业黑龙江省同源文化发展有限公司、哈尔滨市盛源文化传播股份有限公司等活力明显增强。截至2014年三季度，省出版集团、报业集团、省网络公司、省文投和省演艺集团等省属重点文化企业，总资产69.72亿元，主营业务收入25.38亿元。

三是鼓励国有文化企业跨地区、跨行业、跨所有制兼并重组。加快推进全省广播电视网络整合。先以行政手段整合省直企业内用户，后以市场方式整合中直企业、小片网、行政区域内用户，真正实现全省一网，进一步降低边际成本，增强规模效益。推进省出版集团与中教集团开展战略合作，整合资源，组建黑龙江出版传媒股份有限公司，按照交叉持股的方式，实现出版集团所属出版、印刷、发行业务作为中教股份相对持股子公司的资产间接上市，带动数字出版、图书物流等紧密关联产业快速发展，依托资本市场做大做强。民营文化企业黑龙江乐彤文化传媒有限公司、哈尔滨七彩莲花文化艺术发展有限公司在上海股权托管交易中心Q板挂牌上市，开启了全省文化企业上市融资先河。

（四）抓园区，增强发展合力

一是加强园区基地管理。按照《黑龙江省省级文化产业园区、示范基地认定和管理暂行办法》，借鉴工业园区、经济开发区、高新技术开发区等建设经验，统筹规划全省文化产业园区基地建设，加强主导产业定位、产业链条构建、内部运营管理，避免重复建设和同质化竞争，着力提升园区基地集聚能力和孵化功能。对省级文化产业示园区、基地近三年资产、运营等情况进行评估调查，规范园区、基地运营管理。截至2014年年底，全省建成省级重点文化产业园区基地65家。其中，国家级文化产业试验园区1个，国家级示范基地8个、省级示范园区9个，试验园区10个，示范基地23个，试验基地14个；传统产业类园区基地38个，占总数的58.46%，新型产业类园区基地27个，占总数的41.54%，带动了文化旅游、新闻传媒、出版发行、影视制作、演艺娱乐等产业的快速发展。

二是指导推进园区基地建设。加强国家级试验园区建设。大庆国家级文化创意产业试验园实施“捆绑式”发展，加强“一区十园”建设，重点发展文化创意、能源资讯、动漫原创、IT创智、文化休闲等产业，文化创意产业园、黑龙江国际艺术村、新华（大庆）国际石油资讯中心、国际动漫城，截至2014年年底，黑龙江（大庆）文化创意产业园入驻企业263家，预计实现收入80亿元，缴纳税金9.5亿元。加强科技带动型园区建设。哈尔滨市被中宣部、科技部、文化部、广电总局、新闻出版总署联合命名为首批国家级文化和科技融合示范基地，哈尔滨新媒体动漫产业园区集聚企业145家。

（五）抓平台，激发发展活力

一是建设融资担保平台。成立全国首家省级文化金融专业服务机构—黑龙江文化金融服务中心，由省委宣传部领导，省文化产业投资控股集团运营管理。文化金融服务中心包含融资担保公司、文创银行、文化小贷公司、文化产业发展基金、文化产权交易所、版权评估公司、文化金融研究院等版块，形成一条完整的文化产业金融服务链。省委宣传部与中国人民银行哈尔滨中心支行签署了战略合作协议，文化产业投资控股集团分别与哈尔滨银行、中信银行、浦发银行、民生银行及哈尔滨经济技术开发区管理委员会、平房区政府签署了合作协议。省文化金融服务中心与首批授信的18家中小文化企业签署了投融资协议，融资担保贷款金额达1.78亿元。金融服务中心的建立，实现了文化企业与金融机构、融资信息与金融服务的有效对接，为文化企业发展提供金融资本保障，有效解决了中小微文化企业融资难、融资贵等问题。

二是建设宣传推介平台。成功举办黑龙江文化产业十大品牌评选推介活动，经推荐申报、初评、媒体公示、群众投票、专家评审等环节，最终太阳岛风景名胜区、哈尔滨冰雪大世界、五大连池风景名胜区、雪乡、黑龙江电视台都市频道、《生活报》、小笨熊、雪娃、云谷、蝶入选黑龙江文化产业十大品牌；北极人家、龙塔、格言、龙江网络等被评为黑龙江文化产业十大入围品牌。评选活动受到广泛关注，近20家省内外媒体对活动情况进行转载和报道。增强了文化企业品牌意识，为提升全省文化品牌核心竞争力，推动全省文化产业跨越发展产生了深远影响。组织开展黑龙江·台湾文化交流与合作活动，举办大型推介会两场，与台湾有关文化协会、企业达成实质性和意向性项目合作协议14个，涵盖文化旅游、出版、动漫、演艺、音乐、创意、艺术品生产及产业园区建设等多个方面，进一步扩大了黑龙江文化在台湾地区的影响力。在首届中俄博览会期间，成功举办国际文化贸易合作恳谈会，全省与俄罗斯、波兰等有关文化单位就进一步完善交流机制、加强相关领域合作、拓展文化贸易等方面达成共识。

二、2014年文化产业各行业发展基本情况

（一）新闻出版业

推动传统媒体与新兴媒体融合发展。开展传统媒体与新兴媒体融合发展专项调研，形成调研报告。落实中央《关于推动传统媒体和新兴媒体融合发展的指导意见》，研究制定全省《实施意见》。以省直主要新闻媒体为龙头，以重点项目为抓手，以先进技术为支撑，以内容建设为根本，积极推动传统媒体和新兴媒体在内容、渠道、平台、经营、管理等方面深度融合，着力将《黑龙江日报》、黑龙江广播电视台、东北网络台等媒体打造成手段先进、竞争力强的新型主流媒体。2014年，省报业集团将黑龙江晨报和黑龙江新闻网合二为一，推出的《掌上龙江》《劲彪新闻》《生活报》等新闻客户端用户持续增长；省电台龙广听友网获国家互联网新闻信息服务一类单位资质，日点击量在100万次以上，在全国省级广播网站中排名第二，龙广客户端、微博、微信等公众平台受关注度不断提高；东北网日均页面访问量达到3268万次，比2013年增长41%，在全国50多家省市级重点新闻网站综合排名稳居前十。

（二）文化会展业

举办第十届深圳文博会龙江文化产业展、首届中俄博览会文化产业展，签约项目59个，金额291亿元，履约率为83.1%，开工率为54.2%。举办第九届龙江文博会，总成交额1.4亿元，客流量近20万人次。成功举办哈尔滨之夏音乐会、齐齐哈尔国际鹤文化艺术节、佳木斯文化产业博览会、“创意大庆”文博会、黑河中俄文化大集等地方性展会。打造对外文化品牌，积极推进文化产品走出去。

（三）文化旅游业

加快推进文化与旅游业发展。2014年，召开全省文化旅游工作会议，就推进文化产业与旅游业融合发展做

出部署。推进“一核、两翼、三圈、一带”的文化旅游业发展格局建设，着力打造哈尔滨文化旅游核心区，构建大庆—齐齐哈尔文化旅游发展翼和牡丹江—鸡西文化旅游发展翼，建设生态文化休闲圈、历史民俗文化圈和中俄国际文化交流圈，发展边境特色文化旅游带。以项目为牵动，推进文化旅游资源有机整合，推动旅游与文体活动、节庆会展、文艺演出、影视文学创作、动漫业、主题园区基地等结合，依托旅游景点、景区，打造一批体现地域风情、具有黑龙江特色的驻场演出。充分利用夏季的区域整体生态化和冬季独特的冰雪旅游优势，依托黑龙江的北极、东极地理概念和边境游等元素，加强旅游产品创意研发、市场营销，提升其文化内涵和竞争力。

加强文化与旅游融合园区基地建设，2014 年共建成文化旅游园区基地 15 个，同时加强对俄文化主题园区建设，充分依托对俄文化交流桥头堡优势，以哈尔滨为中心，齐齐哈尔、黑河、佳木斯、鹤岗等地为依托，重点建设哈尔滨伏尔加庄园、太阳岛俄罗斯风情小镇、黑龙江中俄国际艺术产业基地、黑龙江中俄民族风情园等 10 个俄罗斯元素文化旅游园区。

·上海市·

2014 年，全市深化改革，加快推动《上海市文化创意产业发展“十二五”规划》的实施，文化创意产业跨界融合取得新进展。上海自贸试验区文化创意市场进一步开放，文创扶持资金拉动效应显著，重大项目加快推进，国内外合作交流活动频繁。2014 年，全市实现文化创意产业增加值 2820 亿元，比上年增长 8%，占全市 GDP 比重的 12%，提前一年完成“十二五”规划目标，文化创意产业成为引领和支撑上海新一轮发展的支柱产业。

一、2014 年文化产业发展总体情况

（一）文化创意产业快速发展

2014 年，《上海市人民政府关于贯彻〈国务院关于推进文化创意和设计服务与相关产业融合发展的若干意见〉的实施意见》《上海市人民政府关于加快发展本市对外文化贸易的实施意见》出台。文化金融合作取得新进展，设立文化产业创业投资引导基金，出台《上海市关于深入推进文化与金融合作的实施意见》，围绕建立完善文化金融合作机制、渠道及环境推出 16 项政策。加快设计之都建设，印发《上海市设计之都建设三年行动计划（2013—2015 年）》《上海市工艺美术产业发展三年行动计划（2014—2016 年）》。大力推进电影产业发展，出台《关于促进上海电影发展的若干政策》，上海影视摄制服务机构成立，提供咨询、协调等两大类、113 项免费服务。推动国资改革，打造新型媒体集团。上海文广集团通过资产重组深化市场化改革，加快互联网化转型；上海报业集团整合传统媒体资源，与新媒体融合，推出新媒体平台“澎湃新闻”“界面新闻”等。文化创意企业竞争力进一步提升，中广国际、南翔智地、河马动画获“国家文化产业示范基地”称号；恒源祥集团、亚振家具、晨光文具、民族乐器一厂被工业和信息化部列为“全国工业品牌培育示范企业”，“江南智造”被工业和信息化部列为全国唯一一个创意设计产业集群区域品牌试点；有 35 家文化创意企业和 12 个项目被认定为2013—2014 年度国家文化出口重点企业和重点项目；上海电影集团、百视通入选第六届全国文化企业三十强。

（二）自贸区文化创意市场先行先试效应扩大

2014 年，上海市落实自贸试验区文化市场开放政策，发挥国家对外文化贸易基地示范作用。外商独资演出经纪机构、外商独资娱乐场所、外资企业从事游戏游艺设备的生产和销售三项文化市场开放政策在自贸试验区内落地；发布《关于中国（上海）自由贸易试验区进一步对外开放增值电信业务的意见》，在自贸试验区内开展进一步对外开放增值电信业务的试点；市文广影视局等五个行政管理部门联合出台《中国（上海）自由贸易试验区文化市场开放项目实施细则》。随着负面清单管理模式的建立，上海文化领域积极创新管理方式，由上海市文广局牵头建立“一站式、全天候、零时差”的服务体系，率先设立文化审批受理的延伸服务窗口，集中受理自贸区内中外文化企业的资质审批、艺术品内容审批和演出内容审批等专项业务。上海检验检疫局制定上海自贸区进出境文化艺术品检验检疫管理办法，联合海关开展“集中报检、集中查验、集中监管”一站式便捷服务，保障国际艺术品通关便捷，促进上海艺术品交易和会展业发展。

一系列举措使上海自贸区成为文化企业的乐土，文化产业亮点频现：9 月，微软 Xbox One 汉化游戏机在国内正式发售；10 月，美国倪德伦环球娱乐公司在自贸区注册成立中国首家外商独资演出经纪机构；微软与百视通联姻；索尼与东方明珠合资；倪德伦环球娱乐公司宣布将在中国启动“演艺剧场群”计划，并推动更多

中国优秀剧目走向美国市场；香港寰亚蒙丽文化传播公司成为上海自贸区首家取得《营业性演出许可证》的外商独资企业。截至 2014 年年底，国家对外文化贸易基地吸引新增入驻企业 144 家，新增注册资本 51.48 亿元，累计入驻文化企业 300 余家，文化贸易交易额超过百亿元。基地入驻企业涵盖演艺、娱乐、影视、动漫游戏、图书出版、印刷、拍卖、贸易、艺术品经营等文化产业各个领域。

（三）文化创意产业园区融合发展

2014 年，上海市出台《上海市文化创意产业园区管理办法（试行）》，整合原 50 家市级文化产业园区和 87 家创意产业集聚区，其中，106 家获“上海市文化创意产业园区”称号。园区整合以后，形成国家数字出版基地、环同济建筑设计基地、环东华大学等产业门类集聚、功能定位明晰的产业基地式园区及张江文化创意产业园、江南智造等注重与科技、创意、贸易、金融、旅游等跨界融合的园区。各类文化创意产业园区呈现出专业化、特色化、品牌化特征，园区能级进一步提升，SOM 建筑和规划事务所、GAP、大众点评、木马、洛可可等国内外知名企业入驻后，产生良好生态效应。

（四）文化创意扶持资金拉动效应显著

2014 年，上海市文化创意扶持资金更加注重鼓励文创产业与其他行业的融合发展以及具有示范带动作用的创新项目，市区两级政府以 4.1 亿元资金撬动社会资金 21.4 亿元。文化创意扶持资金启动三年以来，所扶持的一批项目取得实效：上海中仿工业设计 CAE 平台每年为约 200 家的工业企业提供服务，为每家企业节约至少 15 万元的研发、设计成本；时尚纺织服装品牌设计研发及质量控制服务平台向全球发布和推介 500 家面料企业的 5000 余款流行面料产品，直接服务的品牌设计师近万人；上海原创动画片《泡泡美人鱼》在欧洲、北美等地区的预售金额超过 1000 万欧元，实现中国原创动画作品由国际团队创作、制作到国际销售的产业创新模式；李守白大师工作室暨海派手工技艺传习所举办各种传承教学活动，给海派文化创意带来更大发展空间；新民网的“上海话”全媒体平台形成“上海话”数据中心及内容管理系统，服务覆盖全国。

（五）文化创意产业重大项目加快推进

2014 年，中国工业设计研究院、中国工业设计（上海）研究院股份有限公司成立，着力打造国际化、国家级工业设计服务平台；张江国家级文化和科技融合示范基地建设取得成效，网络动漫、网络视听、数字出版等文化科技领域集聚特征明显；上海国际时尚创意楼宇获教育部批复立项，承载上海国际时尚创意学院、新锐设计师创业孵化基地和国际时尚发展中心三大功能；全世界规模最大的会展综合体——国家会展中心项目投入试运营；《环上大文化创意产业集聚区发展规划》启动，上海温哥华电影学院开学，强化对影视后期制作人才的培养；“西岸传媒港”旗舰项目“梦中心”启动；上海迪士尼乐园五大片区建设完工，度假区城堡建设获美国建筑师协会颁发的“建筑实践技术大奖”；上海设计之都公共服务平台服务提升，服务企业近 6000 家，展示推介产品近万件。国家数字出版基地年产值约 300 亿元，比上年增长 20%，企业总数 480 家。

（六）市、区合力推进，区域发展各具特色

2014 年，上海文化创意产业发展基本建立起市区两级统筹兼顾、职责明晰的工作机制，重心向区县下移，形成市、区合力推进格局。市级层面主要做好规划、布局和政策支撑等统筹、指导工作；各区县除按照市级要求进行落实以外，“主战场”在产业规划、项目推动、专项资金使用、园区建设等方面发挥更为积极主动的作用。

各区县紧密结合区域经济发展特色，加快推动当地文化创意产业的发展。黄浦区、徐汇区、闸北区、普陀区、宝山区、青浦区加强人才培育，提升园区能级，相继出台促进产业发展的相关发展规划；长宁区、杨浦区、金山区抓住国家信息消费示范城区、创新型试点城区、国家绿色创意印刷示范园的建设机遇，推进相关产业的发展；静安区、嘉定区、奉贤区、崇明县聚焦产业重点，文化创意产业发展区域特色明显；浦东新区、虹口区、闵行区、松江区加强宣传力度，通过举办论坛、博览会、节庆活动及展示体验厅等，吸引国内外企业与专家参与区域文化创意产业的发展。

（七）产业融合趋势明显，新模式频现

2014 年，上海市金融与文化产业融合发展模式正在形成。中国银行上海分行与北京春秋永乐文化传播有限公司签订战略合作协议，全面支持永乐集团在演艺、影业、体育、文化经纪等方面的业务。建设银行上海分行、交通银行上海分行、工商银行上海分行也分别与上海文广集团、上海报业集团、世纪出版集团和上影集团等建立战略合作关系。2014 年 11 月，上海市正式发布《上海市关于深入推进文化与金融合作的实施意见》，从完善文化金融合作机制、拓展文化金融合作渠道和优化文化金融合作环境 3 方面着手，提出 16 项具体举措，将设立文化创投风险引导基金，连续 3 年每年安排 1 亿元，鼓励更多专业化风险投资基金和天使投资基金投资文化小微企业。此后，上海市文化产权交易所与上海静安区进行合作，在文化金融创新、艺术品交易等领域开展试点；上海徐汇区推出《徐汇区关于深入推进文化金融合作的实施意见》，设立区级文化类创投引导基金。

与此同时，在“互联网 +”浪潮的推动下，一批创新型文化企业在上海崛起。2014 年 6 月，游族网络正式登陆资本市场，成为国内 A 股主板第一只游戏股；零动数码、安畅网络等文化科技企业在新三板挂牌；上海证大喜马拉雅网络科技、三鑫科技、互加文化传播（沪江网）、幻维数码和聚力传媒等文化科技企业继续在细分市场表现出强大竞争力。

此外，上海市文化产业结合装备制造业，向文化产业的基础领域拓展。2014 年，上海市筹建国内首个国际高科技文化装备产业基地——国家对外文化贸易基地（自贸区）高科技文化装备产业基地，打造集文化装备技术研发和集成创新、标准认定和应用示范、投资交易和展示推广于一体的文化装备产业高地，同时上海国际高科技文化装备应用示范中心也在加紧筹建中。百视通、三鑫科技等文化装备制造企业在机械、光电子和异形硬件装备等方面实现技术突破，形成可广泛用于影视摄制放映、广告会展、智能家居等领域的文化装备解决方案。

（八）国内外文化合作交流活动丰富

2014 年，上海市成功举办中国上海国际艺术节、上海国际电影节、上海艺术博览会、上海电视节、“上海之春”国际音乐节、中国国际动漫游戏博览会、上海室内设计节、上海旅游节、伦敦设计节上海展、上海国际时装周、上海书展暨“书香中国”上海周等一系列活动。“2014 上海设计之都活动周”吸引近 50 个国家或地区参与，参加人数近百万人，活动期间成立上海国际创意城市专家委员会；2014 中国上海首届国际童书展成功举办，参展中外最新童书超 5 万种；第十二届中国国际数码互动娱乐展览会（Chinajoy 游戏展）合计入场人次超 25 万。

上海为文化创意企业“走出去”搭建平台。“上海·佛罗伦萨—中意设计交流中心”佛罗伦萨基地和上海基地先后揭牌；在法国联合国教科文组织总部举办“魅力上海”成果展；在奥地利格拉兹举办上海设计之都展；组织文化创意企业参加洛杉矶艺术节、科隆游戏展、法兰克福书展、伦敦设计节等展会。同时，上海文创企业积极服务 APEC 峰会、亚信峰会、青奥会等国家重要活动和赛事。玛戈隆特骨瓷（上海）有限公司设计的“雁栖中国”“丝路盛宴”为主题的国宴餐具，受到与会领导人和嘉宾的一致称赞；上海本土非遗展示项目面塑、顾绣、金山农民画、朵云轩木版水印等得到各国家领导人和夫人的赞赏。

二、2014 年文化产业各行业发展基本情况

（一）广播电视业

2014 年，全市共有公共电视节目 25 套（其中市级 16 套，区县级 9 套），有线数字付费频道 16 套，公共电视全年播出时间 179072 小时；共有公共广播节目 21 套（市级 11 套、区县 10 套），付费广播 1 套，公共广播全年播出时间 137668 小时。有线广播电视传输网络干线总长 44091.75 公里，广播、电视综合人口覆盖率均达 100%。有线电视用户数 687.8 万户，有线电视入户率为 130.4%。截至 2014 年年底，付费数字电视用户 152.2 万户，比上年下降 3.4%。

全市播出电视剧 1191 部 42509 集（播出部数和集数分别比上年下降 4.6% 和 2.7%），其中进口电视剧 39 部 968 集（播出部数和集数分别比上年下降 20.4% 和 4.9%）；全年动画电视播出 14559 小时（比上年增长 9.6%），其中进口动画片 2419 小时（比上年下降 5.2%）。

全年广播电视实际收入 310.1 亿元，比上年增长 4%。其中广告收入 75.9 亿元，有线网络收入 31.3 亿元，广播电视节目销售收入 9.6 亿元，其他收入 183.7 亿元。截至年底，广播电视从业人员 27703 人，其中研究生及以上学历 1976 人，本科及大专学历 18448 人，高中及以下学历 7279 人，分别占总数的 7.1%、66.6% 和 26.3%。

2014 年，全市加强推进广播电视品牌建设。上海广电频率频道实施品牌战略，获奖节目增加，品牌建设效果凸显。3 月 15 日起，上海广播电视台整合东方卫视、新娱乐、星尚、艺术人文、七彩戏剧、生活时尚数字频道六大频道资源，成立东方卫视中心，试点推行独立制作人制度，促使节目创新、创意、制作焕发更大活力。根据全国 34 个城市上半年黄金时段收视率统计数据分析，东方卫视综艺节目和电视剧平均排名全国前三。6 月 9 日，成立东方广播中心，整合上海广播电视台旗下广播新闻中心、东方广播公司、第一财经广播、五星体育广播四大广播业务板块，打破原有分散管理格局。6 月 16 日，纪实频道正式上星播出，成为全国首家上星开播的地方纪录片频道。7 月，上海广播电视台将旗下艺术人文频道、七彩戏剧频道、经典 947 频率、戏剧曲艺频率整合成立国内首家“上海广播电视台公益媒体群”。各频道频率致力于提供高品质文化艺术节目，影

响力逐步扩大。

广播电视科技应用整体跃升。一是推进广播电视高清化、数字化发展。根据上海地面数字电视广播覆盖网发展规划，完成地面DS-20频道的数字化转换，上海地面高清电视增至4套。完成高清纪实频道、文广互动10套标清转高清付费数字电视节目上星传输，覆盖全国。推进国家新闻出版广电总局、工业和信息化部制定的《广播电视先进视频解码（AVS+）技术应用实施指南》的规定实施。二是推进广播电视新技术实施。完成上海广播电视台中国数字音频广播（CDR）的技术试验方案制定。组织上海广播电视台、上海交通大学、数字电视国家工程研究中心、东方有线网络有限公司、东方明珠（集团）有限公司等单位进行产学研联合攻关，开展超高清电视（UHDTV）的技术研发。组织东方明珠数字电视有限公司、数字电视国家工程研究中心、中科院上海高等研究院开展下一代广播电视网无线系统（NGB-W）关键技术研发及应用示范，NGB-W示范区已获批在上海实施。组织东方有线网络有限公司开展基于NGB网络的智能电视操作系统（TVOS1.0）的规模应用试验，有3万家试验用户测试。

（二）电影业

2014年，上海市加大对电影行业的扶持力度，电影产业环境优化，为电影产业快速发展提供了有力支撑。

一是推进载体建设。创新建设模式，依托中国（上海）网络视听产业基地，在闵行区以内容为中心打造中国网络剧微电影创意创业中心，优酷土豆影业有限公司完成注册，中国网络视听产业基地入驻企业总量122家。优化审批服务，将广播电视节目制作经营单位设立受理窗口延伸到基地内，丰富“中国网络视听产业论坛”内容。至年底，基地注册企业累计缴纳税收约2.01亿元。

二是搭建服务平台。市文广影视局牵头成立上海温哥华电影学院及环上大国际影视产业园区建设领导小组。9月29日，上海温哥华电影学院举行开学典礼，学院通过引进温哥华电影学院的教学体系和师资教材，与北美教育市场和产业市场对接，实现上海电影教育与电影产业的零距离对接，电影学习与电影创作的零距离交接。环上大国际影视园区以形成上海电影产业链为目标，逐步吸引一批全国重点制作企业向园区集中，实现由电影学院发展带动世界一流的电影影视园区、高端电影后期制作基地的建设。

三是出台产业政策。10月27日，由市委宣传部、市文广影视局、市教委等9部委联合制定的《关于促进上海电影发展的若干政策》正式颁布。该政策紧扣制约上海电影发展的瓶颈问题，做到切实、针对、实用、有效，为上海电影产业的发展创造良好政策环境。2014年10月，上海制定出台《关于促进上海电影发展的若干政策》，整合现有扶持政策，每年安排逾2亿元财政资金支持上海电影全产业链发展。

2014年，全市新增影院32家，新增银幕199块，新增座椅28097只。截至年底，全市银幕总数945块，影院总数199家，座位总数155714个。全年电影票房20.4亿元、放映场次161.12万场、观影4670.52万人次，分别比上年增长29.94%、30.78%和25.19%。全市票房突破20.4亿元，比上年增长29.94%。其中国产影片9.1亿元，进口影片11.3亿元。放映161.12万场，观众4670.2万人次，分别比上年增长30.78%和25.19%。平均票价43.68元。在全国30部过亿的进口片中，《超体》由上海基美影业股份有限公司代理发行，票房2.75亿元。

（三）新闻出版业

2014年，全市加大推进新闻出版产业转型升级。市新闻出版局制定《上海市出版物发行网点建设引导目录（2014版）》，实施新一轮扶持实体书店政策，发行渠道26家企业的37个项目获1300余万元资助。15个项目入选新闻出版国家文化产业发展专项资金项目。16个项目获2014年国家文化产业发展专项资金扶持，金额5700余万元。30家单位70个项目获上海市新闻出版专项资金图书出版领域830万元资助。157个项目获上海文化发展基金图书专项出版基金500万元资助，39个项目获上海科技专著出版资金228.4万元资助。

2014年，全市数字出版产业融合发展。开展网络游戏属地管理试点，缩短网络游戏审批时间。3家上海企业当选2014年度中国十大品牌游戏企业。国家版权贸易基地（上海）在上海自贸试验区挂牌，完善国际版权评估和交易、国际版权纠纷调解、国际版权金融服务、国际版权作品展演、国际版权人才培训五大功能。2014年，全市出版单位开展涉及1633种图书的涉外版权贸易活动。其中，引进图书1459种，比上年减少271种，下降15.66%；输出图书174种，比上年减少46种，下降20.91%。网络文学产业营业收入12亿元，保持占全国70%以上的市场份额。张江国家数字出版基地全年营业收入280亿元，比上年增长22%，保持平稳、较快发展态势。国家数字出版基地虹口园区全年营业收入40亿元。

截至2014年年底，全市共有报纸101种（登记出版报纸100种，停刊1种）。登记出版的报纸中，综合类报纸 12 种、行业专业类报纸 72 种、生活服务类报纸 7 种、读者对象类报纸 7 种、文摘类报纸 2 种。5 家报纸实现利润均超过 300 万元。报纸从业人员 5090 人，比上年减少 78 人，其中采编业务人员 2766 人。共有期刊 627 种。其中，社会科学类期刊 268 种，自然科学类期刊 359 种；中央部属单位在沪期刊 218 种，上海地方主管主办期刊 409 种。期刊平均期印数在 129 万册以上的 1 种（《故事会》）。期刊从业人数 5344 人，其中采编业务人员 3263 人。

2014 中国上海国际童书展（CCBF）于 11 月 20 日至 22 日在上海世博展览馆举办。23 个国家或地区的 250 余家知名童书出版与相关专业机构参展，展出中外最新童书超过 5 万种，其中外版童书近 2 万种。8000 余名专业观众和 3 万多名儿童及其家长观展。开展国际性、专业性童书版权贸易洽谈、作家推介、阅读推广等活动 120 多场，首次设立陈伯吹国际儿童文学奖。首届陈伯吹国际儿童文学奖评选及颁奖、2014 上海国际儿童文学作家节、2014 国际出版人上海访问计划（SHVIP）、2014 国际出版媒体上海合作计划、2014 全球少儿出版新常态与新趋势论坛等主题活动受到读者广泛关注。

（四）演艺业

2014 年，全市剧场举办演出 1.2 万余场、观众 742 万人次，演出票房约 12 亿元。其中中心城区 20 余家剧场演出 6000 余场。东方艺术中心等 7 家剧场演出 300 余场，文化广场等 15 家剧场演出 200 余场。全年演艺业发展主要现在：一是上海自贸试验区文化市场开放政策的推出，10 余家中外合资、外商独资演出经纪机构相继入驻区内，其中包括尼德伦环球娱乐等百老汇知名剧场管理公司。二是市、区两级政府设立专项资金补贴公益票，培养观众的观演习惯。全年剧场观众人次比 2013 年增长 18%。三是民营院团数量逐年增加，演出场次占据上海演出市场“半边天”。2014 年首次推出的“民营演艺产品营销交流会”，打通民营演艺产品营销渠道，推动民营剧团更加重视艺术生产的创排、演出与营销。四是文化金融对接成效初显。2014 年，金典工场（JDF）获得华策影视 2000 万元注资，与华策影视联合出品音乐剧《上海滩》；上海音乐厅与森海塞尔公司合作，正式冠名为森海塞尔上海音乐厅。票务机构、演出机构、剧场等演出市场主体，通过与资本、商业等联手，实现资源互补，推动产业整合与发展。

2014 年，市文广影视局、静安区文化局联合上海市演出行业协会开展街头艺人试点工作。10 月 25 日，首批持证街头艺人在静安嘉里中心广场、安义路段、静安公园正门为路人献艺，表演样式涵盖民谣吉他弹唱、水晶球、铝箔剪纸、草编艺术、陶笛演奏、艺术气球造型灯等多种形式。试点工作延续至 2014 年年底，艺人们遵循“核准内容、核定地点、规定时间”的要求进行街头表演，市、区两级多个部门按照职责分工探索协同管理机制。艺人甄选标准有 4 条：一是表演内容确有一定观赏性；二是艺人仪容整洁、形象积极健康；三是表演形式不会影响公共环境；四是表演内容符合《营业性演出管理条例》及其实施细则规定。

（五）动漫游戏业

截至 2014 年年底，全市有 30 家经国家认定的动漫企业，其中重点动漫企业 5 家。全年原创漫画作品 32 部、动画作品 67 部、自主知识产权动漫软件 22 套，网络动漫下载次数 5000 万次。全市动漫产业发展势头良好并涌现出许多新亮点：一是多部本地动漫原创作品荣获国家级奖项。淘米网络科技有限公司的《赛尔号》获文化部等部委联合开展的第二届中国文化艺术政府奖最佳动漫形象奖，上海电影艺术学院获最佳动漫教育机构奖，上影大耳朵图图影视传媒有限公司《图图的智慧王国》等 20 个项目入围。天古数码艺术设计（上海）有限公司的 3D 动画电影《神笔马良》、城市动漫的系列连环画《中国追梦人》入围文化部产业司开展的《2014 年弘扬社会主义核心价值观动漫扶持计划》产品项目扶持名单，今日动画影视文化有限公司的电视动画《神奇玩具狗》、京鼎动漫科技有限公司的漫画《大中华寻宝记》入选创意项目扶持名单。

二是动画电影产量与票房双增长。2014 年度，上海动漫企业制作的 6 部动画电影，票房合计 2.61 亿元，分别占全国上映数量及总票房的 22% 和 26%。上海动画电影制作国际合作取得新进展，河马动画与国际著名影视公司狮门影业（Lions Gate Films）、全球最大在线影片租赁服务商 Netflix 签署影片发行战略合作协议。

三是行业协会服务行业产业作用得到加强。2014 年，上海市动漫行业协会充分发挥服务行业与产业的平台作用，每季度开展会员日活动，以精品项目推介专场、漫画专场、动画专场、校企合作专场为主题，达到项目推介、经验分享、行业交流与促进合作的效果。带领上海动漫企业组团参加香港国际授权展、巴塞罗那国际漫画节及昂西国际动画电影节，达成合作意向 20 余个。举办专业培训会议，帮助企业准确知晓国家及全市各类动漫扶持政策。动漫协会会员近 110 家，涵盖动漫行业全产业链，成为分享企业资源、推动行业发展的重要力量。

四是资金扶持更加聚焦行业内的重点企业并关注行业发展的最新趋势，对上海动漫游戏产业的发展起到推动作用。2014 年，共有 82 个项目申请上海动漫游戏产业发展扶持奖励资金。经评审，共有 32 家动漫游戏企业的 40 个项目获得总计 977 万元的动漫游戏产业发展扶持奖励资金。其中漫画类 83 万元、电视动画片类 244 万元、动画电影类 180 万元、网络游戏类 40 万元、网络手机动漫类 10 万元、动漫游戏出口产品奖励 70 万元、前期资助 85 万元、动漫游戏展会类 160 万元、获国家扶持资金配套补贴 105 万元。

2014 年，全市游戏产业营业收入 377 亿元，比上年增长 47.8%，占全国 1144.8 亿元的三分之一。2014 年，全市有网络游戏运营企业 458 家，新增网络游戏企业 131 家，比上年增长 40.1%。全年产业总产值达 305 亿元，比上年增长 18.4%。全市网络游戏产业呈现出以下新特点：一是端游企业发力手游市场，移动游戏竞争加剧；二是移动游戏企业并购热潮延续，资本市场趋于理性化；三是内容为王，版权争夺成为未来市场的竞争点；四是电视游戏市场处萌芽期，上海的电视产业矩阵初步形成；五是电子竞技大热，上海成为国内大型赛事集中地；六是游戏直播市场迎来爆发期，上海有望搭建产业生态；七是国内市场增长放缓，海外市场成业内争夺之地。

（六）艺术品交易业

2014 年，全市艺术品市场总体呈现增长势头。备案登记的画廊近 400 家，主要集中在普陀区和长宁区。全年文物艺术品拍卖成交额 56.17 亿元。全年艺术品市场发展呈现以下特点：一是画廊经营理念逐渐成熟。上海外资画廊数量占比 15.38%。不少外资画廊还参与上海国际音乐节、乌镇戏剧节等活动。藏家对西方艺术品的购藏热度上升，给外资画廊带来活力。外资画廊的引进，对地区内其他画廊乃至整个一级市场有着带动作用。

二是艺术机构联合与跨界成亮点。2014 年，上海艺术机构、画廊开始大规模参与到跨界活动当中，形成与时装展、音乐节“混搭”的展览特色。艺术展览地点更加丰富也是一大亮点，许多大型画廊走出艺术区，在商厦、高铁站、机场、剧场及旅游区布展。如 3—6 月举行的莫奈画展，主办单位选择位于淮海中路商圈的上海 K11 购物中心艺术空间作为展览地点，“门票 + 艺术衍生品售卖 + 商业赞助”成为商业大展的盈利模式。

三是艺博会扎堆举行持续升温。2014 年在上海举办的艺博会有 10 个，其中上海艺博会、设计上海创意博览会、上海影像展、西岸艺术与设计博览会、城市酒店艺博会、上海二十一当代艺术博览会等展会，体现大型艺术博览会的专业性与国际性，引起业内和媒体广泛关注。艺博展会已成为上海艺术市场繁荣发展的助推器和发掘培育新人新作的重要平台。

（七）互联网与新媒体业

2014 年，全市在传媒领域的频频出手，进一步深化文化国资的改革重组，推动上海文广集团深化市场化改革与加快互联网转型。资产重组实现媒体融合发展。11 月 21 日，上海文化广播影视集团有限公司宣布百视通以新增股份换股方式合并东方明珠；百视通以非公开发行股份购买旗下尚世影业、五岸传播、文广互动和东方希杰的股权；百视通通过向文广投资中心等 10 家机构定向发行股份的方式，募集 100 亿的配套资金，其中近一半投向互联网电视业务领域，如全媒体云平台项目、互联网电视及网络视频项目、新媒体购物平台建设项目等。重组后的上市公司市值超过 1000 亿元，成为中国 A 股文化传媒行业第一家千亿市值上市企业，跻身全球传媒娱乐行业上市公司前十五位。上海文广影视集团持有重组后上市公司约 45.07% 的股份，仍为公司的控股股东和实际控制人。

2014 年，全市网络视听产业呈现以下特点：一是上海视频网站加大网络剧、微电影投入。全年制作网络剧 7 部，微电影 44 部。二是交互式网络电视（IPTV）市场规模增长放缓。百视通公司为超过 2250 万 IPTV 用户提供技术和内容服务。其中上海用户 220 万户，比上年增长约 20 万户。三是互联网电视行业规范有序发展。百视通公司有效发挥牌照优势，全年累计投放互联网电视机顶盒、高清电视机顶盒超过 220 万端（户），对接并激活智能电视终端超过 3500 万台，与国内近 10 家智能电视厂商开展互联网电视一体机合作。四是全市 15 家《信息网络传播视听节目许可证》持证单位开展移动互联网视听节目服务。土豆网、PPS、PPTV、哔哩哔哩 4 家单位开发的移动客户端 APP 内容类别众多，装机量、用户数达到一定市场规模。百视通、新民网、优度网、东方购物开发的移动客户端 APP 内容特色鲜明。上海移动互联网音频节目服务主体多样，内容丰富。五是中国（上海）网络视听产业基地入驻企业 155 家，实现总产值约 25 亿元，比上年增长约 66.7%；全年实现税收 22300 万元，比上年增长约 65.2%。

（八）广告业

2014 年，对 4651 户规模以上和重点类型广告经营单位的统计结果显示，全年全市广告营业收入为

1649.90 亿元（其中应税经营额 463.65 亿元，同口径下占全国总量的 8.3%），比上年增长 9.5%。广告业增加值 315.38 亿元，比上年增长 4.4%，约占全市生产总值的 1.3%，较上年度下降 0.1 个百分点；约占全市第三产业增加值的 2.1%，比上年下降 0.2 个百分点。至年底，上海有广告经营单位 119622 家，比上年增加 33515 家，增长 38.9%。其中主营广告单位 35270 家，增长 23.5%；兼营广告单位 84352 家（其中从事广告业务的网站经营单位 6281 家），增长 46.6%。外商投资广告企业 352 家，比上年增长 28.5%。全市广告从业人员 29.3 万人，比上年增长 11.4%。

2014 年，广告业整体平均利润率比上年下降 1.9 个百分点。主营广告企业的利润率较上年下降 2.5 个百分点；传统媒介单位的利润率进一步下跌，比上年下降 16.5 个百分点；其他兼营广告企业的利润率增幅明显，比上年上升 24 个百分点。2014 年，全市互联网媒介经营单位广告营业收入 60.46 亿元，比上年增长 52%。在电视、广播、报纸、期刊和互联网等五类大众传播媒介的广告营业收入份额中，互联网媒体广告的份额由上年的 31.5% 上升至 42.3%，展现出强劲的增长势头。电视、广播、报纸、期刊等四大传统媒体广告营业收入总体下降，总计 83.01 亿元，比上年减少 3.6 亿元，下降 4.1%。

从区域分布情况分析，全市广告业态继续保持核心商务区外商投资企业集中、城郊区域内资企业居多的总体布局，其中上海自贸试验区广告企业注册数量由 2013 年的 87 户猛增至 2014 年末的 1362 户，增长 14 倍，充分体现政策开放带来的集聚效应。受外资广告企业项目审批制改备案制的政策影响，上海自贸试验区内新增外资广告企业数量占同期全市外资广告企业增量的逾六成。该项改革措施已被国务院列入复制推广范围，即将在全国施行。

（九）文化旅游业

2014 年，全市旅游总收入 3415.96 亿元，比上年增长 0.3%。其中国内旅游收入 2950.13 亿元，比上年下降 0.6%；旅游外汇收入 57.05 亿美元，比上年增长 6.9%。全市接待国内游客 2.68 亿人次，比上年增长 3.2%。接待入境游客 791.3 万人次，比上年增长 4.5%，其中入境过夜游客 639.62 万人次，比上年增长 4.2%。旅行社组织出境旅游人数 242.3 万人次，比上年增长 3.8%。“春节”“国庆”黄金周全市分别接待游客 362.86 万人次和 881.25 万人次，比上年分别增长 8.2% 和 15.8%；分别实现旅游收入 35.75 亿元和 82.60 亿元，比上年分别增长 1.0% 和 10.5%。

2014 年，上海市强化顶层设计和总体谋划，探索转变旅游监管机制，旅游业深化改革平稳起步。启动《本市促进旅游业改革发展“十三五”规划》和《上海城市总体规划（2020—2040）旅游专项规划》编制工作，初步形成“十三五”上海建设世界著名旅游城市思路、旅游服务业发展思路等研究成果。成立中国邮轮旅游发展实验区联席会议和上海文明旅游工作联席会议。修订完成《上海市旅游发展专项资金使用管理指导意见》，加大对旅游新业态、智慧旅游、入境旅游等扶持力度。制定发布全国首个文化旅游地方标准《博物馆、美术馆服务规范》，完成《会议经营与服务标准第 2 部分：会议场所服务机构》《景区旅游休闲基础设施规划导则》等地方标准制定工作，推动《文化旅游空间服务质量要求第 1 部分：商业体》《旅游节庆认定与管理规范》等立项编制，启动 2014—2015 年度国家级、市级旅游标准化示范试点工作。

突出浦东、黄浦、静安、徐汇、长宁、闸北等都市风貌文化核心区域。加快产业融合与新业态培育，旅游业转型发展提速升级。构建旅游业和商务、文化、体育、工业、农业、科技、卫生、金融、交通、气象、绿化及红色旅游等融合发展的大旅游产业格局。遴选推出第二批 55 个上海影视拍摄推荐点，重点打造《时空之旅》《上海滩》等旅游文化秀。深化体旅融合发展，以赛事旅游为突破口，推出更多的“赛事 + 旅游”产品；开展体育旅游休闲基地评定工作。加快推进工业旅游景区点建设，至年底，全市共有 58 个工业旅游达标景点。整合提升在线旅游产业，探索房车营地发展方式，推进会展旅游发展，年内，市旅游局新聘第九批八名“上海会议大使”，分别来自医学、金融、营养学、心理学、焊接制造等领域。

（十）文化会展业

2014 年，上海举办展览会项目 769 个，比上年减少 29 个；展出总面积 1279.2 万平方米，比上年增长 6.52%。其中举办国际展览会项目 258 个，比上年增加 11 个；展出面积 930.2 万平方米，比上年增长 6.37%，国际会展平均面积 3.61 万平方米。举办国内展览会项目 511 个，比上年减少 40 个，总展出面积 349 万平方米，比上年增长 6.96%；国内会展平均面积 0.68 万平方米。其中 606 个项目在上海主要的 13 个展览场馆中举办，多属经济贸易类展览会；另 163 个项目在各类美术馆、博物馆举办，多属文化艺术类展览会。全市会展环境进一步优化。截至年底，全市有主要展览场馆 13 个，可供展览面积 55 万平方米，其中室内 45 万平方米。

2014 年全市会展行业发展具有如下特点：一是经济贸易展占比最大。经贸展数量为 566 个，展出面积为 1184.5 万平方米，分别占总量的 73.6% 和 92.6%。其他分别为科技、文化、艺术类展览会，数量 203 个，展出面积 94.7 万平方米，占比为 26.4% 和 7.4%。二是上海正在成为国际和全国各地办展的首选城市。全年上海本地展览公司举办展览项目 538 个，占比 70%。其余 30% 为国际展览企业、全国性商协会和其他各省的展览企业举办的项目，其中国际跨国展览企业办展 23 个，占比 3%；全国性商协会办展 146 个，占比 19%；其他省、直辖市来沪办展 62 个，占比 8%。三是大型展会增长速度最快。全年 5 万到 10 万平方米的大型项目共有 34 个，展览面积 225.9 万平方米，分别比上年增长 30.77% 和 16.74%。四是大型场馆仍保持增长势头，中小型场馆增长缓慢，有的开始转型。新国际博览中心和世博展览馆的平均增长率均超过 20%。跨国采购会展中心于 2013 年年底投入运营后，承接 34 场展览与活动，总展出规模 25.4 万平方米。国家会展中心 2014 年第四季度试运营，举办 3 个展览项目，总规模 22.3 万平方米。五是外商投资企业的办展比重已占第一。上海主（承）办展览公司可分为外企（包括独资和合资）、国企和民企三大类。2014 年，外企办展规模占 40.4%、民企办展规模占 34.3%、国企办展规模占 25.3%。外企办展的平均规模为 3.73 万平方米，国企办展的平均规模为 3.28 万平方米，民企办展的平均规模为 1.05 万平方米。

·江苏省·

2014 年，全省文化产业继续保持 20% 以上增速，文化产业增加值 3167.1 亿元，占 GDP 比重首次达到 5%，同比增长 17.26 %，成为江苏经济的支柱产业。全省文化及相关行业机构共计 18473 个，比上年减少 506 个。从业人员 151578 人，比上年减少 6905 人，具有高级职称（含副高）的人员占从业人员的比重为 2.32%。其中文化部门直属各类机构 2382 个，从业人员 30276 人。法人单位文化产业 28995 亿元，同比增长 15.95%。规模以上文化制造业企业 2698 个，从业人员 732957 人。

一、2014 年文化产业发展总体情况

（一）文化市场繁荣有序

截至 2014 年年底，全省共有网络文化、娱乐、艺术品、演出等文化市场经营企业 16367 个，比上年减少 649 个。从业人员 99432 人，比上年减少 4052 人。资产总计 2103173.0 万元，同比增长 3.79%。营业收入 1166527.7 万元，同比下降 4.17%。营业利润 388257.1 万元，同比增长 15.97%。

（二）文化产业发展步伐加快

2014 年，全省以实施园区基地提升工程为抓手，以江苏省文化创意工作座谈会为契机，进一步增强文化产业创新能力和整体竞争力。南京秦淮特色文化产业园被命名为第五批国家级文化产业试验园区，实现了江苏国家级文化产业园区零的突破；吴江静思园等 3 个园区被命名为第六批国家文化产业示范基地；常州恐龙园被评为最具影响力的国家文化产业示范基地。新命名 7 家省级文化产业示范园。2014 年全省有 32 家文化类企业、18 个文化类项目和 9 个文化出口项目获国家文化产业引导资金支持，资助金额比 2013 年分别增长 81%、93%、47%，项目数和金额数连续三年居全国之首。省级文化产业引导资金对全省 252 个项目给予 2.2 亿元扶持。文化与金融合作取得积极进展，承办全国文化金融合作会议，3 个项目获全国十大优秀文化金融合作创新成果，总数全国第一；无锡市成立全省首家专业文化金融机构——无锡农村商业银行太湖文化支行。成功举办第三届苏州创博会、第十一届常州动漫艺术周、第四届中国（无锡）文博会，30 多个国家和地区的 1500 多家企业参展，促进了文化产业转型发展。

（三）公共财政投入稳中有降

2014 年，全省文化（文物）行政事业单位的财政拨款总额为 50.23 亿元。江苏省人均文化事业费（不包括文物业和艺术教育业）43.21 元，全国排名 14 位，去年同期排名 12 位。各级财政对艺术业（包含艺术表演团体、艺术表演场馆及艺术教育）、图书馆业、群众文化业、其他文化业（包含艺术展览创作机构、非物质文化遗产保护、其他文化事业机构及文化产业等）、文物业（包含博物馆、科研保护机构及其他文物机构等）的投入分别占总投入的 12.4%、14.0%、23.5%、25.9%、24.2%。各级财政对文化投入有所减少，人均文化事业费苏南区域仍高于全国平均水平，但同比下降 11.37 个百分点，苏中、苏北区域增长平稳，但是仍低于全国平均水平。

（四）非物质文化遗产保护稳步推进

截至2014年年底，全省共有各级非物质文化遗产保护机构（含非物质文化遗产保护中心）175个。目前国家级非物质文化遗产名录9个，保护单位9个；省本级非物质文化遗产名录5个，保护单位5个；市级非物质文化遗产名录183个，保护单位167个；县级非物质文化遗产名录3258个，保护单位1823个。全年举办各类宣传展示活动共计5483个，参与人次达1009万人次，同比分别增长–6.7%、26.3%。普查成果7.18万件（套、册），同比去年减少0.32万件（套、册）。目前各类健在传承人3323人，学徒6028人。

（五）对外文化交流日趋活跃

借助国家对外文化交流平台，发挥江苏国际友城众多优势，推动江苏文化走出去。2014年全省共有65批文化团组541人次赴世界19个国家及港澳台地区实施文化交流项目，有73个国家及港澳台地区的1051批文化团组2199人次来江苏开展或参与1054个文化交流项目。苏州市入选联合国"全球创意城市网络联盟——手工艺和民间艺术之都"主题城市。6个文化艺术团组参加在荷兰、法国、比利时、葡萄牙等国家举办的"欢乐春节"活动，传递了"欢乐、和谐、共享"的文化理念。赴俄罗斯举办2014年"感知江苏"文化周活动，在韩国全罗北道、澳大利亚维多利亚州等国际友城开展周年庆文化活动，展示了"精彩江苏"的文化魅力。南京博物院圆满完成南京青奥会各类外事接待，讲述江苏文明的精彩故事，精心设计活动主题；举办"文宴：美国博物馆的展览"暨中美博物馆高层论坛。对港澳台文化交流更加深入，苏州昆剧院在香港中文大学演出青春版《牡丹亭》；南京市博物馆在香港展示紫砂陶制作技艺；省演艺集团民族乐团在澳门举办"江南丝竹"音乐会；省文化联谊会在台北举办"'精彩江苏'书画作品展"，促进了苏台两地艺术家的交流与合作。民间机构对外文化交流更加活跃，苏州金鸡湖美术馆在挪威、荷兰举办展览，南京布罗德文化投资有限公司举办的首届"南京国际美术展"，吸引20多万人次参观。

二、2014年文化产业各行业发展基本情况

（一）广播影视业

2014年，全省共有广播影视业主要机构14个，广播电视从业人员53699人，广播电台从业人员130人。省级广播电台11个，地市级广播电台53个，县（市、区）级广播电台66个。电视台126个，省级广播电台9个，地市级广播电台53个，县（市、区）级广播电台64个。广播剧、电视剧制作21部、742集，广播节目制作603551小时，电视节目制作193135小时。广播节目播出824365小时，其中省级人民广播电台83454小时，电视节目播出819527小时，其中省级电视台78840小时。广播电视专业技术人员37413人，其中高级1679人，中级6966人，初级及以下28768人。有线广播电视网络用户229147户，数字电视用户178711户，有线电视入户率94.55%，有线广播电视传输网络干线总长349432公里。电视节目国内销售额14645.3万元，电视剧7215万元，动画147.7万元。电视节目进出口总量155小时，电视节目进出口总额472.1万元。

（二）新闻出版业

2014年，全省共有图书出版社18个，图书、期刊、报纸零售10765个。图书出版社从业人员2820人。图书、期刊、报纸零售43709个，图书出版社机构数18个，从业人员2820人。图书、期刊、报纸零售机构数10765个，从业人员43709人。图书出版社种数23819种，新出14360册，总印数559亿册，总印张数3971亿印张。期刊出版种数442种，每期平均印数40641万册、份，总印数11807亿册，总印张数5079亿印张。报纸出版种数143种，每期平均印数12744万份，总印数2895亿册，总印张数13124亿印张。引进版权数441个，输出版权数382个。图书进口品种265种，数量1.12万册，金额8.36万美元。图书出口品种2194种，数量1.16万册，金额3.92万美元。版权案件行政处罚数量39件，案件移送数量9件，版权合同登记1615份，作品自愿登记53015份。

（三）演艺业

截至2014年年底，全省共有演出经纪机构206个，比上年增加14个。从业人员659人，比上年增加31人。资产总计30267.1万元、营业收入29361.2万元、营业利润3819.2万元，同比增长2.47%、3.91%、1.5%。非公有制艺术表演团体181个，比上年增加5个。从业人员2878人，比上年减少485人。资产总计24037.0万元、营业收入18257.0万元、营业利润3221.0万元，同比增长56.95%、25.32%、25%。

截至2014年年底，全省共有艺术表演团体和艺术表演场馆398个、从业人员11140人，具有高级职称（含副高）人员1173人，占从业人员的10.53%。原创首演剧目117个，国内演出38.6万场次，观众4302.44万人次，同比分别增长82.8%、–13.2%、–10.8%。政府采购的公益演出0.52万次，受众396.09万人次，同比分别增长6.1%、14.0%。艺术表演场馆（企业）演（映）

325 万场，艺术演出 17 万场次，电影放映 308 万场次，营业收入 52873.8 万元，对外文化交流，出访总批次 34 批，总人数 529 人。对外文化交流，来访总批次 20 批，总人数 150 人。对港澳台文化交流，来访总批次 2 批，总人数 13 人。对外文化交流、商业演出，总批次 522 批，总人次 6440 人。

开展中国梦主题文艺创作和"深入生活、扎根人民"主题实践活动，各地涌现了一大批新创剧目，京剧、昆剧、话剧、舞剧、歌剧、锡剧、淮剧、扬剧、滑稽戏等各式剧种全面创作。《杨家碾坊》《小花旦当官》《探亲公寓》《紫薇树下》《如姬夫人》等剧目获得江苏省舞台艺术重点投入。《运之河》《丁香》在中国歌剧节、中国越剧艺术节等全国性赛事中获奖，京剧《镜海魂》《如姬夫人》入选中国京剧节，获得好评。《乡村好人》等 10 台剧目被评为省舞台艺术精品工程资助剧目。扬剧《衣冠风流》等 18 个项目入选国家艺术基金资助名单。昆剧《南柯梦》等 74 个项目获省文化产业引导资金文化艺术精品补助。《柳琴姑娘》等 11 部作品获江苏省戏剧文学奖。

（四）动漫业

截至 2014 年年底，全省共有动漫企业机构数 77 个，从业人员 2683 人。漫画创作企业机构数 9 个，从业人员 262 人。动画创作、制作企业机构数 62 个，从业人员 2223 人。动漫软件开发企业机构数 4 个，从业人员 175 人。动漫衍生产品研发设计企业机构数 2 个，从业人员 23 人。

（五）互联网业

截至 2014 年年底，全省共有互联网上网服务营业场所 8356 个，比上年减少 204 个。从业人员 26640 人，比上年减少 1928 人。资产总计 477159.8 万元、营业收入 333984.4 万元，分别同比下降 5.63%、1.34%。营业利润 130691.0 万元，同比增长 10.46%。全省共有经营性互联网文化单位 120 个，比上年增加 6 个。从业人员 8720 人，比上年增加 2555 人。资产总计 458191.0 万元、营业收入 199956.0 万元，分别同比增长 74.99%、23.28%。营业利润 84388.0 万元，同比增长 558.51%。

（六）娱乐业

截至 2014 年年底，全省共有歌舞、游艺等娱乐场所 7245 个，比上年减少 342 个。从业人员 59482 人，比上年减少 4181 人。资产总计 1060152.1 万元、营业收入 531500.1 万元、营业利润 154513.9 万元，分别同比下降 7.68%、18.03%、22.82%。近年来，

（七）艺术品业

截至 2014 年年底，全省共有艺术品经营机构 259 个，比上年减少 128 个。从业人员 1053 人，比上年减少 144 人。资产总计 53366.0 万元，同比下降 18.73%。营业收入 53469.0 万元、营业利润 11624.0 万元，分别同比增长 111.54%、54.08%。

（八）文化旅游业

截至 2014 年年底，全省共有旅行社 2251 个，接待旅游人数，57410 万人次。接待国内旅游人数 57113 人，接待海外旅游人数 297 人，平均每天接待旅游人数 157 万人次 / 天，平均每天接待海外旅游人数 8140 人次 / 天。国内旅游收入 7864 亿元，旅游外汇收入 303271 万美元，国内旅游人均花费 1377 元 / 人次，接待海外旅游者人数 2970956 人。

·浙江省·

在文化强省建设的有力推动下，全省文化发展水平继续提高，呈现快速增长态势。2014 年全省文化及相关特色产业实现增加值 2187.8 亿元，占全省 GDP 的 5.45%。

一、2014 年文化产业发展总体情况

（一）文化体制改革继续深化

制定实施《浙江省文化厅深化文化体制改革实施方案》《浙江省文化厅深化文化体制改革主要措施、重点项目及工作分工》。积极推进事业单位法人治理结构改革，六家试点单位改革任务进展顺利，其中，浙江图书馆制定全国首个公共图书馆章程，温州市图书馆等 5 家试点单位的理事会挂牌运行，浙江图书馆、温州市图书馆被列为全国试点单位。深化文艺院团改革，指导保留事业体制的文艺院团探索社会化改革和企业化管理，支持浙江小百花越剧团吸引社会力量参与组建"百越文化创意有限公司"的改革尝试。支持新远文化产业集团改革发展，推动集团内部人事分配制度改革，探索舞台院混合所有制运作模式。2014 年新远集团在电影产业、演艺产业等方面都有了新的发展，其中新远影城票房收入达 6300 万元，与同比增长 8%。

"简政放权"全面推进。积极转变政府职能，不断减少和下放行政审批事项，建立"权力清单"和"责任

清单”。清理后，“省级保留”的行政权力事项从109项减少至25项，精简比例达77%；明确省文化厅主要职责15类，具体工作事项81项，与相关部门存在责任边界的管理事项5项，事中事后监督管理制度14项，公共服务事项15项。为强化监督和责任追究，确保下放的权力规范运行，制定出台《加强事中事后监管制度》《行政许可委托监督办法》，建立取消、下放、委托审批项目的监管制度，做到“放管并重、放权不放责”。在全省组织开展文化市场行政审批规范化检查行动，执行行政审批回访制度，2014年共随机回访行政相对人40余人次，满意率达到100%。根据文化强省建设的新任务和政府职能转变的新需要，完成了厅机关部分内设机构及职能调整工作。启动《浙江省文化发展“十三五”规划》编制相关工作。

（二）积极扶持重点文化企业

2014年，浙江出版联合集团有限公司等4家企业入选第六届全国“文化企业30强”，数量位居全国第二。2014年10月16日，杭报集团经营类资产实现借壳整体上市。长城影视成功借壳两家上市公司登陆资本市场。华数传媒通过向杭州云溪定向增发实现增资扩股。全省影视业上市公司数量居全国首位。推荐衢州儒学文化产业园入选第五批国家级文化产业示范（试验）园区，美盛文化创意股份有限公司等3家企业入选第六批国家文化产业示范基地，龙泉青瓷文化创意基地等两个项目被列为文化部特色重点项目。

10月8日，停牌近三个月的华策影视发布信息，非公开募集20亿元，由鼎鹿中原、泰康资产、朱雀投资、建投传媒和北京瓦力五方参与，认购金额分别为10亿元、4亿元、3.5亿元、2亿元和0.5亿元。此次募集资金20亿元最核心的部分是拿出13亿元用于内容制作业务升级，其中，4.5亿元用于拍摄网络剧，拟拍摄20部以上网络定制剧；5亿元用于投资13部电影，打造基于核心IP的系列电影；3.5亿万元用于综艺节目。此外，还包括内容版权与模式采购、资源培植与整合及互联网应用开发，对应的支出分别为1亿元、4.5亿元、1.5亿元。其中，互联网应用开发主要包括移动互联网视频应用、影视娱乐衍生品、自媒体平台、大数据应用平台等。

（三）文化市场培育与管理措施不断升级

2014年，全省各地全面放开单体“网吧”审批，互联网上网服务行业进入市场机制自我调节时代。调整和改进互联网上网服务等行业准入管理办法，不再设定互联网上网服务和游戏机行业的总量和布局规划。在全国率先建立省级文化市场行业发展报告编制发布机制，摸清营业性演出、艺术品经营、网络文化、上网服务等行业的家底，进一步强化文化市场信息服务和引导。加强对全省文化市场的执法指导监督，加强日常巡查、重点整治、交叉执法和暗访检查，制定《浙江省文化市场综合执法机构规范化建设标准》，全省文化市场总体规范有序。2014年，全省共出动日常检查人员12.08万人次，检查文化经营场所17.61万家次，举报（督查）受理1883件，行政处罚立案调查2692件，办结案件2743件。在文化部通报表彰的2014年上半年全国文化市场先进办案单位中，全省5个办案单位受到通报表彰奖励，总数位居全国第一。

（四）重大文化设施建设整体推进

2014年，全省重大文化设施项目进展总体顺利。浙江音乐学院（筹）校区建设工程进入施工高峰期，浙江音乐学院15个建筑单体及两个地下车库的主体结构比预定目标提前结顶。浙江小百花艺术中心项目完成规划许可证、施工许可证审批，已开展基础施工。浙江自然博物园核心馆区项目获省发改委立项批复，已委托设计。中国丝绸博物馆改扩建工程正在开展建筑方案深化设计等工作。深化之江文化中心项目前期工作，提出项目推进工作建议。

同时，省级文化设施提升改造项目协调推进。浙江京剧团莫干山路地块项目已与省广电集团达成初步合作意愿，下一步将论证统一规划、统一设计、统一建设模式。浙江昆剧团剧场项目正在进行原地改建的多方案测算。浙江话剧团有限公司剧院加层改造项目、省文化馆维修改造项目、省文物考古所业务用房项目已获省发改委批复并进行设计。西湖文化广场中心剧院招商工作已达成初步合作意向。完成全省国有剧院（场）基本情况调研，全面摸清了全省近80家专业剧场的基本情况，研究草拟《关于加强全省国有剧院运营管理的实施方案》。

（五）县市文化产业发展亮点频频

2014年，杭州市文创产业保持持续快速发展，增加值达到1607.27亿元，增长15.9%，高于全市GDP增速7.7个百分点，占GDP比重达17.47%，再创新高。2014年年末，全市文创产业规模以上企业单位资产总计达4347.56亿元，增长29.2%，增幅较上年提高4.4个百分点；从业人员达33.68万人，增长4.2%。同时，企业效益大幅提升。全市文创产业规模以上企业共实现主营业务收入2842.07亿元，增长15.6%；实现利润总额587.32亿元，增长34.5%。其中的核心企业较快发展，规模以上文创产业核心层企业实现主营业务收入2519.47亿元，增长18.3%，占文创产业规模以上企业主营收入的 88.6%，比上年提高 2 个百分点。全市规模以上文创企业数已达到 3183 家，上市文创企业总数达到 21 家。在中宣部去年组织的“文化企业 30 强”评选中，杭州有 3 家企业榜上有名，占全国的十分之一。

（六）特色小镇成园区基地发展亮点

2014 年，制定《关于培育打造文化创意小镇的实施意见》，下发《关于做好浙江省文化创意小镇推荐工作的通知》，全省共推荐上报 26 个各具特色、基础扎实的文化创意小镇，通过省市对接、实地调研，提出首批浙江省文化创意小镇建议名单。制作《浙江省文化产业园区调查表》，深入全省 135 个文化产业园区开展调研，提出规范和推动产业园区发展的意见建议。

2014 年 11 月，为进一步树立典型，以点带面，促进全省文化产业发展，配合文化部国家文化产业示范基地、文化产业示范园区评选命名工作，开展“浙江省文化产业示范基地”“浙江省文化产业示范园区”评选活动。开展浙江省文化产业示范基地（园区）评选，得力集团有限公司等 15 家企业为浙江省文化产业示范基地、杭州白马湖生态创意城等 5 家单位为浙江省文化产业示范园区。

（七）文化贸易持续增长，品牌项目效应彰显

据杭州海关统计，2014 年 1 月至 10 月全省出口文化产品 27.3 亿美元，同比增长 11.5%，快于全省出口增速 0.3 个百分点。金华、宁波和绍兴是主要出口地区。1 月至 10 月，金华文化产品出口 10.1 亿美元，同比增长 10%，占全省文化产品出口总值的 37%；宁波出口 5.4 亿美元，同比增长 23.9%；绍兴出口 4.9 亿美元，同比下降 1%；以上三个地区出口占全省文化产品出口总值的 74.7%。对欧美等主要市场出口态势良好，对非洲出口出现下降。1 月至 10 月，浙江省文化产品对欧盟、美国分别出口 5.6 亿美元、4.6 亿美元，同比增长 21.3%、11.5%。同期，对非洲出口 3.6 亿美元，下降 1.2%。民营企业是文化产品出口绝对主力。1 月至 10 月，浙江省民营企业文化产品出口 24 亿美元，同比增长 13.2%，占全省文化产品出口总值的 87.9%。

对外文化交流品牌项目不断彰显效应。2014 年，全省优化浙江文化节的举办形式、输出渠道和辐射地域，赴美国、泰国举办“浙江文化节”，“浙江文化节”首次走进东南亚；赴台举办了第八届“台湾·浙江文化节”，推动两岸文化交流合作，增强两岸中华文化认同。提升海外“欢乐春节”活动规模质量，2014 年全省参与海外“欢乐春节”活动涉及欧洲、美洲、亚洲、大洋洲 10 个国家和地区的 20 个城市。着力落实“2014 年对非文化工作部省对口合作计划”，组织文化艺术团体与莫桑比克、马达加斯加、马拉维等国文化机构开展文化交流和合作项目，积极参与对非文化领域人力资源培训，省文化馆被文化部授予“对非培训基地”。2014 年度，全省共执行对外、对港澳台文化交流项目 1239 起，9174 人次直接参与交流。其中，引进项目 1106 起，7060 人次；派出项目 133 起，2114 人次。

二、2014 年文化产业各行业发展基本情况

（一）广播影视业

2014 年，全省共有省市级广播电台、电视台各 78 座，县级广播电视台 66 家。有线电视用户 1495 万户，比上年增长 3.0%；广播、电视综合覆盖率分别为 99.6 % 和 99.65%。全年共审查电影 38 部，制作电视剧 62 部 2717 集；制作动画片 41 部 1750 集，19020 分钟。

2014 年全省广播影视业营业收入继续保持稳步增长，营业收入 403.88 亿元（含电影票房收入），同比增长 30.94%，全国排名第 2。分层级看：2014 年，国有广播影视业省级收入 97.87 亿元，同比增长 23.54%；市级收入 51.26 亿元，同比增长 6.77%；县级收入 50.06 亿元，同比增长 0.81%；民营影视机构收入 181.00 亿元，同比增长 59.19%。分结构看：2014 年，广播影视业广告收入 113.43 亿元，同比增长 38.68%，其中，广播广告收入 14.64 亿元，同比增长 16.56%；电视广告收入 73.53 亿元，同比增长 14.16%；其他广告收入 25.26 亿元，同比增长 4.94 倍。有线电视网络收入 62.90 亿元，同比增长 4.73%，其中，有线广播电视收视费收入 30.67 亿元，同比下降 0.9%；付费数字电视收入 4.66 亿元，同比增长 20.73%；三网融合业务收入 9.82 亿元，同比增长 35.64%。广播电视节目销售收入 81.80 亿元，同比增长 92.24%；其他创收收入 122.07 亿元，同比增长 14.95%。

2014 年，全省电视节目出口总额 7893.52 万元，比上年增长 106%，其中全年电视剧出口总额 7584.32 万元，全年动画电视出口总额 299.20 万元。从全年出口量看：全年电视节目出口量 7318 小时 49 分钟、出口电视剧 175 部 7639 集、出口动画电视 1171 小时 54 分钟。

1. 广播业

截至 2014 年，全省共有广播电台 78 座，其中省级 1 座、市级 11 座、县（市、区）级 66 座。全省公共广播节目套数为 111 套。节目播出方面，全省全年公共广播节目播出共计 749740 小时，比上年增长 1.18%。

平均每日播出时间 2054 小时 48 分钟。广播节目制作方面，全年制作广播节目共计 500324 小时 36 分钟，比上年增长 1.40%。被中央人民广播电台采用广播节目 3275 条。

2. 电视业

2014 年全省共有电视台 78 座，其中省级 1 座，市级 11 座，县（市、区）级 66 座。全省电视节目套数共为 117 套，其中：公共电视节目 115 套，付费电视节目 2 套。节目播出方面，全省全年公共电视节目播出时间 755633 小时，比上年增长 2.38%。平均每日播出时间 2070 小时 14 分钟。电视节目制作方面，全年制作电视节目共计 156267 小时 43 分钟，比上年增长 5.15%。被中央电视台采用电视节目 2717 条。2014 年全省制作电视剧 62 部 2717 集，动画电视 41 部 1750 集。

3. 电影业

2014 年全省制作电影 38 部。全省院线内影院 325 家，比上年增长 23.57%，其中县级城镇多厅影院 208 家；院线内影院放映厅 1879 个。2014 年全省观影人数达到 6426.07 万人次，比上年增长 31.94%，院线内影院票房收入 23.68 亿元，比上年增长 32.59%。农村电影放映工程送电影下乡 28.5 万场，农村电影数字有线公司 13 家。

第二届浙江青年电影节成功举办，首次设立“麒麟奖”。2014 年 11 月 5 日至 11 日，第二届浙江青年电影节在杭州举办，首次设立“麒麟奖”并举办展映、交流、创投和评价等主题活动，积极鼓励和扶持青年电影人进一步参与电影制作和生产，促进浙江电影产业的发展。2014 年 12 月 1 日，首届中国影视艺术创新峰会在杭州召开，并将永久落户杭州。该峰会在实现产业交易与内容创新良好结合的同时，也为群策群力推动影视产业繁荣发展、探究新形势下坚持影视创作正确导向、坚守文化责任、彰显思想品位搭建起良好平台。

（二）新闻出版业

2014 年，全省新闻出版业营业收入 1439.49 亿元，比上年增长 2.42%。其中占比最大的是印刷复制业，营业收入 1164.85 亿元，占 80.92%；其次是出版物发行业，营业收入 176.41 亿元，占 12.26%。全省图书出版社全年实现营业收入 19.56 亿元、增加值 9.57 亿元、利润总额 5.30 亿元，比上年分别增长 10.04%、19.77% 和 23.08%。图书出版业整体保持增长态势，由于免征增值税，相关费用较上期减少，补贴收入和利息收入增加，本期利润总额出现较大增长。

全省音像电子出版单位全年实现营业收入 1.00 亿元、增加值 0.20 亿元、利润总额 0.09 亿元，比上年分别增长 1.67%、14.53% 和 15.78%。全省数字出版单位全年实现营业收入 0.23 亿元，利润总额 -0.13 亿元。全省网络出版单位全年实现营业收入 11.37 亿元，利润总额 3.38 亿元。2014 年全省各类出版物发行单位实现营业收入 176.41 亿元，比上年增长 5.98%；增加值 53.01 亿元，比上年下降 6.01%；利润总额 18.32 亿元，比上年增长 6.96%。

在版权贸易方面，2014 年，全省共引进版权 344 种，全部为图书。版权引进地情况如下：香港地区 4 种，澳门地区 2 种，台湾地区 12 种，其他地区 326 种。输出版权 324 种，全部为图书。版权输出地情况如下：美国 59 种，英国 10 种，德国 18 种，法国 8 种，俄罗斯 7 种，日本 10 种，韩国 1 种，香港地区 8 种，台湾地区 38 种，其他地区 164 种。全省出版物进出口单位全年实现营业收入 1.77 亿元、增加值 0.06 亿元、利润总额 0.01 亿元。

（三）演艺业

2014 年，全省实施《浙江省舞台艺术精品创作生产五年行动计划》，越剧《二泉映月》《牡丹亭》、京剧《滚灯王》、昆剧《红梅记》《大将军韩信》、话剧《闲言碎语不多讲》、方言喜剧《生死之间》、原创歌曲《美丽浙江》《我在大潮之上》等一批新创作品搬上舞台。一批优秀文艺作品获得重大奖项。越剧《我的娘姨我的娘》、歌剧《红帮裁缝》等作品入选中宣部第 13 届全国精神文明建设“五个一工程”奖。杂技《禅武·头顶技巧》获第十六届意大利拉蒂娜国际马戏节银奖，京剧《王者俄狄》获“土库曼斯坦国金质戏剧荣誉奖牌”。群舞《奋楫者》获第六届华东专业舞蹈比赛创作、表演双金奖。越剧《我的娘姨我的娘》、歌曲《谁是最美的人》《富春山居图》、电视纪录片《浙江戏剧名家》、音乐剧《简·爱》等一批作品入选浙江省第 12 届精神文明建设“五个一工程”奖，越剧《二泉映月》、交响乐《唐诗之路》、方言喜剧《生死之间》等一批作品入选省委宣传部第九批文化精品扶持工程。

第三届中国越剧艺术节、浙江省第九届音乐舞蹈节等重大艺术活动成功举办。第三届中国越剧艺术节邀请了 24 台大戏参加比赛和展演，举办了中国越剧票友节暨越迷演唱大赛、越剧名家走进校园和社区演出等一系列越剧艺术活动，集中展示了近年来中国越剧艺术的最新成果。浙江省第九届音乐舞蹈节吸引了 120 个新作品、550 多组（名）选手参加比赛，经过 26 场初赛和 8 场决赛，最终评出器乐、声乐、舞蹈三个大项表演奖 176 个、作品奖 89 个、单项奖 33 个，涌现了歌曲《富春山居图》、器乐曲《涌动》、舞蹈《奋楫者》等一批高水平的艺术新作。

2014 年 3 月 21 日，浙江新联艺剧院院线管理有限公司和浙江省剧院联盟揭牌成立。院线公司由浙江省演出业协会和杭州大剧院、宁波大剧院、绍兴大剧院、嘉兴大剧院、湖州大剧院、舟山艺术剧院、杭州剧院 7 家主流剧院和共同组建。剧院联盟则由全省有运作演出能力的 51 家省、市、县三级剧院联合组成，采取自愿入盟的会员制形式，两者互相补台，共谋发展。与一些自由组合、松散型剧院院线联盟不同，浙江新联艺剧院院线管理有限公司实行股份制公司化运作，决策层为董事会和股东会，以“诚信协作、资源共享、风险共担、优势互补、互惠互利”为原则，经营主体为演出业务，如“引进来、走出去”交流演出、剧目打造、文化衍生品生产销售等，是一家产权清晰、法人治理结构健全的实体公司，将有效促进同业间抱团，加快演艺业发展。

（四）动漫游戏业

2014 年 4 月 28 日至 5 月 3 日，由国家新闻出版广电总局和浙江省人民政府主办的第十届中国国际动漫节在杭州举行。该节展经过十年的专业化运作已成为我国规模和影响力最大的国际性动漫节展。2014 年，74 个国家和地区共计 602 家中外企业和机构参展参会参赛，136.2 万人次参加了 53 项活动。达成签约交易、意向合作项目 285 个，涉及金额 112.4 亿元，现场实际成交和消费涉及金额 26.38 亿元，总计 138.78 亿元，在经济效益和社会效益上均取得双丰收。

2014 年，多家上市企业积极收购优势动漫资源，通过并购方式进军动漫产业。杭州长城影视通过四川圣达以 10 亿元购买宏梦卡通等 6 家公司 100% 股权，光线传媒以 2.08 亿元收购广州蓝弧文化 50.8% 的股权，浙江美盛文化以 4200 万元获得天津酷米 40.10% 股权，华闻传媒收购漫友文化 85.61% 股权。

（五）互联网与新媒体业

2014 年是浙江媒体融合的元年。2014 年 6 月 6 日，省委、省政府授权省政府新闻办开设的官方微博、微信“浙江发布”正式上线，浙报集团同时成功推出以“浙江新闻”移动客户端、浙江手机报（升级版）为核心的新媒体矩阵。以浙报集团、省广电集团领头的全省主流媒体进入融合发展的新时代。

由浙江日报报业集团主办、传媒梦工场承办的 2014 中国新媒体峰会在杭州召开。峰会以“融合创新，预见未来”为主题，浙报集团首发《2014 中国媒体融合趋势报告》，报告结合传媒政策改革解读媒体融合的趋势，并对未来一段时间内媒体集团战略选择做出预判，从新闻生产流程、用户关系重构等层面提炼出媒体融合的六大要素。浙报集团传媒梦工场、中山大学传播与设计学院还联合发布了“中国新媒体影响力指数排行榜”，央视新闻与《南方周末》《人民日报》《壹读》《中国国家地理》等不同类型的 20 家媒体上榜。

2014 年 11 月 19 日，首届世界互联网大会在浙江乌镇开幕。本届世界互联网大会以“互联互通共享共治”为主题，由国家互联网信息办公室和浙江省人民政府共同主办，在 3 天的会期内，将围绕国际互联网治理、互联网新媒体、跨境电子商务、网络安全、打击网络恐怖主义等议题，举行 10 多场分论坛、高端对话活动。来自近 100 个国家和地区的 1000 多名嘉宾、600 余名中外记者参会。

（六）艺术品业

2014 年，全省艺术品拍卖交易继续保持活跃势头。全省具有文物拍卖资质的企业 24 家，占全国同类企业家数的 8.6%，居全国第三位。浙江美术馆全年共举办具有轰动效应的“煌煌大观——敦煌艺术展”等各类展览 44 个，学术活动 29 余场，公共教育活动 190 余场，实施藏品征集项目 15 宗，新增藏品 4422 件，观众达 80 余万人次。在国内经济增速回调、实体经济持续低迷的形势下，全省艺术品经营行业尤其是艺术品拍卖行业异军突起，助推了全省文化产业的发展。

艺术品拍卖“第三极”地位得到巩固。2014 年全省艺术品拍卖市场交投活跃，全年全省拍卖企业拍卖 56 场次，拍卖成交件数 40824 件，拍卖成交额 33.1 亿元，成交额为 2011 年以来的峰值，同比 2013 年增长 30%。依托深厚的江南传统文化底蕴、丰富的工艺美术品资源和艺术品收藏民众基础，全省艺术品拍卖已经成为继北京、上海之后国内第三大艺术品集散中心。

艺术品拍卖取得多项突破。2014 年全省艺术品拍卖市场创下场次成交额、当代玉雕拍卖单品成交额两项新高。西泠印社十周年庆典秋拍总成交额 18.33 亿元，突破历年的新高，单件拍品玉器“极乐世界”成交额达 7360 万元，创省内当代玉雕单件拍品成交额最高纪录。同时，全省艺术品拍卖还呈现了多样化类别发展的特点，由原来较为单一的书画为主的拍卖，向书画、玉器、杂项，乃至中外名人手迹、盆景等类别兼容发展的趋势。

艺术品拍卖行业龙头带动作用明显。成立于 2004 年的西泠印社拍卖有限公司，以著名学术团体西泠印社为依托，紧紧抓住全省作为全国艺术品鉴赏评估试点的契机，通过 10 年来的诚信经营，已经成为国内艺术品拍卖行业的翘楚。同时，它还带动了全省文物艺术品拍卖行业的整体发展，2014 年省内艺术品拍卖企业单场拍卖成交额超亿元的企业，由此前的 1 家增加到了 3 家。

（七）文化会展业

2014 年义交会共吸引 109 个国家和地区的 9.4 万名专业采购商参会，实现洽谈交易额 49.1 亿元，其中外贸成交额 30.12 亿元。转型升级后的展会突出交易性和实效性，市场化、专业化、国际化程度较往届有了明显提升。支持举办第十届中国（杭州）国际动漫节，共吸引来自 74 个国家和地区的 600 多家企业和机构参与，达成签约交易、意向合作项目 285 个，涉及金额 112.4 亿元，现场实际成交和消费涉及金额 26.2 亿元，总计 138.6 亿元，办展规模、交易金额、节展效益都取得了新的突破。另外，组织浙江展团共 72 家文化企业约 500 人参加第十届深圳文博会，推出 200 余个文化产业招商项目，总成交额 2.07 亿元。

经过十年的建设积累，中国国际动漫节的品牌影响力辐射力持续提升，第十届动漫节共吸引 74 个国家和地区、602 家中外企业和机构参展，项目金额和现场销售额达 138.6 亿元。杭州文博会已跻身中国文化产业领域的四大会展之一，去年共吸引 32 个国家及地区和国内 28 个省市的 2000 余家文创机构、企业参展，主会场接待境内外观众 23.5 万人次。

（八）文化旅游业

2014 年 9 月 29 日，在浙江桐乡举办的“中国梦想·美丽浙江”浙江省传统手工艺主题创作展开幕式上，浙江省文化厅与浙江省旅游局共同签署《关于促进文化与旅游融合发展的框架协议》，全省文化旅游业发展步入快车道。协议涵盖双方联合打造文化旅游活动品牌、深度开发文化旅游产品和商品、实施非遗进景区工程、创建文化旅游示范基地、创造文化旅游项目推介平台，以及成立协调小组、建立层级合作机制、建立指导与监管机制等多方面内容。随后，浙江桐乡、临海、景宁、岱山 4 个市县的文化局与旅游局也分别签订了合作协议。2014 年 12 月，《浙江省旅游产业发展规划（2014—2017）》正式出台。

2014 年，全省旅游总收入达 6300 亿元，同比增长 13.8%；旅游项目建设高潮迭起，完成实际投资超千亿元；旅游市场活动丰富多彩，旅游改革创新稳步推进，旅游行业品质有序提升，旅游发展涌现出许多亮点。2014 年全省在建旅游项目有 1126 个，总投资 8238.78 亿元，全年实际完成投入 1049.69 亿元。其中，投资额 10 亿元以上的有 645 个、超过 50 亿的有 31 个、超过百亿的有 11 个。

·安徽省·

2014 年，全省文化及相关产业增加值 949.08 亿元，同比增长 12.3%。全省有规模以上文化及相关产业法人单位 1585 个，全年主营业务收入 1748 亿元，分列全国第 10 位和第 11 位。全省文化产业法人单位 35100 个，数量居全国第八位，文化产业法人单位增加值 645.82 亿元，占 GDP 比重 3.39%，分列全国第 11 位和第 12 位。

一、2014 年文化产业发展总体情况

（一）骨干文化企业引领作用突出

2014 年，全省省属文化企业集团营业收入利润总额分别达到 356.34 亿元和 15.27 亿元，同比上年分别增长 22.41 亿元和 5.44 亿元。安徽出版集团、安徽新华发行集团总资产市值双超 200 亿元，再次入选“中国文化企业 30 强”。文化产品市场日益丰富，图书、报刊、音像制品等物流体系初步建成。电影、广播电视节目交易市场日趋繁荣发展，动漫、网络、音乐、网络游戏等新兴市场快速兴起。文化要素市场加快建设，时代出版、皖新传媒等 5 家文化企业实现上市，居全国第七，成立文化行业协会，组建文化产权交易机构，设立文化产业投资类基金。对外文化贸易提质增量，文化产品和服务输出到 168 个国家和地区。

（二）民营文化企业快速发展

2014 年，全省民营文化及相关产业法人单位数 33311 个，同比上年增加 8305 个，增长 33.21%。全省百强民营文化企业主营业务收入 186.8 亿元，利润总额 23.4 亿元，同比上年分别增长 11.7 亿元和 5.3 亿元。其中 4 家文化专用设备生产企业分别增长为 90.1% 和 193.1%，17 家文化创意和设计服务企业分别增长 61.2% 和 47.1%，4 家文化信息传输服务企业分别增长 24.3% 和 51.6%。主营业务收入超过 10 亿元的 6 家，1 亿元以上的 43 家，分别增长 100% 和 16.7%，日利润总额超过 1000 万元的 47 家，增长 6.8%。科大讯飞、芜湖文化创意产业孵化器、乐堂动漫、影星银幕等民营科技领军企业带头作用凸显。2014 年科大讯飞首次入选“中国文化企业 30 强”，使安徽入选“中国文化企业 30 强”数增至 3 家，与北京、浙江、江苏并列全国第一。

（三）园区规模效益不断提高

2014年，全省文化产业重点园区建设取得新突破，蚌埠大禹文化产业园获批全国第五批文化产业示范园区，绩溪胡开文墨业有限公司、合肥安达电子有限责任公司获批第六批国家文化产业示范基地，合肥芜湖国家级动漫数字出版基地营业收入居全国第4位，新认定了合肥万达文化旅游城、宿州市钟馗文化园、蚌埠龙子湖文化产业园、阜阳印刷包装产业园、淮南文化设备用品和创意产业园、芜湖复兴之路爱国主义教育基地、中国宣城宛文房四宝产业园、铜陵天井小镇文化旅游区、池州市杏花村文化旅游区、安庆市五千年文博园、合肥国家广播影视科技创新实验基地等11个省级重点扶持文化产业示范园区基地，从资金、政策等方面予以支持，部分园区基地投资效益开始显现。2014年，滁州中国文具产业示范区主营业务收入18.42亿元，纳税总额2793.54万元，净资产11.95亿元，分别同比上年增长26.6亿元、26.52亿元和40.59亿元。芜湖方特3个主题公园2014年累计营业收入5.75亿元，增长14%，日净利润4803.77万元，增长398.25%，日净资产7.4亿元，增长52.07%。

（四）重大项目建设成效明显

2014年，全省重大项目投资带动持续发力，列入省“861”行动计划文化产业重大项目424个，完成投资469亿元，同比上年增长38.51%。全年签订重大合同项目137个，投资总额774.36亿元，协议引进资金762.52亿元，项目落地率达97.81%。加快文化与相关产业融合发展，召开省属文化企业集团与移动运营商合作对接会，文化与金融战略合作座谈会，与中国科大展开深度合作，在交通银行进行文化银行试点，推动省属文化企业与黄山市签订战略合作协议，在古村落保护开发、文化产业发展等方面进行战略合作遥，加快构建文化投融资体系，三家文化企业在“新三板”挂牌交易。

（五）文化市场管理规范有序

2014年，全省文化市场规范有序。经营性文化产业机构9928个，从业人员61598人。其中，娱乐场所3600个、网吧5392个、非国有艺术表演团体936个，机构数和从业人员数比去年略有减少。取消上网服务场所问题和布局要求，降低准入门槛，实行先照后证管理，推动上网服务行业转型升级。转变职能简政放权力度加大。推动文化部门从“办文化”向“管文化”转变，清理行政权力205项，精简137项，精简率67%。文化市场环境不断优化。加强网吧、娱乐、演出等市场监管，深入开展重点时段文化市场专项检查、2014净网行动、公共娱乐场所“清剿火患”等专项行动。全面推广应用文化市场综合执法技术监管与服务平台。建立演出市场黑名单制度。民营艺术院团发展强劲。实施民营艺术院团“四个十”工程，建立动态管理长效机制，3个民营院团被评为第二批“十大名团”，3个剧目被评为第二批“十大名剧”。召开民营艺术院团发展座谈会，开展民营院团优秀剧目展演，鼓励民营院团树立自信、提升形象、扩大影响，帮助民营院团提升水平、练就内功、打出品牌。

强化文化市场监管。截至2014年11月30日，全省各级文化市场综合执法机构共出动64万人次，检查各类文化经营单位21万家，责令整改经营单位461家，受理举报367件，立案调查1095件，移交案件30件，办结案件1971件，罚款294万元，责令停业整顿40家，没收违法所得2万余元。加快文化市场管理职能转变。贯彻落实简政放权，调整互联网上网服务行业准入政策，放开网吧审批。指导各地有序开展审批，推动行业转型升级，将港、澳投资者在内地投资设立合资、合作、独资经营的演出场所、经营单位审批和台湾地区投资者在内地投资设立、合资、合作经营的演出场所经营单位审批冶2项下放至市级文化行政管理部门，将港、澳投资者在内地投资设立合资、合作、独资经营的演出经纪机构审批等9项工商登记前置审批事项改为后置审批。认真做好涉外演出审批工作和演出经纪机构服务工作，全年引进境内外优秀艺术团组300余批。

（六）对外文化交流活跃

2014年，全省推进文化“走出去”战略实施，制定《安徽文化产品和服务出口指导目录》，推动打造全球图书版权交流和版贸合作交易平台，24家企业入围2013—2014年度国家文化出口重点企业，位居中部第一。全省文化产品和服务出口到168个国家和地区，出版集团在北京国际书博会上输出版权连续7年居全国第一。作为上海自贸区成立全国第一家出版文化企业，华文国际进出口总额继续稳居全省外贸企业首位。中国语言文化中心和孔子学院布局建设，组织WTA国际女子网球公开赛等系列文化交流合作活动。安徽省文化厅共组织对外文化交流项目44批次，449人次出访；22批次276人次，出访目的地涵盖亚、欧、美13个国家和地区。省属文化龙头企业加快“走出去”步伐，在扩大版权贸易、开辟对外贸易渠道、促进文化产品出口等方面取得新进展。

2014年全省完成对外和对港澳台文化交流项目56

批次，比上年增 33%，演出（参观）观众近 27 万人次，涵盖亚、欧、美、非 26 个国家和地区。组织参加泰国“欢乐春节”和香港“元宵彩灯会”等演出活动，圆满完成部省对口合作项目——乌兰巴托中国文化中心文化交流互访活动及纪念中蒙建交 65 周年演出活动。参与中俄“两江地区”交流活动，赴俄罗斯参加第 22 届“俄罗斯之源”艺术节活动。皖台交流成果丰硕，在全省成功举办了三项皖台文化交流活动，赴台湾开展“亲情之旅、文化之旅”交流活动。唐代文物佛塔回乡、欧豪年美术馆开馆、孙多慈艺术展开幕仪式等三项皖台文化交流活动，在安徽博物院举行。参加文化经贸宝岛行活动，开展“亲情之旅、文化之旅”文化交流。先后组织参加泰国“欢乐春节”、香港“元宵彩灯会”等演出活动。圆满完成部省对口合作项目——乌兰巴托中国文化中心文化交流互访活动及纪念中蒙建交 65 周年演出活动。参与中俄“两江地区”交流活动，赴俄罗斯参加了第 22 届“俄罗斯之源”艺术节活动。成功承办中国——意大利博物馆联盟 2014 年年会。举办“绿色六安·山水江原”中韩文化交流活动，并首次将文化交流活动从城市走向农村，在六安市金寨县南溪村农民文化乐园等乡村先后演出四场，8000 多名农民在家门口看到国外专业艺术表演。

二、2014 年文化产业各行业发展基本情况

（一）广播影视业

截至 2014 年年底，全省共有省级广播电视台 1 座，市级广播电视台 3 座，广播电台 13 座，电视台 13 座，县级广播电视台 61 座，共开办公共广播节目 105 套，全年制作各类广播节目 179638 小时，总播出时间 521869 小时，共开办公共电视节目 112 套，全年制作各类电视节目 76278 小时，总播出时间 610264 小时。全省共有中波广播发射台和转播台 23 座，电视发射台和转播台 136 座，调频广播发射台和转播台 291 座，微波站 100 座，广播人口综合覆盖率 98.55%，电视人口综合覆盖率 98.72%，全省微波线路总长 3858.1 公里，省级干线网总长 6809 公里，市级干线网 5691 公里，县级及县级以下干线网 38538 公里，全省有线电视用户 769.48 万户，入户率 35.89%。广播电视从业人员 23071 人，其中省级广播影视机构从业人员 9417 人。

2014 年，全省共制作生产电影 14 部，电视剧 8 部 283 集，广播剧 3 部 7 集，动画片 20 部 12717 分钟，电影《一八九四》《甲午大海战》，电视剧《杨善洲》，纪录片《大黄山》，广播剧《爸爸的脊梁》获全国第十三届五个一工程冶奖《邓小平登黄山》被国家新闻出版广电总局列入建国 65 周年重点国产影片《大黄山》在“金熊猫”国际纪录片评选中获自然及环境类亚洲制作奖《淮河六章》获人文类野评会特别奖《母亲母亲》荣获第 27 届中国电视金鹰奖优秀电视剧大奖，《村支书金岚岚》被评为国家十二五中国百部农村电影工程作品，中国文学基金会、中国文学艺术发展专项基金资助作品《我的康乃馨》在第八届加拿大中国电影节上获“金枫杯”最佳儿童片奖，《太空熊猫总动员》被国家新闻出版广电总局推荐参评第 67 届戛纳国际电影节优秀动画片奖。

2014 年，全省 9000 个 20 户以下已通电自然村村村通广播电视建设任务提前 1 个月完成 18.65 万场年度放映任务，全年累计放映农村公益电影 19.6 万场，完成任务的 105.1%，建成全省农村公益电影监管平台，组建成立安徽公益电影传媒公司，全年新片放映达 54%。2014 年，全省广播电视总创收 71 亿元，全年新增影院 68 家，银幕 349 块，座位 4.98 万个，票房总额达 8.2 亿元，上年增长 60.16%，增幅位居全国前列，国家广播影视科技创新实验基地建设项目被列入省“861”项目投资计划和省宣传部重点扶持的 11 家文化产业示范园区基地，已有 13 家国家重点广电企业登记注册，9 家大型广电企 业签订入驻协议，2014 年完成投资 5.01 亿元，实现税收 1.13 亿元。

（二）新闻出版业

2014 年，全省 15 家出版单位制定图书选题 4686 种，8859 册。音像电子选题 334 种，使用书号 5646 个。对 11 家图书出版单位和 3 家电子出版单位进行年检，对 99 种少儿类图书，157 种教辅类图书，30 种疑似低俗和跟风炒作类图书进行检查，对安徽文艺出版社的昆曲艺术大典等 12 个项目年检验收。安徽美术出版社潘玉良全集等 9 个项目开展，获新闻出版行业专项资金资助项目的年度检查，涉及资助金额近 1200 万元。

全年发行单位营业收入总额为 212.36 亿元，规范出版物批发单位行政审批，共受理并批准新设立出版物批发单位申请 20 件，出版物批发单位变更申请审批 39 件，审核检验出版物经营单位 4226 家，组织开展全民阅读活动，完成看书、看报刊、看电影、看电视、看戏活动中的“看书”任务，组织 220 多家出版物发行企业参加全省惠民阅读活动。安徽省再次被列入全国 12 个实体书店扶持奖励试点省。黄山孔乙己文化传播有限公司等 5 家实体书店获得中央补助文化产业专项资金 1100 万元，实体书店扶持数量再获突破，在省级文化

强省资金中首次争取到实体书店扶持资金 200 万元。

2014 年，全省共有印刷企业 3036 家，其中出版物印刷企业 245 家，包装印刷企业 1430 家，其他印刷企业 1314 家，专项企业 35 家，复制企业 4 家，从业人员 86064 人。全省印刷工业总产值 337.71 亿元，资产总额 393.16 亿元，对外加工贸易额 12.94 亿元，同比上年分别增长 7.71%、9.42%、26.99%。

（三）演艺业

2014 年，全省演艺业实现营业收入 5750.69 万元，资产总额 3.37 亿元，净资产 1.34 亿元，利润总额 18.14 万元。全年创排新剧节目 103 台，复排剧节目 183 台，演出 2110 场次《小乔初嫁》《徽商传奇》获中宣部第十三届精神文明建设五个一工程优秀作品奖《好人》《安徽大舞台》获第九届全国戏剧文化奖，话剧金狮奖优秀新剧目，话剧《板车女孩》入选 2014 年度国家艺术基金资助项目，徽剧《惊魂记》、电影《许海峰的枪》《泗州戏》《摸花轿》、歌曲《马路天使》获省第十三届精神文明建设五个一工程优秀作品奖，6 个项目获得国家艺术基金资助。群众文化和民间文化活动丰富多彩，"我们的中国梦""文化进万家""三下乡""百团千场万人""文化下基层""校园大舞台""情暖农民工"等文化惠民活动在全省城乡蓬勃开展，举办黄梅戏展演、周冶和徽剧、庐剧、泗州戏、二夹弦、义南词等全省代表性地方戏精粹展演，中国安庆黄梅戏艺术节、安徽民俗文化节、安徽花鼓灯会、省民间杂技艺术节等文化活动特色鲜明。中国农民歌会和中国黄山非遗传统技艺大展成功举办。在第十一届中国民间文艺野山花奖评选中安徽省有 4 件作品获奖，获奖总数居全国第七位。全省现有中国民间文化艺术之乡 24 个，安徽省民间文化艺术之乡 32 个。

截至 2014 年年底，全省共有各类艺术表演团体 988 个，从业人员 20796 人，演出近 29 万场次。黄梅戏《徽州往事》《惊天一兰》在国家大剧院公演。黄梅戏《小乔初嫁》进京参加庆祝中华人民共和国成立 65 周年优秀剧目展演。黄梅戏《寂寞汉卿》和花鼓歌舞剧《珠城的传说》成功上演。原创精品儿童剧《青蛙王子》等 4 部作品进入保利院线全国巡演安徽省重大历史题材美术创作工程圆满收官历时三年创作生产的53幅作品，集中在安徽博物院对外展出。"首届安徽文化惠民消费季・好戏大家看"系列活动精彩呈现创新推出大戏小戏看过瘾、我们精彩我们展示、群星璀璨耀江淮、美术走进生活"四大板块"共 58 项、212 场系列展演展示活动，深受群众欢迎。群众文艺创作演出势头良好组织开展全省"群星奖"评选活动，成功组织开展全省小戏折子戏调演、全省"六一"少儿文艺调演和"校园大舞台——徽风皖韵进高校活动"。

（四）动漫游戏业

2014 年，全省共有 5 家动漫企业通过文化部、财政部、国税总局认定，至此安徽省被国家认定的动漫企业总数达 33 家，位列中部地区第一，全国第七。2014 年，全省动漫企业共制作发行动画片 13317 分钟，约占全国总产量的十分之一。安徽樱艺缘文化传播有限公司、安徽同人文化传播有限公司动漫作品双双入选文化部"弘扬社会主义核心价值观"动漫扶持计划。合肥泰尚文化打造的《太空熊猫历险记》是安徽省第一部动画 3D 电影，2014 年入围世界民族电影节，并随国家新闻出版广电总局参展戛纳电影节。合肥乐堂动漫信息技术有限公司着力开拓欧美市场，多款拥有自主知识产权的手机游戏软件，包括《雄霸三国》《粉红糖果屋》《海底大冒险》等热销海外。省文化厅等部门联合举办第三届安徽省动漫大赛，共收到参赛作品 515 件，经过专家初评、终评，共评出优 秀动画作品奖 10 部，优秀漫画作品奖 3 部，优秀网络动漫作品奖 2 部，优秀动漫舞台剧奖 1 部，优秀动漫新人奖 2 名，优秀动漫教育机构奖 2 个。

（五）新媒体业

2014 年 7 月 1 日，安徽新媒体集团正式挂牌成立，成为全国首家省级网络媒体集团。新媒体集团拥有新闻网站、手机报客户端、微博、微信、专业网站、数字报、论坛等系列传播平台。各平台严格实行内容三审制，坚持导向第一的一致标准，着力打造网上叶、安徽好人馆、集成报道和大型网络本土评论栏目。整合全省市县行业 30 多个手机报，实现一省一报，与电信、移动、联通三大运营商建立全面战略合作关系，与腾讯、百度、奇虎360 等网络技术公司就安徽省内政务微信、形象推广、网络安全建设等实行了全面对接。

（六）文化旅游业

2014 年，古徽州文化旅游区晋升为 5A 级景区，新增 4A 级景区 26 家，4A 以上景区总数达到 160 家，其中 5A 级 8 家。新评五星级饭店 4 家，四星级饭店 8 家，星级饭店总数达到 466 家，其中五星级 25 家。新增出境游组团社 4 家，旅行社总数达到 1200 家，其中出境游组团社 50 家，包括赴台游组团社 6 家。新评四星以上农家 145 家，全省星级农家乐总数达 1206 家，其中四星级 264 家，五星级 192 家。省旅游集团、黄山旅游集团连续 5 年跻身中国旅游集团 20 强。

·福建省·

2014年，全省文化产业资产总额达1905.49亿元、同比增长20.9%，主营收入2603.05亿元，同比增长16.0%，增加值增长速度连续多年高于GDP增速。

一、2014年文化产业发展总体情况

（一）文化体制改革持续推进

2014年，以部省签订的《进一步加快推进海峡西岸经济区文化发展合作协议》为契机，全省进一步解放思想，开拓创新，在文化项目和文化活动平台建设、对台对外文化交流与文化贸易、艺术作品创作、文化遗产保护、文化产业发展、文化艺术人才培养等方面取得新突破新成效，扎实推动文化强省建设。加快文化产业发展和加强文化市场管理，提高福建省有影响力的文化企业在全国的知名度。深化对外对台港澳文化交流，打造两岸文化交流重要基地。

《福建省人民政府关于加快发展对外文化贸易的实施意见》指出，加快发展对外文化贸易要充分发挥福建文化资源和对外开放优势，积极融入国家“一带一路”建设，拓展对外文化贸易平台和渠道，在更大范围、更广领域和更高层次上参与国际文化合作和竞争，把更多具有福建特色的优秀文化产品和服务推向世界。2014年1月到10月，全省文化产品月度出口值总体呈现冲高回落态势，1月以11.6亿元创下2013年以来新高，2月骤降至3.7亿元，随后低位回升。7月达到10.5亿元的年内次高点后，8月、9月、10月环比持续下滑，9月起同比增长率由正转负，10月当月出口7.6亿元，同比下降9.5%，环比下降13.1%。

《福建省人民政府关于推进文化创意和设计服务与相关产业融合发展八条措施的通知》指出，支持现有文化创意和设计服务企业提升壮大，扶持新办或新引进文化创意企业加快发展，鼓励老厂区老厂房改造发展文化创意企业集中区，开展企业“助保贷”等金融支持，强化文化创意和设计服务人才支撑，支持文化创意和设计服务研发及自主创新，扩大文化创意和设计服务市场需求，建立健全推进文化创意和设计服务与相关产业融合发展的工作机制。

为了完善旅游公共服务体系，促进旅游产业结构转型升级，福建省大力推进特色街区和自驾露营地等旅游休闲工程项目开发建设。安排项目资金1600万元，扶持旅游全域化试点县、重要旅游景区周边体现当地文化特色，具备购物、餐饮、娱乐等功能的旅游休闲综合体；支持含住宿、餐饮、购物、医疗、车辆维护等配套设施的自驾车旅游营地；联合省旅游局制定露营地建设综合评价指标，规范全省旅游景区、景点建设，打造海峡旅游精品。此外，中央也大力支持福建省重点文化产业项目建设，2014年中央财政下达福建省文化产业发展专项资金10065万元，大力支持福建省文化产业发展。

（二）文化产业体系基本形成

根据文化资源禀赋和产业结构特点，全省提出要加强产业链联动，重点发展新闻出版、广播影视、动漫游戏、工艺美术、文化旅游与演艺娱乐、创意设计与会展六大文化主导产业。2014年六大文化主导产业增加值达807.86亿元，同比增长13.1%，占文化产业增加值比重86%。与全国比较，工艺美术、动漫游戏业实力较强，总体规模水平分别居全国第三位、第五位。六大产业中，动漫游戏业增加值达220.8亿元，工艺美术业增加值达424.41亿元，分别占全省文化产业比重为23.5%、52.5%，增幅分别达到23.5%、13.6%。新闻出版业增加值116.13亿元，占全省文化产业比重12.36%，总体实力居全国第10位。全省广播电视业增加值达79.9元，占全省文化产业增加值8.5%，处于全国中游水平；省广电网络集团规模实力处于同业第一方阵；文化旅游和演艺业，涌现出《印象大红袍》等旅游演艺知名品牌，以及总资产超过70亿的福州文化旅游投资集团龙头企业；创意设计与会展业增加值达43.41亿元，占全省文化产业4.6%，发展较快，但规模比较小。

（三）产业融合集聚度逐步提高

2014年，福州、厦门、泉州、莆田文化产业增加值占全省文化产业增加值分别为22%、16.2%、26.2%、13.1%，合计达77.5%，产业集中度较高。形成以泉州、厦门、福州为核心等创意设计、动漫游戏集聚区，以莆田、泉州、福州为核心的工艺美术产业集聚区，以南平、龙岩等闽西闽北地区为核心的生态和文化旅游产业集聚区。建成一批具有较强集聚效益和辐射功能的平台载体。中国移动、中国联通全国动漫基地落户厦门。厦门一品威客平台聚集超过900万名创意设计机构、创意人、设计师，每月创意设计服务在线交易金额超过2000万元。建成闽台国家文化产业试验园、国家动画产业基地、国家影视动漫实验园、海西国家广告业示范园、海峡国家数字出版产业基地等国家级重点园区。省

十大重点文化产业园区闽台（福州）文化产业园核心区、海峡两岸龙山文化创意产业园、仙游工艺产业园等集聚度不断提高。对全省个150多个文化产业园区进行专项清理，重新认定了81个园区，对全省50多家利用“三旧”（旧工业区、旧城镇、旧村庄）改建的文创产业园区，利用旧厂房仓库改造占约70%，利用历史文化街区改造占约20%，利用旧村庄改造占约10%；按业态分，创意设计和广告园区约占约30%，文化旅游园区占约20%，动漫园区占约30%，影视出版园区约占20%。2014年3月，经省文化改革发展工作领导小组研究同意，省委宣传部等9部门下发《关于公布全省文化产业园区名单的通知》，正式公布81个在建或基本建成的文化产业园区，尚在规划等前期工作阶段的园区不在此次公布范围。

（四）产业链延伸整合取得进展

实施文化与旅游融合示范八大工程，围绕提升旅游业文化内涵、打造清新福建文化旅游品牌，推动历史文化资源保护与开发、文化旅游题材创作生产、文化旅游产业基地（景区）培育等。2014年全省文化旅游产业增加值达14.8亿元，同比增长12.2%。旅游实景演艺项目《印象大红袍》自2009年首演以来，演出超过2200场，观众将近400万人次。深化文化创意和设计服务与相关产业融合发展，泉州8家企业获评国家级工业设计中心，厦门一品威客平台综合实力在全国排名第二；会同台湾创意设计中心建设文创产业孵化平台，2014年来每年举办一届“福建省十佳最具创意文化产品评选活动”，初步建立“文化创意产品、技术、项目对接服务”平台和机制。培育发展“互联网＋文化产业”新业态，制定出台《福建“互联网＋文化产业”行动方案》，提出未来五年发展目标和“互联网＋”新闻出版、广播影视等10项行动任务，储备重点项目66个、总投资约50亿元；抓好重点企业培育和指导，福建网龙1亿多美元收购英国上市科技公司，福昕软件斥资近千万欧元成功收购西班牙、德国 软件公司；海都城市公众服务平台成长性好、市场潜力大、“互联网＋”社区服务产业发展模式新，已经覆盖9省50余城以及台湾地区，实现5亿的交易额；厦门飞鱼科技、美图网等“互联网＋”文化企业在经济下行的形势下仍保持20%以上的增速，网络图书发行企业葫芦弟弟2014年在全国最大的图书电商市场天猫中少儿专业类目市场排名第三。

（五）文化产业龙头企业增多

2014年，全省组织实施文化产业龙头促进计划，建立行业龙头目录库和重点项目库，推动省市109家文化龙头企业制定实施文化产业发展规划，确定重点培育项目99个，促进文化产业重点领域的骨干企业提质增效，发挥以点带面的先导作用。2014年，全省营业收入50亿元以上的企业3家；30亿元以上的企业6家；10亿元以上的企业26家。2012年以来，每年评选一次省文化企业十强，2014年度十强企业户均主营收入、净利润、净资产比上届分别增长14.8%、2%、53.7%。通过做活存量、强化项目带动和投资拉动，推动省属文化集团转型，积极消除经济下行和传统传媒业滑坡不利因素，四大省属文化集团经营发展逐步企稳。2015年福建广电网络集团主营收入约26亿元、增速超过10%，总资产超过55亿元；福建日报社（报业集团）主营收入约14亿元、增速超过3%，总资产33亿元；海峡出版发行集团主营收入28亿元、增速超过4%，净利润约3亿元、增速超过7%，总资产58亿元；福建广播影视集团实现扭亏为盈，广告收入恢复增长；通过项目和资金重点扶持了一批增长潜力大的民营文化企业，福建网龙连获两届全国文化企业30强，华昌珠宝获评第六批国家文化产业示范基地，佳美集团等获评国家重点文化出口企业。

（六）对外文化产品出口加大

2014年前10个月，全省出口文化产品78.8亿元，较去年同期（下同）增长2.1%。1月以11.6亿元创下2013年以来新高，2月骤降至3.7亿元，随后低位回升。7月达到10.5亿元的年内次高点后，8月、9月、10月环比持续下滑，9月起同比增长率由正转负，10月当月出口7.6亿元，同比下降9.5%，环比下降13.1%。

主要以一般贸易方式出口。2014年前10个月，福建省以一般贸易方式出口文化产品73.2亿元，增长2.1%，占同期福建省文化产品出口总值的92.9%。海关特殊监管方式出口3.7亿元，增长2.9%，占4.7%。加工贸易方式出口1.9亿元，增长0.8%，占2.4%。7成为民营企业出口，外商投资企业出口降幅较大。2014年前10个月，福建省民营企业出口文化产品55.1亿元，增长7.6%，占同期福建省文化产品出口总值的69.9%。同期，外商投资企业出口17.5亿元，下降15%，占22.2%；国有企业出口6.2亿元，增长16%，占7.9%。美国、欧盟为主要出口市场。2014年前10个月，福建省对美国出口文化产品28.5亿元，下降0.9%；对欧盟出口27.3亿元，增长13.3%。上述两者合计占同期福建省文化产品出口总值的70.8%。视觉艺术品为最主要出口产品。2014年前10个月，福建省出口视觉艺术品73.7亿元，增长2.1%，占同期福建省文化产品出口总值的93.5%。同期出口印刷品2.5亿元，下降4.7%，占3.2%。

省政府高度重视文化产业发展，为此采取一系列措施鼓励和支持文化产品及服务出口。年初印发《关于推动福建对外文化贸易通关便利化的若干措施》，10月出台《福建省人民政府关于加快发展对外文化贸易的实施意见》，紧紧围绕“310行动计划”，支持平潭综合实验区建设文化保税区，推进厦门自贸区建设，发挥厦门、平潭、福州等地对台优势，建设两岸文化产业交流合作先行区。积极开展“福建省文化出口重点企业”的认定工作，2014—2015年度有27家企业被认定为福建省文化出口重点培育企业，获专项资金扶持。10月举办厦门海峡两岸文博会，投资签约项目共140个，总签约额387.7亿元。多项有效举措将进一步推动福建省文化产业发展，带动了文化产品出口。

据厦门海关统计，2014年全省累计出口文化产品101亿元人民币，同比增长7.2%。12月当月出口12亿元，同比增长27.7%，创单月历史新高。数据显示，美国和欧盟是福建文化产品的主要出口市场，2014年分别出口37.6亿元、34.8亿元，同比增长3.9%、19.5%，两者合计占福建省文化产品出口总值的71.7%。主要出口产品则以视觉艺术品为主，2014年共出口94.6亿元，增长7.2%，占同期出口总值的93.7%。厦门、泉州、福州位居福建省文化产品出口前三甲，2014年分别出口33.2亿元、30.5亿元、20.4亿元，同比增长11.9%、0.1%、18%，三者合计占福建省文化产品出口总值的83.3%。此外，三明市文化产品出口增长抢眼，2014年共出口3.2亿元，猛增1.2倍。

二、2014年文化产业各行业发展基本情况

（一）文化艺术业

2014年，全省文化系统共有艺术表演团体74个，全省共有公共图书馆88个，文化馆96个，博物馆98个。文化系统各类艺术表演团体演出1.02万场，本年度首演剧目158个，观众858.21万人次，其中：政府采购公益性观众233.60万人次；各级公共图书馆组织各类讲座2120次，书刊文献外借2036.91万册，总流通人数1965.81万人次；各级文化馆组织举办展览856个，组织文艺活动2935次、培训班4789期和公益性讲座445次，共有591.86万人次参加；博物馆共举办288个基本陈列和466个展览，共有1954.85万人次参观，其中：未成年人参观706.04万人次。

（二）广播电视业

2014年，全省共有广播电台7座，电视台7座，广播电视台66座，教育电视台1座。有线电视用户718.40万户，有线数字电视用户598.33万户。年末广播节目综合覆盖率为98.3%；电视节目综合覆盖率为98.7%。

2014年全省广播电视创收收入58.92亿元，其中广告收入20.12亿元，网络收入20.05亿元，广播电视节目销售收入1.45亿元，其他创收收入17.30亿元。全省广播人口综合覆盖率98.31%，电视综合覆盖率98.70%；有线广播电视用户数718.4万户，其中数字电视用户数598.33万户。

全省全年出版图书3793种，总印数0.68亿册；报纸42种（不含校报、副牌），总印数11.58亿份；期刊176种，总印数0.46亿册；音像电子出版物57.01万盒（张）。年末全省共有各级各类档案馆114个。

（三）电影业

截至2014年11月底，共有20条城市电影院线在全省落地，已加入院线可统计票房的影院158家、银幕746块（其中IMAX影厅11个）、座位数116141个。1—11月，全省共增加影院32家、银幕数161块、座位21168个；全省电影票房9.01亿元、放映场次119.25万场次、观影人数2392.67万人次、分别比上年同期增长38.73%、36.47%、32.07%。截至11月30日，全省农村电影放映178077场次，占计划放映101.43%。其中，公益片89243场次、商业片88834场次，分别完成计划数101.67%、101.2%，累计观影人数18320916人次。

（四）动漫游戏业

2014年，全省动漫游戏产业继续保持快速增长的良好态势，总收入达170.37亿元，同比增长25%，其中，中国移动手机动漫基地、福建网龙、百度91、福州天盟、厦门四三九九等5家单位收入超过10亿元。全省动漫游戏产业影响力不断提高，品牌竞争力逐渐凸显，龙头企业辐射带动能力进一步增强，重点园区及平台的聚集效应明显提升，新媒体动漫快速发展，交流合作拓展深化，产学研合作卓有成效，进一步巩固和强化了福建动漫游戏产业在全国的优势地位。

（五）艺术品交易业

截至2014年10月，全省艺术品拍卖公司达到20家，累计成交额19.92亿元，成交额占比上升1.51%。拍卖行实行“引进来”策略，借力加快本地市场发展，如华辰指卖在厦门搭建国际艺术品金融交易中心，并在

2014 年举办首场春季拍卖会；部分民营艺术馆和艺术交流中心近年来吸引嘉德、匡时、保利、翰海等大型拍卖行前来进行交流预展。

福建书画市场占主力，福建地区首次出现拍卖的便是书画板块，并且一直作为福建地区的一大主力板块，成交数量占比 70.3%，但市场支撑力度低于瓷杂市场仅为 43.14%；瓷器杂项是福建地区量少价高的重要板块，占总成交量的 27.21%，却贡献了 53.60% 的成交额；油画及当艺术发展缓慢，历年拍卖市场份额比例仅占 1%。福建地区拍卖市场由单一书画拍卖发展成集书画、陶瓷、家具木雕、古籍善本、寿山石等为一体的多元拍卖，中寿山石、陶瓷和书画三类比例超过 60%。家具木雕、古籍善本所占比重较小，仍有待加强。

在拍卖高价阶梯中，百万级以上瓷杂拍品共 172 件，占总成交额的 24.56%，书拍共 109 件，占总成交额 13.52%。其中在瓷杂高价拍品中，寿山石贡献 39 件。寿山石作是福建地区标志性拍卖品类，以 8.26% 的成交量获取了福建市场 14.69% 的成交额，且福建地区最高价拍品也出自寿山石。

（六）文化旅游业

2014 年，全省旅游业界坚持“百姓富 · 生态美”的有机统一，围绕“1135”旅游产业发展总体思路，充分发挥生态和对台优势，着力创新引领发展，推进公共服务体系建设，促进旅游产业转型升级。

联合下发《关于共同推进无居民海岛旅游开发指导意见》《关于开展 2014 年省级生态旅游示范区创建工作的通知》《关于开展旅游全域化试点工作的通知》等文件；积极推进完善全省各级各部门综合协调机制，携手落实 126 项旅游发展任务；联合省海洋渔业厅推动 20 个无居民海岛旅游开发建设；联合省交通厅推进全省旅游标识标牌、旅游景区“最后一公里”道路建设；联合省住建厅启动旅游全域化县市试点工作，合力推动一批历史文化名村名镇建设；与省住建厅等 6 个省直部门联合推进全省 A 级景区创建工作，创建 50 家 A 级景区。节庆期间，联合公安、交通、消防等部门进行旅游市场督查检查。联合省委宣传部、省文化厅成立专门督察组，赴全省各地开展文旅融合 8 大示范工程重点项目督查；联合省发改委、财政厅对 9 个重大项目进行实地考察；联合住建厅对全省乡村旅游与美丽乡村建设进行督查。

坚持从顶层设计入手，制定《福建省旅游产业创新提升规划》和《实施打造“清新福建”2014 年行动计划》，指导各地抓好策划、规划。按照省委、省政府“抓龙头、铸链条、建集群”的福建要求，福建各地都加强了优质资源的整合，并通过优化、提升一批核心景区和旅游吸引物，打造特色旅游产业链；打造一批旅游小镇、主题公园、度假区，发展特色体验、购物旅游，形成多元化、适应不同层次需求的休闲度假类旅游项目群。在中心城市、大景区周边，规划建设一批具有鲜明特色的乡村旅游项目集群，丰富“清新福建”旅游产品体系。同时，联手两岸业界打造闽台乡村旅游规划策划、产品衍生开发、新业态技术、经营管理、市场营销、人才合作等六大合作平台；在加快产业结构调整中，主动融入新型工业化、信息化、城镇化、农业现代化的大格局，着力推动旅游与一二三产业融合，吸引大企业纷纷转向旅游业寻求商机。省财政厅安排千万财政资金，全力扶持推动旅游休闲工程发展；中央财政也安排 1 亿元资金，支持福建省重点文化产业项目建设，助推福建旅游产业转型提升。

为发挥旅游专项资金使用效益，省旅游局与省财政厅联合下发《福建省省级旅游专项资金管理办法》，规范旅游重点项目、特色休闲街区、宣传营销等各类资金申报、审批和使用程序，提高资金使用效益。创新旅游专项资金使用模式，引入竞争机制，遴选山区、滨海重大项目，给予重点扶持。积极推进旅游管理体制改革，首次面向全国推出 26 个中小旅游景区对外托管招商。将旅行社行政许可审批项目委托下放，提高审批效率；推动泰宁旅游金融试点改革试验区建设，成立专业旅游投资银行，拓宽旅游投融资渠道；发挥第三方中介组织的作用，采取购买服务方式，实施 A 级景区、星级饭店等级评定工作。

突出项目带动，按照“抓龙头、筑链条，建集群”的要求，引进和培育一批龙头企业，延伸旅游产业链，培育一批旅游产业集群，加快完善“清新福建” 旅游产品体系建设。集中精力抓大项目、好项目，全面启动 6 个百亿以上重大项目建设。策划包装 70 个总投资超 2000 亿的重大项目和新业态项目，推动旅游资源招商向创新创意招商转变。加快新业态项目培育，推动旅游与体育、医疗、文化等产业的融合，逐步扩大消费领域。召开全省旅游产品体系建设和景区提升现场会，重点推出邮轮游艇、休闲养生、中医保健、运动休闲等新业态旅游产品。拓展两岸邮轮线路，去年从厦门母港往返邮轮达 49 个航次，运送旅客突破 10 万人次；全省各地推出一批新兴运动休闲产品。重点整合提升福建土楼、冠豸山、太姥山、湄洲岛，打造“清新福建”精品景区。依托立体交通网络，整合沿线旅游资源，打造高铁沿线、高速沿线和海岸线等三大系列旅游精品线路；打造“东亚文化之都”——泉州等精品旅游城市。

坚持以游客为本，首次将集散中心及标识标牌建设纳入省委省政府为民办实事项目。在全省高铁沿线中心城市及品牌旅游县规划建成 17 个旅游集散中心；在通往全省 147 个景区的高铁车站和高速公路、国道等交通干道设置规范的旅游交通标识标牌；在全省各地建设 45 条通往景区景点的道路，解决通往景区 “最后一公里”的问题，将完成 25 条建设任务。重点推进旅游特色休闲街区、露营地、休闲驿站建设，完善旅游公共服务体系。构建旅游市场治理四大机制：完善旅游市场执法监督机制，31 个省直部门开展联动；完善旅游市场投诉受理机制，建立统一投诉受理办理转办工作机制，开发“福建省旅游团队服务监管平台”；完善旅游安全保障机制，在全省星级饭店、旅行社开展“安全标准化提升三年行动”。完善景区流量控制及门票价格形成机制，在部分重点景区建立游客流量检测系统，严格规范景区门票涨价程序。构建旅游服务质量提升三大体系。加强旅游标准化体系建设，制定《全面推动旅游标准化建设三年行动计划（2014—2016）》和旅游集散中心、乡村旅游特色村镇、全域化试点县市等“清新福建”系列标准体系。

围绕“乡村旅游”主题，着力先行先试，创新合作机制，启动实施乡村旅游“百镇千村”三年行动计划，推出乡村旅游特色村镇标准；学习借鉴台湾先进理念，聘请台湾专家为“闽台乡村旅游试验基地”编制策划规划；在台湾苗栗举办“两岸乡村休闲旅游嘉年华”活动。加强乡村旅游业主培训，组织近 500 名乡村旅游业主赴台学习；第十届海峡旅游博览会首次举办两岸乡村旅游圆桌会议，创建两岸乡村旅游交流互动网，举办两岸乡村旅游精品展，搭建两岸乡村旅游交流平台。持续开展“十万游客国际邮轮两岸行”活动，加大对平潭旅游资源、产品、航线的宣传推广，着力推动“丽娜”号首航、培育“平潭—台湾”客滚黄金线，推进闽台邮轮旅游等合作。持续举办台湾学子来闽修学活动，开展以“探乡探亲·寻根寻祖”为主题的“闽台同名村镇续缘之旅”活动，首次策划指导主办“清新福建海峡骑行旅游节”，组织参加“2014 第九届海峡两岸台北旅展”，推进产业对接，努力推动闽台旅游产业深化合作。

福建是海上丝绸之路的主要发祥地。福建的泉州港、福州港和漳州港在不同时期对“海丝”发挥了重要作用。10 月 27—29 日，福建首次承办“第八届中美省州旅游局长合作发展对话会议”。在“美丽中国·清新福建”推介会上，通过《茶韵飘香》《土楼人家》《海丝寻梦》三个篇章，重点突出福建“一杯茶、一座楼、一条路（海上丝绸之路）”等世界级旅游资源。在中国国际旅游交易会上，福建以“一茶、一楼、一城、一山和一条海丝路”为主线，凸显海上丝绸之路元素，吸引了众多境内外宾客。在 2014 福建旅游大型展演全国十城巡回体验活动广东站活动上，闽粤两省旅游局签署旅游战略合作协议，将共同建立“闽粤丝绸之路旅游推广联盟”。今年还将举办海丝旅游发展论坛，探索 21 世纪海上丝绸之路旅游合作发展新途径新模式；支持和培育海丝邮轮旅游线路，开通福建至台湾、香港、东南亚以及欧美等目标市场的国家和地区的海上丝绸之路邮轮旅游线路；计划搭建一个以国内海上丝绸沿线城市为核心，辐射周边沿线国家的旅游合作平台，构筑共同的旅游市场。

加大政策引导，着力培育全省旅游大企业，发挥龙头企业带动作用。构建产业集群，以福州、厦门、武夷山三大旅游目的地为核心，重点打造闽东北、闽西南和闽西北三大旅游板块，带动一批旅游产业集群建设。主动与国际知名旅游集团对接，积极引进希尔顿、洲际、豪生等国际连锁度假酒店入驻福建，并引进一批投资规模大、带动效应强、品牌影响好的重大旅游项目和产品，引领全省旅游产业转型升级。积极借鉴和引进台湾景区管理经验和经营模式，加快对现有二、三线景区的改造提升，提质增量、增效。加快发展旅游新业态，延伸产业链条，推动旅游从观光向观光、休闲、度假并重转变，推进旅游与相关产业融合发展；大力开发老年、民俗、养生、医疗旅游等，重点打造海上休闲旅游、康体养生旅游、运动休闲旅游、邮轮游艇旅游、自驾车旅游等新业态旅游产品，加快形成多元化、系列化，适应不同层次游客需求的旅游产品体系。同时，进一步在优质高效服务上下功夫，着力提升福建旅游产业竞合力。

·江西省·

2014 年，全省文化产业继续保持快速增长，主营业务收入突破 2000 亿元大关，达到 2061.3 亿元，同比增长 15.6%；实现增加值 580.1 亿元，增长 15.6%，比全省 GDP 增速高 5.9 个百分点，全省文化产业增加值占 GDP 的比重为 3.7%，比 2013 年提高 0.2 个百分点。

在快速发展的同时，呈现出文化制造业主导，文化服务业领先，优势产业贡献突出，文化市场欣欣向荣的运行特点。特别是规模以上文化产业法人单位（规模以上制造业、限额以上批发和零售业、规模以上服务业）在文化产业转型升级、提质增效过程中发挥了重要作用。

一、2014 年文化产业发展总体情况

（一）文化产业结构趋于稳定

2014 年，全省文化制造业实现主营业务收入 1560.3 亿元，同比增长 15.9%，占文化产业比重超过四分之三，达 75.7%；文化服务业增速最高，实现主营业务收入 314.6 亿元，增长 23.3%，占全产业的 15.3%；文化批零业实现主营业务收入 186.4 亿元，增长 1.7%，占全产业的 9.0%。文化制造业所占比重较 2013 年提高 3 个百分点，对文化产业影响力进一步扩大。

从行业大类来看，文化产业内部结构总体保持稳定。与 2013 年相比，2014 年行业大类主营业务收入排名前三名依然是：文化用品生产 822.4 亿元，占 39.9%；工艺美术生产服务 411.2 亿元，占 20.0%；文化产品生产辅助生产 387.0 亿元，占 18.8%。之后是文化创意和设计服务 118.8 亿元，占 5.8%；新闻出版发行服务 93.9 亿元，占 4.6%；文化休闲服务 81.5 亿元，占 4.0% 文化专用设备生产 64.8 亿元，占 3.1%。最后三位依然是：文化信息传播服务 35.0 亿元，文化艺术服务 28.3 亿元，广播电视电影服务 18.4 亿元，所占比重均在 2% 以下。文化休闲服务和文化专用设备位次互换，分别由第 7 位上升至第 6 位，由第 5 位（并列）降至第 7 位，其他行业大类排名没有变动。

分行业小类看，全省优势产业继续保持良好发展势头，对文化产业增长贡献突出。2014 年，焰火鞭炮产品制造、包装装潢及印刷、雕塑工艺品制造、机制纸及纸板（文化用纸）制造等四个行业小类的主营业务收入均超百亿元，合计达 852.4 亿元，同比增长 18.4%，占文化产业的 41.4%；合计实现增加值 228.2 亿元，增长 18.7%，占文化产业的 39.3%，对文化产业增长的贡献率分别达到 47.8% 和 46.2%。

（二）区域发展各具特色

从总量看，南昌稳居第一，实现主营业务收入 488.0 亿元，同比增长 15.6%，占全省的 23.7%；实现增加值 144.1 亿元，增长 12.0%，占 24.8%。主营业务收入超 200 亿元的地区还有萍乡 268.9 亿元，增长 19.8%；九江 231.1 亿元，增长 20.2%；宜春 226.8 亿元，增长 14.1%。从文化产业增加值占 GDP 比重看，萍乡大幅领先，全年实现增加值 79.6 亿元，占 GDP 比重高达 9.2%，高出全省平均水平 5.5 个百分点。文化产业增加值占GDP比重高于全省平均水平的还有景德镇 5.2%、宜春 4.1%、南昌 3.9%。从增长速度看，抚州增速最高，全年实现主营业务收入 96.0 亿元，增长 20.9%，比全省平均增速高 5.3 个百分点。九江、萍乡、赣州文化产业主营业务收入增速也明显高于全省平均水平。从行业看，南昌行业覆盖最为全面，其主导产业包括文化用纸制造、印刷、图书报刊发行销售、广播电视传输服务等；景德镇形成了陶瓷工艺品为特色的产业聚集，艺术陶瓷名扬中外；萍乡和宜春的焰火鞭炮，赣州的玩具制造，吉安的工艺美术品制造，抚州的油画与工艺美术产业都极具特色。

（三）文化市场欣欣向荣

2014 年，全省新增数字影院 61 家，新增影厅 277 个，新增座位数 30089 个，至此全省数字影院已达 184 家，影厅 805 个，总座位数 101062 个。全省城市影院票房收入 5.5 亿元，同比增长 42.5%。文艺演出市场也在快速发展，全年引进 97 批次境外演艺项目，来赣商业演出的境外演艺人员达 1209 人次，演出 655 场，演出票房达 13.1 亿元。图书娱乐等文化娱乐用品消费增长稳中有升，其中图书批发同比增长 20.7%，乐器销售增长 14.3%，家用视听设备销售增长 25.2%。

（四）文艺创作亮点纷呈

2014 年，全省有 5 部电视剧、3 部电视动画片、5 部电视纪录片、1 部电视文献片和 6 部电影投放市场。其中，电视剧《领袖》入选中宣部“五个一工程”奖；电视动画片《天工开物之开心岛Ⅲ》登上央视播映榜单。电影《洋妞到我家》入选中宣部“五个一工程”奖；电影《一个人的课堂》获得亚洲青少年电影节“最佳新人导演奖”，入选第 23 届中国金鸡百花电影节；微电影《罪与罚》《生日》荣获第二届亚洲微电影艺术节“金海棠”优秀作品奖。2014 年全省成功举办了“北京·江西文化月”活动，首次在台湾举办江西文物精品展，舞剧《赣风》和歌剧《回家》在澳门演出广受好评。

（五）文化企业发展态势良好

2014 年，全省规模以上文化产业法人单位取得较快发展，与 2013 年相比，法人单位数、资产总额、主营业务收入等主要指标都有明显提高。第一，法人单位发展势头日益强劲。2014 年，全省规模以上文化产业法人单位有 826 个，比上年增加 127 个，同比增长 18%，主营业务收入 1495 亿元，比上年增长 16.5%，

超过全省文化产业主营业务收入增长速度近1个百分点，主营业务收入占全部文化产业的三分之二以上，比重达72.5%，规模以上文化产业法人单位对文化产业的支撑作用越发明显。第二，法人单位规模进一步增强。2014年，全省规模以上文化产业法人单位总资产934亿元，比上年增长24.7%，法人单位平均资产达到1.13亿元，比上年增长5.6%，法人单位做大做强势头开始显现。第三，法人单位对社会的贡献能力进一步增强。2014年，全省规模以上文化产业法人单位主营业务税金及附加达到21.9亿元，比上年增长14.1%，其中规模以上制造业为18.2亿元，限额以上批发和零售业为0.8亿元，规模以上服务业为2.9亿元。第四，法人单位就业人员进一步增加。2014年，全省规模以上文化产业法人单位从业人员17.6万人，比上年增长4.9%，平均每个单位吸纳就业人员204人，解决就业能力进一步提高，为全省增加就业、改善民生做出了积极贡献。

二、2014年文化产业各行业发展基本情况

（一）新闻出版业

截至2014年年底，全省共有新闻出版单位7282家，其中，书报刊出版单位245家，出版物发行单位3270家，印刷复制企业3767家。报刊总数245种，其中报纸82种（含高校校报32种），期刊163种。2014年报纸年总印张数为3228184千印张，年度总印数113590万份，年度定价总金额9.2861亿元。2014年期刊年总印张数为239147千印张，年度总印数7612万册，年度定价总金额3.189亿元。2014年报刊经营总收入为22.9亿元，其中报纸20.3亿元，期刊2.6亿元。

从规模以上报刊集团（报社、期刊社）数量看，年经营收入上亿元的报刊集团有6家，分别是江西教育传媒集团有限公司、江西日报传媒集团、江西省报刊传媒有限责任公司、南昌日报报业集团、九江日报社、赣南日报社。从品牌报刊发展水平看，江西报纸年经营收入最高的为《江南都市报》2亿元，江西报纸期发行量最大的是《家庭医生报》43万份，江西期刊年经营收入最高的为《小星星》1121.9万元，江西期刊期发行量最大的为《小学生之友》70万份。

2014年，全省共有4种报刊入选新闻出版改革发展项目库，分别是江西日报传媒集团有限公司的青少年法制动漫教育创意产业园和赣版数字出版交易云平台—海睿数字云平台，井冈山报社的井冈山红色文化新媒体传播公共服务平台项目和南昌家庭医生报传媒有限公司的家庭医生云健康服务平台。2014年共有3个报刊项目获得中央文化产业专项资金支持，共计2700万元，分别是江西日报传媒集团有限公司的4G云媒体商用平台项目1000万元，赣版数字出版交易云平台——海睿数字云平台800万元，萍乡日报社全媒体项目900万元。

2014年，江西日报传媒集团产业经营收入12.15亿元。江西高校出版社有限责任公司加强兼并重组，2014年实现经营收入9905.72万元。江西教育传媒集团有限公司（原江西教育期刊社）明确集团化发展思路，引入市场化竞争机制，深化内部用工和分配制度改革，激活企业活力，调动全体员工的积极性，提高企业运行效率，吸收一批优秀人才，创新发展理念，在加强主业的基础上，通过资源整合、跨界融合等方式，积极实施跨媒体、跨行业、跨区域的发展战略，构建全新的多元化发展新格局，2014年实现经营收入2.2亿元。江西省报刊传媒有限责任公司成立后，调整报刊定位，完善内部机制，加强成本管理和市场运作，2014年实现经营收入1.03亿元。

2014年3月，全省新闻出版广电局发布《关于引进民间资本推动江西新闻出版广播影视产业发展的实施意见》。鼓励和引进民间资本，大力发展印刷复制业，构建技术先进、充满活力、竞争有序的印刷复制产业体系；鼓励和引进民间资本，开展出版物发行、版权业务，促进发行、版权业务快速发展；鼓励和引进民间资本，参与部分出版类业务活动，为非公出版搭建平台；鼓励和引进民间资本，大力发展新媒体新业态，推动广电媒体转型升级。

（二）广播影视业

2014年，全省广播电视电影产业收入238亿元，增长47.4%。全省共有广播影视制造企业85家，2014年实现收入142.9亿元，增长51.3%，保持了良好的发展态势。其中，广播影视专用设备企业45家，收入73.1亿元，增长22%；广播影视视听设备制造企业40家，收入69.8亿元，增长101.8%。如吉安永丰航盛电子有限公司生产的车载音响设备占据全国60%左右的市场份额。

电影服务业发展势头迅猛。2014年，全省新增影院61家，新增影厅277个，使目前全省影院达184家、影厅805个。2014年影院票房收入5.45亿元，与上年相比增长36.5%。电视购物服务业快速发展。风尚电视购物实现销售收入16.4亿元，增长100.4%。广电内容产业潜力巨大。全省广播电视内容生产收入6.2

亿元，共有5部159集电视剧和两部36集动画片制作完成并投放市场。广播电视广告收入也比2013年增长23.3%。

为了鼓励社会资本投资新闻出版广播影视产业，出台《关于引进民间资本推动江西新闻出版广播影视产业发展的实施意见》，允许民间资本进入印刷复制产业、出版物发行产业、对外出版和网络出版产业、新媒体新业态、网络增值服务产业、影视内容产业、影院建设、广播影视制造业、新闻出版广播影视基地建设以及新闻出版广播影视“走出去”等十个领域。为大力提升公共文化服务水平，让人民群众共享产业发展升级的成果，全省1200万户城乡居民的800万户通过有线电视解决看电视问题，170万户通过实施直播卫星户户通工程解决看电视问题，230万户通过实施高山发射台基础设施改造工程来解决听广播看电视问题。

（三）演艺业

2014年，全省共有艺术表演团体219个，6000人；艺术表演场所49个，754人。近年来，江西省旅游演艺发展不断有新突破，《井冈山》《记忆庐陵》《印象上饶》《春江花月夜》等一大批带着地域文化特色的旅游演艺项目应运而生，既满足了人民群众日益增长的文化需求，又对当地经济社会发展起到良好的推动作用。2014年，全省景区、城区驻场演艺项目达13个，全年演出2567场，实现演出收入9734.6万元，分别比上年增长28%、128%，井冈山实景演出、印象上饶、南昌琴岛之夜3个演艺项目收入过千万，其中琴岛之夜总收入达1500万元。

2014年，全省71家国有改制院团中，有12家引进社会资本进行股份制改造，全年完成商业演出3592场，实现演出收入3190.3万元；民营文艺院团全年完成演出21985场，实现演出收入6696万元；景区（城区）驻场演艺项目13个，全年演出2567场，实现演出收入9734.6万元，分别比上年增长28%、128%。井冈山实景演出、《印象上饶》、南昌琴岛之夜3个演艺项目收入过千万元，其中琴岛之夜总收入达1500万元，成为全省城区演艺的龙头。

与此同时，2014年全省剧团剧场院线联盟演出636场，实现演出收入2623.7万元，其中省艺术中心举办演出116场，实现演出收入2073万元。全省文化娱乐、电子游艺、网络经营等文化市场经营主体达9393家。

·山东省·

2014年，全省文化及相关产业增加值同比增长10%，文化产业完成投资2615.9亿元，按当年价格计算增长18.0%，实现文化产业增长幅度高于生产总值和服务业增长幅度，文化产业投入增幅高于固定资产投入增幅，新兴文化产业增幅高于整个文化产业增幅。

一、2014年文化产业发展总体情况

（一）文化产业发展提质增效

2014年，加快编制区域文化产业发展专项规划，《省会城市群经济圈文化产业发展规划（2013年—2020年）》《西部经济隆起带文化产业发展规划（2014年—2020年）》等相继出台实施。由历山剧院等单位发起的《剧场等级划分与评定》标准，成为全国剧场行业第一个地方标准。2014年，全省积极推动文化产业集聚发展，大力培育市场主体，青岛“千万平方米”文化创意产业园、烟台文化创意产业园、中国数字化舞美科技应用产业基地等项目的开工建设，壮大了文化产业规模。2014年前三季度，全省文化及相关产业固定资产投资施工项目2142个，比上年同期增加53个。同时，山东成功举办2014“文化项目社会办”活动，征集重点项目307个，总投资达617亿元。山东省文化厅联合金融部门制定的《关于深入推进文化金融合作的实施意见》等，为破解文化企业融资难题提供了机遇。

（二）深化文化体制改革开局良好

2014年，全省有10个单位启动省级公共文化机构法人治理结构试点，建立理事会制度，探索社会力量参与公共文化服务的新途径。在国家号召政府部门简政放权的背景下，山东省文化厅建立行政权力清单制度，将原有107项权力事项缩减至47项。有序推进文化执法体制改革，推动文化市场综合执法机构与文化行政部门深入整合，济南、青岛、潍坊等地已启动重新编制部门“三定”方案。文化立法取得阶段性成果，《山东省非物质文化遗产保护条例》列入省地方立法计划二类项目；《关于加快发展文化产业的意见》出台，建立扶持文化产业发展的长效机制。

（三）文化市场执法规范有序

2014年，全省启动实施上网服务行业转型升级计

划，创新市场监管机制，上网服务企业转型升级取得初步成效。山东文化执法部门加大对重要节点、重点领域的执法力度，着力加强暑假、“五一”“十一”等重要节点和演出、娱乐、网吧等重点领域的监督执法。加强文化市场执法信息化建设，全国文化市场技术监管与服务平台北方分中心（服务覆盖12个省份）、省级文化市场技术监管与服务中心相继建成，全省市、县文化市场技术监管与服务中心建设也正在加快推进。

（四）弘扬传统文化成亮点

传承弘扬优秀传统文化贯穿2014年山东文化事业发展全局。2014年，全省文化传承阐发展示工程顺利实施，加强古籍发掘整理，一批文化典籍和学术专著出版，当年立项的艺术科学研究课题中，传统文化课题占总数的44.2%“图书馆+书院”模式创新推进，成立尼山书院理事会、开通书院专题网站、举办国学公开课、培训书院管理骨干、推动社会力量参与书院兴办，尼山书院与乡村儒学讲堂成为拉近民众与传统文化的重要平台。城镇化进程中历史文化传承保护得到加强，文物保护88项重点工程、可移动文物普查、第三届非遗博览会、20个项目入选第四批国家级非遗代表性名录、“乡村记忆工程”确立首批24个试点单位，文化遗产与非物质文化遗产承载的民族血脉奔流不止。齐鲁文化走出去打响孔子品牌，第三届尼山世界文明论坛成功举办，澳亚文化节“聚焦山东”让世界了解齐鲁大地的文化魅力，6家海外尼山书屋得以落地，独具地域特色与民族魅力的齐鲁文化在世界舞台绽放出光彩。

（五）文艺精品创作持续繁荣

2014年，制定《山东省舞台艺术创作规划（2014年—2016年）》，邀请名家把脉，面向全国征集剧本，提高艺术创作生产组织化水平。深入实施舞台艺术“4+1工程”，为舞台艺术精品生产提供土壤，吕剧《回家》等一批深受观众好评的作品得以涌现。创作节目之外，经典作品的展演也让民众享受到文化发展繁荣带来的实惠。2014年，成功举办“欢乐新春”——“十艺节”文华奖山东获奖剧目观摩展演、第五届山东国际小剧场话剧展演、庆祝新中国成立65周年系列文艺展演。同时依靠组织艺术创作学习班、学习贯彻习近平总书记文艺座谈会讲话精神培训班，培养大批文艺人才。组织申报国家艺术基金项目154个，有11个入围。

（六）公共文化服务普惠民众

截至2014年年底，全省文化大院或综合性文化中心数量已近7万个。博物馆243个，公共图书馆153个，群众艺术馆、文化馆158个，文化站1828个，农村文化大院7.0万个，历史文化名城20座。2014年是山东全面启动现代公共文化服务体系建设元年。全省成立由省文化厅牵头、省直23个单位参与的公共文化服务体系建设协调机制，拟订了全省基本公共文化服务实施标准，并在全国率先制定了村文化大院建设和服务标准、公共电子阅览室建设和服务标准、“尼山书院”建设和服务标准。在山东推进公共文化服务资源均等化配置方面，截至2014年年底，全省建成文体小广场的行政村共有5.2万个，占行政村总数的73%。文化信息资源共享工程年服务人次超6000万。在此过程中，山东注重运用社会力量，23万注册志愿者遍布城乡地头。由文化系统负责的5件全省文化惠民实事，全部超额完成任务。各地结合实际，开展了丰富多彩的群众文艺活动。

（七）园区建设加速发展

截至2014年年底，全省在相关部门登记备案的各类文化产业园区有141个。国家级、省级文化产业示范基地分别为15个和126个，国家级文化产业示范园区、试验园区各1个，省级文化产业示范园区10个。全省文化产业园区注册资本总额7.88亿元，入驻企业数量18441个，吸纳就业人员243327人，占地面积16922.27万平方米。

二、2014年文化产业各行业发展基本情况

（一）新闻出版广电业

2014年，全省新闻出版广电事业蓬勃发展，精品创作持续繁荣，“鲁版图书”品牌效应进一步提升，产业实力持续增强。全省新闻出版产业总产出1680亿元，同比增长20%；出版各类图书18127种，报纸87种，杂志261种。年末广播人口综合覆盖率为98.71%，电视人口综合覆盖率为98.49%。共有309家影院加入城市电影院线，城市电影票房收入11.0亿元，比上年增长46.0%。

2014年，全省影视剧、新闻、动画片、纪录片等内容生产产量稳步增长，品质不断提升，影响力进一步扩大。其中，电影《世界屋脊的歌声》、电视剧《父母爱情》、广播剧《中国船长》3件作品获全国第十三届精神文明建设“五个一工程”奖。6件新闻作品获第二十四届中国新闻奖。由山东影视传媒集团等单位拍摄的40集电视剧《马向阳下乡记》，受到观众普遍好评，获得收视与口碑的双丰收。《马向阳下乡记》是一部关注现实、贴近生活、贴近群众的优秀当代农村题材作品，被国家新闻出版广电总局列入中国梦系列剧目。山东卫

视出品的电视剧《红高粱》掀起观剧热潮，刷新电视剧网络播放纪录。

2014 年，全省广电惠民工程扎实推进。山东新农村数字电影院线有限公司采取有效措施电影放映等工作取得明显成效。农村公益主要工作有：一是积极推进农村电影标准化放映工作。从 2014 年 5 月全面实施放映以来，公司所属放映队完成农村公益电影放映 9.1 万场，完成全年任务指标的 38.6%，观影人数同比增长 50% 以上。主要措施有：制定《标准化放映实施办法》《标准化放映县（市、区）管理服务站管理工作流程》等制度，对放映设备、放映流程、服务站管理等方面提出标准化要求；选定 4 个市的 10 个县（市、区）作为标准化放映试点，统筹资金补贴放映队伍，为其配发相关设施；深入农村基层开展放映工作，贴近群众，细化措施，不断提升服务质量；推出便民助民活动，为群众做好事、做实事；召开标准化放映座谈会，及时总结经验、推广做法，不断完善标准化放映模式。二是探索社区公益放映新思路。通过建设公益电影固定放映点，解决社区群众和农民工等群体的观影问题。在济南市天桥区、新泰市、肥城市、广饶县等地建设了固定放映示范点，并与省司法厅合作，将固定放映点建设与司法广场建设进行了有机结合。三是积极拓展放映业务。拍摄故事片和科教片 5 部，自制和代理发行故事片 20 部、科教片 13 部，与全国 135 家农村电影院线公司实现了业务合作，发行 40 余万场次。

2014 年，全省新闻出版广电业对外合作交流继续扩大。山东省广播电视台与德国巴伐利亚州广播电视台共同策划筹拍的纪录片《今日孔子——沿着一位中国哲学家的足迹》于 2014 年 10 月在济南开机。该片风格为“公路式电影”，由德方两位主持人边行进边讲述孔子的生平、逸事和语录，展示沿途风土人情和人们的工作生活，将儒教学说与当今中国人日常生活相对照，反映孔子思想对当代中国社会的影响。

（二）演艺业

2014 年，全省共有艺术表演团体 104 个，艺术表演场馆 93 个。2014 年山东省实施舞台艺术精品工程、“十艺节”重点剧目创作工程、社会文化艺术创作工程和重点美术创作工程等“四大工程”。筹备“十艺节”以来，全省艺术精品创作累计投入 2.8 亿元。新创作优秀剧目 62 部，15 部入围“文华奖”评比，京剧《瑞蚨祥》、吕剧《百姓书记》、舞剧《红高粱》3 台剧目摘得“文华大奖”，京剧《项羽》获“文华大奖特别奖”。创作群众文艺节目 4400 多个，全省 39 件作品进入“群星奖”决赛，32 件作品获奖。先后投入近 6000 万元对山东剧院、梨园大剧院、百花剧院进行升级改造。“十艺节”筹办两年多来，全省准备演展场馆 55 个，重点场馆资金投入达 98.31 亿元，其中新建 16 个，维修改建 25 个，改造完善 14 个老场馆，质量、标准、工艺、设施和运行等都全面达到演展要求。“十艺节”“中国（山东）演艺产品交易会”展馆面积 1.5 万余平方米，共有 31 个省区市的知名演艺机构、演艺剧目参展，其中包括北京保利文化集团等多家大型文化企业，广州珠江灯光科技有限公司和法国力素音响等 20 多家灯光音响企业，设立特装展位 77 个。近 700 家演出经纪机构、剧院、剧场以及其他文化公司前来演交会采购，包括美国百老汇、澳大利亚澳亚文化节、芬兰赫尔辛基艺术节等多家国外演出经纪机构及我国香港舞蹈团、澳门演艺学院、台湾文创产业联盟等多家演艺机构。共有国内外 600 多个演艺机构近 2000 个剧（节）来参展。在演交会期间，两天时间就有超过 8.2 万人次进馆参观，86 个演艺项目达成合作意向，签约额达 9.02 亿元，为上届演交会的 5 倍。

完善艺术创作的激励机制，设立专项资金，实施精品工程，对优秀剧目创作、群众文艺创作给予资金扶持，建立部门合作机制，对重点作品实行签约制，研究制定《关于促进全省文化艺术产业发展的意见》《推动山东舞台艺术持续发展“4+1”工程实施方案》《“一村一年一场戏”工程方案》等文件，建立长效机制，促进艺术创作持续繁荣。

规范票务管理。“十艺节”组委会专门下发通知，取消向党政机关、领导干部公款赠票送票。同时，建立了高标准的票务系统，完善销售网络，提高服务质量，统一票务管理。演出场馆长效利用机制逐步完善。“十艺节”开幕前夕，省会文化艺术中心大剧院委托经营管理签约仪式在济南举行，中国对外文化集团公司正式获得大剧院为期 8 年的经营管理权。

加强人才培养。一是集中培训、普遍提高。山东先后组织举办了全省编剧培训班、舞蹈编导培训班，与中国戏曲学院合作举办了山东省导演高级研修班、舞美设计高级研修班、青年京剧新秀集训班等多个人才培养活动，累计邀请全国各领域艺术名家 60 余位、对全省 200 余人次的青年艺术人才进行了各类培训。二是选准尖子、重点突破。两年来，先后资助省京剧院、省吕剧院、省歌舞剧院、省艺术研究所等十余人次进入中国戏曲学院、上海戏剧学院等全国重点艺术院校学习进修。培训活动的成功举办，大大提升了青年人才的艺术素养和整体水平。

（三）文化会展业

2014 年 5 月 20 日至 23 日，第三届尼山世界文明论坛在山东举办。本届论坛主题是“不同信仰下的人类共同伦理”，其间开展多层次、多形式的交流活动。8 月 31 日，为期 4 天的第五届山东文化创意产业博览交易会闭幕。展会期间，山东省对外推介文化产业项目 1020 个，投资总额 6236.23 亿元，融资总额 1885.72 亿元；现场签约 52 个重点文化产业项目，投资额 1143.24 亿元；文化产品现场交易额近 35 亿元；现场参观人数 140 万人次。10 月 10 日至 13 日，第三届中国非物质文化遗产博览会在济南举办，累计吸引 80 余万名外地游客和泉城市民参观，参展项目交易、签约额总计达 409 亿元。

·河南省·

2014 年，全省文化产业实现增加值 984.66 亿元，占 GDP 比重达到 2.82%。规模以上文化及相关产业法人单位实现营业收入 2431.8 亿元，在全国排第 7 位，居中部六省之首。

一、2014 年文化产业发展总体情况

（一）文化体制改革持续深化

2014 年 1 月 20 日，由省科技厅、省委宣传部等六部门联合编制的《河南省文化科技创新工程实施方案》印发，标志着河南省文化科技创新工程正式启动。8 月，召开全省文化体制改革工作会议，通过河南省文化体制改革实施方案，明确文化体制改革的目标和重点任务。

为贯彻落实党的十八大关于“发展新型文化业态”和《国务院关于推进文化创意和设计服务与相关产业融合发展的若干意见》，制定《河南省新型文化业态发展专项资金管理使用办法》，指出河南省新兴文化业态发展专项资金主要支持包括动漫游戏及软件设计、数字内容服务、文化创意、新型文化休闲娱乐、新型演艺及中央和河南省政府确定支持的其他新型文化业态。2014 年至 2018 年，河南省财政将设立每年度 2000 万元的新型文化业态专项资金，用于支持动漫、文化创意等新型文化业态发展。2014 年 7 月，根据《河南省新型文化业态发展专项资金管理办法》《关于申报 2014 年度省新型文化业态发展专项资金扶持项目的通知》，在文化企业自主申报，市级文化、财政部门审核推荐的基础上，省财政厅、文化厅组织文化、财务方面的专家组成专家评审组，对申报项目进行评审。省文化科技产业将以加快转变文化产业发展方式为主线，积极构建文化与科技融合发展的体制机制，建立健全文化科技创新体系，增强中原文化的创造力、影响力和传播力，推动文化事业和文化产业又好又快发展，不断满足人民群众日益增长的精神文化需求。

（二）重大项目招商引资成效显著

2014 年 9 月 25 日，河南省文化产业投资贸易洽谈会暨重要项目签约仪式在郑州举行。91 个项目落地签约，金额达 1557 亿元，其中仅亿元以上的项目就有 79 个，400 多名客商来自全国各地和美国、加拿大、韩国等国家以及中国台湾、香港等地。河南日报报业集团有限公司一举拿下大河投资基金项目和河南空间信息应用产业园两个项目。

与此同时，一批依据地方特色文化资源、签约金额动辄几十亿元甚至上百亿元的文化旅游项目成为“大头”，超过 10 项。其中，开封市共有大龙亭主题园区、开封宋古都文化旅游核心区等 4 个项目签约，总签约金额为 156 亿元。其中，大龙亭主题园区总面积约 1501 亩，签约金额 120 亿元；开封宋古都文化旅游核心区项目签约金额 25 亿元，目的是整体打造宋古都文化旅游核心区，打造开封旅游新名片。

许昌三国文化产业园是许昌市围绕三国文化打造的重点文化产业项目，由三国文化产业综合体和三国大剧院两部分组成，总占地面积 1139 亩，总投资约 66 亿元，是一个集文化演艺、旅游休闲、时尚商业、大型游乐、购物等多元业态为一体的综合项目。此外，新密古县衙开发项目、洛阳白云山国家旅游度假区分区合作开发项目、汝瓷文化创意产业园、濮阳县澶州古城项目等也成本次文化产业专题招商会上的亮点。

（三）园区企业发展活跃

2014 年 7 月 3 日，省政府公布河南省首批“河南省重点文化产业园区”和“河南省重点文化企业”。包括河南省重点文化产业园区：开封宋都古城文化产业园、许昌钧瓷文化创意产业园、镇平县玉文化产业园；河南省重点文化企业：河南日报报业集团有限公司、中原出版传媒投资控股集团有限公司、河南有线电视网络集团有限公司、河南文化影视集团有限公司、郑州华强文化科技有限公司、开封清明上河园股份有限公司、洛阳日报报业集团、河南省森润工艺品有限公司、焦作云台山旅游发展有限公司、河南大宋官窑瓷业有限公司。

2014 年，郑州中原广告产业园一期工程 24 万平方

米全部完工并投入使用。从 2013 年 4 月开园试运营到 2014 年的正式交房开园，中原广告产业园立足蓬勃发展的高新区，正在成为郑州市乃至中原地区最具规模的文化产业商务综合体。

（四）文化“走出去”步伐加快

2014 年，全省积极推动海外文化交流，开拓国际文化市场，继被文化部命名为全国五个“海峡两岸文化交流基地”之一，又被命名为全国四个“文化部对非培训基地”之一。经多年努力，文化基地建设和中原文化海外发展中心建设以及文化“走出去”的国际市场开拓活动得到多方认可，其中太极国际论坛、第三届欧洲少林文化节、中原文化精品欧洲巡展等在国际上产生重大影响。

二、2014 年文化产业各行业发展基本情况

（一）新闻出版业

2014 年，全省出版、印刷和发行服务实现营业收入 408.61 亿元，较 2013 年增长 8.07%；增加值 112.61 亿元，增长 5.41%，占同期全省生产总值（GDP）的 0.32%；利润总额 34.56 亿元，增长 8.82%；资产总额为 555.69 亿元，增长 12.98%；所有者权益（净资产）为 310.91 亿元，增长 15.21%；纳税总额为 30.94 亿元，增长 35.88%。

2014 年，全省共出版图书 7705 种，较 2013 年增长 11.84%。其中，新版图书 4244 种，增长 0.95%；重版、重印图书 3461 种，增长 28.9%。总印数 1.97 亿册（张），下降 17.5%；总印张 15.12 亿印张，下降 15.4%；定价总金额 22.61 亿元，下降 7.49%。图书出版实现营业收入 15.4 亿元，增长 5.48%；增加值 6.62 亿元，增长 9.8%；利润总额 2.96 亿元，增长 29.82%。

2014 年，全省共出版期刊 241 种，较 2013 年无变化；总印数 0.87 亿册，下降 11.03%；总印张 4.02 亿印张，下降 12.38%；定价总金额 5.39 亿元，下降 8.34%。期刊出版实现营业收入 4.59 亿元，增长 2.46%；增加值 2.42 亿元，增长 12.56%；利润总额 0.91 亿元，增长 33.82%。

2014 年，全省共出版报纸 121 种，较 2013 年无变化；总印数 21.02 亿份，下降 2.1%；总印张 68.63 亿印张，下降 3.67%；定价总金额 20.84 亿元，增长 5.31%。报纸出版实现营业收入 31.1 亿元，增长 7.76%；增加值 16.06 亿元，增长 2.03%；利润总额 3.5 亿元，下降 10.02%。

2014 年，全省共出版音像制品 130 种，较 2013 年增长 9.24%；出版数量 114.85 万盒（张），增长 147.57%；发行数量 210.5 万盒（张），下降 63.69%。2014 年，全省共出版电子出版物 91 种，较 2013 年增长 102.22%；出版数量 29.63 万张，下降 89.42%；发行数量 68.8 万张，下降 82.5%。音像制品及电子出版物出版实现营业收入 1.97 亿元，增长 77.48%；增加值 0.35 亿元，增长 75%；利润总额 –0.09 亿元，下降 200%。

2014 年，全省图书、期刊、报纸、其他出版物黑白印刷产量 1104.78 万令，较 2013 年增长 1.57%；彩色印刷产量 3857.28 万对开色令，增长 1.54%；装订产量 1190.58 万令，增长 4.7%。印刷复制（包括出版物印刷、包装装潢印刷、其他印刷品印刷、专项印刷、打字复印、复制和印刷物资供销）实现营业收入 281 亿元，增长 5.4%；增加值 72.95 亿元，增长 9.68%；利润总额 21.92 亿元，增长 9.82%。

2014 年，全省新华书店系统和出版社自办发行单位实现出版物总销售额 113.1 亿元，较 2013 年增长 5.77%；全省共有出版物发行网点 0.86 万处，较 2013 年无变化。出版物发行实现营业收入 72.37 亿元，增长 20.54%；增加值 14.22 亿元，下降 12.31%；利润总额 5.39 亿元，增长 9.51%。2014 年 5 月 28 日，该集团控股的中原大地传媒股份有限公司重大资产重组事项经中国证监会审核获得无条件通过，标志着该集团包括发行在内的整体上市取得圆满成功。

（二）广播影视业

2014 年，全省共有有线电视用户 972.28 万户。广播人口覆盖率 98.2%，电视人口覆盖率 98.3%。2014 年 11 月，签约金额达 120 亿元的凤凰国际文化产业园初露峥嵘，是凤凰卫视集团落户我国中部地区的首个大型项目。项目以凤凰全媒体中部中心为龙头，是集文化银行、艺术银行、文化艺术产业基金、财经论坛、文化创意、教育培训、展览展示、时尚发布等功能于一体的综合性文化金融创意产业基地，形成全媒体一体化，提供跨时代面向用户全媒体产品和服务，产生集聚效应，打造“中部慧谷”。

（三）动漫游戏业

2014 年 2 月 28 日，中国动漫集团与河南省焦作市人民政府在河南焦作签约，双方将携手共建动漫游戏产业聚集区和动漫游戏互动娱乐城。中国文化传媒集团、中国动漫集团董事长兼总经理刘承萱代表中国动漫集团与焦作市市长张文深签订了中国（焦作）动漫世界项目框架合作协议书。中国动漫集团副总经理兼中城乐（北京）文化产业投资管理有限公司董事长陈学会代表中城

乐公司与焦作市解放区区长原永宏签订了中国（焦作）动漫世界项目框架投资协议书。这是中国动漫集团组建以来首个落地的重点项目。

9月8日，河南约克信息技术股份有限公司在全国中小企业股份转让系统挂牌，顺利完成企业新三板上市工作，成为全省首家上市的动漫企业。河南约克信息技术股份有限公司开发并销售的动画片主要有《咔逗乐吧》《悠悠浩浩》等，正在开发的动画片《丰丰农场》是全省唯一一部推荐到国家广电总局、以“中国梦”为题材的专题动画片。截至2014年年底，郑州市动漫企业已发展至近百家，拥有国家级动漫基地1处，麦草动漫、索易动画、华豫兄弟等多家上市后备文化企业也都根据发展实际制订了上市工作计划。

9月6日至8日，“2014首届河南（郑州）动漫文化展览会”在郑州国际会展中心举办。展会三天，迎来近万名漫迷，实现衍生品销售额近30万元。本次展览会由省文化厅、郑州市文化广电新闻出版局指导，郑州漫迷会展服务有限公司主办和执行。展览会涵盖网游、动漫、电玩三大产业链，共分为国内外动漫模型展、动漫原创企业品牌形象展、动漫游戏作品展、动漫Cosplay比赛、电竞游戏精英赛、特邀明星嘉宾签售会等六大板块。

为期8天的“2014中原动漫嘉年华”于9月30日开幕。“2014中原动漫嘉年华”由省文化厅、郑州市人民政府、河南日报报业集团指导，郑州市文化广电新闻出版局、郑州市动漫产业发展管理办公室主办，郑州市动漫行业协会承办，河南省漫画时代传媒有限公司、郑州索易动画有限公司、索易儿童成长中心等共同协办。此次动漫嘉年华主会场总面积占地两万平方米，所有内容的设置均围绕“亲子”展开。届时，二兔、小樱桃、司马光等动漫形象将再次与大家见面。

（四）艺术品交易业

2014年10月16日，百年文化老店荣宝斋正式落户古都洛阳，荣宝斋全国第八家分店——洛阳分店开业。荣宝斋始建于1672年。作为我国现存历史最悠久的民族文化品牌，荣宝斋以弘扬中华民族优秀传统文化为宗旨。近年来，荣宝斋在市场经济的磨砺中逐渐转型为集书画经营、木版水印、收藏、展览、教育等于一体的综合性文化企业，成为中国传统文化繁荣发展的阵地、走向世界的重要窗口、人民与艺术的桥梁。荣宝斋洛阳分店位于洛阳桥南龙门大道东侧，依托龙门古玩城而建，分上下两层，二楼为营业大厅，设有画廊、文房用品厅、木版水印厅和书屋；一楼为展览厅，将经常性举办书画艺术展览等活动。荣宝斋洛阳分店的开业，将有力推动洛阳市文化大发展大繁荣，为建设中原经济区文化示范区锦上添花。

（五）文化会展业

2014年10月31日至11月3日，首届中原（鹤壁）文化产业博览交易会在鹤壁会展中心隆重开幕。文博会以文化中原为主题，以博览和交易为核心，主要展示了近年来中原地区文化产业取得的新成果和突出成就。共有长治、晋城、邢台、邯郸、聊城、菏泽及河南省18个省辖市组成的中原经济协作区24个城市和河南10个省直管县（市）及675家文化企业参展，各市、县搭建形象展馆41个，展位1200个，展区面积3万平方米。内容涵盖非物质文化遗产、工艺美术、影视动漫、书法绘画、体育户外等10余个门类。

（六）文化旅游业

2014年，《河南省人民政府关于加快旅游产业转型升级的意见》提出，河南将大力培育旅游娱乐业，支持《禅宗少林·音乐大典》《大宋·东京梦华》《水秀》等文化旅游演艺节目提升水平，推动重点旅游城市、旅游小镇和旅游景区建设演艺场、酒吧、茶吧等休闲娱乐场所。

11月15日，由国家旅游局、联合国世界旅游组织和河南省政府共同主办，世界旅游业理事会、亚太旅游协会支持，省旅游局、省外侨办、郑州市政府联合承办的2014中国（郑州）世界旅游城市市长论坛在郑东新区郑州国际会展中心开幕，联合国世界旅游组织可持续发展河南省观测站同时揭牌成立。在历时3天的活动里，来自全世界24个国家的63位旅游城市市长（省长）或市长代表齐聚郑州，共同探讨“旅游城市发展软实力”的主题。

·湖北省·

2014年，全省文化产业增加值为851亿元，占GDP比重为3.11%，与上年同比增长13.5%，其中文化产业法人单位增加值预计为720亿元，增幅为14.3%。2014年，全省文化产业法人单位中规模以上的文化产业法人单位1525家，合计营业收入1626亿元，资产总计1784亿元，利税总额200亿元。

一、2014年文化产业发展总体情况

（一）文化企业发展活力增强

2014年，湖北日报传媒集团、长江出版传媒股份有限公司、湖北广电网络股份有限公司、知音传媒集团公司、湖北垄上传媒集团公司、湖北省演艺集团有限公司等转制文化企业，着力健全公司法人治理结构，完善现代企业管理制度，加强岗位、财务、投资、运营、薪酬、绩效等多方面管理，探索推进混合所有制，内生发展动力和市场拓展能力不断增强。省级党报湖北日报发行量达到63万份，其中市场发行量20万份，均居全国省级党报第一。省级卫视湖北卫视的收视率不断提升，各频道持续创新节目栏目。百纳信息、盛天网络、传神科技、天喻信息、麦塔威、立得空间、武汉雅图、泛亚光电、武汉全景三维等一批文化科技企业加快崛起，一大批小微文化企业创业创新活力迸发，内资文化企业和民营文化企业占比均超90%。

（二）资本市场运作成绩可喜

2014年，国家印刷示范企业湖北金三峡印务有限公司在香港联交所主板成功上市，成为湖北省新闻出版广电系统首家在境外上市企业。湖北广电完成上市后首次定向增发，上市公司总股本达到6.5亿股，有线电视用户增加到821万户，数字电视用户增加到640万户。荆楚网成功登陆“新三板”，成为省级重点新闻网站挂牌新三板的第一家。截至2014年年底，全省在沪深两市上市的文化企业有2家，在境外上市的文化企业有1家，在新三板上市的文化企业有4家。华中文化产权交易所投融资交易平台正式上线，实现文化旅游产品“东湖游船票”等四个产品上线交易，招商银行、中国银行分别授信华中文交所投融资平台100亿元、50亿元，基本满足文化企业的融资需求。

（三）文化产业发展载体提升

2014年，全省文化产业完成投资1189.4亿元，增长28.2%，快于同期投资增幅7.8个百分点。已经建成各类文化产业园区和示范基地超过200个，武汉东湖国家级文化和科技融合示范基地、华中国家数字出版基地、华中国家版权交易中心、武汉客厅、光谷创意产业基地、雅图中国光影城、腾讯无线互联网技术研发总部等国家和省级重大基地（园区）充分发挥资源集聚和培育孵化功能，带动形成创意设计、光影互动体验、动漫游戏和影视、数字教育和出版、文化信息（传输）服务等特色产业板块竞相发展的新局面。组织参展第十届中国（深圳）国际文化产业交易博览会，成功签约15个文化项目，协议金额达202.1亿元，金融支持授信额度达到300亿元，获得组委会颁发的优秀组织奖和优秀展示奖。成功举办首届中国（湖北）文化艺术品博览会、中国（武汉）首届新媒体动漫游戏产业博览会暨亚洲动漫游戏嘉年华、第十三届华中图书交易会等活动。

（四）文化品牌培育成效显著

2014年，通过深入实施文化精品名牌战略，长江电影集团正式挂牌运营，以长江出版传媒、长江广电传媒、长江垄上传媒等为代表的“长江系”文化传媒品牌集群规模和影响力不断扩大，以《楚天都市报》《知音》《特别关注》《知音漫客》等为代表的“十大百万报刊”品牌继续在全国保持独一无二的优势地位。楚天都市报连续第11次入选中国500最具价值品牌，零售市场占有率从42%上升至46%。永久落户湖北的中国（武汉）期刊交易博览会连续两年成功举办，作为全国唯一的国家级、国际化刊博会进一步彰显出巨大的品牌价值和综合效应。

（五）媒体融合发展加速推进

2014年，通过资源整合，坚持一体化发展理念，以内容建设为根本、以机制创新为动力、以重点项目为抓手，湖北日报传媒集团和湖北广播电视台分别整合旗下新媒体项目和资源，成立湖北日报新媒体集团、湖北广电长江新媒体集团，统一运营新媒体业务。湖北日报组建全媒体指挥中心、大数据服务中心，同步实现视频采访、全媒体编辑、实时发布、舆情监控等功能，湖北广播电视台搭建“一云多屏”技术平台，实现广播、电视、网站、移动客户端等各媒体部门的内容共享与多屏分发。湖北日报新媒体集团拥有7家网站14家公司，推出楚天神码、楚天尚漫、楚天优品等一批重点项目，涵盖12个业务形态，各类新媒体日均受众总数突破3000万，官方微博粉丝1200多万，神码全媒体新闻客户端用户突破100万，湖北手机报用户超过500万。湖北广播电视台推出的长江云、爱拍客、幸福新农村等一批新媒体产品，与百度视频合作的百度视频湖北站正式上线，与腾讯微信合作推出的“微信摇一摇”全新电视互动模式由湖北卫视成功首摇。

（六）文化“走出去”迈出更大步伐

2014年，全省成功组织开展2014中俄文化交流年，出色完成10余项演出、展览、培训等文化交流合作活动。长江出版传媒集团参加意大利博洛尼亚童书展，推动41种图书签订版权输出合同，达成版权输出意向38项，实体图书输出20种，着力在国际图书市场打响湖北品牌。加快主流媒体走出去，支持楚天都市报首份海外版在美国创刊，为湖北搭建有利于更好传播中国故事、

湖北声音、荆楚形象的境外平台。

（七）产业政策体系更加完善

2014 年，在省委、省政府和相关部门的大力支持下，一系列重要配套政策文件密集出台和实施，进一步优化了全省文化改革发展的政策环境。从规划引导来看，湖北省委办公厅、省政府办公厅印发《湖北省深化文化体制改革实施方案》。从资金扶持来看，从 2014 年开始省扶持优势文化产业发展专项资金由每年 2000 万元提升至 5000 万元，同时积极申请到国家文化产业专项资金 1.64 亿元，有力支持重点文化项目建设。从金融扶持来看，湖北省文化厅、人民银行武汉分行、湖北省财政厅联合出台《关于深入推进湖北省文化金融合作的实施意见》，建立了文化金融合作会商机制，拓宽了中小文化企业融资渠道，为湖北省文化产业与金融行业有效对接创造了条件。从贸易扶持来看，湖北省政府首次出台《关于加快发展对外文化贸易的实施意见》，明确提出从财政、金融、用地、通关服务、人才培养、知识产权保护等多个方面，加大对全省文化贸易的政策支持力度。从税收扶持来看，湖北省委宣传部联合湖北省国税、湖北省地税、湖北省财政等部门对国办发〔2014〕15 号相配套的财税〔2014〕84 号、财税〔2014〕85 号文件进行专题指导培训，加快落实对文化企业的税收优惠政策。

二、2014 年文化产业各行业发展基本情况

（一）广播电视业

2014 年，全省广播电视业创收收入为 89.02 亿元，比上年增长 21.74%，实现增加值 39.36 亿元，比上年增长 14.25%。全行业固定资产原值为 104.43 亿元，比上年增长 9.12%；全年制作广播节目 242883 小时，与上年基本持平。制作电视节目 109228 小时，比上年增加 2.55 %。全年制作电视剧 20 部 854 集，制作动画电视时间 273 小时；全行业从业人员为 38247。

1. 影视剧创作取得新突破

制作《中国共产党的故事》《汉阳造》《铁血红安》等 47 部影视剧。电视纪录片《楚国八百年》、广播剧《格桑花开》、电影《青春派》获中宣部第十三届“五个一工程”奖，《我的渡口》获平壤国际电影节大奖，动画片《中华鲟历险记》获中国文化艺术政府奖。《铁血红安》登陆央视一套黄金时段，取得湖北省电视剧在播出平台上的重要突破。电影《全城通缉》上映后首周票房接近四千万，网络版权售卖近八百万。《因为爱情有奇迹》《因为爱情有奇缘》自播出以来，多次拿下城市网和全国网的收视冠军，刷新了全国网年度收视纪录。湖北广播电视台《中国梦系列之身份篇》、武汉电视台《关心老人篇》入选总局 2013—2014 年度广播电视公益广告优秀创意脚本扶持项目。

2. 广电改革推进效果显著

率先出台《湖北省全面深化新闻出版广电改革实施方案》。完成 38 个市州县广播电视网络整合，实现“全省一网”目标。先后组建湖北长江电影集团有限责任公司、湖北新广影视文化有限公司等一批市场主体，武汉博润通文化科技股份有限公司成功登陆“新三板”。

3. 公共文化服务全面展开

“户户通”工程全面展开，启动 145 万户卫星电视户户通工程。“村村响”工程列入 2014 年省政府十件实事，全年实际完成 5480 个村智能广播“村村响”建设任务，超额完成 2% 的工作任务。部署乡镇固定电影放映点建设工作，在英山、枝江等地开展试点建设，全年共放映农村公益电影 314445 场，完成全年任务的 102.64%。与省农业厅联合主办“电影下乡，科技惠农”公益活动，通过农村电影放映平台，在全省范围内开展农业科技普及活动。投入资金 9107 万元，为各县级电视台配送采编播设备 3000 余台套。14 个高山广播电视无线台站基础设施建设项目全部竣工。

4. 广电网络建设持续推进

全省广电网基本实现“全省一网”，确定广播电视网络股份有限公司为第二阶段有线电视企业申请经营电信业务的主体。省 IPTV 集成播控平台发展 11 万用户，省三网融合工作协调小组办公室召开推广会，推广“幸福新农村 IPTV 项目”。推进各地市级广电节目进入省 IPTV 平台，积极发展 IPTV 业务。

5. 广电行业管理力度加大

率先在全国建成广播电视节目评议系统、互联网出版监管系统、IPTV 监管平台、网络视听节目监管平台，新闻出版与广播电影电视监管平台实现了升级改造、互联互通、一体化运行。IPTV 监管平台通过验收，开始对武汉地区 IPTV 业务实施监管。强化对县级台播出管理，对县级电视台影视剧播出实现集中统一供片，寓管理于服务之中；从严加强广播电视、网络节目内容监管，查处违规广告 267 条（次）、严重违规节目 165 个，受理群众投诉 69 起，对市州违规开办频道频率进行了通报批评，依法关停了两个违规频道；加强互联网出版、网上视频节目监管，判定违规网页 2980 个，发现疑似非法网页链接 14743 个，对 107 个违规网站依法进行了关停等行政处罚。在全省范围内开展卫星电视专项整

治集中行动，有力打击生产、销售、安装非法卫星电视广播地面接收设施的行为；要求并督促各播出机构确保公益节目 30％的播出比重。

（二）电影业

1. 作品数量增长，质量提高

2014 年，全省共备案公示电影 47 部，审查电影 11 部。其中，《风云 1927》《孕城》《破局》《章鱼哥》《全城通缉》已在全国各大影院公映。电影《全城通缉》首日全国院线排片率及票房均为国产片第一，上映后首周票房接近四千万，网络版权售卖近八百万。备案公示电视剧 22 部，完成 8 部 365 集。《铁血红安》在央视一套播出期间，日均观众 2 亿，创下网络点击率破 9 亿的纪录。《汉阳造》登录湖北卫视、重庆卫视黄金档播出，收视率排在全国前 10 位。《因为爱情有奇迹》《因为爱情有奇缘》《奇葩一家亲》《第二次人生》4 部剧也分别登陆湖北卫视、重庆卫视、湖南卫视、江苏卫视黄金时间独播剧场，收视率均在前 3 名。

2. 影视精品取得奖项突破

数字电影《青春派》获得第十三届精神文明建设“五个一工程”奖；电影故事片《我的渡口》在平壤国际电影节获最佳导演、最佳男演员、最佳音乐三项大奖，这是该片继在加拿大蒙特利尔、韩国光州、法国维苏尔、美国蒂伯龙等电影节获奖后又一次获得国际大奖，也是在全国电影工作会议后中国电影“走出去”工程的第一个境外获奖影片。

3. 城市影院形势喜人

2014 年，全省票房收入达 14.30 亿元，位居全国第七，中部第一。观影达 4376.23 万人次，同期增长 33.71 和 31.94％。全省共有影院 188 家，银幕 1023 块，座位数 153770 个。其中，县级影院 95 家，银幕 387 块，座位数 45843 个。2014 年，全省新增影院 40 座，新增银幕 226 块，新增座位数 32893 个。其中新增县级影院 19 家，银幕 86 块，座位数 9947 个。

（三）新闻出版业

2014 年，全省出版、印刷和发行服务实现营业收入 562.26 亿元，较 2013 年增长 12.85％，全国排名第 11 位，中部六省排名第 3 位；增加值 146.63 亿元，增长 10.75％，全国排名第 12 位，中部六省排名第 3 位。全省共出版图书 15910 种，较 2013 年增加 2010 种，增长 14.46％；营业收入 17.69 亿元，增长 2.77％。报纸总印数 19.04 亿份，下降 3.95％。营业收入 31.52 亿元，下降 5.67％；期刊总印数 2.81 亿册，下降 9.21％。营业收入 14.46 亿元，下降 13.87％。全省印刷复制实现营业收入 378.99 亿元，较上年增长 15.84％。其中包装装潢印刷实现营业收入 253.35 亿元，增长 20.29％，增长幅度最高。受纸质媒体出版下滑的影响，出版物印刷实现营业收入 42.30 亿元，下降 7.48％。出版物发行实现营业收入 118.66 亿元，较 2013 年增长 15.60％；实现利润总额 18.92 亿元，增长 16.09％。2014 年全省共有新闻出版单位 10902 家，较上年下降 0.42％；2014 年全省新闻出版行业年末从业人员 144809 人，增长 2.41％。

1. 图书出版再创佳绩

启动《荆楚文库》编纂出版工程，《荆楚文库》书目已基本确定。《中国特色社会主义理论体系的基本特征研究》等 16 种图书入选“十二五”国家重点图书出版物出版规划新增项目，《兴国之魂——社会主义核心价值观释讲》获得第十三届精神文明建设“五个一工程”优秀作品奖，《走近中国科技先驱》《“最新全彩版李毓佩数学故事”系列》《幻想：探索未知世界的奇妙旅程》3 种图书入选“向全国青少年推荐百种优秀图书书目”，《木灵宝贝之重返帆智谷》入选“第二届向全国青少年推荐 50 种优秀音像电子出版物”，《图说中国非物质文化遗产・中国最美（第一辑）》获得输出版优秀图书奖及“中国图书世界影响力出版 100 强”，《梁启超家族百年纵横》《京剧二百名段》《葛健豪和她的儿女们》三种图书入选“首届向全国老年人推荐优秀出版物名单”，《莫言作品精选》《感动的力量》入选全民阅读活动组织协调办公室和国家新闻出版广电总局组织的“大众喜爱的 50 种图书”书目，《个人史》获得第六届鲁迅文学奖，《小学生天地》《漫客星期天》两刊入选“2014 年全国优秀少儿报刊推荐名单”。

2. 出版改革取得明显进展

在全国率先启动省局机构改革，新闻出版局与广播电影电视局有序合并，工作全面融合；率先出台《湖北省全面深化新闻出版广电改革实施方案》；继续推进非时政类报刊出版单位、非法人编辑部体制改革，先后组建咸宁日报传媒集团、孝感日报传媒集团、湖北印刷职业教育集团、华中国家版权交易中心有限公司等一批市场主体。湖北金三峡印务有限公司在香港成功上市，荆楚网登陆“新三板”。积极推进传统媒体与新媒体融合发展，开展传统出版单位数字出版转型示范评估工作，长江少年儿童出版社有限公司等 6 家单位被国家总局确定为数字出版转型示范单位。按时完成中央下放审批事项衔接工作，实现审批职能、事项、人员“三集中”，进行流程再造，“行政审批网上政务大厅”正式运行，印发《内部资料性出版物管理办法》，将内部资料性出版物的审批权下放到市州。

3. 公共服务全面推广

围绕“好学尚能·竞进提质”主题，彰显“书香荆楚·文化湖北”品牌，协调组织省委书记荐书和向小学生赠书活动。策划“全民阅读月”活动，开展“长江讲坛”“共青求是大讲坛”“亲子读书”“书香江城”等阅读“十进一创”活动。免费开通书香荆楚互联网移动阅读平台，电子图书达10万册，访问量达389万人次，个人书店注册121995个。发布湖北省城市阅读指数，成立湖北省全民阅读媒体联盟，全省开展各类读书活动1240余项。率先在全国出台《湖北省全民阅读促进办法》，成为全国第一部全民阅读地方政府规章。积极推进数字农家书屋建设，在黄冈市黄州区选择93家扩大试点建设。每个农家书屋补充更新200余册图书、11种报刊和20张光盘。继续开展创模争优活动，组织了“书香门第·耕读人家”评选及展演。

4. 出版交易再创新高

华中国家数字出版基地15栋大楼全部封顶，建筑面积达14.8万平方米，中文在线等大型数字出版企业已签约入驻。“华中国家数字出版数据灾备中心、总局质检中心湖北分中心”获省发改委批复立项建设，已完成建设方案设计论证和完善。华中国家版权交易中心市场主体正式运营，作品登记突破2000件，同比增长107%。2014中国（武汉）期刊交易博览会共有43个国家和地区、国内31个省区市及部分中直单位12000多家报刊出版单位、400多家图书音像出版机构参展，参展出版物和文化衍生品达40多万种，各类专业活动达80多场，现场销售、订货3.2亿码洋；第13届华中图书交易会有29个省（区、市）400多家出版发行单位参展，订货码洋超过24亿元，创历史新高。

5. 盗版侵权治理严格推进

组织开展版权“双打”“剑网”专项行动，查处各类侵权盗版案件26起，查处《知音漫客》侵权案、卢言习侵权案等国家版权局挂牌督办案件。扎实开展净网、清源、秋风三大专项行动和系列专项整治行动。全年全省共检查出版物市场、店铺摊点、印刷复制企业4万多家次，全省共收缴非法出版物450538件，省扫黄办被评为全国先进单位。加强少儿出版物管理和市场整治，专门针对少儿类图书、教辅类图书、低俗跟风类图书进行了3次专项质检，有效净化出版物发行市场。加强“一号多（报）刊”专项治理，多次召开专项治理工作会，全年共约谈报刊单位近百次，对4种期刊给予停刊处罚，对41家报刊予以暂缓年检等处罚。制定印发《湖北省新闻出版广电公共信用信息归集管理和使用办法（试行）》。

（四）演艺业

2014年，全省共有各类剧团273个，其中国有剧团85个。从业人员8520人。全年演出场次3.9万场，其中国内演出场次3.82万场，营业性演出达26000余场，观众达2000余万人次。年度收入合计7.34亿元，其中演出收入1.73亿元。艺术表演场馆52个，其中国有表演场馆49个。从业人员1241人。2014年，由省文化厅审批、备案的演出活动185余批次，近400场次，观众3千人以上的大型演出15场。2014年依托省演出协会举办了2014年度演出经纪人培训班，培训人员120余名，进一步充实了演出人才队伍。

（五）动漫业

2014年，全省动漫产业产值约54亿元。全省动漫企业150余家，从业人员近万人。其中，国家重点动漫企业3家，入选国家文化产业示范基地5家，国家认定动漫企业23家。入选湖北省国家现代服务业综合试点1家，4家动漫游戏企业成功挂牌“新三板”。

1. 影视动画精彩纷呈

2014年，全省完成动画影视作品制作17部5397分钟，7部动画电视剧登陆央视，10部在各地方电视台或新媒体渠道播映。玛雅动漫精心制作的动画电影《闯堂兔2·疯狂马戏团》在全国院戏点映，创造湖北本土动画电影票房最高纪录。

2. 漫画期刊销量领先

以知音动漫、海豚传媒、银都文化、楚天尚漫等漫画期刊和漫画、绘本图书发行企业为主体，2014年，全省漫画期刊发行总量1亿册，销售收入近10亿元，占全国漫画期刊发行量半数以上，继续保持中国第一的领先地位。《知音漫客》月发行量750万册，全年发行量9000万册，期刊及其衍生品销售收入6.46亿元，连续5年居全国第一。

3. 新媒体动漫发展迅速

截至2014年年底，70%的汉产动漫作品进入互联网和手机终端新媒体进行推广和运营。2014年新媒体动漫实现销售收入近亿元，涌现出了一批两点十分、知音动漫、博润通、治图文化、卡普士等一批新媒体动漫业务先行企业。“两点十分”公司与中国电信合作，创办《城市漫生活》手机报，用户数量名列手机报第一位。数字漫画《银之守墓人》上线腾讯网，人气攀至1400万。目前公司70%业务已转向新媒体动漫业务，公司业绩不断提升。

4. 应用动漫稳步发展

工程动画、虚拟技术应用在城市规划、工程建设、模拟仿真、数字教育和数字娱乐等领域得到广泛应有，全年产值约 5 亿元。衍生产品及推广应用实现产值 3 亿元。

（六）游戏业

2014 年，超级玩家的《仙绝》《全民防线》《超级篮球》《超级足球》，铃空网络的《临终罪人逃脱 2.0》，银都文化的《逃离榨汁机》，治图文化的《招财童子泡泡糖游戏》《打鬼后传》，拇指通的《大师游》《真武侠》，两点十分的《水果使命》《萌三国》《星空激战》，唯趣互动的《倒塔联萌》，鱼之乐的《开心豆豆》《口袋江湖 2.0》，博润通的《木奇灵之绿影战灵》等 20 余部汉产游戏产品进入网络游戏、手机游戏和棋牌游戏发布运营主渠道。截至 2014 年年底，全省已集聚游戏开发、运营企业约 100 余家，从业人员约 2000 人，小微企业和创业团队约占企业总数的 90% 以上，涵盖了从原创游戏策划、游戏开发制作、游戏外包服务到后期音效制作、媒体整合推广等游戏产业链主要环节。2014 年，湖北省具有网络游戏出版资质的互联网出版单位22家，电子出版单位 9 家。2014 年获批出版网络游戏 6 种。

（七）艺术品与工艺美术业

截至 2014 年年底，全省共有艺术品经营单位 500 余家，主要集中在武汉市，其中画廊 150 余家，拍卖企业 20 余家。从业人员 2000 余人，经营总额超过 8 亿元。培育精英画廊、七方半斋画廊 、名家精品馆等画廊，中信拍卖、诚信拍卖等拍卖公司和徐东艺术品市场、红巷艺术城、武汉收藏品市场、海山古玩城等艺术品展示交易集聚区。2014 年 11 月，举办首届中国湖北文化艺术品博览会，展览面积 14000 平方米，212 家海内外展商参展，展出青铜器、瓷器、玉器、书画、珠宝、当代工艺美术、雕塑、非遗产品、文创产品、杂项等多门类艺术品 30 多万件。展会总成交金额 1.34 亿元，其中现场成交金额 5600 万元；8 万多人次观看了展览；10 位国家级文物书画鉴定专家对 230 多位市民的 1000 余件文物艺术品进行了免费鉴定。

（八）文化会展业

2014 年，省文化厅、省科技厅、省教育厅、省旅游局共同举办湖北省大学生文化创意设计大赛，来自全省各市州 80 多所高校的学子踊跃参赛，征集动漫视频，漫画，动漫剧本，动漫形象、游戏、服装、广告、手机 APP 等各类设计，手工作品等多种类型作品超过 4000 件。最终评出最佳奖 9 项，提名奖 25 项，组织奖 6 项。举办中国新媒体动漫游戏产业博览会暨亚洲动漫游戏嘉年华，包括会展博览、发展论坛、合作交易、资本对接、嘉年华等内容，旨在展示新媒体动漫游戏领域文化科技融合新理念、新技术、新产品、新服务、新业态，探索、引导和推动新媒体动漫游戏业向专业化、特色化、规模化方向发展。2014 年中国（武汉）期刊交易博览会以“市场决定期刊业发展”“创新传播，融合发展”为主题，增设了中国期刊广告大会，创建中国优秀期刊广告推介联投平台，为出版商、发行商、广告商、消费者创造直接见面、洽谈与合作的机会；成立了首个与期刊关联的民营组织——中国期刊协会期刊民营发行分会，探索期刊民营发行的新路子。中国传媒人才招聘会、武汉市第二届汽车文化节和中国汽车文化论坛、书法家名家论坛、组织捐赠“勉学书屋”公益项目活动等跨界融合活动深受喜爱。

·湖南省·

2014 年，全省文化和创意产业总产出、增加值分别为 4605.49 亿元、1513.86 亿元，同比分别增长 16.3%、11.8%。文化和创意产业增加值占全省 GDP 比重为 5.6%，同比上升 0.1 个百分点。

一、2014 年文化产业发展总体情况

（一）总体规模不断扩大，吸纳就业能力增强

2014 年全省文化和创意产业制造业、批零业和服务业增加值占全部文化和创意产业增加值比重分别为 68.3%、6.12% 和 25.58%。从规模以上单位来看，2014 年规模以上文化和创意产业单位数达 2370 个，同比增长 6.5%；营业收入 3140.39 亿元，增长 16.2%；单位平均营业收入为 1.33 亿元，增长 9.1%；资产总计达 2213.95 亿元，增长 24.3%。2014 年规模以上文化和创意产业单位吸纳从业人员 47 万人，同比增长 16.4%。 2014 年外资规模以上文化和创意企业只有 20 家，其中中外合资企业为 13 家，外资独资的为 7 家，规模以上文化和创意外资企业数占全部规模以上文化和创意企业比重为 0.84%。2014 年全省城镇居民人均文教娱乐用品及服务支出为 2538 元，比上年增加 522 元，农村居民人均教育文化娱乐支出 1112 元，比上年增加 378 元。

（二）行业覆盖较为齐全，产业发展亮点突出

按照国家统计局标准，文化和创意产业共有 120 个行业小类，2014 年全省规模以上文化企业分布于其中的 91 个行业，占所有文化和创意产业行业的 75.8%；另外 29 个行业虽然暂时没有规模以上文化单位，但也存在大量准规模以上单位。湖南文化和创意产业中部分企业与行业在国内乃至国际具备显著的优势与较大的影响力，已经成为湖南文化和创意产业发展的亮点。例如湖南广电、浏阳花炮、文化旅游等都已经成为全国知名的文化品牌。湖南广电引领"电视湘军"现象，下属单位湖南卫视收视率在全国省级卫视高居榜首。2014 年亚洲品牌 500 强排行榜，湖南广电 136 位，湖南卫视也居于亚洲卫视前五强。湖南广电集团下属的湖南广播电视台、湖南广播电视台卫视频道、快乐购物有限公司 2014 年营业收入分别达到 46.0 亿、30.3 亿和 29.7 亿。浏阳烟花爆竹占有国际 50% 左右的份额，产品出口到美洲、欧洲、东南亚等 100 多个国家和地区，并具备全球首家烟花爆竹上市条件的公司。

（三）营业利润延续增长态势，经济效益向好

2014 年，全省规模以上文化与创意企业营业利润为 249.30 亿元，相比 2013 年 224.57 亿元，增长 11.0%；人均薪酬为 4.87 万元，同比增长 12.2%，高于规模以上企业人均薪酬。企业负债 946.62 亿元，资产负债率为 42.8%。

（四）私营企业数量较多，占据半壁江山

2014 年，全省规模以上文化企业中，从控股情况看，私人控股企业为 1815 家，占所有规模以上文化单位 76.6%。从登记注册类型看，私营企业为 1408 家，占所有规模以上文化单位的 59.4%，私营规模以上文化企业营业收入为 1539.95 亿元，占总计的 49.0%，同比增长 14.3%；期末从业人数为 26.4 万人，占总计的 56.2%，同比增长 8.0%；营业利润为 112.94 亿元，占总计的 45.3%。全省及各市州规模（限额）以上文化和创意产业企业数 2370 个，文化和创意制造业 1388 个，文化和创意批零业 417 个，文化和创意服务业 565 个。全省及各市州规模（限额）以上文化和创意产业企业企业个数 2370 个，从业人员 470071 人，资产总计 22139535 万元，营业收入 31403894 万元，主营业务收入 31276810 万元。

二、2014 年文化产业各行业发展基本情况

（一）广播电视业

2014 年，全省广播电视电影服务产值总计 1593388 万元，广播电视服务产值 1196826 万元。电影和影视录音服务产值 396562 万元，广播电视电影服务增加值 775248 万元，广播电视服务增加值 637533 万元，电影和影视录音服务增加值 137715 万元。从业人员数 44312 人。

2014 年，全省共有广播电台 13 座，广播节目套数 102 套。全年公共广播节目播出时间 395923.72 小时，全年制作广播节目时间 179588.4 小时，全年制作广播剧 2548 小时。有线广播电视传输干线网络总长 124583.18 公里，有线广播电视用户数 8780274 户，广播人口综合覆盖率 93.48%，电视台 13 座，电视节目套数 139 套。全年公共电视节目播出时间 755189:53 小时，全年制作电视节目时间 141940:59 小时，全年制作电视剧数量 7 部 39 集，全年电视节目进口总额 20.56 万元，全年电视节目出口总额 10 万元，有线广播电视用户 8780274 户。电视综合人口覆盖率 97.51%。

2014 年，全省共有电影制片单位 33 家，拥有电影院线 20 条，电影院 216 座，境外合资的电影院 10 家，放映电影（农村）51.9 万场，放映电影（城市）37.36 万场，观众人次（农村）11049 万人，观众人次（城市）2421 万人，票房收入 78624 万元，进口电影票房收入 32917 万元，获奖影片（故事片）8 部。

（二）新闻出版业

2014 年，全省新闻出版发行服务产值总计 967415 万元，其中，新闻服务 37727 万元，出版服务 563784 万元，发行服务 365904 万元。新闻出版发行服务增加值 469668 万元，新闻服务增加值 13171 万元，出版服务增加值 195640 万元，发行服务增加值 260857 万元。2014 年新闻出版行业总资产 6053059.83 万元，销售收入 4536043.21 万元，广告收入 143815.41 万元，利润总额 470760.1 万元，总人数 98451 人。图书出版总资产 1650998.73 万元，销售收入 229038.19 万元，广告收入 187.83 万元，利润总额 31807.4 万元，总人数 1292 人。报纸出版总资产 498467.43 万元，销售收入 243427.68 万元，广告收入 118981.90 万元，利润总额 16096.93 万元，总人数 8511 人。期刊出版总资产 63704.24 万元，销售收入 45851.76 万元，广告收入 6360.13 万元，利润总额 7287.76 万元，总人数 1753 人。印刷总资产 2488156.20 万元，销售收入 2502610.61 万元，广告收入 18285.55 万元，利润总额 282729.24 万元，总人数 66530 人。出版物发行总资产 1278244.81 万元，销售收入 1401665.39 万元，利润总额 130105.01 万元，总人数 19956 人。

2014 年，图书出版物发行机构网点数 8741 个，网点人数 24411 人，出版种数合计 11340 种，新出种数 5634 种，总印数 42194.13 万册、张，总印张 2988795.88 千印张，定价总金额 562823.93 万元。2014 年报纸出版种数 48 种，平均期印数 675.93 万份，总印数 136738 万份，总印张 5144636 千印张，定价总金额 124753 万元。2014 年各类期刊出版种数 247 种，平均期印数 574.11 万份，总印数 13441.68 万份，

2014 年，录音制品出版种数 230 种，数量 578.9 万盒、张，其中，新版种数 139 种，数量 278.15 万盒、张。2014 年录像制品出版种数 265 种，数量 126.57 万盒、张，其中，新版种数 248 种，数量 111.89 万盒、张。2014 年电子制品出版 种数 51 种，数量 198.7 万盒、张，其中，新版种数 22 种，数量 15.51 万盒、张，各类出版物引进 284 件、输出版权数量 110 件。2014 年图书购进金额 1588672.51 万元，册数 127629.29 万册，图书销售金额 1569354.95 万元，册数 129649.54 万册，图书库存金额 361225.54 万元，册数 31816.54 万册。

（三）演艺业

2014 年，全省共有艺术表演场馆 57 个，剧场 26 个，影剧院 29 个。艺术表演团体 8203 个，艺术表演场所 965 个，艺术教育机构 4 个，文艺科研机构 86 个，从业人员 965 人。演（映）出场次合计 2.598 万场次，艺术演出收入 9308.4 万元。艺术表演场馆演映机构数 57 个，演（映）出场次合计 2.598 万场次，观众人次合计 319.243 万人次，艺术演出收入 1213.6 万元。剧团数 270 个，艺术表演团体从业人员 8203 人。全年新排上演剧目 69 个，演出场次 4.973 万场次，国内演出观众人次 1711.716 万人次。2014 年艺术表演团体从业人员从业人员总计 8203 人，其中高级职称 439 人，中级职称 1194 人。

（四）动漫娱乐业

2014 年，全省共有动漫产业机构 24 个，从业人员 2140 人，资产总计 126253.1 万元，营业收入 82165.5 万元，原创动漫作品 303 部，原创动画作品 96 部，网络动漫下载次数 8007097 次，动漫舞台剧演出场次 33 次，自主知识产权动漫软件 38 套。2014 年，全省共有娱乐场所机构 2842 个，从业人员 33676 人，主营业务收入 236636.2 万元。

（六）文化旅游业

2014 年，国内旅游者来湘人数 40982.98 万人，来湘国际旅游者人数 2195461 人，平均每天来湘国际旅游者 6015 人次／天，旅游外汇收入 80000 万美元。2014 年全省旅游总收入 3052.3 亿元，旅游创汇收入 8 亿美元，国内旅游收入 3001.6 亿元。

·广东省·

2014 年，全省文化及相关产业增加值 3552 亿元，同比增长 18%，占全国文化产业增加值比重超过 1/7，连续 12 年位居全国各省市首位。文化产业对广东经济社会发展的引领作用不断增强。尤其是在党的十八大提出实施创新驱动发展战略以来，全省不断拓展新领域，培育新业态，抓抢文化产业发展先机。

一、2014 年文化产业发展总体情况

（一）文化体制改革持续深化

一是深化行政审批制度改革。推动职能转变，向社会公布 218 项权责清单，调整职能 87 项（取消行政审批 4 项，重心下移 83 项），落实向社会组织转移电影院星级评定的行政审批职能；努力加强事中、事后监管，加强对市县的培训、指导和监督，确保“放得下、接得好”，形成权界清晰、分工合理、权责清晰、运转高效、法治保障的新闻出版广电职能体系。

二是完善行业监管体制机制。在全国率先挂牌成立新闻记者证管理办公室，建立完善长效管理机制，加强对新闻单位、记者站和记者的规范管理；推进绿色广告频率（频道）试点，设立广东省广播电视公益广告扶持项目专项资金，促进形成公益广告持续发展的良性机制。

三是创新新闻出版广播影视体制机制。推动广东广播电视台、广东网络广播电视台成立，广东 IPTV 上线开通，所属荔枝台成功上线。省新华发行集团完成对区域内 93 家新华书店的整合。

四是积极出台产业发展政策。制定并实施《建设广东省版权贸易联合市场试点工作方案》，启动涵盖文学艺术、广播影视、新闻出版、创意设计等多领域的广东省版权公共服务和版权交易平台的建设；贯彻落实财政部等七部委《关于支持电影发展若干经济政策的通知》，起草《关于进一步促进广东电影繁荣发展的若干政策》；修订重点企业直通车服务措施，为企业提供“优质、快捷、贴心”的直通车服务。

五是完善精品创作的激励机制。制定《广东省重大出版项目储备库管理暂行办法》，完成 2014 年入库项

目的申报工作，有82个图书、音像和电子出版物项目申报入库。设立全省“原创精品图书出版专项基金”、广播电视节目创新创优扶持奖励专项资金，利用广东广播影视奖平台，扶持和引导优秀粤产微影视、电影、电视剧、纪录片、动画片、出版物的创作生产，构建出版影视精品创作生产长效机制。

（二）文化市场整治成效明显

加强管理，市场整治成效突出。一是开展打击新闻敲诈和假新闻专项行动，查缴非法报刊30.8万余件，查处假报刊社、编辑部6个，查处新闻敲诈、假记者案件5起，注销违规记者站7家，提高新闻队伍素质，组织新闻业务培训2万人次。二是深入开展“扫黄打非”行动，收缴非法出版物425.7件，查办案件1713起，查处101家涉嫌登载非法网络出版物和传播违规视听信息的网站，关停违规网站82家（次），删除、屏蔽有害信息10万条（次），有力维护了文化市场秩序。三是加大版权保护和管理力度，开展“剑网2014”专项行动，清理取缔非法出版物地摊96个，查处违法违规经营单位3家，收缴涉嫌侵权盗版出版物59913张（册），组织销毁查缴的违法盗版音像制品共计122.2万多张（盒）；全省版权登记量达15782件，比去年增长11.2%，为历年之最；推动市县政府机关使用正版软件，国务院督导组对全省软件正版化工作给予了充分肯定和好评。四是加强广播电视节目管理，查处违规广播电视节目问题44起，发出整改通知18份，停播通知8份；查处违规广告和节目396条（次），收缴擅自销售卫星地面接收设施1064套，责令拆除违规设置卫星地面接收设施878套，净化了荧屏声频。

（三）园区基地建设成效显著

2014年，全省考核巡检分珠三角和粤东西北两条线路进行，重点为文化部评定的省内11个地级以上市26家国家级产业园区、基地，以及省文化厅评定的24家省级文化产业园区，同时对9个地级以上市文化部门认定的13家市级文化产业园区、基地进行抽查调研。总体上看，各级文化产业园区、基地大多运营情况正常，管理规范，发展较好，创业氛围浓厚，不少产业园区基地在广东乃至全国起到领先示范作用，呈现四大亮点：

一是珠三角和粤东西北地区各具特色。珠三角地区园区、基地以创意设计、工艺美术、艺术品、动漫游戏、数字音乐等产业为主，主营业务现代产业特征突出，体现文化与创意、设计、科技融合发展，如华侨城集团、雅昌文化、佛山创意产业园等。粤东西北地区则更多以文化旅游和工艺品产业为主，如广东禅文化创意产业园区、麓湖山文化产业园、广东长城集团等。

二是集聚效应好，孵化功能强。众多文化产业园区、基地通过创新园区运营模式、加强园区环境建设、搭建园区公共服务平台等方式，为园区企业提供优良的创业环境、系列的专业服务，如深圳设计之都创意产业园、羊城创意产业园、广东工业设计城等成为在全国起领先示范作用的佼佼者。同时，集聚并培育出一批具有强竞争力的文化企业和上市公司，如腾讯、奥飞、漫友、珠江钢琴、广东励丰、广东长城等。

三是园区规划建设结合“三旧改造”转型升级。深圳灵狮、羊城创意产业园、东莞南城艺展中心等均是利用旧厂房改造，通过注入现代元素实现转型升级，建成独具特色的知名文化产业园区。佛山岭南天地则通过活化保护佛山祖庙东华里片区具有典型岭南民居风格的珍贵历史建筑群，让历史与现代元素和谐融汇，既保护了文物古迹、历史风貌，又创造了新的文化产业价值。

四是经济效益和社会效益双效并显。2014年被文化部评定的国家文化产业示范基地中，总收入过百亿的有3家，过10亿的有10家，数量规模和产值效益居全国前列。在创造良好经济效益的同时，各级文化产业园区基地发挥自身优势，取得了显著的社会效益。深圳华侨城连续举办十届社区文化节，打造了一条游客与居民共享的文化“生态链”。珠江钢琴通过积极参与社会音乐教育活动普及钢琴教育，为提升国民素质、振兴民族文化产业发挥积极的作用。佛山民间艺术社则以传统岭南民间艺术传承保护、生产经营、艺术交流等多种形式，积极参与政府外事活动和民间组织的传统节日活动。

（四）对外文化交流进一步深化

2014年6月14日至15日，粤港澳文化合作第十五次会议在广州召开。广东省文化厅方健宏厅长出席会议，作为粤方代表签订了《粤港澳文化交流合作发展规划2014—2018》。《粤港澳文化交流合作发展规划2014—2018》重点加强以下八方面合作：一是共同培养文化艺术创作、经营、管理人才，进一步鼓励及促进三地的舞台艺术创作、编导人员与三地艺术院团合作。二是共同推动优秀文艺作品、文博藏品巡演巡展；三是共同提升公共文化服务水平，进一步增进三地馆藏纸质文献资源的共知、共享；四是共同拓展网络及无线移动终端文化服务功能；五是共同组织多元化社区文化交流活动；六是共同推进粤剧和其他文化遗产的传承与发展；七是共同加强粤港澳文化产业合作，进一步推动三地文化企业优势互补、协调发展；八是共同扩大三地青少年文化交流。

截至2014年11月12日，全省对外对港澳台双向文化交流达682批11394人次。第19届广州艺术博览会邀请30多个国家300多家机构参展，现场成交额达5个亿；许鸿飞“肥女人”系列雕塑世界巡展走进了欧洲多个国家、澳大利亚及台湾地区，得到西方主流媒体的高度关注和赞赏。深圳全面开展与南非、津巴布韦文化合作，签订多项合作协议，派团赴南非三国举办“2014欢乐春节”活动，作为中国唯一受邀城市参加开普敦国际音乐节，原创双语音乐剧《光辉之城》赴美国巡演，原创马年生肖珠宝设计亮相巴黎，“香港·深圳创意艺术双周”成功举办。顺德区组团参加拉脱维亚第八届合唱节、新加坡首届国际合唱节并获得一金两银的优异成绩。

二、2014年文化产业各行业发展基本情况

（一）新闻出版业

2014年，全省报纸、期刊总印数近40亿份，总收入超113亿元。全省印刷企业共20722014年，全省报纸、期刊总印数近40亿份，总收入超113亿元。全省印刷企业共20729家，产值约1865亿元，企业数量占全国20%，复制企业55家，产值约30亿元，企业数量占全国67%。

新闻出版产业转型升级加快。确定39个出版单位数字化转型升级项目108个，全省获准互联网出版资质的企业增至57家，数量名列全国三甲；新增绿色印刷企业15家（累计48家），新增印刷复制示范企业8家（累计17家），全省中小学免费教材已百分百实现绿色印刷，比总局规定的目标提前一年实现；全省“版权兴业示范基地”新增5家（累计76家），“最具价值版权产品”新增10个（累计34个）。

全年印刷业对外加工产值约500亿元，对外出口图书（期刊）约1.2亿元，音像制品出口约1600万元，承接境外只读类光盘加工业务产值约9.5亿，出口可录类光盘12亿片价值约11亿元。侨刊乡讯增至147家，向海外发行650万份，遍及世界161个国家和地区。省出版集团版权输出项目达204种，比去年增长13%。

完成2035家农家书屋补充更新出版物工作，建成数字农家书屋3317家，南国书香节、“深圳读书月”“广州读书月”等品牌阅读活动成功举办，深入人心。2014年8月举行的南国书香节，则体现了广东人在文化消费方面的“基本素养”：全省主、分会场总入场185万人次，总销售收入5500万元。

（二）广播电视业

2014年，全省广播电视总收入217.65亿元，同比增长2%，有线电视用户达到2000万户，同比增长1%，有线数字电视用户1617.57万户，同比增长2.96%。

精品打造成果丰硕。《南方》期刊荣获第三届中国出版政府奖，电视剧《毛泽东》《有你才幸福》，电影《全民目击》《熊出没之夺宝熊兵》，广播剧《疍家渔村》和长篇小说《这边风景》等6部作品荣获第十三届精神文明建设“五个一工程”奖，动画影片《潜艇总动员3——彩虹宝藏》获第15届中国电影华表奖最佳动画影片，电视动画片《喜羊羊与灰太狼》获中国文化艺术政府奖第二届最佳动漫国际市场开拓奖，电视纪录片《元帅诗人叶剑英》《花儿努力地开》分获国家年度优秀国产纪录片及创作人才扶持项目优秀中片和优秀短片奖，微电影《1分16秒》被总局评为“弘扬社会主义核心价值观 共筑中国梦”主题优秀原创网络视听节目。

广播电视媒体融合步伐加快。广东网络广播电视台以“云平台”为依托，组建了“广东网络广播电视联盟”；广东IPTV用户达270万，深圳CUTV拥有成员台和紧密合作媒体72家，成功汇聚全国28个电视台100多个电视频道、24个电台128个广播频率，覆盖全国26个省（市、自治区）8亿多受众，《城市联合网络电视台移动终端项目》被评为全国传播创新产品。

广播电视海外覆盖扩大。广东国际频道在加拿大正式播出，覆盖加拿大境内约420万户；南方卫视借力长城平台完成了遍布世界的覆盖，全球付费用户数突破16万，比2008年的10万高峰值增长了60%。深圳卫视国际频道覆盖规模超过20亿人口，对香港和马来西亚实现了高清晰度播出；广州广播电视台下属广视传媒新增设“天下无线3频道”，成为目前美国所有华语电视台中覆盖率最高的电视台。四是广播影视节目海外销售力度加大。全省影视文化产品和服务出口约430万美元。深圳广电集团全年海外节目发行量达850小时，销售额达130万美元，35集大型电视连续剧《孔子》在日本、韩国、泰国、中国台湾等多地热播，煲汤竞技节目《汤王争霸》横跨中国香港、澳门、台湾和韩国、马来西亚多地。20部影视动漫作品出口海外，发行范围除东南亚和中东北非地区外，还包括欧洲市场和北美市场。

同时，全省节目无线覆盖工程顺利完成。完成100座广播电视发射台升级改造无线覆盖工程建设任务，全省提供公共服务的无线电视节目数量将从2套提升到5

套，广播电视“户户通”工程售后服务网点覆盖到地级市。

（三）电影业

2014年，全省电影票房41.47亿元，增长40.32%，约占全国总票房1/7，连续13年位居全国第一；全省影院增至572家、银幕2947块、座位数432626个，数量均居全国第一。

影视作品叫好又叫座。《全民目击》票房高达1.836亿，并荣获第五届英国万象电影节最佳影片、最佳男主角、最佳原创歌曲等奖项；《熊出没之夺宝熊兵》票房达2.5亿，成为中国电影史上首部票房突破2亿元国产动画电影，并荣获中国文化艺术政府奖第二届动漫奖——最佳动画电影奖、第十届中国国际动漫节“金猴奖”。粤港合作的3D电影《大闹天宫》票房公映首日过亿，总票房超过11亿。

2014年，全省完成农村公益电影放映28.68万场，占全年目标任务的122.81%，观影人次达5695万，完成异地务工人员公益电影放映3.57万场，观影人次达770万。2014年，全省有建设任务的121个县（市、区），完成单厅数字影院建设任务的有109个，完成多厅数字影院建设任务的有103个，建成影院191家。

截至2014年12月31日，全省电影事业发展专项资金征缴实收额突破2.03亿元，较去年同比增长超过35%，稳居全国专资收缴额首位，约占全国专资征缴额14%。据统计，深圳、广州、东莞三市作为拥有占全省影院数近50%的地区，全年产出了约占全省69.25%的票房共计28.72亿元，同时为全省带来电影专资上缴额1.436亿元，成为广东省电影专资征缴份额最大片区。

（四）演艺业

2014年，全省共有艺术表演团体325个，全年演出46980场，平均每团演出145场，观众2742万人次，本年总收入114276万元，总支出103978万元，演出收入31783万元。其中文化部门艺术表演团体67个，全年演出场次9220场，平均每团演出138场，观众923万人次，本年总收入44301万元，总支出58648万元，演出收入13749万元。群众艺术馆、文化馆（站）共举办展览7979个，组织文艺活动47791次，举办训练班45111个。博物馆文物藏品108万件，举办陈列、展览1404个，参观人次4021万人次。

2014年6月28日，中演演出院线·星海演出院线战略合作签约仪式暨广东省演艺中心剧院加盟中演演出院线签约仪式在广州大剧院隆重举行。截至2014年年底，“中演院线”共有座席数超过8万个，年演出场次超过4500场，年观众总量超过350万人次。2014年，“星海演出院线”院线成员有41家单位，其中全省知名演出场所19家，规模较大、实力较强的演出经纪机公司15家，优秀演出团体7家。此次双方的合作将以文化央企的资源优势带动地方文化企业，地方文化企业立足做强区域市场，向全国其他市场拓展，实现跨区域的合作，央地合作，完善和加强区域演艺文化产业发展，同时把国家对演艺文化业的扶持作用放大发挥出更佳效应。通过星海演出院线，中演演出院线将更多的优质项目引进广东，丰富珠三角的演艺内容；通过中演演出院线，把星海演出院线的优质项目推介到全国；通过中演演出院线与星海演出院线的合作，还可以共同创意制作、开发生产新的演艺项目品种，实现更广泛、更深入的合作。

2014年11月，第十二届广东省艺术节在广州、佛山、惠州等地举行。在半个月的时间内，86台广东原创的参评参展剧目和特邀剧目共演出158场。广东省艺术节已经成为目前全省最高水平的专业艺术表演盛会。参评剧目大都以广东本土特色题材为创作内容。而像粤剧、潮剧、广东汉剧、山歌剧、雷剧、正字戏、西秦戏、白字戏、花朝戏、渔歌剧、评剧等地方戏曲的展演，不仅是各级、各类艺术表演团体的一次大规模整体亮相，更给了诸多“非遗”剧种一个极好的展示平台。

（五）动漫游戏业

2014年，全省电视动画片产量达32部28818分钟，总量位居全国第一；国产动漫卖座电影30部中，有16部是粤产；打入全国票房前十位的广东动漫也占一半份额。在产业规模上，全球动漫衍生产品八成“中国制造”，这八成中超过一半是“广东制造”。广东动漫在企业数量、作品产量、收视率、票房、市场份额、IP品牌拥有量、百亿企业数量、产业链布局结构之均衡合理等方面连续八年领跑全国，跃居全国各动漫产业优势省区市前列。广东动漫涌现出广东奥飞动漫文化股份有限公司、深圳华强数字动漫有限公司等一批优秀动漫企业，培育了“熊出没”“喜羊羊与灰太狼”“巴啦巴啦小魔仙”等著名动漫品牌。

广州、深圳主要集中动漫内容的创作、制作，有众多的动漫公司和知名动漫品牌，且软件产业相对发达；动漫衍生品的生产、加工则主要集中在制造业较为发达的珠三角及粤东潮汕地区，形成区域优势互补的完整产业链。全国最大的动漫衍生产品销售批发中心也在广东，广东省玩具协会提供的数据显示，全国玩具企业中，全国海关出口额10万美元以上的企业共有5000多家，其中广东企业超过四成。全球动漫衍生品中80%为“中国制造”，其中超过一半是“广东制造”。

截止到2014年年底，全省已经培育发达的动漫会展业。省内有每年在东莞举办的中国国际影视动漫版权保护和贸易博览会、在广州举办的中国国际漫画节等国家级动漫展会，也有深圳动漫节、江门侨乡动漫节、萤火虫动漫游戏嘉年华、YACA漫画展等区域性动漫展会，培育了一大批动漫爱好者，构建了各类型动漫交流平台。广东省动漫行业协会调查显示，广东消费者月均在动漫方面的消费为100~300元；动漫消费的需求主要集中在儿童和青少年这两大类消费群体。

2014年8月21日至25日，为期5天的第六届中国国际影视动漫版权保护和贸易博览会（下称“漫博会”）在东莞闭幕。据初步统计，本届漫博会参与人数超过63万，成交额达34.9亿元，同比增长4.18%。共有海内外参展企业443家，同比增长6%。成功邀请67家海外企业参展，同比增长10%，主会场海外参展企业数量占参展企业总数的1/5，国际交流更为广泛。本届漫博会期间共举办88项活动，同比增长17.33%。产业对接一直是漫博会区别于其他同类展会的优势所在。本届漫博会共举办专业活动26场，同比增长53%，促成传统制造企业与国内外动漫原创、品牌授权、创意设计、销售渠道等高端产业资源的对接，达成多项合作意向。本届漫博会对参展作品中尚未作著作权登记的作品实行免费登记并现场发证。共受理参展作品著作权登记申请216项，现场核发《作品著作权登记证书》198个。本届漫博会还有针对性地强化展会的产业引领能力。首届举办的“松山湖创意创业大赛”共收到200多份比赛作品。经专家评审，大赛共评出52件获奖作品。

广东游戏产业产值连年位列全国第一，占全国的70%、全球的20%。在马化腾、雷军、马云等“互联网大咖”的背后，游戏产业也无处不在。2014年，深圳腾讯成为全球收入最高的游戏企业。广东游戏产业正逐步成为全球最具活力和成长性的游戏产业集群。在国内游艺场所，人们所使用的游戏游艺设备，九成以上是“广东制造”——来自广东的中山和番禺。这些设备生产业务在国际市场上已拓展到了100多个国家和地区。

（六）艺术品交易业

2014年，广州以2677亿美元的生产总值位列全国主要城市第3位，其经济水平比肩北京与上海；其艺术品交易仅占GDP的2%，2014年拍卖市场的总成交额为2.7亿美元，总成交量为12196件，相比2013年有小幅攀升。其中书画的成交占绝对优势接近90%，而油画及当代艺术的成交则仅有10%，这个比例在以往年年份也是如此。因此，广州的文化底蕴与巨大的需求潜力，吸引了国内知名拍卖公司中国嘉德与北京荣宝于2014年在广州设立办事处。

2014年广州地区共举办拍卖会30场，拍卖专场146场，拍品平均成交价格约为22246美元。其最高价格的拍品是由华艺国际拍出的《牡丹亭》，由靳尚谊在2013年所作，价格约为6828158美元。广州的一级市场更为繁荣，与北京、上海形成三足鼎立之势，广州也以艺博会的形式吸引东西方艺术界的眼球。中国举办的第一场艺博会就是在广州举办的，迄今为止已经成功举办18届。2014年广州艺博会共吸引来自中国、美国、德国、英国、法国、马来西亚、俄罗斯等20多个国家，共计200多家艺术机构参展。东西方艺术家通过多年参展，艺术风格被双方艺术机构认可，从而进入双方画廊或者博物馆，甚至到高校任教，这更加加深了东西方艺术与文化的交流。

（七）互联网与新媒体业

广东省是互联网建设和应用大省，全省备案网站54.5万家，占全国六分之一，网民近7000万，互联网普及率66%，拥有一批在全国具有重要影响的网站，互联网经济发达。

2014年11月21日至22日，由广东省互联网协会主办，广东互联网大会组委会与艾媒咨询集团(imedia Research Group)承办的2014广东互联网大会于广州保利世贸博览馆举办，本次大会旨在将产业上中下游资源整合，包括电信运营商、服务提供商、互联网电商、网络广告商、手机应用开发商、娱乐游戏业以及风险投资商等资源，让其都得到更好的交流与合作，构建更多层次、更全方位的、可持续发展的互联网生态圈。为期两天的2014广东互联网大会&2014全球移动互联网大会圆满落幕，参会人数达7.3万人次，所有10个会场全部爆满，200多名分享嘉宾代表中国移动互联网最前沿，创造中国互联网历史上又一个辉煌。2014广东互联网大会在开幕式上公布“广东互联网20年卓越成就企业”“2014广东互联网十大知名企业”“2014广东互联网十佳中小微创新企业”，为行业树立积极的行业新典范。

（八）文化会展业

2014年，全省主要展览城市的展会数量为542个，比2013年增长约7.11%，展出面积约1717万平方米，比2013年增长约15.55%，展览规模稳居全国第一位。2014年全省展览业总体呈现六大特征：一是大型展会平稳增长。2014年全省10万平米以上大型品牌展会31个，展出面积863万平方米，分别比上年增长7%、21.63%；二是配合国家"一带一路"倡议，率先举办"广东21世纪海上丝绸之路国际博览会"；三是以广东会展组展企业协会为代表的行业协会组织不断成立并快速壮大；四是全省展览格局发生变化，珠海成为新兴展览城市；五是老龄产业、户外水疗等新兴题材展会不断涌现；六是展览各环节的节能环保工作初见成效。

第七届中国国际漫画节参展企业和社团的销售额比往年有所增长；第二十一届华南国际印刷展成为印刷业打造新技术、新产品、新成果的优质交流平台；第六届（东莞）漫博会国内外企业参展比上届增长6%，成交总额比上届增长4.18%；第十一届中国（广州）国际纪录片节海内外参与人数、征片数量、市场交易额均创历史新高。在香港成功举办首届广东电影展映周。

·广西壮族自治区·

2014年，全区文化及相关产业增加值为381.39亿元，比上年增长3.3%，占GDP比重为2.4%。文化产业发展环境逐步优化，政府扶持力度加大，文化企业发展壮大，重点文化产业项目大力推进，文化品牌影响力不断扩大。

一、2014年文化产业发展总体情况

（一）政策体系不断完善

2014年，全区积极推动文化产业政策体系建设，率先研究出台《关于促进文化创意和设计服务与相关产业融合发展的实施意见》，大力促进文化产业转型升级，为稳增长、调结构做好服务；印发《关于成立广西动漫企业认定管理工作办公室的通知》，细化相关厅局推动动漫产业发展的职责和分工；组织起草《关于促进特色文化产业发展的实施意见》和《关于进一步鼓励和支持小微文化企业发展的实施意见》，为全区文化产业的发展营造良好的发展环境和氛围。

（二）财政支持力度加大

2014年，全区加大对文化产业扶持和培育的力度。广西三诺智慧产业园等31个项目入选文化部2014年文化产业重点项目库，五通农民画旅游休闲产业项目、钦州坭兴陶特色工艺品联合开发项目入选文化部2014年度全国特色文化产业重点项目，桂林愚自乐园艺术园、《印象·刘三姐》大型山水实景演出、钦州市千年古陶文化产业项目等3个项目入选财政部、文化部2014年度文化金融合作项目库。广西演艺集团《百鸟衣》—中越跨境经济合作区（凭祥）大棚式驻场巡演文化旅游产业项目、巴马壮瑶民族实景演艺《梦·巴马》等11个项目获得2014年度中央文化产业发展专项资金资助共7710万元。2014年度广西文化产业发展专项资金资助13个项目共计4000万元。广西动漫产业发展引导资金资助10个项目共计560万元。南宁市、北海市专门设立文化产业发展专项资金，扶持重点项目发展。

（三）园区基地带动作用明显

2014年，全区共评选命名第五批自治区文化产业示范基地52家，自治区级文化产业示范基地总数达到103家。广西华蓝设计（集团）有限公司、桂林力港网络科技有限公司入选第六批国家文化产业示范基地。国家文化产业示范基地达8家。命名桂林国家高新区创意产业园、南宁软件园、北海高新技术创业园（北海文化产业园）、柳州"石尚·1966"文化创意产业园为首批自治区级文化产业示范园区。南宁、梧州、钦州、贺州、玉林、北海等市共评选73家市级文化产业示范（试验）基地。2014年，全区8个国家级文化产业示范基地总资产超过15亿元，总产值超过10亿元；103个自治区级文化产业示范基地总资产超过200亿元，总产值超过120亿元。国家文化产业示范基地桂林广维文华旅游文化产业有限公司运营的项目——全球首部大型山水实景演出《印象·刘三姐》，2004—2014年共演出5000场，营业收入13亿元，上缴税收1.4亿元，成为文化与旅游融合发展的典范，2014年入选第二批全国最具影响力示范基地；靖西绣球村、五通农民画、钦州坭兴陶已经成为全国知名的特色文化品牌；桂林力港网络科技有限公司、广西榜样传媒集团、广西华蓝设计（集团）有限公司等逐渐成为抢占文化产业发展前沿的新兴企业。

（四）重点项目建设取得新突破

2014年，广西文化产业城完成控制性详细规划编制，南宁万达茂文化旅游综合体开工建设。万达、保利、深圳华侨城等文化产业巨头纷纷登录广西投资重大文化产业项目。广西文化艺术中心、柳州市深圳华侨城、桂林市万达文化旅游综合体、保利文化产业园、希宇文化创意产业园、桂林五通农民画旅游休闲产业项目、"嗨·北海"文化综合体、北海园博园"天天演"剧场、玉林市

世界客家文化城等项目开工建设。北海市三诺智慧产业园一期工程、华南城中国—东盟文化园、玉林市文化艺术城二期工程、凭祥市红木文化产业园二期工程建成运营。百色市田阳县“田州古城”项目、来宾市金龟岛民族风情文化博览园项目持续推进。

（五）产业融合取得新成效

2014年，全区主动适应文化与旅游、科技等行业不断融合发展的新形势，将一批跨界企业、跨界项目纳入联系和服务范围，国有、民营一视同仁，努力拓展文化产业的工作维度和发展空间。以广西文化产业城规划为契机，吸引万达集团投资150亿元在南宁五象新区建设南宁万达茂项目，打造世界级室内文化旅游综合体。精心指导，积极协助项目业主修改提高《天下侗寨·坐妹三江》《梦·巴马》两个旅游演艺项目，演出质量明显提高。

（六）特色产业成为发展新引擎

截至2014年年底，全区共有16个自治区特色文化产业示范县和22个特色文化产业项目示范县。2014年，随着广西特色文化产业示范县（市、区）创建工作的持续推进，特色文化产业成为县域经济发展新引擎。合浦县以烟花爆竹、珍珠养殖（加工）、雕塑工艺、文化旅游等四大特色文化产业为抓手，全面推进文化产业发展，形成了旅游促文化、文化兴旅游、文化旅游助产业的多产业融合发展和良性循环发展的局面；博白县培育编织企业435家，实现编织原材料年交易额4亿多元，总产值20.32亿元，年税收5000多万元，其中年产值超2000万元以上的规上企业有39家，总产值13.82亿元，全县编织产业固有从业人员2.8万人，临时、季节性从业人员20多万人，从业农民年均增收2000元以上；靖西县以开发壮锦、绣球产业为抓手，大力推动特色文化产业发展，靖西县壮锦厂年产壮锦量1万多件，产值约150万元，绣球产品年产20多万件，产值近300万元；宾阳县积极打造“中国炮龙之乡”文化品牌，实施“炮龙文化”精品战略，初步形成了以“宾阳炮龙节”文化为品牌。此外，阳朔县、田东县等专门成立了县级文化产业发展公司，推动重点文化产业项目建设；兴安县、合浦县、博白县专门出台引导当地特色文化产业发展的优惠政策和奖励办法；博白县成立了融资担保公司，帮助编织工艺品企业解决融资难题。

（七）文化贸易呈现上升势头

2014年第一季度，全区文化产品进出口继续保持上升势头，文化产品进出口8037.1万元。其中，东盟为广西文化产品最大进出口伙伴，广西对东盟文化产品进出口达3002.7万元，同期增长28.6%，占广西文化产品进出口值的37.4%。2014年5月29日至6月1日，中国—东盟博览会秘书处（广西国际博览事务局）、广西文化厅、广西新闻出版广电局在南宁国际会展中心联合举办2014中国—东盟博览会文化展，展览面积2.5万平方米，展位1500个，会期参观人数约为2.3万人次，贸易成交额约为1150万元，成为中国—东盟博览会的重要专业展之一。2014年，广西“桂绣”文化产业基地（广西金壮锦文化艺术有限公司）入选2013—2014年度国家文化出口重点项目名录；桂林力港网络科技公司研发的休闲游戏《捕鱼达人》在泰国成功上线；广西南宁市泰安电子商务发展有限公司研发的游戏产品《怪咖联盟》成功出口韩国和越南，成为广西对外文化贸易新的增长点。

（八）文化企业参展成效明显

2014年，全区精心组织30多家文化企业参加第十届中国（深圳）国际文化产业博览交易会、第七届中国西部文化产业博览会、第七届海峡两岸（厦门）文化产业博览交易会、第九届北京文化创意产业博览会。重点推介的“桂绣”、宾阳儒供毛笔、合浦角雕、岑溪金砂玉、龙胜鸡血玉、凭祥红木、防城港金花茶等产品深受客商喜爱，“会后订单”效益明显，文化企业参展热情高涨。

二、2014年文化产业各行业发展基本情况

（一）演艺娱乐业

2014年，全区文化市场经营机构7843家，其中互联网上网服务场所4343家，娱乐场所3369家，文艺表演团体100家，演出经纪机构31家，经营性互联网文化单位12家。全区国有艺术表演团体67个，其中文化部门22个；非国有艺术表演团体45个，艺术展览创作机构5个。全区艺术表演团体年内创作首演剧目16个，全年演出0.92万场，观众663.89万人次，演出收入5496.9万元，其中农村演出0.370.32万场，观众225.37万人次。全区艺术表演场馆演（映）出2.06万场，其中艺术演出0.14万场，观众114.53万人次，演出收入260.3万元。

一是推进上网服务场所转型升级。10月30日，率先出台《广西壮族自治区文化厅关于推进互联网上网服务营业场所转型升级的意见》，全面推进上网服务营业场所转型升级、建设阳光文化娱乐场所工作。12月31日，印发《广西壮族自治区文化厅关于完善管理政策促进互联网上网服务场所健康有序发展的通知》。截至2014年年底，广西完成转型升级的上网服务营业场所

26 家，正在实施或已经完成单独升级环境的上网服务营业场所为 248 家。

二是文艺演出喜获丰收。2014 年，“南国之声”周末音乐会、“民族戏苑”周周演、“南国炫技”“快乐城堡”等演出已经形成驻场演出品牌。全年驻场演出 249 场，观众达 8 万多人次。围绕“中国梦”这个主题，组织创作小戏小品、曲艺、舞蹈、歌曲、杂技、魔术等剧（节）目 208 个。推出现代壮剧《第一书记》、杂技剧《百鸟衣》、动漫音乐剧《跟斗小子》、音乐舞蹈剧《花山》、音乐剧《幸福不等待》、儿童剧《魔豆》、京剧《独钓寒江雪》、粤剧《璎珞传》、桂剧《冯子材》、民族经典名曲音乐会《灿烂广西》等一大批文艺作品，获得观众的好评。现代壮剧《第一书记》为期 1 个月的全区巡演获得成功，社会反响良好。彩调歌舞剧《刘三姐》参加第四届全国地方戏（南北片）优秀剧目展演，京剧《独钓寒江雪》参加第七届中国京剧艺术节展演，音乐剧《幸福不等待》应邀参加第十六届中国上海国际艺术节。大型历史舞剧《碧海丝路》受邀参加由文化部和陕西省人民政府主办的首届丝绸之路国际艺术节获优秀演出奖。动漫音乐剧《跟斗小子》连续商演 28 场，儿童剧《魔豆》在南宁成功连演 10 场。

（二）动漫游戏业

动漫游戏企业队伍壮大。重点培育扶持的动漫游戏企业桂林力港网络科技公司，用短短 5 年时间，由 12 人增加到 345 人，产值由 230 万元增加到 3 亿元，税收由 16 万元增加到 3000 万元，实现几何级增长，2014 年入选第六批国家文化产业示范基地，被作为培育发展新业态的先进典型列入自治区党委彭清华书记在全区经济工作会议上的讲话。经过积极培育，2014 年，全区共有 11 家国家认定动漫企业、18 家自治区动漫骨干企业、2 个自治区动漫试验园区和 16 个动漫人才培养基地。

原创动漫游戏精品迭出。广西原创漫画作品《踮脚张望》获中国文化艺术政府奖第二届动漫奖“最佳漫画奖”，成为第二届动漫奖西部省区两个入选项目之一，自治区动漫人才培养基地广西艺术学院入围最佳动漫教育机构奖，实现了全区文化艺术政府奖动漫奖“零”的突破。桂林坤鹤文化传播公司研发推广的《可可小爱》系列动画公益剧 2014 年成功登陆中央电视台 12 个频道滚动播出及全国近千家家电视频道，入选文化部 2014 年弘扬社会主义核心价值观动漫扶持项目。桂林力港网络科技公司自主研发并推出 50 款动漫游戏软件产品，“2014 年度中国动漫游戏行业优秀企业奖”。广西演艺集团推出的动漫音乐剧《跟斗小子》自 2014 年 9 月 25 日正式首演以来，已经演出 23 场，观众约 1.5 万人次，票房收入 100 余万元。2014 年自治区文化厅开展原创动漫作品评选，共评出 19 部作品在区内外推荐播出。

（三）文化会展业

《大地飞歌 · 2014》第 16 届南宁国际民歌艺术节演唱会于 2014 年 9 月 16 日在广西体育中心举行，南宁国际民歌艺术节演唱会分为“缘”“传”“绿”“梦”四个板块，首次采用现场大乐团伴奏的形式，邀请国内外演员 315 人参加民歌节演唱会及 8 个绿城歌台等系列演出活动，吸引了近 10 万名观众参与。民歌节期间，南宁市积极打造交流品牌，成功组织举办第二届中国—东盟（南宁）戏剧周活动，汇聚中国、越南、新加坡、马来西亚、印度尼西亚、菲律宾 6 国 13 个团体参与，作为重头戏的“中国—东盟优秀剧目展演”荟萃粤剧、婺剧、桂剧、彩调歌舞剧等 18 台剧目，并推出首部印度题材粤剧《璎珞传》、广西与东盟首部合作演出剧目《罗摩衍那》，在兼容并蓄中彰显出中国、东盟戏剧“各美其美，和而不同”的风姿。

5 月 15 日至 19 日，参加第十届中国（深圳）国际文化产业博览交易会，以“五彩八桂”为主题，精心组织 10 家重点企业、20 个重点项目参展，重点宣传推介“广西创意”“广西创造”和特色产品。9 月 5 日至 8 日，参加第七届中国西部文化产业博览会，以视频、图片、文字相结合的方式推介广西作为“古代海上丝绸之路重要发祥地”和“21 世纪海上丝绸之路新门户新枢纽”的历史渊源、区位优势、资源配置和产业基础，重点推出北海贝雕、北海珍珠、钦州坭兴陶等北部湾特色文化产品以及富有壮族特色的手工艺品。10 月 24 日，自治区文化厅首次组团参加海峡两岸（厦门）文博会，设置 150 平方米的展位。以“桂风壮韵 · 创意广西”为参展主题，着眼于深化桂台文化产业合作，以视频、图片、文字、展品相结合的方式，重点推介了钦州坭兴陶、北海合浦金蝠角雕、梧州岑溪金砂玉、铜鼓凤灯、壮锦桂绣等富有广西特色的系列文化产品。12 月 11 日至 14 日，参加第九届中国北京国际文化创意产业博览会，以“桂风壮韵，创意广西”为参展主题，以视频、图片、文字、展品相结合的形式，推介富有广西特色的文化创意产品，展示民族歌舞。

（四）文化旅游业

2014 年，全区文化旅游演艺项目效益突出。国内首创大型实景演出《印象 · 刘三姐》共演出 533 场，接待观众 139 万人次，营业收入达 1.86 亿元，上缴税金 2166 万元，入选第二届全国“十大最具影响力国家文化产业示范基地”。该项目自 2004 年公演以来，演出近 5000 场，接待观众近 1200 万人次，营业收入近 13 亿元，上缴税金近 1.4 亿元。三江县侗乡鸟巢文化开发有限公司紧紧围绕侗族民族民俗文化内涵建设运营“天下侗寨”民族风情文化旅游体验园，其“侗乡鸟巢场馆”、《坐妹三江》侗族风情演出、“侗乡百家宴”风俗互动演出等给中外游客留下深刻印象。2014 年共接待游客 130 多万人次，产值 5900 万元。广西巴马长寿地质公园开发有限公司 2012 年推出“梦・巴马”大型山水实景演出，2014 年共接待游客 30 万人次，营业收入 1688 万元，带动了巴马县相关产业的发展。柳州市华侨城文化综合体、桂林市万达文化旅游综合体、桂林五通农民画旅游休闲产业项目、保利文化产业园、“嗨・北海”文化综合体、玉林世界客家文化城等文化旅游项目相继开工建设。

·海南省·

2014 年，省委、省政府积极推进“打造中国的旅游特区，打造世界一流的精品旅游目的地，打造国际旅游岛升级版”战略，使全省文化产业结构不断优化，产业逐步向集聚化、规模化发展，文化企业发展内生动力不断增强。

一、2014 年文化产业发展总体情况

（一）产业规模实力增强

2014 年，全省文化产业法人单位 3142 家，营业收入 240.02 亿元，其中“三上”文化产业法人单位共有 109 家，营业收入 181.78 亿元，占法人单位营业收入的75.7%；“三上”文化产业法人单位从业人员 21203 人，比上年增加 1408 人，增长 7.1%；资产总计 515.74 亿元，比上年增加 7.81 亿元，增长 1.5%；应交增值税 5.53 亿元，比上年增加 1.13 亿元，增长 25.8%。此外，全省共有国家文化产业示范基地 3 个，省级文化产业示范园区 2 个，省级文化产业示范基地 7 个等，展现出良好的发展态势和规模经济效应，“三上”文化产业成为海南文化产业支柱力量。

2014 年，全省经营性文化法人单位中，内资企业 2729 家，占总量的 99.2%；港澳台商投资企业 8 家，占总量的 0.3%；外商投资企业 13 家，占总量的 0.5%。在内资企业中，国有企业 66 家，占总量的 2.4%；私营企业 1231 家，占总量的 44.8%。从企业数量上看，内资企业、私营企业成为海南文化产业发展的主要力量。

新兴文化产业在全省文化产业中的比重持续扩大，并逐渐成为引领文化产业发展的潮流。2014 年，全省规模以上文化服务业法人单位中，共有新兴文化产业企业 42 家，占规模以上文化服务业法人单位总数的 50.6%；吸纳就业人数 9840 人，占规模以上文化服务业法人单位从业总人数的 64.2%；营业收入达 55.12 亿元，占规模以上文化服务业法人单位营业收入总额的 64.2%。初步形成传统产业发展升级、新兴文化产业加快发展的格局。

（二）文化体制改革深化

2014 年 8 月，《海南省深化文化体制改革实施方案》出台，明确深化文化体制改革的指导思想和目标要求，提出六大重点改革任务。同时，方案将重要改革举措细化为 65 个工作项目，明确牵头单位、责任单位和参加单位及完成年限。提升海南国际旅游岛文化软实力，推动海南从旅游岛向文化岛转变。

2014 年，海南省文体厅积极配合省有关部门有效推进文化体制改革工作。一是优化整合行政审批事项。目前该厅保留行政审批事项 45 项，减少 19 项，项目减少 28%，制定便民服务措施 1 项和后续监管措施 22 项、梳理负面清单 19 项。二是实施“省对市县文化体育与传媒专项转移支付改革”。该厅会同省财政厅将公共财政预算中安排用于市县的 18 个文化体育与传媒经费拨款项目整合为 8 个文化体育与传媒专项资金项目，解决了资金分配不科学、使用效率低的问题。三是加快推进三网融合工作。海南 IPTV 试放号运营通过由中国网络电视台、中国电信海南分公司和海南广播电视台组成的验收组的验收。截至 2014 年年底，海南 IPTV 拥有 106 个频道，每周保持 900 小时不断更新。海南有线海口双向网改造累计完成 1413 个光节点，覆盖用户 26.3 万户。四是推动文化企业的跨地区、跨行业、跨所有制兼并重组。配合省委宣传部草拟组建海南省广电集团的初步方案；开展遗留厅属国有文化企业清产核资工作，为理顺发展和管理提供基础依据。五是推进非时政类报刊出版单位转企改制。截至 2014 年年底，《新教育》《商旅生活》等第二批非时政类报刊改革方案已基本完成。

与此同时，重点领域改革持续推进。在全面完成

国有文艺院团转企改制阶段性任务的基础上，改制文艺院团强化市场理念，已改制的省歌舞团演出 17 场，收入 270 万元，观众人数 9 万人次；省民族歌舞团演出 18 场，收入 137 万元，观众人数 3.5 万人次。推进第二批非时政类报刊出版单位转企改制工作。完成了厅属 5 家国有文化企业的清产核资工作。配合省委宣传部草拟组建全省广电集团的初步方案。启动并积极推进全省公共文化服务标准化、均等化先行区建设。深化行政审批制度改革，共精减调整 22 个审批事项，承接国家下放审批项目 17 项。

（三）文化市场监管逐步加强

2014 年，全省新核准经营性互联网文化单位 4 家，涉外营业性演出 16 起，出版物批发企业 1 家。大力支持城市影院发展，城市影院票房收入 2.19 亿元，观影人数 619 万人次，票房比 2013 年增长 43%。演艺市场增速平稳，省直院团共演出 161 场，收入 727.7 万元。全力以赴开创体育彩票工作新局面，体育娱乐视频电子即开型彩票项目已获得国家财政部批准，全年销售达 8.65 亿元，较去年同期增增长 68.91%。

（四）重大项目和园区建设有力推进

2014 年，全省围绕“服务企业、促进发展”开展重点文化项目和示范园区推进情况的调研，完成首批 2 个文化产业示范园区和 9 个文化产业示范基地命名工作。全省“海口骑楼建筑历史文化街区保护与综合整治项目”获文化部首批“特色文化产业项目”。积极推进长影海南国际影视产业基地等项目建设。组织省内文化企业参与国家级会展，第十届深圳文博会现场签约 8 个文化产业招商重点项目，资金总额达 33 亿元。

（五）对外文化交流逐步增长

2014 年，海南省与东京中国文化中心部省对口年度合作，精心筹划 10 批（70 人次）赴日项目和 2 批（7 人次）来访项目。对外对港澳台文化交流和营业性演展共 129 项，441 人次。同时，文化交流范围不断拓展。与星海音乐学院签订《海南音乐文化传承与传播合作框架协议》。推动海南电影公社与北京电影学院“海南动画村”项目签约。完成琼粤桂非遗保护论坛和琼桂舞台艺术交流活动。积极协调引进省外优秀剧目。省群艺馆、琼中县歌舞团、保亭县民族歌舞团积极参与文化部“春雨工程”文化志愿服务活动。

二、2014 年文化产业各行业发展基本情况

（一）新闻出版业

2014 年，全省共有报社 17 家，出版报纸 2.5 亿份，比上年下降 1.4%；杂志社 44 家，出版杂志 795.34 万册，增长 0.3%。出版、影视精品工程深入推进。《中华杂技艺术通史》等 6 种出版物参评中国版协第五届中华优秀出版物奖。

（二）广播电视业

2014 年，全省广播电视总收入达 16.20 亿元，新闻出版业营业收入达 65.49 亿元，有线电视用户数为 117.80 万户，比上年同期增长 7.1%，广播覆盖率 96.5%、电视综合覆盖率 95.5%、有线电视入户率 45.7%，城市电影票房 2.18 亿元，比上年同期增长 43.4%。2014 年，全省规模以上文化服务业法人单位中，共有传统文化产业 37 家，占 44.5%；同时，吸纳就业人数 4119 人，占规模以上文化服务业法人单位从业人数的 32.7%；营业收入 19.20 亿元，占规模以上文化服务业法人单位营业收入的 24.1%。全省有线电视用户达 117.80 万户，比上年增长 7.1%。广播综合人口覆盖率和电视综合人口覆盖率分别达 96.49% 和 95.47%。

（三）电影业

2014 年，全省城市影院票房收入为 2.18 亿元，放映 19.95 万场，观影人数达到 619 万人次。2014 年，全省陆续新建影院 6 家，且均为高档影院，新增银幕 36 块，这使得全省影院数量达到 27 家，银幕总数达到 118 块。积极开展农村公益电影放映，完成放映 3.47 万场次。《遇见海南人》《望海南》等一批优秀纪录片在央视甚至欧洲热播。截至 2014 年 11 月底，协调拍摄制作 5 部 201 集电视剧，电影 2 部。

（四）演艺业

2014 年，全省文化行业坚持以市场需求为导向，实施文化精品战略，使一批有一定影响力和竞争力的琼版文化精品脱颖而出。重点剧目话剧《焦裕禄》《牛开成》，歌舞音画《歌海梦儋州情》顺利排演，琼剧《王国兴》、舞剧《秋菊传奇》《南海哩哩美》创作演出开展顺利。《遇见海南人》《望海南》等一批优秀纪录片在央视甚至欧洲热播。新编历史琼剧《海瑞》剧组获邀参加文化部 2014 年全国地方戏优秀剧目（南北片）展演。实施海南省文化艺术精品创作生产行动计划，文艺精品创作成果丰硕，体育赛事品牌效应凸显。舞台艺术精品创作强力推动。制定并组织实施海南省文化艺术精品创作生产行动计划（2014–2015），计划创作舞台剧目 25 部。重点剧目话剧《焦裕禄》《牛开成》、歌舞音画《歌海梦儋州情》顺利排演，琼剧《王国兴》、舞剧《秋菊传奇》《南海哩哩美》的前期创作开展顺利。

重大赛事品牌效应凸显。“三大”赛事对进一步展

示全省经济社会建设新成就和城市新形象发挥了积极作用。第五届环海南岛国际大帆船赛吸引17个国家和地区的45只大帆船共370名选手参加比赛。第九届环海南岛国际公路自行车赛有来自16个国家的140名运动员（共20支队伍）参赛，央视体育频道对三个重要赛段进行了299分钟的直播。海南高尔夫球公开赛在国内外25个城市和地区举办巡回推广活动，赛事日臻市场化、专业化、国际化。

2014年，海南省旅游演艺市场出现蓬勃发展的良好势头。一是剧场数量不断增加，分布的范围不断扩大。从当初的1家发展到现在的11家，从当初仅兴隆地区开展驻场演出，发展到了现在有海口、三亚、保亭、琼海等5个市县都在开展旅游演艺。二是剧场条件得到了不断改善。从当初几百个观众席的小剧场发展到现在上千个位的空调大剧院。三是演出质量不断提高。从当初仅有的“红艺人”表演，发展到现在的既有印象系列实景演出，又有非物质文化遗产展示，还有大型歌舞秀等。

2014年，全省旅游演艺剧场分布情况是：海口1家，三亚3家，万宁兴隆4家，琼海2家、保亭1家。每场演出的观众基本上是以旅游团为主，本地居民及散客观众不足10%，连看第二场、第三场的更是少之甚少，不足千分之一；三亚千古情演艺剧场的经营模式是“主题公园＋演艺”，游客在观看剧场演艺前后，可以在景区公园参观各类文化景点，较好地吸引了中外观众。槟榔谷将剧场设在景区内，并将观看剧场演出作为该景区安排的一项旅游内容，从而出现了每天5场、场场爆满的现象。万宁兴隆海航康乐大剧场、阳光大剧场的上座率达到80%，与兴隆良好的旅游环境有着密切关系。兴隆地处东线中部地区，交通方便，有相对集中的温泉酒店，有美食一条街，有各类购物点，外地游客在剧场观看演出后，可以泡温泉、品尝当地美食和购买誉满中外的兴隆咖啡等；三亚千古情剧场演出较好地融入了“鹿回头传说、鉴真东渡和崖州知府”等三亚历史文化题材，博鳌琼花剧场上演“红色娘子军”传播红色文化，槟榔谷剧场将黎、苗族的传统服饰、生活习俗、爱情故事等内容通过演出进行全面展示。兴隆海航康乐大剧场、阳光大剧场、新世纪大剧场、景鑫大剧场等4个剧场以来自泰国的“红艺人”表演为主，确保了剧场观众上座率的稳步提高；三亚千古情演艺剧场投资2亿元兴建，4000个座位，舞台设计先进，声光电应用效果好；兴隆海航康乐大剧场投资3亿元兴建，观众座席达到4800个，观演环境舒适。

（五）互联网与新媒体业

2014年11月1日，由海南生态软件园与腾讯共同携手打造的海南省首家以互联网游戏、动漫产业为主导方向的开放式创业平台“腾讯创业基地（海南）”正式启动，启动当天即有来自全国各地的148家企业集体与海南生态软件园签约入驻园区及腾讯创业基地（海南），共同开启互联网创业免费时代。

11月11日，海南目前最大的视听客户端——“视听海南”正式上线仪式在海南网络广播电视台举行。仪式上，海南广播电视台与中国电信海南公司签署合作运营协议书。“视听海南”集成海南广播电视总台12套优质视音频直播信号，24小时不间断直播，并可回放观看。内容涵盖新闻、民声、旅游、生活、故事、综艺等多种类型。海南网络广播电视台还与中国电信海南公司合作运营，加载中国电信爱看4G、爱听4G、爱玩4G及易信新一代即时聊天社交软件等4G产品，开拓网络广播电视、网络杂志、4G应用等新业务。

（六）广告业

2014年，全省广告市场营业额达20亿元。过去5年来，海南省广告每年保持亿元以上的增长幅度。从广告业占经济总量的指标比例来分析，海南广告业发展明显不足，未来发展潜力很大。国家工商总局统计资料显示，2014年中国广告企业营业额前100名、中国媒体单位广告营业额前100名、中国户外广告营业额前100名，均没有海南企业的身影。

（七）文化会展业

截至2014年年底，海口市共举办会展活动208个，其中上规模会议156场，展览活动52场，展出面积59.8万平方米。海口会展业直接收入达到1万亿，增加50亿，约占GDP值的4%。凭借会展业发展规模和速度、会展设施建设、政府重视程度等综合指标评比，海口市连续第四年荣获中国会展业“奥斯卡”“金海豚”大奖——中国品牌会展城市奖。大型品牌展会做大做强，中国国际动漫游戏博览会、2014中国（海南）国际海洋产业博览会等展会面积同比均出现明显增长。大型会议规模不断加大，举办1000人以上规模的会议数量达到12场，比2013年增长了50%。三亚中型会议达11710个，比2013年上涨1.5%；大型会展36个，比2013年上涨23%。另外，三亚亚龙湾、海棠湾等地正在建设多个会展场馆，以满足市场需求。

（八）文化旅游业

2014年，全省旅游业增加值完成258.1亿元，增长9.1%。全年全省接待国内外游客总人数4789.1万人次，比上年增长 10.6%。其中接待旅游过夜人数 4060.2 万人次，增长 10.6%；接待一日游游客 728.9 万人次，增长 10.7%。旅游总收入 506.5 亿元，增长 13.2%。年末全省共有挂牌星级宾馆 156 家，其中五星级宾馆 26 家，四星级宾馆 41 家，三星级宾馆 72 家。

2014 年，全省接待游客 4789.08 万人次，同比增长 10.6%。其中接待过夜游客 4060.18 万人次，同比增长 10.6%；接待一日游客 728.9 万人次，同比增长 10.7%。全省实现旅游总收入 506.53 亿元，同比增长 13.2%。其中过夜旅游收入 484.98 亿元，同比增长 13.2%；一日旅游收入 21.55 亿元，同比增长 14.0%。

截至 2014 年年底，全省确定 134 家乡村旅游示范点。以琼海龙寿洋田野公园、海口红树林乡村旅游区、琼中的什寒村、五指山的水满乡新村等为代表的一批乡村旅游区游客接待量保持稳定增长。逐步形成集休闲农业、农家乐、森林人家、水乡渔村、旅游名镇名村等多种类型的乡村旅游产品体系。2014 年，全省乡村旅游景点景区共接待游客 600.46 万人次，占全省接待游客总量的 12.5%。乡村旅游总收入 17.75 亿元，占全省旅游总收入的 3.5%。

2014 年，为进一步拓宽旅游市场，提高旅游收入，全省旅游主管部门及旅游相关部门、涉旅企业等大力发展旅游新业态产品，取得明显效果。一是继续发展免税购物。随着免税购物限额的提升及三亚海棠湾大型免税购物中心的建成，极大地拓展了旅游免税购物新天地，有效地释放了免税购物需求。二是加快开发邮轮游艇旅游。三亚市凤凰岛一期已建成 8 万吨邮轮码头，全球有十余家邮轮公司的豪华邮轮陆续停靠凤凰岛，排名世界前三位的嘉年华、皇家加勒比、丽星邮轮公司已将三亚定为长期靠泊点。三亚至西沙邮轮航线的开通，吸引了各地游客纷至沓来。截至 2014 年年底，全省共建成游艇码头 9 个，在建码头 11 个，游艇拥有近千艘，在海南注册的游艇制造企业有 8 家，全省俱乐部（游艇会）共有 39 家，全省涉及游艇销售、服务的企业有 138 家，成立了海南邮轮游艇协会、三亚游艇帆船协会等邮轮游艇行业组织。三是大力推介婚庆旅游。2014 年海南省在国内旅游市场大力开展婚庆旅游营销，发布 20 多条蜜月婚庆旅游线路，全年共举办了 23 场婚庆旅游主题活动，吸引近 1500 对新人参与。此外，海南省积极举办各类环岛自行车赛等大型体育赛事以及举办图书博览会等会展活动，进一步提升海南旅游的知名度，吸引大批游客来琼。

2014 年，全省 27 家规模以上旅行社及相关旅游服务业企业共实现营业收入 16.8 亿元，比上年下降 3.4%，但降幅同比缩减 5 个百分点。同时，企业积极开源节流、降本增效，销售费用支出 0.53 亿元，比上年减少 0.47 亿元；实现营业利润 0.4 亿元，比上年增加 0.22 亿元；营业收入利润率 2.6%，比上年提升 1.5 个百分点。

此外，海南省不断加大基础设施投资力度，努力提高旅游服务质量，为海南旅游市场的长远发展打下坚实基础。一是推进旅游基础设施建设。“冯小刚电影公社”“三亚千古情”景区等重点旅游项目建成使用，海口鲁能希尔顿酒店、海棠湾洲际度假酒店等一批大型旅游度假酒店项目正式投入营运，昌江棋子湾旅游公路、文昌滨海旅游公路相继建成通车。二是推进“智慧旅游”建设。各主要旅游景点景区逐步建成由窗口售票、网上订票、手机 APP 订票和自助取票组成的散客电子售票票务系统；通过微信、微博等新兴网络平台举办各类活动，推广旅游品牌。全省公共场所、景点景区和星级宾馆等区域逐步建设开放免费 Wi-Fi。三是贯彻实施《旅游法》，规范旅游市场秩序，提升旅游服务质量。一方面严格执法，重点打击非法经营、拒不履行合同、擅自改变行程、指定购物场所、诱骗和强迫消费等违法行为，另一方面引导涉旅企业学法懂法、用法守法，促进企业诚信经营、规范服务。2014 年全省各类旅游纠纷案件明显减少，涉旅企业服务质量明显提升。从 2014 年对首批 33 个省文化产业重点项目的调研情况看，文化旅游业项目达 22 个，总投资额达 1034.6 亿元，分别占总项目的 67% 和 83%。一批文化旅游重点项目或动工建设，或建成投产，或取得了规模效益。

·重庆市·

2014 年，全市转变文化产业发展思路，贯彻五大功能区域发展战略，推动文化产业在招商引进重大项目建设、培育文化市场主体等方面取得重大突破。

一、2014 年文化产业发展总体情况

（一）强化文化政策引导，逐步推进文化立法

2014 年，市委市政府更加重视和支持文化产业发展。先后召开全市文化工作座谈会、市委常委会，审议通过《重庆市推进文化产业发展实施方案》，印发《关于推进全市文化市场改革加快文化产业发展的意见》

《重庆市媒体融合发展实施意见》《深化国有文化资产改革实施方案》等系列政策文件。强化文化政策引导，不断提高文化产业规模化、集约化、专业化水平。

为推动文化产业立法工作，2014 年，市领导带领市级相关部门深入渝中、南岸、江北、沙坪坝、九龙坡等都市功能核心区以及合川、铜梁、璧山、荣昌等都市功能拓展区部分区县调研文化产业发展情况，为相关区县文化产业发展“把脉”；3 月至 9 月，重庆市人大教科文卫委会同市委宣传部、市文化委开展全市文化产业发展专项调研。在深入调研基础上，重庆相关部门提出《未来五年（2014—2018）加快推进全市文化立法工作的建议》。

（二）深化文化体制改革，不断释放改革“红利”

2014 年，全市完成全面深化文化体制改革的顶层设计，初步建立文化体制改革督查督办工作机制。在全面梳理总结上一轮文化体制改革试点情况的基础上，结合实际，突出“问题导向”，征集市级宣传文化系统各单位事项 60 多项，内容涉及宏观管理体制和微观运行机制各个方面。经过深入调研论证，制定《深化文化体制改革实施方案》，提出改革的指导思想、基本原则和总体目标，确定改革任务，明确责任单位和完成时限。同时，制定重点改革专项实施方案。文化体制改革重点任务进展顺利，国有文化资产深化改革有序推进，文化市场公平准入改革积极推进；放宽市场准入，允许非公有制文化企业参与对外出版、网络出版；加大财税、金融扶持力度，积极打造特色小微文化企业基地园区。传统媒体与新兴媒体融合发展加快。重庆日报报业集团制订融合发展总体方案，上线运行日报电子阅报屏、晨报全媒体一体化平台，启动建设商报全媒体一体化平台；重庆广电集团（总台）制订实施方案，与乐视网签订了战略合作协议。

（三）加大财政扶持力度，基本建成投融资体系

市财政从 2005 年开始设立每年 1000 万元的市级文化产业发展专项资金，2012 年开始增加到每年 3500 万元。九龙坡区、南岸区、渝北区等部分区县设立 1000 万元或 2000 万元规模不等的文化产业发展专项资金。文化产业融资平台建设逐步完善。截至 2014 年年底，重庆文化产业融资担保公司累计实现担保金额 69 亿元，支持了 568 家文化企业和其它中小企业的发展；2014 年 11 月，重庆文化产权交易中心正式上线运行；成立重庆文化股权投资基金管理公司，管理重庆文化股权投资基金合伙企业（有限合伙），运营初见成效。市级文化产业投融资平台体系初步形成。

（四）借船出海，文化产业招商引资成果突出

2014 年，全市在招商引资、引进全国品牌文化企业上取得重大突破，先后引进深圳华侨城集团、乐视集团、万达集团、深圳皇庭集团、银泰集团、完美世界、中国五矿集团、广东奥飞集团、中金控股集团等 10 家大型企业集团，引入资金总额超过 500 亿元。皇庭集团投资的重庆九龙国际珠宝产业基地，于 2014 年年底完成项目主体封顶；重庆华侨城大型文化旅游综合项目，于 2014 年 9 月 23 日项目正式启动；懒坝国际文化艺术公园，于 2014 年 1 月正式签约；乐视集团投资的网络视频视听产业基地、银泰集团投资的东方梦工厂、完美世界投资的重庆移动游戏产业基地项目，于 2014 年 6 月 18 日正式签约。万达集团文化旅游商城项目，已初步敲定落户大学城。截止到 2014 年年底，中国五矿集团拟投资的两江当代国际艺术中心项目，已完成项目可行性的论证，正在进行规划设计；中金控股集团拟投资的文化产业总部基地，正在进行项目选址论证。重大项目的成功引进落地，带动和推动了重庆文化产业的发展。

（五）优化资源配置，文化市场主体培育实现新突破

2014 年，全市坚持“抓大、稳中、扶小”相结合，着力培育壮大文化市场主体，印发实施《重庆市深化国有文化资产改革实施方案》《重庆市媒体融合工作方案》。重庆日报报业集团、重庆广电集团（总台）传统媒体和新兴媒体融合加快推进，向“轻资产、内涵式”发展转型。重庆出版集团、重庆新华书店集团等深化内部改革，整合优化资源配置，发展活力进一步增强。市级国有文艺院团进一步整合资源，拟定《组建剧院联盟》《整合院团团场》《票价补贴》等方案，加快打造富有活力和竞争力的演艺市场主体。2014 年，重庆市国有文化企业实现稳步发展。重庆日报报业集团、重庆广播电视集团（总台）、重庆出版集团公司、重庆新华书店集团公司四大国有文化集团汇总营业收入 89.76 亿元，同比增长 7.17%；利润总额 6.48 亿元，同比增长 101.24%；资产总额 265.56 亿元，同比增长 9.13%，整体运行平稳。民营文化企业发展更加活跃。推动全市小微企业发展战略惠及文化产业，积极帮助小微文化企业落实各项优惠扶持政策。全市以文化企业为主导的园区、基地等小微企业发展载体达 18 个，入驻企业达 2000 余家。重庆市文化委和猪八戒网、千树设计公司两家文化企业受邀参加文化部小微文化企业扶持政策发布活动并发言介绍经验。全市文化企业发展迅速。截至

2014 年年底，全市新增文化企业 9762 家，其中民营企业增加 9615 家，同比增 90.74%。全市注册文化企业达 55067 家，同比增 30.08%。

（六）加快产业融合，新兴文化产业发展步伐加快

2014 年，全市相关部门密切协同，促进文化创意和设计服务与工业制造、数字内容、人居环境、旅游产业充分融合：打造“重庆工业设计走廊”；推动动漫游戏原创及版权交易，书报刊社 100% 启动数字化转型，建成出版发行交易云平台一期和 IPTV 集成播控平台，重庆网络广播电视台正式上线，三网融合深入推进；强化各类文物遗产保护，大力扶持建筑装饰和园林景观设计产业，深入推进“智慧城市”；配套建立文化旅游联席会议制度和重点项目库，完成十大旅游度假区升级打造，启动川剧艺术中心旅游演出，《风烟三国》等项目按计划推进，稳步推进“智慧旅游”。文化与农业、体育等产业融合也取得新的成效。

（七）发挥资源优势，特色产业发展持续升温

2014 年，全市依托特色文化资源，着力发展特色文化旅游、特色文化演艺、民族民间工艺品和特色节庆会展等特色文化产业，取得积极成效。全市特色文化产业企业数量约 17000 家，注册资本金 330 亿元左右，约占总数的 29% 和 25%，特别是在 4.76 万家小微文化企业中，特色文化企业比重高达 36%。

（八）加快文化交流，积极推进文化产业重大活动

2014 年，重庆市成功举办 2014 重庆文化产业博览会，以“创意・创新・创富”为主题，吸引来自 100 多个行业的近 500 家国有及民营文化企业参展，客商来自重庆和四川、云南、贵州、江苏、江西、安徽、福州、山东等省份，展览面积约 5 万平方米。成功举办 2014 第六届中国西部动漫文化节，场馆面积拓展到 3.5 万平方米，吸引 360 余家国际国内知名动企业带来动画、漫画、游戏原创及周边衍生品共 10 万余种，现场销售总额超过 1 亿元，与上届同比增长 67%；各展场共吸引接待动漫迷 50 万人次，其中主展场观众达到 15 万人次，创历届新高；现场签约项目 5 个，签约金额逾 21 亿元。举办 2014 重庆市文化产业培训班，加快培训文化产业发展急需人才。集中培训了来自全市各区县宣传文化部门、四大国有文化集团及部分民营文化企业的 90 名学员；继续与澳门特别行政区文化司举办文化产业高级研修班，培训学员 150 余名；市文化委承办了“2014 国家动漫产业高级人才研修班（新媒体动漫方向）”，来自全国的 50 余名新媒体动漫从业人员参加培训。

二、2014 年文化产业各行业发展基本情况

（一）广播影视业

2014 年是重庆市广播影视业深化改革、融合发展、创新突破的重要一年。以重庆广电集团为例。重庆卫视创新提质，优化节目编排，收视排名已从省级卫视第三阵营进步到第二阵营，覆盖人口达到 9.19 亿。各地面频道和广播频率积极调整运营策略，瞄准市场调整定位，推出了一批接地气的特色节目和营销活动，电视市场份额全天时段为 23.45%、晚间时段为 27.72%，广播本地收听市场份额再创新高，平均达到 90.81%。

内容产业发展加快，一批主投主控和参与拍摄的电视剧、电影、栏目剧投放市场，“重庆造”作品在全国影响力日益提升，其中投拍电影《走过雪山草地》、电视剧《毛泽东》和自创电视剧《刘伯承元帅》获全国“五个一工程”奖。

新媒体业务保持良好发展态势，网络广播电视台开通直播、点播、微视频、品牌栏目等海量音视频内容，日均点击量近 197 万次；CTV 掌上重庆、区县 APP 客户端已上线运营；《阳光重庆》已搭建广播、电视、网站、移动终端多媒体的复合型平台；移动电视不断拓展公交车终端、江北机场静屏安装业务，并积极参与交通枢纽和主城商圈户外公众信息平台建设。

广告经营深挖市场潜力，广播广告创收突破 2 亿大关，比上年增长 13.8%；电视广告实现创收 9.072 亿元，比上年增长 4.1%，均超出全国平均增长水平。总的看，集团经济效益和综合实力得到双提升，实现总收入 33.98 亿元，同比增长 11.45%；利润总额 1.92 亿元，同比翻了两番；合并总资产达到 82.52 亿元，同比增长 4.6%。

（二）新闻出版业

2014 年，全市报媒机构发行报刊 7.24 亿份，同比下降 1.5%；总印数 31.29 亿印张，同比下降 11.8%；总营收 18.19 亿元，同比下降 10.6%；利润 1.08 亿元，同比下降约 31%。在行业经营下滑的背景下，报业龙头重庆日报报业集团狠抓媒体融合发展，通过锐意创新，依靠多业并举，同比 2013 年，营业总收入增长 4.44%，利润增长 57.75%，资产总额增长 52.4%，净资产增长 88.7%，负债率下降 7.2 个百分点。

构建媒体矩阵，融合发展全国领先。2014 年，重庆日报报业集团日、晚、晨、商四家主力报保持发行量稳中有增，充分利用主流媒体品牌，积极推动区域读本、社区报、行业报刊发展，先后创办分众报刊共 11 份，发行量达到 30 万份。同时，加快全媒体数字化技术支撑平台建设，并获得财政部 1000 万元的项目扶持资金。

通过构建媒体矩阵打造新的产业平台。在全国评选出的媒体融合发展工作先进单位中，重庆日报报业集团排位列全国党报集团前三。

稳定主业经营，延缓下滑成效明显。2014 年，重庆日报报业集团通过创新营销方式、调整经营政策、整合资源要素等手段，将报纸广告刊发量和挂账收入的同比减幅控制在 10% 左右，低于全国平均水平。报纸印刷业务方面，全市报纸印量在 2014 年有所下降，但重报集团全年印量同比增长 4%，实现利润超过 2000 万元。同时，顺利推进重报集团数字化出版基地建设。报纸发行业务方面，在全国都市报发行普遍下滑的情况下，重报集团旗下重庆晚报、重庆晨报、重庆商报三报发行量保持了基本稳定；重庆日报城区版实现发行增量，并落实了在 2015 年增加 10 万份发行量的任务。与此同时，重报集团依托发行资源组建的物流中心在重庆全境 28 个区县建成了配送网络网点，日均配送量已达到 4500 单左右。

壮大综合实力，重点项目顺利推进。重庆报业龙头重报集团以国家级广告产业园（重庆广告产业园）为突破点，大力发展以创意创业为特征的文化产业项目，悄然形成了文化产业集群。截止到 2014 年年底，重报集团已启动的重点项目占地总面积达到 1300 多亩，总建筑面积 150 万平方米。2014 年，新闻传媒中心、重庆数字化印刷出版基地、重庆广告产业园等十大重点项目继续加快推进；基础性项目全面完成建设计划，产业性项目实现合同销售金额 6.52 亿元，回款金额 4.22 亿元，为集团融合发展提供了有力支撑。

优化产业结构，多元发展取得佳绩。2014 年，重庆报业特别是重报集团在互联网金融、会展、体育、旅游等领域积极拓展，多元产业发展势头良好。重庆时报打造爱达财富 P2P 平台，完成融资总额超过 1.5 亿元。重报集团组建华龙金融服务公司，并打造“文创汇”P2P 平台，年内完成融资总额约 0.5 亿元。重报集团会展板块举办重庆文化产业博览会再获成功，实现利润 150 余万元。重报集团体育板块建成了中西部地区第一个气膜室内网球馆暨室内红土球场，成功举办业余网球俱乐部赛、汽车漂移赛等多项赛事。依托华龙网，重报集团开拓互联网取证及互联网征信业务。旅游方面，重报集团积极开拓渝新欧客运专线等项目，新闻国旅正由原单一旅游经营向复合型、旅游新产业格局转型拓展。

（三）动漫业

2014 年，全市动漫产业步入黄金发展期的第十个年头，从原来的被动接受市场经营模式变为主动探索市场经营模式，在品牌经营、渠道拓展、合作模式创新以及产业结构转型升级等方面进行有益的尝试，拓宽重庆动漫产业的上升发展空间。

动画生产方面，全市动漫企业实施差异化的精品打造战略。2014 年，由重庆市科委、重庆市政府应急办立项资助，重庆享弘影视制作出品的科普动画片《乐乐熊安全手册》成功入选文化部首届“弘扬社会主义核心价值观动漫扶持计划”，该作品是本届扶持计划中唯一以社会公共安全应急科普为题材的作品，也是重庆唯一一部成功入选的动漫作品；商业动画承制方面，由奥飞动漫出品、视美动画生产制作的二维动画片《神魄》，在“2014 年度少儿精品及国产动画发展专项资金项目评审”中，获得优秀国产动画片三等奖。

动画播映方面， 2014 年，重庆卫视引进 16 部动画片，共 12830 分钟；重庆电视台少儿频道引进 35 部动画片，共 28927 分钟，全年播出国产优秀动画片 132 部、122047 分钟，其中首播 77 部、72449 分钟，重播 55 部、49598 分钟，《开心宝贝之古灵星历险记》《猪猪侠之变身战队》等优秀动画片取得了良好的收视反响。

基地建设方面，2014 年，入选重庆市文化产业“十二五”十大项目的重庆天健创意产业基地和视美动画产业基地项目均取得突破性进展。10 月 30 日，重庆广播电视集团（总台）与沙坪坝区签署动漫创谷公园项目（即视美动画产业基地项目）合作协议，联手打造西部动漫文化和产业高地。12 月 26 日，由重庆出版集团联合新加坡元大投资公司共同投资建设的重庆天健创意产业基地第一期工程在大学城正式开工。同时，重庆出版集团与红星美凯龙家居集团签订合作协议，打造重庆天健创意产业基地。

衍生产业方面，2014 年 9 月 1 日，全国首家《嘻哈游记》主题动漫幼儿园在沙坪坝区诺丁阳光小区开园。《嘻哈游记》是重庆帝华广告传媒有限公司投资出品的国内首部三维科普探秘动画。帝华公司将该品牌衍生拓展至教育领域，为建立以《嘻哈游记》品牌为核心的幼教产业链打下了基础。10 月 18 日，重庆视美动画艺术有限责任公司与世纪金源集团携手打造的大型体验式儿童购物中心“童兜天地 TICO 店”以及店内儿童游乐板块“TICO 天才玩家”开业运营，该项目集运动娱乐、亲子教育、营养美食、休闲购物等功能为一体，是一个业态种类丰富、主题性强的互动体验儿童购物中心。

动漫节展方面，2014 年 9 月 30 日至 10 月 4 日，由市政府、国家广电总局共同主办的 2014 第六届中国西部动漫文化节成功举办。该动漫节以“动感城市，漫优生活”为主题，以“全城动漫、全业动漫、全民动漫”为办节宗旨，以搭建文化创意产品展销、项目合作、人才供需平台为目标，20 家政府、企业、高校单位密切配合，顺利举办 25 项重点活动。

（四）广告业

截至 2014 年年底，全市有各类广告经营单位 3.4 万户，广告经营额 64.2 亿元，较上年同比分别增加 31.6% 和 19.9%；全市广告经营额约占 GDP 比重的 0.46%，较上年增加约 0.04 个百分点；广告业纳税额 7.7 亿元，较上年同比增加约 21.2%；有广告从业人员 16.1 万人，较上年同比增加 9.9%。其中，主营广告业务企业 1.4 万户，广告经营额约 21.9 亿元，较上年同比分别增加 19.1% 和 35.8%；兼营广告业务企业 1.7 万户，广告经营额 11.1 亿元，较上年同比分别增加约 68.7% 和 97.3%；电视、广播、报纸、期刊媒体 130 户，较上年增加 2 户，广告经营额约 26 亿元，同比增加 12.5%；经营广告的网站 255 家，广告经营额 6.7 亿元，较上年分别增加 13.3% 和 20.4%。各类别广告投放情况见统计表。

（五）文化会展业

截至 2014 年年底，全市有会展企业近 200 家，专业会展公司 30 家。全市展会规模、展商数量、专业观众数量以及交易额均实现新突破，相继当选为“2014 金五星——优秀会展城市奖”“2014 中国十佳会展城市”，市会展办荣获了“2014 金五星—优秀会展管理机构奖”。

会展品牌培育成效显著。成功举办第十七届中国（重庆）国际投资暨全球采购会、第十五届立嘉机械展、第二届重庆商品展示交易会、第五届中国长江三峡国际旅游节等展会活动。本土专业化展会规模进一步扩大，市场化水平逐步提升，新创办展会亮点频发，首届重庆旅游狂欢节展出面积超过 3 万平方米，吸引多个国家和地区的百余家企业参展。

场馆统筹不断推进。作为全国第二、西部第一的会展中心，重庆国际博览中心以国际化的服务能力在全国会展场馆中快速崛起，2014 年共举办展会 18 个，会议和活动 30 个，累计参展商超过 17000 家，展览面积超过 150 万平方米，实现重庆 75% 的规模以上展会在国博中心举办。重庆展览中心和重庆国际会展中心实施差异化市场定位，实现错位发展，依托区位和交通优势，以举办消费类、参与类的中小型展会为主，场馆利用率达到 90%。

人才建设不断加强。一是会展院校稳步增加，市内共有 14 所高校开办会展专业，在校学生规模达到 1000 余人。二是人才培训不断加强，2014 年举办一期会展高级策划师培训班，培训会展从业人员 150 余人。截至 2014 年年底，全市取得国家级会展高级策划师人数已超过 250 人。三是技能大赛成效良好，2014 年 12 月，举办第四届重庆市高校大学生会展职业技能大赛及会展教育论坛，有效促进重庆会展行业“四位一体”（政府、行业、企业、高校）的联动机制建设和重庆市高校大学生阶梯式人才储备模式、重庆会展人才“智库”的构建。

·四川省·

2014 年，全省以全面深化文化体制改革为主线，以加快推动文化事业和文化产业繁荣发展为目标，积极尽职履责，注重务实创新，有力推动全省文化改革发展工作取得实效。2014 年全省文化系统文化产业实现总收入逾 2000 亿元，实现增加值 550 亿元，比 2013 年增长 28%。

一、2014 年文化产业发展总体情况

（一）文化体制改革持续推进

2014 年，制定《四川省深化文化体制改革实施方案》《四川省深化国有文艺院团改革专项方案》《四川省有线广电网络经营机构中的机关事业人员安置和身份转换的实施方案》，对全省 2014 年至 2020 年文化体制改革工作做出系统安排，明确四川省文化体制改革的总体考虑、战略构想和时间表、任务书、施工图。组建全省文化综合执法机构、省广电局和省新闻出版局机构合并和整合职能职责、制定四川省贯彻落实国务院关于加快发展对外文化贸易及推进文化创意和设计服务与相关产业融合发展两个意见的具体实施办法。国有文艺院团改革完成阶段性任务，面向市场、服务群众能力不断增强。省广电网络公司依法变更利润分配方式已经完成，机关事业人员安置和身份转换工作实现了时间过半、任务过半，第二批非时政类报刊出版单位体制改革已完成两家。启动研究建立管人管事管资产管导向相统一的国有文化资产管理体制，与多部门进行沟通，形成调研报告。开展省文化馆、四川博物馆组建理事会试点工作调研。做好事业单位分类改革前期工作，深入推进文化事业单位劳动人事、收入分配和社会保障制度改革。发布

第三批 9 家转制文化企业名单，落实转制文化企业享受免征所得税政策。根据《省委全面深化改革领导小组专项小组工作规则》，制定省委全面深化改革领导小组文化教育卫生体制改革专项小组工作细则，设立文化、教育、卫生计生体制改革 3 个专题小组。与中央文改办、省委改革办联系密切，加强与文化、新闻出版广电及发展改革、财政、人社等部门的沟通衔接。中央文改办刊发简报 1 期，专项小组编印简报 4 期。

（二）公共文化服务体系构建进入新阶段

加快推动幸福美丽新村（社区）文化院坝建设。牵头组织开展专题调研，形成了以“一院一坝一品牌”为内容的文化院坝试点建设方案，并建立了分类测评细则。在德阳市扎实推进幸福美丽新村（社区）文化院坝试点建设工作，完成文化院坝试点建设 331 个，协调财政划拨奖补资金 2000 万，协调四川音乐学院为德阳培训文化管家 100 名。引导其他市州先行试点建成文化院坝 4000 余个。推进天府新区省级文化中心和四川社科馆等省级重大公共文化建设。天府新区省级文化中心完成建筑设计方案的深化工作。深入研究出台《送文化下基层项目管理办法》，2014 年安排购买公共文化服务专项资金 1761 万元。推动在全国率先建立由省委宣传部、省委编办、省文明办等 19 个部门组成的省级公共文化服务体系协调机制，制定议事规则，下发工作方案，按照“蜂窝煤”模式，指导各市（州）建立相应的协调机制。投入资金 340 余万元，推动甘孜、阿坝、凉山木里县基本建成“幸福美丽新村（社区）文化院坝”60 余个。下达 40 个县级文化馆、图书馆项目任务。共建 47 支“乌兰牧骑”演出队，演出 1350 场次。完成中央台藏语广播节目覆盖建设项目，实施阿坝州广播电视台购置藏语广电节目制作设备采购和公共文化服务体系广电项目。广播电视进寺庙工程资金 5257 万元已落实，广播电视村村通直播卫星工程已完成 1262 个自然村，安装直播卫星 32421 套，投入资金 1135 万元。完成农村公益电影放映 51112 场。《四川日报》向寺庙赠阅 250.8 万余份。藏区寺庙书屋和农家书屋全部建成。“东风工程”建设资金 0.11 亿元已落实。藏文语音手机报累计发送 635 期手机报，覆盖农牧民群众近 34 万余户。甘孜州民族体育馆、阿坝州全民健身活动中心等 22 个体育设施项目已竣工 2 个，其他正加紧建设，总投资 3.13 亿元，落实中央资金 1.9 亿元。

（三）重大项目支撑作用明显

继续实施省级文化集团产业倍增计划。截止到 2014 年 9 月，省级文化集团总资产 350.2 亿元，净资产 180.1 亿元，总收入 112.4 亿元，较去年同期分别增长 6.4%、6.9%、9.9%。推动新华文轩和四川新闻网 A 股上市。加快实施省级文化集团重大产业支撑项目，目前基本完成 14 个，正在实施 15 个，前期准备 6 个。加大对重点文化企业和项目资金支持力度，争取中央文化产业专项资金 1.33 亿元，较去年增长 58%，支持重点文化项目 25 个。安排省级文化产业专项资金 1.8 亿元，补助 68 个重点文化项目 1.47 亿元，奖补 6 家营业收入上台阶重点文化企业和 22 个优秀原创作品 1285 万元。梳理规划重点民族文化产业项目 22 个，8 个项目被纳入国家藏羌彝文化产业走廊重点项目库，占全国项目 22.2%。安排省级文化产业专项资金 350 万元，补助重点文化项目和优秀原创作品。

（四）文化与其他产业融合成效显著

2014 年，全省推动文化与旅游、科技、金融等融合发展，打造出一批特色鲜明、亮点突出的产品和项目。推出《青城》《天下峨眉》《阆苑仙境》《彝红》《九寨千古情》《马战》等一批演艺精品，在旅游景点驻场演出。指导成都和绵阳加快建设国家级文化与科技融合示范基地。推动成都天府软件园打造成全国十大软件产业基地。整合新华发行集团、出版集团、川报集团资源，组建兴文小贷公司，至 2014 年年底投放总额 5.7 亿，盈利 700 万。推动四川新华发行集团筹备设立文化产业投资基金，为四川文化企业搭建投融资平台。

（五）园区和基地建设成果明显

2014 年，全省共有国家级文化产业示范园区 1 个，国家级文化和科技融合示范基地 2 个（成都市、绵阳市），国家级动漫游戏基地 1 个，国家级文化产业示范基地 15 个，省级文化产业示范园区 3 个，省级文化产业试验园区 2 个，省级文化产业示范基地 44 个。全省省级以上文化产业示范基地（园区）总收入达 525 亿元，总资产超千亿元，直接解决就业人口 142603 人，获得著作权、发明专利 461 项。

（六）文化“走出去”效果显著

截至 2014 年年底，全省有 23 家企业、13 个项目被评为国家文化出口重点企业和重点项目。截至 2014 年 11 月底，全省对外和对港澳台文化交流展演项目 245 项，在境外举办文化展演 703 场，在省内举办涉外和港澳台文化展演 7228 场；截至 2014 年 10 月底，文化进出口额超过 4 亿元，其中核心文化产品进出口额超过 2.8 亿元。成功组织参加第 10 届深圳文博会，纳入中国文化产业重点项目库 49 个，达成合作意向性项目 14 个，金额近 120 亿元，甘孜州政府、省工艺美术协会荣获“优秀组织奖”，四川展团、甘孜州展团、新华文轩公司荣获“优秀展示奖”。新华文轩创立华盛顿文轩媒体公司，发行《华人视界》周报100万份。

二、2014年文化产业各行业发展基本情况

（一）广播影视业

2014年，全省有广播电视台166座，上星卫视频道2个；有广播电视发射台、转播台959座，互联网视听节目服务持证单位25家；有线广播电视干线网46.61万公里，居全国第1位；有线电视用户1471.09万户，在全国排名第5位，入户率45.87%；数字电视用户1132.46万户，数字化率77%；付费数字电视用户408.24万户；双向覆盖用户206.73万户；IPTV用户500万户；农村广播电视用户845万户。广播电视综合覆盖率分别达到97.04%和98.07%。大型国有电影企业1家，城市院线24条、农村院线23条，城市影院236座、银幕1283块。电影城市票房收入居西部第一、全国第六，成都成为全国票房“第五城”。2014年，全省广播影视业资产总额达326.58亿元，总收入达138.79亿元，实际创收94.57亿元，实现增加值57.43亿元。

（二）新闻出版业

2014年，全省共有新闻出版生产经营单位近2万家，包括：出版单位531家，其中图书出版社16家，在全国排名第5位，西部第2位；报纸出版单位136家（含普通报纸87种、高校校报38种、地方广电报11种），普通报纸数量在全国排名第3位；期刊出版单位350家，在全国排名第5位，西部第1位；还有音像电子出版单位13家，网络出版及互联网游戏出版单位30家。出版物发行企业8492家（其中批发370家、零售书店8122家），印刷复制企业3322家。成都日报报业集团在全国47家报刊集团中总体经济规模第二。四川新华发行集团在全国27家发行集团中排名第二。华西都市报、成都商报、四川教育出版社进入全国同业“十强”；全省年产值过亿元的印刷企业59家，9家进入全国百强。2014年，全省新闻出版业资产总额790亿元，营业收入525亿元，利润总额55.74亿元，实现增加值186亿元。

（三）演艺娱乐业

2014年，全省演艺娱乐业实现总产值231亿元，增加值59亿元，增长15.67%；系统内艺术表演团体（院团）51个，国有艺术表演场所40个。营业性演出经营单位1001个，娱乐场所（含歌舞厅）7560家。

（四）动漫游戏业

2014年，全省动漫游戏业实现总产值302亿元，增加值77亿元，增长13.24%；互联网上网服务营业场所（网吧）9800家，网络文化经营单位120家。

（五）艺术品与工艺美术业

2014年，全省艺术品与工艺美术业实现总产值220亿元，增加值53亿元，增长15.22%。

（六）文化旅游业

2014年，全省文化旅游业实现总产值475亿元，增加值156亿元，增长11.43%；国家级历史文化名镇24个，省级历史文化名镇56个，国家级历史文化名村6个，省级历史文化名村15个，中国传统村落总数84个。博物馆（纪念馆）248所。全国重点文物保护单位230处，省级文物保护单位969处。列入国家级非物质文化遗产代表性项目139项，国家级非物质文化遗产保护项目代表性传承人69名，省级非物质文化遗产代表性项目522项，省级非物质文化遗产保护项目代表性传承人682名。

·贵州省·

2014年，全省文化产业增加值为296.85亿元，比上年增加87.13亿元，增长41.55%，占GDP比重为3.21%，较上年上升0.59百分点。

一、2014年文化产业发展总体情况

（一）顶层设计进一步强化

一是健全机构为改革提供保障。原“省文化体制改革和文化产业发展工作领导小组”更名为“省文化体制改革和发展工作领导小组”，拓展管理文化事业繁荣、民族民间文化保护发展等相关职能。同时，设立省非遗工作领导小组，与省文化体制改革和发展工作领导小组“两块牌子、一套人马”，切实加强对全省非遗保护发展工作的领导。

二是出台方案为改革理清思路。研究制定并先后出台《2014年全省文化改革发展工作要点及责任分解》《贵州省文化体制改革专项小组2014年改革实施分工方案》等文件，印发实施《贵州省深化文化体制改革工作实施方案》，对全省深化文化体制改革做出中长期规划部署。

三是健全完善改革台账确保工作推进有章可循。先后印发《关于实施文化体制改革工作月通报制度的通知》《关于进一步细化完善文化体制改革进展台账的通知》

和《关于印发各责任单位落实〈省文化体制改革专项小组 2014 年改革实施分工方案〉年终预期成果的通知》，就各单位 2014 年改革任务、工作目标、措施要求以及年终所要达到的预期成果等提出明确要求，狠抓调度督办确保改革推进扎实有序。

四是经营性文化单位深化转企改制进展积极。贵州广电网络公司上市获得中宣部和国家新闻出版广电总局前置审批。贵州出版集团公司改制重组方案获省政府批复，股改上市工作加快推进。贵州广电传媒集团参股苗姑娘食品有限公司、控股遵义红色旅游项目取得积极效果，旗下星空影业公司完成电影院线组建，家有购物公司电子商务产业基地完成投资 1.2 亿元。多彩贵州文化产业发展中心结合转企改制，与贵州玉碟控股集团公司跨所有制合作成立多彩贵州文化旅游产业发展有限公司，并通过控股或全资完成创意会展、基地运营管理、文化数据品牌等公司组建。六盘水市跨行业整合报业、广电资源，组建传媒集团公司成效初显。

五是文化行政管理体制改革稳步实施。公益性文化事业单位改革扎实推进。省图书馆已组建理事会，省文化馆、省博物馆、省科技馆完成理事会章程及法人治理结构建设实施方案的制定并按程序送审。省博物馆（新馆）完成主体工程建设。完成省广播电影电视局和省新闻出版（知识产权）局职能合并，组建省新闻出版广电局，并积极推进内部机制改革，压缩文化行政审批事项（取消 10 项，下放 8 项）。省文化厅完成省级网上办事大厅文化市场行政审批事项相关信息审核，通过清理文化行政审批项目，省文化厅现有行政许可事项 17 项、非行政许可 1 项、行政服务事项 4 项。

六是进一步完善互联网工作机制。组建成立多彩贵州网有限责任公司，上线运行多彩贵州网，在全国 46 家重点新闻网站中跃居第三位。积极推动传统媒体和新兴媒体融合发展，当代贵州期刊传媒集团在今年深圳文博会上被列入全国首批、贵州唯一的国家级数字转型示范企业，多彩贵州网有限公司中标“电子商务云平台”项目挺进大数据产业核心领域。

（二）整体发展趋势良好

截至 2014 年年底，全省文化产业单位共有 12911 个（包括行政事业单位、社团和企业），其中法人单位 11687 个，产业活动单位 1224 个，文化产业单位数比上年增加 1213 个；个体工商户 51336 户，比上年增加 992 户；共有从业人员 36.48 万人，比上年增加 3.66 万人；收入 705.68 亿元，比上年增加 222.68 亿元；全省文化产业增加值 296. 85 亿元，比上年增加 87.13 亿元，增速 41.55%；文化产业增加值占 GDP 的比重 3.21%，比去年上升 0.59 个百分点。

2014 年，十个行业分类中增加值最高的是文化休闲娱乐服务业，增加值达 84.66 亿元；最低的是文化专用设备生产业，增加值为 0.50 亿元。总体上，贵州省文化产业结构不断优化。一是文化及相关产业发展结构趋向合理。2014 年，文化产品的生产增加值合计 227.28 亿元，占比 76. 56%；文化相关产品的生产增加值合计 69.57 亿元，占比 23.44%。文化产业的两大部分增加值比值为 3.27:1。二是新兴文化产业增速加快。以广告服务、设计服务、文化软件服务为主的文化创意和设计服务实现增加值 39.78 亿元，占全省文化产业增加值 13.40%，同比增长 55.94%；以文化和科技融合发展为主的文化信息传输服务实现增加值 24.2 亿元，占全省文化产业增加值 8.18%，同比增长 162.31%。三是传统文化产业有所增长但占比较小，正处于转型升级调整期。传统文化产业中，新闻出版服务实现增加值 17.08 亿元，占全省文化产业增加值的 5.75%；广播电视电影服务实现增加值 10.87 亿元，占全省文化产业增加值的 3.66%；文化艺术服务实现增加 18.81 亿元，占全省文化产业增加值的 6.34%。

截至 2014 年年底，全省国有文化企业不断发展壮大，共有国有文化企业 539 家，实现增加值 30.34 亿元，占全省文化产业增加值总量的 10.22% ；从业人数达 24860 人，占全省文化产业从业人员总数的 6.81%。

从行业分布来看，新闻出版发行服务业体量最大，单位数和增加值均排在十个行业之首，该行业在 2014 年中实现增加值 10.06 亿元，从业人员数达 8101 人。从地区分布来看，贵阳市国有文化企业增加值为 16.65 亿元，居全省第一；共有 196 家单位，从业人员 12625 人，占全省国有文化企业从业人员总数的 50.78%。截至 2014 年年底，贵州省已经组建贵州日报报业集团传媒有限责任公司、贵州广电传媒集团有限责任公司、贵州出版集团公司、当代贵州期刊传媒集团有限责任公司、贵州文化演艺集团有限责任公司、多彩贵州网有限责任公司等“六大”省直国有文化企业集团。2014 年省直“六大”国有文化企业集团拥有子公司 115 家（含分公司、子公司和控股公司等），从业人员 12097 人；总资产 1070139.57 万元，净资产 519859.59 万元，资产负债率 51.05%；总收入 752358.25 万元，获得政府补助和财政拨款共 18661.4 万元；上缴税收 30970.05 万元，利润 73650.19 万元，净资产利润率 14. 17%。

从所有制性质来看，2014 年，全省共有民营文化企业 8506 家，实现增加值 165.02 亿元，占全省文化产业增加值总量的 55.59%；从业人数达 129498 人，占全省文化产业从业人员总数的 35.50%。从行业分布来看，民营文化企业中文化休闲娱乐 服务增加值最高，达 45.17 亿元，从业人员数达 28640 人。从地区分布来看，贵阳市民营文化企业增加值为 59. 03 亿元，居全省第一；共有 2024 家单位，从业人员 42590 人，占全省民营文化企业从业人员总数的 32.89%。

（三）文化休闲服务业与文化用品生产行业发展趋于平稳

2014 年，全省文化艺术服务单位有 3397 个，个体工商户 3000 户，共有从业人员 67386 人，收入 14.18 亿元，实现增加值 18.81 亿元，占 GDP 的比重为 0.21%。全省共有博物馆、纪念馆 74 个，群众艺术馆、文化馆 98 个，公共图书馆 95 个，档案馆 98 个。

2014 年，全省文化休闲娱乐服务单位有 2479 个，比去年增加 151 个；个体工商户 14693 户，比去年减少 654 户；从业人员为 88059 人，比上年减少 3269 人；收入 125.54 亿元，实现增加值 84.66 亿元，占 GDP 比重 0.92%，比去年上升 0.06 个百分点。文化休闲娱乐服务业增加值是十个分类中最高的，该行业的从业人员数也居该年十类行业分类之首。随着经济大环境的变化，文化休闲娱乐服务总体增长趋势放缓。在该大类中，文化产业增加值占比最高的前三个行业小类依次是：游览景区管理，增加值 300498 万元，占本类的比重 35.50%；歌舞厅娱乐活动，增加值 197766 万元，占本类的比重 23.36%；网吧活动，增加值 165756 万元，占本类的比重 19.58%。

2014 年，全省文化用品生产服务单位有 617 个，比去年减少 53 个；个体工商户 18210 户，比去年增加 888 户；从业人员为 61393 人，比上年增加 6798 人；收入 188.73 亿元，比去年增加 56.34 亿元；实现增加值 50.43 亿元，占 GDP 的比重为 0.54%，仅次于文化休闲娱乐服务业。在该大类中，文化产业增加值占比最高的前三个行业小类依次是：家用视听设备零售，增加值 170582 万元，占本类的比重 33.82%；焰火、鞭炮产品制造，增加值 88002 万元，占本类的比重 17.45%；文具用品零售，增加值 86251 万元，占本类的比重 17. 10%。

（四）区域文化产业发展态势趋好

2014 年，贵阳市文化产业增加值位居全省首位，达 92.72 亿元，比上年增加 30.80 亿元；增加值占 GDP 比重最高的是黔东南苗族侗族自治州，占比为 4.00%。连续两年，遵义市的文化个体工商户数量最多，本年共有 15598 户，从业人员 89669 人。从 2014 年各市（州）文化行政事业单位数和社团单位数来看，遵义市的文化行政事业单位和文化社团单位最多，分别有 863 家和 189 家。从文化企业类型分布情况来看，国有企业、集体企业和民营企业主要集中在贵阳市；港澳台商企业和外商企业数量较少，遵义市有 11 家港澳台商投资文化企业，铜仁市和黔南布依族苗族自治州各有 10 家外商投资文化企业。从 88 个区县来看，2014 年文化产业增加值占 GDP 比重达到全面小康统计监测目标值 4%(含 4%) 的有 19 个，比上年增加 6 个；3%（含 3%）~4% 的有 21 个；2%（含 2%）~3% 的有 21 个；1%（含 1%）~2% 的有 21 个；1% 以下的有 6 个，比上年减少 2 个。文化产业增加值、文化单位收入和从业人员数最高的区县是贵阳市的云岩区，增加值达 246445.51 万元，收入为 1032199.66 万元，共有文化产业单位 895 个，从业人员 23236 人。文化产业增加值占 GDP 比重最高的区县是贵阳市的观山湖区，占比达 14.12%。文化个体工商户最多的区县是遵义市的遵义县，共有文化个体工商户 2439 户。

（五）园区和基地建设进一步推进

加快推进省“十大文化产业园”“十大文化产业基地”建设，引导文化企业集聚发展。21 个项目总规划面积 81428 亩，建筑面积 3763 万平方米，计划总投资 1173 亿元，截至 2014 年年底，落实土地 26993 亩，完成投资 307.84 亿元。目前已建成投入使用 4 个，已开工建设并局部投入使用 4 个，已开工建设 10 个，新开工建设 3 个，投入使用和局部使用的比上年增加 3 个，开工建设比上年增加 3 个。凯里民族民间工艺品交易基地入驻企业 250 多家，成为省内集聚孵化企业最多的产业园区，黔西南民族文化园入驻文化企业 58 家，集聚效应逐步显现。组织《贵阳国家高新技术产业开发区国家级文化和科技融合示范基地建设实施方案》专家评审会，进一步修改完善后上报科技部、中宣部，并按要求报送《贵阳国家级文化和科技融合示范基地 2013 年发展报告》和《国家级文化和科技融合示范基地信息统计表》。积极开展省文化产业示范基地评选作典型示范，命名“贵阳交响乐团”等 10 个第二批省文化产业示范基地。结合《关于加快推进文化旅游发展创新区建设的研究报告》成果，依托省级文化产业示范基地申报、省文产专项资金扶持等抓手，推动市县积极探索建设文化旅游发展创新区。鼓励已建或在建的文化产业园区（基地）、风景名胜区等进行文化旅游深度融合，申报省级文化产业示范基地。

加快推动多彩贵州品牌研发基地建设，做大做强“多彩贵州”文化品牌。积极探索“以品牌资产为纽带整合资源，以非物质文化遗产为内涵，以文化产业为支撑”的文化创意产业孵化基地模式，对多彩贵州品牌研发基地进行功能定位和业态布局。通过市场运作做大做强“多彩贵州”品牌。进一步规范商标授权许可和使用，截至目前“多彩贵州”商标使用企业总计达23家，授权使用项目共计25个，拉动投资100亿元以上，带动就业人数达5000余人，有力助推了白酒、啤酒、饮料、茶叶、餐饮、演出、文化活动、教育、网站、电视、杂志、文化旅游地产、酒店、工艺品、金融等产业发展。多彩贵州文化产业发展中心与贵州玉蝶控股集团跨所有制合作成立多彩贵州文化旅游产业发展有限公司，并通过控股或全资完成创意会展、基地运营管理、文化数据品牌等公司组建。同时，积极探索以“多彩贵州”文化体验馆落户北京等中心城市进行“多彩贵州”品牌输出。

（六）文化产业发展环境进一步改善

一是开展培训与调研工作。因地制宜开展文化产业培训、文化金融及资本运作专题培训会。为进一步掌握国家文化金融政策、国内文化金融创新做法、文化企业资本运作方法，经与人行贵阳中心支行、江苏省文改文产办多次沟通商议，邀请中国人民银行金融市场司、中国工商银行北京市分行公司、凤凰出版传媒相关负责人为8月上旬举办的“贵州省文化金融及资本运作专题培训会”分别做了金融支持文化产业发展有关政策解读、文化科技金融的创新服务、文化企业战略投资等内容的专题讲座。开展省直国有文化企业调研。了关于文化管理体制、法人治理结构、生产经营机制、文化产业发展、干部人事管理等方面的情况，形成了《关于深化省直国有文化企业集团改革与发展情况的调研报告》。

二是搭建展示、交易、招商平台。组团参加第十届深圳文博会。树立以创意促进非物质文化遗产传承发展的参展理念，谋划搭建“多彩贵州”文化体验馆，突出贵州非物质文化遗产与现代创意设计相结合。整合全省优质资源，既有工艺品、服饰、家具家居、图书、农特产品、酒、茶等产品的展销，也有侗族琵琶歌、苗族绝技、八音坐唱、滚山珠、芦笙舞演艺和刺绣、蜡画技艺等非物质文化遗产现场展演。创意提升非物质文化遗产市场价值，多彩贵州”文化体验馆通过街区形式，营造宜游、宜购、宜体验的空间，集中展示27家文化企业及文创产品，涉及非物质文化遗产20多项，实现了非物质文化遗产与现代创意设计的结合。同时还创新利用文化和科技融合方式开展营销，搭建“多彩贵州街”APP推广平台、建立“多彩贵州街”微信公共账号，并现场展示“多彩贵州”街web2.0技术；设计《照亮贵州的宝藏》宣传手册，以护照盖章领取礼品的形式增强游客互动体验性。产品现场销售金额达83.2万元，深度意向合作63宗、金额达1500多万元。搭建招商平台，推动项目招商。1号馆贵州展厅依托世界最大球面口径射电天文望远镜（FAST），搭建推出平塘国际射电天文科普文化园展示专馆。建立省市州文产、招商部门联动机制，制定印发《2014年文化产业招商引资工作方案》。根据方案的安排，组织省有关部门和各市（州）报送了一批文化产业招商引资项目，经反复研究选定92个项目报送省投资促进局。

三是发挥基金作用，强化金融扶持。加强指导沟通，推动贵州省文化产业发展基金发挥作用。2014年贵州文化产业发展基金完成项目投资3.16亿元，与国家新闻出版广电总局直属企业——中广国际传媒有限公司、遵义红色旅游集团有限公司等合作，设立中广创投、遵义红旅等6支基金银监局、省工商局、人行贵阳中心支行等省有关部门意见，待进一步修改完善形成“政府分担融资风险、金融机构降低门槛提供信用贷款及优惠利率、担保机构创新担保方式并提供优惠费率、文化企业规范优化积极申请”的有效融资模式相关操作流程和规则。会同省财政厅召开了省直重点文化企业项目申报工作会，强调中央重点支持方向和申报条件，讲解申报流程和具体要求。经提前谋划、项目申报、部门初审、专家评审等程序，最终选定28个项目申报中央文产专项资金，获得支持金额首次突破亿元。截至目前，2012年6个项目，全部建成投入使用；2013年8个项目，7个建成投入使用，显现出较强的示范带动作用。用好省级文产专项资金，发挥财政资金“四两拨千斤”的作用。经合规审查、专家评审、上会研究等程序，最终确定并按要求积极参与省财政厅制定《贵州省省级文化产业发展专项资金绩效评价指标体系》。

二、2014年文化产业各行业发展基本情况

（一）新闻出版业

2014年，全省新闻出版发行服务单位有367个，个体工商户2505户，从业人员15894人，收入共计69.47亿元，实现增加值17.08亿元，占GDP的比重为0.18%。全年出版各种图书866种，其中新出版740种，总印数达到10650万册；出版各种杂志90种，总印数达1523万册，每期平均印数84万册。出版各种报纸

42 种，总印数 36409 万份，较上年减少 2545 万份，每期平均印数 147 万份。在该大类中，文化产业增加值占比最高的前三个行业小类依次是：图书批发，增加值 62120 万元，占本 类的比重 36.37%；图书、报刊零售，增加值 49945 万 元，占本类的比重 29. 24%；报纸出版，增加值 29314 万元，占本类的比重 17. 16%。

截至 2014 年年底，贵州日报报业集团传媒有限公司拥有全资子（分）公司 16 家。2014 年，集团公司有 1 家子公司获得减免企业所得税收。集团下辖贵州电视文化传媒有限公司、贵州广播电视信息网络股份有限公司、贵州星空影业有限公司 3 家大型文化企业在内的 18 家二级子公司、20 家三级子公司、25 家四级子公司、4 家五级子公司，纳入贵州广电传媒集团有限公司合并范围的子公司共计 63 家。集团现有员工 6645 名。中层正职以上管理人员 76 人，专业技术人员 879 人。2014 年，集团公司总资产 63807.1 万元，净资产 48590 万元，总收入 37701 万元，获得政府补助和财政拨款共 3451.3 万元，上缴税收 1382.6 万元，利润 4123.3 万元，就业人数 1526 人。

2014 年，贵州出版集团公司总资产 373543 万元，净资产 237161 万元，总收入 170585 万元，获得政府补助和财政拨款共 1549 万元，上缴税收 8281 万元，利润 26800 万元，就业人数 2864 人。

2014 年，当代贵州期刊传媒集团有限责任公司有 4 家子公司享受企业所得税减免政策优惠，有 4 家子公司享受增值税免交或者先征后返政策优惠。2014 年，集团公司总资产 19742 万元，净资产 10091 万元，总收入 7449 万元，获得政府补助和财政拨款共 208 万元，上缴税收 224. 62 万元，利润 307. 72 万元，就业人数 253 人。

（二）广播电视业

2014 年，全省广播电视电影服务单位有 314 个，个体工商户 29 户，共有从业人员 9095 人，收入 27. 23 亿元，实现增加值 10.87 亿元，占 GDP 的比重为 0.12%。年末共有广播电视台 84 座，广播自办节目 40 套，电视自办节目 102 套；有线广播电视用户 386. 18 万户，有线广播电视入户率 30.79%；广播节目综合人口覆盖率为 91. 52%，比上年提高 1. 52%；电视节目综合人口覆盖率为 95.39%，比上年提高 1.29%。在该大类中，文化产业增加值占比最高的前三个 行业小类依次是：电视，增加值 67528 万元，占本类的比重 62. 13%；电影放映，增加值 27290 万元，占本类的比重 25. 11%；电影和影视节目制作，增加值 7165 万元，占本类的比重 6. 59%。

2014 年，贵州广电传媒集团有限责任公司总资产 581101.8 万元，净资产 200951.8 万元，总收入 533344.3 万元，获得政府补助和财政拨款共 8070.9 万元，上缴税收 20962. 7 万元，利润 42152.4 万元，就业人数 6645 人。

（三）演艺业

2014 年，贵州文化演艺集团有限责任公司总资产 26704 万元，净资产 20149 万元，总收入 2151 万元，获得政府补助和财政拨款共 3949 万元，上缴税收 87.91 万元，利润 –808 万元，就业人数 592 人。

（四）艺术品与工艺美术业

2014 年，全省工艺美术品生产服务单位有 1471 个，比上年增加 276 个；个体工商户 7545 户，比上年 增加 484 户；从业人员为 40188 人，比上年增加 5996；收入 91. 37 亿元，实现增加值 31. 79 亿元，占 GDP 的比重为 0.34%。在该大类中，文化产业增加值占比最高的前三个 行业小类依次是：珠宝首饰零售，增加值 58201 万元，占本类的比重 18. 31%；其他工艺美术品制造，增加 值 46474 万元，占本类的比重 14.62%；抽纱刺绣工艺品制造增加值 46258 万元，占本类的 14.55%。

·云南省·

一、2014 年文化产业发展总体情况

（一）深化文化体制改革

2014 年，省委全面深化改革领导小组文化教育卫生专项小组成立，起草《全面深化文化体制改革方案》；推进文资办组建工作；研究制定《云南省经营性文化事业单位转企改制和进一步支持文化企业发展的若干政策规定》等；指导协调省属国有文化企业改革发展、全省非时政类报刊出版单位改革、国有文艺院团改革等工作；分 4 次对行政审批项目进行清理规范和归并；制定下发《云南省文化产业园区认定办法（试行）》，对 88 个文化产业项目给予专项扶持，推动文化产业做大做强。同时，大力推进基本公共文化服务标准化均等化：推进第二批国家示范区创建工作；加大“三馆一站”免费开放力度；规划实施“边境文化长廊建设”“农村小广场大喇叭”等工程；推进民族文化保护和传承等。

2014 年，公布《云南省人民政府关于推进文化创意和设计服务与相关产业融合发展的实施意见》，制定《关于 2014 年至 2015 年重点发展十大文化产业的指

导意见》，重点发展新闻出版发行、广播影视、印刷包装、会展服务、珠宝首饰、民族民间工艺品、游览娱乐、歌舞演艺、创意设计、文化信息传输等10个重点主导产业，在财政、税收、土地、金融等方面，推出一系列政策措施，使云南文化产业发展呈现勃勃生机。

（二）特色文化产业成为新亮点

2014年，全省率先制定实施特色文化产业发展规划，“金木土石布”5个门类的发展布局一经亮相便在业内取得充分共识，在市场上引发关注和共鸣。2014年9月，云南省民族民间工艺品产业发展规划正式出台。为助推特色文化产业形成可持续发展态势，2014年，省文产办通过各种活动的举办积极将“金木土石布”推向前台。“建水紫陶传家宝设计大赛”和“书画名家走进千年建水紫陶”活动，扩大了建水紫陶在国内外的知名度和陶瓷界的影响力。“华宁陶拉坯邀请赛”进一步提升了华宁陶的品牌效应。“针尖上的云南刺绣大赛”暨“云南十大刺绣名村镇”评选活动，提振了全省多民族刺绣行业的信心。“文化产业特色企业、特色村寨、特色协会”评选活动，扩大了特色文化产业的社会影响。

（三）文化企业集团发展步伐加快

2014年，随着文化体制改革的深入推进，全省加快现代文化产业体系构建，建设产业园区和基地，培育实力文化企业，逐步形成以大企业带动、大项目引领、大园区承载的文化产业发展新格局。经过改革发展和政策引导，全省文化产业规模以上企业由2012年的319家，发展为2014年的399家。骨干文化企业的规模不断扩大、实力不断增强，营业收入上亿元的文化企业89家，其中超过50亿元的企业有1家，超过10亿元的企业有11家。云南出版集团有限责任公司、云南报业传媒集团有限责任公司、云南广电网络集团、云南文化产业投资控股集团有限责任公司、云南广电传媒集团公司等5家省属国有骨干文化企业。2014年11月，由云南省文产办主办，云南信息报承办的云南文化产业“特色文化企业、特色文化村寨、特色文化协会”评选活动在昆明举行，各门类10家共30家企业、协会、村寨入选。

（四）文化产业招商引资取得新突破

2014年，省文产办通过调整主导产业布局、推进文化产业园区建设、建立省级文化产业重点招商项目库、开展文化资源普查、拟制特色文化产业发展规划等措施，在全国率先制定“金木土石布”5个门类的特色文化产业发展规划，并借助南博会、泛珠会等大型招商推介活动平台着力加大招商宣传，推进文化产业招商，文化产业走出去全方位取得成效，形成文化产业走出去“云南样本”，引资成效突出。全年共完成文化产业招商引资226亿元，增幅达到78%，成为云南省招商引资的突出亮点之一。

（五）文化产业“走出去”成为主要抓手

2014年，省财政厅按照省委、省政府决策部署，立足云南实际，把加快推动云南文化产业“走出去”作为推进云南建设民族文化强省的重要抓手，充分发挥财政职能作用，积极支持云南文化产业发展。一是积极争取中央支持，努力做大蛋糕，加大对文化产业“走出去”的扶持力度。2014年，共争取到中央文化产业发展专项资金10030万元，比2013年增长34%。同时，在省委宣传部的部署和领导下，通过调整省级文化产业资金支出结构，突出扶持重点，为助推云南省文化产业“走出去”提供了有力支持。2014年，共安排中央和省级文化产业“走出去”扶持资金8390万元（其中，中央扶持资金4860万元，省级扶持资金3530万元），比2013年增加4270万元，增长104%。重点对省文投集团《吴哥的微笑》境外演出项目，云南日报报业集团的与尼泊尔、孟加拉国、柬埔寨报纸合作项目，云南广电传媒集团的老挝数字电视全国网建设项目，新知集团的斯里兰卡、巴基斯坦华文书局建设项目，中国日报网的“云南文产网英文网站”建设项目等35个文化产业“走出去”项目进行了扶持。这些项目的实施，充分发挥了云南与周边国家文化相通的优势，突出了合作共赢的理念，既传承弘扬民族文化，又促进了文化贸易和文化交流。

（六）着力打造精品力作，促进文化艺术持续繁荣

截至2014年年底，全省共有85个艺术表演团体（其中事业71个、企业14个），原创首演剧目49个（其中事业44个、企业5个）。“云南省舞台艺术精品工程”实施成果显著，佤族原生态歌舞《佤部落》在国家大剧院首演成功，并赴全国部分地区开展巡演；曲靖市宣威成功举办2014年云南省花灯艺术周；与中国歌剧舞剧院合作开展的大型歌剧《聂耳》创作工作顺利推进；云南省话剧院创作演出的《鲁甸72小时》引起社会广泛关注；昆明聂耳交响乐团大型交响乐作品《滇池》首演成功；重大艺术赛事活动取得成效，玉溪市原创滇剧《水莽草》到全省10个州市巡演并入选第十三届“五个一”工程奖；文山州傣族女子群舞《打草席》参加首届全国少数民族优秀舞蹈大赛获铜奖；红河州哈尼小三弦弹唱《白鹇姑娘》获第八届中国牡丹奖创作奖，《踩云彩》《田棚细语》分获首届少数民族优秀舞蹈作品创作展演银奖、铜奖；保山市《香菜开花紫骨朵儿》代表云南参

加中国首届山歌展演获银奖；怒江州《傈僳人》荣获国家舞蹈最高奖“荷花奖”铜奖，并在北京民族剧院演出；文化惠民演出活动广泛开展。开展了以“中国梦·云南情”为主题的优秀剧目《红烛魂》《鲁甸72小时》《水莽草》《情暖春秋》赴基层公益巡演活动。2014年6个省级演出团、2个州市级院团到38个县的300多个乡镇开展惠民演出340场，完成省级院团全年总任务300场的113%，惠民观众总达200余万人（次）。全省16个州（市）、滇中产业新区、县级文艺院团结合实际送戏下乡12540场，加上省级院团完成的340场全年合计完成惠民演出12880场，完成全年总任务1万场的128.8%的任务，全省惠民观众总累计达1000余万人（次）。

（七）加强对外交流，扩大云南文化影响

2014年，印发《云南文化产业“走出去”三年行动计划》，启动国家对外文化贸易基地申报创建工作，来自国内外近3000家文化企业参展“创意云南2014文化产业博览会”。以服务外交大局为主要任务，积极落实省部合作项目、加强周边交流、积极拓展国际市场。2014年，共组织对外演出团体机构22个参与交流人员563人。云南艺术团一行20人赴非洲加蓬、坦桑尼亚访问演出，参加中加建交40周年、中坦建交50周年庆祝活动，为增进中坦、中加友谊做出了贡献，与墨西哥中国文化中心年度合作项目顺利实施，先后派出5个团组赴墨西哥开展交流活动，组织云南文化艺术团赴缅甸、老挝开展“文化中国·七彩云南”文化交流活动，充分展示了云南民族文化艺术魅力。

实施国际传播能力建设工程。云南日报报业集团与印尼、缅甸、孟加拉国主流媒体合作开办《美丽云南》新闻专刊；云南广播电视台国际频道在老挝正式开通；《湄公河》《吉祥》《占芭》《高棉》等外宣期刊工作成绩显著；在边境州县举办“澜沧江·湄公河流域国家文化艺术节”“中缅胞波狂欢节”等节庆活动，影响力不断扩大。

扩大对外文化交流与合作。与老挝联合举办“2014中国·老挝春节联欢晚会”，积极承办“感知中国·缅甸行”系列活动，成功举办第四届东南亚南亚主流媒体云南行、第二届中国与大湄公河次区域国家媒体定期互访活动，增进了与周边国家的交流与合作。

二、2014年文化产业各行业发展基本情况

（一）电影业

2014年，全省新增影院37家，影厅156个。截止到2014年年底，全省有影院112家，影厅463个，座位数59000多个。至此，全省16个州市均有城市影院。省会昆明城市电影总票房超过33137.92万元，连续3年票房增长在20%以上。排名西部第4，全国第23，观影总人次达888.17万人次，昆明城市电影院数量达到42家。2014年全省票房收入前十名的影院全部集中在省会昆明。2014年，云南省电影票房超4.39亿元，放映场次65万多场，观影人次达1220多万。

“中国梦·云南美”百部微电影创作展播自2014年6月启动以来，共收到微电影作品近300部，经评委会评审：《跳菜》等12部微电影为“优秀制片奖”；《双语法官》等3部微电影为作品一等奖；《母亲》等5部微电影为作品二等奖；《高原稻神——李开斌》等12部微电影为作品三等奖；《阿惠本色》等96部微电影为“优秀作品奖”；云南网等3家单位为“优秀组织奖”；省直机关8家单位为“组织奖”。

（二）演艺业

2014年10月23日，凭借独舞《雀之灵》一举成名的杨丽萍及其团队在新三板敲开资本市场之门，云南文化成为全国第一家舞蹈演艺企业登陆新三板的公司。云南文化主营演出项目包括《云南映象》《孔雀》《云南的响声》《十面埋伏》公司的核心资产是杨丽萍及其创作能力。截至2014年11月，公司总资产为7122万元，其中由杨丽萍创作编排的舞蹈《孔雀》《云南映象》、2014版《云南映象》的版权所构成的文化资产就已达到1105万元，占比达15.5%。除了传统的《云南映象》《孔雀》的巡演外，从收入多元的需求出发，又开辟了“北京杨丽萍科技发展有限公司”主营舞台科技创造及制作等，“云南杨丽萍影视发展有限公司”主营纪录片、广告片等制作与拍摄。

（三）动漫游戏业

2014年，昆明盛策同辉数字科技有限责任公司获得国家三部局动漫企业终审认证。至此，在国家先后开展的三批动漫企业认证中，全省共有9家动漫企业通过认证。2014云南第七届动漫节于8月9日至14日在昆明国贸中心三号馆举行。

（四）文化会展业

2014年8月9日，创意云南2014文化产业博览会在昆明国际会展中心启幕，参观人数达16万人次，参展商1900家。传统与现代创意同台，“珠宝玉石馆”“陶瓷艺术馆”“刺绣馆”“州市馆”“动漫馆”“儿童创意体验馆”“文化科技创意馆”等7个展馆，21项活动。博览会以“文化创造财富·创意引领未来”为主题，通过搭建展会平台，全方位展示和推介云南省文化产业发

展的最新成果，为推动区域合作、文化产业项目招商引资、文化企业宣传、文化产品营销和文化品牌培育创造有利的条件，提供有效的服务。来自意大利、加纳、尼泊尔、斯里兰卡、巴基斯坦、阿富汗、柬埔寨、马来西亚、韩国等 13 个国家的客商前来参展，国际化程度在首届“文博会”的基础上进一步得到提高。

（五）文化旅游业

2014 年 3 月，《云南省旅游条例》修订，成为《中华人民共和国旅游法》颁布实施后第一个与之衔接的地方性旅游法规。新修订的旅游条例包含旅游促进与发展、旅游开发与保护、旅游经营与服务、旅游监管与保障等各方面的内容，相关规定既严格遵从规范，又突出云南地方特色。2014 年 8 月，省委九届八次全体（扩大）会议提出，云南要着力打造大生物、大能源、大制造、大旅游、大服务五个万亿元“大产业”，这是推动云南产业全面转型升级的大谋略、大思路、大创新、大举措、大突破。

2014 年，全省接待海外旅游者 525 万人次，接待国内旅游者 2.8 亿人次，实现旅游总收入 2650 亿元。以桥头堡建设为依托，云南不断深化国际旅游交流合作，旅游对外开放水平不断提高。积极参与澜沧江湄公河次区域旅游合作和孟中印缅经济走廊旅游合作。深化“泛珠三角”区域旅游合作和川滇藏“大香格里拉”生态旅游区合作，推动滇港、滇澳、滇台、滇粤、滇黔桂、滇黔渝、滇川藏和滇沪等多层次的区域旅游合作。开通 21 条边境旅游线路。开展 5 个州市边境旅游异地办证工作。涌现出河口、瑞丽等 5 个典型的旅游经济口岸。实现昆明长水机场 72 小时过境免签。云南日益成为中国大陆旅游圈与东南亚、南亚旅游圈连接最为紧密的重要省份。

· 西藏自治区 ·

2014 年，全区文化及相关产业法人单位数 798 个，年末从业人员 15854 人。其中，文化制造业企业法人单位数 97 个，年末从业人员 3097 人；文化批发和零售业企业法人单位数 129 个，年末从业人员 2003 人；文化服务业法人单位数 572 个，年末从业人员 10754 人。

一、2014 年文化产业发展总体情况

（一）文化机构增幅明显

2014 年，全区新建 157 个乡镇综合文化站，文化系统人员队伍建设有了较快发展，机构逐步健全，全区共有各类文化机构 1033 个，比 2013 年增加 164 个，增长 15.8%；从业人员 5553 人，比 2013 年增加 1635 人，增长 29.4%。

（二）文化投入增幅较大

2014 年，全区文化事业经费财政总投入 44.5 亿元，文化经费投入占财政支出的比重逐年提高。从文化资金的投入情况可以看出，2014 年全区文化事业费 7.24 亿元，其中：财政拨款 7.21 亿元，占全区文化事业费的 99.58%，事业收入 172 亿元，其他收入 94 亿元。从文化事业费支出结构情况看：基本支出 3.65 亿元，占全区文化事业费财政投入 50%，文化专项支出 1.9 亿元，占全区文化事业费财政投入的 26.27%，表明文化事业费主要用于支付人员费用，直接用于业务活动的经费仍比较紧张。

（三）文化企业充满活力

西藏岗地文化产业集团有限公司作为西藏文化产业领域的龙头企业，2014 年确立“以西藏文化为载体，以文旅产品为依托，建立经济效益良好、规范经营的大型企业集团”的发展目标，全年实现营业收入 5277 万元，实现利润 1406 万元，企业资产 23848 万元。城关区古艺建筑美术公司 2014 年实现经营收入 1733 万元，共有职工 240 人，其中国家级工艺美术大师一名、全国技术能手一名、西藏自治区工艺美术大师两名、专业能工巧匠（艺人）100 多人。雪堆白金属雕刻制作技艺、拉萨木雕刻、拉萨泥塑面具制作技艺、阿嘎夯达技艺等被列入“西藏自治区级非物质文化遗产”，2014 年藏族矿植物颜料制作技艺列入“国家级非物质文化遗产”“国家级非物质文化遗产生产性保护示范基地”。城关区古艺建筑美术公司下设西藏传统手工艺技能培训学校举办了拉萨师傅带徒弟民族手工技术培训。培训来自全市七县一区的 120 名贫困户农牧民子女，受训学员培训后直接在公司各手工艺组就业。公司与西藏大学工学院、西藏职业技术学院建筑工程学院联合开办藏式古建筑专业班。

（四）园区建设稳步推进

西藏文化旅游创意园区于 2014 年 12 月获评“国家级文化产业试验园区”，是全区唯一一家国家级文化产业示范园区。园区秉承“科技表达创意，创意诠释文化，文化促进旅游”的理念，自启动以来，为当地群众提供了大量就业岗位，农民务工、机械出租增收 1300 万元，

有车户户均增收 18 万元，全村户均增收 4 万余元，人均增收超过 1.2 万元。园区首个入园项目——《文成公主》实景剧成为全市旅游业新的亮点，极大地助推当地经济社会的快速发展。154 名群众参与《文成公主》实景剧演出，共 600 余人次群众参加园区项目建设，增收效果明显。2014 年共演出 175 场，票房收入 1.1 亿元，接待游客 32 万人次。

（五）文化消费快速发展

随着全区经济的快速发展，城乡居民的生活水平得到进一步提高，生活质量得到进一步改善，城乡居民家庭在文化娱乐方面的支出也有了不同程度的提高。2014 年，全区城镇居民人均教育文化娱乐服务支出为 727 元，比 2013 年增长 17.6%；农村居民人均文化教育娱乐用品及服务支出为 129 元，比 2013 年增长 101.6%。

（六）文化惠民落到实处

2014 年，全区群众文化服务机构有 772 个，从业人员 2044 人，其中，自治区级 1 个，地市级 7 个，县级文化活动中心 74 个，乡镇文化站 690 个。组织文艺活动 4263 个，举办展览 461 个、举办各种训练班 1430 班次，培训 9.5 万人。

总投资 5 亿余元的 543 个乡镇综合文化站和 39 个民间艺术团排练场建设项目陆续收尾，基本实现“乡乡有文化站”。各级公共文化设施免费开展文化活动 1.2 万场次，受益群众 200 多万人次。依托“春雨工程”，邀请国家文艺院团和相关省市文化志愿者，开展演出展览培训等活动 30 余场。林芝开展广场文化活动 9000 场，参加群众达 80 余万人次，活动数量和参与人数比去年增加 36% 和 45%。

二、2014 年文化产业各行业发展基本情况

（一）广播影视业

1. 广播产业发展概况

截至 2014 年年底，西藏电台开办有藏语广播、汉语广播、藏语康巴话广播、都市生活广播 4 套广播节目和中国西藏之声网。4 套广播节目用藏、汉、英三种语言和康巴话播音，通过短波、中波、调频、卫星、互联网等多种传输途径和覆盖方式，向全世界传播社会主义新西藏发展进步的声音。西藏电台每天节目播音总量为 80 小时 25 分钟。藏语节目译制量成倍增长，2014 年已突破 10200 小时。多语种播音并行，加上互联网新媒体的有效补充，不但解决了听得到、听得见的问题，而且解决了听得懂的问题。2014 年全区广播人口综合覆盖率达 94.78%。听众遍及世界 5 大洲 50 多个国家和地区。同时，西藏电台还承担着中央人民广播电台、中国国际广播电台和本台共 9 套节目在拉萨地区 184 小时 10 分钟的调频转播发射任务。截止到 2014 年，全台开办了一批既体现时代特点，又具有本土化、民族特色、针对性和感染力强、收听率高的名牌节目，共开设了 120 多个自办节目。

2. 西藏电视台发展概况

截至 2014 年年底，西藏电视台自办藏汉语各类栏目 30 多个，自制节目 7 小时 30 分，日播出节目 81 小时 30 分，年自制节目量在 3500 小时以上；年译制节目达到 1600 小时以上。覆盖方面，截至 2014 年年底，通过广播电视村村通工程，全区电视人口覆盖率达到 95.5 %。频道建设方面，经济生活服务频道于 2014 年 5 月正式复播，推出《民生进行时》《民生周刊》等两档重要新闻栏目，同时也根据频道定位开设其他类型栏目。2014 年，西藏电视台拍摄、制作、播出全程实现了数字化，建有对编机房、影视剧译制网、节目制作网、新闻节目制作网等。

3. 电视剧译制情况

电视剧译制中心按照工作职责和年译制任务量，从 2014 年元月开始规定正式职工年译制任务为每人 10 小时，600 分钟；聘用职工年译制任务为每人 8 小时，480 分钟。按照以上要求，电视剧译制中心除去 2 名翻译和 1 名网管，24 名正式职工的年度译制任务时长为 15600 分钟。综上所述，电视剧译制中心全体职工年译制任务总时长为：15600 分钟 +11040 分钟 =26640 分钟，总译制集数为 306+204=510 集。2014 年译制任务已达 1300 小时即 1700 集。

藏语节目专题片译制方面，“十二五”期间，按照国家关于加大藏语节目译制量指示精神，随着节目源的不断增加，质量的不断提高，对国内外优秀专题片、纪录片以及中央及西藏制作播出的大型文艺晚会的译制量逐年加大。除译制专题片、纪录片，2010 年以来，制作播出了《藏历新年电视曲艺晚会》《吉祥晨曲》《首届藏语主持人大赛》等藏语大型节目。2012 年至今，共译制 40 多部大型专题片、纪录片、晚会共 200 小时，基本上满足了广大藏语卫视观众的收视需求。

（二）电影业

农村电影方面，截至 2014 年 12 月 20 日，全区共订购数字影片达 79041 场次（汉语影片 44713 场、拉萨藏语影片 34093 场，四川康巴藏语影片 212 场），其中公益片 55217 场、商业影片 23824 场。

城市电影方面，截至 2014 年 12 月 28 日，拉萨电

影院、乐百隆电影城通过各种宣传、推广、促销等方式共放映影片 206 部，其中国产片 142 部、进口片 64 部，14231 场次，观众达 419402 人次，超额完成了年初下达的目标任务，其中春节期间单日票房和总票房创历史新高。日喀则、山南、那曲、昌都三个地区新建多功能数字电影院争取到了中央财政建设资金 1120 万元。

民族语译制工作方面，制订“2014 年导演、翻译、机务三大工种工作任务计划”，并由责任人签字，以确保译制各项工作责任全面落实到位。顺利完成 60 部故事片、20 部科教片，共计 80 部影片的译制任务，完成了影片《焦裕禄》的藏语译制和放映工作。

（三）新闻出版业

2014 年，全区拍摄、制作、出版、发行 13 种音像制品，共计 73600 套。节目包括：《幸福拉萨我的家》《布达拉宫》《2014 年藏历新年晚会》《传统藏戏舞台剧系列——白玛雯巴》《唐蕃古道》《西藏在歌唱》《深入学习贯彻党的十八届三中全会精神专题讲座》《藏医藏药》《西藏谚语故事系列》《神奇的桑日（DVD，藏语）》《国旗的故事》《故乡三美》《魅力西藏》。其中，《布达拉宫》《西藏在歌唱》被西藏自治区新闻出版广电局和西藏自治区出版工作者协会评为“2014 年度全区优秀出版物”。

（四）新媒体业

中国西藏之声网（www.vtibet.com）是由西藏新闻出版广电局、西藏人民广播电台主办，是音视频特色的涉藏门户网，西藏自治区重点新闻网之一。中国西藏之声网开办有中文网、藏文网、英文网三语种网站，拥有目前全球唯一的集藏、汉文集成于一体的手机客户端，此客户端覆盖安卓、苹果等主流系统，覆盖手机和平板终端，可在国际、国内主流的手机客户端市场上免费下载。截至 2014 年 12 月 31 日，中国西藏之声网手机客户端下载安装用户达到 64972，其中安卓用户 21051 个，IPHONE 用户 42681 个，ipad 用户 1241 个；平均每天活跃用户 2456 个；平均每天启动次数 8158 次；平均每天增长用户 265 个。每天的访问量达到 43 万多次，其中藏文版手机客户端访问量最高，达到每天 28 万多次。访问来路区域排行为西藏自治区、北京市、台湾地区、四川省等地，美国、挪威、印度、瑞士、法国、加拿大、德国、意大利、日本等国家。网站现有数据为 274195 条，其中中文稿件 173685 条，英文稿件 15955 条，藏文稿件 84555 条。音频 30276 条视频 23571 条。网站平均每日独立浏览次数为 1053 次，独立访客平均每日约为 626 人。

（五）广告业

截至 2014 年年底，全区广告经营单位发展到 689 户，同比增长了 5.9%；从业人员 3987 人，同比增长了 3%；广告经营额 2.39 亿元，同比增长了 6%。2014 年，全区加大广告市场监管工作。一是对报刊出版单位、广播电台、电视台利用医药资讯专版节目以及购物短片等形式发布广告行为以及整治虚假违法医药广告专项行动和年度虚假违法广告专项整治工作进行安排和部署。其间，西藏卫视、拉萨电视台、西藏商报等大众媒介已停播药品、医疗、保健食品等各类违法广告 120 余条。二是通报了全区主要媒体广告抽查监测情况，对拉萨电视台、西藏商报、拉萨晚报发布的医疗、药品、食品、保健食品、化妆品及美容服务广告违法行为进行了立案查处，罚没金额 20.19 万元。三是分别约谈西藏电视台的相关负责人三次，就 2013 年至 2014 年发布的各类涉嫌虚假违法广告的相关事宜，要求媒体严格自律，增强法律意识和社会责任感，自觉纠正违法行为。四是为进一步加大对电视购物广告的监管力度，转发了《工商总局关于进一步加强电视购物广告监管工作的通知》，起草下发了《关于进一步加强对户外电子显示屏广告整治管理的通知》；召开大众传播媒体整治虚假违法广告专题座谈会，及时给各地市转发《工商总局等八部门关于开展整治互联网重点领域广告专项行动的通知》。由区党委宣传部、区工商局等九部门起草的《关于加强我区大型户外公益广告牌建设和管理工作的意见》已由区党委办公厅下发。

（六）艺术品与工艺美术业

2014 年，西藏工艺美术协会向《中国工艺美术全集》办公室送审及批复《西藏卷》大纲；与 5 位《西藏卷》执行主编进行签约。为确保《西藏卷》编撰工作更好地开展，协会组织专人前往北京、云南、陕西、青海、贵州等协会，进行编撰工作的学习、交流、取经。推荐、评选唐卡画师夏鲁旺堆为中国工艺美术行业 2014 年度“典型人物”。江孜地毯挂毯、山南的绑典氆氇、墨竹的陶器、昌都的铜雕、那曲的编制、以及拉萨的泥塑浮雕、缝纫技艺等等会员单位以产品创新为重点主题进行了培训和探讨工作。

（七）文化会展业

2014 年，藏博会期间，共有 23 家本地文化企业的 300 余件特色产品展出，文化产业展区现场销售和预定产品金额达 300 多万元。截止到藏博会结束（10 月 7 日）关注粉丝数 3236 人，累计发布新闻动态 17 条，推送消息 11 条，累计阅读量超过 22400 人次。为继续巩固历届唐博会成果，夯实做强唐博会品牌，2014 年雪顿节期间，成功举办第四届西藏唐卡艺术博览，集中展示 65 位西藏等级唐卡画师的 65 幅作品，同时展出了 66 位画师优秀作品。在历时 5 天的集中展示期间，观众总流量达到 5 万人次以上。2014 年 7 月在北京举办由西藏自治区文化厅、西藏自治区人民政府驻京办事处主办，西藏自治区群艺馆（区非遗保护中心）和白玛梅朵艺术中心承办，西藏文化经济交流中心协办的“西藏面具艺术展”，共展出西藏各地近 60 件面具，销售和订单签订金额达 30 多万元，20 多件面具作品被中国美术馆收藏。

组织参加第七届西部文化产业博览会。通过集中专题式的主题展，展销结合的方式共销售藏毯、哈达、披肩等产品共计 130 余件，销售金额达 26 万元，签约订单 300 多件，金额达 70 多万元。“藏羌彝文化产业走廊”西藏展厅，销售藏香、藏茶、藏白酒等特色产品 18 万元，并成功与当地一家企业签订一级经销商协议，首期签约订单总额达 150 万元，现场销售订单总额达 260 多万。2014 年 12 月 11 日至 14 日参加第九届中国北京国际文化创意产业博览会。7 家文化企业，携 160 余种文化产品参展，4 天时间里现场销售金额额达 519 万元，正式签订销售协议及合作意向协议金额达 1580 万元。

（八）文化旅游业

2014 年，全区共接待国内外游客 15531413 人次，比 2013 年增长 20.3%；其中，接待入境游客 244401 人次，同比增长 9.5%；接待国内游客 15,287,012 人次，同比增长 20.5%。旅游外汇收入 14469 万美元，同比增长 13.2%，国内旅游收入 1949992 万元，同比增长 24%。实现旅游总收入 2039989 万元，同比增长 23.5%。假日旅游方面，2014 年，春节全区共接待国内外游客 230179 人次，同比上年增长 7.8%，实现旅游收入 18518 万元，增长 13.3%；“中秋国庆”黄金周全区共接待国内外游客 582018 人次，同比增长 22.8%，实现旅游收入 24738 万元，同比增长 29%。

·陕西省·

2014 年，全省文化产业增加值为 646.11 亿元，总量居全国第 16 位、与 GDP 总量在全国位次一致，居西部第 2 位、高于 GDP 居西部位次（GDP 西部第 3）。占 GDP 比重为 3.65%，居全国第 12 位、西部第 2 位。总体达到西部前列、全国中等偏上水平。

一、2014 年文化产业发展总体情况

（一）深化文化体制改革，发挥政策效应

2014 年，全面启动第十一届中华人民共和国艺术节筹备工作，做好丝绸之路经济带新起点文化建设工作，发展繁荣文艺创作生产，提升公共文化服务体系建设水平，完善非物质文化遗产保护传承工作，规范文化市场服务与监管，推动文化产业健康快速发展，加大陕西文化“走出去”力度。全省文化产业已涵盖国家文化产业统计体系的所有方面，主要包括图书报刊、出版印刷和发行、文化艺术及演出、广播影视、网络文化、文物博览、会展和体育产业。陕西省文化产业的分布和发展，以西安为核心，充分发挥其世界历史文化名城的优势，带动周边地区，呈现出“一体两翼”的发展格局。全省各地坚持依托当地资源，在挖掘开拓历史文化、山水文化、红色文化、民俗文化、现代文化等方面狠下功夫，着力构筑各具特色、错位发展的文化产业格局。

《陕西省人民政府关于推进混合所有制经济发展的意见（试行）》提出实施“引进来、走出去”战略发展一批混合所有制企业。抓住“一带一路”建设机遇，积极引进世界 500 强、行业龙头企业和境内外战略投资者，在精细化工、装备制造、文化旅游和电子信息等战略性新兴产业领域开展合作。《陕西省人民政府办公厅关于印发省重大文化项目建设管理办法的通知》指出，对重大文化项目实行动态管理，建立项目淘汰机制。每年进行一次重大文化建设项目储备调整。凡符合《意见》要求，且上年度未纳入计划的项目，在年度计划中予以增加；凡不再具备推进条件的，在年度计划中予以撤销。项目调整由省领导小组审批。《陕西省人民政府关于加快发展对外文化贸易的实施意见》提出鼓励和支持陕西省国有、民营、外资等各种所有制文化企业从事国家法律法规允许经营的对外文化贸易业务，并享有同等待遇。以新闻出版服务、广播影视服务、文化艺术服务、数字内容产品及服务、文化产品对外翻译制作服务、文化创意服务外包等为重点，加快培育陕西省对外文化贸易产业和贸易主体，推荐陕西省更多企业和项目入选《国家文化出口重点企业目录》和《国家文化出口重点项目目录》，加大对入选企业和项目的扶持力度。《陕西省人民政府办公厅关于支持外贸稳定增长的实施意见》提出支持服务贸易发展。充分利用现有中省专项资金政策，加大对服务贸易发展的支持，逐步扩大服务进出口，重点发展

服务外包、文化、旅游、图书等贸易。结合国家扩大营改增实施范围，对服务出口实行零税率或免税，鼓励服务出口。《陕西省人民政府办公厅关于做好第十一届中国艺术节筹备工作的通知》指出，围绕筹办“十一艺节”，全省共新建和维修改造场馆54个，其中演出场馆50个、美术馆4个。“十一艺节”所需场馆应具备良好的演出条件、室内外环境和完善的消防、安防等设施。

（二）文化企业规模扩大，文化产业持续发展

2014年，全省文化及相关产业法人单位数为17703个，总数占全国的1.8%，总数居全国第18位。分三大类行业看，文化制造业法人单位1637个，占全国该行业的0.9%。文化批发和零售业法人单位2301个，占全国该行业的1.5%。文化服务业法人单位13765个，占全国该行业的2.1%。

2014年，全省规模以上文化企业合计553家，占全国的1.2%；占全部法人单位数的3.1%，较全国水平低1.5个百分点，较最高的北京低3.5个百分点。其中：规模以上文化制造业企业103个，占全国的0.5%，居全国第19位，总数相当于第一位广东的3%；限额以上文化批发和零售企业161个，占全国的1.9%，居全国第15位，总数相当于第一位广东的15%；规模以上文化服务业企业289个，占全国的1.6%，居全国第17位，总数相当于第一位北京的9.3%。

2014年，全省规模以下文化企业合计13976家，占全国的1.7%；占全部法人单位数的78.9%，较全国水平低2.9个百分点，较最高的江苏低14.3个百分点。其中：规模以下文化制造业企业1534个，占全国的1%，居全国19位，总数相当于第一位浙江的4.9%；限额以下文化批发和零售企业2140个，占全国的1.5%，居全国第17位，总数相当于第一位北京的13.2%；规模以下文化服务业企业10302个，占全国的2%，居全国第17位，总数相当于第一位北京的14.2%。

2014年，全省民营经济GDP占比达到52.7%，其中文化产业有相当大的贡献。截至2014年年底，陕西90%的文化企业或关联企业由民营企业投资，民营文化企业总产值占全省文化企业总产值的70%，文化产业增加值增速连续斗年保持在30%左右。西安大唐西市、西安超人雕塑研究院、关中民俗艺术博物院、阳光丽都大剧院等一批民营文化企业成为文化产业的主力军。

（三）打造产业基地，推进重大项目陆续落地

2014年9月10日，《陕西省人民政府关于实施项目促进文化产业发展的意见》正式出台，一系列涉及投融资、土地等方面内容的配套支持政策推动文化产业加快发展。这些重大文化项目包括10个重点文化旅游项目、10个重大文化基地项目、8个重大文化设施项目和2个新规划项目。其中，陕西关中地区占据很大份额，位于咸阳市的欢乐东方文化城总投资额达400亿元，位于西安市的汉长安城文化景区总投资额达128亿元，位于韩城市的司马迁文化景区总投资额达60亿元，以及位于西咸新区的西安国家数字出版基地、西部数字影视产业基地、丝绸之路风情城、陕西广电传媒中心等大项目投资额将超过143亿元。

省文化项目建设领导小组先后组织20多次项目规划评审会。制定《重大文化项目建设管理办法》《重大文化项目规划资金补助办法》，建立一套有奖有罚、有进有出、动态管理的项目考核激励机制，强化动态管理。建立文化项目用地的支持政策，整合筹措项目规划补助资金。

全省各市对重大文化项目高度重视。延安市把文化项目作为“一把手工程”强力推进；汉中市深入挖掘两汉三国文化，把三国小镇作为率先启动的项目，推动文化旅游融合发展；商洛市把商於古道文化景区作为建设大秦岭文化旅游升级版的项目，整合商州、丹凤、商南三县区的资源，合力推进项目建设。陕文投集团、陕旅集团牵头承担了一半以上的项目建设任务。财政、国土、住建、环保等重大文化项目领导小组成员单位鼎力支持，从资金筹措、项目规划、土地供给、环境评价等不同领域全力支持项目建设。

截至2014年年底，30个重大文化项目规划全部完成，秦兵马俑文化景区、统万城国家遗址公园、两汉三国文化景区、汉唐帝陵旅游项目、中国革命艺术家博物院、陕西大剧院、延安大剧院、白鹿原影视基地等12个项目已开工建设；延安文安驿文化园区主体竣工，将于明年“五一”向社会开放；商於古道文化景区的棣花古镇项目已建成开放。

（四）完善投融资机制，加大政策扶持力度

完善投融资机制。整合部分现有文化资金，设立文化产业项目专项资金。通过资本金注入、贷款贴息、奖励等方式，支持项目建设。对重点文化项目，其建设资金新增国内贷款部分，省财政按照实际发生利息的30%~50%给予贴息补助。通过股权、债权投资等方式参与重大文化项目，撬动更多社会资本投入文化领域。各地也要适时设立文化产业发展专项资金，充分发挥财政资金示范和杠杆作用。

建立担保补贴、保险补贴和风险补偿机制。鼓励国有大中型企业为省内重大文化产业项目提供贷款担保

或直接投资，对实行国有资本收益上缴的省属企业，可按其担保或投资额当年新增部分的1%~2%抵缴国有资本收益；尚未实行的企业，省财政按照担保或投资额当年新增部分的1%~2%给予奖励补助。对符合条件的担保机构、再担保机构为中小文化企业提供融资担保业务的，省财政按照年担保额的1%~2%给予担保补助。对符合条件的担保机构，经批准可免征3年营业税。对文化企业重大项目实行保险的，按实际发生保险费的30%~50%对文化企业给予补贴。投资文化企业实现上市的风险投资公司，按投资额的1%给予一次性奖励；风险投资公司投资文化产业项目，盈亏相抵后的净损失，给予一定的风险补偿。民营文化企业在享受以上政策方面按奖励标准上限执行。

实施土地倾斜政策。文化产业重点项目用地优先纳入各级土地利用总体规划和土地利用年度计划，优先保障项目用地计划指标。对经营性文化产业重点项目用地，经市、县政府同意，可按国家有关规定分期缴纳土地出让金，全部土地出让金可在两年内缴清。文化产业重点项目新增用地，当地政府可以采取土地招拍挂成交后以出让金或土地使用权作价出资（入股）的方式支持项目建设。国有文化单位将原划拨土地用于文化产业项目的，可以按文化事业单位改制的政策，经文化单位资产主管部门和国土资源部门批准，采取作价出资或者授权经营方式对涉及土地进行处置。

减免行政事业性收费。对经认定的国家级、省级文化产业示范园区基地单位，在认定后3年内，减免所有行政事业性收费，减免办法由财政、物价部门制定。

放宽注册资本限额。除法律和行政法规另有规定外，一般性文化公司注册资本不低于3万元。放宽企业集团设立条件，母公司注册资本在1000万元以上且具有两个以上控股子公司，可以申请登记企业集团。

2014年，陕西文化产业投资基金正式运营。截至2014年年底，国开行陕西分行文化产业贷款余额97亿元，累计提供融资260亿元，为大明宫遗址保护、曲江文化产业示范区、陕北红色旅游等一批重点项目建设提供了有力支持。该行先后编制完成《陕西省“十二五”文化产业发展融资规划》《陕西文化产业投资集团战略客户规划》等重点规划。国开行陕西分行通过整合旅游资源，采取统一评审模式支持延安宝塔山等红色旅游项目；搭建文化中小企业贷款合作机制，多措并举破解文化型中小企业难题；创新大项目评审模式，支持西安曲江中央文化产业聚集区（CCBD）等重大文化旅游项目建设。国开行陕西分行向大明宫遗址保护及民生改善项目发放贷款60亿元，在保护唐文化遗址的同时，支持了遗址周边棚户区改造，涉及安置棚改面积358万平方米，安置群众3.8万人。该项目2014年被文化部、财政部和人民银行联合授予“全国优秀文化金融合作创新成果”奖。自2014年起，中国民生银行西安分行以陕文投、曲文投、西旅集团、太白山旅游集团、乐华城等大型企业为重点，以曲江文化产业集群、高新区创意产业集群等文化聚集区依托，创新成了陕西文化产业、陕西广告行业等数十家城市商业合作社，并通过产业基金、资产管理计划、中期票据等多种产品对优质企业加大信贷支持。

（五）非遗亮点不断，文艺精品创作成绩斐然

2014年，《陕西省非物质文化遗产条例》经省第十二届人大常务委员会第七次会议审议通过，5月1日起正式颁布施行。2014年，富平石刻、眉户、仓颉传说、旬阳民歌、陕北谚语等12项非遗项目新入选国家非遗名录。

文艺精品创作成果显著。“从长安到罗马”舞台艺术精品创作和“今日丝绸之路”美术作品创作两大工程成绩斐然。推进“从长安到罗马”舞台艺术精品创作工程，进一步加大丝路题材文艺作品创作力度，杂技剧《丝路彩虹》、民族管弦乐《丝路长安》《大音长安》《乡韵》、交响乐《丝路新交响》以及歌剧《大汉苏武》成功搬上国家级和国际性舞台并获奖。有效实施“今日丝绸之路”美术作品创作工程，举办“今日丝绸之路”美术作品展、第十二届全国美术作品展暨陕西省庆祝中华人民共和国成立65周年美术作品展等，开展经常性的美术家采风等活动形式加大美术作品创作力度。

（六）借助“一带一路”，大力推动对外文化交流

2014年，省文化厅成功举办首届丝绸之路国际艺术节。省文化厅与相关省区签署《丝绸之路经济带西北五省区文化发展战略联盟合作框架协议》，与哈萨克斯坦阿拉木图州文化厅签署《文化合作交流框架协议》。2014年6月28日，“丝绸之路西北五省区文化（艺术）馆发展战略合作联盟合作框架协议签署仪式”在延安大礼堂举行。陕西省艺术馆、延安市文化艺术中心、西宁市群众艺术馆、银川市文化艺术馆、敦煌市文化馆、奎屯市文化馆作为首批“5+1”联盟单位参与本次仪式并签署合作框架协议书。

“丝绸之路经济带西北五省区文化（艺术）馆发展战略合作联盟”由陕西省艺术馆倡议发起，通过携手延安市文化艺术中心、西宁市群众艺术馆、银川市文化艺术馆、敦煌市文化馆、奎屯市文化馆共同结为首

批“5+1”联盟单位，旨在通过开展多渠道、多层次、多形式的交流与合作，不断加强丝绸之路经济带沿线西北五省区区域间的文化发展，实现区域内文化资源的整合、优势互补、信息交流和成果共享，形成西北五省区文化发展合力。

全省 10 个地市、20 个县（区）群众艺术（文化）馆馆长们共同见证签署仪式。由省委宣传部、省新闻出版广电局、陕西广播电视台联合中、省多家媒体组建的跨国采访车队，沿古丝绸之路，经 8 个国家、30 个重点城市，历时 60 多天，举办多场主题活动，激荡丝路记忆，再现丝路情怀，弘扬丝路精神，累计采编原创新闻稿件 3000 余篇（条）。

二、2014 年文化产业各行业发展基本情况

（一）新闻出版业

2014 年，全省全年出版报纸 87 种、7.04 亿份、43.78 亿印张；出版各类杂志 267 种、5636 万册、4.01 亿印张；出版图书 9516 种、1.84 亿册、14.92 亿印张。全省拥有国家综合档案馆 119 个，馆藏 710.98 万卷、253.37 万件，其中省档案馆馆藏 66.36 万卷（册）、10.51 万件。

2014 年 10 月，西部国家版权交易中心在陕西挂牌运行。西部国家版权交易中心成立后，分别获得中国建设银行、招商银行、成都银行战略授信，累计授信总额 30 亿元。该中心还与国家海峡版权交易中心、华中国家版权交易中心、陕西新华出版传媒集团、陕西动漫产业平台签订战略合作协议，将在内容资源全版权运营、版权法律服务、基础平台服务等方面开展深度交流与业务合作，促进影视、出版、动漫、游戏等版权产业相关作品和生产要素的聚集与流通。

2014 年，全省新闻出版广播影视行政执法和行业监管方面成效显著。在打击侵权盗版方面，查处著作权侵权行政案件 11 起。西安电视剧版权交易中心引入仲裁法律制度，联合成立国内首个专门从事影视版权仲裁服务的机构——西安影视版权仲裁中心。该仲裁中心积极与陕西省版权局等司法、行政机构开展诉调对接机制，将版权法律风险防范、版权纠纷调解与版权纠纷仲裁“三位一体”的新型纠纷解决机制落到实处，为权利人提供专业、高效、便捷的法律服务。截至 2014 年年底仲裁中心正式受理版权纠纷案件 18 起，累计涉案金额 57 万元，调解结案 1 起，促成案外合作 1 起，同时将仲裁示范条款纳入 150 余份版权合同，涉及金额超过 1.5 亿元。此外，西安电视剧版权交易中心通过开展著作权代理登记服务，推动全省实现著作权登记 1002 部。

2014 年，陕西省图书（音像）出版单位有 7 家，包括陕西师范大学出版总社有限责任公司、太白文艺出版社有限责任公司、陕西人民教育出版社有限责任公司、陕西科学技术出版社有限责任公司、陕西旅游出版社有限责任公司、西安交通大学出版社有限责任公司、陕西文化音像出版社。报刊出版单位 5 家，包括华商传媒集团有限责任公司、华商报社、陕西师范大学出版总社有限责任公司、陕西女友传媒集团有限公司、西北有色金属研究院稀有金属材料与工程杂志社。2014 年，西安国家印刷包装产业基地一期基本建成，产业综合服务体系投入使用。

（二）广播影视业

2014 年，全省共有省级广播电视台 1 座，市级广播电台 10 座，电视台 10 座（西安、咸阳、延安、榆林、安康、商洛 6 个市两台合并），县级广播电视台 88 座。建成直播卫星和有线电视户户通工程 51 万套、乡镇广播电视户户通服务站 1000 个。放映农村电影 32.8 万场次，受益观众超过 4000 万人次。

2014 年，全省影视作品频频“亮相”央视平台。《我在北京挺好的》在央视一套黄金时段热播，《养女》《野鸭子 2》《兵出潼关》《大漠苍狼》《甘南曼巴》等相继在央视八套和六套黄金时段首播。《满仓进城》等一批优秀作品在省级卫视热播。2014 年共有 6 部电视剧、2 部电影登陆央视主频道，影视剧在央视播出再创佳绩。影视作品屡屡摘取国际国内大奖。电影《推拿》荣获第 51 届台湾电影金马奖最佳剧情片、最佳摄影、最佳剪辑、最佳音效、最佳改编剧本以及最佳新人共 6 大奖项。电视剧《聂荣臻》、电影《百鸟朝凤》、动画电影《冲锋号》荣获全国第十三届精神文明建设“五个一工程”奖。《大秦帝国之纵横》《聂荣臻》《打狗棍》荣获第 27 届中国电视金鹰奖优秀电视剧奖。

2014 年，全省全年共生产电影 31 部、电视剧 16 部、562 集，位居全国前列。《聂荣臻》等四部作品获全国第十三届精神文明建设“五个一工程”奖。《我在北京，挺好的》等 5 部电视剧、《秦风》等 5 部纪录片和动画片在央视播出；《推拿》等影视剧摘取国际国内影视节大奖；3 部纪录片被国家新闻出版广电总局在全国推优播映。

2014 年 10 月 20 日，由国家新闻出版广电总局、陕西省政府、福建省政府共同主办的首届丝绸之路国际电影节盛大开幕。来自印度、俄罗斯、日本、韩国、巴基斯坦等 20 多个丝绸之路沿线国家的驻华使节和中外

电影导演、演员以及电影制作、发行机构的600余名嘉宾参加。首届丝绸之路国际电影节历时6天，于25日闭幕。此次电影节有41部入围作品。其间将开展评选最受群众喜爱的中外影片和演员、丝路沿线国家影片展映、电影发展论坛、电影音乐会以及签署丝路沿线国家电影合作共同宣言等多项活动。电影节期间，在西安30多家影院和社区广场，展映了来自25个陆上和海上丝路沿线国家的147部影片，举办了“新丝路·新电影”“电影与旅游”“西部类型电影”等多个合作论坛，签署《首届丝绸之路国际电影节国际合作共同宣言》，11个国家、170多家片商参与节目与版权交易，交易总金额约30亿元。

2014年，陕西广电网络传媒集团与中国广播电视网络有限公司在西咸新区共同投资建设中国广播电视网络数据中心。西咸新区电影数码基地综合楼即将封顶。省广电传媒中心设计招标工作进入方案评审环节。

（三）演艺业

2014年，全省整合省直八家单位文化艺术资源，涵盖歌舞、交响乐、民间艺术、杂技、歌剧、京剧、话剧、儿童剧等多个艺术门类的陕西“演艺航母”；陕旅集团斥资打造的“中国首部大型实景历史舞剧”——《长恨歌》创造了国内旅游文化演艺的若干个“第一”；《大汉苏武》《金格灿灿彩》《来自中国的三个传说》等一系列精品剧目赢得口碑的同时，斩获国内外多项大奖。

陕西省新创剧（节）目有“大汉三部曲”收官之作——中国原创歌剧《大汉苏武》、大型原创交响套曲《长安》、大型歌舞晚会《春天你好》、大型歌舞音画《金格灿灿彩》、话剧《信天游》、交响音乐会《音画三秦》、世界经典交响音乐会《心有爱·乐无界》、木偶励志儿童剧《太阳神鸟》等。同时，打造提升了经典剧目《大唐赋》《汉唐百戏》《风雨老腔》《唐乐舞》。此外，还引进了大型多媒体木偶皮影剧《来自中国的三个传说》、俄罗斯国家芭蕾舞团经典芭蕾舞剧《天鹅湖》、朝鲜舞蹈音乐晚会《盛开的金达莱》、中国儿童艺术剧院童话《皮皮鲁和鲁西西》改编的儿童剧《罐头小人》等优秀剧目。

2014年，《金格灿灿彩》摘得中国舞台艺术政府最高奖——第14届文华奖优秀剧目奖、剧作奖两大奖项；《大汉苏武》创造了陕西歌剧艺术新高度；杂技《百戏钻桶》在“第九届全国杂技比赛”中收获银奖；原创小话剧《当青春不再怀念蝴蝶的伤》获“北京国际青年戏剧节”优秀剧目奖；儿童剧《找妈妈的小蝌蚪》获“第三届中国儿童艺术节”优秀剧目奖；秦腔木偶剧《沙家浜·智斗》在“十艺节”全国木偶戏、皮影戏优秀剧（节）目展演中获优秀奖；大型儿童励志影偶剧《太阳神鸟》在第七届全国儿童剧优秀剧目展演中荣膺优秀演出奖；《来自中国的三个传说》在号称木偶界的“奥林匹克”盛会中，一举夺得第二十一届国际木联大会暨国际木偶艺术节最高大奖——“最佳剧目奖”的殊荣。

2014年，全省有7部新剧陆续亮相：反腐倡廉题材的京剧新编历史剧《铜牛记》6月中旬成功搬上舞台，修改提升的《大汉苏武》接到国家大剧院、天津大剧院等全国知名大剧院的演出邀请，大型魔幻人偶剧《梦森林》和大型杂技晚会《丝路彩虹》进入合成阶段，民族交响音乐会《丝路畅想》、话剧《黄龙风云》、儿童剧《妈妈，我要和你在一起》投入排练。

2014年，全省开展“高雅艺术进校园”活动。陕西演艺集团陕西省京剧院授牌的学校达到6所，近万人接受了不同层次的京剧免费培训，古城西安吹起一阵京剧风。同时，“进厂矿、进社区、进农村”公益惠民演出、“文化三下乡”“文化边区行”等各种主题的惠民演出活动。一面送演出到偏远地区和基层单位，一面开放现有的“人艺小剧场”“民艺周末儿童剧院”“中贝元儿童剧院”和“西安人民剧院”4个剧场。其中陕西演艺集团旗下陕西省民间艺术剧院有限公司与一家文化企业联袂承办优秀儿童舞台剧展演活动，分别走进西安市16所幼儿园，进行20余场“好戏送孩子”惠民演出。仅在“2014年陕西省惠民演出儿童剧进校园”活动中，中贝元儿童艺术剧院作为承演单位分别在安康、商洛、咸阳三地演出16场，12000名儿童观看了喜爱的儿童剧。

陕西演艺集团与大唐西市文化产业投资集团联合推出《大唐西市春节文化庙会》，“第十八届中国东西部合作与贸易洽谈会暨丝绸之路国际博览会《一条丝路两城歌》主题文化交流演出”等。第七届陕西省艺术节，68台原创剧目和群众文艺作品在全省各地争相上演。2014年3月26日，陕西大剧院在西安曲江新区开工建设。

（四）动漫游戏业

2014年，省文化厅联合有关单位设立1000万元动漫创意产业基金。建立西安高新区动漫创意产业基地，支持《中国英雄》《陕北风情》《魅力中国》等动漫项目。推动陕西动漫创意产业基地建设，设立动漫产业基金。

2014年11月7日，历时1年开发完成的陕西首个以丝路为主题的大型多场景通关类手机动漫游戏《丝绸之路》与玩家正式见面。手游《丝绸之路》由西安艾派信息技术有限公司研发，运用国际领先的COCOS游戏引擎进行开发，使用国画泼墨风格，采用时下流行的跑酷游戏类型，依托古“丝绸之路”沿线各城市丰富的风土人情和变换的历史地理场景，以设计角色闯关通西域，传递和平与友谊的历史使命为主线，通过各个城市间特产的传递，在尊重历史的基础上融入大量“正能量”故事细节，将古“丝绸之路”丰富的历史文化知识隐含其中，寓教于乐。游戏中还特别设计了300多道有关行丝绸之路相关知识答题，回答正确可获得额外能量爱心复活。倡导绿色游戏，健康游戏。据了解，此款游戏以10–45岁的玩家为主，通过接入三大电信运营商、国内一线主流应用市场，实现手机用户全覆盖。

（五）文化会展业

两年一届的中国西部文化产业博览会在西安曲江国际会展中心举行。本届西部文博会主会场设在西安曲江国际会展中心，共设5个展馆。其中，艺术交流馆设在A馆，包括国际艺术、当代艺术和书画艺术三大展区。B1馆为产业综合馆，涵盖广电影视展区、新闻出版展区、文化与科技展区、文化与金融展区、文化与旅游展区等将集中亮相。丝路合作馆设在B2馆，包括西部12省（自治区、直辖市）文化体制改革展区、藏羌彝文化产业走廊专题展区、丝绸之路沿线的外省市展区及海外展区。西部文博会期间还举办了2014丝绸之路文化产业合作发展论坛等4项主题活动；举办《新丝绸之路——长安》交响地图音乐会、临潼国家度假区丝绸之路文化旅游产业发展论坛、寒窑遗址公园中华民俗文化艺术季等9大分会场活动。

（六）文化旅游业

2014年，全省全年接待境内外游客3.32亿人次，比上年增长16.5%；旅游总收入2521.40亿元，增长18.1%。其中，接待入境游客266.30万人次，增长5.1%；旅游外汇收入14.16亿美元，增长5.5%；接待国内游客3.29亿人次，增长17.0%；国内旅游收入2435.00亿元，增长19.9%。

9月5日，省长娄勤俭主持召开专题会议，会议确定省政府注资5亿元，设立陕西旅游产业发展基金。12月9日，由陕西旅游集团发起并联合国家开发银行、平安银行、中信集团等共同成立陕西省首个旅游产业投资基金，前期募资规模达50亿元，该基金主要用于扶持陕西省及周边相关旅游产业项目以及泛丝绸之路重大文化旅游项目。省委、省政府出台了《实施项目带动战略加快文化产业发展的意见》，并确定岐山西周文化景区、商於古道文化景区、秦兵马俑文化景区、汉长安城大遗址景区、韩城司马迁文化景区、汉中两汉三国文化景区、统万城文化景区、乾陵唐文化景区、法门寺佛文化景区、黄河壶口文化景区等30个重大文化建设项目。已编制了15个文化项目规划，文安驿文化景区主体项目竣工，延安革命艺术家博物馆、延安大剧院、统万城国家遗址公园、汉中三国文化景区、汉唐帝陵旅游项目集中开工。按照“一陵带一村、一村护一陵”的建设思路，已编制完成《汉唐帝陵旅游线路规划》。10月11日，经全国旅游景区质量等级评定委员会评审，宝鸡市法门寺佛文化景区荣获国家5A级旅游景区称号，成为全省继秦始皇帝陵博物院、华清池、黄帝陵、华山、大雁塔·大唐芙蓉园景区之后的第六家5A级旅游景区。

2014年，全省旅游业认真实施“2336”发展思路，加大项目建设和产品开发力度，全力实施高A级景区创建倍增计划，黑河旅游景区、司马迁祠景区、照金—香山景区等23个景区成功创建为国家4A级景区，全省4A级景区达到70个，A级景区达到262个。金丝大峡谷、终南山核心景区、西安城墙·碑林、太白山等景区正在创建5A级景区。

2014年9月19日至21日，2014中国西安丝绸之路国际旅游博览会在西安曲江会展中心盛大举行，为丝绸之路旅游新发展搭建国际平台。此次博览会吸引美国、俄罗斯、加拿大、新加坡、韩国、印度、伊朗等32个国家和地区的代表、24个国内省（区）市的34家参展商参会参展；推出9大主题活动，接待专业观众3000余人、公众30000余人；签约21个旅游产业项目，总投资105.67亿元人民币。空中丝绸之路建设取得新突破，丝绸之路旅游产品建设取得新进展。西安至新加坡、莫斯科、吉隆坡、巴黎等地国际航线相继开通。2014年咸阳国际机场已开通通往12个国家及地区定期、包机航线27条，国内外总航线达到243条，实现国际通航的城市达23个。2014年6月1日，西安成为西北地区首个实施72小时过境免签的城市。汉长安城未央宫遗址、唐长安城大明宫遗址、大雁塔、小雁塔、兴教寺塔、彬县大佛寺石窟、张骞墓7处遗迹进入世界文化遗产名录。“丝绸之路”起点旅游集聚能力更加凸显，“丝路使者号·新东方快车”等新产品、新线路的推出。

·甘肃省·

2014年，全省以建设华夏文明传承创新区为总抓手，多措并举，强化顶层设计，加快主体培育，突出项目建设，加强招商引资，深化体制改革，搭建多种平台，文化产业发展取得了丰硕成果。2014 年上半年，在宏观经济下行压力加大的情况下，全省文化产业继续保持快速增长，增速达到 26.76%，文化产业增加值占全省 GDP 比重达到 2.32%，全省文化产品和服务出口增长 11%。

一、2014 年文化产业发展总体情况

（一）文化产业发展实现新跨越

组织参加深圳文博会、兰洽会、西部文博会、甘肃文博会等平台，推介文化项目和文化产品，全省 69 个重点文化产业项目入选《2014 年中国文化产业重点项目手册》。夏和藏文化产业园等 8 个项目入选 2014 年度全国文化产业重点项目库。园区基地建设步伐加快，兰州创意产业园等 7 个项目如西安国际文化产业示范基地，南特数码等 3 家动漫企业被认定为国家动漫认证企业。2014 年，全省文化系统文化产业完成总产出 97.02 亿元。

（二）文化体制改革取得新突破

2014 年，全省加强行业立法，文化法规体系逐步完善，《甘肃省非物质文化遗产保护条例》通过省十二届人大第 12 次会议的讨论，《敦煌历史文化名城保护条例》列入 2015 年人大立法计划出台项目。在省委、省政府的坚强领导和统一部署下，文化事业单位分类改革有序展开，向省编办上报《省直文化事业单位分类改革实施意见》。着力解决省直文艺院团转企改制遗留问题，积极协调落实改革政策，推进转企文艺院团内部管理体制和运行机制改革，实现公司管理规范化。

（三）文化财政投入不断增长

2014 年，全省文化事业财政拨款（不含基本建设投资）11.07 亿元，比上年增长 12.28 亿元。分地区来看，排名前 3 位的分别是：兰州市 2.24 亿元、天水市 1.03 亿元、定西市 0.95 亿元；全省人均文化事业费 42.73 元，连续 6 年呈现增长趋势。2014 年文化事业费投入明显增长，主要包括三馆免费开放经费中央补贴 10277 万元，“三区”人才支持计划文化工作者专项经费 3251 万元，流动图书车 696 万元，社区文化中心设备配送经费 519 万元，公共图书馆阅览室建设经费 1720 万元。同时，2014 年全省文物事业费继续保持稳定增长态势，2014 年全省文物事业费 86047 万元，比 2013 年增加了 5300 万元，增加 6.5%。其中财政拨款 96427 万元，事业收入 15317 万元，其他各项收入 7133 万元，从文物保护的构成看，财政拨款仍是全省文物保护经费投入的主要渠道，占总收入的 82%。全省 2014 年招商引资项目签约合同金额 1342.695 亿元，到位资金 317.851 亿元，比年初预定目标任务分别超出 442.695 亿元和 117.851 亿元，圆满完成招商引资目标任务。

（四）产业布局趋于合理

文化产业布局更加趋于合理，由原来的文化旅游融合类项目一枝独秀，逐步向齐头并进、全面开花发展。2014 年，全省文化创意和设计服务类项目共计 74 个，计划总投资 125.8 亿元，完成投资 24.5 亿元；对外文化贸易累项目共计 10 个，计划总投资 8.5 亿元，完成投资 4.6 亿元；文化与旅游深度融合类项目共计 305 个，计划总投资 831.7 亿元，完成投资 191.9 亿元；文化与金融合作类项目共计 48 个，计划总投资 40.1 亿元，完成投资 13.2 亿元。

（五）地方特色文化产业发展建成体系

兰州市 2014 年实现文化产业增加值 51.30 亿元，比去年同期增加 10.24 亿元，占全省总量的 38.6%。天水市着重打好文化与旅游深度融合牌，加大基础设施建设和项目规划，累计规划建设一批高精项目，为天水文化产业发展奠定了基础。嘉峪关高度重视招商引资工作，积极引进深圳华强这一国内知名文化企业。定西市狠抓平台建设，加快建设临洮“休闲之都、水岸之城”、通渭悦心国际书画城等项目，有效改善当地文化产业结构。酒泉市重点围绕丝绸之路（敦煌）国际文化产业博览会筹备召开，结合敦煌国际文化旅游名城建设，不断加大招商引资力度，引进一批高水平的产业项目，为丝绸之路（敦煌）国际文化产业博览会的顺利召开夯实基础。庆阳市加快推进香包、刺绣、皮影等劳动密集型文化产业的升级换代，形成全产业链发展的新格局，在发展速度、从业人数、机构数等方面有较大幅度提升。张掖市加强文化与旅游、生态等深度融合，全面开展招商引资，在招商引资额、机构数等方面取得大幅度的提升。

（六）文化市集建设助力文化消费

文化集市依托甘肃省民间民俗手工艺生产加工资源和农村富余劳动力资源，建立集民间手工艺产品研发、生产加工、产品展销、人才培养、电子商务为一体的劳动密集型文化产业体系。截至 2014 年年底，已经成立定西、天水等 6 个分公司和 3 个集市，初步搭建起以飞天文化集市商贸有限公司及其分公司、基层购销网络为主体的运营体系。以民间民俗手工艺品为生产对象，以广大手工艺农民为主体，组建了一批专业化的生产基地。2014 年 9 月，成功举办首届“甘肃省文化集市”，实现销售额 392 万元，有 20 多个国家和地区参加，文化

集市的影响力和社会知名度不断提升。

（七）重大项目建设取得突破性进展

在项目建设方面，全省在建项目个数 474 个，其中本年新开工项目 204 个，截至 2014 年年末，竣工投产项目共计 159 个；共完成项目投资 363.23 亿元，其中新开工项目完成投资 165.17 亿元。丝绸之路文化旅游小镇、嘉峪关华强文化科技产业基地、飞天高新绿色印刷园等一批重点项目已经相继开工，进展顺利。2014 年，全省投资规模在 1 亿元以上的开工建设项目有 95 个，这些项目建成后将极大提升华夏文明传承创新区的建设品位。据初步统计，截止到 2014 年年底，华夏文明传承创新区共储备重大建设项目 1774 个，规划总投资超过 6000 亿元，涵盖文物保护、非物质文化遗产保护、公共文化服务体系建设、文化产业发展等十三个板块，为全省实施重大项目带动战略，推进华夏文明传承创新区建设提供新的引擎。

二、2014 年文化产业各行业发展基本情况

（一）新闻出版广电业

2014 年 1 月至 10 月，全省新闻出版广电产业实现营业收入 38.42 亿元，较 2013 年同期增加 8.13 亿元，增长 26.84%。申报各类产业项目 24 项，争取专项资金 1176 万元。新建县级城市数字影院 8 个、影厅 21 个，全省县级城市数字影院总数达到 18 个、影厅 49 个，城市数字影院总数达到 57 个、影厅 254 个。截至 10 月底，全省城市电影票房收入累计达到 2.16 亿元，同比增长 48.5%。成功举办第三届中国·嘉峪关国际短片电影展。

1. 行业管理规范有序

2014 年，全省共审读报纸 56 种、期刊 131 种、图书 356 种、电子音像出版物 16 种，组织监听监看全省广播电视自办栏目 45 档，普查全省门户网站 2000 多个。完成对报刊、驻甘报刊记者站、连续性内部资料和印刷发行企业的年度核验，缓验报纸 2 家、期刊 2 家、驻甘报纸记者站 2 家，注销报纸 3 家、期刊 3 家、驻甘报纸记者站 2 家、连续性内部资料 3 家，对 25 家违规印刷发行企业依法给予行政处罚。向省委常委会汇报全省“扫黄打非”工作情况，制定《甘肃省“扫黄打非·2014”专项行动方案》，严厉打击互联网有害信息为主要任务的“扫黄打非·2014”专项行动，全年共查办非法出版物案件 19 起。组织开展集中清理整治非法卫星地面接收设施专项行动，收缴、置换非法卫星电视接收设施 4900 套。大力整治虚假违法医疗药品、医疗器械、保健食品广告及违法违规购物短片广告，集中清理了网上暴恐音视频和网站色情低俗网络剧、微电影。

2. 精品创作成效显著

深入挖掘全省独具特色的历史文化资源，大力实施精品创作工程，取得了丰硕成果。数字电影《甘南情歌》荣获中宣部“五个一工程”奖和第十四届电影百合奖优秀故事片奖一等奖。《甘肃青海四川民间藏文苯教文献》作为国礼，在李克强总理访问英国时赠予了牛津大学波德林图书馆。制定印发《甘肃省影视剧品牌建设规划纲要（2014—2016 年）》和《甘肃省电影精品创作资金管理办法》，加大扶持力度，打造影视精品。《腊月的春》作为首部反映全省双联行动题材的电影故事片，在全省 50 家影院进行了公映。《卓尼土司》《红盾先锋》等优秀影片也获得广泛好评。完成《丝路花雨》《北上·长征在哈达铺》《帝国的黎明》等 11 部纪录片的制作和播映。其中，《敦煌伎乐天》荣获 2013“CCTV 年度大奖”、第 19 届中国纪录片长片好作品奖、第 9 届巴黎中国电影节纪录片单元奖、华鼎奖中国最佳纪录片奖；《探秘东亚最古老的部落》在 2014 年第 8 届“纪录·中国”评奖活动中获奖；推荐《北上·长征在哈达铺》《探秘渭河源》《奔跑吧，兰州》等 7 部纪录片参加国家新闻出版广电总局推优评选。积极筹备《凉州会盟》《大崆峒》《木钵镇上的留守男人》等 20 部纪录片的摄制工作。

3. 古（典）籍整理出版取得阶段性成果

认真履行牵头部门职责，专门成立了古（典）籍整理出版工作小组，建立了古（典）籍整理出版工作联席会议制度，成立了文溯阁《四库全书》复制保护及影印出版项目组、敦煌遗书整理出版项目组、秦汉简牍整理出版项目组、拉卜楞寺藏古籍文献整理出版项目组和张掖大佛寺藏古籍整理出版项目组。根据《华夏文明传承创新区古籍整理板块分方案》确定的目标任务，制定了具体实施意见，进一步明确了牵头单位和责任单位职责，细化分解了各项工作任务。截至 10 月底，共整理出版古籍图书 278 种（册）。其中，珍贵古（典）籍文献整理出版工程方面：读者出版传媒股份有限公司编制了《〈四库全书〉数字化复制保护及影印出版可行性方案》，出版了《四库研究书系》《天水放马滩秦简集释》《敦煌马圈湾汉简集释》等 21 种（册）。哲学宗教文献出版工程方面：出版了《西夏学研究文库》《中国西北宗教文献丛书》等图书 56 种（册）。甘肃历史文化出版工程方面：出版《藏族民间口传文化汇典》《藏族苯教医典》等图书 201 种（册）。

4. 惠民工程扎实推进

坚持以农村和基层为重点，深入全省 14 个市州开展大调研活动，加快构建覆盖广泛、城乡一体的新闻出版广电公共服务体系。农家书屋工程方面，制定《关于加强农家书屋建设管理使用工作的意见》，积极协调有关部门落实出版物补充更新资金，完成全省第一批 137 个藏区藏传佛教寺庙书屋建设任务和 129 个非藏区藏传佛教寺庙书屋建设前期摸底工作。全民阅读工程方面，借助“书香陇原”全民读书月活动平台，大力推动全民阅读活动，全省 27 个家庭荣获国家新闻出版广电总局首届“书香之家”称号。村村通户户通工程方面，在巩固工程建设成果、广泛调查研究的基础上，起草了广播电视村村通户户通工程长效运维实施方案和监管方案，举办了全省村村通和户户通工程售后服务培训班。2014 年以来，为全省户户通用户更换故障设备 12763 台，确保了农民群众收听收看广播电视节目。无线覆盖工程方面，完成 10 个基层台站发射机及附属设施的补充建设，新建广播电视监测点 26 个，对 15 个监测点设备进行了更新改造。积极争取国家新闻出版广电总局将华池县南梁镇转播台纳入农村中央广播电视节目无线覆盖工程范围并解决了建设资金。西新工程方面，完成了西新工程四期 5 个新扩建实验台的评估验收和西新工程五期中央台藏语广播节目调频覆盖设备安装工作，开办了甘南州藏语广播频率，完成了西新工程五期夏河博拉实验台选址征地工作。农村电影放映工程方面，会同省财政厅印发了《甘肃省农村电影固定放映点建设规范的通知》，已建成固定放映点 72 家，正在建设的 158 家。更新农村电影放映设备 300 套。今年累计放映农村公益电影 19.67 万场（次），观众达到 1946 万人（次）。

（二）文化旅游业

打造敦煌国际文化旅游名城是甘肃省委、省政府立足国家丝绸之路经济带建设构想、推动华夏文明传承创新区建设做出的重大战略部署。《敦煌国际文化旅游名城建设发展规划纲要》于 2014 年 3 月由省政府正式发布实施。同时，省政府出台支持敦煌名城建设若干政策意见和省直部门任务分解方案，领导小组办公室先后 5 次召开调度会，督促和推动省直厅局包抓包挂的 49 个项目全面完成 9 项，38 项取得实质性进展。丝绸之路（敦煌）国际文化博览会方案申报取得重大进展，国家级文化产业示范园区在公示，国家级旅游综合改革试验区实施方案通过省旅游产业领导小组评审，国家级生态文明建设示范区规划通过省环保厅审查，《敦煌历史文化名城保护条例》被省人大列入 2015 年立法程序。申报国家级现代农业示范园区获农业部同意。敦煌文化发展投资基金已完成名称核准，丝路文化产业基金已进入审核阶段。《鸣沙山月牙泉风景名胜区重点区域详细规划》7 月底获国家住建部批准，积极与华龙证券、进出口银行等金融机构开展融资战略合作。

2014 年，敦煌全市在建亿元以上文化旅游项目 33 个，总投资 260 亿元，实现续建项目和新建项目投资规模“双百亿”目标。截至 10 月底，仅文化旅游产业聚集区的龙行九洲、天赐一秀、华夏大酒店、中医养生园等项目就完成投资 25 亿元。敦煌学院建设完成了基础设施改造提升、基础教育规划布局等工作，与省内 3 所高校建立了战略合作关系。敦煌自然历史文化资源保护利用、智慧城市平台、世界敦煌学中心、博物馆聚落等战略工程顺利推进。“飞天”云计算中心建成运行，十一个重点行业智慧项目建设全面启动。敦煌被列入全国信息惠民示范城市。另外，敦煌市已经被列入全国和全省新型城镇化综合试点城市、国家水生态文明试点城市、全国生态文明示范工程试点城市、全国防沙治沙示范区，初步聚合起名城建设的政策叠加优势。

（三）文化会展业

第三届国际文化产业大会暨第七届甘肃省文博会于 2014 年 10 月 9 日至 10 月 11 日在兰州和敦煌举办。本届大会由文化部、中国国际贸易促进委员会、甘肃省人民政府作为支持单位，甘肃省委宣传部、中国国际贸易促进委员会甘肃省委员会、亚太总裁协会主办，省教育厅、省新闻出版广电局、省文化产业发展集团具体承办，并由省直有关单位和各市州人民政府联合协办。

大会以“丝绸之路沿线国家的文化合作与发展”为主题，由国际文化产业大会、重点项目发布及签约仪式、文化沙龙暨文化产业合作会议、展示交易、产业考察、舞剧《丝路花雨》演出以及首届“我的手艺”大学生设计大赛等多项活动组成。以及来自 60 多个国家和地区的政府官员、相关组织协会的负责人、公司高管和专家学者，149 家国外文化企业代表，共 500 余名国际嘉宾出席当天开幕式。

大会在甘肃国际会展中心设主展馆和交易区，12 个丝绸之路沿线国家和 149 个国外文化企业组团布展。同时设甘肃省博物馆、兰州创意文化产业园、敦煌研究院和敦煌市 4 个分会场。大会参展人数和规模比前两届有大幅提升。大会期间，参观展览人数近 10 万人，各会场现场展览交易额近 3000 万元，共签约重大文化项目 108 个，签约金额 485.76 亿元，均创历史新高。

·青海省·

2014年，全省立足实际，着眼长远，积极探索，勇于实践。全省文化产业获得长足发展，文化产品和文化服务的供给能力明显提高，文化发展活力进一步增强。总体实力、政策措施、基地（园区）、优势行业、文化走出去等方面取得了显著成绩。

一、2014年文化产业发展总体情况

（一）完善政策措施，营造良好政策环境

2014年，省委、省政府出台《关于加快文化改革发展建设文化名省的意见》《关于促进青海省文化改革发展政策措施的意见》《关于实施“十二五”文化建设“八大工程”的意见》等政策措施。与省旅游局、省广播影视局、省体育局联合出台《关于促进青海文化与旅游融合发展的若干意见》。另外，《文化部“十二五”时期文化改革发展规划》《文化部“十二五”时期文化产业倍增计划》，将特色文化产业发展、“藏羌彝文化产业走廊”列为国家重点工程，文化部、财政部发布《藏羌彝文化产业走廊总体规划》，23个项目纳入规划建设，首轮重点项目征集中全省4个特色文化产业项目、7个藏羌彝文化产业走廊项目列入国家重点项目。

（二）加强市场监管，规范文化市场管理

2014年，全省扎实开展“清源”“秋风”“净网”“固边”“清理整治校园周边出版物市场”等“扫黄打非”及文化市场管理专项行动。全省共出动文化市场综合执法人员47782人（次），对38065家（次）文化经营单位进行了检查，查处545家（次）违规经营单位，其中警告442家次，停业整顿95家次，吊销经营许可证8家。查缴各类非法出版物及宣传品7.8万件，删除网络有害信息1.1万条，取缔游商摊点298个；查办涉藏反动出版宣传案件5起、网络淫秽色情违法案件13起、销售非法报刊案件1起、销售侵权盗版出版物案件1起，查处违规印刷企业2家，处理违法犯罪人员30名。全面推进文化市场技术监管与服务平台建设，完成全省1778家文化经营单位的数据采集及平台试点上线工作，上线地区均能够运用平台开展文化市场行政审批与文化市场综合执法工作。审批各类涉外涉港澳台演出活动17次，新增演出经纪机构1家，网络文化经营单位1家。选派基层执法人员29人次“走出去”参加各类培训班。举办两期400余名执法人员参加的全省文化市场综合执法培训班。

（三）实现多元投资，促进产业健康发展

2014年，省金融办出台《关于金融支持文化产业振兴和发展繁荣的指导意见》，省工商局出台《关于支持文化产业市场主体发展的意见》。省政府与国家开发银行共同签署《支持青海省文化产业发展的合作备忘录》。与建行青海省分行、中行青海省分行、农行青海省分行、国家开发银行青海省分行签署金融支持青海文化产业全面战略合作协议，进一步加大金融支持文化从产业发展的力度。2014年，国开行、农行、建行、中行等各银行累计发放文化产业贷款32.2亿元，省财政累计投入文化产业扶持资金近2亿元，扶持小微文化企业发展。

（四）完善公共文化服务，惠民工程卓有成效

2014年，全省累计投资约4.25亿元，实施8项公共文化设施建设和文化惠民服务项目。其中，投资350万元，建成140个乡镇文化站公共电子阅览室；投资833.8万元，更新补充全省4169个行政村农（牧）家书屋的图书；投资2000万元，实施404个行政村文化“进村入户”工程；投资475万元，为21个连片贫困地区县级公共图书馆各配发流动图书车1辆；投资14004万元，实施藏区22个县级文化馆、图书馆建设改造项目；投资13900万元，启动实施藏区530个行政村（牧委会）文化活动室建设项目；省级“三馆”建设累计完成投资1.1亿元。落实“三馆一站”免费开放资金3614万元，全省“三馆一站”免费开放绩效考评中，10个文化馆、10个图书馆考评为优秀。

2014年，全省各级文化馆业务人员深入社区、农村、部队、学校、企业等基层单位，开展了各类重要文化活动辅导和文艺节目编排，开展了新春音乐会、春节社火、元宵灯会、广场歌舞、文化科技卫生三下乡、欢乐乡村等一系列群众喜闻乐见的文化活动，进一步丰富了全省群众精神文化生活。组织“我们的中国梦——文化进万家原创文艺作品”征集活动，启动全民阅读暨“世界读书日”宣传活动。与广东、陕西、天津文化厅（局）、中国艺术研究院、中国煤矿文工团和中央民族歌舞团共同开展2014年“春雨工程”——全国文化志愿者边疆行活动。

（五）争取专项资金，加强文化遗产保护

2014年，全省争取国家文物保护资金2.25亿元。玉树4处全国重点文物保护单位灾后抢救保护修缮工程验收并交付地方管理。新寨嘉那嘛呢震后总体抢险修缮

工程。可移动文物普查工作完成全省国有收藏单位和县级以上文物保护单位、宗教活动场所文物收藏情况调查，对15家收藏单位的4741件（套）藏品进行认定，喇家国家考古遗址公园完成考古发掘3000平方米。全省4个传统村落整体保护利用工作已完成1个村的保护发展规划和技术方案编制。塔尔寺、隆务寺、保安古屯田寨堡古建筑群等全国重点文物保护单位的维修、安防、消防等设计方案获得国家文物局批准，开始实施。完成热水墓群考古发掘、唐蕃古道考古调查、玉树田野考古试发掘等工作。国家公布第四批非物质文化遗产名录项目，青海省9个项目名列其中。评选公布第三批省级非物质文化遗产项目代表性传承人99人。举办第九个“文化遗产日”青海主会场暨“河湟皮影戏”展演活动。圆满完成中国非物质文化遗产年俗文化展示周、中华巧艺——中国（深圳）非物质文化遗产百项技艺联展、中国非物质文化遗产保护出版成果展、第五届西部非物质文化遗产展、第20届鲁台经贸会“海峡两岸非物质文化遗产联展”、首届“丝绸之路国际文化节”等对外宣传展示交流活动。文化部正式批准设立格萨尔文化（果洛）生态保护实验区。

（六）重视人才培养，人才建设初具规模

2014年，全省加大文化人才培训力度，厅系统培训行业行政管理人员、专业技术人员、农牧民文化技能人才共9983人（次）。其中，厅机关组织举办各类培训班54期，培训人数2359人（次）；厅属单位举办各类培训班91期，培训4535人（次）；举办“三区”人才支持计划文化工作者专项实施计划培训班47期，培训3007人（次）；选派人员参加省内外有关部门举办的各类培训班，参训人员82人（次）。争取到2014年度“三区”人才支持计划文化工作者专项经费2309万元（2015年实施）。评定第三届青海省工艺美术大师5名，青海民间工艺大师18名，青海民间工艺师138名。优秀人才和领军人才工作取得新进展，8人被评为省级“四个一批”拔尖和优秀人才，3人被评为全国新闻出版行业领军人才，1人被评为青海省优秀专业技术人才，1人被评为青海省优秀专家。

（七）建设产业园区，促进产业发展

2014年，全省规划建设的27个文化产业基地（园区）全部开工建设，总投资达105个亿，已完成投资33.9亿元。海南州藏文化创意产业园、贵南藏绣艺博园、青海昆仑玉博物馆、塔尔寺文化旅游景区提升工程、互助土族文化产业园、贵德黄河生态文化旅游基地等工程主体已完工，并开始运营。国家藏羌彝文化产业走廊总体规划涵盖全省西宁、海东及6州的30县（市），共规划56个文化产业项目，总投资47.2亿元。西宁生物园区博物馆群等10个园区建成并投入运营；海晏王洛宾音乐体验基地等6个园区基本完工或试运营；西宁城南文化产业聚集区等11个园区正抓紧主体施工。全省国家文化产业示范基地达10家，省级文化产业示范基地（单位、园、户）78家。

（八）加强对外文化交流，走出去成效显著

2014年，先后组织省内802家（次）文化企业及单位参加中国（深圳）国际文化产业博览交易会、北京文化创意博览会、中国西部文化产业博览会、中国工艺美术大师作品展和海峡两岸文化产业博览交易会，累计销售收入过亿元，签约、订货金额突破10亿元。先后组织40多家文化企业、单位携民族工艺品、民族演艺节目等赴贝宁、荷兰、墨西哥、新西兰、澳大利亚、菲律宾、韩国、马耳他、越南等10多个国家进行展示、交流。青海藏羊地毯（集团）有限公司、青海伊佳民族服饰有限公司已成为文化产品出口龙头企业。组织文化企业赴贝宁、马耳他、蒙古、韩国、越南等20个国家和港澳台地区进行产业展示、交流。唐卡、乐乐玛藏式编织、缘汇木雕、藏绣、藏饰品、玉树黑陶、掐丝画等产品也出口到美国、瑞典、意大利、蒙古、印度等国家和港澳台地区。青海藏羊地毯（集团）有限公司、青海伊佳民族服饰有限公司列为文化部文化产品出口重点企业，分别获文化部出口奖励94万元、70万元。循化黄河石艺画在韩国设点销售已经达成协议。圆满完成青海藏族歌舞团赴美国“欢乐春节”演出任务，在日本东京举办历时1个月的中国文化日《印象青海——唐卡艺术展》，在东京和藤泽市演出民族歌舞6场。在法国巴黎中国文化中心举办《大美青海・美丽玉树图片展》，在南锡市举行青海藏族歌舞团演出活动。参加韩国“2014多彩民族风——中韩缘文化节”，赴阿尔及利亚开展访问演出活动，在阿尔及尔等3个城市巡回演出5场。举办第七届青海国际“水与生命”音乐之旅主题音乐会，阿尔及利亚国家交响乐团应邀来青演出。青海藏羊地毯（集团）有限公司、伊佳民族服饰有限公司、循化博艺旅游文化有限公司等文化企业的产品出口至英国、马来西亚、印度尼西亚、朝鲜、美国、日本、阿联酋、埃及、沙特阿拉伯、巴基斯坦等国家，出口额达3154万美元。

二、2014年文化产业各行业发展基本情况

（一）广播影视业

2014年，全省出版发行原创电视艺术片《美丽青

海湖》，藏汉双语5集动画连续剧《藏羚羊》，民族语课件《藏文诗学》。强化市场品牌建设，一批有市场竞争力，内容健康、大众喜闻乐见、节目品质高的音像制品充实市场，特别是旅游市场。2014年内旅游销售市场已发展到5个，为提升音像制品市场发行效益奠定了良好的基础。项目建设方面：完成了国家文化信息资源共享工程项目31集人文纪实电视系列专题片《热贡艺术》前期拍摄、搜集资料工作，完成青海湖旅游集团有限公司17部游艇宣传片拍摄制作工作，以及青海湖管理局旅游宣传片《中国最美的青海湖欢迎您》的剪辑制作及沙岛旅游宣传片《畅游沙岛》的剪辑制作。完成了省厅《青海文化改革发展的足迹》《国家藏羌彝文化产业走廊项目青海沿线重点项目》《青海藏传佛教艺术精品展》《泼墨青海》《青海湖国际诗歌节》《青海旅游文化节》等节目的拍摄制作工作。还完成了企业宣传片《礼赞诺蓝杞》的拍摄、剪辑制作工作。完成青海省“文化进村入户”及“乡镇综合文化站”工程项目，并就该项目的配送一并完成了《三国演义》等共5部藏语动画片面向全省510个村和乡镇文化站进行了免费推广工作。

（二）新闻出版业

2014年，全省共出版图书424种、音像电子出版物26种，其中26种汉、藏文图书获奖。《藏汉双语知识启蒙丛书》《玉树生死书》《青海之书》等25种重点图书面世。策划和申报社会主义核心价值观主题出版等9类出版项目41种（次）。《马背上的经幡》等5种图书获省第十届精神文明建设“五个一工程”奖，《浅蓝色的时光》《出门人与守望者之歌》等12种图书获青海省第七届文学艺术奖。进一步加强全省印刷复制发行监管工作，举办第四届全国印刷职业技能大赛青海分赛区的比赛。加强中小学课本出版发行工作，开展了全省中小学校教辅材料专项整治。版权工作进一步加强，督促完成个别政府机关软件正版化检查整改工作，推进企业软件正版化检查整改工作。组织开展了全省打击侵犯知识产权和制售假冒伪劣商品专项行动和打击网络侵权盗版“剑网2014”专项行动。全年登记著作权作品共31件，提供版权咨询与服务30余人次。

（三）演艺业

2014年，全省共有国有文艺院团11家，文化类社会组织87家，民办非文化单位85家，社会团体13家，民营演出团体18个，民营演出经纪机构7个，文化市场经营单位1341家，从业人员6700人。《藏舞京典》《环球梦之旅——世界风情歌舞》、京剧《藏羚羊》、民族歌舞剧《热贡神韵》《风从青海来》《中国撒拉尔》《碧海云天金银滩》等剧目逐步实现商业化演出。组织开展以“中国梦”为主题的文艺创作活动，全年创作大型剧目7台。省演艺集团新创反映青藏公路建设的现代京剧《七个月零四天》参加第七届中国京剧艺术节；改编复排优秀剧目《中国撒拉尔》在全国巡演；平弦戏《未婚妈妈》参加首届丝绸之路国际艺术节和西北五省区秦腔艺术节，分别获得优秀演出奖和优秀剧目奖。西宁艺术剧院有限公司编排的文旅融合剧目《古道传奇》演出67场，《草原之子》在青海省首演后赴山东演出，玉树州民族歌舞团创编的《爱情的证悟》搬上舞台。全省各专业艺术院团共完成演出1237场，观众202万人次。省演艺集团与青海大剧院在学生寒暑假期联手举办“打开音乐之门——儿童互动音乐会”。

（四）动漫游戏业

2014年，全省重点推进五集连续剧《藏羚羊》和《十分开心》（20集）两项原创动画连续剧的编创工作。《藏羚羊》已全部制作完成并出版发行。青海方言系列动画短剧《十分开心》已完成前10集的动画制作，在制作过程中，逐步完善人物造型库，完成主角人物造型188个，完成人物表情库312个。民族语译制方面，共译制完成《黑猫警长》（上、下集）、《马兰花》（上、下集）、《藏羚羊》（五集）三部动漫节目计9集240分钟。动漫连续剧《中华弟子规》60集1500分钟，已完成了脚本翻译，并完成了60%的配音录制工作，年内将全部完成。完成2013年国家数字视频资源征集的收集、整理及申报工作。现已确定征集藏语视频资源30多部1300分钟。

（五）艺术品与工艺美术业

截至2014年年底，全省工艺美术产业销售额达到23.29亿元，工艺美术行业企业达到3103家，从业人员10万余人。藏文化艺术、藏毯、金银首饰、昆仑玉雕已成为工艺美术四大支柱。唐卡、昆仑玉、藏毯、民族刺绣、石雕等传统工艺美术实现产业化生产，工艺美术企业示范引领作用日益扩大。热贡艺术成为国内知名文化品牌，同仁县被中国工艺美术协会命名为“中国唐卡艺术之乡”，海南州和贵南县分别被中国工艺美术协会命名为“中国藏绣艺术之乡”和“中国藏绣生产基地”。

（六）文化旅游业

2014年，全省推进文化旅游深度融合，实现演艺剧目、非遗剧目、图书光盘、特色文化产品进景区，丰富景区文化内容，提升旅游业文化内涵。全省66个3A级以上景区中，有34个景区引进“非遗”项目及民间艺人的产品展示、销售。《藏舞京典》《藏羚羊》《热贡神韵》《古道传奇》等剧目逐步实现商业化演出。藏羌彝文化产业走廊，自古以来就是众多民族南来北往，繁衍迁徙和沟通交流的重要通道。国家《藏羌彝文化产业走廊总体规划》涵盖青海省西宁、海东及6州的30县（市）的61个文化产业项目，总投资85.48亿元。《青海省文化产业发展规划（2012—2020年）》《藏羌彝文化产业走廊（青海片区）发展规划（2014—2020年）》，指导全省及藏区文化产业发展。2014年度中央文化产业发展专项资金对全省5个藏羌彝文化产业走廊重点项目支持1920万元。

（七）文化会展业

2014年，青洽会、青海文化旅游节、中国（青海）藏毯国际展览会等成为文化产品对外展示的重要窗口。贵德黄河文化旅游节、门源油菜花文化旅游节、格尔木中国盐湖城文化旅游艺术节等区域性节庆活动对地方社会经济发展的拉动作用明显。“十二五”期间，先后组织近1000家（次）文化企业参加深圳、义乌、西部（西安）、厦门、北京、甘肃文博会及中国—东北亚博览会等展会，文化产品销售收入达4513万元，订货1.3亿元，签约意向性协议资金13.92亿元。组织省内50多家文化企业（单位）携民族工艺品、民族演艺节目赴贝宁、马耳他、蒙古、韩国、越南等20个国家和港澳台地区进行产业展示、交流。文化产品行销海外。在藏毯、民族服饰出口的基础上，唐卡、乐乐玛藏式编织、缘汇木雕、藏绣、藏饰品、玉树黑陶、掐丝画等产品也出口到美国、瑞典、意大利、蒙古、印度等国家和港澳台地区。工艺美术大师陆续走出国门，进行民间文化交流。

·宁夏回族自治区·

2014年，全区共有文化产业法人单位3200家，文化企业1736家，其中规模以上的文化企业67家（年产值在2000万元以上），文化产业个体户9100家，从业人员15万人，自治区级以上非遗传承示范户179家。2014年，全区实现文化产业增加值67亿元，占GDP比重为2.44%。

一、2014年文化产业发展总体情况

（一）通过实地调研完善产业规划编制

2014年对全区文化产业发展情况进行深入调研，形成《全区文化产业发展调研报告》，制定出台《宁夏回族自治区文化产业示范户评选命名管理办法》，修改完善《宁夏回族自治区文化产业示范基地管理办法》等政策文件；汇编国家、自治区有关加快文化产业发展的《文化产业政策汇编》；组织专家开展《宁夏丝绸之路文化产业带规划》的编制工作；建立《宁夏文化产业重点项目库》和《宁夏文化产业企业库》，建立文化产业工作机制。自治区财政厅、国税局、地税局相关处室建立全区动漫企业认定工作机制，建立宁夏文化产业专家咨询委员会。

（二）社会资本助力文化产业发展

2014年，银川、吴忠、石嘴山等市出现一大批来自四川、福建、青海、内蒙古等外省区企业转型投资文化旅游产业。主要有宁夏建成农林开发有限公司总投资278亿元的永宁三沙源国际生态文化旅游及休闲度假园、宁夏容胜文化实业有限公司投资65亿元的金茂文化旅游产业园、宁夏德龙酒业有限公司总投资30亿元的十万亩有机葡萄生态产业园、宁夏玺月旅游文化产业投资有限公司总投资2.8亿元的贺兰山·1958主题创意休闲区、宁夏天源达实业集团公司总投资2亿元的金山生态产业园、北京中基浩泰公司投资25亿元的星海银河文化旅游景区整体开发工程、宁夏江宁实业有限公司投资4.9亿元建设的石嘴山奇石文化城项目、内蒙古祥泰实业集团有限公司投资44亿元建设的星海湖欢乐世界主题公园项目、亚洲最大的伊斯兰民族服饰用品生产企业青海伊佳布哈拉集团有限公司投资20亿元的宁夏伊佳民族服饰生产项目，总投资90亿元的西部百万级新经济服务产业园宁港·财富中国项目。

（三）园区建设提升产业集约化水平

2014年，全区各市县（区）明确发展的文化产业园区（基地）40个，国家级文化产业示范基地6家，试验园区1家，自治区级文化产业示范基地36家，示范户37家，自治区级文化产业特色村镇5个，产业规模不断增长，文化产业呈现出快速发展的态势。2014年8月开展首批自治区级文化产业示范园区、示范户和文化产业示范基地的评选命名工作，通过积极争取财政部门的支持，对首批命名的4家园区、13家基地、37家示范户分别给予25万、10万、2万元的奖励支持；为全区争取文化部命名第六批国家级文化产业示范基地2家。确定中国（吴忠）回乡文化产业示范园、西夏文化创意产业园、永宁三沙源国际生态文化旅游新城、银川新经济产业园、贺兰山·1958主题创意休闲区、

宁夏海原回族文化产业园 6 家园区（基地）为文化厅 2014 年培育、扶持的文化产业园区（基地）。中国（吴忠）回乡文化产业示范园、西夏文化创意产业园、永宁三沙源国际生态文化旅游新城、银川新经济产业园、贺兰山·1958 主题创意休闲区、宁夏海原回族文化产业园分别培育命名为自治区级文化产业示范园区、基地。

（四）扶持重点项目和市场主体，文化产业带动作用显现

2014 年 4 月向文化部推荐上报 2014 年度宁夏特色产业项目 6 个，5 月向财政部、文化部推荐上报中华回乡文化园二期开发、《宁夏花儿美》演艺进景区、西夏文化创意产业园建设、中国回族手工艺村 4 个项目申报中央文化产业专项资金扶持；向文化部先后分六批推荐 15 名动漫创意人才进行高级研修班学习。2014 年认定动漫企业 2 家，审核换证 3 家，首批享受工业用水、用电的文化企业 103 家，申请培训经费 55 万元，争取自治区级示范园区、基地、示范户的奖励扶持资金 304 万元。争取特色文化产业项目扶持资金 270 万元，全年共争取自治区文化产业专项资金 864 万元。各市县区民营文化企业得到较快发展，经营范围、规模和影响力不断扩大。如吴忠市万缇妮回族服装有限公司、盐池县恒纳手工地毯公司、平罗县盛夏文化产业有限公司、隆德三禾文化有限公司等民营文化企业快速发展，发挥了集聚效应。

（五）搭建服务平台，积极为文化企业服务

搭建融资平台、产品交易平台和企业发展平台。协助人民银行银川支行出台《宁夏“五优化两对接”普惠金融工程实施方案》和《加强金融支持科技与文化产业发展的指导意见》，进一步加大贯彻文化部、财政部、中国人民银行《关于深入推进文化金融合作的意见》，落实文化旅游产业种子基金 25 个项目 7.6 亿元，为回乡实业有限公司等 17 家文化企业发放文化产业贷款 5.78 亿元。认真组织第七届西部文博会和第九届中国（北京）文化创意产业博览会宁夏展团相关活动，组织了 25 家企业 50 个文化产品和 10 个民族歌舞表演在现场展览展演，为两个文博会营造氛围，为全区文化发展增光添彩；为第十届深圳文博会和香港（宁夏）经贸文化窗口组织近 30 个文化产品进行展览展销活动。完成了 5 个国家级文化产业园区（基地）的巡检工作和 3 家动漫企业的年检工作，组织两家动漫企业和 8 家动漫企业作品分别参加文化部组织的第二届政府动漫奖和社会主义核心价值观动漫奖的评选工作。

二、2014 年文化产业各行业发展基本情况

（一）电影业

2014 年，全省农村电影放映工程扎实推进。截至 2014 年 9 月 30 日，全区共放映农村电影 40838 场，完成全年 4 万场任务的 102.10%，自 2009 年农村电影列为全区民生计划以来，连续 6 年提前超额完成年度放映任务。全区农村电影放映的质量、效益明显好于往年，观影人数有所增加，群众满意度明显提升。

（二）动漫业

2014 年，全区共有 30 家从事动漫游戏的企业，经文化部等相关部门认定的动漫企业有 5 家，分别是：宁夏新科动漫有限公司、宁夏荧屏天天动漫有限公司、银川高新区幻影重工科技有限公司。2014 年由宁夏文化厅、财政厅、国税局、地税局等 4 厅局建立宁夏动漫企业认定初审管理机构。2014 年宁夏盛天彩数字科技股份有限公司、银川育星达科技有限公司通过初审向文化部申请认定为动漫企业。2014 年共计选派 30 多人动漫人才参加文化部举办动漫人才培训班。主要作品有宁夏新科动漫有限公司《马兰花动漫广场》《薯仔历险记》《启蒙星》；宁夏荧屏天天传媒广告有限公司电影《斗爱》、动画片《不周山传奇》；银川高新区幻影重工科技有限公司 52 集原创动漫《糖果棒棒》；银川育星达科技有限公司《英语多媒体交互培训系列 V1.0》；宁夏盛天彩数字科技股份有限公司漫画《控制自然》《华雄斗火龙》《玄青影》；宁夏网虫信息技术有限公司《宁夏网虫棋牌游戏》；宁夏飞通科技有限公司《公众安全宣传教育动画系列》；银川红樱桃文化传媒有限公司《枸杞娃娃历险记》；银川梦想动漫有限公司《设计夫妻》；宁夏嘉润文化传播有限公司《财富乐园》等。2014 年，新科动漫有限公司全年总收入 2300 万元，荧屏天天传媒广告有限公司全年总收入 980 万元。

2014 年 8 月 9 日至 10 日，由银川 iBi 育成中心、银川日报社主办，银川新闻网、宁夏银网传媒有限公司承办的“ 2014 宁夏银川动漫产业展 COSPLAY 大赛”盛大启幕。本届动漫展主要内容包括主题互动娱乐、电子竞技、动漫教学、现场涂鸦、Cosplay 大赛等多项活动，力求打造出一个“全龄化”的动漫盛会。

（三）文化旅游业

自治区统计局和自治区旅游局联合开展的国内游客抽样调查显示，2014 年前三季度，全区国内旅游市场稳步增长，接待国内游客 1350.88 万人次，同比增长 11.7%； 实现国内旅游收入 111.78 亿元， 同比增长 17.5%，旅游业总体运行平稳。相比 2005 年与 2010 年，

2014 年前三季度宁夏旅游从业人员分别是其 2.5 倍和 1.67 倍，旅游业收入分别是 6.32 倍、1.65 倍，接待人数分别是 3.14 倍、1.32 倍，现有 A 级景区数量分别是 5.14 倍、1.13 倍，星级饭店数量分别是 2.13 倍、1.65 倍；旅行社数量分别是 1.36 倍和 1.22 倍，旅游业规模明显扩大。

随着旅游规模不断扩大，全区演艺业、博物馆、月亮也、餐饮业、民间非物质文化遗存等不断与旅游业融合，文化旅游业态逐渐增加。一是《月上贺兰》《回乡婚礼》《西夏之恋》《多彩吴中》等独具特色的文化旅游项目在沙湖、沙坡头、回乡文化园、西夏城等重点景区演出。二是以博物馆和文化园为载体的观光研学使得文化与旅游有机融合、相得益彰，黄河搂、黄河坛、贺兰山东麓葡萄文化旅游长廊等文化旅游产品相继建成。三是一批民间艺术绝活、纺织工艺、刺绣工艺、剪纸工艺、皮影戏、西夏文书法艺术表演等非物质文化遗存加速游产业融合。四是吸引来自区内外多家企业重金投资。除沿黄经济区的建设带动一大批重大投资项目以外，从行政区划角度来看，各市区都启动了旅游类招商引资项目，带动大规模旅游投资项目的大量涌入。以银川市为例，截至 2014 年年底，已启动实施的大中旅游类招商引资项目就有 15 项。其中，以文化内涵为主题的逾七成。 五是文化旅游产品体系初步形成。 以历史文化遗迹旅游、回族文化旅游、西夏文化旅游、红色文化旅游、民俗文化旅游、会展节庆旅游等为主的宁夏文化旅游产品体系基本成型。

·新疆维吾尔自治区·

2014 年，全区打造丝绸之路经济带核心区，发挥与邻国合作共同撬动欧亚经济支点的作用，从战略构想向着发展规划和现实转变。全区坚持以现代文化为引领，以深化改革为动力，不断健全公共文化服务体系，加快文化惠民工程实施，促进文化精品创作生产，有力推动了文化大发展大繁荣。

一、2014 年文化产业发展总体情况

（一）文化产业发展成绩喜人，文化发展驶入快车道

编制完成《自治区文化产业发展 2015—2020 专项规划》，对全区文化产业的形成、发展具有中长期的指导意义和价值；印发《自治区文化产业园区管理办法》和《特色文化产业街区评选命名管理办法》。依托北京文博会、深圳文博会全面推介文化产业发展成果，成功举办第二届新疆丝绸之路文化创意产业博览会。全区全年征集完成各类文化产业项目 163 个，10 个项目获得国家专项资金支持、两个项目被评为文化部特色文化产业重点项目，新增国家级文化产业示范基地两个，两家企业通过 2014 年国家动漫企业认定。开办各类文化产业经营管理人才培训班。协调财政、金融部门与 22 家重点文化企业成功对接，破解文化企业特别是小微文化企业的融资难题。督促动员全疆各地发展文化产业，建立哈密地区东天山文化产业园、国际奇石文化城，吐鲁番地区现代文化引领产业示范园等一批重大文化产业项目。

（二）文化经费投入持续稳步增长，公共文化服务水平显著提升

从总体经费看，2014 年度全区文化部门机构事业经费投入 237572 万元，其中，财政补贴收入 152314 万元、事业收入 2056 万元、上级补助收入 5040 万元、其他收入 75809 万元。较 2013 年度文化部门机构事业经费投入的 222847 万元增加了 14725 万元，增幅为 6.6%。从文化部门事业经费投入分类统计来看，艺术业 2014 年投入 58629 万元较 2013 年的 62324 万元减少 3695 万元，减幅 5.9%；图书馆 2014 年投入 23769 万元较 2013 年的 21845 万元增加 1924 万元，增幅 8.8%；群众文化 2014 年投入 42805 万元较 2013 年的 37414 万元增加 5391 万元，增幅 14.4%；其他文化 2014 年投入 112368 万元较 2013 年的 101265 万元增加 11103 万元，增幅 10.9%。图书馆、群众文化活动经费增加得益于 2014 年新疆启动了“访惠聚”工作，各单位工作重心全部倾斜于基层、服务于基层，依托公共文化服务窗口单位资源优势，紧密围绕“去极端化”宣传教育活动，区、地、县三级文化部门加大资金投入、扩大服务区域、深入基层开展了送书下乡、送文艺演出下乡、农民画大赛、农民小品大赛以及“维吾尔语戏剧演出季”等系列活动。

（二）文化队伍逐步壮大，从业人员素质明显提升

2014 年，全区专业技术人才占从业人员数的比例已达 24.13%，高于 2012 年的 21.75%、2013 年的 19.8%；正副高职称的高精尖专业技术人员占专业技术人才队伍的 10.8%，所占比例均高于前三年。自 2010 年中宣部、教育部、财政部决定启动实施新疆文化艺术

人才定向就业培养和定向培训计划以来，新疆先后五批输送各类文化人才到中央音乐学院等20多所高校进行培养、培训。2014年是新疆人才培养计划结果之年，首批定向生完成学业，分配到新疆各级文化部门，承担起“挑大梁”的关键作用，将逐步缓解文化队伍人才短缺、水平参差不齐、青黄不接的紧张局势，对新疆文化事业着力当下的人才储备和宏观规划的远景目标都发挥着不可替代的作用。

（四）文化科技融合不断加深，积极探索搭建战略联盟

2014年7月14日，新疆文化产业技术创新战略联盟正式揭牌。该联盟的成立标志着新疆以企业为主体、市场为导向、产学研相结合的文化产业创新体系正在形成。该联盟是由新疆印象西域国际文化旅游产业园开发有限公司、野马集团有限公司、新疆虹联软件有限责任公司等32家区内外企业，联合中国科学院新疆生态与地理研究所、新疆电子研究所和湖南大学、北京邮电大学、新疆大学等7所区内外科研院所、高校共同组成。将根据国家文化产业政策，结合本区实际情况，研究探讨新疆文化演艺、民族音乐、旅游、动漫、创意园区等主导产业的发展环境、自主创新能力建设等共性关键问题，为提升文化产业技术创新能力和水平提供科技支撑。同时，搭建会员交流平台，促进会员之间的沟通合作，实现优势资源互补，并针对新疆从事文化领域、信息技术领域的龙头企业和新兴企业，在产业发展、技术创新等方面组织开展培训、研讨等活动。

（五）非物质文化遗产保护传承与宣传研究全面推动

截至2014年年底，全区共有各级非物质文化遗产名录项目3667项，其中联合国教科文组织项目3项、国家级非物质文化遗产名录83项、自治区级非物质文化遗产名录293项、地（州、市）级非物质文化遗产名录1116项、县（市、区）级非物质文化遗产名录1819项；非物质文化遗产代表性传承人4940位，其中国家级64人（已去世14人），自治区级521人，地（州、市）级1286人，县（市、区）级3069人。

非遗保护方面，通过颁布《新疆维吾尔自治区非物质文化遗产保护条例》《新疆维吾尔自治区维吾尔木卡姆艺术保护条例》开展非遗项目的立法性保护；保存非物质文化遗产名录项目档案309册，录音带1640盘、CD1828小时，录像带1980盘、DVD或VCD832盘共计715小时，图片3万多张，实物档案219件，出版各类图书120多种等对非遗项目的抢救性保护；建成28个自治区级生产性保护基地，推进生产性保护；创建4个自治区文化生态保护区实施整体性保护；建立非遗传承基地、生产性保护基地、展示传播基地、传统节庆活动保护基地、教育普及基地、研究培训基地、特色景区景点基地、生态保护区等8类95个基地，进行分类保护。

非遗传承方面，完善传承机制，鼓励传承人积极收徒传承，教育传承和专业传承双管齐下，传习馆所和传习基地设施同步建设。非遗宣传展示方面，“文化遗产日暨新疆非物质文化遗产展示周”“天山南北贺新春——全疆非物质文化遗产春节习俗展”和“新疆曲子文化节”等一系列的特色活动；参加国内省区间、疆内地州间专题展览展演；实施新疆非遗活动“走出去”等。非遗理论研究方面，举办“国际木卡姆研讨会”，召开“中国新疆新源阿依特斯论坛”“中国新疆玛纳斯学术研讨会”等专题交流学习、理论研究会议。

（六）对外文化交流活跃，文化品牌效应提升

2014年，新疆文联组织筛选美术、摄影作品，赴澳大利亚举办“新疆风情美术摄影展览”。新疆文化厅完成对外文化交流项目56项，在俄罗斯、德国举办的“中国新疆文化展示周”获得成功。先后派团赴美国、德国、日本、哈萨克斯坦、土耳其、利比亚等60多个国家和地区开展学术交流、文物展览、文艺演出。在土耳其、哈萨克斯坦、美国注册成立出版机构。中国新疆国际民族舞蹈节、中国—亚欧博览会“中外文化展示周”、中国新疆国际艺术双年展成为具有一定国际影响力的文化交流品牌。

二、2014年文化产业各行业发展基本情况

（一）广播影视业

2014年，全区有广播电台5座，电视台8座，广播电视台92座，中、短波广播发射台和转播台66座。广播、电视人口覆盖率分别达96.48%、96.94%。新疆人民广播电台现有维吾尔、汉、哈萨克、蒙古、柯尔克孜5种语言的12套广播节目。新疆电视台现有维吾尔、汉、哈萨克、柯尔克孜4种语言的12套电视节目。新疆人民广播电台的节目全部通过“新疆新闻在线网”和“国际在线”网站向全球传播。新疆广播、电视先后在吉尔吉斯斯坦、乌兹别克斯坦、哈萨克斯坦、蒙古、土耳其等国家播出。新疆电视台是全国播出频道、语种最多的省级电视台，节目信号覆盖自治区、国内省会城市及香港、澳门特别行政区。近5年，新疆年均译制少数民族语言影视剧5500集左右，一批优秀广播、电影、

电视作品获得“五个一工程奖”“中国新闻奖”“华表奖”等国家级奖项。

（二）新闻出版业

2014 年，全区公开发行报纸 111 种，其中少数民族文字报纸 51 种；发行期刊 199 种，其中少数民族文字期刊 116 种、外文 3 种。用维吾尔、汉、哈萨克、蒙古 4 种文字出版的《新疆日报》是中国使用文种最多的省级机关报。《新疆经济报》在中亚出版。《乌鲁木齐晚报》（维吾尔文版）是中国第一张少数民族文字的晚报。《克孜勒苏报》（柯尔克孜文版）是中国唯一的柯尔克孜文报纸。《察布查尔报》是世界仅有的锡伯文报纸。新疆现有 13 家出版社使用维吾尔、汉、哈萨克、蒙古、柯尔克孜、锡伯 6 种语言文字出版图书、音像制品和电子出版物。2010 年以来，启动《新疆文库》、“新疆民族文学原创和民汉互译作品工程”、维吾尔和哈萨克文《中国大百科全书》等重大出版项目。一批优秀出版物获得“五个一工程奖”、中国出版政府奖等国家级奖项。

（三）演艺产业

截至 2014 年年底，全区共有演出市场主体 80 家，其中演出场所经营单位 1 家，文艺表演团体 21 家，演出经纪机构 58 家。总收入 4383.8 万元，同比增长 608.4%。2014 年，剧场举办营业性演出 5 场，同比减少 93.2%，观众 4900 人次，同比减少 95.2%；全区持有《营业性演出许可证》的文艺表演团体共有 21 家，同比增长 40%。全年完成演出 3070 场，其中农村演出 1501 场，观众人次 282550 人次，占总场次的 48.9%；演出经纪机构较 2013 年增加 7 家，主营业务收入 21799.6 万元，营业利润总额 4455.5 万元，分别增长 211.1% 和 232.4%。截至 2014 年年底，全区共有娱乐场所 1491 家，比上年减少 652 家，其中游艺娱乐场所从 884 家，减少到 291 家，同比减少 67%。

2014 年全区演出市场呈现以下特点：一是节目形式单一，商业演出有待进一步发展。从演出节目类型上看，歌舞类、小品、乐器类演出达到 85% 以上，纯商业演出场次占 64%。在主营收入排名前位的演出经纪机构中，新疆演出展览中心、江阿湾演出经纪公司等主要以经营周边国家，如哈萨克斯坦、俄罗斯、土耳其等国小型团队涉外演出为主，其他公司主要经营国内综合性演出为主。乌鲁木齐市市场情况较好，商业运作有一定基础，但全区演出市场与内地发达省区的演出市场相比仍处于初级阶段。

二是新建剧场成为演出市场新热点。2014 年新疆大舞台娱乐管理有限公司成立，打造新疆大舞台。新疆大舞台开业以来，定期从全国各地和国外引进优秀演艺人员和专业演出节目，每晚为各族群众带来一台综艺性极强的文艺晚会。以新疆大舞台为平台，吸引国内及国外的优秀演艺人员走进新疆，让新疆的观众观看到国内外不同地区的精彩节目，足不出户领略各地风情，通过来新疆的国内外演艺人员手口相传大美新疆的情怀。

（四）互联网与新媒体业

新疆通信业从 60 年前的“骆驼电报，驴马邮政”逐步进入现代信息时代。全区互联网基本实现全覆盖。2014 年，全区互联网宽带用户总数达到 305.7 万户，移动电话普及率 90.8 部 / 百人，自然村通电话率 98%，行政村通宽带率 97%。不断提升乌鲁木齐区域性国际通信业务出入口局地位，疏通境外 10 余个国家的语音和数据业务，境内疏导国际电话业务的范围覆盖全国。

2014 年，新疆新媒体快速发展。截至 2014 年年底，新疆登记网站有近 17 万家，网民数量达 1140 多万，互联网普及率近 50%。2014 年，自治区开通微信公众平台“最后一公里”，覆盖全国所有省市区和几十个国家地区，成为传播新疆声音、讨论新疆议题的公共话语重要平台。由自治区、地、县联合打造的“零距离”网络传播大平台构建了对外传播新体系。

（五）文化会展业

由自治区文化厅主办的“第二届新疆丝绸之路文化创意产业博览会”于 2014 年 12 月 5 日至 8 日在乌鲁木齐市新疆国际会展中心隆重举办。此次文博会展览面积约 12000 平方米，设 14 个展区，可容纳约 572 个标准展位。内容涉及文化艺术、新闻出版、电影电视、网络动漫、手机游戏、广告会展、艺术品交易、创意设计、旅游休闲等行业。重点展示新疆特色文化、民族风情、城市形象、发展愿景和丝绸之路沿线国家文化。本届文博会的主题是“丝绸之路经济带核心区文化力量”，其宗旨是贯彻落实习近平总书记提出的“丝绸之路经济带”的战略构想。此次活动集政府之力、市场之力、国内及国际之力共同打造。以创意、创新和科技为核心，突出特色文化产业为重点，通过展览展示展播展演、创意活动、推介交易等活动，吸引国内外知名文化创意产品和服务，融合本土优秀文化成果，搭建一个文化创意产业信息交流、产品交易、跨界融合、集中展示和项目合作平台。

（六）文化旅游业

新疆是我国古丝绸之路的重要枢纽，在漫长的历史发展中，华夏文明与古希腊、古印度、波斯文明在这块土地上不断的交融、碰撞，呈现了独特的新疆文化。新疆常住少数民族达 55 个，8 种不同的宗教文化在这里交融，这些造就了新疆风格特异的建筑、习俗、歌舞、美食，极大地丰富了新疆旅游文化资源。2014 年，全区旅游总收入突破 850 亿元。2010 年至 2014 年，全区旅游接待总人数从 3100 万人增长到 8000 万人，极大地拉动了新疆交通、特色农产品加工、餐饮以及商贸流通等产业的快速发展。文化旅游产业已经成为新疆最为重要的支柱产业。

·香港特别行政区·

一、2014 年文化及创意产业发展总体情况

2014 年，香港特区政府施政报告有关创意产业的政策如下："香港的创意产业极有潜力，近年产值增长高于整体经济增长。政府会致力提升创意产业的整体竞争力，特别是培育人才，开拓市场，支持新企业，促进持续发展。政府刚于 2013 年为'创意智优计划'再注资 3 亿元，以继续支持创意产业的发展。此外，政府正检讨'电影发展基金'，加强支持本港电影业。""经委会辖下的制造、高新科技及文化创意产业工作小组，正积极探讨关于香港创意产业和创新及科技产业未来发展的不同课题，包括培育创业公司，协助它们开拓市场，建立品牌，培育人才及基础设施支持等。工作小组会在研究及讨论后提交具体建议。"值得注意的是，2014 年施政报告没有提及文化产业的政策，而创意产业是经济政策的一部分；但在 2013 年的报告中，文化及创意产业政策是包含在文化艺术和体育发展之下，政府会向创意智优计划额外注资 3 亿元。2014 年的报告明确表示政府会重新启动成立创新及科技局，显示政府在文化及创意产业的政策上较偏重经济、创新及科技发展。

总体来说，2014 年香港文化及创意产业在产值和雇员人数方面均有所增长，但个别行业的增加值和雇员人数有下跌迹象。香港政府统计处数据显示，2014 年香港文化及创意产业增加值为 1,097 亿，较 2013 年上升 3.4%，占本地生产总值的 5.0%。2014 年文化及创意产业就业人数为 213060 人，较 2013 年增加 2.7%，占总就业人数的 5.7%。以增加值来比较 2014 年不同的文化及创意产业界别，较大的是软件、计算机游戏及互动媒体 (40.5%)、其次是出版 (14.4%) 和艺术品 (11.1%)。在众多文化及创意产业当中，以当时市值的增加值来计算，增长最大的为娱乐服务、文化教育及图书馆、档案保存及博物馆服务及建筑，分别较 2013 年增长 26.6%、17.6% 和 13.3%。在 11 个界别当中，有 4 个界别的增加值呈现跌幅，分别为电视及电台 (–19.5%)、电影及录像和音乐 (–11.9%)、艺术品、古董及工艺品 (–10.5%) 和出版 (–1.5%)。

在文化及创意产业的就业人数方面， 除了电影及录像和音乐及出版之外，大部分界别的就业人数都有所上升。就业人数增长较多的有表演艺术、文化教育及图书馆、档案保存和博物馆，以及软件、计算机游戏及互动媒体，分别较 2013 年增长 14.3%、10.7% 和 5.6%。按人数划分的界别规模，最大是软件、计算机游戏及互动媒体 (26.1%)、出版 (20.0%) 和艺术品、古董及工艺品 (9%)。人均增加值最高的界别是电视及电台，其次是软件、计算机游戏及互动媒体，然后是建筑。

二、政府支持文化及创意产业发展的重要举措

（一）创意香港办公室

自 2009 年成立以来，创意香港办公室有三个重要的方向，包括赞助活动、创意就业机会及培育人才。在赞助活动方面，"创意香港"赞助了 400 项推广活动在香港境内外举行，吸引来自香港和世界各地逾 50 个国家和地区超过 1500 万人参加；在创造就业方面，创意香港亦创造了逾 2900 个就业机会，进行有关项目亦创造了就业机会超过 9700 个。政府资助的"设计创业培育计划"亦支持培育公司创造了 732 个全职和兼职就业机会； 在培育人才方面，"创意香港"的支持创造了 29000 个培育创意人才和新成立公司的机会。获创意香港赞助参加国际比赛的创意人才，由创意香港成立至 2014 年底获颁授 129 个奖项。

（二）创意智优计划

2013 年 5 月 24 日政府增拨 3 亿元至创意智优计划。截至 2014 年年底，透过创意智优计划共拨款 4 亿 2700 万元，分别为三个范畴提供资助，包括培育人才及促进新成立企业的发展（1.25 亿）、开拓市场（1 亿 6000 万元）及营造创意氛围（1.42 亿）。

表 1　2011—2014 年香港文化及创意产业增加值（单位：百万港元）

	2011 年	2012 年	2013 年	2014 年
以当时价格计算的增加价值	89551	97837	106050	109680
占本地生产总值的百分比	4.7%	4.9%	5.1%	5.0%
按年变动百分率	+15.4%	+9.3%	+8.4%	+3.4%

表 2　2011—2014 年香港文化及创意产业就业人数（单位：人）

	2011 年	2012 年	2013 年	2014 年
就业人数	192930	200370	207490	213060
占总就业人数的百分比	5.4%	5.5%	5.6%	5.7%
按年变动百分率	+1.8%	+3.9%	+3.6%	+2.7%

表 3　2011—2014 年香港文化及创意产业不同界别的增加值及按年变动百分率（单位：百万港元、百分比）

	2011 年		2012 年		2013 年		2014 年		
	增加值	按年变动百分率	增加值	按年变动百分率	增加值	按年变动百分率	增加值	按年变动百分率	占 2014 年文创产业总增加值比率
艺术品、古董及工艺品	10142	42.4%	11446	12.9%	13633	19.1%	12199	−10.5%	11.1%
文化教育及图书馆、档案保存和博物馆	1137	6.8%	1161	2.1%	1246	7.3%	1465	17.6%	1.3%
表演艺术	872	1.2%	932	6.9%	876	−6.0%	954	8.9%	0.9%
电影及录像和音乐	3239	8.6%	3643	12.5%	3524	−3.3%	3106	−11.9%	2.8%
电视及电台	7322	29.0%	7043	−3.8%	7986	13.4%	6431	−19.5%	5.9%
出版	13329	−2.4%	14066	5.5%	14112	0.3%	13894	−1.5%	12.7%
软件、计算机游戏及互动媒体	32663	19.8%	37755	15.6%	40265	6.6%	44387	10.2%	40.5%
设计	3615	23.3%	3310	−8.4%	3711	12.1%	4080	9.9%	3.7%
建筑	8537	7.1%	9261	8.5%	9762	5.4%	11058	13.3%	10.1%
广告	7128	4.7%	7322	2.7%	8682	18.6%	9254	6.6%	8.4%
娱乐服务	1566	25.9%	1899	21.3%	2253	18.6%	2852	26.6%	2.6%
文化及创意产业	89551	15.4%	97837	9.3%	106050	8.4%	109680	3.4%	100%
占本地生产总值百分比	4.7%		4.9%		5.1%		5.0%		

表 4　2011—2014 年香港文化及创意产业内不同组成界别的就业人数及按年变动百分率（单位：人数，进位至最接近的十位数）

	2011 年		2012 年		2013 年		2014 年		
	就业人数	按年变动百分率	就业人数	按年变动百分率	就业人数	按年变动百分率	就业人数	按年变动百分率	占 2014 年文创总就业人数的百分比
艺术品、古董及工艺品	17160	3.4%	17730	3.3%	18430	3.9%	19240	4.4%	9.0%
文化教育及图书馆、档案保存和博物馆	8810	4.8%	9100	3.3%	9420	3.5%	10430	10.7%	4.9%
表演艺术	3370	12.0%	3810	13.1%	4200	10.2%	4800	14.3%	2.3%
电影及录像和音乐	14180	−0.6%	14700	3.7%	14990	2.0%	14960	−0.2%	7.0%
电视及电台	5460	0.4%	5730	4.9%	6420	12.0%	6740	5.0%	3.2%
出版	44550	−2.5%	44220	−0.7%	43900	−0.7%	42660	−2.8%	20.0%
软件、计算机游戏及互动媒体	46600	4.3%	49700	6.7%	52600	5.8%	55520	5.6%	26.1%
设计	13150	8.9%	14140	7.5%	15120	6.9%	15820	4.6%	7.4%
建筑	14030	5.4%	14670	4.6%	15310	4.4%	15640	2.2%	7.3%
广告	17600	−1.2%	18320	4.1%	18510	1.0%	18650	0.8%	8.8%
娱乐服务	8000	−1.4%	8230	2.9%	8590	4.4%	8600	0.1%	4.0%
文化及创意产业	192930	1.8%	200370	3.9%	207490	3.6%	213060	2.7%	100%
占总业人数的百分比	5.4%		5.5%		5.6%		5.7%		

（三）创新及科技基金

创新及科技基金透过不同的计划旨在提升本地经济活动的增值力、生产力及竞争力，鼓励香港企业提升科技水平，为业务注入创新意念。计划包括“创新及科技支持计划（包括粤港科技合作资助计划）”“一般支持计划（包括实习研究员计划、专利申请资助计划）”“大学与产业合作计划”“企业支持计划”“投资研发现金回赠计划”“科技券计划”“院校中游研发计划”。

三、针对各行业的政策支持及各行业发展情况

（一）电影

1. 行业发展概况

2014 年，共有 54 部香港电影片、26 部港产片、29 部合拍片及 3 部香港与内地以外地区合拍片开拍。截至 2014 年 12 月 31 日，香港全年有 310 部电影上映，其中有 52 部香港电影、258 部非香港电影。在 52 部香港电影之中，港产片占 23 部、香港与内地合拍电影占 27 部，有两部是香港与内地以外其他地区合拍电影。258 部非香港电影之中，34 部是华语片，224 部为外语片。相较 2013 年上映的 310 部电影，2014 年的电影上映数目维持不变，而香港电影的上映数目则增加 20.93%；香港电影票房收入为 3.72 亿元，占整体票房 22.97%。2014 年香港全年总票房约为港币 16.19 亿元，比 2013 年总票房增长 3.6%。

表 5　2014 年香港上映电影的票房收入

		累积票房（港元）	占总票房百分比
1	港产片票房	126396837	7.81%
2	香港与内地合拍片票房	234130455	14.46%
3	香港与内地以外其他地区合拍片票房	11350873	0.70%
4	华语片票房	53892903	3.33%
5	外语片票房	1193233754	73.70%
	2014 年全年香港上映电影票房总收入	1619004822	100%

2014 年，共有 27 部香港电影在内地首轮上映，累积票房为人民币 41.26 亿元，占同期全国总票房的 13.92% 。其中港产片 4 部，累积票房 1.94 亿，香港与内地合拍片 23 部，累积票房 39.32 亿元。2014 年度香港电影在内地的票房冠军为香港与内地合拍片《西游记之大闹天宫》，此划在内地累积票房为 12.35 亿元。

2014 年共有 16 部香港电影在台湾地区上映，台北累积票房为新台币 7.42 亿元，占同期台北总票房的 1.93%，较 2013 年的 3.01% 稍微下调；同期有 33 部香港电影在东南亚国家首轮上映，累积票房为 2935 万美元。2014 年共有 17 部香港电影在其他海外国家／地区首轮上映，累积票房约为 182 万美元；2014 年度香港电影在所有海外国家的票房冠军为香港与内地合拍片《北京爱情故事》，累积票房为 43 万美元。2014 年香港有一家戏院结业，两家戏院开张。至 2014 年 12 月 31 日，在香港经营的戏院共有 47 家，共 209 块银幕及 37779 张座椅。

根据23个电影业界团体及相关组织所提供的数据，共登记个人会员 6764 人次，公司会员 257 家，及戏院会员 46 家。本地电影业发展渐趋稳定，本地电影及相关机构数目由 2005 年至 2014 年累计增长 33%、业务收益增加 25%；电影及相关行业从业人数同期亦增加至 2014 年的 9000 人，总增幅为 38%；电影业的增值额亦上升 75% 至 2014 年的 25 亿港元，占整体本地生产总值的 0.1%。

《内地与香港关于建立更紧密经贸关系的安排》实施后，拓宽了本地电影制作人的市场发展空间，亦为本地制作人拓宽投资资金来源，合拍片所占份额持续超过 50%，亦相对纯港产片在本地取得较佳成绩。然而，在内地十大最高票房的国产电影中，香港与内地合拍影片数目逐渐减少，由 2012 年占 7 部至 2014 年仅占两部。

2. 电影发展基金

2014 年电影发展基金只批准了一部电影的融资申请，融资额为 195 万港元，只及 2013 年批准 4 部电影涉及金额 1059 万港元的 18%。2014 年，有四部由“电影发展基金”合资的电影在戏院上映，其中《恐怖在线》和《第七谎言》在海外的电影节中赢得多个奖项，《那夜凌晨，我坐上了旺角开往大埔的红 VAN》的票房达 2100 万元，并取得本地奖项。电影发展基金为本地电影竞逐或参与国际电影节提供津贴，于 2014 年有 7 部电影获得支援；亦在广州和台北举行电影宣传展宣传香港电影，并协助香港驻纽约经济贸易办事处在美国波士顿举办香港电影节。电影发展基金亦资助举办“香港亚洲电影投资会”，在 2014 年来自 11 个国家／地区的 25 个电影项目获选在投资会上推广。来自 35 个国家约 1200 名访客参加了此项活动，主办机构为电影制作人才及电影制作人／融资者安排了 780 次商业配对会议。2014 年电影发展基金一共资助了 16 项与电影相关的推广投资活动。

3. 电影拍摄支持

创意香港协助摄制队申请许可以便在公众地方拍摄外景。在 2014 年创意香港处理 160 队摄制队（包括 27 队海外摄制队）提出共 544 项要求，亦处理 1914 宗与拍摄有关的查询。亦按法定职能签发了 1775 张在制作中使用特别效果物料的许可证。

4. 与电影相关的大型节目

创意香港资助香港国际电影节，电影节于 2014 年 3 月 24 日至 4 月 7 日举行，放映电影 300 部来自 50 多个国家的作品，放映达 397 场次，吸引超过 84000 人入场观赏。

（二）设计

1. 行业发展概况

设计行业也是得到创意香港多方资助的一个行业，创意香港辖下的创意智优计划（设计）及设计业与商界合作计划于 2014 年一共核准了 37 个项目，资助金额达 3382 万。2014 年设计总会进行了《深圳香港设计行业调查》，全港有 16827 家设计公司，涉及 13 个设计及与设计相关的行业。调查结果发现全香港有 59128 名全职设计人员、8632 名兼职设计人员以及 20811 名自由合约设计人员。此数据与上述政府统计处的数据有所不同，因为此行业调查包括设计公司以外隐藏于其他行业分类中与设计相关的人员，而不单单是设计公司所聘请的员工。约一半的设计公司开业不多于 10 年，只有 16% 的设计公司在香港以外有分公司。约一半的公司有来自境外客户，在境外的客户当中约七成来自中国内地。

香港设计中心每年获创意香港资助，举办多个旗舰活动推动设计产业，设立奖励培育设计人才，推行企业培育计划。设计中心亦致力向公众宣传设计概念，近年更鼓励公共界别的设计应用，以及加强设计领导力的培训。

2. 行业奖项

设计中心举办一年一度的“亚洲最具影响力设计奖”（原称“香港设计中心设计大奖”）以表扬出色的设计。2014 年“亚洲最具影响力设计奖”收到 23 个国家及地区共 1024 件作品，较 2013 年收到 970 件作品为多，作品数目也是历年之冠。在168个奖项中，香港设计师获颁48个奖项，包括两个金奖和一个特别奖。

3. 培育初创企业和设计人才

截至2014年12月底，“设计创业培育计划”共取录164家公司，当中60家设计中心接手管理计划2012年至2015年三年间取录的。计划由2006年开展以来，参与培育计划的公司提交230项知识产权（包括4项专利、23项外观设计及203项商标）的注册登记，并获得165个奖项及嘉许，当中37项是国际知名的奖项，如“iF产品设计奖”和“红点设计大奖”。

2014年有59家初创设计企业参与设计中心举行的设计市集，市集于大型商场举办，为期三天，销售额接近港币45万元。不少企业透过这个渠道获得订单或洽商机会。

2014年的“香港青年设计才俊奖”收到193个提名，数目为历年之冠，18名设计系毕业生及年青设计工作者获奖。其中14名得奖者得到“创意智优计划”的额外拨款资助到海外实习或深造，获资助的得奖者较2013年的6位为多。行奖者在完成海外培训后须返回香港工作最少连续两年。

为推广本地品牌及年青设计师，Fashion Forward Festival 2014于2014年12月至2015年1月底举行，介绍25个本地新晋时装品牌，活动包活买手及传媒介绍会，工作坊，座谈会及展览，以增加本地设计师展示作品的机会、提升设计师的知名度，以及加强公众对本地时装设计的关注。

4. 加强行政及公共界别的设计思维

设计中心获公务员培训处委托举办四个有关创意服务和实践的培训，有142名公务员参加。类似的工作坊亦有继续展开，希望为公务员界别注入更多创新思维。设计中心设立的设计知识学院，举办“创新设计领袖课程”供行政人员汲取有关设计领导的知识。是项项目得到多家世界级的设计教育机构支持，提供教学人员、意见及课程内容。截至2014年年底，已完结单元课程32个，学员542名；另外，2014年于“元创方”举行设计智识周的活动，是项活动为商业行政人员、设计工作者及专业人士而建的平台，相关的会议及工作坊吸引了550人参与。

另外，设计中心亦协助香港邮政和康乐及文化事务署采用以设计为本的公共服务，涉及旺角邮政局及歌和老街公园的翻新工程。

5. 行业规范

《香港室内设计行业指引》是业内首次制定的同类指引，旨在提升本地室内设计业的专业水平。指引于2014年6月出版，列出本地室内设计工作者的角色和责任，并界定他们应具备的技能和知识。

6. 公众推广

在向大众推广设计方面，每年一度的“DETOUR”活动于2014年11月至12月于“元创方”举行，内容包括各式各样的公众参与活动，为期十天的活动吸引了约9万名参加者及观众；同年，香港工业总会亦筹办了“我的玩具设计比赛2014—2015”，旨在培育学生及设计师的创意。香港知专设计学院在2014年6月举行了以“型·聚2014”为题的周年毕业展，展出不同范畴的设计毕业生作品，吸引了46000人参观展览及参与活动。

7. 行业相关的大型活动

在业内交流方面，“国际设计联席会议2014”在香港举行，为来自30多个成员组织提供有效的交流平台。除此之外，加强深港两地协作亦是2014年设计业界的一大重点。网上信息平台“设计汇”于2014年8月正式推出，让港深两地设计师分享知识和信息，促进两地设计公司及用户之间的商业配对。紧接着就是2014年9月至11月由设计总会与深圳方合办“第一届香港深圳设计双年展”，由“创意智优计划拨款资助”，通过八个涵盖不同设计范畴的展览及八项相应活动（如论坛、时装表演、工作坊、设计市集、导赏团等），双年展旨在表扬卓越设计，并加强深港两地设计业界的对话与交流。活动吸引超过68万名人士参加。

每年旗舰活动“设计营商周2014”与伙伴国瑞典合作，举行多项活动，吸引约10万名参加者及访客。在向海外推广香港设计方面，设计中心在2014年4月于“米兰设计周”中举办“香港：变不停”展览，展出61个香港设计师及设计元素约200件创意作品，吸引超过25000名访客参观；Fashion Farm Foundation亦获创意智优计划拨款资助，率领八个参加Fashion Guerilla新加坡的新晋设计师品牌在新加坡时装肚期间设立展廊。返港后有三个品牌获海外买家确认购货订单，金额由港币2万至8万元不等。此外，新加坡一家大型百货公司在2015年1月提供免费的限时展销柜位，让其中一个参展品牌销售其春夏时装系列；2014年创意香港继续赞助在内地举办的两项宣传活动，包括在南京举行的“转型升级·香港博览”，以及在重庆和福建两个城市举行的“香港·创意·品牌”研讨会系列。“转型升级·香港博览”为76家来自香港的创意企业提供展示产品的机会，吸引了一万多名业内人士参观。此外，香港出口商会在全球最大型的消费品展销会“2014 法兰克福春季消费品展”设展廊，名为“破茧而出，闪耀香港”。展示“第二届香港智营礼品设计大赏”的得奖设计作品，涉及 10 名得奖设计师。得奖作品吸引超过 3000 名买家参观有关展廊，并接获 50 个业务查询。其中一个得奖作品“Flatware Organizer”亦获选在消费品展的“Solution”展馆中展出。

（三）数码娱乐

香港的数码娱乐由三个界别组成，包括游戏、动画和漫画。创意香港下设数码娱乐组负责促进和推动数码娱乐界别发展；香港生产力促进局下设数码娱乐业支持中心，协助本地的数码娱乐公司寻求由不同业介商会和支持机构提供的支持服务及资源。在业界亦有香港数码娱乐协会协助统筹推动业界发展，每年举办香港信息及通讯科技奖—最佳数码娱乐奖及 TBS Digicon6（香港区选拔赛）。

在数码娱乐界别，政府的支持主要针对培育人才及扶持初创企业方面。在扶持初创企业方面，创意智优计划的“动画支持计划”于 2014 年协助 15 家初创企业／小型公司制作原创创意动画，并通过不同渠道宣传其作品，其中一名得奖者及后获香港一间大型运输机构委托制作该机构的宣传片。就人才培育方面，创意智优计划赞助数码娱乐公司和数码广告公司为毕业生提供为期一年的全职工作和在职实习，让更多学生可以到企业实习，争取实际经验。

另外，鉴于年轻的短片制作人往往缺乏资源参与海外影展，于是创意香港与香港艺术中心于 2011 年推出“香港短片新里程”计划，资助本地创作人参加国际影展以及文化盛会，令海外观众认识香港短片制作人。短片不限于动画，也可包括纪录片。

创意香港于 2014 年赞助“香港青少年 3D 动画创作大赛”， 由新一代文化协会主办。旨在透过推广 3D 动画技术，为青少年提供平台展示作品，培育他们在创新、科技和设计方面的能力，亦借此提高社会大众对创意教育及创意工业的关注。除此之外，2014 年香港数码娱乐协会亦举办第三届的香港漫画研习营，于 6 月至 8 月期间分别举行了各三天的讲座培训及工作坊，吸引约 80 位漫画爱好者参与，由来自香港、广州及台湾十多位漫画家亲自教授，当中 60 位学员更进行分组创作，合力完成十组原创漫画作品。两组优异学员于“Comic World 香港 38”展出他们的作品；更于 9 月到访台湾交流，到访相关机构并于“Comic Nova 4 ”原创作品交流展设展。

除此之外，政府亦致力于海外推广本地创作。“创意智优计划”拨款资助香港台湾动画五十年大展，于 2014 年 10 月至 11 月于台北举行，为“香港周 2014”的活动之一。主办单位通过展览、座谈会、研讨会，以及放映港台两地著名的动画作品，展示两地在过去 50 年的动画创作发展。在 17 天展览期间，吸引了逾 47000 人参观。

行内每年的大型活动包括参与 DigiCon6 Asia—Hong Kong。DigiCon6 Asia 大赏是亚洲最大规模，认受性极高的数码内容创作比赛，这项国际大赛旨在发掘及支持有潜质的艺术创作人，参与作品来自亚洲九个国家及地区，香港区的得奖者将代表香港参加东京举行的总决赛并竞逐各个奖项。2014 年另一大型活动为第四届数码娱乐论坛，论坛由香港贸易发展局及香港数码娱乐协会主办，旨在为观众带来最新的技术信息，包括全像素、实时动作捕捉、互动设计及其他崭新科技。

（四）出版

得到创意智优计划资助，出版及印刷界参加在北京、广州、法兰克福、台北及博洛尼亚举行的国际及大型书展。2014 年，创意智优计划首次资助业界参与博洛尼亚儿童书展。参观者对于香港出版商在儿童书籍中加入不同的特别效果印象尤其深刻。业界在书展期间共接获 199 个业务查询。

（五）广告

创意智优计划的“广告和音乐人才支持计划”（微电影广告篇）向 15 家广告制作公司提供指导及最多港币 8 万元的资助，以制作出由新晋歌手主演的微电影，通过“香港国际影视展”及其他途径争取商机。有 4 家新晋广告制作公司与唱片公司达成协议，制作宣传短片。有两出微电影分别在“第二届中国（杭州）国际微电影展”及“第二届中国（武汉）国际微电影大赛”中获奖。

香港数码广告业毕业生支持计划截至 2014 年年底，共有 81 名毕业生参与计划，参与计划的广告公司为毕业生提供为期一年的全职工作及在职训练。在 57 名完成计划的毕业生中，有 41 人继续从事数码广告业。

（六）音乐

LIVETUBE 2014 作为一个现场音乐表演平台，让 54 名新晋或未未曾签署任何唱片合约的歌手／乐队现场表演。自 2013 年举办 LIVETUBE 以来，有三名歌手通过这个项目与唱划公司签约。

第四届香港亚洲流行音乐节于 2014 年 3 月举行，

为“香港影视娱乐博览”的核心节目之一。音乐节包含亚洲七个国家/地区的顶尖歌手的表演及超级新星的音乐比赛，吸引约6000 名现场观众。音乐节通过12 个国家/地区的25 家广播机构，向超过1.8 亿本地及海外电视观众播放。音乐节亦在四家本地戏院直播。

（七）建筑

“香港建筑师学会年奖1965—2004——香港建筑50 年”于2014 年10—11 月在伦敦举行。该活动包括在展览中展出约30个“香港建筑师学会年奖”得奖作品，以及两个公众论坛。

香港建筑中心在创意香港赞助下举行网上公众投票活动，让公众投票选出“十筑香港——我最爱的香港百年建筑”，透过展览和不同的公众活动提升大众对建筑的鉴赏能力。

（八）艺术品

艺术品、古董及工艺品业增长较为明显，在文化及创意产业的总增加价值中所占的比重由2005 年的8.1%增加至2014年的11.1%。在政府的统计数据中，艺术品、古董及工艺品界别包括制造及销售活动，当中销售活动占这界别的增加价超过90%。这组成部分受惠于珠宝业需求旺，以及大型艺术展落户香港。然而，2014 年的艺术品、古董及工艺品界别较2013 年下跌10.5%，跌幅尤大，因为内地打击贪腐政策及资金紧张，以至香港的政治争端和内地和香港矛盾，打击珠宝零售，所以对这个界别的整体数字有所影响。

2014 年是巴塞尔艺术展落户在香港的第二年，2014 年参展的画廊达245 家，分别来自39 地区。虽然展出单位数目与2013 年一样，但2014 年参展的单位当超过一半在亚洲或香港设有展览空间。反映主办方对区内艺术品愈发重视。2014 年的展览吸引了65,000人参观，较2013 年增长5000 人。巴塞尔艺术展在香港落户吸引了不少画廊相继落户香港，以及各式各样的艺术展览在四、五月期间如花绽放。在巴塞尔艺术展举行前后，相继有亚洲酒店艺术博览会、Affordable Art Fair、亚洲国际艺术博览等展出。

（九）表演艺术

香港的表演艺术发展主要由康文署负责，通过提供场地及资助，推动表演艺术发展。香港大型艺术活动包括“香港艺术节”“香港国际电影节”“法国五月艺术节”“中国戏曲节”“国际综艺合家欢”及“新视野艺术节”等。

表6　2014 年香港若干大型艺术节的活动数目及人次

	节目数目	观众人次
香港艺术节	137	117000
国际综艺合家欢	440	135200
新视野艺术节	139	105500
香港国际电影节	110	71874

康文署于2009 年推行场地伙伴计划，于2014—2015 年度，一共21 个场地伙伴合共举办797 场表演，并参与943 项观众拓展活动，观众和参加者合共约有753000 人次。为了培训艺术行政人员，康文署推行“艺术行政见习员计划”，于2014 至2015 年间设有42 个见习员职位，亦资助艺术节及21 个场地伙伴聘用44 名见习员，丰富相关工作经验。

表7　2014—2015 年香港康文署主要场地的活动数目及人次

场地	节目数目	观众人次
香港文化中心	677	602000
大会堂	574	338000
油麻地剧院	332	724000
小区演艺设施	630（90 个小区艺术团体获赞助场地）	114000

（十）公共图书馆

康文署的公共图书馆网络共包括67 间固定图书馆和12 间流动图书馆，全港登记读者429 万名，图书馆藏书1188 万册、多媒体数据176 万项。年内，全港79 间公共图书馆外借的书籍5201 万项。2014—2015 年，图书馆的推广活动共有21410 项。康文署的书刊注册组为本地印制的书刊注册，协助保存香港的文献资料。于2014—2015 年度共处理14785 册书籍和9688 份期刊的登记数据，以及987 个国际标准书号的出版社识别代号。

（十一）博物馆

康文署负责管理7所大型博物馆，7所小型博物馆，以及电影数据馆、艺术推广办事处、香港文物探知馆、屏山邓族文物馆暨文物径访客中心。2014—2015年度，各博物馆共吸引逾610 万人次入场参与。香港艺术馆于2015 年8 月起闭馆进行翻新扩建，预计2019 年重新开放。

表 8 2014 年香港若干大型博物馆的参观人次

场地	参观人次
香港科学馆	1586100
香港文化博物馆	930300
香港历史博物馆	759900
香港太空馆	479500
香港艺术馆	410000
香港茶具博物馆	213900
香港海防博物馆	120800

（十二）非物质文化遗产

非物质文化遗产咨询委员会于 2008 年成立，目的是监督首次在香港进行的全港性非物质文化遗产普查，并就普查工作向政府提供意见。第四届委员任期于 2015 年 1 月开始，委员会人数有所增加，职权范围亦予扩大，就保护本地非物质文化遗产的研究、宣传、弘扬、传承及振兴提供意见。委员会根据首次普查结果以及自公众咨询所得的意见，通过了香港首份非物质文化遗产列表，列表涵盖 480 个项目，于 2014 年 6 月公布。其后与香港文化博物馆与香港中央图书馆合作，建立非物质文他遗产数据库，480 个项目的相关数据和图片于 2014 年 12 月上载数据库，让公众查阅。

（许焯权 香港恒生管理学院人文及社会科学学院教授
许张敏 香港中文大学博士研究生）

·澳门特别行政区·

2014 年，澳门特别行政区文化产业平稳发展，政府在振兴文化产业方面继续努力，不仅进一步完善发展文化产业的政策，而且采取了一系列措施，通过项目申请和补助加大文化创意产业领域的经费投入。与此同时，从政府和民间的不同层面推进文创活动的开展，重视文创人才的教育和培养，加强文化产业的品牌建设。

一、澳门发展文化产业的政策与措施

（一）出台《文化产业发展政策框架》

早在 2010 年间，在开始推进文化产业发展、设立相应管理部门的同时，澳门特区政府曾经制定了发展文化产业的初步政策框架，将设计、视觉艺术、表演艺术、服装、出版、流行音乐、电影录像以及动漫八个行业作为先行先试的重点推动对象。经过三年多的实践与探索，已经取得了一些成果，积累了一定的经验。在此基础上，为了统一认知，凝聚共识，特区政府在原政策框架的基础上归纳以往的政策执行经验，吸收学者研究成果与业界意见，于 2014 年 5 月对发展文化产业的政策规划进行修订调整，制定了宏观层面的《澳门文化产业发展政策框架》（以下简称《政策框架》）。

《政策框架》以“尊重市场规律、扶持企业发展”为宗旨，力求通过多元化的措施促进文化产业振兴，同时也配合特区其他工作的发展。其施政内容主要包括以下四方面：第一，配合澳门历史城区的保育工作，通过融合文创元素，推动文化旅游，让澳门历史城区更具观赏性和吸引力；第二，配合国家政策及全球趋势，引入绿色和节能环保导向，推动更多与此有关的创意设计转化为产品，以活跃澳门作为宜居宜乐的“世界旅游休闲中心”城市氛围；第三，通过发展文化产业促进区域文化及经济的交流合作，尤其是粤澳合作、海峡两岸及香港澳门合作，以及与葡语国家和地区的合作；第四，配合“中国文化走出去”的国家战略，通过发展文化产业，构建文化走出去和引进来的桥梁。

从具体内容看，《政策框架》对文化产业的“宏观定位”“范围及分类”进行了规范，还对落实本框架的支撑体系做出了规定。根据《政策框架》的规定，澳门文化产业的行业归类做出了适当的调整，全区文化产业归并为“创意设计”“文化展演”“艺术收藏”和“数码媒体”四大类。

《政策框架》还对澳门特别行政区文化产业的发展重点做出安排，指出“将通过发展文化旅游、文化贸易及文化金融作为推动产业发展的方向”。在操作层面，《政策框架》则提出了“建立服务平台”“企业支援”“品牌塑造”“人力资源”“营造文创氛围”“凝聚社会共识”“强化区域合作”以及“政策协调评估”等具体措施。

（二）政府部门的常规工作

澳门特别行政区主要的文化产业专职主管部门有三个，分别为 2010 年在文化局属下设立的“文化创意产业促进厅”“文化产业委员会”和 2013 年设立的“文化产业基金”。2014 年，这三个部门继续开展工作，对加强特区文化产业的宏观管理发挥了积极的作用。

1. 文化创意产业促进厅

文化创意产业促进厅经过与本地团体及文化创意产

表 1 澳门特别行政区文化产业行业分类表

领域	行业门类
创意设计	* 品牌设计、文化创意产品（包括纪念品）设计、时装设计、时尚饰品设计 、平面设计、广告设计、展览设计、工业设计、室内设计、建筑设计等相关行业
文化展演	* 戏曲、戏剧、音乐剧、歌剧、舞蹈、音乐等 * 节庆及休闲文娱活动的策划服务 * 文化艺术经纪服务 * 其他未列明的文化商务服务，如作曲、作词，及模特儿、演员、艺术家领域的经纪代理服务 * 表演艺术的宣传和组织、制作、设备操作等相关幕后服务
艺术收藏	* 绘画、书法、雕塑、摄影、古玩、园艺等创作、销售和拍卖的相关行业
数码媒体	* 书籍、报刊和印刷品的出版与发行 * 动画、漫画及其衍生品的开发、出版与发行 * 电视、电影、录像的制作与发行 * 电子出版物的开发、出版与发行 * 游戏软件的开发与维护 * 机械玩偶、电动网游人物的创意设计、制作与市场化 * 为网络及其他讯息科技载体提供内容的相关服务

（资料来源：澳门特区政府入口网站）

业委员会长时间的研究讨论，选定八个门类的文化产业予以集中扶持。这八大范畴分别为视觉艺术、设计、表演艺术、服装、出版、流行音乐、电影录像和动漫业。文化创意产业促进厅坚持两条腿走路的方针，一方面进一步为文创产业的发展定位；另一方面继续以先行先试的方式支持和推动上述八大范畴稳步发展。

2014 年，该厅进一步抓好促进文化创意产业在特区有效发展的各项工作，涉及各方面。主要包括落实各项资助计划和加紧培养文化创意产业的人才。在培养文创人才方面的具体措施有两类：一是境外学习资助计划，支持符合条件的本地居民到内地、中国台湾、亚洲及欧美等地高等院校文化艺术科系攻读学士或硕士学位。二是艺术行政人员资助计划，支持文化及文化创意类的有关本地社团在实践中培养合格的管理人才。

2. 文化产业委员会

文化产业委员会在 2014 年举行了两次平常全体会议。第一次会议于 2 月 13 日召开。会议由社会文化司司长兼文化产业委员会主席张裕主持，听取并讨论了特区政府代表通报的“文化产业政策发展框架”构想，以及文化产业基金批给的初步方向；还听取了文化局吴卫鸣局长关于推进文化创意产业的工作汇报。第二次会议于 11 月 5 日召开。会议由文化产业委员会副主席崔世平主持。会上文化局代副局长陈炳辉介绍了推进文化产业的有关工作；文化产业基金梁庆庭主席介绍了项目申请情况与审批进度；文化产业委员会的三个专项小组汇报了“澳门文创产品销售平台建设”“澳门文化产业空间资源”和“文创产业境外支援政策及措施”三个课题的进展情况与初步成果；还讨论通过了调整原有专项小组架构，设立“政策协调”“区域合作及政策研究”“产业统计及评估指标”“创意设计及艺术收藏”以及“文化展演及数码媒体”五个专项小组。

3. 文化产业基金

文化产业基金工作在 2014 年获得实质性进展。经 2014 年 4 月 28 日《澳门特别行政区政府公报》第十七期第一组刊载的《第 73/2014 行政长官批示》核准，《文化产业资助批给规章》正式执行，明确资助的原则是“企业投资为主，基金扶持为辅”；与此同时，将受资助的澳门文化产业按行业特征细化为“创意设计”“文化展演”“艺术收藏”与“数码媒体”四个核心领域，涵盖数十个行业门类。

2014 年，澳门文化产业基金的首批申报评审工作告一段落，共有 358 个项目提出申请，经过评审，最终有 62 个申请资助的项目脱颖而出，获得资助的总金额达到 8887.2 万元。

二、文化产业发展总体情况

根据《澳门基本法》以及相关法律法规，澳门经济结构中尚未将文化产业单独列出。在每年出版的《澳门年鉴》中，用生产法计算本地生产总值时，只列出第二产业与第三产业两大门类（澳门从未有过农业和林业，目前渔业亦已消亡，故不存在第一产业）。按照澳门的惯例，第二产业只包括制造业、电力气体及水的生产分配业、建筑业，第三产业则包括批发零售业、酒店业、银行业、博彩业等 13 个行业，上述两类产业中均未出现文化产业。鉴于这一情况，对 2014 年间澳门文化产业发展状况的描述只能停留在感性认识的阶段。

（一）产业发展

根据澳门特区文化局建立的“澳门文化创意产业资料库”提供的数据，截至 2014 年年底，该资料库收录的文创机构和个人计有企业（公司）184 个，社团 94 个，自由文创工作者 83 人。其中公司和社团涉及的业务范围包括创意设计、文化展演、艺术收藏和数码媒体四大领域，进一步可细分为设计、服装（以上为创意设计类），表演艺术、流行音乐、文娱项目（以上为文化展演类），视觉艺术（属艺术收藏类），以及电影录像、出版、动漫、数码内容（以上为数码媒体类）。

（二）人才培养

2014 年，澳门特区在文化产业领域继续贯彻人才培养方针，力求为各个文创领域提供合格人才，并做好人才储备工作。主要的人才培养计划有以下五种形式：

1.“文化艺术管理人才培养计划”：以相关社团作为对象，培养具有专业能力的文化艺术管理人才，同时通过建立相关的人才库，从宏观上掌握文创人才的总体情况；

2.“文化艺术学习资助计划”：资助条件合格的学生升读文化艺术及文化创意类学士及硕士课程，为本地文创产业的发展做好人才储备；

3.“艺术行政证书课程”：由特区政府文化局与澳门旅游学院联合开办这一课程，培养具备专业能了的文化艺术及行政管理人才；

表 2　2014 年澳门文创范畴企业与社团统计

类 型	行业范畴	公司数量（家）	社团数量（个）
创意设计	设计	60	5
	服装	24	3
文化展演	表演艺术	4	34
	流行音乐	12	5
	文娱项目	0	1
艺术收藏	视觉艺术	19	11
数码艺术	电影录像	10	2
	出版	11	8
	动漫	6	7
	数码内容	5	0
跨类型		22	0
综合性		11	18
合计		184	94

（资料来源：《澳门特别行政区政府文化局年报（2014）》）

4.“硕士生奖学金合作计划”：由文化局同澳门理工学院合作，从澳门理工学院艺术高等学校修读“综合设计”“视觉艺术”“音乐”三个专业学士学位及学士学位补充课程的学生中，优选一定名额的合格者，以提供奖学金的形式资助他们修读文化创意范畴的硕士学位；

5.“文化创意产业高级研修班”：由清华大学美术学院与澳门业余进修中心合办，每年举办一届，为澳门文创领域的有关人士提供上升的平台。2014 年间录取参加高研班的人数为 21 人。

（三）活动资助

1. 文化产业基金项目资助

2014 年，澳门文化产业基金共接受 321 个项目申请，其中申请“项目补贴”的有 308 个，申请“免息贷款”的有9个。经过长达五个月的评审，最后有86个项目顺利通过，占申请总数的26.79%。最终有62个项目获得资助，其中创意设计类28个，文化展演类9个，艺术收藏类2个，数码媒体类19个，其他类别4个；资助总金额达到澳门币8887.2万元。详见表3所示。

表3 2014年澳门文化产业基金资助项目一览

项目领域	项目数（个）	资助金额（万澳门元）
创意设计	28	4148.9
文化展演	9	973.2
艺术收藏	2	210.2
数码媒体	19	2379.0
其他	4	1175.9
合计	62	8887.2

（资料来源：《澳门特别行政区文化产业基金双年报（2014—2015）》）

2. 文化局项目资助

通过文化局项目资助的渠道，对特区文化创意领域的活动给予实质性的支持。受资助的领域包括视觉艺术、设计、电影录像、流行音乐、表演艺术、出版、服装、动漫等；受资助的活动形式包括展览、工作坊、讲座、课程、制作，以及参加文博会、展销会、市集等。

2014年，全澳门申请此类资助的项目计有235项，其中134项经审核后获得批准，受资助的总金额达到1335万元。

表4 2014年度澳门受文化局资助文创项目一览

受资助文创领域	受资助项目数（项）	受资助金额（澳门币，万元）
视觉艺术	14	129.9
设计	6	112.7
时装	3	24.6
表演艺术	8	99.5
流行音乐	34	300.4
电影录像	35	424.3
动 漫	20	110.1
出 版	1	6.6
文博会	1	7.9
其他	12	119.2
合计	134	1335.2

（资料来源：《澳门特别行政区政府文化局年报（2014）》）

3. 澳门文化创意产业系列补助计划

针对澳门特区的实际情况，特区政府通过文化局对服装、电影和音乐等3个文创领域实行特定的补助计划。这3个补助计划分别是：

“2014时装设计样板制作补助计划”：对评选产生的8名获补助者分别给予8万至15万元的经费支持，其作品将于下一年度“澳门服装节”期间举办“2014时装设计样板制作补助计划作品展”向公众展示；

“电影长片制作支援计划”：在对2013年度提出申请的16个项目进行初评、选定10项目进入复评的基础上，2014年选出4个项目予以支援。这4个项目申请拍摄的电影长片片名分别为《心之岛》《恋家》《CLICHÉ》和《过云雨》，每个项目获得支援金额150万元。

“原创歌曲专辑制作补助计划”：这一项目于2014年9月推出，共收到36份申请，已进入评审阶段。

（四）基础设施建设

为了推动特区文创活动的有效开展和文化产业的逐步兴盛，特区政府在抓好基础设施建设、拓展空间资源方面做出了切实的努力。2014年，文化局重点抓好三项工程，一是“恋爱巷9–13号建筑物及何族崇义堂活化工程”，二是“恋爱·电影馆筹建工程”，以上两项工程竣工后，计划在日后形成复合型文创空间；三是“妈阁堂‘海事工房’加固维修工程”，以期改建成当代艺术展演和澳门文创产品销售平台。

与此同时，澳门原有的一些文创设施运营情况良好。如郑家大屋文物咨询暨礼品店有24个文创单位寄售文创产品，全年入场的公众达3.5万余人次。澳门时尚廊举办展览、工作坊等13场，参与人数超过1.5万人次。

三、文化产业各行业的主要活动

2014年，澳门特区政府有关职能部门、各类社团、企事业单位举办了形式多样、内容丰富的文化创意活动，影响较大的主要有以下几种：

（一）政府职能部门主办的活动

1. 澳门艺术节

澳门艺术节于1990年创办，由特区政府文化局主办，至2014年已是第25届。本年度的澳门艺术节被称为银禧庆典，以“脉动”为主题，喻义艺术为生活带来澎湃的动力，同时也象征澳门艺术节不断跃动向前的精神。艺术节为期一个月，演出的节目种类包括舞蹈、戏剧、展览、工作坊及大师讲座，形式多样，精彩纷呈。

本年度的艺术节邀请到多个国外和境外知名艺术团和艺术家来澳门献演，其中包括美国 Lucinda Childs 舞蹈团、新加坡“野米剧团”、香港“进念·二十面体”，以及加拿大 Robert Lepage、日本梅田宏明、法国小丑王 Julien Cottereau 等，产生了较大的社会影响。

为了将文化艺术的魅力推广至弱势群体，本年度澳门艺术节首设“关爱专场”，以剧目《威尼斯人想买楼》为试点，现场提供口述影像和视形传译两种服务，帮助视障及听障人士同步欣赏戏剧表演。此举受到广大残障人士的欢迎，取得了良好的社会效果。

2. 澳门国际音乐节

澳门音乐节创办于 1988 年，亦由特区政府文化局主办。2014 年 10 月 3 日至 11 月 1 日第二十八届澳门国际音乐节如期举行。本届音乐节共呈现 25 台精彩节目，有歌剧、交响乐、融合音乐、爵士乐、民乐等多种形式的节目 25 套，共演出 38 场，观众超过 1.6 万人次。俄罗斯圣彼得堡爱乐乐团、加拿大 Brass、意大利 I Musici、美国 Anonymous 4 和 Laurie Anderson 以及香港歌手林子祥等应邀前来献演。与此同时，还举办了 26 项延伸活动，包括讲座、工作坊、剧院后台探索等，使市民有机会集中享受高质量的经典音乐节目。

3. 澳门城市艺穗节

艺穗节起源于 1947 年英国爱丁堡艺术节期间 8 个未获邀请的艺术团体自发组织的综合性演出活动。“艺穗节”问世 60 多年来，以前沿、创意、民间、进取等为特点，提供多样性的节目集成，已成为全世界最大最受欢迎的综合性文化艺术庆典活动。澳门从 2001 年开始引进艺穗节，由特区政府民政总署主办。第十四届澳门城市艺穗节于 2014 年 11 月 1 日至 16 日举行，共组织了 33 场精彩的节目演出。参加本届澳门艺穗节的艺术工作者来自海峡两岸及香港、澳门以及法国、葡萄牙、日本、以色列、西班牙、巴西等国家或地区，演出形式多种多样，包括音乐、舞蹈、戏剧、故事沙龙、展览、讲座等，丰富多彩且生动活泼。

本届艺穗节最大的特色是利用澳门本身的地区环境，在概念上将澳门变成大舞台——“全城舞台”，所有表演强调与地点整合，以突出澳门小城的风貌，并激发居民的好奇心、欲望和创意。艺穗节中不少节目，是由澳门本土与世界各地艺术工作者合作，为澳门度身制作；而历届艺穗节保留节目集萃的艺穗大巡游也照例成为艺穗节上的一大亮点。

4. 澳门拉丁城区幻彩大巡游

拉丁城区幻彩大巡游是由澳门特区政府文化局主办的富有特色的文化创意活动，始于 2011 年，一年一度安排在 12 月间举行。每年都会邀请世界各地的不同表演团体以及数以百计的本地演艺精英，带领澳门市民和游客在澳门的中心地带探秘历险，穿插历史城区的大街小巷，沿途载歌载舞，展现澳门独有的多元文化特色与文化共融的城市气氛。2014 年度的“澳门拉丁城区幻彩大巡游”安排在 12 月 14 日举行，设计了生活在地球上的大巡游吉祥物 VIVA 仔与神秘外星朋友相识相助的故事，以“爱・和平・文化共融”为理念，凭借全城热烈庆祝回归祖国十五周年的机遇，带来一场难忘的文化交融之旅。现场参与和沿途观看大巡游的市民和旅客约有 10 万人，经澳门、香港电视台的转播，覆盖面遍及港澳和珠三角部分地区，观众超过 1000 万人次。

5. 塔石艺墟与十月初五艺墟

艺墟活动是特区政府民政总署举办的、由民间社团和文创人士参与的综合性文创活动。主要形式有摊位式集市贸易、文化艺术展演、讲座、工作坊等，吸引广大市民参加。塔石艺墟创办于 2008 年，一般在春季和秋季各举办一次，地点就设在塔石广场。历年来参与的创意品牌逾千，总入场人次超过 21 万。2014 年的春季塔石艺墟于 5 月 10 日开幕，秋季塔石艺墟于 11 月 22 日开幕。邀请到来自广州、台湾、香港和马来西亚、新加坡、韩国，以及本澳文创单位和艺术团体组成二百个摊位参展，包括广州 iMART 创意市集、香港小童群益会、台湾希嘉文化 CAMPOBAG 和韩国 HanaDuri Founder &Designer 等。今年的塔石艺墟活动增设“塔石书墟”，突出了“图书集散地”和“以书会友”等亮点。十月初五艺墟于 10 月 11 日在康公庙前地开幕，设有多个手工制作摊位，邀请各地歌手献演精彩节目，还安排了导赏活动，以“十月初五日街与三条老街”“十月初五日街与内港兴衰”两条主题路线，引领公众细细体会十月初五日街的历史韵味。艺墟活动收到本地市民和外来游客的普遍欢迎。

6. 视觉艺术展览

在澳门，由文化局等部门主办的视觉艺术类展览经常举行，种类也较多。2014 年间举办的艺术展览中，规模较大、水平较高的包括：“百年金石——西泠印社历任社长作品展”“写意——卡西米罗作品展”“世纪珍藏——百年海报作品展”“澳门国庆牌楼回顾展”“2014 澳门视觉艺术年展”等，同时也组织澳门艺术家和艺术团体赴国外、境外举办或参加各种展览，包括“第十四届威尼斯建筑双年展”“第二十四届伯劳华沙国际海报双年展之澳门当代海报展”“2014 港澳视觉艺术双年展之妈阁·延伸——澳门影像艺术展”、“MAPPING——澳门艺术家摄影作品展”等。这些展览不仅展示了澳门艺术家的艺术成就，而且向民众宣传了多种视觉艺术的价值，在推动澳门文化产业发展方面发挥了积极作用。

（二）民间社团主办的活动

1. 全澳大学生优秀创意作品巡展

2014 年 3 月 15 日至 4 月 30 日，由欧洲·中国艺术家协会（澳门区域）主办的“全澳大学生优秀创意作品巡展”相继在澳门大学、澳门理工学院、澳门科技大学和澳门城市大学举行。该次巡展吸引了上述 4 所澳门高等院校的 100 多名学生、200 多幅作品报名参展，经过专家评审，有 80 幅作品入围展出，其中 25 幅作品被评为优秀作品。参展和获奖的作品表现出较好的设计与创意构思，体现了澳门大学生的创造力水平。

2. 文化创意产业管理高级研修（澳门）班

由澳门业余进修中心与清华大学美术学院合办的第三届文化创意产业管理高级研修（澳门）班于 2014 年 3 月 1 日开学。该研究班共设 15 门课程，从专业角度指导如何促进文创事业的发展，借以培养澳门文创产业发展所需要的人才。研修班由清华大学教授编订教材并亲赴澳门授课，学生则集中学习品牌传播设计与文创品牌建构、跨媒体创作、城市公共空间的文化塑造、文化创意产业市场开发与经营、品牌营销等专业课程，还将赴北京考察有关的文化创意产业基地，通过实践性教学环节提高文化产业管理综合能力。

3. “设计创造价值”澳门中小企业活化计划成果发布讲座及展览

由澳门设计师协会主办、受特区政府文化局资助的“设计创造价值”澳门中小企业活化计划成果发布讲座及展览，于 2014 年 5 月 31 日举行。为了继承与发扬澳门中小企优良的传统核心价值，帮助现有特色行业持续发展，澳门设计师协会去年退出“设计创造价值”计划，邀请五位本地资深设计师担任主创总监，组成五个设计专业团队分别为经营超过 50 年、极具代表性的五家特色商号重新塑造品牌形象。这些商号包括邹北记、最香饼家、洪馨椰子、龙华茶楼及华兴。团队因应商户所面临的问题及市场需求进行分析研究，融合现代品牌形象设计理念，成功为商户创建整体品牌形象，在提升市场价值及竞争力方面做出了有效的探索。在本次讲座与展览上，五个设计团队将各自的创作构想来源、设计方案和社会经济效益等提供观众分享，同时展示了为上述五个中小企重新塑造品牌形象的成果，对特区内其他中小企业具有较好的参考借鉴价值。

4. 2014 亚太文化创意博览会

2014 年 7 月 25 日至 27 日，“2014 亚太文化创意博览会”在澳门旅游塔会展娱乐中心举行。这一博览会由濠江青年文化创意促进会主办，内容丰富多彩，包括多个大型文创比赛及重量级嘉宾主讲的讲座、论坛和工作坊，还有音乐会、时装巡演等大众喜闻乐见的活动。与此同时，还安排了文化创意商业项目洽谈会，针对性地引入内地和香港的文化创意项目，设计动漫品牌、家居主题设计和体育娱乐等。博览会把出版、视觉艺术、流行音乐、表演艺术、设计、电影录像、动漫和时装设计八大产业整合为婚庆文化馆、综艺馆、雅艺轩、手作坊、创意世界和传媒空间六大展区，较全面地涵盖了澳门特区现有的文化创意领域。博览会期间，还举办了专业的文化创意产业论坛，邀请了香港设计界的资深专家介绍在创意行业的创作、管理和营运心得。

5.2014 澳门旅游纪念品设计大赛暨高峰论坛

这一系列活动是澳门中西文化创意产业促进会主办、特区政府文化局资助的品牌活动，已经连续举办 4 届。目的是让设计爱好者吸收中西文化融合的澳门元素，创意设计出具本土特色的旅游纪念品，以独特的文化背景与内涵表现澳门城市形象与旅游特色，通过对澳门文化广泛认知和深入挖掘，将具有良好市场潜力的优秀设计方案，逐步转化为旅游纪念产品。从 2011 年以来，每届大赛都确定一个主题，2014 年的主题是“回归澳门”，要求参赛作品反映澳门的多元文化特色，展现回归祖国 15 周年经济建设与社会发展的成就。为展示 4 年来大赛的成果，由大赛组委会和评审委员会主席、澳门中西文化创意产业促进会会长徐凌志教授主编的《澳门旅游纪念品设计大赛优秀作品选（2011—2014）》正式出版。颁奖典礼、优秀作品展、优秀作品选首发式和高峰论坛于 11 月 28 日至 30 日在澳门渔人码头和澳门城市大学保怡校区举行，产生了较大的社会影响；脱颖而出的优秀设计作品中有不少具有可开发价值，为日后的商品化奠定了基础。

6. 澳门区海峡两岸设计人才养成计划：2015 国际设计竞赛参赛策略讲座及训练营

由澳门设计师协会、北京两岸文创人才发展中心、北京国际设计周组委会联合主办，受澳门特区文化局资助的“2015国际设计竞赛策略讲座及训练营”于2014年11月22日至23日举行。这一活动是“海峡两岸设计人才养成计划”的组成部分。该计划自2013年于北京国际设计周推出，其中“助推两岸青年参与国际设计竞赛”通过提供高额奖金鼓励、参赛协助、专业培训及宣传包装等，帮助设计师提高设计能力，力争在业界崭露头角。本次活动配合北京方面主办的“海峡两岸设计人才养成计划”，邀请来自中国内地和海峡两岸及香港、澳门著名设计举办讲座及训练营，受邀的专家除了与听众分享参赛心得与实务经验，还在训练营的实作阶段指导作品的创作，并进行个别点评及辅导，使参加者在理论和实践两方面都有所收获。

7. 大型电视纪录片《镜海归帆图》

由澳门文化发展促进会、天艺传媒文化有限公司、澳门广播电视股份有限公司等历时16个月联合制作的大型电视纪录片《镜海归帆图》，于12月20日首播。该片作为庆祝澳门回归祖国十五周年的贺礼，展开一幅表现澳门丰厚历史、多元社会、独特经济、东西文化的发展与进步的时代画卷，片中采用的众多珍贵档案、图文、影像等资料更是首次曝光。该片全长300分钟，由十卷（集）组成：依次为风雨回眸（历史）；开物成务（经济）；信仰多元（宗教）；华洋共处（民族）；东西圆融（教育）；共谱华章（文学戏剧）；秉正而行（新闻出版广播影视）；艺苑之光（美术音乐舞蹈）；合壁生辉（建筑）；嘉惠社会（社团）。总之，这部大型纪录片收录了澳门不同历史时期以及当下社会生活的影像资料，讲述了澳门的风土人情和社会变迁，大纵深、广范围、多视角地为澳门留下精彩的影像记录。

四、文化产业品牌建设

2014年，澳门特别行政区在文化产业品牌建设方面有所进展，以下两个案例是其中的代表：

（一）澳门文创地图

早在2013年3月，为了向本澳居民和来澳游客推介澳门的文化创意产业，提升澳门文创的知名度，同时也促进旅游业的发展，为建设世界旅游休闲中心创造有利条件，澳门特区政府文化局制定了编印《澳门文创地图》的计划。拟从澳门文化创意产业数据库中遴选40个具有代表性的本澳文创单位收录其中，遴选时将根据文创空间的发展潜力、举办活动或产品销售情况、品牌形象等做出全面评估；同时要求这些单位坚持长期对外开放，以发挥应有的作用。经过广泛社会动员、发动报名和认真评选，最终完成了预定的计划。

2014年4月，《澳门文创地图》准备就绪。5月15日至19日，第十届中国（深圳）国际文化产业博览交易会（简称“深圳文博会”）在深圳会展中心隆重举行。就在这届中国文化产业领域规格最高、规模最大、最具实效和影响力的展会上，澳门特区政府正式推出了《澳门文创地图》。

《澳门文创地图》由澳门本土插画师陈蔚蓝原创绘制，描述澳门节日盛事和小城居民日常生活情景，以澳门的七个堂区为脉络，以生动的文字介绍各堂区及相应的文创空间，同时也提供有关澳门的世界遗产景点、博物馆及交通设施等信息。参观者可以下载APP，直接将文创地图收进自己的手机中，使用起来十分方便。

2014年5月22日的《人民日报》海外版专门刊发了新华社记者报道的第十届中国（深圳）国际文化产业博览交易会展览期间，参观者在澳门创意馆参与《澳门文创地图》互动活动的新闻，还配发了照片。从此《澳门文创地图》便成为遐迩闻名的澳门文创品牌。

2014年12月，在庆祝澳门回归祖国十五周年的喜庆日子里，澳门政府文化局隆重推出《澳门文创地图》庆祝澳门回归祖国十五周年中葡双语特别版。该特别版不仅在设计上融入回归的喜庆元素，同时收集更多有关澳门文创空间的信息。特别版文创地图保留第一版的展现方式，以本澳七个堂区为脉络，透过平易近人的插图和文字介绍各堂区的基本情况及其文创空间，并提供多个世遗景点、博物馆及公共交通线路的信息。经澳门文化创意产业数据库甄选，获准收入特别版地图的本澳文创空间增加到45个，内容更加丰富翔实。

（二）水舞间大型演出

2014年5月16日，中国文化品牌蓝皮书《中国文化品牌发展报告(2014)》首发式在第十届深圳文博会主会场举行。其中首次收入境外品牌，澳门的大型演艺节目《水舞间》有幸入选。

《水舞间》堪称全球最大型的水上会演“水舞间”（The House of Dancing Water）由新濠博亚娱乐有限公司联席主席兼行政总裁何猷龙先生精心打造，闻名全球的灵感创作大师佛朗哥·德拉戈先生亲自创作和执导，经过了五年的筹划和两年的排练才得以和观众见面，总投资超过20亿港元。为了打造这出空前巨制，新濠天地特别兴建了备有顶尖科技器材的剧院，可容纳20舞台泳池容量高达370万加仑（约合1682万公升），相等于5个奥林匹克标准泳池的容量。剧院设多项尖科技器材，由贝氏建筑事务所设计、与佛朗哥. 德拉戈（Franco Dragone）的场景设计师米歇尔·克里特（Michel Crête）先生合作完成。《水舞间》吸纳了跳水、花样游泳、舞蹈、体操、杂技、武术、柔术、车技等众多文艺体育门类的精华，糅合了前所未有的高难度特技表演，配上绚烂炫目的服装及匠心独运的空间设计，演绎出一个穿越时空的浪漫传奇。近几年来，这一大型演出已经成为游客来澳必看的节目之一，受到广泛的欢迎，已有超过150万观众亲身体验了《水舞间》的无穷魅力。

（李嘉曾 澳门城市大学教授、澳门社会经济发展研究中心执行主任、澳门文化产业研究所所长）

·台湾地区·

一、文创产业发展概况

为促进文化创意产业发展，建构富有多元文化及创意之社会环境，台湾地区于2010年制定并出台“文化创意产业发展规定”，并将文化创意产业定义为“源自创意或文化积累，透过智慧财产之形成及运用，具有创造财富与就业机会之潜力，并促进全民美学素养，使国民生活环境提升之产业”。统摄在此定义下，根据2010年台湾地区“文化创意产业发展规定”，其所订定产业类别范畴，为16项产业：视觉艺术产业、音乐及表演艺术产业、文化资产应用及展演设施产业、工艺产业、电影产业、广播电视产业、出版产业、流行音乐及文化内容产业、广告产业、产品设计产业、视觉传达设计产业、设计品牌时尚产业、数字内容产业、创意生活产业、建筑设计产业、其他经主管机关指定之产业。

主管机关指定文化创意产业时，得考虑下列指标：1.文化创意产业提供之商品或服务具表达性价值及功用性价值。2.文化创意产业具成长潜力，如营业收入、就业人口数、出口值或产值等指标。但原由台湾地区所属各部会，历经2012年台湾地区领导单位更迭则有所调整，15项次产业下之目的事业主管机关，分属“文化最高主管部门”“经济最高主管部门”“内政最高主管部门”等三个部门机关。根据台湾地区文化创意产业推动服务网所最新公布的选定原则，台湾地区的文化创意产业范围，整理如下：

表1 台湾地区文化创意产业分类及目的事业主管机关

产业类别	主管部门
视觉艺术产业	“文化最高主管部门”
音乐及表演艺术产业	“文化最高主管部门”
文化资产应用及展演设施产业	“文化最高主管部门”
工艺产业	“文化最高主管部门”
电影产业	“文化最高主管部门”
广播电视产业	“文化最高主管部门”
出版产业	“文化最高主管部门”
流行音乐及文化内容产业	“文化最高主管部门”
广告产业	“经济最高主管部门”
产品设计产业	“经济最高主管部门”
视觉传达设计产业	“经济最高主管部门”
设计品牌时尚产业	“经济最高主管部门”
建筑设计产业	“内政最高主管部门”
创意生活产业	“经济最高主管部门”
数位内容产业	“经济最高主管部门”
经地区主管机关指定之产业	

（资料来源：2015台湾地区文创产业发展年报）

2014年，台湾地区文化创意产业总数为62264家，较2013年增长0.59%，其中又以视觉传达设计产业家数增长27.42%为最高；营业额方面，2014年经济景气温和复苏，2014年文创产业营业额为新台币7945亿元，较2013年增长1.80%，然2014年下半年全球经济景气开始趋缓，尽管台湾地区全年度经济增长力道较2013年度强，经济增长率为3.77%。但文创产业受景气波动敏感之特性，2014年全年增长幅度不如总体经济。

在各类产业营业额中，最高的前5名依次为：广告产业（新台币1573亿元）、广播电视产业（新台币1434亿元）、工艺产业（新台币1220亿元）、出版产业（新台币1070亿元）以及产品设计产业（新台币609亿元）。营业额成长率前5名依次为：文化资产应用及展演设施产业（42.76%）、设计品牌时尚产业（24.94%）、建筑设计产业（18.28%）、视觉传达设计产业（13.14%）以及工艺产业（9.06%）。其营业额及家数同步出现高度增长的产业为文化资产应用及展演设施产业、视觉传达设计产业、设计品牌时尚产业与建筑设计产业。

表 2 2009 ~ 2014 年台湾地区文化创意产业营业额及成长率

（单位：新台币千元、百分比）

		2009 年	2010 年	2011 年	2012 年	2013 年	2014 年	2014 年 CAGR 占比	
视觉艺术产业	营业额	3744310	4262659	4677060	5797775	6243835	6649122	0.93%	12.17%
	成长率		13.84%	9.72%	23.96%	7.69%	6.49%		
音乐及表演艺术产业	营业额	8491078	10365385	11257448	12825424	14703424	15854748	2.23%	13.30%
	成长率		22.07%	8.61%	13.93%	14.64%	7.83%		
文化资产应用及展演设施产业	营业额	706394	480249	1178997	1013513	943165	1346453	0.19%	13.77%
	成长率		–32.01%	145.50%	–14.04%	–6.94%	42.76%		
工艺产业	营业额	108096437	157384032	152746031	118640199	111880827	122019543	17.14%	2.45%
	成长率		45.60%	–2.95%	–22.33%	–5.70%	9.06%		
电影产业	营业额	20183981	21272005	27652799	27498641	28530863	29324876	4.12%	7.76%
	成长率		5.39%	30.00%	–0.56%	3.75%	2.78%		
广播电视产业	营业额	115662338	128947675	133005812	134807130	140561540	143345609	20.13%	4.39%
	成长率		11.49%	3.15%	1.35%	4.27%	1.98%		
出版产业	营业额	103978562	114580858	114875215	115428495	109250982	107040700	15.04%	0.58%
	成长率		10.20%	0.26%	0.48%	–5.35%	–2.02%		
广告产业	营业额	114190496	137754690	146219850	147224603	163538154	157286750	22.09%	6.61%
	成长率		20.64%	6.15%	0.69%	11.08%	–3.82%		
流行音乐及文化内容产业	营业额	28014858	29108694	31072181	30867556	30407,804	30095117	4.23%	1.44%
	成长率		3.90%	6.75%	–0.66%	–1.49%	–1.03%		
产品设计产业	营业额	48318950	56643975	55897997	55351132	59034249	60877763	8.55%	4.73%
	成长率		17.23%	–1.32%	–0.98%	6.65%	3.12%		
视觉传达设计产业	营业额	2983349	3878530	2973844	1869517	1884679	2132384	0.30%	–6.50%
	成长率		30.01%	–23.33%	–37.13%	0.81%	13.14%		
设计品牌时尚产业	营业额	159249	208503	265300	304647	367827	459570	0.06%	23.61%
	成长率		30.93%	27.24%	14.83%	20.74%	24.94%		
建筑设计产业	营业额	19143007	25393316	28021936	28368001	30014190	35501397	4.99%	13.15%
	成长率		32.65%	10.35%	1.23%	5.80%	18.28%		
整体（不包含数位内容产业及创意生活产业）	营业额	573673008	690280569	709844470	679996633	697361541	711934033	100.00%	4.41%
	成长率		20.36%	2.82%	–4.22%	2.54%	2.08%		
数位内容产业	营业额	71768507	74190782	76284976	79635066	83080588	82543136	-	2.84%
	成长率		3.38%	2.82%	4.39%	4.33%	–0.65%		

注：1. 年复合成长率（Compound Annual Growth Rate，CAGR），统计年度为 2009—2014 年。

2. “占比”字段的计算分母仅为 13 项文创产业，不包含数字内容产业与创意生活产业。因为根据数字内容产业定义与范畴，很多存在于广播电视、出版、流行音乐等其他文创产业中，本年报从税务行业分类计算的仅为数字内容的部分样貌，无法代表数字内容产业整体之轮廓，但为免与现行其他文创产业重复计算，仍维持本表之编印原则。若以文创产业整体发展状况角度，并入数字内容的部分轮廓以补足其他文创产业在数字应用端的发展是有其必要性。创意生活产业为经济部辅导认定并提供相关资料，与本年报编印原则不同，亦与本年报其他文创产业有重复计算之疑虑。

（资料来源：财政部财政信息中心之数据，2014 台湾文创产业发展年报整理，2015 年 11 月。）

以内外销角度观察，台湾地区文化创意产业营业额主要来自内销收入，2014年占总营业额的90.33%（含数位内容产业）。近六年内销收入金额持续扩大，显示内需市场逐渐成长，2014年成长率为1.46%。而外销收入呈现自2011年以来首次成长，较2013年成长4.88%。除流行音乐与文化内容产业外销收入呈衰退之外，其余产业皆为成长，其中又以设计品牌时尚及视觉传达设计产业成长583.75%及110.48%幅度最高。

由于近年台湾地区GDP的主要成长动能来自商品及服务输出，文创产业由于外销比重不高，且非民生必需品之特性亦使外销收入亦受国际景气变化影响，前几年均呈衰退，2014年虽止跌回升，但近期成长幅度不如整体GDP，文创产业营业额占GDP比重呈现下滑。资本规模500万以下之文创厂商家数占比84.85%，显示文创产业以微型企业为主，但也因资本进入门槛低，使近年经营环境日益竞争，资本规模500万以下之平均每厂商营业额呈逐年下滑趋势，2014年微幅成长。

新设文创厂商家数（一年以下）占比约7.37%、未满五年之文创厂商家数占比32.51%，与大陆中小企业结构非常相近。个别产业方面，除流行音乐及文化内容产业、广告产业、出版产业衰退外，其余产业皆成长。流行音乐与出版产业均受到数字化影响产业营业额。流行音乐在数字环境下，获利模式多元，无法透过本年报的行业分类逐一被计算。出版产业则在数位趋势下，googlemap取代传统地图、搜索引擎取代百科全书，现更面临阅读形态的转变，不再以传统出版形式为主，数位出版也未能涵盖新的阅读行为，如透过社群网站传播的短文。

2014年度台湾地区文创产业厂商家数以六大城市最高，依序为台北市（17048）、新北市（8717）、台中市（6707）、高雄市（5010）、台南市（3556）及桃园市（3203）。而其厂商家数合计共占整体文创产业家数的78.62%，较2013年之占比增加0.03%。就营业额角度来看，同样以六大城市最高，依序分别为台北市、新北市、高雄市、台中市、桃园市及台南市，其营业额合计共占整体文创产业营业额90.54%。而各县市发展成长率方面，根据税务资料的统计，2014年文创产业厂商家数成长较多的县市包含台东县、金门县以及南投县；营业额成长较多的县市为台东县、花莲县、金门县及连江县。

二、国际文化创意产业博览会的转型之路

台湾地区由“文化主管部门”自2010年起策办台湾国际文化创意产业博览会（简称台湾文博会），经历四年期间的策办其规模正逐渐扩大，亦由于该展览逐步累积台湾文创品牌的知名度。2014年起台湾地区文博会在过去已建置的基础上进一步展开转型，特别以2014年为重新出发之节点，以展会为主体，提供各项文创商品及服务交易平台，以链接生产、营销、通路等环节，并串联核心产业之外的周边文创活动、场馆设施、巷弄街区之活动等扩大文博会之影响力，俾使台湾地区文博会不只是商展，更是营造台湾品牌及台湾价值的展现。

在这转型复兴节点上，2014年10月3日至12日共10天台湾地区举办了“台湾文博会”概念预展，于松山文创园区多功能展演厅（制烟工厂2楼）作为展出地点，其内容主要以预展方式，于松山文创园区预告文博会展出形态与内容。

2014“台湾文博会”概念预展，主要是以“品台湾”的质量与格局，在当今更趋近追球“华人时尚生活”的文化前提下，以建置一场新“华风”的序幕，除让漾茶的茗香在“品牌台湾”的居职人之心，到数位时空的科艺之星，带出一波时尚生活与手感经济风潮的“相对论”，浪漫而富理想性的华人时装穿梭千古，量身裁剪一生的“东装”，穿着属于东风渐近的自己，成为2014“台湾文博会”一大亮点。其后主办“台湾文博会”单位更为2014—2017做了中长期的规划，亦即“台湾文博会”是长时期从概念开展持续进展执行的概念。

台湾地区文博会除了为台湾地区2014—2017年做了中长期的规划，其最大的市场流通及拓展，为协助文创业者拓展市场商机，2014年起进行台湾文博会转型计划，办理概念预展及洽商媒合会，并且提供文创品牌、中小型及微型企业与个人创作者出国参展补助，协助台湾地区文创产业进行国际拓展，2014年重要执行成果如下：

1. 办理“文化创意产业国际拓展计划”，2014年征选48家次业者参加东京家居生活设计展、拉斯维加斯国际授权展、巴黎家具家饰展、上海国际时尚家居用品展及曼谷礼品暨家饰展等5场次，协助业者获得采购订单、合作意向书等累计金额逾1亿7800万元。

2. 国际文创产业及组织搭桥计划：邀请包括博物馆商店、网络商店、百货精品通路及一般代理商等类型共33位国际买家来台参访台湾地区文博会预展、重要文创聚落及品牌，并与遴选之53家文创业者进行采购媒

合，现场采购额逾 3000 万元，调查买家后续采购额 1.5 亿元。

3. 策办台湾文博会及洽商媒合会：于 2014 年 10 月 3 日至 12 日办理台湾文博会 2014 概念预展，集结 60 家以上文创品牌共同参与，并启动 2015 年展会营销推广及招商工作，展会期间观展人数超过 1 万人次，并邀请 33 位国际买家来台采购媒合，参与业者 53 家次，促成采购及订单金额逾 1.82 亿元。

三、文创产业人才培育及媒合

（一）中介与经纪、国际市场拓展及经营人才培育

放眼当前两岸文创产业最为迫切需求之人才为中介与经纪、国际市场拓展及经营等两种人才，因此 2014 年度台湾地区相关推动单位主要持续关注于人才培育及媒合工作，以培育此两种具跨界整合能力及国际营销能力之专业人才为主要目标，其重要执行成果如下：

1. 文创产业中介经纪与国际人才培育计划：除开设专业人才进阶培育课程外，并增列企业教练制实务工作坊、国际论坛、跨界媒合交流活动，以强化培训中高阶中介经纪人才，2014 年培育 61 人次专业经理人，工作坊计 60 人、国际论坛逾 300 人次参加。

2. 2014 年共建置 22 项产业专业人才职能基准及职能导向课程，作为未来机构或学校训练人才及企业用人之参考资料。

3. 文创产业创新育成补助计划：办理文创产业创新育成补助 12 家育成中心，辅导 157 家文创业者，创造就业人数近 500 人。

（二）2014 新一代设计展

全球规模最大的设计新秀毕业联展“新一代设计展”，此项展览是由台湾地区工业局对外贸易发展协会与台湾创意设计中心联合举办，提供设计新秀学生展现设计创意的平台，借此以发掘创意设计人才与精品，并将设计产业，与国际进行接轨。这场以学生设计新秀作品为主之大型设计展览: 新一代设计展是一个跨区域性，以台湾学生的设计院校毕业作品联展的共同舞台，亦是设计师的共同记忆。其举办规模和水平在国际设计史上已成为一大重要事件，在国际学界亦甚少见，此项展览是台湾凝聚设计能量的年度盛事，每年有超过 50 所台湾地区及境外设计学院参与展出毕业作品领域横跨产品设计、平面设计、视觉传达设计、空间及景观设计、流行时尚设计及服装设计等领域。2014 年 5 月 16 日至 19 日在台北世贸馆一连展四天，全台湾地区大部分设计院校系所师生第 33 次齐聚，共有 61 校 131 系，所有大学生将毕生所学，绞尽脑汁呈现创意，为了要展现最棒的作品借此互相观摩以学习，成为人才培育学习最佳场所活动之一。

四、文创产业的群聚效应

为发挥产业群聚所带动的价值链整合及产业竞争优势，文化部门推动台北、台中、花莲、嘉义及台南五大文化创意产业园区整建及产业群聚营运计划，以文创产业轴带概念，进行区域产业串连，进而达到文化创意产业与所在城市整体区位发展、人才及产值全面提升之卓越绩效。目前各园区之整建工程陆续完成，并积极办理委外经营或进行招商作业。

1. 华山园区：定位为“文化创意产业、跨界艺术展现与生活美学风格塑造”，以 OT（电影艺术馆）及 ROT 方式委托民间机构营运中。其中，华山电影艺术馆主要提供台片、纪录片、短片、独立制片、非商业性电影映演空间，2014 年计放映 3910 场电影，吸引 15 万人次入馆观看，同时不定时策办电影相关讲座、导演映后座谈、电影人才培育课程等活动，以推动发展影像艺术，并促进电影产业发展。另，华山园区 ROT 案 2014 年计有 13 家文创业者进驻，产业类别包含设计、流行音乐、创意生活、策览、出版、时尚设计、工艺产业等，2014 年计办理 1387 场活动，吸引 323 万人次参与。

2. 花莲园区：定位为“文化艺术产业与观光结合之实验场域”，以 ROT 方式委托民间机构经营，并采分阶段开放形式营运中，于 2013 年进入第二阶段营运。2014 年计有音乐、设计、工艺、视觉艺术、表演艺术、创意生活产业等逾 13 家业者及 29 位艺术家作品进驻展售。2014 年计办理 788 场次活动，吸引逾 70 万人次参与。

3. 嘉义园区：定位以“传统艺术创新”为主轴，结合酒文化产业为基础，实践传统技艺与传技术之转型及创新。2014 年因办理招商作业，于完成招商前先委托嘉义市政府文化局代管，透过策办主题性展演活动、文化创意相关培育及体验活动，带动园区发展，2014 年计办理 91 场活动，吸引逾 12 万人次参与。

4. 台南园区: 定位为“台湾创意生活产业发展中心”，已于 2013 年 10 月与民间机构签订租赁商作业中，部分空间已开放营运。2014 年度计办理 35 场活动，吸引 4.6 万人次参与。

5. 台中园区：定位为“台湾建筑 · 设计与艺术展演中心”，由“文化主管部门”文化资产局成修缮建筑物共 27 栋。2014 年已完成 4 栋馆舍出租民间经营管理。

园区每年办理“A+”创意季及春节元宵庙会活动等，并补助个人及团体运用展馆办理相关艺文活动；2014年9月启动对外招募文创工作者进驻园区；2014年共计办理528场展览、表演、研讨会、讲座等活动，吸引80都（The World Design Capital，简称WDC），是一个由国际工业设计社团协会(ICSID)所认定并授奖的城市推动计划。自2008年起，每两年由全球投件申请的城市中选出一个城市作为代表。历年来度获选城市为2008年意大利都灵、2010年韩国首尔、2012年芬兰赫尔辛基、2014年南非开普敦、2016年中国台北、2018年墨西哥墨西哥城，透过申办世界设计之都的机会，台北市也积极建立国际友谊。2014年3月的台北世界设计论坛期间，台北市主办台北市文化局、执行单位台湾创意中心邀请到意大利杜林、韩国首尔、芬兰赫尔辛基、南非开普敦，历届世界设计之都代表首度齐聚台北，公开分享各国城市如何透过设计，创造不一样的城市风貌。同时也借由国际参展，如“赫尔辛基设计周”“荷兰设计周”“南非Design Indaba”“伦敦100% DESIGN设计展”“悉尼DesignEX展”及“东京设计师周”等国际知名展会，将台北的设计带广与彰显台北的设计能量。

此外，与台北知名设计院校合作办理国际设计工作营，邀请国际知名设计师来台与学生进行创意发想，培育在地学子更具国际观。自2012年起，台北市亦开始启动“设计师驻村计划”，借由邀请不同的设计师来台北，透过不同的文化特色与设计风格，进行各式各样的设计交流，扩大在地设计师的国际影响力。

（张国治 台湾艺术大学教授）

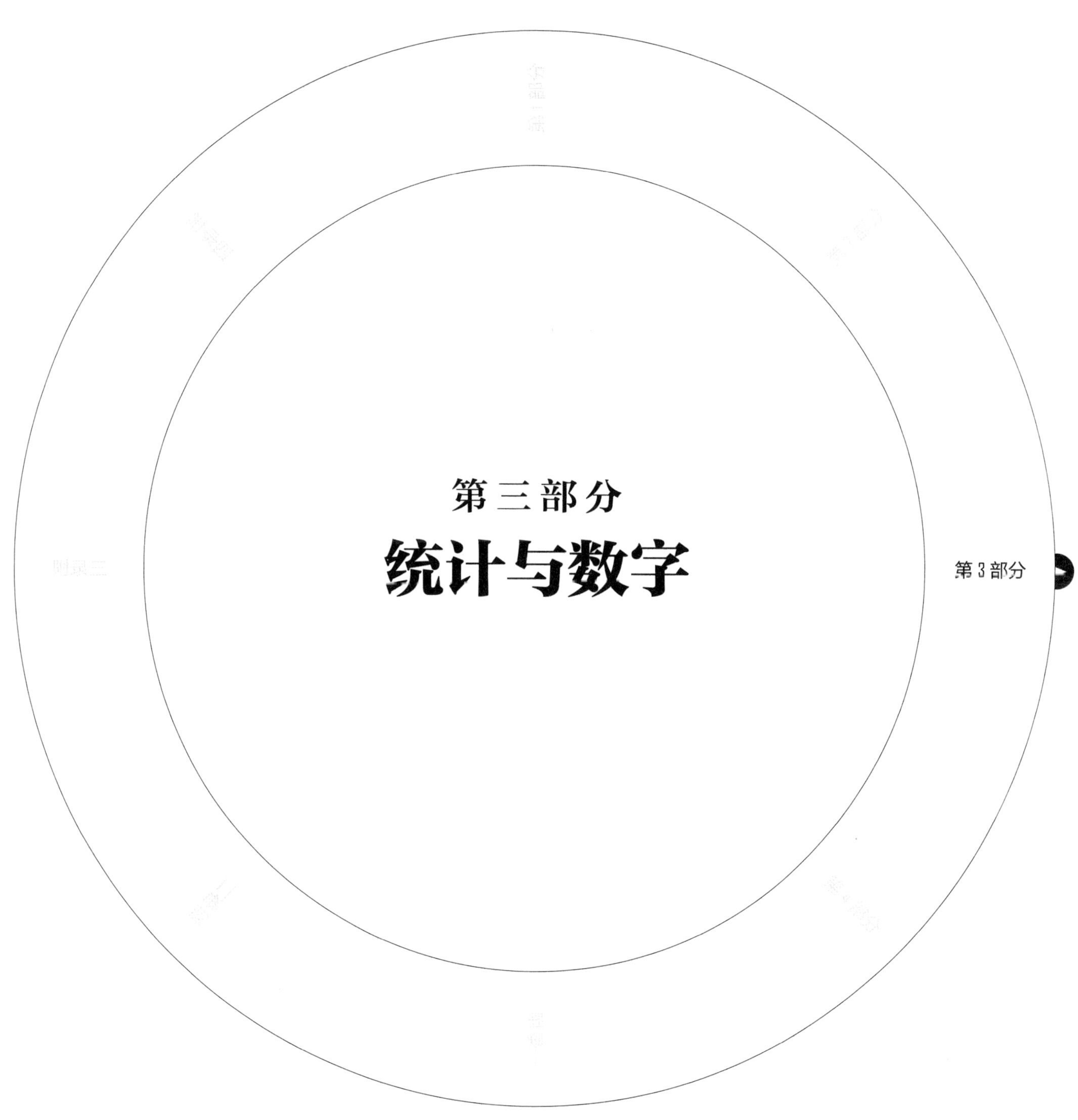

第三部分

统计与数字

一、广播电视业

表1　2014年全国广播电视发展主要指标一览（一）

	节目制播情况								覆盖	
	广播节目播出时间	增长率	电视节目播出时间	增长率	广播节目制作时间	增长率	电视节目制作时间	增长率	广播综合人口覆盖率	电视综合人口覆盖率
	万小时	%	万小时	%	万小时	%	%	%	%	%
全国合计	1405.83	1.91	1747.61	2.46	764.73	3.46	327.74	-3.54	97.99	98.60
总局直属	34.24	-20.75	29.15	7.90	35.18	21.75	16.25	-48.83	-	-
北京市	17.25	-0.21	12.56	-1.11	13.93	19.89	10.05	-24.95	100.00	100.00
天津市	15.01	0.23	16.61	-1.59	8.21	1.16	2.91	4.87	100.00	100.00
河北省	67.41	4.27	81.35	4.06	36.24	9.00	17.60	10.19	99.34	99.27
山西省	40.47	1.57	48.47	1.44	18.03	2.38	8.76	-1.26	98.04	98.95
内蒙古自治区	67.47	0.77	65.14	1.95	26.89	0.56	7.16	2.17	98.42	98.57
辽宁省	67.24	-0.13	73.75	0.45	39.00	-0.97	17.86	-3.35	98.81	98.96
吉林省	48.67	7.09	52.47	3.91	25.09	-1.17	9.83	6.66	98.62	98.75
黑龙江省	48.92	3.99	62.80	0.39	29.22	-0.30	10.96	2.24	98.62	98.82
上海市	13.77	-0.07	17.91	-0.58	8.47	4.91	6.07	14.20	100.00	100.00
江苏省	82.44	2.93	81.95	+0.24	60.36	0.47	19.31	-11.27	99.99	99.88
浙江省	74.97	1.18	75.56	2.38	50.03	1.40	15.63	5.15	99.57	99.65
安徽省	52.19	2.62	61.03	1.27	17.96	3.99	7.63	-0.79	98.55	98.72
福建省	51.65	-0.53	34.92	2.52	25.63	1.59	6.78	2.45	98.31	98.70

续表

情况		有线广播电视发展情况							
无线广播综合人口覆盖率	无线电视综合人口覆盖率	有线广播电视用户	增长率	数字电视用户	增长率	付费数字电视用户	增长率	有线电视用户占本地区总户数比重	有线广播电视网络传输干线总长
%	%	万户	%	万户	%	万户	%	%	万公里
96.59	96.08	23458.23	2.47	19143.21	11.56	4505.41	28.78	54.82	415.34
–	–	–	–	–	–	–	–	–	–
100.00	99.75	551.57	–13.40	469.15	–8.66	216.49	1795.17	106.85	22.62
100.00	100.00	312.68	6.98	283.86	11.01	19.99	6.68	88.95	0.65
98.45	97.61	914.40	5.61	750.29	9.17	78.44	27.29	39.31	17.36
98.02	98.94	515.25	3.28	367.97	6.77	9.64	3.72	39.23	10.21
98.24	93.55	342.04	7.58	271.67	12.74	16.55	11.52	40.59	3.65
98.68	97.48	935.33	–6.05	716.22	6.45	19.37	39.32	62.13	12.98
98.33	93.50	574.78	3.29	512.89	7.56	163.46	35.41	57.60	9.33
98.62	98.70	764.60	8.63	701.40	12.99	92.20	3.94	59.86	17.56
100.00	100.00	687.79	0.88	554.65	6.96	152.22	–2.37	130.38	4.41
99.99	99.87	2291.47	1.87	1787.11	7.53	358.59	13.36	94.55	34.94
99.01	99.17	1499.71	3.50	1442.62	8.12	352.57	11.46	92.43	27.53
98.52	98.55	769.48	8.64	386.34	11.02	43.28	17.97	35.89	5.10
97.04	95.64	724.03	4.70	594.66	21.58	123.85	–28.44	69.26	10.29

续表

	节目制播情况								覆盖	
	广播节目播出时间	增长率	电视节目播出时间	增长率	广播节目制作时间	增长率	电视节目制作时间	增长率	广播综合人口覆盖率	电视综合人口覆盖率
	万小时	%	万小时	%	万小时	%	%	%	%	%
江西省	39.99	8.17	65.74	2.91	19.68	7.73	10.33	6.36	97.51	98.55
山东省	90.37	2.33	107.56	2.95	50.55	1.03	21.93	3.06	98.72	98.49
河南省	66.27	2.94	90.87	2.98	31.28	3.69	14.24	0.64	98.21	98.26
湖北省	47.34	0.56	68.40	0.01	24.29	0.00	10.92	2.55	98.90	98.89
湖南省	39.59	2.60	75.52	1.38	17.96	3.94	14.19	3.19	93.48	97.51
广东省	76.61	−0.18	75.13	6.81	60.77	−0.77	19.28	9.65	99.90	99.90
广西壮族自治区	35.85	10.38	54.87	1.04	22.19	17.67	10.42	−2.04	96.60	98.20
海南省	11.76	0.05	8.34	−5.53	5.95	1.16	1.20	−33.44	96.49	95.47
重庆市	16.78	6.12	29.54	−1.45	7.46	3.72	7.20	20.94	98.44	98.95
四川省	60.69	2.26	11.27	0.71	23.76	11.61	14.44	14.29	97.04	98.07
贵州省	22.74	0.86	24.07	2.43	12.50	3.69	4.27	2.75	91.52	95.39
云南省	30.19	2.80	79.24	3.86	15.79	0.94	9.67	−0.22	96.48	97.48
西藏自治区	4.86	14.42	5.86	0.25	3.24	11.52	1.16	10.38	94.78	95.91
陕西省	48.47	5.76	61.11	−0.08	24.18	−5.04	11.03	−6.62	97.77	98.49
甘肃省	32.35	4.51	45.29	2.48	12.45	4.06	6.29	−5.59	97.89	98.35
青海省	7.39	−1.35	9.17	2.72	3.99	6.15	2.04	−0.24	97.03	97.51
宁夏回族自治区	10.71	6.66	15.89	3.19	5.21	16.68	3.00	22.54	96.15	99.11
新疆维吾尔自治区	82.17	2.55	106.06	10.74	29.25	4.16	9.32	0.10	96.48	96.94
新疆生产建设兵团	–	–	–	–	–	–	–	–	98.00	99.40

续表

情况		有线广播电视发展情况							
无线广播综合人口覆盖率	无线电视综合人口覆盖率	有线广播电视用户	增长率	数字电视用户	增长率	付费数字电视用户	增长率	有线电视用户占本地区总户数比重	有线广播电视网络传输干线总长
%	%	万户	%	万户	%	万户	%	%	万公里
96.78	97.59	609.44	2.39	498.80	18.68	102.71	23.65	48.64	12.26
98.25	97.82	1889.75	1.05	1730.75	26.38	430.68	36.74	61.90	32.48
98.17	98.11	1030.47	–0.38	452.85	22.69	45.79	75.95	32.97	17.76
98.53	98.12	1056.67	1.09	895.95	2.73	258.98	13.79	51.32	24.47
91.59	95.65	878.03	4.40	768.26	13.06	156.70	0.91	43.81	12.46
99.64	99.31	2161.86	10.30	1971.21	25.47	423.97	142.18	91.45	22.53
93.88	95.10	639.12	2.52	429.03	15.73	170.75	35.64	40.86	10.98
96.31	95.15	117.80	7.08	91.43	–0.94	40.79	140.02	44.85	0.58
89.78	89.99	504.07	–2.98	390.11	8.31	153.13	36.21	40.76	14.77
94.40	94.54	1471.09	1.39	1132.46	19.42	408.24	23.69	46.89	46.61
79.31	68.05	386.18	–2.06	386.18	–2.06	83.40	–21.17	30.79	16.43
93.12	90.12	489.77	–5.88	473.09	–1.13	235.31	4.36	34.40	10.75
93.55	94.15	22.18	3.06	14.86	13.73	1.01	–45.29	30.50	0.39
96.68	96.35	654.72	2.39	501.31	–4.74	197.69	–3.67	51.82	3.84
94.33	94.28	206.41	–0.45	197.03	0.48	66.13	102.63	25.19	4.82
97.02	97.32	70.00	12.10	64.48	12.04	26.85	45.89	40.69	0.59
95.60	98.11	96.37	7.32	96.37	7.32	–	–	46.66	1.31
95.94	96.25	219.92	10.23	210.21	12.80	56.66	1277.83	34.97	3.90
–	–	71.29	15.19	–	–	–	–	72.01	1.75

表2 2014年全国广播电视发展主要指标一览（二）

	总收入	增长率	实际创收收入	增长率	广告收入	增长率	广播广告收入	增长率	电视广告收入
	亿元	%	亿元	%	亿元	%	亿元	%	亿元
全国合计	4226.27	13.16	3635.51	12.11	1464.49	5.59	159.94	14.30	1116.19
总局直属	679.51	6.92	588.77	5.66	319.04	−5.18	8.80	0.34	303.97
北京市	492.27	17.57	404.22	11.99	175.39	3.27	10.38	9.94	78.17
天津市	46.51	−0.37	40.03	2.07	17.83	5.91	5.32	11.11	11.95
河北省	66.45	15.72	55.29	11.27	24.95	11.31	6.20	28.76	17.44
山西省	34.96	−1.08	24.42	1.80	10.53	−1.98	2.46	7.82	7.75
内蒙古自治区	46.59	24.62	21.19	5.43	5.75	16.01	1.33	1.42	4.38
辽宁省	87.31	6.92	70.88	1.42	29.76	0.21	7.63	1.55	21.81
吉林省	49.38	12.36	38.48	12.72	14.02	4.09	3.05	8.53	10.91
黑龙江省	59.64	8.71	52.52	9.74	22.26	−0.30	5.39	7.31	16.01
上海市	377.95	17.04	359.81	15.80	88.55	22.95	6.52	19.02	58.85
江苏省	280.21	7.88	267.69	9.33	103.16	3.34	13.85	7.79	82.18
浙江省	402.92	32.31	380.20	30.84	113.43	38.68	14.64	16.58	73.53
安徽省	81.74	−1.78	70.98	−2.91	36.69	−15.54	3.44	13.23	31.95
福建省	91.36	2.46	63.75	4.89	22.25	3.99	3.61	12.25	16.33
江西省	66.16	25.01	57.65	25.08	22.03	21.50	2.02	52.02	19.51
山东省	158.68	9.16	150.41	10.88	61.21	−0.16	11.50	1.22	43.18
河南省	67.62	6.20	55.41	17.94	31.03	29.54	5.19	40.89	24.93
湖北省	103.59	26.30	89.02	21.74	35.85	34.70	4.99	12.61	29.31
湖南省	211.86	11.76	198.46	10.62	99.46	8.42	5.88	53.69	90.37

续表

增长率	网络收入	增长率	收视费收入	增长率	付费数字电视收入	增长率	资产总额	增长率
%	亿元	%	亿元	%	亿元	%	亿元	%
−0.27	827.21	9.58	457.39	4.46	66.51	13.50	10079.49	13.00
−5.64	27.16	6.43	11.60	5.75	3.24	−6.02	1595.17	11.20
−2.87	38.33	−13.31	10.86	1.79	2.05	229.20	1088.68	20.06
9.58	10.32	4.43	5.10	−5.19	0.35	71.72	130.85	27.75
9.10	23.77	20.56	17.30	3.95	0.84	81.09	139.97	15.54
−3.87	11.44	2.52	9.47	−0.59	0.05	−11.17	86.68	10.40
21.90	14.78	1.81	10.36	3.56	1.39	6.80	85.53	26.61
0.27	29.60	13.91	22.99	14.20	1.13	208.05	241.72	0.25
2.80	21.66	12.37	12.18	16.71	3.07	6.28	241.30	24.65
−4.56	23.80	32.91	17.38	14.70	1.02	21.56	119.75	7.18
4.63	33.03	7.38	14.93	9.76	3.64	23.54	743.15	−6.59
−1.89	77.43	6.79	39.64	0.02	4.14	−12.02	889.98	4.08
13.15	62.90	4.74	30.67	−0.90	4.66	20.70	900.37	35.06
−18.65	14.74	8.03	4.30	−1.19	6.74	14.71	158.15	5.46
3.60	23.36	11.88	9.53	−7.32	2.18	1.48	179.23	1.35
19.76	16.86	−4.80	12.13	−7.64	1.38	−11.94	99.31	−5.20
−9.70	59.48	15.93	36.46	8.03	3.69	30.47	442.13	21.54
29.82	17.23	28.37	12.43	25.16	0.49	106.03	176.46	8.52
39.77	33.37	13.05	22.65	2.15	2.07	5.19	258.47	8.60
4.96	37.20	28.82	18.89	−1.36	2.34	−15.21	547.27	23.35

续表

	总收入	增长率	实际创收收入	增长率	广告收入	增长率	广播广告收入	增长率	电视广告收入
	亿元	%	亿元	%	亿元	%	亿元	%	亿元
广东省	249.11	5.35	235.32	6.09	93.33	0.21	12.30	0.58	71.00
广西壮族自治区	51.97	8.52	39.19	6.32	12.33	−5.74	1.70	3.62	9.94
海南省	16.02	14.79	11.43	13.95	7.16	20.08	0.56	25.28	5.17
重庆市	45.81	17.72	40.80	15.75	13.67	9.73	2.01	13.45	10.09
四川省	138.79	19.88	94.57	6.21	30.04	−3.40	4..44	4.45	23.49
贵州省	70.98	30.03	63.86	34.66	19.20	49.05	4.22	155.89	11.95
云南省	56.51	10.30	39.86	13.04	15.49	2.47	2.44	6.64	12.83
西藏自治区	9.16	−6.21	2.81	18.23	2.08	26.08	0.02	164.24	2.05
陕西省	83.84	18.84	72.72	26.26	21.53	3.87	6.68	67.02	14.49
甘肃省	28.26	6.36	15.46	14.83	5.40	39.39	0.94	30.69	4.33
青海省	16.34	28.88	4.13	10.57	070	17.88	0.16	8.76	0.52
宁夏回族自治区	13.90	7.61	9.24	−3.32	3.56	39.21	0.30	21.14	3.01
新疆维吾尔自治区	38.90	6.29	15.14	7.44	5.69	2.03	1.97	−1.99	3.66
新疆生产建设兵团	1.96	−15.90	1.79	−6.31	1.13	−14.01	–	–	1.13

续表

增长率	网络收入	增长率	收视费收入	增长率	付费数字电视收入	增长率	资产总额	增长率
%	亿元	%	亿元	%	亿元	%	亿元	%
−9.37	79.35	4.46	47.43	6.12	3.67	6.03	622.75	1.41
−3.04	20.05	10.57	9.17	2.55	1.40	30.82	107.66	15.11
−1.41	3.70	−2.58	2.69	3.25	0.11	32.27	33.81	22.45
3.30	20.89	17.81	10.66	7.39	1.99	44.04	124.46	19.08
−9.53	49.74	11.20	23.12	−0.70	4.79	−3.60	326.58	20.74
11.37	15.32	2.50	9.07	15.73	2.92	2.13	109.64	24.09
2.67	17.89	11.70	10.38	8.76	2.62	12.39	216.43	24.11
25.66	0.53	13.48	0.47	16.72	0.01	−0.01	20.90	30.80
7.01	20.38	25.17	10.43	−4.58	2.04	−27.17	202.34	43.16
38.42	8.17	21.04	5.52	5.45	0.95	187.19	76.95	18.62
17.06	2.53	4.56	1.63	−6.87	0.27	35.15	18.36	14.48
38.73	3.28	13.13	2.74	10.49	–	–	24.79	−2.06
3.98	8.43	12.95	4.75	20.06	1.28	5547.41	70.66	2.59
−14.01	0.47	9.24	0.47	9.24	–	–	–	–

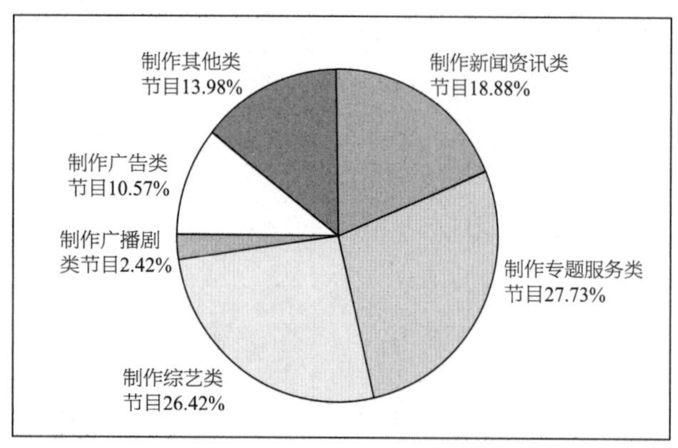

图 1　2014 年全国广播节目按类别制作时间情况

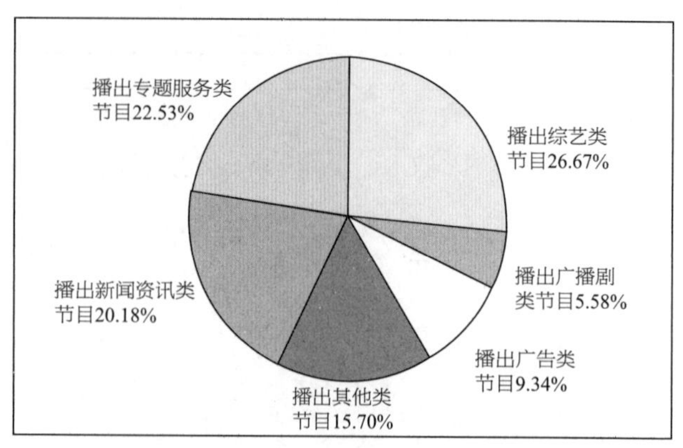

图 2　2014 年全国广播节目按类别播出时间情况

表 3　2014 年全国广播节目按类别制作时间情况

制作广播节目类别	时间（万小时）	占全年制作广播节目时间比重（%）
制作新闻资讯类广播节目	144.35	18.88
制作专题服务类广播节目	212.05	27.73
制作综艺类广播节目	202.05	26.42
制作广播剧类节目	18.54	2.42
制作广告类广播节目	80.81	10.57
制作其他类广播节目	106.93	13.98
全年制作广播节目时间合计	764.73	100.00

表 4　2014 年全国广播节目按类别播出时间情况

广播节目播出类别	时间（万小时）	占全年广播节目播出时间比重（%）
播出新闻资讯类节目	283.71	20.18
播出专题服务类节目	316.74	22.53
播出综艺类节目	374.84	26.67
播出广播剧类节目	78.48	5.58
播出广告类节目	131.24	9.34
播出其他类节目	220.79	15.70
全年公共广播节目播出合计	1405.83	100.00

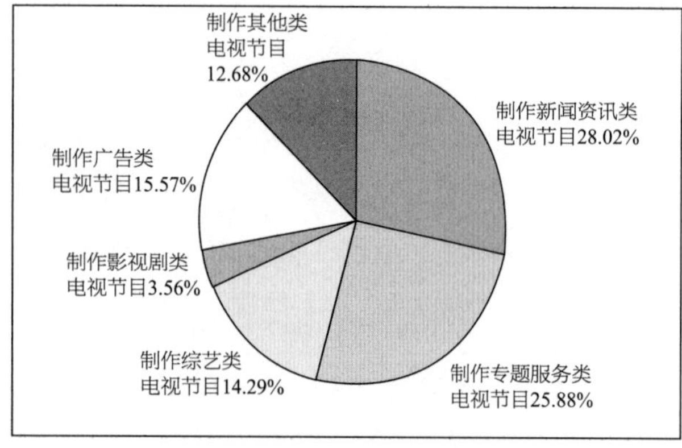

图 3　2014 年全国电视节目按类别制作时间情况

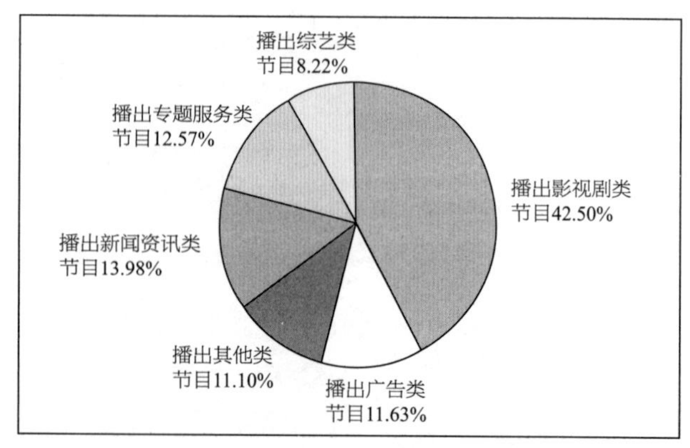

图 4　2014 年全国电视节目按类别播出情况

表 5　2014 年全国电视节目按类别制作时间情况

制作电视节目类别	时间（万小时）	占全年制作电视节目时间比重（%）
制作新闻资讯类电视节目	91.83	28.02
制作专题服务类电视节目	84.83	25.88
制作综艺类电视节目	46.84	14.29
制作影视剧类电视节目	11.67	3.56
制作广告类电视节目	51.03	15.57
制作其他类电视节目	41.54	12.68
全年制作电视节目时间合计	327.74	100.00

表 6　2014 年全国电视节目按类别播出情况

电视节目播出类别	时间（万小时）	占全年电视节目播出的比重（%）
播出新闻资讯类节目	244.38	13.98
播出专题服务类节目	219.64	12.57
播出综艺类节目	143.67	8.22
播出影视剧类节目	742.70	42.50
播出广告类节目	203.26	11.63
播出其他节目	193.96	11.10
全年公共电视节目播出时间合计	1747.61	100.00

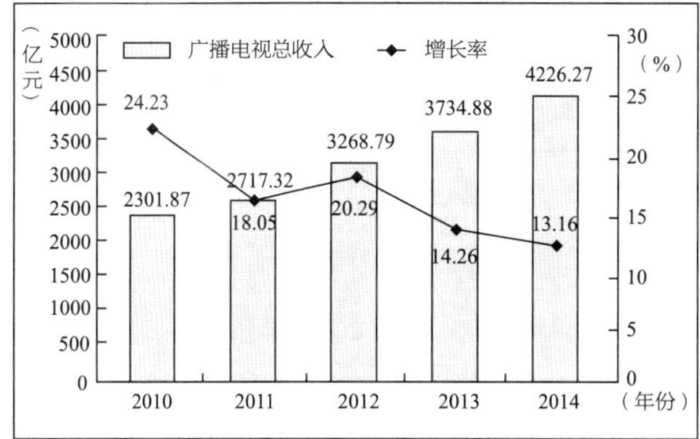

图 5　2010—2014 年全国广播电视总收入及增长情况

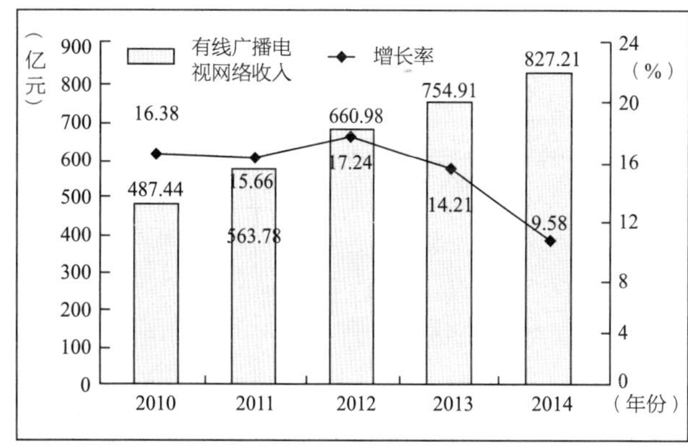

图 6　2010—2014 年全国广播电视网络收入及增长情况

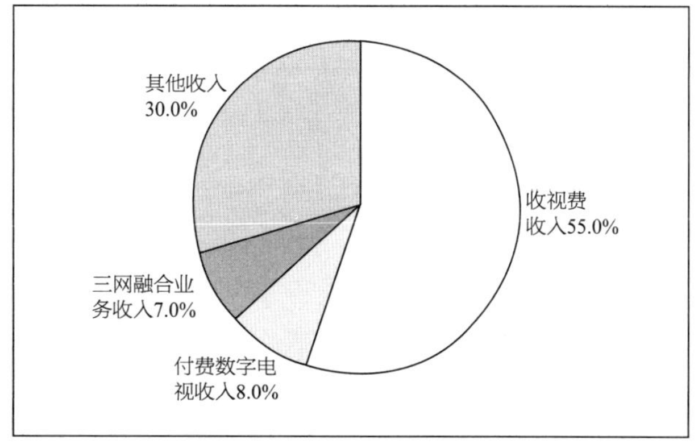

图 7　2014 年全国广播电视网络收入构成

表7 2010—2014年广播电视各项收入在创收收入中的比重变化情况 单位：%

年份	广告收入占比	有线网络收入占比	其他收入占比
2009	49.42	26.48	24.10
2010	46.93	24.34	28.73
2011	47.36	23.78	28.86
2012	45.31	23.58	31.11
2013	37.14	20.21	42.65

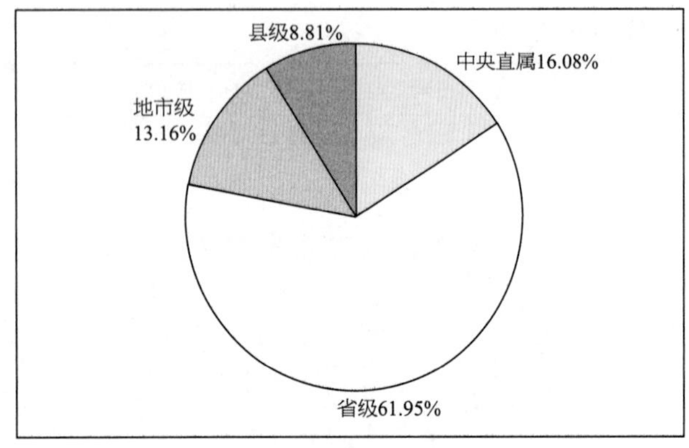

图8 2014年全国广播电视总收入分级构成情况图

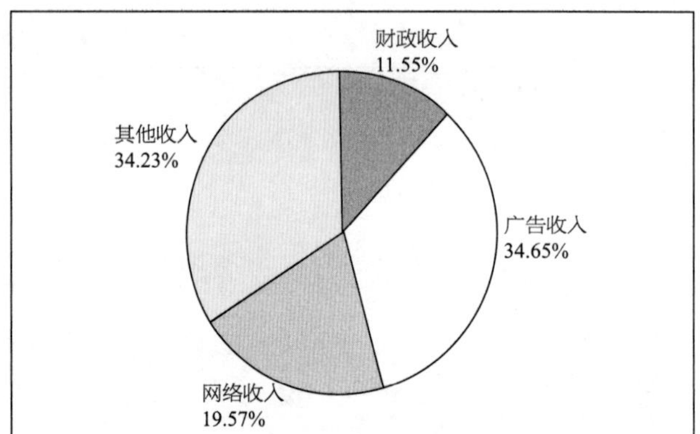

图9 2014年全国广播电视总收入分类构成情况图

表8 2014年全国广播电视总收入分级构成情况表

地区	总收入（亿元）	占全国广电总收入比重（%）
中央直属	679.51	16.08
省级	2618.36	61.95
地市级	556.24	13.16
县级	327.16	8.81
全国合计	4226.27	100.00

表9 2014年全国广播电视总收入分类构成情况表

指标	总收入（亿元）	占全国广电总收入比重（%）
财政收入	487.98	11.55
广告收入	1464.49	34.65
网络收入	827.21	19.57
其他收入	1446.59	34.23
全国总收入	4226.27	100.00

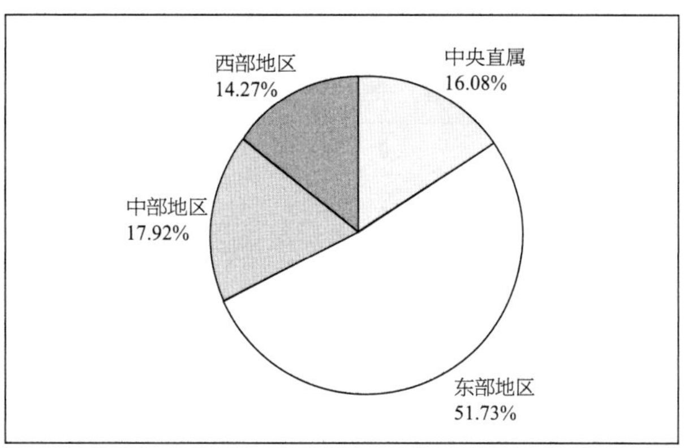

图 10　2014 年全国广播电视总收入区域构成情况图

表 10　2014 年全国广播电视总收入区域构成情况表

地区	总收入（亿元）	占全国广电总收入比重（%）
中央直属	679.51	16.08
东部地区	2186.32	51.73
中部地区	757.42	17.92
西部地区	603.02	14.27
全国合计	4226.27	100.00

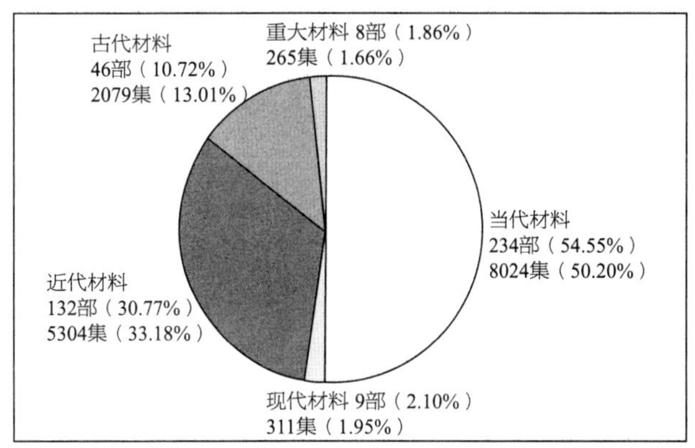

图 11　2010—2014 年全国生产完成并获得发行许可证的电视剧数量

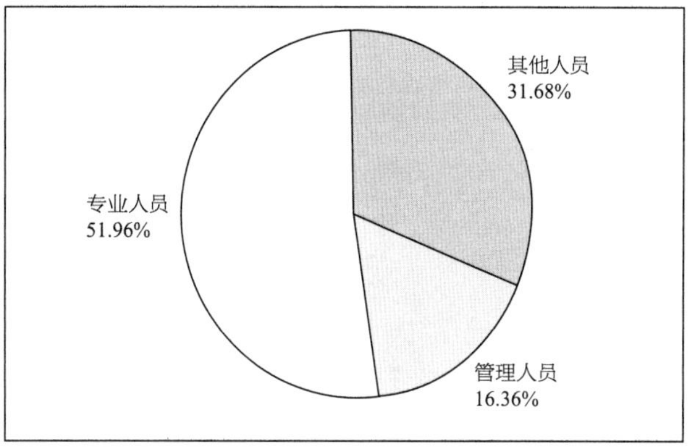

其他人员
31.68%
专业人员
51.96%
管理人员
16.36%

图 12　2014 年全国广播电视行业从业人员分级构成情况图

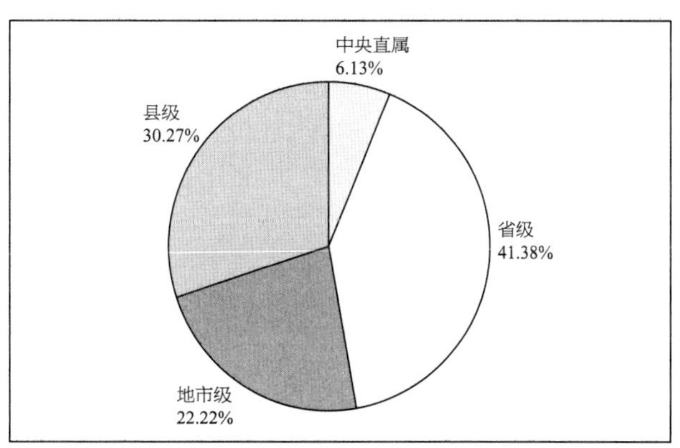

图 13　2014 年全国广播电视行业从业人员分类构成情况图

表 11　2014 年全国广播电视行业从业人员分级构成情况表

地区	从业人员（万人）	占全国从业人员比重（%）
中央直属	5.30	6.13
省级	35.76	41.38
地市级	19.21	22.22
县级	26.17	30.27
全国合计	86.44	100.00

表 12　2014 年全国广播电视行业从业人员分类构成情况表

类别	人数（万人）	占全国广电从业人员比重（%）
管理人员	14.14	16.36
专业人员	44.91	51.96
其他人员	27.39	31.68
全国合计	86.44	100.00

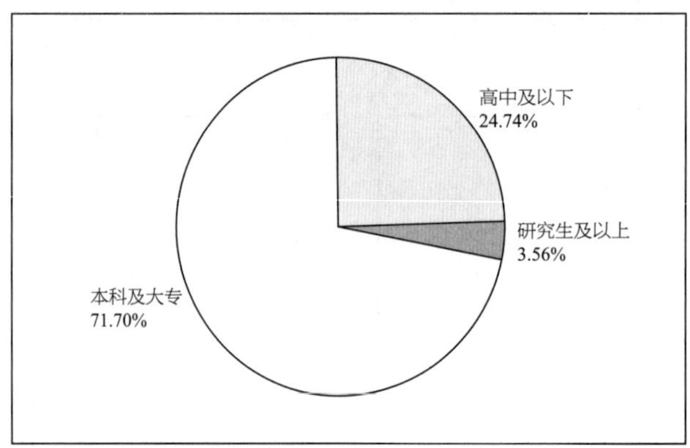

图 14　2014 年全国广播电视行业从业人员学历构成情况图

表 13　2014 年全国广播电视行业从业人员学历构成情况表

学历	人数（万人）	占全国广电从业人员比重（%）
研究生及以上	3.08	3.56
本科及大专	61.98	71.70
高中及以下	21.38	24.74
全国合计	86.44	100.00

表 14 2014 年全国广播电视行业从业人员情况一览（一）

单位：人

	从业人员按职业划分											
	从业人员	长期职工	女	中共党员	管理人员	专业人员	编辑记者	播音员、主持人	工程技术人员	艺术人员	经营人员	其他人员
全国合计	864351	807517	336689	288622	141392	449088	152571	29116	149882	17856	44550	273871
总局直属（广电方面）	52962	47445	24586	14737	8237	27186	7673	641	12239	1455	2047	17539
北京市	46028	41775	20997	8168	9188	20805	5586	785	4768	2037	3921	16035
天津市	8160	7525	3512	2727	1036	5351	2180	273	1187	228	126	1773
河北省	38018	35469	15559	14260	5474	18930	6758	1579	5741	839	1645	13614
山西省	21558	19597	8809	7439	2856	10757	5247	737	3288	121	190	7945
内蒙古自治区	18625	17276	7674	6443	2191	12790	4559	928	3150	217	104	3644
辽宁省	28700	27826	11240	12584	5103	16762	5217	1023	6604	1207	868	6835
吉林省	20289	20111	2097	6999	2509	15048	5071	831	5197	197	3297	2732
黑龙江省	19283	18829	7454	7704	2824	11498	4817	883	3983	584	521	4961
上海市	27703	26001	11602	6597	3725	12495	3439	505	3692	1937	1832	11483
江苏省	53699	50097	20405	18955	8421	27735	8679	1708	8863	730	3260	17543
浙江省	46634	42810	18366	14009	6088	22366	7700	1729	7572	661	2318	18180
安徽省	23071	22070	8520	9250	4103	14708	4864	1235	4662	504	2499	4260
福建省	25912	23757	9656	7165	4049	11050	3735	713	3 222	311	1419	10813
江西省	20180	18718	6786	6784	3965	8454	2983	760	2523	362	631	7761
山东省	57026	53218	21572	19692	8234	32070	12036	2414	10846	887	2161	16722
河南省	50649	48497	19873	18265	7504	21076	9702	1540	6556	339	1409	22069
湖北省	38247	37191	14189	14824	7003	20339	5894	1194	7730	488	2838	10905
湖南省	44312	41333	16675	15036	8335	21043	6365	1133	7743	700	2636	14934
广东省	51862	48252	17705	16701	9413	25582	7092	1672	8654	1276	2219	16867
广西 壮族自治区	15907	15274	5667	6316	3345	10125	3765	718	3859	307	954	2437
海南省	4931	4617	1823	1511	923	2855	910	159	1462	74	120	1155
重庆市	12128	11496	4214	4101	2161	6441	1896	340	1928	396	995	3526
四川省	39439	36181	14300	14943	8679	19415	5125	1200	5121	433	3736	11345
贵州省	16019	14155	5815	4861	3342	7380	3195	585	2361	87	462	5297
云南省	19135	18801	7347	6817	2722	10938	4143	844	4600	211	819	5475
西藏自治区	4509	3754	1917	1929	594	2999	478	122	891	30	6	916
陕西省	19432	18536	7399	6627	3117	10330	3995	868	3592	306	930	5985
甘肃省	15274	14144	5637	5372	3044	6982	3006	662	2048	206	437	5248
青海省	3755	3052	1470	1138	395	2958	951	244	1426	110	5	402
宁夏回族自治区	4725	4507	2014	1612	904	2303	871	226	825	95	163	1518
新疆维吾尔自治区	16179	15203	6809	5056	1908	10319	4639	865	3546	521	82	3952

表15　2014年全国广播电视行业从业人员情况一览（二）

	合计	按学历分			按年龄分			按专业技术职务分			
		研究生	专科及大专	高中及以下	35岁及以下	36岁至50岁	51岁及以上	正高级	副高级	中级	初级
全国合计	864351	30802	619755	213794	399943	368688	95720	7782	33782	127866	401137
总局直属（广电方面）	52962	5036	36942	10984	30296	16765	5901	1055	3059	8345	33550
北京市	46028	5570	35778	4680	31311	11850	2867	598	1362	4371	16981
天津市	8160	512	6311	1337	4252	2785	1123	254	516	1085	4830
河北省	38018	884	27000	10134	17508	17009	3501	487	1692	5542	14364
山西省	21558	283	15083	6192	8138	10954	2466	177	648	3802	7566
内蒙古自治区	18625	417	14943	3265	6456	8879	3290	345	1536	4207	7850
辽宁省	28700	913	22486	5301	11075	13781	3844	446	1479	7124	10883
吉林省	20289	523	14356	5410	7507	9591	3191	274	1488	3702	11501
黑龙江省	19283	563	14413	4307	7154	9048	3081	499	1698	4353	9152
上海市	27703	1976	18448	7279	14993	8654	4056	279	999	5212	9570
江苏省	53699	2038	37638	14023	25085	23005	5609	265	1414	6966	28768
浙江省	46634	1379	35181	10074	23498	18054	5082	270	1688	6664	21648
安徽省	23071	746	17930	4395	10330	10229	2512	84	702	3580	1140
福建省	25912	472	17938	7502	11701	11321	2890	127	963	2791	11534
江西省	20180	391	12610	7179	7373	10381	2426	127	626	2026	7569
山东省	57026	1088	42635	13303	27863	23930	5233	532	2881	9561	29009
河南省	50649	656	30473	19520	22454	23627	4568	144	1213	6458	22666
湖北省	38247	970	24739	12538	13607	19084	5556	308	1251	7319	18834
湖南省	44312	1039	31668	11605	20820	18822	4670	238	1087	5637	22729
广东省	51862	1777	37282	12803	25486	21330	5046	210	1326	5822	34900
广西壮族自治区	15907	579	11991	3337	6247	7409	2251	92	550	2676	10234
海南省	4931	82	3435	1414	2156	2265	510	20	136	484	2777
重庆市	12128	375	8614	3139	5130	5784	1214	82	484	1360	5287
四川省	39439	792	27165	11482	16447	18674	4318	121	736	3659	18376
贵州省	16019	241	11927	3851	7495	7127	1397	57	402	1764	5304
云南省	19135	368	15477	3290	8687	8635	1813	118	910	3783	6127
西藏自治区	4509	146	2693	1670	2383	1774	352	53	157	474	2291
陕西省	19432	381	14021	5030	7993	8985	2454	158	747	2604	6470
甘肃省	15274	250	10576	4448	6223	7158	1893	101	564	1888	6268
青海省	3755	54	3252	449	1600	1792	363	37	266	700	2027
宁夏回族自治区	4725	109	3934	682	1872	2289	564	89	297	778	2767
新疆维吾尔自治区	16179	192	12816	3171	6803	7697	1679	135	905	2859	8101

数据来源：国家新闻出版广电总局

二、电影业

表 1　2014 年全国电影生产情况

影片类型	部数（部）	所占比重（%）
故事片	618	81.53
纪录片	25	3.30
动画片	40	5.28
科教片	52	6.86
特种影片	23	3.03
合计	758	100.00

表 2　2014 年全国电影收入构成情况

收入类别	总收入（亿元）	占全国电影收入比重（%）
城市电影票房收入	296.39	88.45
海外销售收入	18.7	5.58
电影频道播映电影的收入	20	5.97
全国电影收入	335.09	100.00

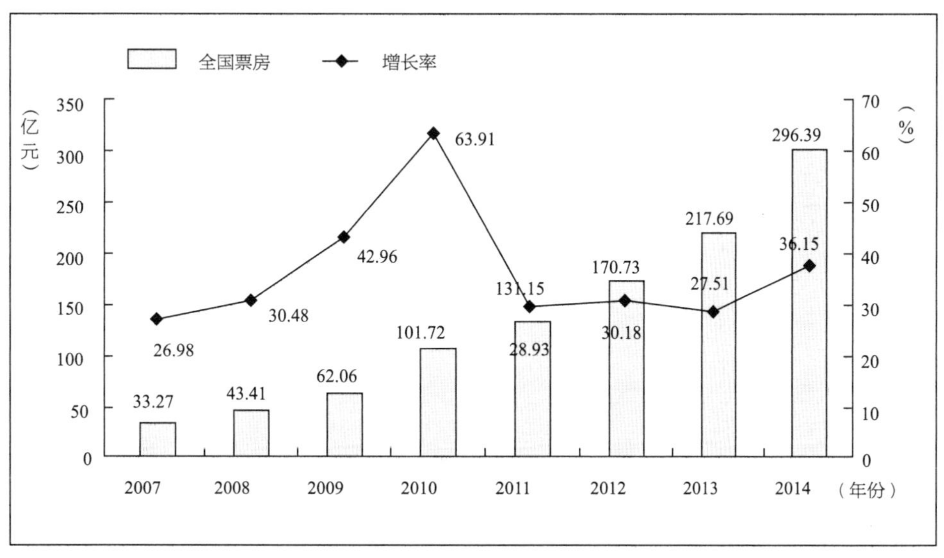

图 1　2007—2014 年全国电影票房及增长率

表 3 2006—2014 年全国电影院线和银幕增长情况

年份	院线数（条）	银幕数（块）	新增影院（家）	新增银幕（块）
2006	33	3034	182	366
2007	34	3527	102	493
2008	34	4097	118	570
2009	37	4723	142	626
2010	38	6256	313	1533
2011	39	9286	803	3030
2012	45	13118	646	3832
2013	45	18195	1048	5077
2014	47	23592	1015	5397

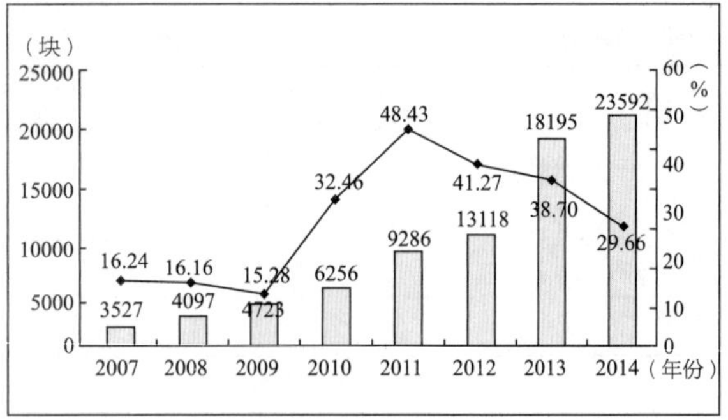

图 2 2007—2014 年全国银幕增长情况

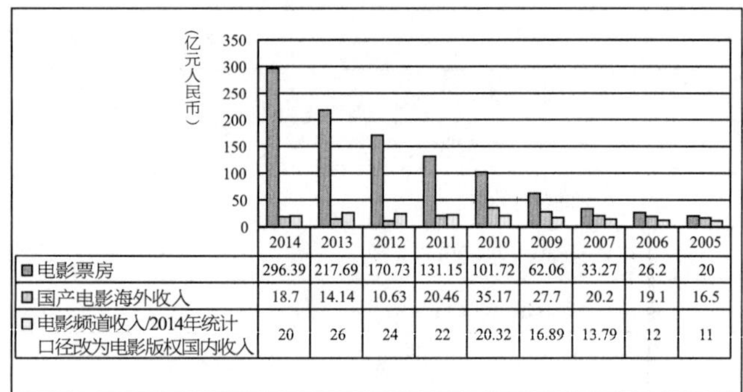

	2014	2013	2012	2011	2010	2009	2007	2006	2005
电影票房	296.39	217.69	170.73	131.15	101.72	62.06	33.27	26.2	20
国产电影海外收入	18.7	14.14	10.63	20.46	35.17	27.7	20.2	19.1	16.5
电影频道收入/2014年统计口径改为电影版权国内收入	20	26	24	22	20.32	16.89	13.79	12	11

图 3 2005—2014 中国电影市场主要收入情况

表 4 2007-2014 年国产电影和进口电影市场份额情况

单位：部

电影种类＼年份	2007	2008	2009	2010	2011	2012	2013	2014
动画影片	6	16	27	16	24	33	29	40
纪录影片	9	16	19	16	26	15	18	25
科教影片	34	39	52	54	76	74	121	52
特种影片	9	2	4	9	5	26	18	23
合计	58	73	102	95	131	148	186	140

表 5　2014 年票房收入排名前十的国产影片

排名	片名	票房收入（亿元）	观影人次（万人）
1	《心花路放》	11.70	3403
2	《西游记之大闹天宫》	10.45	2492
3	《爸爸去哪儿》	6.96	2189
4	《分手大师》	6.67	2006
5	《后会无期》	6.30	1968
6	《匆匆那年》	5.68	1638
7	《澳门风云》	5.25	1623
8	《小时代 3》	5.22	1653
9	《一步之遥》	4.92	1169
10	《同桌的你》	4.56	1389

表 6　2014 年票房收入排名前十的进口影片

排名	片名	票房收入（亿元）	上映时间
1	《变形金刚 4》	17.76	6 月 27 日
2	《X 战警：逆转未来》	7.25	5 月 23 日
3	《美国队长 2》	7.22	4 月 4 日
4	《猩球崛起 2：黎明之战》	7.06	7 月 11 日
5	《星际穿越》	6.99	11 月 12 日
6	《银河护卫队》	5.93	10 月 10 日
7	《超凡蜘蛛侠 2》	5.91	5 月 4 日
8	《哥斯拉》	4.81	5 月 16 日
9	《霍比特人：史矛革之战》	4.63	2 月 21 日
10	《敢死队 3》	4.48	9 月 1 日

表 7　2014 年票房收入前十的省份

序号	地区	票房收入（亿元）	同比增长（%）
1	广东	41.43	39.80
2	江苏	21.96	39.81
3	浙江	23.74	32.10
4	北京	22.89	23.41
5	上海	20.29	29.65
6	四川	15.66	38.55
7	湖北	14.35	34.10
8	辽宁	11.15	34.92
9	山东	10.95	47.18
10	河南	10.58	48.96

表 8　2014 年票房收入前十名电影院线

院线名称	票房		放映场次		观影人次		影院	
	收入（亿元）	增长率（%）	场次（万）	增长率（%）	人次（万）	增长率（%）	影院数量（座）	增长率（%）
万达院线	42.08	33.11	263.19	23.91	10174	30.77	182	28.17
星美院线	24.47	33.12	257.70	42.01	6892	24.47	286	24.89
大地电影院线	23.51	47.83	394.16	42.22	7622	23.51	491	28.87
上海联和院线	22.74	20.80	185.32	14.68	6151	22.74	223	7.21
广州金逸珠江院线	20.83	35.13	204.48	28.26	5468	32.85	227	37.58
中影南方电影新干线	19.84	28.55	246.05	30.03	5581	29.97	276	34.63
浙江时代院线	11.95	31.82	155.70	33.81	3392	31.78	166	16.90
中影数字院线	11.04	47.10	170.37	37.87	3311	56.44	279	40.20
横店电影院线	10.60	36.23	176.82	37.61	3334	36.98	180	36.36
北京新影联院线	10.16	16.03	88.1	2.44	2598	13.75	100	3.09
合计	197.22	—	2141.89	—	54523	—	2410	—

表 9　2014 年全国城市院线影院票房结构（500 万元以上）

票房范围	影院数（家）	票房合计（万元）
5000 万元以上	37	229199
3000 万 ~5000 万元	128	484180
2000 万 ~3000 万元	200	479803
1000 万 ~2000 万元	605	844070
500 万 ~1000 万元	696	503664

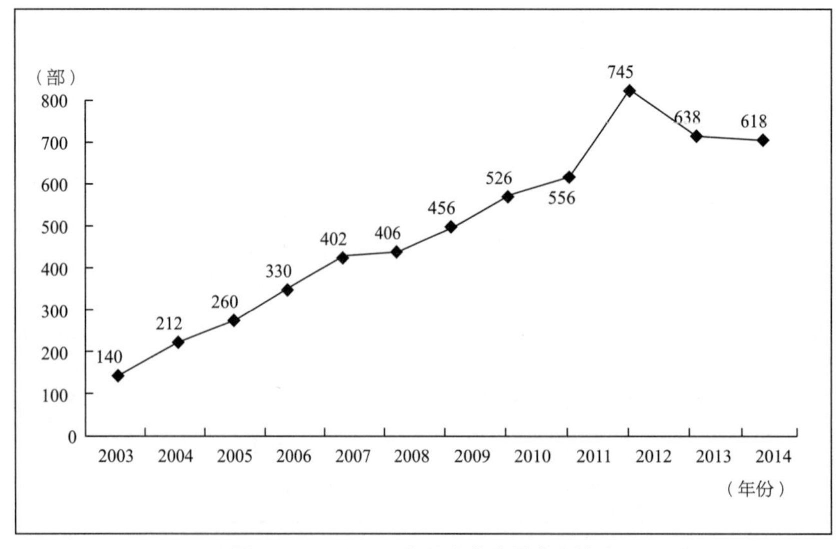

图 4　2003-2014 年国产故事片生产情况

表 10　2007—2014 年故事片以外的其他影片生产情况

单位：部

年份 电影种类	2007	2008	2009	2010	2011	2012	2013	2014
动画影片	6	16	27	16	24	33	29	40
纪录影片	9	16	19	16	26	15	18	25
科教影片	34	39	52	54	76	74	121	52
特种影片	9	2	4	9	5	26	18	23
合计	58	73	102	95	131	148	186	140

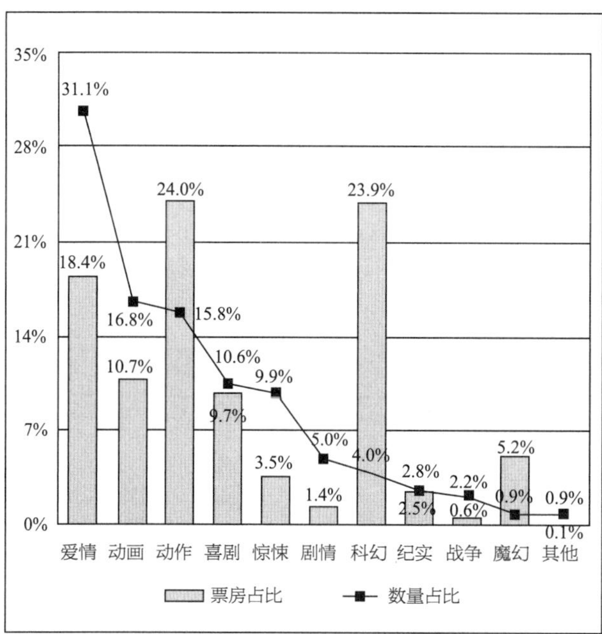

图 5　2014 年各类型电影票房及数量占比

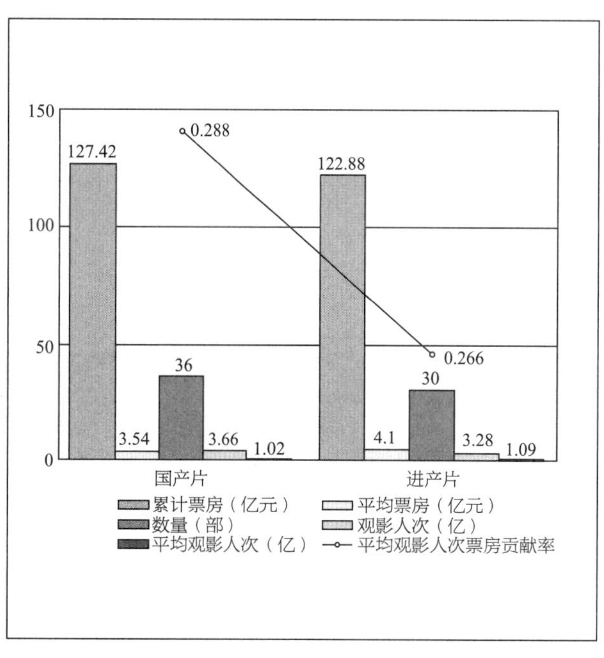

图 6　2014 年票房过亿国产片和进口片对比

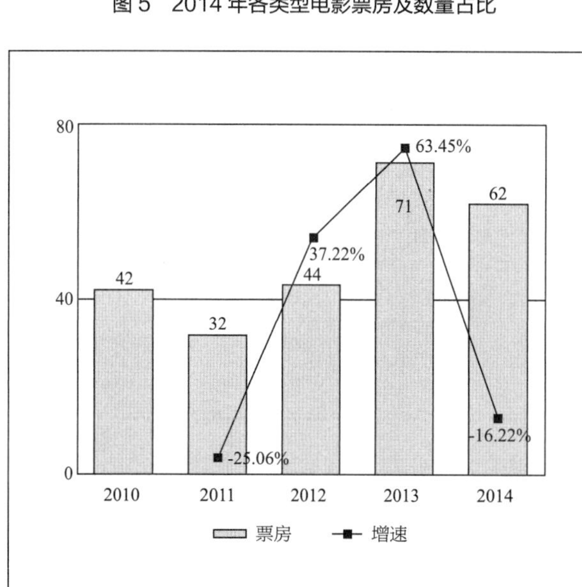

图 7　2010—2014 年中国电影合拍片票房及增速

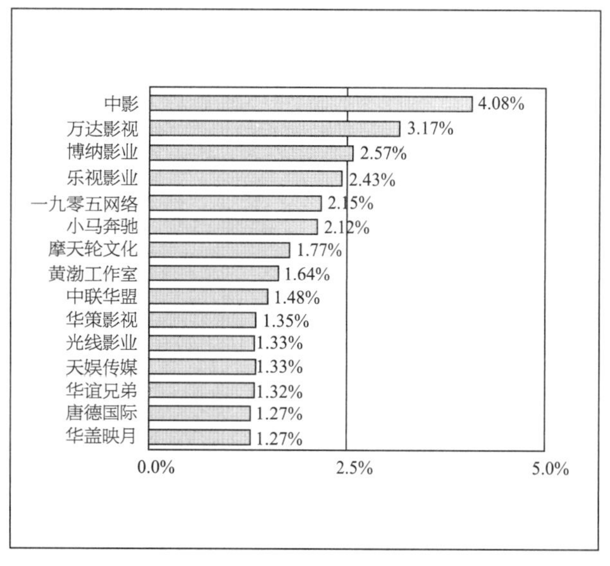

图 8　2014 年中国电影制片机构 TOP15 市场份额

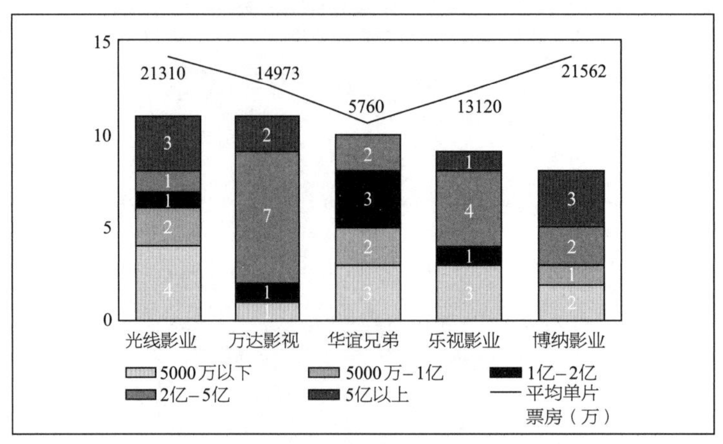

图9　2014年中国五大民营企业发行各票房区间影片数量及平均票房

数据来源：国家广电总局，中国电影发行放映协会

三、新闻出版业

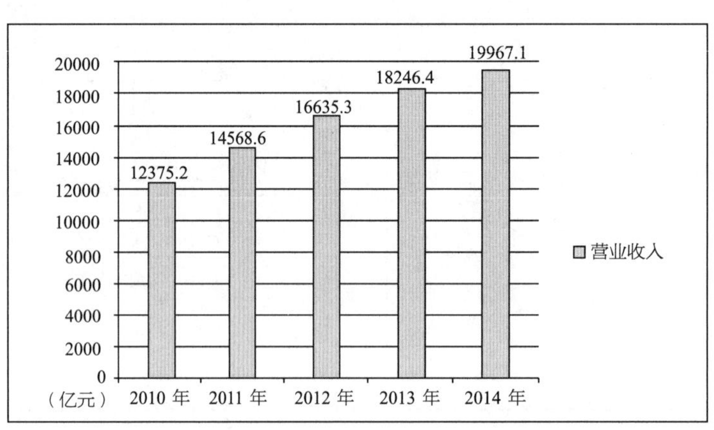

图1　2010—2014年新闻出版产业增长情况

表1　2013—2014年图书出版品种变动比较

类别	2013年			2014年		
	品种（万种）	增减数量（%）	增长速度（%）	品种（万种）	增减数量（%）	增长速度（%）
全部图书	44.44	3.04	7.35	44.84	0.40	0.90
新版图书	25.60	1.40	5.78	25.59	–0.01	–0.04
重印重版	18.84	1.64	9.55	19.25	0.41	2.18
文化科学教育体育类	17.62	1.70	10.68	17.38	–0.24	–1.36
新版图书	8.51	0.52	6.53	7.98	–0.53	–6.23
重印重版	9.11	1.18	14.86	9.40	0.29	3.18

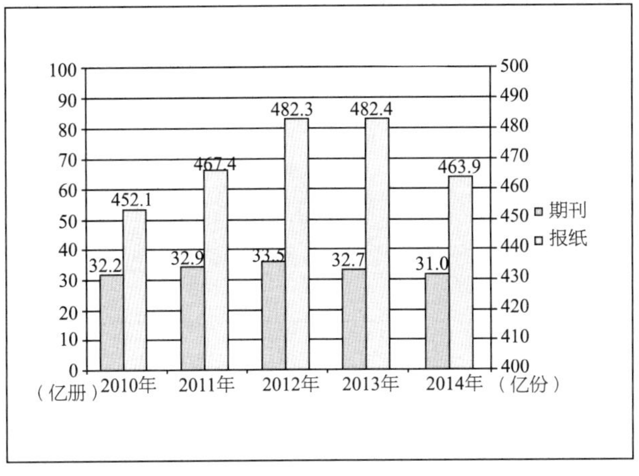

图 2　2010—2014 年报纸、期刊总印数变动情况

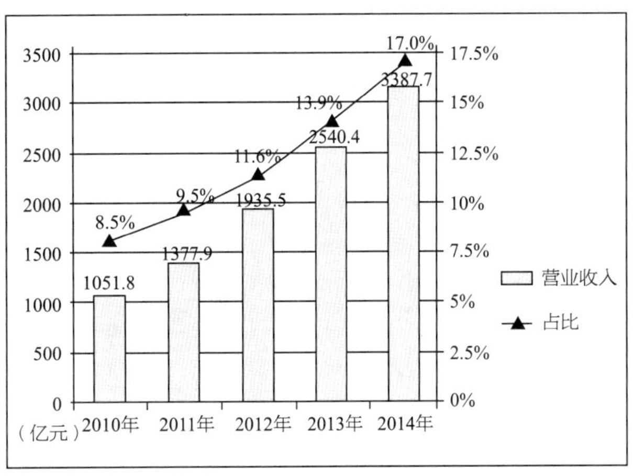

图 3　2010—2014 年数字出版营业收入增长情况

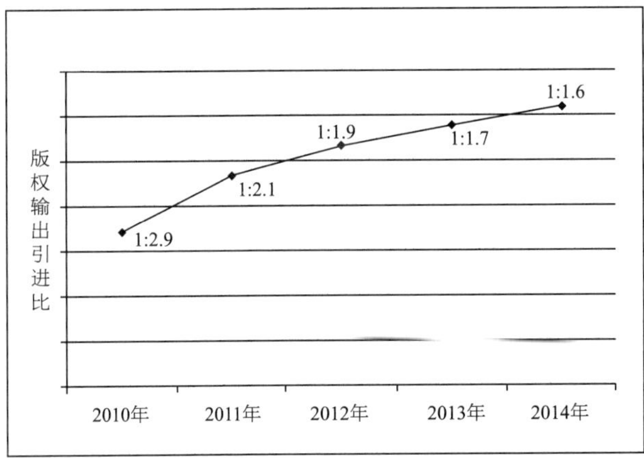

图 4　2010—2014 年版权输出引进比

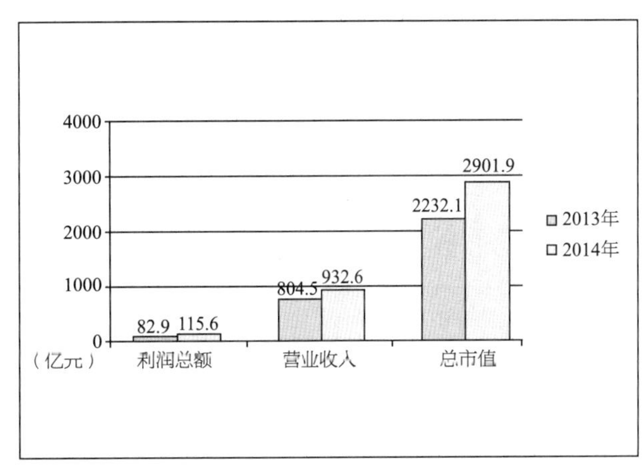

图 5　2014 年在上海和深圳上市的出版发行和印刷公司发展情况

表 2　2014 年各类别上市公司主要指标及其变动情况　　单位：亿元，%，百分点

指标		合计	书报刊出版公司	发行公司	印刷公司
总市值	金额	2901.85	1793.93	378.45	729.47
	增长速度	30.01	30.92	33.44	26.15
	所占比重	100.00	61.82	13.04	25.14
	比重变动	0.00	0.43	0.34	−0.77
营业收入	金额	932.57	580.89	99.26	052.43
	增长速度	15.92	19.03	15.19	9.62
	所占比重	100.00	62.29	10.64	27.07
	比重变动	0.00	1.63	−0.07	−1.56
利润总额	金额	115.59	76.67	11.14	27.78
	增长速度	39.40	21.51	28.19	149.60
	所占比重	100.00	66.33	9.64	24.03
	比重变动	0.00	−9.77	−0.85	10.61

表 3　2014 年全国出版业主要经济指标

经济指标	金额（亿元）	较 2013 年增减（%）
营业收入	19967.11	9.43
资产总额	18726.72	8.83
所有者权益（净资产）	9543.61	5.77
利润总额	1563.73	8.58
纳税总额	857.60	−1.24

说明：表内经济指标均未包括版权贸易与代理、行业服务与其他新闻出版业务，资产总额、所有者权益（净资产）、纳税总额均未包括数字出版。

表 4　2014 年全国图书出版总量规模　　单位：万种，亿册（张），亿印张，亿元，%

总量指标	数量	较 2013 年增减
品种	44.84（万种）	0.90
总印数	81.85（亿册）	−1.50
总印张	704.25	−1.17
定价总金额	1363.47	5.75
营业收入	791.18	2.65
利润总额	117.07	−1.27

表 5　2014 年全国期刊出版总量规模　　单位：种，亿册，亿印张，亿元，%

总量指标	数量	较 2013 年增减
品种	9966	0.90
总印数	30.95	−5.41
总印张	183.58	−5.71
定价总金额	249.38	−1.57
营业收入	212.03	−4.49
利润总额	27.06	−5.35

表 6　2014 年全国报纸出版总量规模　　单位：种，亿份，亿印张，亿元，%

总量指标	数量	较 2013 年增减
品种	1912	−0.16
总印数	463.90	−3.84
总印张	1922.30	−8.37
定价总金额	443.66	0.75
营业收入	697.81	−10.15
利润总额	76.44	−12.81

表 7　2014 年音像制品出版总量规模

单位：种，亿盒（张），亿元，%

总量指标	数量	较 2013 年增减
品种	15355	−9.53
出版数量	3.28	−19.21
发行数量	3.61	5.54
发行总金额	20.14	17.78
营业收入	29.21	18.16
利润总额	4.11	22.69

表 8　2014 年全国电子出版物出版总量规模

单位：种，亿张，亿元，%

总量指标	数量	较 2013 年增减
品种	11823	0.98
出版数量	3.50	−0.57
营业收入	10.89	6.45
利润总额	1.84	−33.57

表 9　2014 年全国数字出版总量规模

单位：亿元，%

总量指标	金额	较 2013 年增减
营业收入	3387.70	33.36
利润总额	265.72	33.25

表 10　2014 年全国印刷复制总量规模

单位：亿元，%

总量指标	金额	较 2013 年增减
营业收入	11740.16	5.82
利润总额	814.66	5.01

表 11　2014 年全国出版物发行总量规模

单位：处，亿元，%

总量指标	数量	较 2013 年增减
出版物发行网点	169619	−1.64
出版物总销售额	2415.52	2.96
营业收入	3023.76	11.55
利润总额	254.91	15.29

表 12　2014 年全国出版物对外贸易情况　　单位：万册（份、盒、张）、万美元

类型	指标	累计出口	累计进口	总额	差额
图书、期刊、报纸	数量	2137.87	2538.85	4676.72	−400.98
	金额	7830.44	28381.57	36212.01	−20551.13
音像制品、电子出版物、数字出版物	数量	9.58	13.44	23.02	−3.86
	金额	2214.41	21000.13	23214.54	−18785.71
合计	数量	2147.45	2552.29	4699.74	−404.84
	金额	10044.86	49381.70	59426.55	−39336.84

表 13　2014 年全国对外版权贸易总体规模　　单位：种，%

总量指标	数量	较 2013 年增减
引进	16695	−8.10
输出	10293	−1.04

表 14　2014 年全国对外出版物版权贸易的构成　　单位：种

类型	引进	输出	总额	差额
图书	15542	8088	23630	−7454
录音制品	208	139	347	−69
录像制品	451	73	524	−378
电子出版物	120	433	553	313
合计	16321	8733	25054	−7588

说明：差额为输出减去引进之差。正号表示输出大于引进，存在顺差；负号表示输出小于引进，存在逆差。

表 15　2014 年全国新闻出版单位数量与构成　　单位：家，%

类型	数量	较 2013 年增减	比重
法人单位	151810	−5.49	46.70
其中：企业法人单位	148829	−5.64	—
非法人单位	8578	−0.03	2.64
个体经营户	164705	−6.96	50.66
合计	325093	−6.11	100.00

说明：未包括数字出版单位、版权贸易与代理单位和行业服务与从事其他新闻出版业务人单位。

表 16 2014 年就业人数的产业类别构成

单位：万人，%

产业类别	人数	较 2013 年增减	比重
图书出版	6.61	1.97	1.43
期刊出版	11.13	2.04	2.41
报纸出版	24.59	-6.54	5.33
音像制品出版	0.49	17.29	0.11
电子出版物出版	0.20	-11.52	0.04
印刷复制	343.42	-5.15	74.40
出版物发行	74.88	3.26	16.22
出版物进出口	0.27	-13.52	0.06
合计	461.60	-3.68	100.00

说明：未包括数字出版、版权贸易与代理、行业服务与其他新闻出版服务。

表 17 2014 年各类出版物在全部出版物总量中所占比重

单位：%

出版物类型	总印数（出版数量）	总印张	定价（出版）总金额
图书	14.04	25.06	65.66
期刊	5.30	6.53	12.01
报纸	79.50	68.51	21.36
录音制品	0.38	—	0.48
录像制品	0.18	—	0.49
电子出版	0.60	—	—
合计	100.00	100.00	100.00

说明：音像制品和电子出版物采用出版数量他出版总金额。

表 18 2014 年各类出版物的增长数度与结构变动情况

单位：%，百分点

类型	总印数		总印张		定价总金额	
	增速	变动	增速	变动	增速	变动
图书	-1.50	0.31	-1.17	1.35	5.75	1.33
期刊	-5.41	-0.10	-5.71	0.05	-1.57	-0.63
报纸	-3.84	-0.13	-8.37	-1.40	0.75	-0.61
录音制品	-6.28	-0.01	—	—	-3.23	-0.03
录像制品	-37.13	-0.10	—	—	-7.10	-0.06
电子出版物	-0.57	0.02	—	—	—	—

说明：增速系指表内各项指标 2014 年较 2013 年人增长速度；变动系指表内各项指标的结构变动，以百分点表示，由 2014 年各项指标在总量中所占百分比与 2013 年该项指标在总量中所占百分比相减而得。

表 19　2014 年各产业类别经济规模综合评价

综合排名	产业类别	综合评价得分	2013 年排名	排名变化
1	印刷复制	2.4988	1	0
2	数字出版	0.3186	3	1
3	出版物发行	0.2122	2	−1
4	图书出版	−0.3283	4	0
5	报纸出版	−0.3694	5	0
6	期刊出版	−0.5170	6	0
7	出版物进出口	−0.6012	7	0
8	音像制品出版	−0.6039	8	0
9	电子出版物出版	−0.6099	9	0

说明：综合评价得分系选取营业收入、增加值、总产出和利润总额四个指标，采用主成分分析方法，通过 SPSS 直接计算所得，仅用来显示各产业类别的相对位置，负数并不代表负面评价

表 20　2014 年各地区总体经济规模综合评价（前 10 名）

综合排名	地区	综合评价得分	2013 年排名	排名变化
1	广东	2.5085	1	0
2	北京	2.1342	2	0
3	浙江	1.9160	4	1
4	江苏	1.8395	3	−1
5	山东	1.4999	5	0
6	上海	1.1554	6	0
7	河北	0.3569	7	0
8	安徽	0.2527	8	0
9	四川	0.2455	10	1
10	福建	0.2395	9	−1

说明：1. 选取营业收入、增加值、总产出、资产总额、所有者权益（净资产）、利润总额和纳税总额 7 项经济规模指标，采用主成分分析方法，通过 SPSS 直接计算所得，仅用来显示各地区的相对位置。
2. 未包括数字出版、版权贸易与代理、行业服务与其他新闻出版业务。

表 21　2014 年图书出版集团总体经济规模综合评价（前 10 名）

综合排名	集团	综合评价得分	2013 年排名	排名变化
1	江苏凤凰出版传媒集团有限公司	3.3848	1	0
2	湖南出版投资控股集团有限公司	2.0498	2	0
3	中国教育出版传媒集团有限公司	1.3980	4	1
4	江西省出版集团公司	1.1524	5	1
5	浙江出版联合集团有限公司	0.8837	8	3
6	河北出版传媒集团有限责任公司	0.8441	9	3
7	安徽出版集团有限责任公司	0.8301	6	−1
8	中国出版集团公司	0.7929	7	1
9	山东出版集团有限公司	0.6781	3	−6
10	中原出版传媒投资控股集团有限公司	0.3840	10	0

说明：综合评价得分系选取主营业务收入、资产总额、所有者权益和利润总额四项指标，采用主成分分析方法，通过 SPSS 直接计算所得，仅用来显示各单位人相对位置，负数并不代表负面评价。

表 22　2014 年图书出版集团平均资产总利润率排名（前 10 名）

单位：%

排名	集团	平均资产总利润率
1	英大传媒投资集团有限公司	14.02
2	贵州出版集团公司	9.60
3	云南出版集团有限责任公司	9.34
4	湖南出版投资控股集团有限公司	8.99
5	中国科技出版传媒集团有限公司	8.61
6	河北出版传媒集团有限责任公司	7.88
7	青岛出版集团有限公司	7.21
8	中国教育出版传媒集团有限公司	6.95
9	中国出版集团公司	6.95
10	江西省出版集团公司	6.93
—	整体	5.89

说明：平均资产总利润率 = 利润总额 ÷[（期初资产总额 + 期末资产总额）÷2]。

表 23　2014 年报刊出版集团总体经济规模综合排名（前 10 名）

综合	集团	综合评价得分	2013 年排名	排名变化
1	上海报业集团	3.6188	—	—
2	成都传媒集团	2.7138	1	−1
3	浙江日报报业集团	2.4946	2	−1
4	山东大众报业（集团）有限公司	1.6616	3	−1
5	广州日报报业集团	1.6486	4	−1
6	河南日报报业集团有限公司	0.9487	7	1
7	湖北日报传媒集团	0.6823	9	2
8	南方报业传媒集团	0.5420	8	0
9	重庆日报报业集团	0.4556	15	6
10	江苏新华日报报业集团有限公司	0.4549	11	1

说明：综合评价得分系选取主营业务收入、资产总额、所有者权益和利润总额四项指标，采用主成分分析方法，通过 SPSS 直接计算所得，仅用来显示各单位人相对位置，负数并不代表负面评价。

表 24　2014 年报刊出版集团平均资产总利润率排名（前 10 名）

单位：%

排名	集团	平均资产总利润率
1	湖南日报报业集团	11.59
2	甘肃日报报业集团	9.97
3	四川党建期刊集团	8.47
4	河南日报报业集团有限公司	8.10
5	广西日报传媒集团有限公司	7.67
6	江苏新华日报报业集团有限公司	7.15
7	长江日报报业集团	6.99
8	贵州日报报业集团	6.74
9	湖北知音传媒集团有限公司	6.70
10	浙江日报报业集团	6.54
—	整体	2.85

说明：平均资产总利润率 = 利润总额 ÷ [（期初资产总额 + 期末资产总额）÷ 2]。

表 25　2014 年发行集团总体经济规模综合排名（前 10 名）

综合	集团	综合评价得分	2013 年排名	排名变化
1	安徽新华发行（集团）控股有限公司	2.9733	1	0
2	四川新华发行集团有限公司	2.2308	2	0
3	湖南新华书店有限责任公司	1.2111	3	0
4	浙江省新华书店集团有限公司	0.9146	4	0
5	江西新华书店集团有限公司	0.8788	5	0
6	山东新华书店集团有限公司	0.6103	7	1
7	上海新华发行集团有限公司	0.5818	6	−1
8	河南省新华书店发行集团有限公司	0.4299	9	1
9	河北省新华书店有限责任公司	0.3544	8	−1
10	重庆新华书店集团公司	0.1250	10	0

说明：综合评价得分系选取主营业务收入、资产总额、所有者权益和利润总额四项指标，采用主成分分析方法，通过 SPSS 直接计算所得，仅用来显示各单位人相对位置，负数并不代表负面评价。

表 26　2014 年发行集团平均资产总利润率排名排名（前 10 位）

单位：%

排名	集团	平均资产总利润率
1	湖南省新华书店有限责任公司	14.74
2	云南新华书店集团有限公司	11.87
3	江西新华发行集团有限公司	9.36
4	山东新华书店集团有限公司	7.66
5	广西新华书店集团股份有限公司	7.52
6	河北省新华书店有限责任公司	7.08
7	河南省新华书店发行集团有限公司	6.30
8	湖北省新华书店（集团）有限公司	6.20
9	吉林省新华书店集团有限责任公司	5.83
10	安徽新华发行（集团）控股有限公司	5.54
—	整体	5.59

说明：综合评价得分系选取主营业务收入、资产总额、所有者权益和利润总额四项指标，采用主成分分析方法，通过 SPSS 直接计算所得，仅用来显示各单位人相对位置，负数并不代表负面评价。

表 27 2014 年出版发行和印刷上市公司流通市值排名（前 10 位）

单位：亿元

排名	上市公司	股票简称	业务类型	上市地点	流通市值
1	中南出版传媒集团股份有限公司	中南传媒	出版发行	上证 A 股	298.14
2	北京康得新复合材料股份有限公司	康得新	印刷	深证 A 股	274.65
3	江苏凤凰出版传媒股份有限公司	凤凰传媒	出版发行	上证 A 股	273.83
4	浙报传媒集团股份有限公司	浙报传媒	报业	上证 A 股	206.29
5	中文天地出版传媒股份有限公司	中文传媒	出版发行	上证 A 股	157.93
6	华闻传媒投资集团股份有限公司	华闻传媒	报业	深证 A 股	153.61
7	安徽新华传媒股份有限公司	皖新传媒	发行	上证 A 股	151.24
8	上海新华传媒股份有限公司	新华传媒	发行	上证 A 股	111.80
9	深圳劲嘉彩印集团股份有限公司	劲嘉股份	印刷	深证 A 股	88.02
10	时代出版传媒股份有限公司	时代出版	出版	上证 A 股	81.99

说明：1. 书报刊出版上市公司包括业务内容描述为出版、出版发行、期刊和报业人上市公司。
2. 在中国香港和美国上市的出版发行和印刷公司以人民币计价的流通市值系根据人民币对港元或美元当日平均汇率折算。

表 28 2014 年书报刊出版上市公司流通市值排名

单位：亿元

排名	上市公司	股票简称	上市地点	流通市值
1	中南出版传媒集团股份有限公司	中南传媒	上证 A 股	298.14
2	江苏凤凰出版传媒股份有限公司	凤凰传媒	上证 A 股	273.83
3	浙报传媒集团股份有限公司	浙报传媒	上证 A 股	206.29
4	中文天地出版传媒股份有限公司	中文传媒	上证 A 股	157.93
5	华闻传媒投资集团股份有限公司	华闻传媒	深证 A 股	153.61
6	时代出版传媒股份有限公司	时代出版	上证 A 股	81.99
7	成都博瑞传播股份有限公司	博瑞传播	上证 A 股	78.84
8	北方联合出版传媒（集团）股份有限公司	出版传媒	上证 A 股	57.79
9	长江出版传媒股份有限公司	长江传媒	上证 A 股	44.60
10	广东九州阳光传媒股份有限公司	粤传媒	深证 A 股	33.49
11	北京赛迪传媒股份有限公司	ST 传媒	深证 A 股	22.10
12	中原大地传媒股份有限公司	大地传媒	深证 A 股	17.63
13	北青传媒股份有限公司	北青传媒	香港联交所	7.39
14	现代传播控股有限公司	现代传播	香港联交所	5.88
15	财讯传媒集团有限公司	财讯传播	香港联交所	4.60
—	合计	—	—	1444.11

说明：在中国香港和美国上市的出版发行和印刷公司以人民币计价的流通市值系根据人民币对港元或美元当日平均汇率折算。

表 29　2014 年发行上市公司流通市值排名

单位：亿元

排名	上市公司	股票简称	上市地点	流通市值
1	安徽新华传媒股份有限公司	皖新传媒	上证 A 股	151.24
2	上海新华传媒股份有限公司	新华传媒	上证 A 股	111.80
3	四川新华文轩出版传媒股份有限公司	新华文轩	香港联交所	55.16
4	广东广弘控股股份有限公司	广弘探股	深证 A 股	51.22
5	中国当当网公司	当当	美国纳斯达克	45.93
6	湖南天舟科教文化股份有限公司	天舟文化	深圳创业板	40.43
—	合计	—	—	455.78

说明：在中国香港和美国上市的出版发行和印刷公司以人民币计价的流通市值系根据人民币对港元或美元当日平均汇率折算。

表 30　2014 年印刷上市公司流通市值排名

单位：亿元

排名	上市公司	股票简称	上市地点	流通市值
1	北京康得新复合材料股份有限公司	康得新	深证 A 股	274.65
2	深圳劲嘉彩印集团股份有限公司	劲嘉股份	深证 A 股	88.02
3	东港安全印刷股份有限公司	东港股份	深证 A 股	73.70
4	上海紫江企业集团股份有限公司	紫江企业	上证 A 股	72.56
5	上海界龙实业集团股份有限公司	界龙实业	上证 A 股	50.39
6	珠海中富实业股份有限公司	ST 中富	深证 A 股	44.10
7	陕西金叶科教集团股份有限公司	陕西金叶	深证 A 股	30.17
8	福建鸿博印刷股份有限公司	鸿博股份	深证 A 股	28.54
9	黄山永新股份有限公司	永新股份	深证 A 股	27.21
10	北京盛通印刷股份有限公司	盛通股份	深证 A 股	12.57
—	合计	—	—	701.90

说明：在中国香港和美国上市的出版发行和印刷公司以人民币计价的流通市值系根据人民币对港元或美元当日平均汇率折算。

表 31　2014 年在上海和深圳上市的出版发行和印刷公司总市值排名（前 10 位）

单位：亿元

排名	上市公司	股票简称	业务类型	上市地点	总市值
1	中南出版传媒集团股份有限公司	中南传媒	出版发行	上证 A 股	298.14
2	北京康得新复合材料股份有限公司	康得新	印刷	深证 A 股	275.91
3	江苏凤凰出版传媒股份有限公司	凤凰传媒	出版发行	上证 A 股	273.83
4	华闻传媒投资集团股份有限公司	华闻传媒	报业	深证 A 股	223.34
5	浙报传媒集团股份有限公司	浙报传媒	报业	上证 A 股	216.15
6	中文天地出版传媒股份有限公司	中文传媒	出版发行	上证 A 股	157.93
7	安徽新华传媒股份有限公司	皖新传媒	发行	上证 A 股	151.24
8	中原大地传媒股份有限公司	大地传媒	出版发行	深证 A 股	130.26
9	成都博瑞传播股份有限公司	博瑞传媒	报业	上证 A 股	117.53
10	上海新华传媒股份有限公司	新华传媒	发行	上证 A 股	111.80

说明：在中国香港和美国上市的出版发行和印刷公司以人民币计价的流通市值系根据人民币对港元或美元当日平均汇率折算。

表 32　2014 年在上海和深圳上市的书报刊出版公司总市值排名

单位：亿元

排名	上海公司	股票简称	上市地点	总市值
1	中南出版传媒集团股份有限公司	中南传媒	上证 A 股	298.14
2	江苏凤凰出版传媒股份有限公司	凤凰传媒	上证 A 股	273.83
3	华闻传媒投资集团股份有限公司	华闻传媒	深证 A 股	223.34
4	浙报传媒集团股份有限公司	浙报传媒	上证 A 股	216.15
5	中文天地出版传媒股份有限公司	中文传媒	上证 A 股	157.93
6	中原大地传媒股份有限公司	大地传媒	深证 A 股	130.26
7	成都博瑞传播股份有限公司	博瑞传播	上证 A 股	117.53
8	广东出版传媒股份有限公司	粤传媒	深证 A 股	111.46
9	长江出版传媒股份有限公司	长江传媒	上证 A 股	103.28
10	时代出版传媒股份有限公司	时代出版	上证 A 股	81.99
11	北方联合出版传媒（集团）股份有限公司	出版传媒	上证 A 股	57.79
12	北京赛迪传媒投资股份有限公司	ST 传媒	深证 A 股	22.22
—	合计	—	—	1793.93

表 33　2014 年在上海和深圳上市的发行公司总市值排名

单位：亿元

排名	上市公司	股票简称	上市地点	总市值
1	安徽新华传媒股份有限公司	皖新传媒	上证 A 股	151.24
2	上海新华传媒股份有限公司	新华传媒	上证 A 股	111.80
3	湖南天舟科教文化股份有限公司	天舟文化	深圳创业板	62.68
4	广东广弘控股股份有限公司	广弘控股	深证 A 股	52.72
—	合计	—	—	378.45

表 34　2014 年在上海和深圳上市的印刷公司总市值排名

单位：亿元

排名	上市公司	股票简称	上市地点	总市值
1	北京康得新复合材料股份有限公司	康得新	深证 A 股	275.91
2	深证劲嘉彩印集团股份有限公司	劲嘉股份	深证 A 股	90.03
3	东港安全印刷股份有限公司	东港股份	深证 A 股	74.03
4	上海紫江企业集团股份有限公司	紫江企业	上证 A 股	72.56
5	上海界龙实业集团股份有限公司	界龙实业	上证 A 股	50.39
6	福建鸿博印刷股份有限公司	鸿博股份	深证 A 股	45.80
7	珠海中富实业股份有限公司	ST 中富	深证 A 股	44.10
8	陕西金叶科教集团股份有限公司	陕西金叶	深证 A 股	30.24
9	黄山永新股份有限公司	永新股份	深证 A 股	27.46
10	北京盛通印刷股份有限公司	盛通股份	深证 A 股	18.93
—	合计	—	—	729.47

表 35 2014 年在上海和深圳上市的出版发行和印刷公司营业收入排名（前 10 名） 单位：亿元

排名	上市公司	股票简称	业务类型	上市地点	营业收入
1	中文天地出版传媒股份有限公司	中文传媒	出版发行	上证 A 股	105.03
2	江苏凤凰出版传媒股份有限公司	凤凰传媒	出版发行	上证 A 股	96.18
3	中南出版传媒集团股份有限公司	中南传媒	出版发行	上证 A 股	90.39
4	上海紫江企业集团股份有限公司	紫江企业	印刷	上证 A 股	85.01
5	中原大地传媒股份有限公司	大地传媒	出版发行	深证 A 股	71.03
6	安徽新华传媒股份有限公司	皖新传媒	发行	上证 A 股	57.45
7	时代出版传媒股份有限公司	时代出版	出版	上证 A 股	53.64
8	北京康得新复合材料股份有限公司	康得新	印刷	深证 A 股	52.08
9	长江出版传媒股份有限公司	长江传媒	出版发行	上证 A 股	46.87
10	华闻传媒投资集团股份有限公司	华闻传媒	报业	深证 A 股	39.53

说明：书报刊出版上市公司包括业务内容描述为出版、出版发行、期刊和报业人上市公司。

表 36 2014 年在上海和深圳上市的出版发行和印刷公司利润总额排名（前 10 名） 单位：亿元

排名	上市公司	股票简称	业务类型	上市地点	利润总额
1	中南出版传媒集团股份有限公司	中南传媒	出版发行	上证 A 股	15.49
2	华闻传媒投资集团股份有限公司	华闻传媒	报业	深证 A 股	12.63
3	江苏凤凰出版传媒股份有限公司	凤凰传媒	出版发行	上证 A 股	12.49
4	北京康得新复合材料股份有限公司	康得新	印刷	深证 A 股	11.87
5	中文天地出版传媒股份有限公司	中文传媒	出版发行	上证 A 股	9.52
6	安徽新华传媒股份有限公司	皖新传媒	发行	上证 A 股	7.03
7	深圳劲嘉彩印集团股份有限公司	劲嘉股份	印刷	深证 A 股	6.86
8	浙报传媒集团股份有限公司	浙报传媒	报业	上证 A 股	6.74
9	中原大地传媒股份有限公司	大地传媒	出版发行	深证 A 股	6.52
10	成都博瑞传播股份有限公司	博瑞传播	报业	上证 A 股	4.17

说明：书报刊出版上市公司包括业务内容描述为出版、出版发行、期刊和报业人上市公司。

表 37 2014 年在上海和深圳上市的出版发行和印刷公司平均资产总利润率排名（前 10 名） 单位：%

排名	上市公司	股票简称	业务类型	上市地点	利润率
1	深圳劲嘉彩印集团股份有限公司	劲嘉股份	印刷	深证 A 股	14.83
2	广东广弘控股股份有限公司	广弘控股	发行	深证 A 股	14.43
3	华闻传媒投资集团股份有限公司	华闻传媒	报业	深证 A 股	14.02
4	东港安全印刷股份有限公司	东港股份	印刷	深证 A 股	12.76
5	北京康得新复合材料股份有限公司	康得新	印刷	深证 A 股	12.61
6	中原大地传媒股份有限公司	大地传媒	出版发行	深证 A 股	11.33
7	中南出版传媒集团股份有限公司	中南传媒	出版发行	上证 A 股	11.01
8	湖南天舟科教文化股份有限公司	天舟文化	发行	深圳创业板	10.76
9	安徽新华传媒股份有限公司	皖新传媒	发行	上证 A 股	10.45
10	浙报传媒集团股份有限公司	浙报传媒	报业	上证 A 股	9.88

说明：书报刊出版上市公司包括业务内容描述为出版、出版发行、期刊和报业人上市公司。

表 38　2014 年图书出版社总体经济规模综合评价（前 10 名）

综合排名	图书出版单位	综合评价得分	2013 年排名	排名变化
1	人民教育出版社	13.7184	1	0
2	高等教育出版社	9.3962	2	0
3	重庆出版社	6.8853	3	0
4	外语教学与研究出版社	5.5587	4	0
5	科学出版社	4.8403	7	2
6	人民卫生出版社	4.1978	6	0
7	知识产权出版社	3.5393	8	1
8	商务印书馆	3.3774	5	–3
9	北京师范大学出版社	2.6048	10	1
10	浙江教育出版社	2.5713	11	1

说明：综合评价得分系选取主营业务收入、资产总额、所有者权益和利润总额四项指标，采用主成分分析方法，通过 SPSS 直接计算所得，仅用来显示各单位人相对位置，负数并不代表负面评价。

表 39　2014 年中央各部门各单位图书出版单位总体经济规模综合排名（前 10 名）

综合排名	图书出版单位	综合评价得分	2013 年排名	排名变化
1	人民教育出版社	13.7184	1	0
2	高等教育出版社	9.3962	2	0
3	科学出版社	4.8403	5	2
4	人民卫生出版社	4.1978	4	0
5	知识产权出版社	3.5393	6	1
6	商务印书馆	3.3774	3	–3
7	中国劳动社会保障出版社	2.2528	8	1
8	教育科学出版社	1.8259	9	1
9	人民邮电出版社	1.7361	11	2
10	中国建筑工业出版社	1.5383	13	3

说明：综合评价得分系选取主营业务收入、资产总额、所有者权益和利润总额四项指标，采用主成分分析方法，通过 SPSS 直接计算所得，仅用来显示各单位人相对位置，负数并不代表负面评价。

表 40　2014 年大学图书出版单位总体经济规模综合排名（前 10 名）

综合排名	图书出版单位	综合评价得分	2013 年排名	排名变化
1	外语教学与研究出版社	5.5587	1	0
2	北京师范大学出版社	2.6048	2	0
3	清华大学出版社	2.2037	3	0
4	上海外语教育出版社	1.7267	4	0
5	中国人民大学出版社	1.2470	6	1
6	北京大学出版社	1.1679	5	–1
7	中央广播电视大学出版社	0.9388	7	0
8	广西师范大学出版社	0.8307	10	2
9	华东师范大学出版社	0.7125	9	0
10	复旦大学出版社	0.6525	8	–2

说明：综合评价得分系选取主营业务收入、资产总额、所有者权益和利润总额四项指标，采用主成分分析方法，通过 SPSS 直接计算所得，仅用来显示各单位人相对位置，负数并不代表负面评价。

表 41　2014 年地方图书出版单位总体经济规模综合排名（前 10 名）

综合排名	图书出版单位	综合评价得分	2013 年排名	排名变化
1	重庆出版社	6.8853	1	0
2	浙江教育出版社	2.5713	2	0
3	青岛出版社	2.4675	5	2
4	四川教育出版社	2.4257	4	0
5	江苏凤凰教育出版社	2.2147	3	−2
6	上海书画出版社	1.6570	6	0
7	内蒙古教育出版社	1.4437	9	2
8	北京出版社	1.3605	8	0
9	安徽教育出版社	1.1829	10	1
10	湖南教育出版社	1.1372	11	1

说明：综合评价得分系选取主营业务收入、资产总额、所有者权益和利润总额四项指标，采用主成分分析方法，通过 SPSS 直接计算所得，仅用来显示各单位人相对位置，负数并不代表负面评价。

表 42　2014 年社科类图书出版单位总体经济规模综合排名（前 10 名）

综合排名	图书出版单位	综合评价得分	2013 年排名	排名变化
1	重庆出版社	6.8853	1	0
2	知识产权出版社	3.5393	3	1
3	商务印书馆	3.3774	2	−1
4	青岛出版社	2.4675	4	0
5	中国劳动社会保障出版社	2.2528	5	0
6	北京出版社	1.3605	6	0
7	人民出版社	0.9424	7	0
8	党建读物出版社	0.7975	10	2
9	中信出版社	0.7725	11	2
10	中国财政经济出版社	0.7262	8	−2

说明：综合评价得分系选取主营业务收入、资产总额、所有者权益和利润总额四项指标，采用主成分分析方法，通过 SPSS 直接计算所得，仅用来显示各单位人相对位置，负数并不代表负面评价。

表 43　2014 年文艺类图书出版单位经济规模综合排名（前 10 名）

综合排名	图书出版单位	综合评价得分	2013 年排名	排名变化
1	译林出版社	0.8837	1	0
2	人民音乐出版社	0.5962	2	0
3	上海译文出版社	0.2577	3	0
4	人民文学出版社	0.2239	4	0
5	湖南文艺出版社	0.1968	6	1
6	作家出版社	0.0350	5	−1
7	长江文艺出版社	0.0223	7	0
8	上海音乐出版社	−0.0814	8	0
9	山东文艺出版社	−0.1066	10	1
10	百花洲文艺出版社	−0.1253	11	1

说明：综合评价得分系选取主营业务收入、资产总额、所有者权益和利润总额四项指标，采用主成分分析方法，通过 SPSS 直接计算所得，仅用来显示各单位人相对位置，负数并不代表负面评价。

表 44 2014 年美术类图书出版单位总体经济规模综合排名（前 10 名）

综合排名	图书出版单位	综合评价得分	2013 年排名	排名变化
1	上海书画出版社	1.6570	1	0
2	湖南美术出版社	0.1156	2	0
3	江西美术出版社	0.0138	3	0
4	安徽美术出版社	−0.0279	5	1
5	人民美术出版社	−0.0348	4	−1
6	吉林美术出版社	−0.1585	6	0
7	浙江人民美术出版社	−0.1617	9	2
8	湖北美术出版社	−0.1887	8	0
9	河南美术出版社	−0.1891	18	9
10	陕西人民美术出版社	−0.1915	10	0

说明：综合评价得分系选取主营业务收入、资产总额、所有者权益和利润总额四项指标，采用主成分分析方法，通过 SPSS 直接计算所得，仅用来显示各单位人相对位置，负数并不代表负面评价。

表 45 2014 年科技类图书出版单位总体经济规模综合排名（前 10 名）

综合排名	图书出版单位	综合评价得分	2013 年排名	排名变化
1	科学出版社	4.8403	2	1
2	人民卫生出版社	4.1978	1	−1
3	人民邮电出版社	1.7361	5	2
4	中国建筑工业出版社	1.5383	7	3
5	中国地图出版社	1.4894	6	1
6	中国轻工业出版社	1.4868	4	−2
7	机械工业出版社	1.4170	3	−4
8	电子工业出版社	1.2495	8	0
9	化学工业出版社	1.0410	10	1
10	中国电力出版社	0.7523	11	1

说明：综合评价得分系选取主营业务收入、资产总额、所有者权益和利润总额四项指标，采用主成分分析方法，通过 SPSS 直接计算所得，仅用来显示各单位人相对位置，负数并不代表负面评价。

表 46 2014 年教育类图书出版单位总体经济规模综合排名（前 10 位）

综合排名	图书出版单位	综合评价得分	2013 年排名	排名变化
1	人民教育出版社	13.7184	1	0
2	高等教育出版社	9.3962	2	0
3	浙江教育出版社	2.5713	3	0
4	四川教育出版社	2.4257	5	1
5	江苏凤凰教育出版社	2.2147	4	−1
6	教育科学出版社	1.8259	6	0
7	内蒙古教育出版社	1.4437	8	1
8	安徽教育出版社	1.1829	9	1
9	湖南教育出版社	1.1372	10	1
10	广东教育出版社	0.9582	11	1

说明：综合评价得分系选取主营业务收入、资产总额、所有者权益和利润总额四项指标，采用主成分分析方法，通过 SPSS 直接计算所得，仅用来显示各单位人相对位置，负数并不代表负面评价。

表 47　2014 年少儿类图书出版单位总体经济规模综合排名（前 10 位）

综合排名	图书出版单位	综合评价得分	2013 年排名	排名变化
1	中国少年儿童出版社	0.7879	1	0
2	二十一世纪出版社	0.7210	2	0
3	明天出版社	0.7048	3	0
4	安徽少年儿童出版社	0.5211	5	1
5	浙江少年儿童出版社	0.5018	4	−1
6	接力出版社	0.4960	6	0
7	海燕出版社	0.2883	8	1
8	长江少年儿童出版社	0.2566	7	−1
9	湖南少年儿童出版社	0.2233	10	1
10	新疆青少年出版社	0.1304	11	1

说明：综合评价得分系选取主营业务收入、资产总额、所有者权益和利润总额四项指标，采用主成分分析方法，通过 SPSS 直接计算所得，仅用来显示各单位人相对位置，负数并不代表负面评价。

表 48　2014 年古籍类图书出版单位总体经济规模综合排名（前 10 位）

综合排名	图书出版单位	综合评价得分	2013 年排名	排名变化
1	中华书局	0.3200	1	0
2	黄山书社	0.1021	2	0
3	国家图书馆出版社	0.347	3	0
4	岳麓书社	−0.0301	5	1
5	文物出版社	−0.0487	4	−1
6	上海古籍出版社	−0.1488	6	0
7	齐鲁书社	−0.1589	7	0
8	三秦出版社	−0.3215	8	0
9	中州古籍出版社	−0.3264	10	1
10	凤凰出版社	−0.3299	9	−1

说明：综合评价得分系选取主营业务收入、资产总额、所有者权益和利润总额四项指标，采用主成分分析方法，通过 SPSS 直接计算所得，仅用来显示各单位人相对位置，负数并不代表负面评价。

表49　2014年国家数字出版基地（园区）的营业收入　　单位：亿元，%

排名	基地（园区）	营业收入	在全体中所占比重	
			比重	累计比重
1	上海张江国家数字出版基地	280.00	25.03	25.03
2	江苏国家数字出版基地	227.10	20.30	45.33
3	广东国家数字出版基地	168.25	15.04	60.37
4	安徽国家数字出版基地	95.85	8.57	68.94
5	杭州国家数字出版产业基地	84.25	7.53	76.47
6	西安国家数字出版基地	65.22	5.83	82.3
7	中南国家数字出版基地	58.77	5.25	87.55
8	重庆北部新区国家数字出版基地	50.45	4.51	92.06
9	天津国家数字出版报	33.08	2.96	95.02
10	海峡国家数字出版产业基地	28.38	2.54	97.56
11	青岛国家数字出版产业基地	26.41	2.36	99.92
12	华中国家数字出版基地	0.97	0.08	100.00
—	合计	1118.73	100.00	—
—	平均	93.23	—	—

数据来源：国家新闻出版广电总局《2014年新闻出版产业分析报告》

四、演艺业

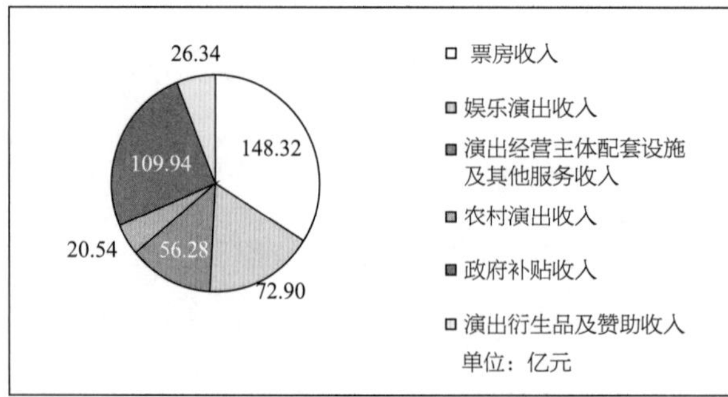

图1　2014年演出市场各类收入对比

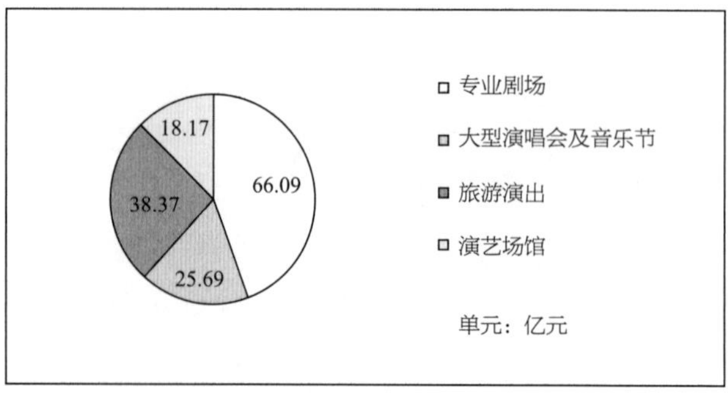

图2　2014年票房收入分布

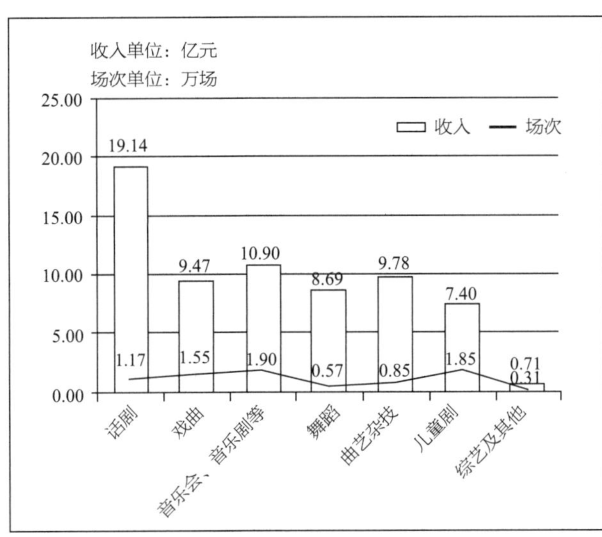

图 3 2014 年专业剧场票房收入及场次对比

表 1 2013—2014 年农村演出场次收入对比

年份	补贴收入（亿元）	惠民场次（万场）	商演收入（亿元）	商演场次（万场）
2013 年	2.96	5.34	15.97	93.96
2014 年	3.29	6.88	17.25	100.40

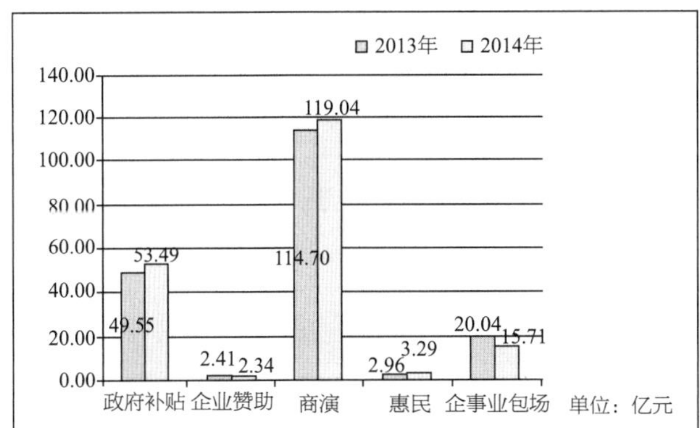

图 4 2013—2014 年文艺表演团体收入情况对比

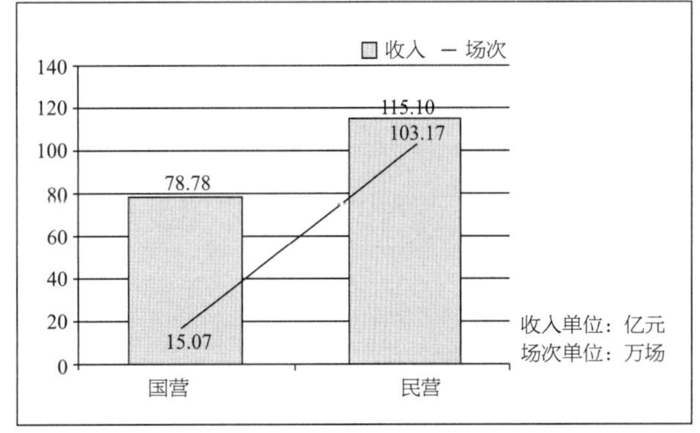

图 5 2014 年国有、民营院团演出收入、场次对比

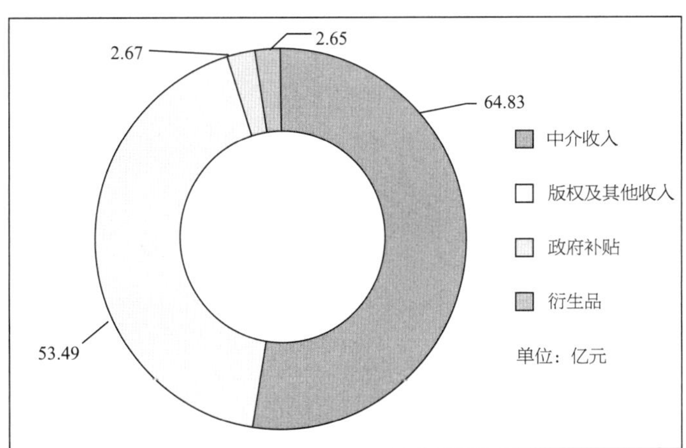

图 6 2014 年演出经纪机构总收入构成比例

表 2　2007—2014 年全国艺术表演团体基本情况

年份	机构数（个）	从业人员数（人）	演出场次（万场）	国内演出观众人次（万人次）	总收入（万元）	
						# 演出收入
2007 年	4512	220653	92.7	75895.6	829045	203757
2008 年	5114	208174	90.5	63186.8	933685	204842
2009 年	6139	184678	120.2	81715.9	1121559	288214
2010 年	6864	185413	137.1	88455.8	1239255	342696
2011 年	7055	226599	154.7	74585.1	1540263	526745
2012 年	7321	242047	135.0	82805.1	1968802	641480
2013 年	8180	260865	165.1	90064.3	2800266	820738
2014 年	8769	262887	173.9	91019.7	2264046	757028

表 3　2014 年民营演出经纪机构与国营演出经纪机构收入对比

经纪机构	国营	民营	合计
中介收入	7.77	45.72	53.49
版权收入	1.92	8.74	10.66
其他自营	7.2	46.97	54.17
政府补贴	2.15	0.52	2.67
衍生品	0.07	2.58	2.65
总收入	19.11	104.53	123.64

表 4　2013—2014 年公有制院团和民营院团主要指标

主要指标	2013 年		2014 年	
	总量	比重（%）	总量	比重（%）
机构个数（个）	8180	100.0	8769	100.0
公有制院团	2261	27.6	2152	24.5
民营院团	5919	72.4	6617	75.5
演出场次（万场次）	165.11	100.0	173.91	100.0
公有制院团	41.41	25.1	41.17	23.7
民营院团	123.70	74.9	132.74	76.3
国内演出观众人次（万人次）	90064.25	100.0	91019.68	100.0
公有制院团	36427.61	40.4	34652.19	38.1
民营院团	53636.64	59.6	56367.49	61.9
演出收入（亿元）	82.07	100.0	75.70	100.0
公有制院团	24.65	30.0	23.52	31.1
民营院团	57.42	70.0	52.18	68.9

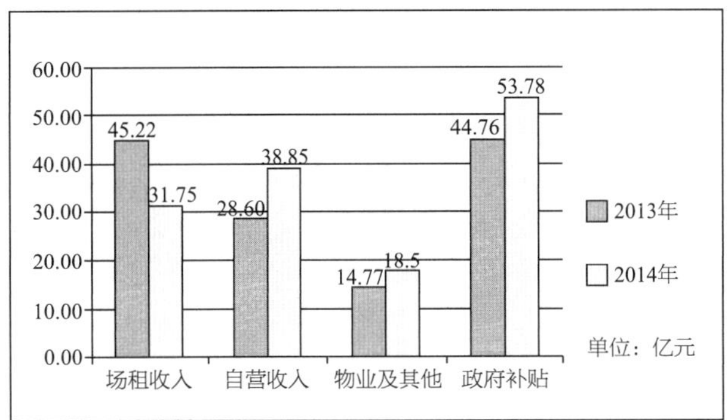

图 7　2013—2014 年剧场收入对比

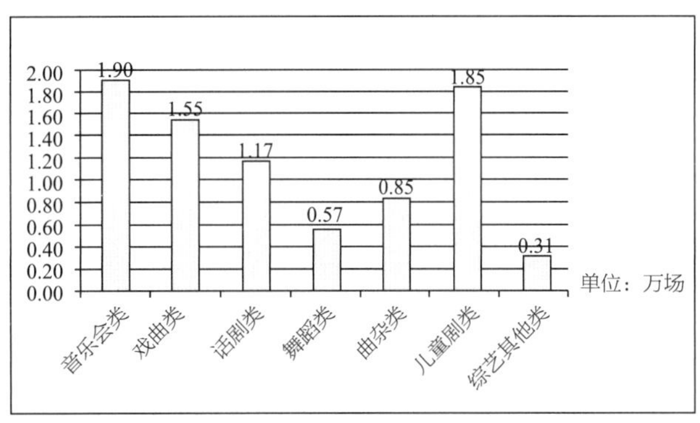

图 8　2014 年专业剧场演出类型场次

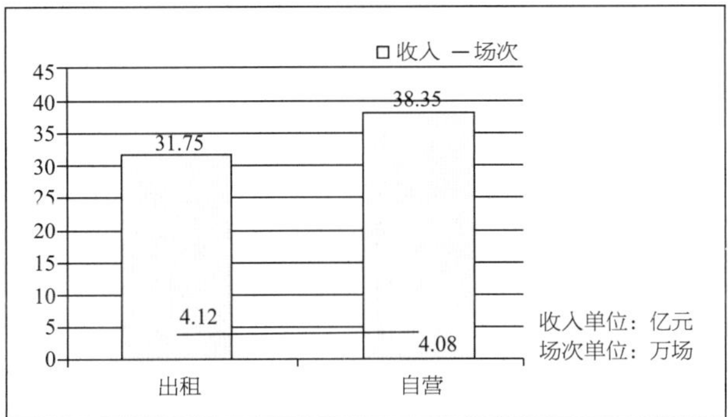

图 9　2014 年剧场场租和自营演出收入对比

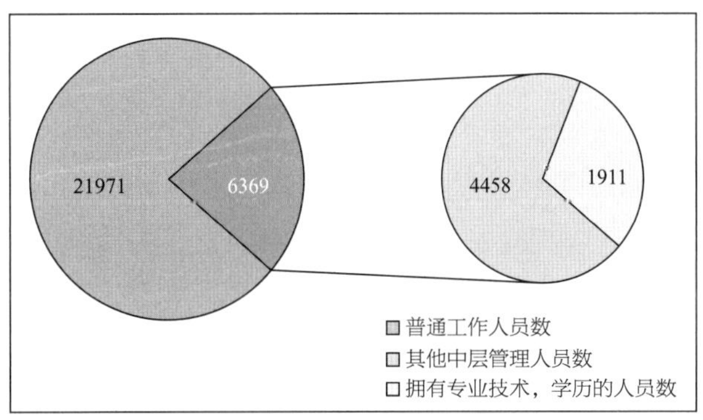

图 10　2014 年专业剧场人员情况

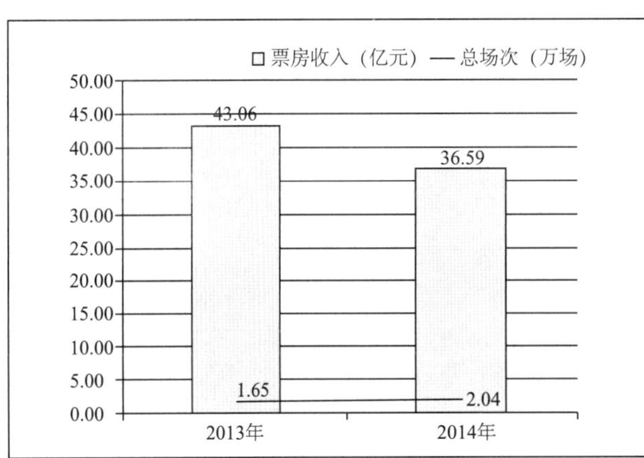

图 11　2013—2014 年音乐类演出市场场次与票房收入对比

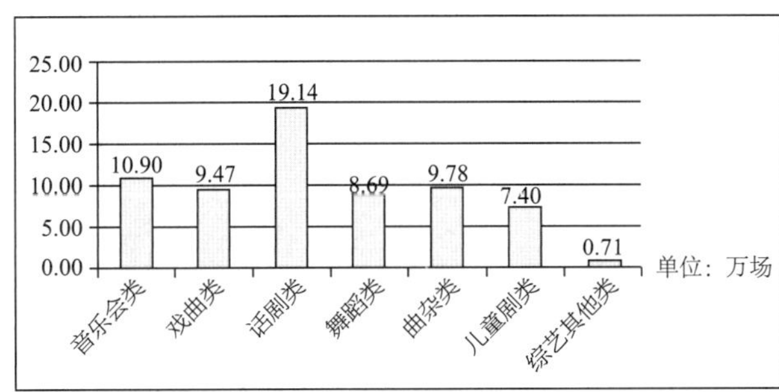

图 12　2014 年专业剧场演出类型场次

表 5　2013—2014 年场次、平均票价、上座率以及票房收入对比

类别	2013 年	2014 年
平均票价（元）	513	453
演出场次（万场）	0.13	0.12
票房收入（亿元）	16.86	19.39

表 6　2013—2014 年音乐会演出市场对比

类别	2013 年	2014 年
平均票价（元）	313	137
演出场次（万场）	1.51	1.91
观众人数（万人）	434.5	496.57
票房收入（亿元）	21.71	10.9

表 7　2013—2014 年舞蹈演出市场对比

类别	2013 年	2014 年
平均票价（元）	249	279
演出场次（万场）	0.62	0.57
观众人数（万人）	290.21	311.44
票房收入（亿元）	7.19	8.69

数据来源：中国演出行业协会《2014 年中国演出市场年度报告》

五、动漫业

表 1 2009—2014 年国家认定动漫企业数量

省份 / 年份	2009	2010	2011	2012	2013	2014	合计
江苏省	15	29	20	12	7	3	86
广东省	8	21	21	14	9	10	83
北京市	26	5	8	14	6	9	68
福建省	2	13	1	7	8	6	37
上海市	2	16	4	5	7	2	36
浙江省	3	11	7	4	3	6	34
安徽省	0	8	8	8	4	5	33
湖南省	10	6	4	5	1	5	31
天津市	7	4	6	4	5	3	29
辽宁省	1	17	1	0	5	1	25
河南省	2	4	5	4	6	3	24
湖北省	1	5	8	5	2	2	23
江西省	4	2	3	3	2	3	17
山东省	0	2	3	1	4	5	15
河北省	3	2	3	1	3	2	14
黑龙江省	3	2	4	1	4	0	14
山西省	2	2	3	1	1	2	11
广西壮族自治区	0	0	2	3	4	2	11
四川省	3	5	0	1	1	0	10
云南省	0	0	3	5	1	0	9
新疆维吾尔自治区	0	0	2	4	1	2	9
贵州省	1	5	2	1	0	0	9
陕西省	5	0	1	2	0	0	8
吉林省	1	1	1	0	0	4	7
重庆市	0	4	0	1	1	1	7
内蒙古自治区	1	3	0	2	0	0	6
甘肃省	0	0	1	1	1	3	6
宁夏回族自治区	0	2	0	1	0	2	5
青海省	0	0	0	0	0	1	1
海南省	0	0	0	0	1	0	1
合计	100	69	121	110	87	82	669

数据来源：文化部官方网站

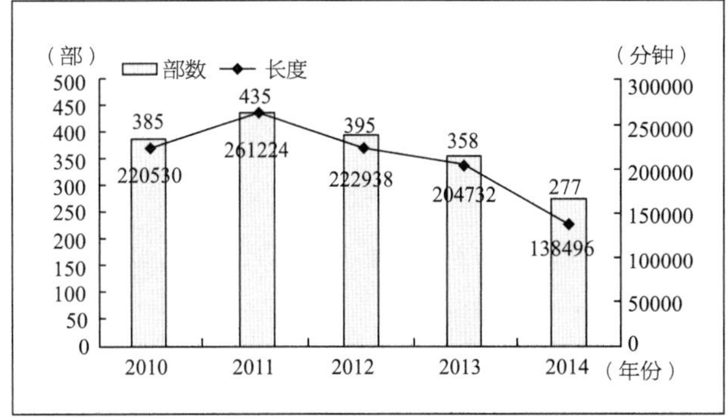

图 1　2010—2014 年全国制作完成电视动画片数量及长度

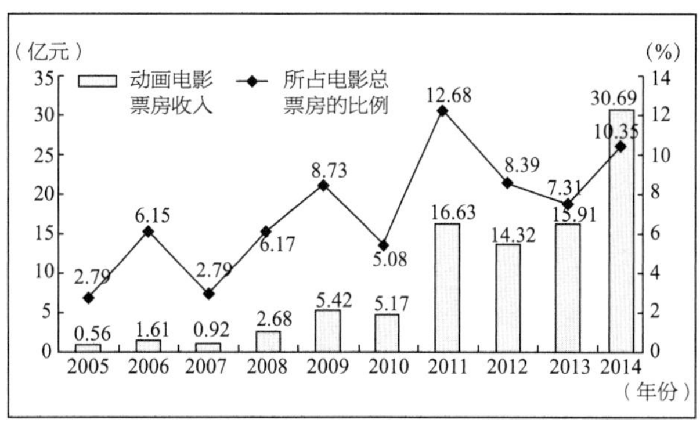

图 2　2005—2014 年中国动画电影票房收入及其所占比例

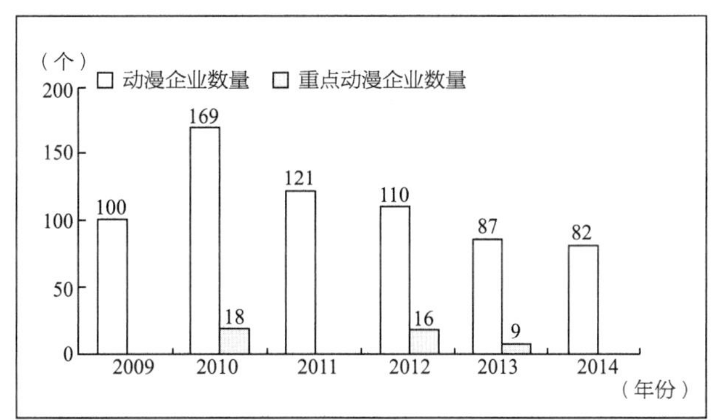

图 3　2009—2014 年国家认定的动漫企业和重点动漫企业数量

表 2　2014 年主要动漫企业概念上市公司财务数据

类别	奥飞动漫	光线传播	骅威股份	美盛文化	长城动漫
营业收入（万元）	242967.00	121807.00	47677.80	45599.70	44886.40
营业利润（万元）	42286.50	41191.00	3718.05	11468.10	814.76
营业外收入（万元）	2252.52	1979.08	96.66	2066.19	60.44
营业外支出（万元）	318.13	561.62	119.39	113.32	117.72
利润总额（万元）	44220.90	42608.40	3695.32	13420.90	757.49
所得税费用（万元）	2964.19	7421.51	324.59	3609.88	160.39
净利润（万元）	41256.70	35186.90	3370.73	9811.07	597.10
归属于母公司所有者的净利润（万元）	42801.30	32932.50	3435.48	9712.54	593.99
少数股东损益（万元）	−1544.61	2254.43	−64.75	98.53	3.11
基本每股收益（元）	0.68	0.33	0.12	0.47	0.02

数据来源：各上市公司披露信息

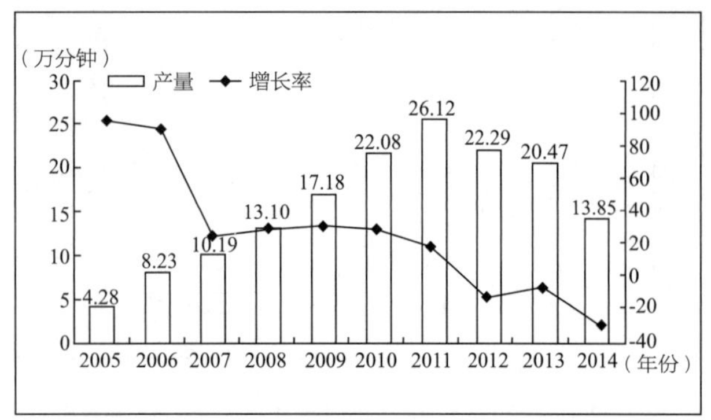

图4 2005—2014年国产电视动画片生产数量

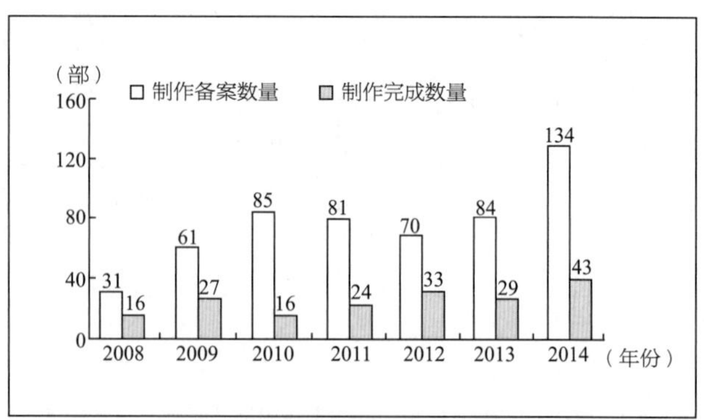

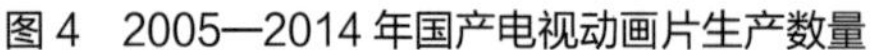

图5 2008—2014年国产动画电影制作备案和制作完成数量

表3 2014年中国动漫企业主要融资事件

序号	宣布日期	融资方	投资方	融资性质	融资金额
1	5月1日	上海微漫网络科技有限公司	真格基金及其他VC	A轮风投	150万美元
2	5月1日	北京漫动科技有限公司（追追漫画）	创新工场	A轮风投	数百万元
3	6月1日	泉州市功夫动漫设计有限公司	山东康大恒远投资管理有限公司	A轮风投	1000万元
4	6月19日	追光人动画设计（北京）有限公司	纪源资本/成为基金/高领资本/IDG资本	B轮风投	2000万美元
5	8月8日	泉州市功夫动漫设计有限公司	文创产业基金	B轮风投	数千万元
6	9月1日	西安摩摩信息技术有限公司（暴走漫画）	永宜创投/创新工场	C轮风投	数千万美元
7	11月1日	深圳市皮哲科技有限公司（淘漫画）	极客帮	A轮风投	数百万元

数据来源：投资中国网

表4 2014年新三板挂牌的动漫企业

股份代码	股份名称	公司全称	注册资本（万元）	挂牌日期
830936	约克股份	河南约克信息技术股份有限公司	1000	8月12日
831015	小白龙	广东小白龙动漫文化股份有限公司	4310	8月14日
831138	光影侠	北京光影侠数码科技股份有限公司	543.7	9月12日
831252	博润通	武汉博润通文化科技股份有限公司	850	10月31日
831252	东联动漫	内蒙古东联影视动漫科技股份有限公司	3336.9815	12月5日

数据来源：全国中小企业股份转让系统

表5　2014年备案数量前十位企业名单

排名	省市	备案机构	部	分钟	以分钟为单位占252家备案机构比重（%）
1	北京	北京妙音动漫艺术设计有限公司	2	15480	5.5
2	广东	东莞水木动画衍生品发展有限公司	3	13716	4.9
3	广东	广东原创动力文化传播有限公司	12	7200	2.6
4	安徽	蚌埠水木易卡通文化传播有限公司	3	7032	2.5
5	福建	福建神画时代数码动画有限公司	14	7014	2.5
6	广东	广州灵动创想文化科技有限公司	1	6500	2.3
7	河南	河南君兰影视动画有限公司	1	6000	2.1
8	浙江	宁波卡酷动画制作有限公司	12	6000	2.1
9	北京	北京金鳞基业文化发展有限公司	4	4212	1.5
10	辽宁	抚顺东方龙动漫制作有限公司	6	3697	1.3
总计			71	76851	27.4

数据来源：国家新闻出版广电总局

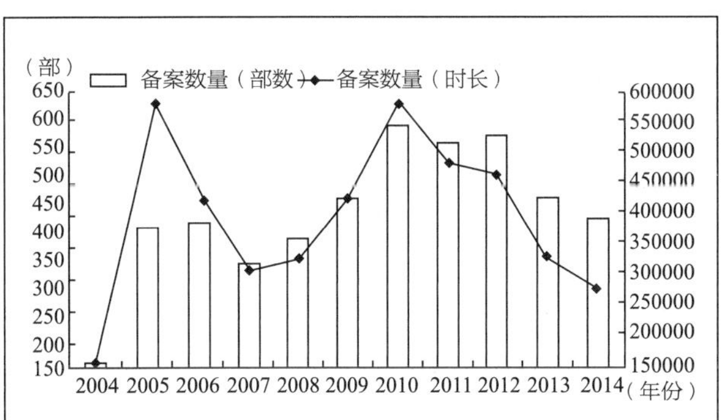

图6　2004—2014年全国电视动画备案数量

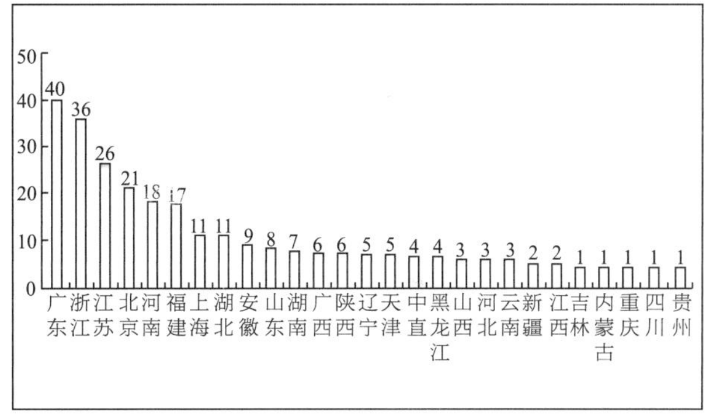

图7　2014年全国电视动画备案单位省份分布情况

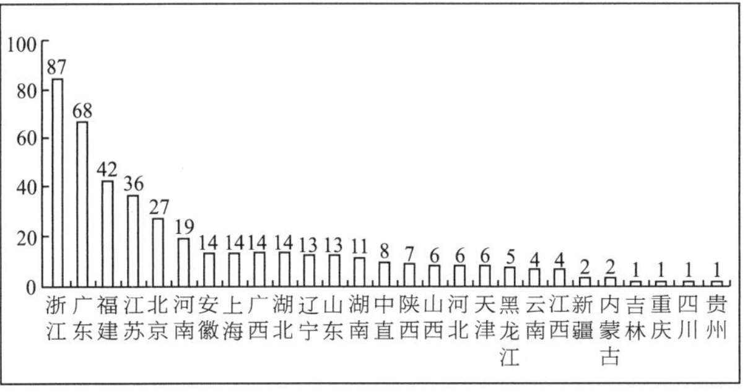

图8　2014年全国电视动画各地区备案部数

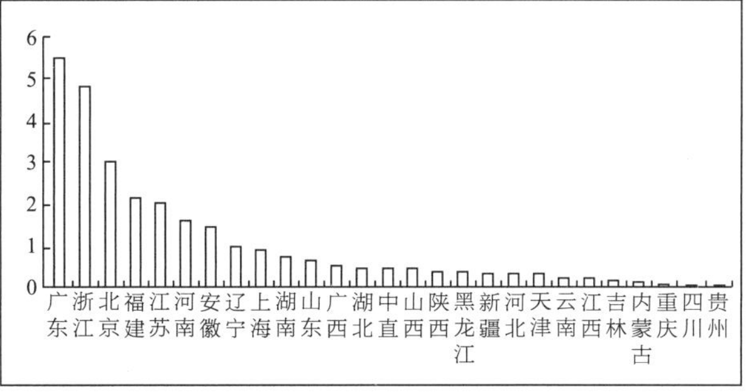

图9　2014年全国电视动画各地区备案分钟数

表6　2009—2014 年全国主要城市动画节目收视时长　　单位：分钟

城市	2009 年	2010 年	2011 年	2012 年	2013 年	2014 年
北京	4	4.53	3.95	4.07	4.2	3.75
长春	4.28	5.25	5.67	6.18	6.06	5.09
长沙	4.12	4.89	5.1	5.43	4.82	5.66
成都	3.79	4.79	3.94	3.95	4.75	4.23
重庆	6.94	7.6	6.47	8.89	9.46	8.33
福州	6.99	6.96	5.5	6.49	6.62	6.21
广州	5.84	4.94	5.56	6.86	7.27	7.13
贵阳	6.01	6.41	7.66	10.15	9.77	10.3
哈尔滨	4.51	4.36	3.7	4.14	4.6	4.99
海口	4.42	8.19	8.5	10.07	11.57	11.88
杭州	6.94	7.79	6.56	6.49	6.62	5.57
合肥	5.47	5.7	5.42	6.27	6.27	5.74
呼和浩特	3.53	4.33	–	5.77	6.69	6.74
济南	5.91	7.02	6.21	8.79	9.76	5.59
昆明	3.97	4.67	4.72	5.58	6.03	5.05
拉萨	1.13	0.61	0.94	1.79	1.94	2.87
大连	3.78	4.06	4.47	4.11	5.24	5.8
苏州	4.6	4.58	4.25	5.06	5.23	5.58
兰州	4.62	5.3	5.52	6.53	6.51	6.15
南昌	6.06	6.06	8.26	9.84	11.65	9.31
南京	5.38	4.59	4.95	4.74	5.01	5.76
南宁	6.2	–	6.94	9.83	11.33	9.73
上海	4.82	4.28	3.84	3.12	2.36	2.35
沈阳	5.59	5.87	6.08	7.16	6.19	5.37
石家庄	5.93	6.09	5.55	6.75	5.59	5.23
太原	4.7	7.23	7.43	7.66	10.62	9.28
天津	5.92	8.38	7.91	7.2	8.13	7.41
乌鲁木齐	2.91	2.85	3.66	7.37	8.17	8.59
武汉	4.64	4.6	4.99	4.98	5.26	5.59
西安	6	6.8	6	6.08	4.98	4.83
西宁	6.01	5.19	3.94	7.65	8.41	7.4
银川	7.03	4.87	5.46	7.14	8.29	8.56
郑州	5.56	8.21	8.66	8.4	7.56	6.54
常州	4.28	3.77	3.45	3.87	3.79	4.66
深圳	8.32	6.02	4.99	6.48	7.64	6.75
无锡	4.99	4.88	5.18	5.85	6.56	5.9

数据来源：CSM 媒介研究

表7　2009—2014年全国主要城市动画节目播出时长

单位：分钟

城市	2009年	2010年	2011年	2012年	2013年	2014年
北京	18324	24750	27342	28644	29077	33836
长春	18933	26183	27980	29122	29247	33923
长沙	18286	24820	27325	28632	29108	34089
成都	20799	27746	30296	28632	31275	35973
重庆	21784	30594	32538	33031	33229	37469
福州	21694	29717	31733	33546	34182	38573
广州	29303	35002	35977	38428	39323	45226
贵阳	18452	25240	27645	28973	29669	34221
哈尔滨	19518	27240	28598	29121	29577	34351
海口	18590	26165	29028	29974	31006	36117
杭州	20412	27911	30240	31601	31607	36325
合肥	18934	26551	30192	30469	30036	34370
呼和浩特	18428	24944	—	32138	32839	37254
济南	20509	29236	31787	33671	34301	38581
昆明	20509	26920	29997	31265	31668	36417
拉萨	20259	24748	27324	28632	29077	33824
大连	21271	27966	31806	31806	32641	36836
苏州	19617	25840	28088	28088	29789	34808
兰州	182730	25123	28661	31856	32173	35291
南昌	19793	27323	29658	31002	31684	36271
南京	20031	26252	28795	30007	30634	35112
南宁	19069	—	28878	29284	29912	34335
上海	21551	28224	31390	33100	32684	28161
沈阳	19489	26291	29266	30419	30602	34681
石家庄	19835	26245	29207	31148	31095	35228
太原	19662	26320	29954	31441	32643	27298
天津	20767	27379	30165	32882	33509	37753
乌鲁木齐	18286	21665	21190	29202	29396	34297
武汉	21270	27288	29767	31251	31221	36110
西安	19209	26169	28776	29720	30005	34584
西宁	18615	25089	27752	29125	29567	34029
银川	18296	25089	27525	28808	29257	35425
郑州	19278	25923	29340	29589	29724	34174
常州	19555	25825	28116	29361	29602	34180
深圳	29483	35971	37314	39767	40911	46599
无锡	19519	25878	27847	29109	29602	34221

表8 2011—2014年全国36个主要城市电视台播放动画片收视率及市场份额前十位的类型比较

类型 \ 年份	2011	2012	2013	2014
国产片(产业化生产)	80	86	84	68
国产经典动画片(上海美术电影制片厂)	15	16	8	17
海外引进片	105	38	12	8
合拍片	0	1	0	0
合计	200	141	104	93

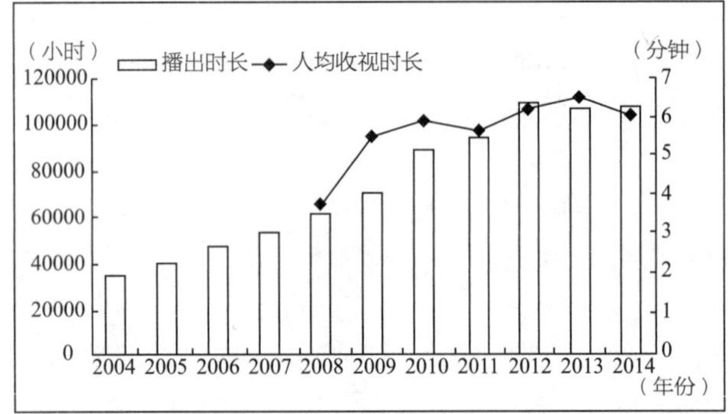

图10 2004—2014年全国主要城市动画节目的播出时长及2008—2014年人均收视时长比较

图书和小说 5
影视 3
艺术展 3
舞台剧 7
游戏 25
0 10 20 30

图11 2014年国产动漫IP改编类型分布

表9 2014年漫画作家富豪榜前15位

单位：万元

排名	作家	版税收入	代表作	排名	作家	版税收入	代表作
1	周洪滨	1245	《偷星九月天》	9	阿桂	370	《疯了！桂宝》
2	猫小乐	580	《阿衰 On line》	10	米二	350	《九九八十一》
3	穆逢春	560	《狂神》	11	HeHe	220	《浪漫传说》
4	极乐鸟	500	《暴走邻家》	12	颜开	220	《神精榜》
5	朱斌	480	《爆笑系列》	13	丁一晨	150	《好想回到小时候》
6	于小发	405	《魁拔》	14	Hans	120	《阿狸・尾巴》
7	几米	400	《我不是完美小孩》	15	慕容引刀	110	《朋友刀刀》
8	任翔	380	《斗破苍穹之大主宰》				

数据来源：国家新闻出版广电总局

六、游戏业

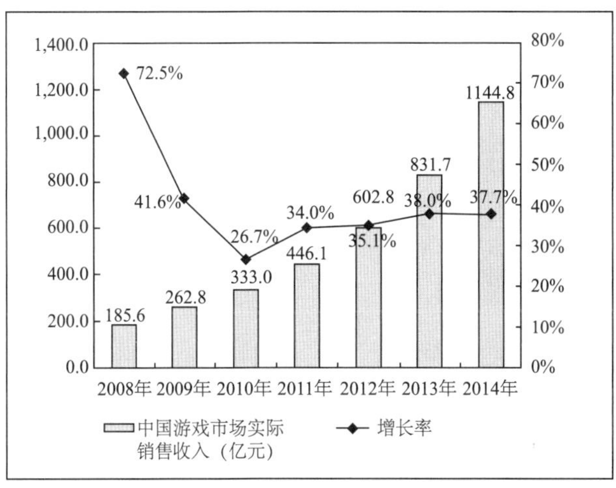

图 1 2008—2014 年中国游戏市场实际销售收入及增长率

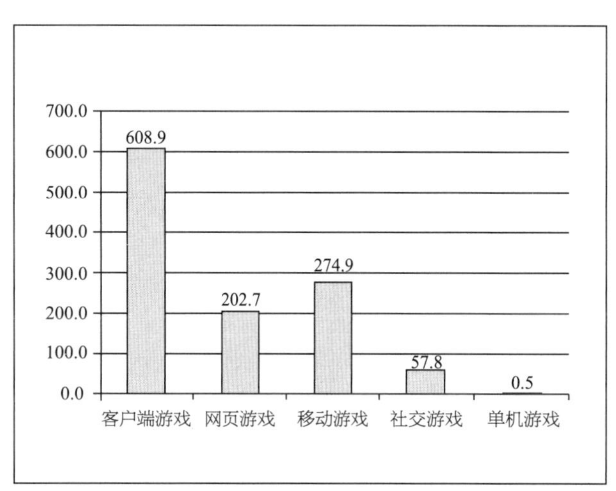

图 2 2014 年中国游戏市场实际销售收入构成

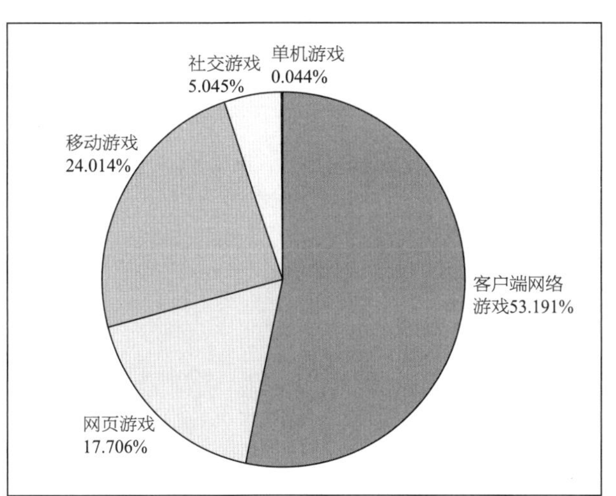

图 3 2014 年中国游戏细分市场占有率

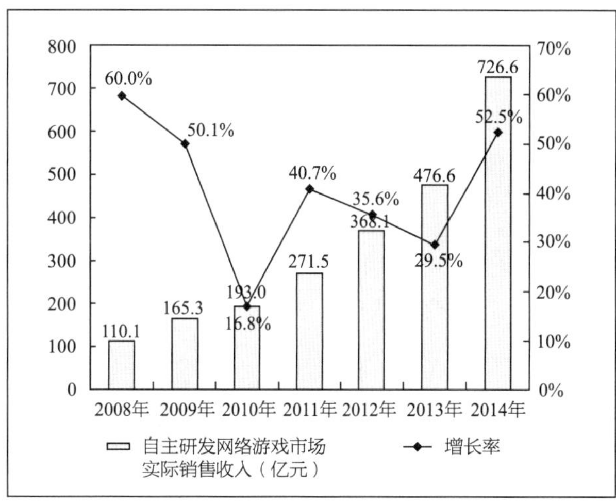

图 4 2008—2014 年中国自主研发网络游戏市场实际销售收入及增长率

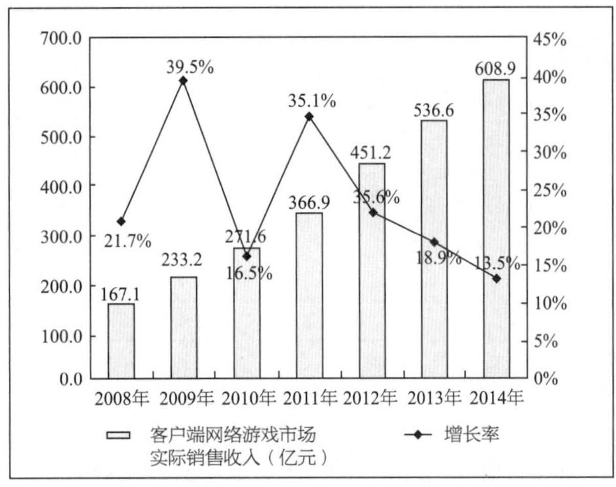

图 5　2008—2014 年中国客户端网络游戏市场实际销售收入及增长率

图 6　2014 年中国客户端网络游戏市场占有率

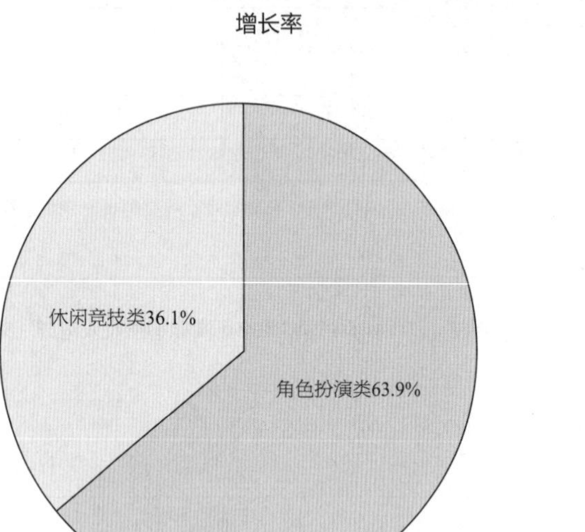

图 7　2014 年中国客户端网络游戏类型划分

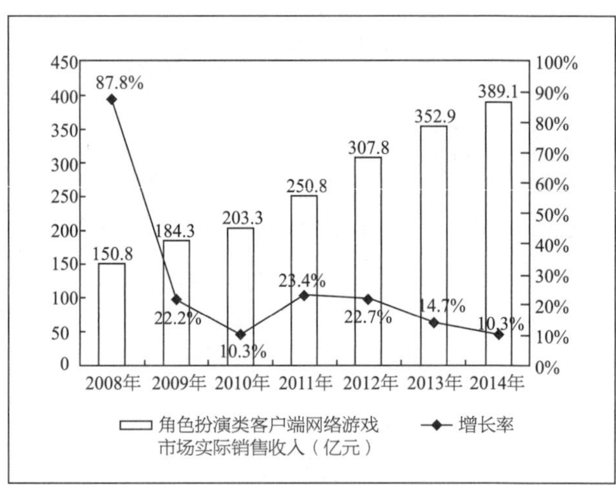

图 8　2008—2014 年角色扮演类客户端网络游戏市场实际销售收入及增长率

图 9　2014 年休闲竞技类客户端网络游戏市场实际销售收入及增长率

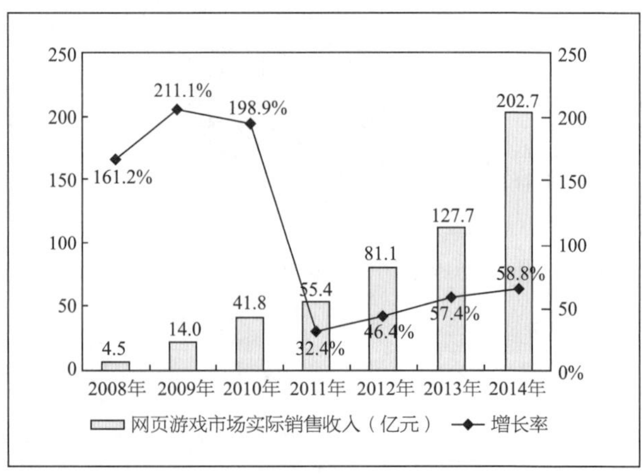

图 10　2008—2014 年中国网页游戏市场实际销售收入及增长率

图 11　2014 年中国网页游戏市场占有率

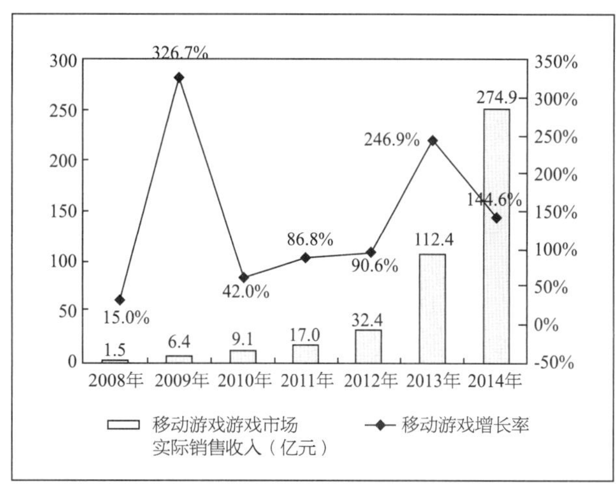

图 12　2008—2014 年中国移动游戏市场实际销售收入及增长率

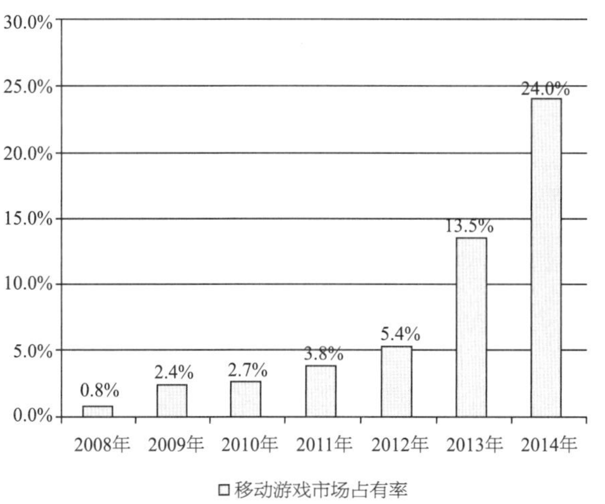

图 13　2014 年中国移动游戏市场占有率

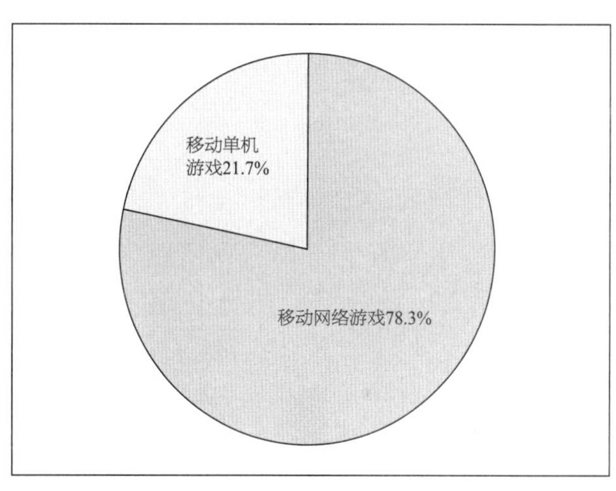

图 14　2014 年中国移动游戏类型划分

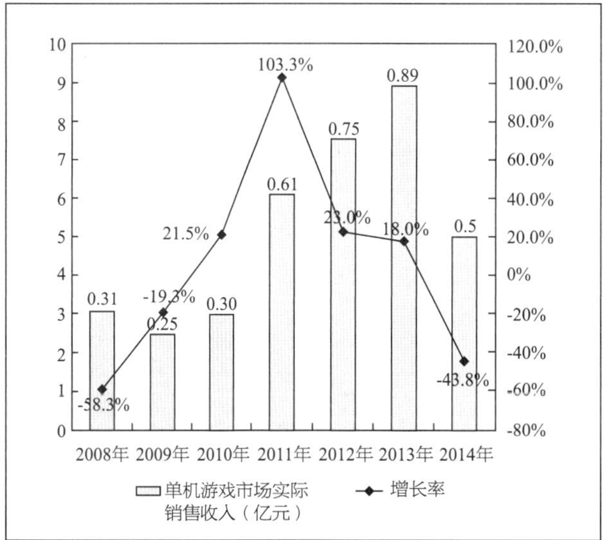

图 15　2008—2014 年中国单机游戏市场实际销售收入及增长率

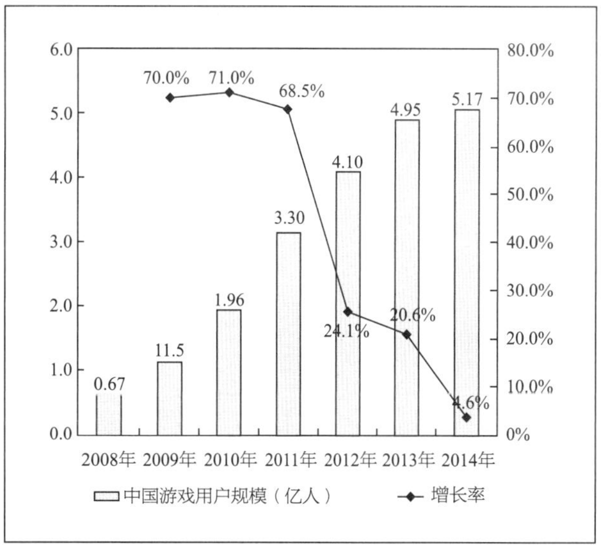

图 16　2008—2014 年中国游戏市场用户规模及增长率

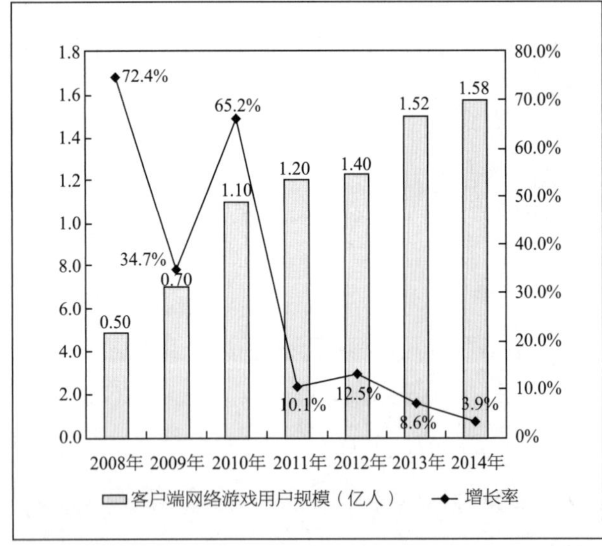

图 17　2008—2014 年中国客户端网络游戏用户规模及增长率

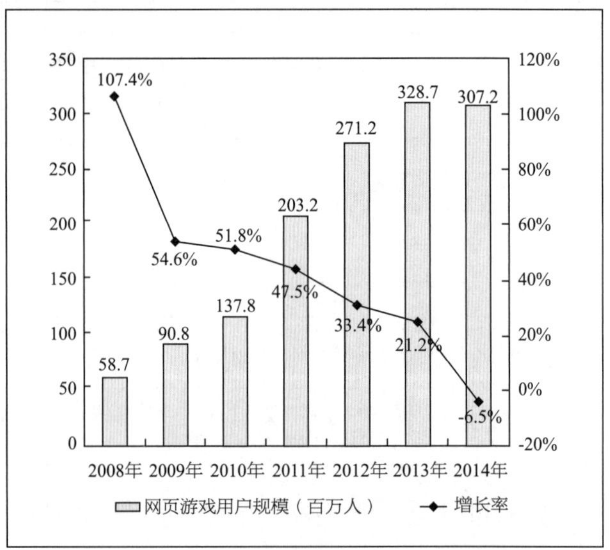

图 18　2008—2014 年中国网页游戏用户规模及增长率

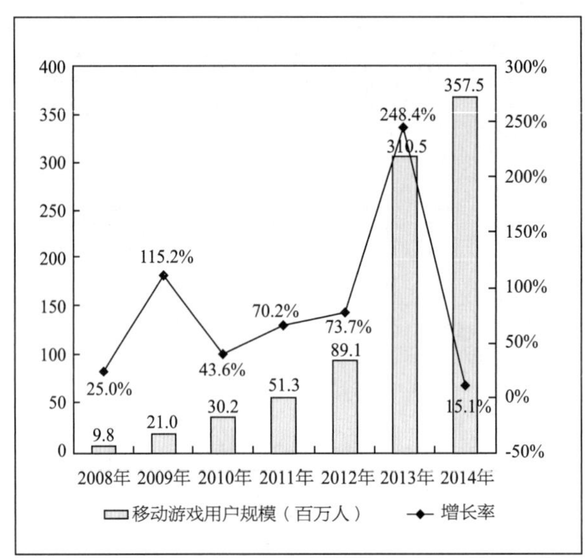

图 19　2008—2014 年中国移动游戏用户规模及增长率

数据来源：中国出版工作者协会游戏工作委员会

七、互联网与新媒体业

图 1 2005—2014 年全国网民规模与互联网普及率

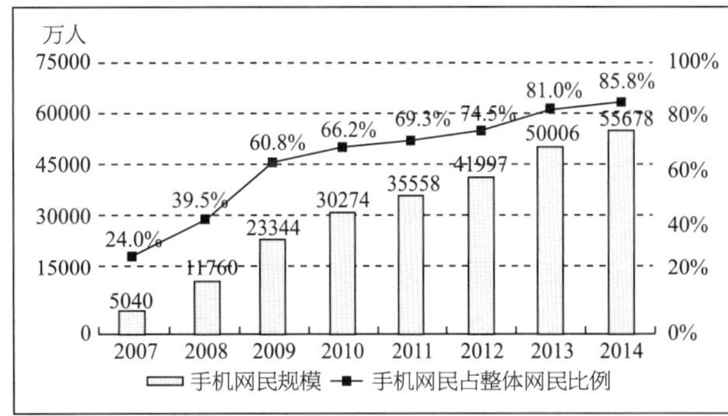

图 2 2007—2014 年全国手机上网网民规模

表 1 2013—2014 年全国各省（市、自治区）网民规模与互联网普及率

省份	网民数（万人）	普及率	网民规模增速	普及率排名
北京	1593	75.3%	2.4%	1
上海	1716	71.1%	2.0%	2
广东	7286	68.5%	4.2%	3
福建	2471	65.5%	2.9%	4
浙江	3458	62.9%	3.9%	5
天津	904	61.4%	4.4%	6
辽宁	2580	58.8%	5.2%	7
江苏	4274	53.8%	4.4%	8
山西	1838	50.6%	4.7%	9
新疆	1139	50.3%	4.2%	10
青海	289	50.0%	5.5%	11
河北	3603	49.1%	6.3%	12
山东	4634	47.6%	7.0%	13
海南	421	47.0%	2.3%	14
陕西	1745	46.4%	3.3%	15
内蒙古	1142	45.7%	4.5%	16
重庆	1357	45.7%	4.9%	17
湖北	2625	45.3%	5.4%	18
吉林	1243	45.2%	6.9%	19

续表

省份	网民数（万人）	普及率	网民规模增速	普及率排名
宁夏	295	45.1%	4.2%	20
黑龙江	1599	41.7%	5.6%	21
西藏	123	39.4%	6.9%	22
广西	1848	39.2%	4.2%	23
湖南	2579	38.6%	7.0%	24
四川	3022	37.3%	6.6%	25
河南	3474	36.9%	5.8%	26
安徽	2225	36.9%	3.5%	27
甘肃	951	36.8%	6.4%	28
云南	1643	35.1%	7.5%	29
贵州	1222	34.9%	6.7%	30
江西	1543	34.1%	5.1%	31
全国	64875	47.9%	5.0%	–

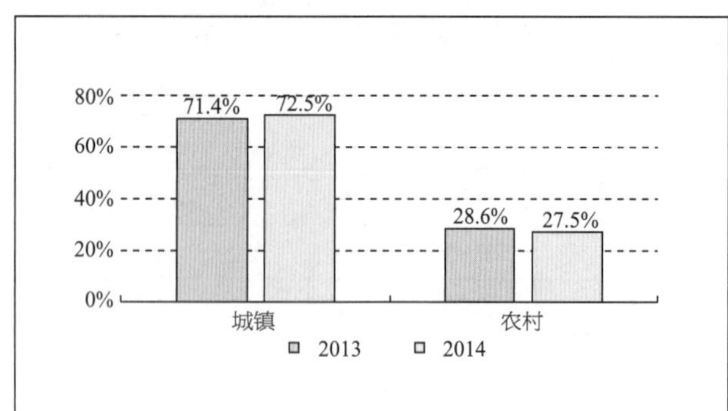

图 3　2013—2014 年全国网民城乡结构

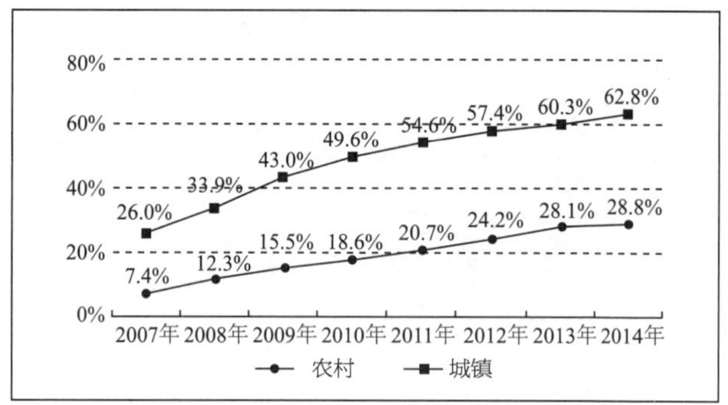

图 4　2007—2014 年中国城乡居民互联网普及率

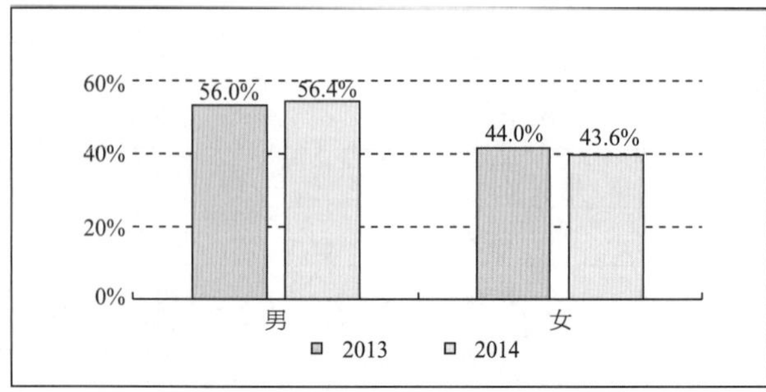

图 5　2013—2014 年全国网民性别结构

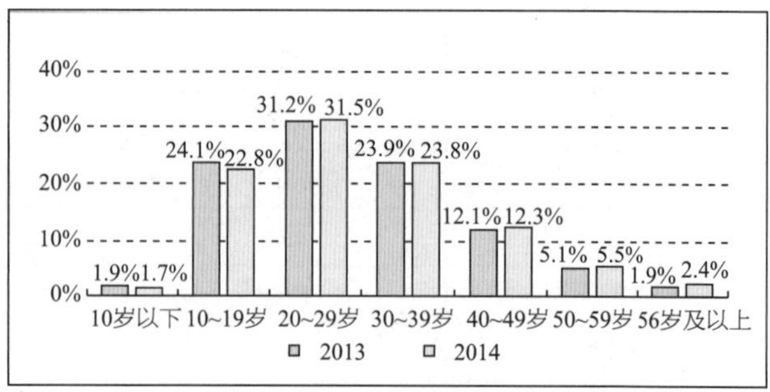

图 6　2013—2014 年全国网民年龄结构

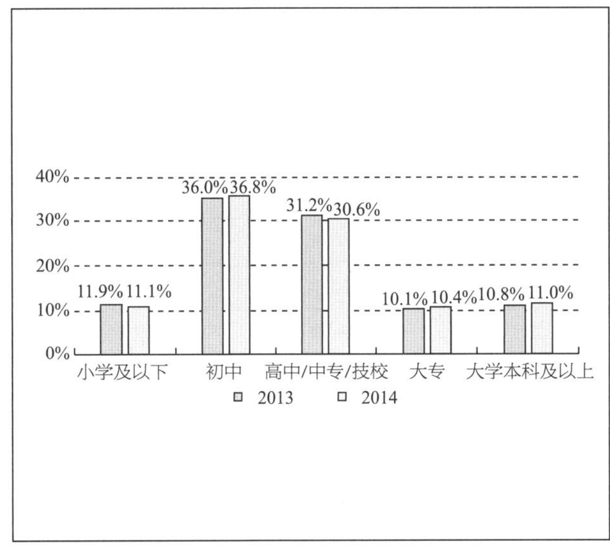

图 7　2013—2014 年全国网民学历结构

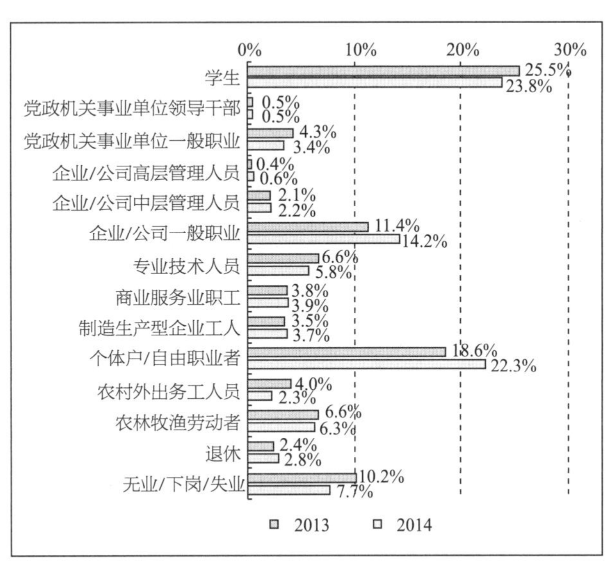

图 8　2013—2014 年全国网民职业结构

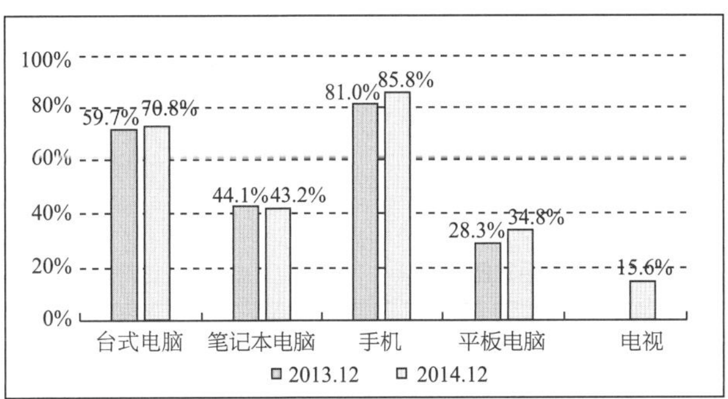

图 9　2013—2014 年互联网络接入设备使用情况

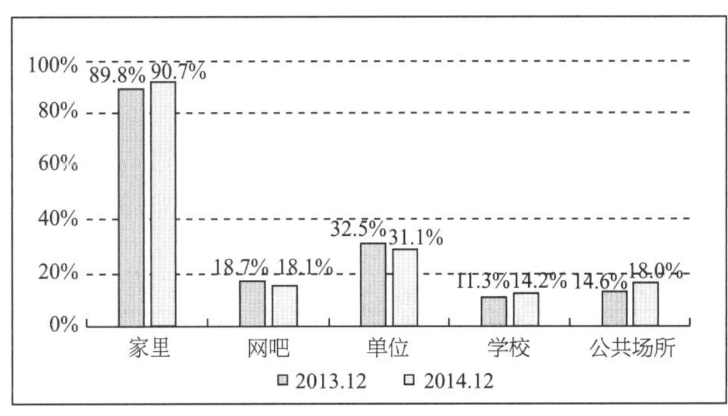

图 10　2013—2014 年全国网民使用电脑上网场所

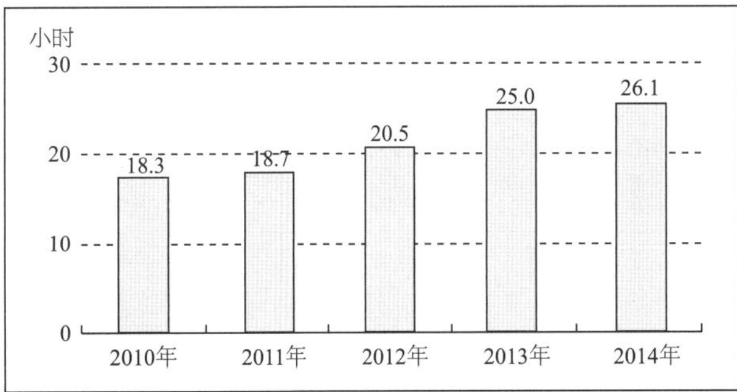

图 11　2010—2014 年全国网民人均周上网时长

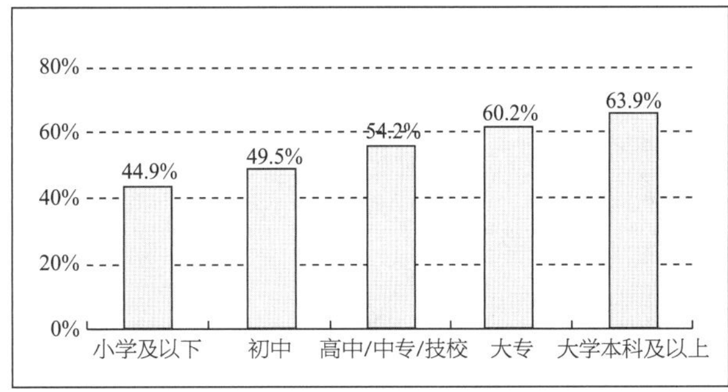

图 12　2014 年不同学历网民互联网依赖比例

表 2　2013—2014 年全国网民各类网络应用的使用率

	2014 年		2013 年		
应用	用户规模（万）	网民使用率	用户规模（万）	网民使用率	全民增长率
即时通信	58776	90.6%	53215	86.2%	10.4%
搜索引擎	52223	80.5%	48966	79.3%	6.7%
网络新闻	51894	80.0%	49132	79.6%	5.6%
网络音乐	47807	73.7%	45312	73.4%	5.5%
网络视频	43298	66.7%	42820	69.3%	1.1%
网络游戏	36585	56.4%	33803	54.7%	8.2%
网络购物	36142	55.7%	30189	48.9%	19.7%
网上支付	30431	46.9%	26020	42.1%	17.0%
网络文学	29385	45.3%	27441	44.4%	7.1%
网上银行	28214	43.5%	25006	40.5%	12.8%
电子邮件	25178	38.8%	25921	42.0%	−2.9%
微博	24884	38.4%	28078	45.5%	−11.4%
旅行预定	22173	34.2%	18077	29.3%	22.7%
团购	17267	26.6%	14067	22.8%	22.7%
论坛 /bbs	12908	19.9%	12046	19.5%	7.2%
博客	10896	16.8%	8770	14.2%	24.2%
互联网理财	7849	12.1%	–	–	–

表 3　2013—2014 年中国网民各类手机互联网应用的使用率

	2014 年		2013 年		
应用	用户规模（万）	网民使用率	用户规模（万）	网民使用率	全民增长率
手机即时通信	50762	91.2%	43079	86.1%	17.8%
手机搜索	42914	77.1%	36503	73.0%	17.6%
手机网络新闻	41539	74.6%	36657	73.3%	13.3%
手机网络音乐	36642	65.8%	29104	58.2%	25.9%
手机网络视频	31280	56.2%	24669	49.3%	26.8%
手机网络游戏	24823	44.6%	21535	43.1%	15.3%
手机网络购物	23609	42.4%	14440	28.9%	63.5%
手机网络文学	22626	40.6%	20228	40.5%	11.9%
手机网上支付	21739	39.0%	12548	25.1%	73.2%
手机网上银行	19813	35.6%	11713	23.4%	69.2%
手机微博	17083	30.7%	19645	39.3%	−13.0%
手机邮件	14040	25.2%	12714	25.4%	10.4%
手机旅行预订	13422	24.1%	4557	9.1%	194.6%
手机团购	11872	21.3%	8146	16.3%	45.7%
手机论坛 /bbs	7571	13.6%	5535	11.1%	36.8%

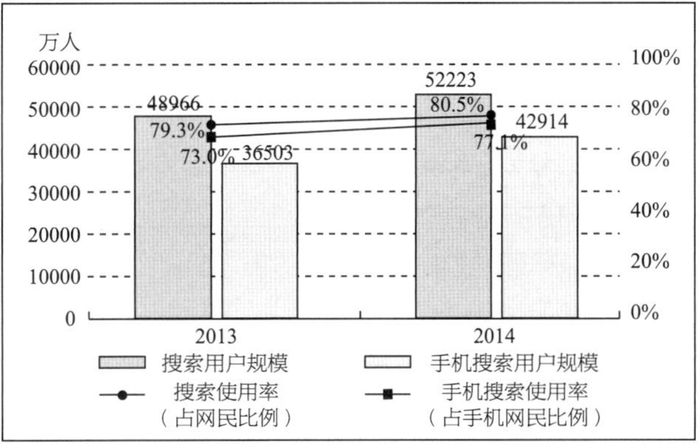

图 13　2013—2014 年搜索 / 手机搜索用户规模及使用率

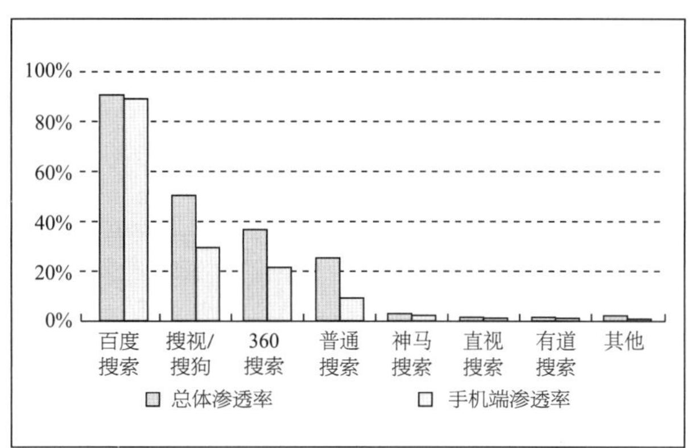

图 14　2014 年综合搜索引擎品牌渗透率

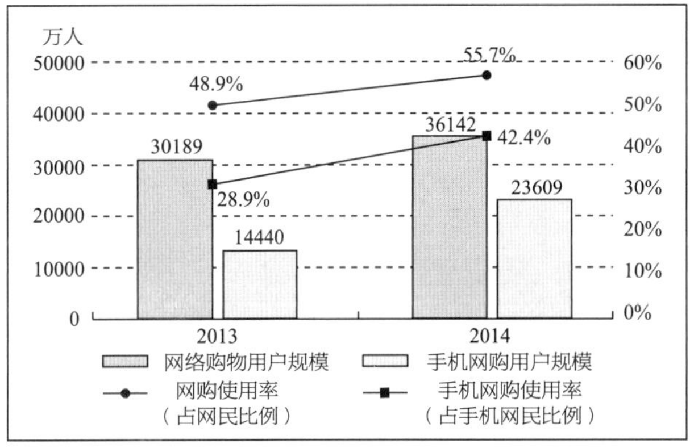

图 15　2013—2014 年网络购物 / 手机网络购物用户规模及使用率

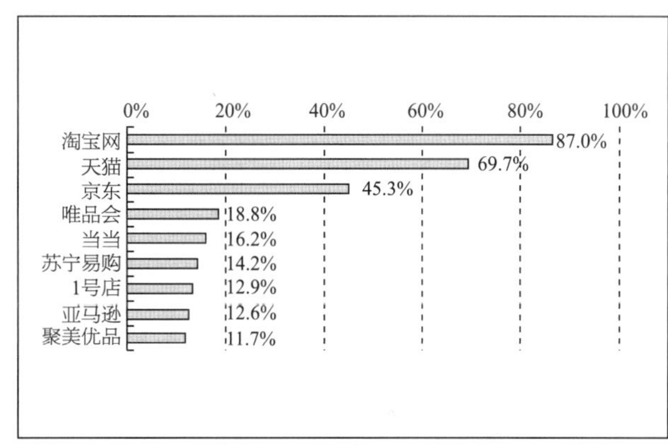

图 16　2014 年网络购物市场品牌渗透率

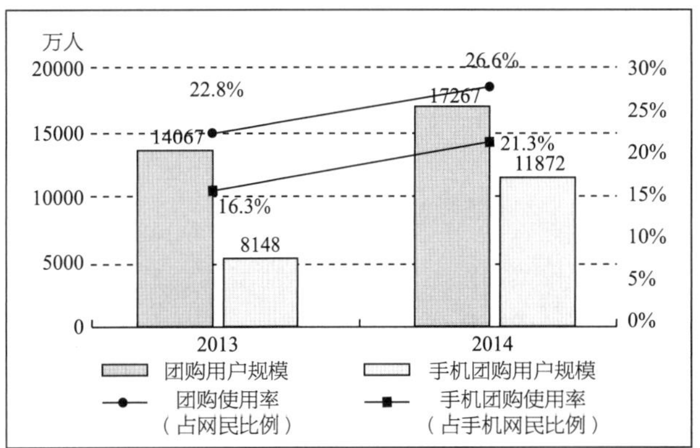

图 17　2013—2014 年团购 / 手机团购用户规模及使用率

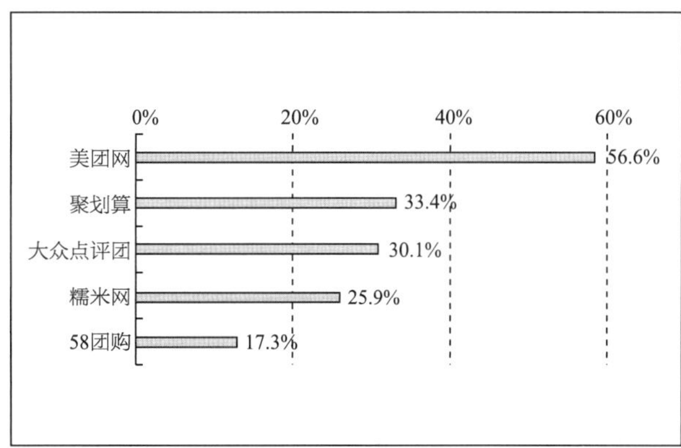

图 18　2014 年团购市场品牌渗透

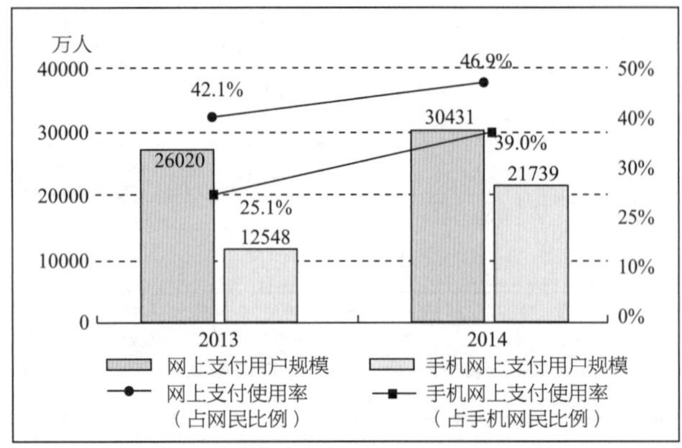

图 19　2013—2014 年网上支付 / 手机网上支付用户规模及使用率

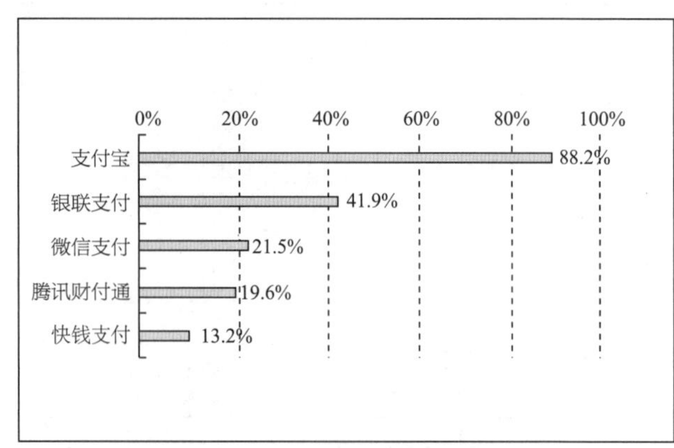

图 20　2014 年网络支付市场品牌渗透率

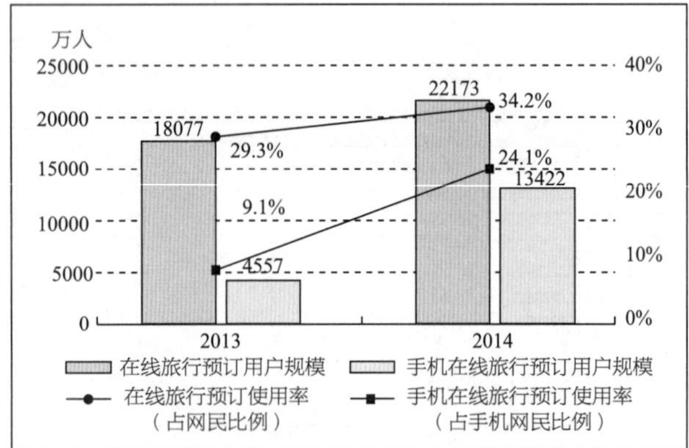

图 21　2013—2014 年在线旅行预订 / 手机在线旅行用户规模及使用率

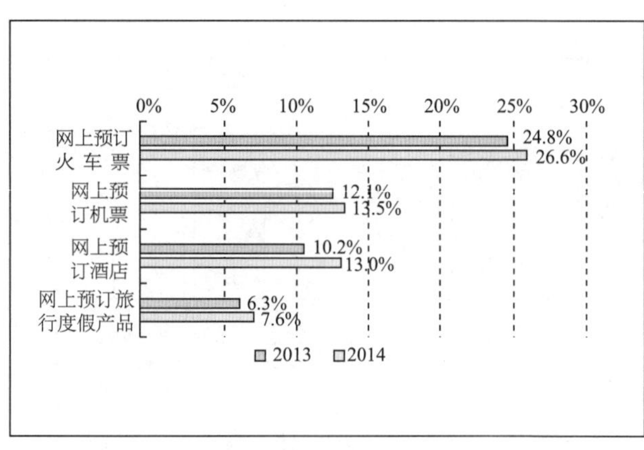

图 22　2013—2014 年中国网民各类在线旅行预订服务使用率

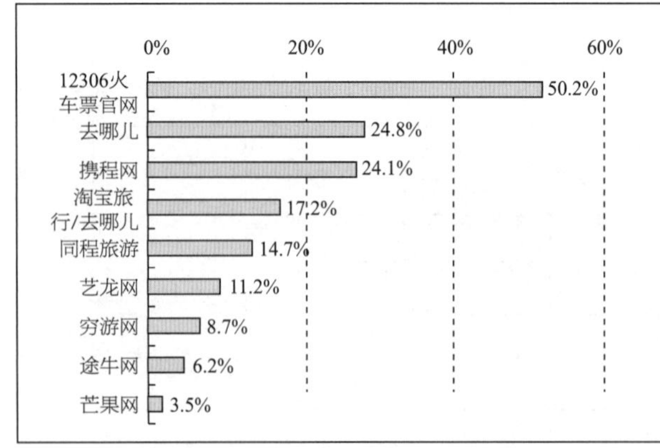

图 23　2014 年在线旅游预订市场品牌渗透率

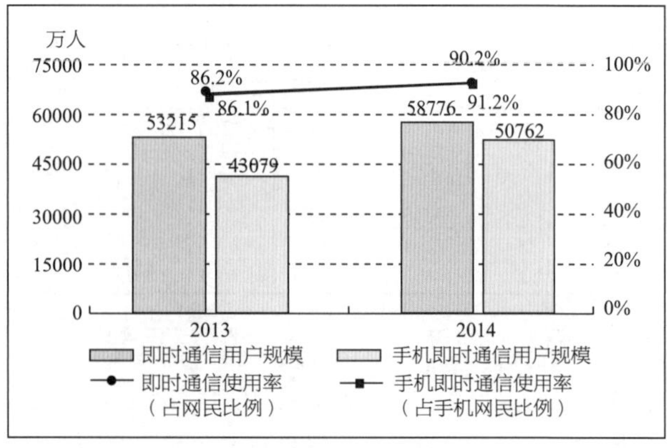

图 24　2013—2014 年即时通信 / 手机即时通信用户规模及使用率

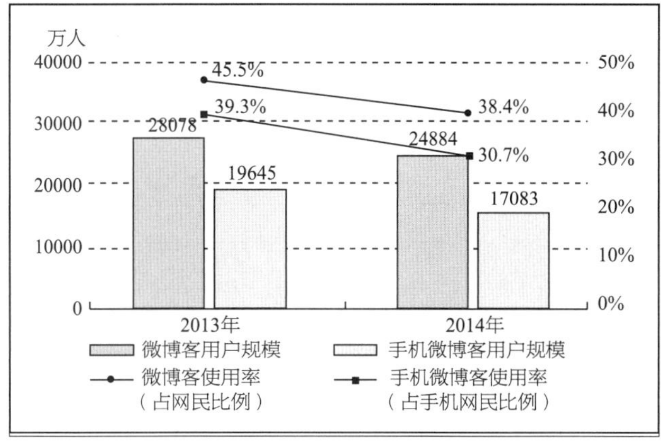

图 25 2013—2014 年微博客 / 手机微博客用户规模及使用率

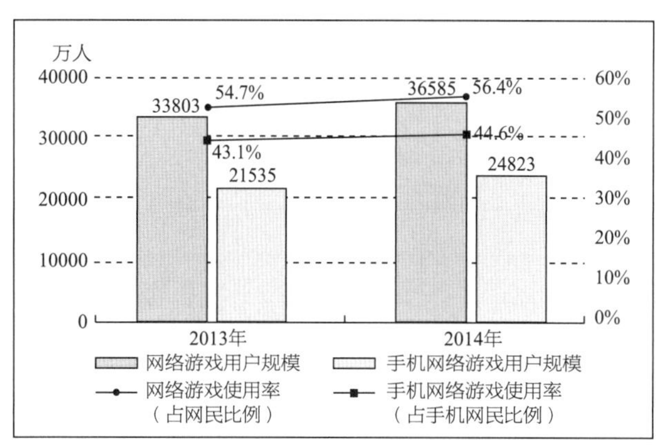

图 26 2013—2014 年网络游戏 / 手机网络游戏用户规模及使用率

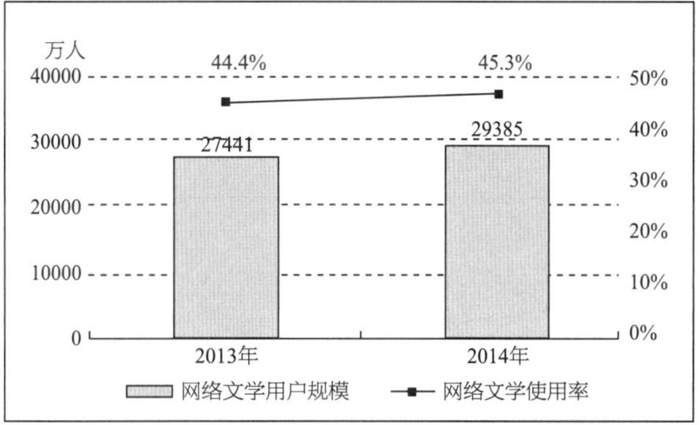

图 27 2013—2014 年网络文学用户规模及使用率

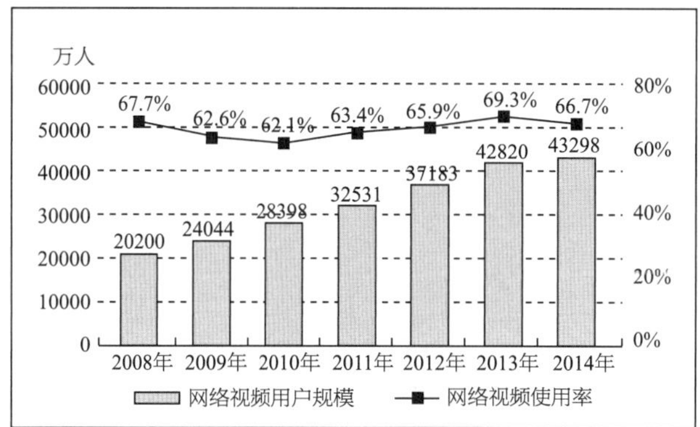

图 28 2008—2014 年中国网络视频用户规模及使用率

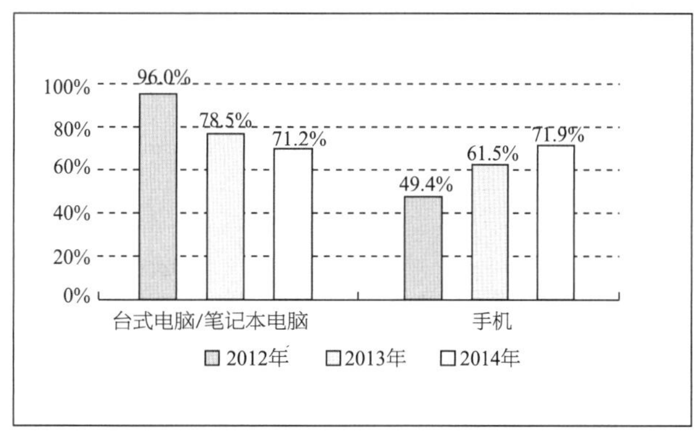

图 29 2014 年网络视频用户终端设备使用率对比

表 4　2014 年主要视频网站用户渗透情况

	整体品牌渗透率	PC 品牌渗透率	手机端品牌渗透率	忠实用户比例	付费用户比例
优酷网	63.0%	48.1%	48.3%	40.4%	10.7%
奇艺、爱奇艺	56.6%	41.2%	41.6%	22.2%	6.6%
腾讯视频	54.2%	39.8%	43.2%	22.3%	5.1%
百度视频	48.8%	32.8%	32.9%	10.5%	2.5%
土豆网	47.3%	34.2%	27.2%	16.1%	4.0%
搜狐视频	46.4%	31.9%	30.9%	13.8%	4.7%
乐视网	39.5%	26.0%	24.9%	7.4%	1.9%
PPS 影音	39.0%	28.6%	23.0%	5.4%	0.8%
PPTV 网络电视	37.0%	26.3%	25.5%	6.7%	1.2%
迅雷看看	32.9%	23.8%	18.1%	7.6%	2.4%
360 影视	30.8%	21.2%	18.5%	2.8%	0.5%
新浪视频	25.8%	16.7%	15.6%	1.6%	0.2%

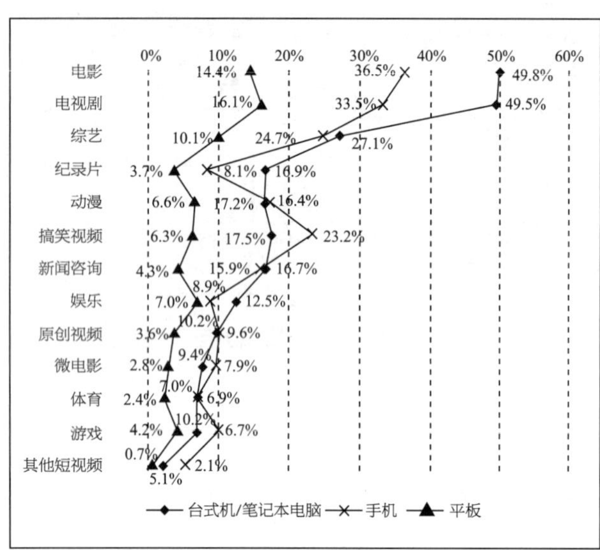

图 30　2014 年不同设备收看的网络视频内容差异

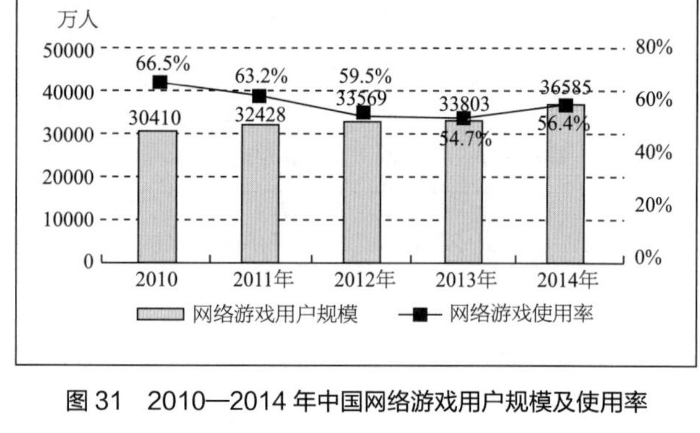

图 31　2010—2014 年中国网络游戏用户规模及使用率

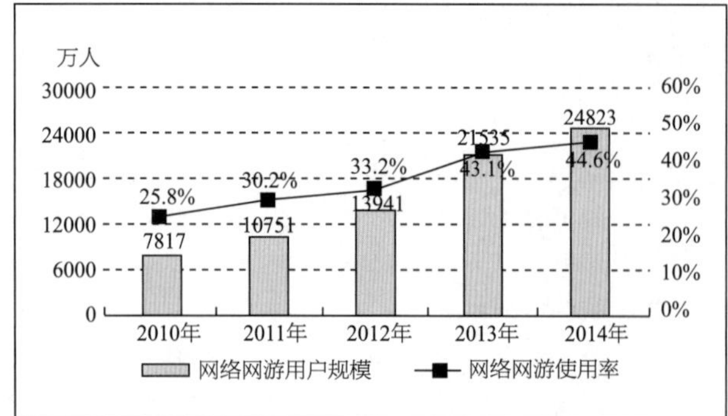

图 32　2010—2014 年中国手机网游户规模及使用率

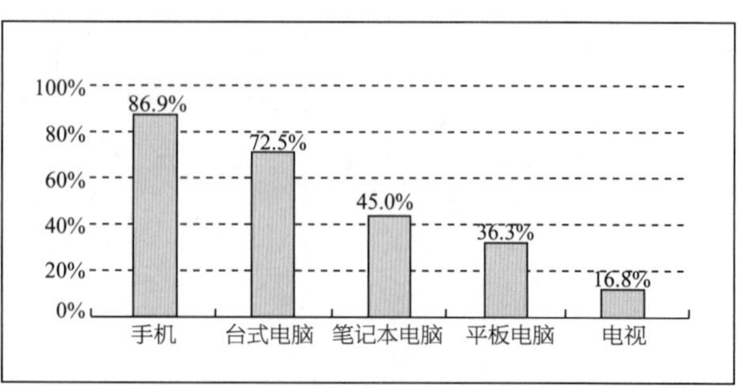

图 33　2014 年网游用户游戏设备使用情况

数据来源：《CNNIC 中国互联网络发展状况统计报告》

八、广告业

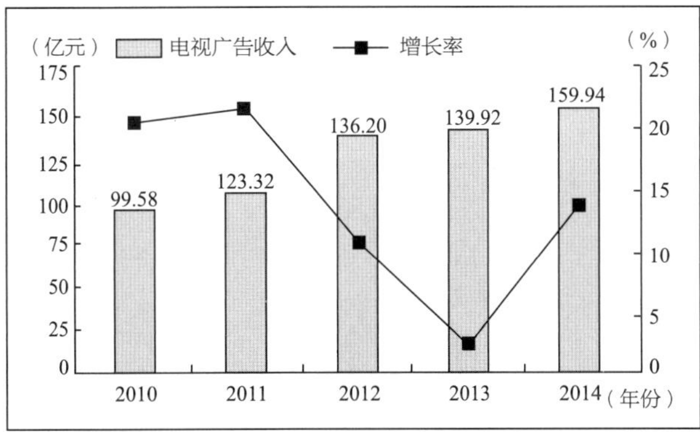

图 1　2010—2014 年全国广播广告收入及增长情况

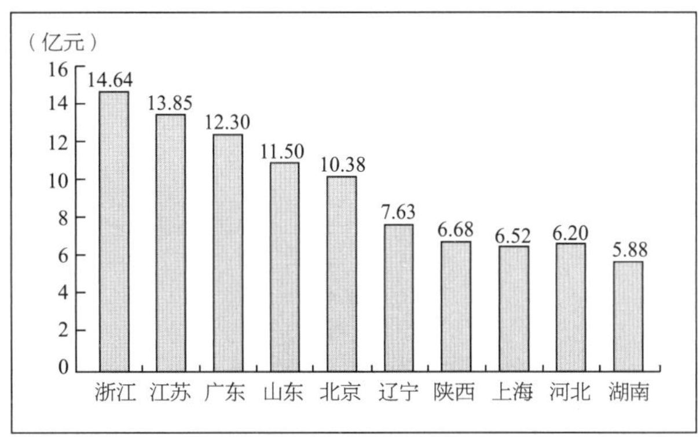

图 2　2014 年全国广播广告收入前 10 名省份情况

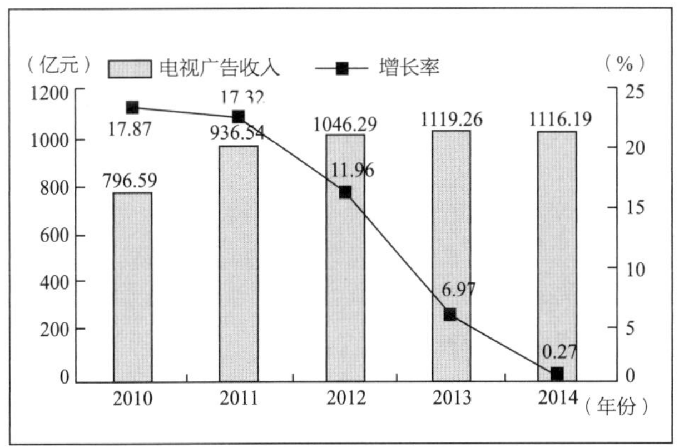

图 3　2010—2014 年全国电视广告收入及增长情况

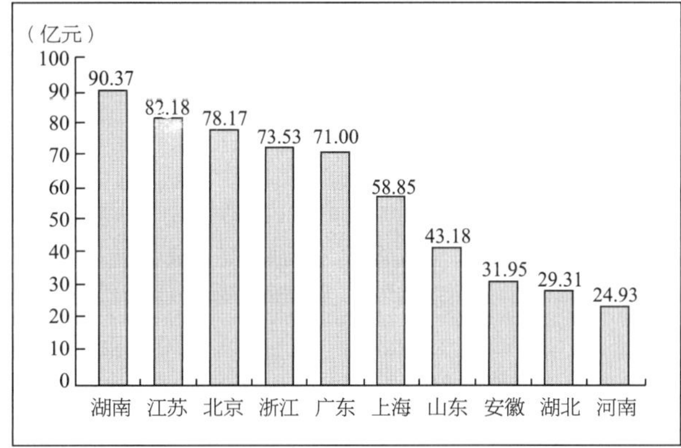

图 4　2014 年全国电视广告收入前 10 名省份情况

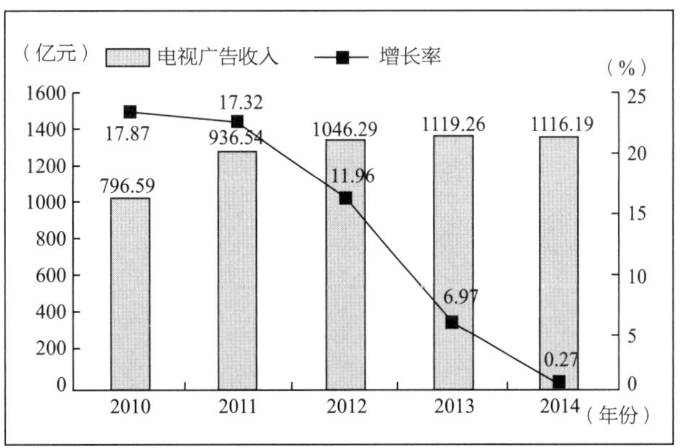

图 5　2010—2014 年全国广播电视行业广告收入及增幅走势情况

表1　2010—2014 年广播电视行业广告收入构成及比例　　单位：亿元，%

年份	广播广告收入	占比	电视广告收入	占比	其他广告收入	占比
2010	99.58	10.59	796.59	84.75	43.80	4.66
2011	123.32	10.98	934.54	83.23	65.04	5.79
2012	136.20	10.72	1046.29	82.37	87.76	6.91
2013	139.92	10.09	1119.26	80.69	127.83	9.22
2014	159.94	10.92	1116.19	76.22	188.37	12.86

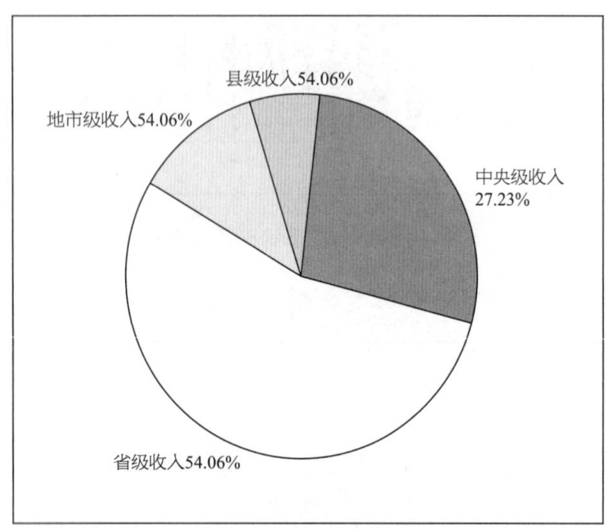

图6　2014 年全国电视广告收入分级构成情况图

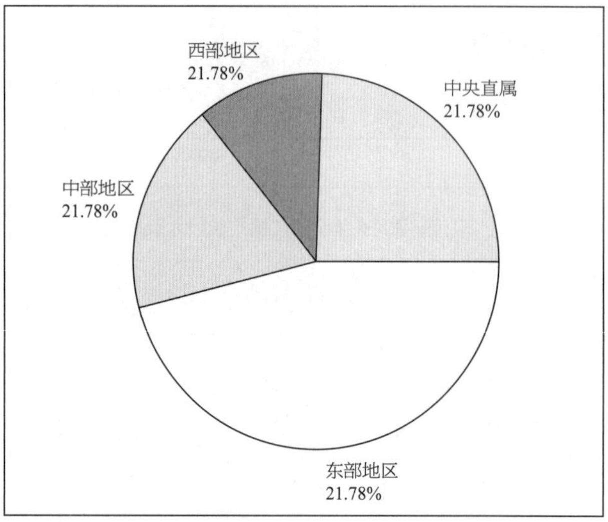

西部地区
21.78%
中央直属
21.78%
中部地区
21.78%
东部地区
21.78%

图7　2014 年全国电视广告收入区域构成情况图

表2　2014 年全国广播电视广告收入分级构成情况表

地区	广告收入（亿元）	占全国广告收入比重（%）
中央直属	319.04	21.78
省　级	856.84	58.51
地 市 级	234.40	16.01
县　级	54.21	3.70
全国合计	1464.49	100.00

表3　2014 年全国广播电视广告收入区域构成情况表

地区	广告收入（亿元）	占全国广告总收入比重（%）
中央直属	319.04	21.78
东部地区	704.90	48.13
中部地区	305.97	20.76
西部地区	136.58	9.33
全国合计	1464.49	100.00

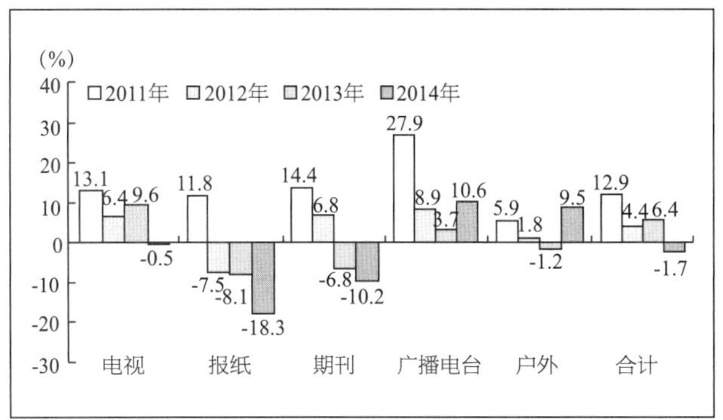

图 8　2011—2014 年传统媒体广告增长趋势

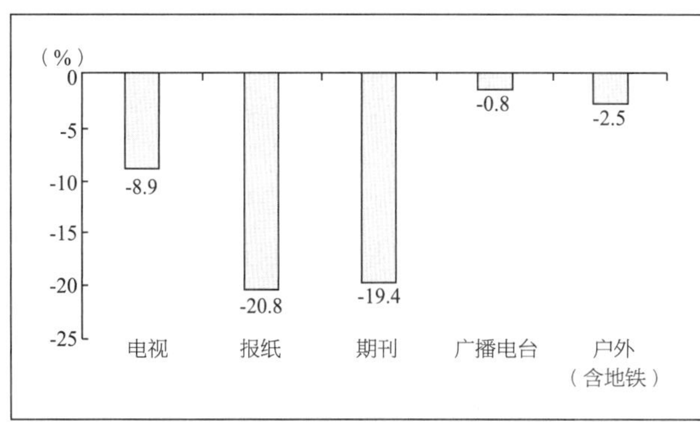

图 9　2014 年传统媒体广告资源量变化

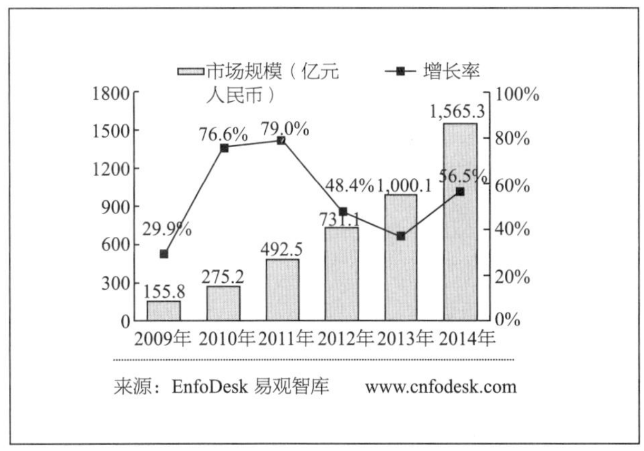

图 10　2009—2014 年互联网广告市场规模

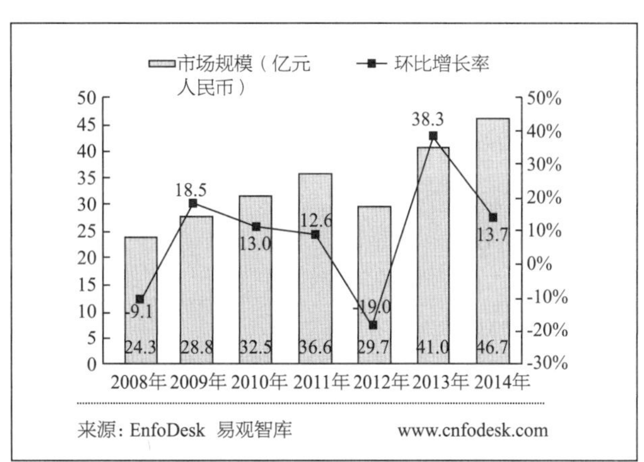

图 11　2008—2014 年中国在线视频广告市场规模

数据来源：中国广告协会

九、艺术品交易业

表 1　2014 中国艺术品市场总体情况

序号	市场分类	金额（亿元）
1	画廊、艺术经纪、艺术博览会	500
2	艺术品拍卖（原创艺术品）	451
3	艺术品出口	41
4	艺术品网上交易	45
5	现当代原创工艺美术品	850
6	艺术授权品、艺术复制品、艺术衍生品	250
	总计	1637

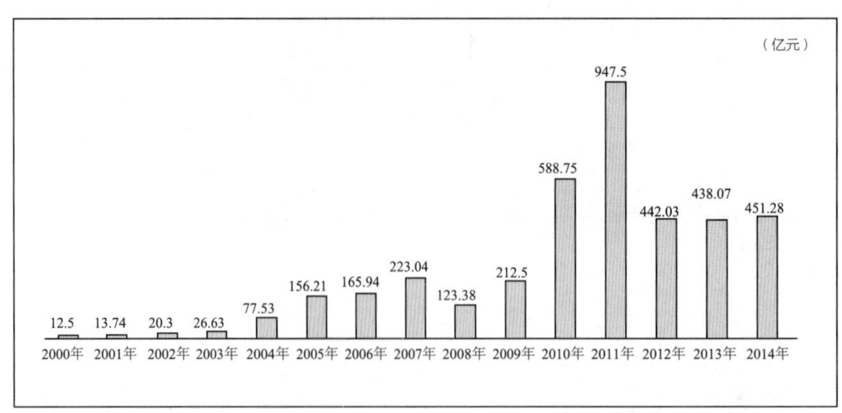

图 1　2000—2014 年中国艺术品拍卖市场成交额

表 2　2014 年艺术品拍卖公司成交额排名前 10 位

排名	公司名称	场次数量	专场数量	上拍量	成交量	成交额（元）
1	北京保利国际拍卖有限公司	11	161	37469	22116	5903221647
2	中国嘉德国际拍卖有限公司	7	136	30266	22223	4541489265
3	北京匡时国际拍卖有限公司	4	70	10484	6518	3247267950
4	北京翰海拍卖有限公司	6	78	16154	10912	2965013490
5	西泠印社拍卖有限公司	2	59	9084	7695	2534664975
6	上海嘉禾拍卖有限公司	3	24	2551	1997	849898510
7	广州华艺国际拍卖有限公司	4	28	5581	3546	837011170
8	中鸿信国际拍卖有限公司	1	21	2991	2158	704521305
9	上海天衡拍卖有限公司	3	17	2346	1780	692863070
10	中贸圣佳国际拍卖有限公司	4	33	4414	2885	691808812

表 3　2014 中国艺术家作品交易额排名前 10 位

排名	艺术家	成交总额（元）	类别
1	齐白石	2003655942	国画
2	张大千	1857736439	国画
3	傅抱石	948788000	国画
4	黄胄	911161272	国画
5	徐悲鸿	908977497	国画
6	黄宾虹	865219807	国画
7	吴昌硕	787407202	国画
8	陆俨少	748948772	国画
9	赵无极	640965806	国画
10	李可染	625109735	国画

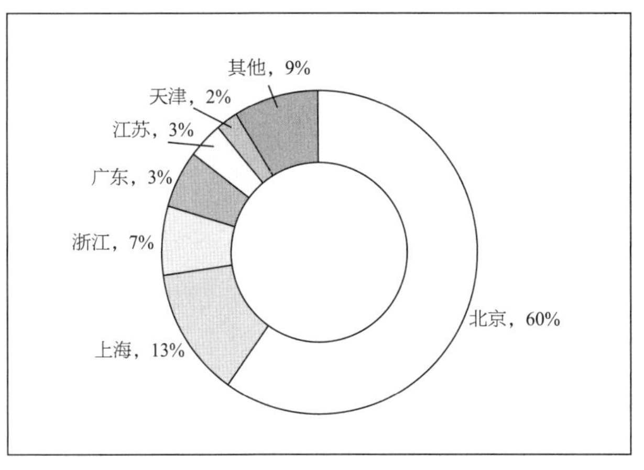

图 2　2014 年中国各省市拍卖成交份额

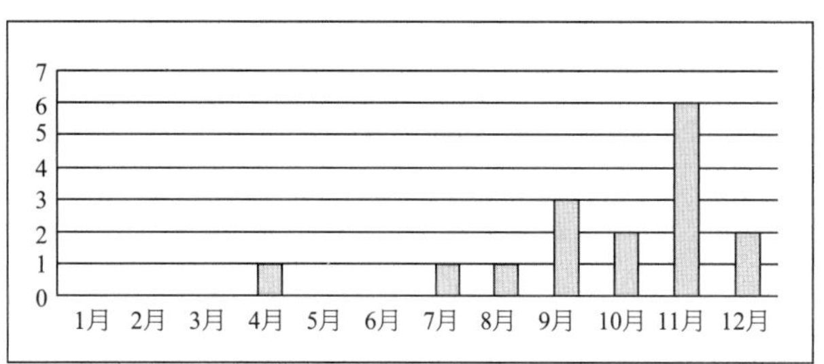

图 3　2014 北京地区艺术品博览会举办时间分布

表 4　2014 年中国艺术品拍卖市场分类市场成交数据

类别	上拍量（件数）	成交量（件数）	成交金额（元）
中国书画	309751	153334	30329172100
油画及当代艺术	13078	7827	2925371900
瓷器杂项	198709	92069	11873195800
总计	521538	253230	45127739800

表 5　2014 年中国艺术品拍卖成交价格前 10 名

排名	作品名称	估价（元）	成交价（元）	拍卖公司	时间
1	乾隆帝 1773 年作 御笔《白塔山记》手卷 水墨笺本	咨询价	116150000	北京保利	2014/12/2
2	清康熙 米黄釉五彩玉堂富贵玉壶春	36000000~46000000	89700000	北京翰海	2014/10/25
3	元 卵白釉暗刻五彩戗金碗	咨询价	74750000	北京翰海	2014/10/25
4	极乐世界识心	500000~700000	73600000	西泠印社	2014/12/14
5	康熙帝 行书 手卷 水墨绢本	2000000~2000000	62720000	天津文物	2014/11/15
6	黄宾虹 1955 年作 南高峰小景 立轴 设色纸本	12000000~18000000	62675000	中国嘉德	2014/5/18
7	齐白石 1947 年作 花鸟 镜心 四屏 设色纸本	28000000~48000000	55775000	北京保利	2014/6/2
8	弘仁 1659 年作 西园坐雨图 立轴 设色纸本	30000000~50000000	53475000	中国嘉德	2014/5/17
9	李可染 1985 年作 兰亭图 镜框 设色纸本	35000000~45000000	51750000	北京传是	2014/6/5
10	黄宾虹 江山卧游图 四屏镜心	40000000~45000000	48300000	北京匡时	2014/12/3

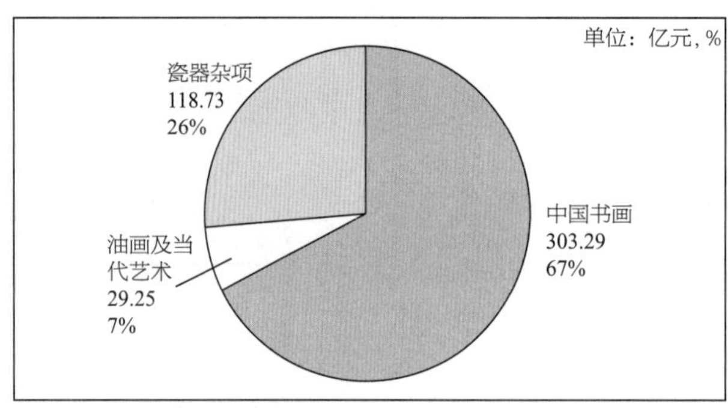

图 4　2014 年中国艺术品拍卖市场成交额

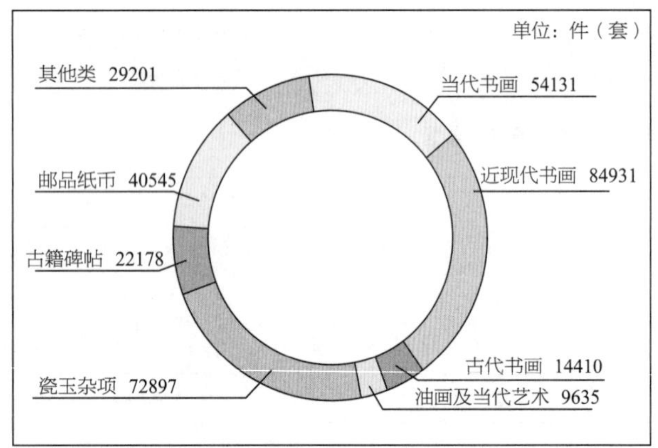

图 5　2014 年中国艺术品各门类拍品份额（按成交件数划分）

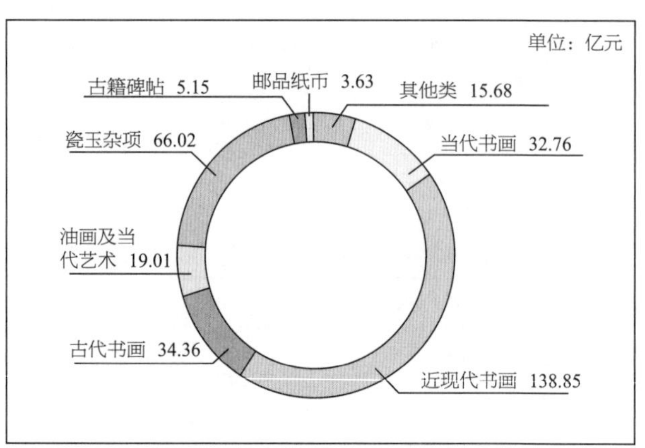

图 6　2014 年各门类拍品份额（按成交额划分）

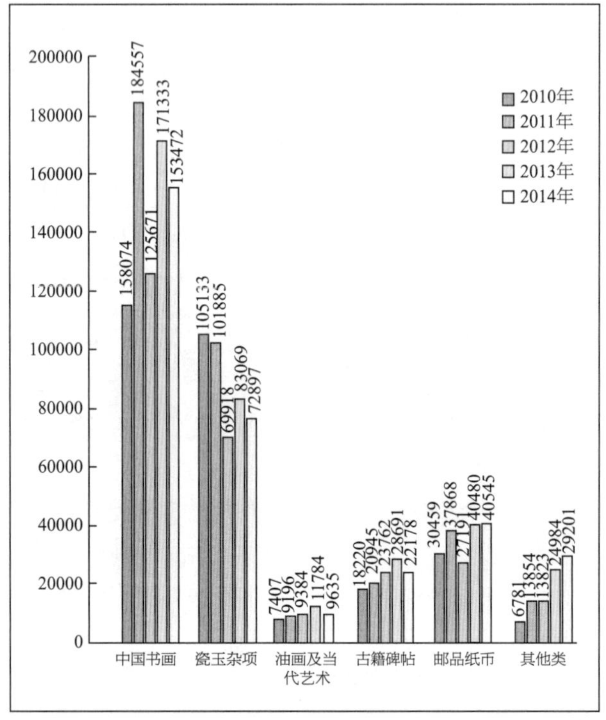

图 7　2010—2014 年各门类拍品成交数量及增长情况

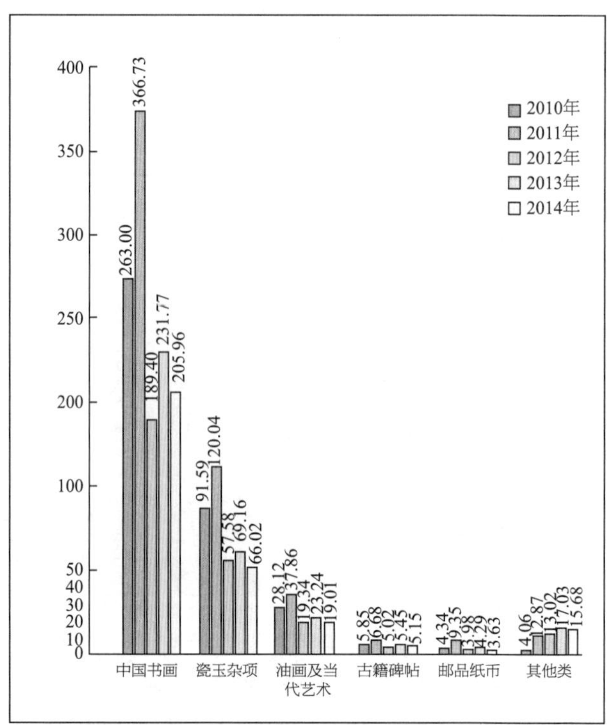

图 8　2010—2014 年各门类拍品成交额及增长情况

表 6　2014 年不同价格区间作品分布

<table>
<tr><th rowspan="2"></th><th colspan="2">总量</th><th colspan="3">中国书画</th><th rowspan="2">瓷玉杂项</th><th rowspan="2">油画及当代艺术</th><th rowspan="2">古籍善本</th><th rowspan="2">邮品钱币</th><th rowspan="2">其他</th></tr>
<tr><th>件数</th><th>占比</th><th>古代</th><th>近现代</th><th>当代</th></tr>
<tr><td rowspan="2">1 亿元以上</td><td rowspan="2">1</td><td rowspan="2">0.0%</td><td>1</td><td>0</td><td>0</td><td rowspan="2">0</td><td rowspan="2">0</td><td rowspan="2">0</td><td rowspan="2">0</td><td rowspan="2">0</td></tr>
<tr><td colspan="3">1</td></tr>
<tr><td rowspan="2">5000 万（含）~ 1 亿元</td><td rowspan="2">5</td><td rowspan="2">0.0%</td><td>0</td><td>1</td><td>1</td><td rowspan="2">2</td><td rowspan="2">0</td><td rowspan="2">0</td><td rowspan="2">0</td><td rowspan="2">1</td></tr>
<tr><td colspan="3">2</td></tr>
<tr><td rowspan="2">1000 万（含）~ 5000 万</td><td rowspan="2">218</td><td rowspan="2">0.0%</td><td>48</td><td>96</td><td>16</td><td rowspan="2">40</td><td rowspan="2">4</td><td rowspan="2">0</td><td rowspan="2">0</td><td rowspan="2">14</td></tr>
<tr><td colspan="3">160</td></tr>
<tr><td rowspan="2">500 万（含）~ 1000 万</td><td rowspan="2">496</td><td rowspan="2">0.15%</td><td>74</td><td>239</td><td>33</td><td rowspan="2">88</td><td rowspan="2">37</td><td rowspan="2">4</td><td rowspan="2">1</td><td rowspan="2">20</td></tr>
<tr><td colspan="3">346</td></tr>
<tr><td rowspan="2">100 万（含）~ 500 万</td><td rowspan="2">43.23</td><td rowspan="2">1.32%</td><td>421</td><td>2007</td><td>379</td><td rowspan="2">866</td><td rowspan="2">300</td><td rowspan="2">30</td><td rowspan="2">105</td><td rowspan="2">215</td></tr>
<tr><td colspan="3">2807</td></tr>
<tr><td rowspan="2">50 万（含）~ 100 万</td><td rowspan="2">85.25</td><td rowspan="2">2.60%</td><td>748</td><td>3071</td><td>1804</td><td rowspan="2">1544</td><td rowspan="2">423</td><td rowspan="2">115</td><td rowspan="2">466</td><td rowspan="2">354</td></tr>
<tr><td colspan="3">5623</td></tr>
<tr><td rowspan="2">50 万以下</td><td rowspan="2">314360</td><td rowspan="2">95.86%</td><td>13118</td><td>79517</td><td>51898</td><td rowspan="2">70357</td><td rowspan="2">8871</td><td rowspan="2">22029</td><td rowspan="2">39973</td><td rowspan="2">28597</td></tr>
<tr><td colspan="3">144533</td></tr>
<tr><td>合计</td><td>327928</td><td>100.00%</td><td>14410</td><td>84931</td><td>54131</td><td>72897</td><td>9635</td><td>22178</td><td>40545</td><td>29201</td></tr>
</table>

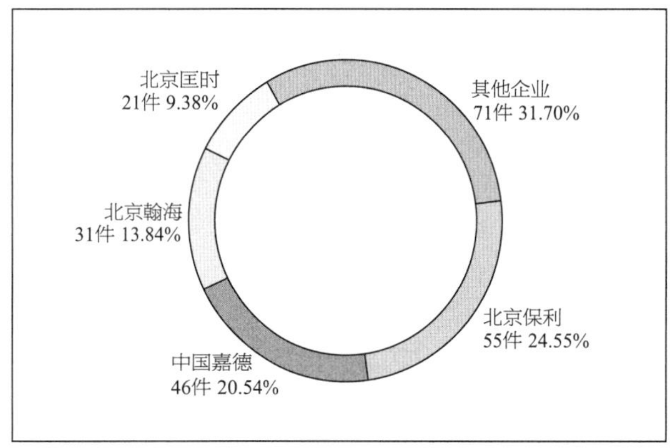

图 9　2014 年 1000 万元以上成交拍品中企业分布（按件数）

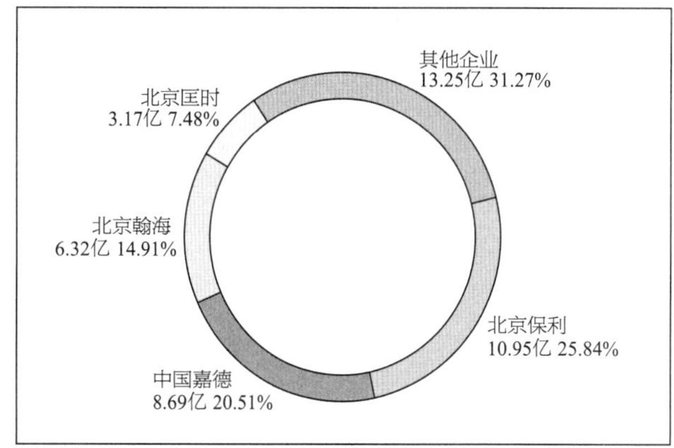

图 10　2014 年 1000 万元以上成交拍品中企业分布（按成交额）

表 7　2014 年度全国文物拍卖企业实收拍品款前 20 位及其结算进度排名

实收拍品款排名	企业名称	结算进度排名
1	中国佳德国际拍卖有限公司	2
2	北京保利国际拍卖有限公司	10
3	西泠印社拍卖有限公司	4
4	北京匡时国际拍卖有限公司	18
5	北京翰海拍卖有限公司	17
6	北京诚轩拍卖有限公司	1
7	上海朵云轩拍卖有限公司	5
8	上海嘉禾拍卖有限公司	9
9	广东崇正拍卖有限公司	8
10	广州华艺国际拍卖有限公司	7
11	北京艺融国际拍卖有限公司	11
12	上海泓盛拍卖有限公司	3
13	北京荣宝拍卖有限公司	16
14	上海天衡拍卖有限公司	19
15	荣宝斋（上海）拍卖有限公司	6
16	上海明轩国际艺术品拍卖有限公司	20
17	北京歌德拍卖有限公司	13
18	北京华辰拍卖有限公司	12
19	北京盈时国际拍卖有限公司	14
20	河南金帝拍卖有限公司	15

表 8　2014 年度各区域市场运营质量指标比较

地区	增长能力（同比涨幅）	成交率（%）	结算进度（%）	佣金比例（%）	主营业务利润率（%）	盈利面（%）	劳动效率（万元 / 人 / 年）
京津	−18.57	47.34	53.94	16.05	38.45	28.96	120.68
长三角	13.65	48.31	50.38	14.88	24.01	38.81	51.97
珠三角	−14.76	49.11	56.40	15.75	26.05	45.00	37.66
国内其他	19.62	38.02	40.58	9.83	2.17	43.30	11.56
全国平均	−10.11	46.71	54.57	15.43	33.71	36.62	72.37

表 9　2014 年度各区域市场运营质量指标综合排名

综合排名	地区	增长能力（排名）	成效率（排名）	结算进度（排名）	佣金比例（排名）	主营业务利润率（排名）	盈利面（排名）	劳动效率（排名）	排名加总
1	珠三角	3	1	2	2	2	1	3	14
2	长三角	2	2	1	3	3	3	2	16
3	京津	4	3	3	1	1	4	1	17
4	国内其他	1	4	4	4	4	2	4	23

数据来源：文化部、AMRC 艺术市场分析研究中心、中国拍卖行业协会

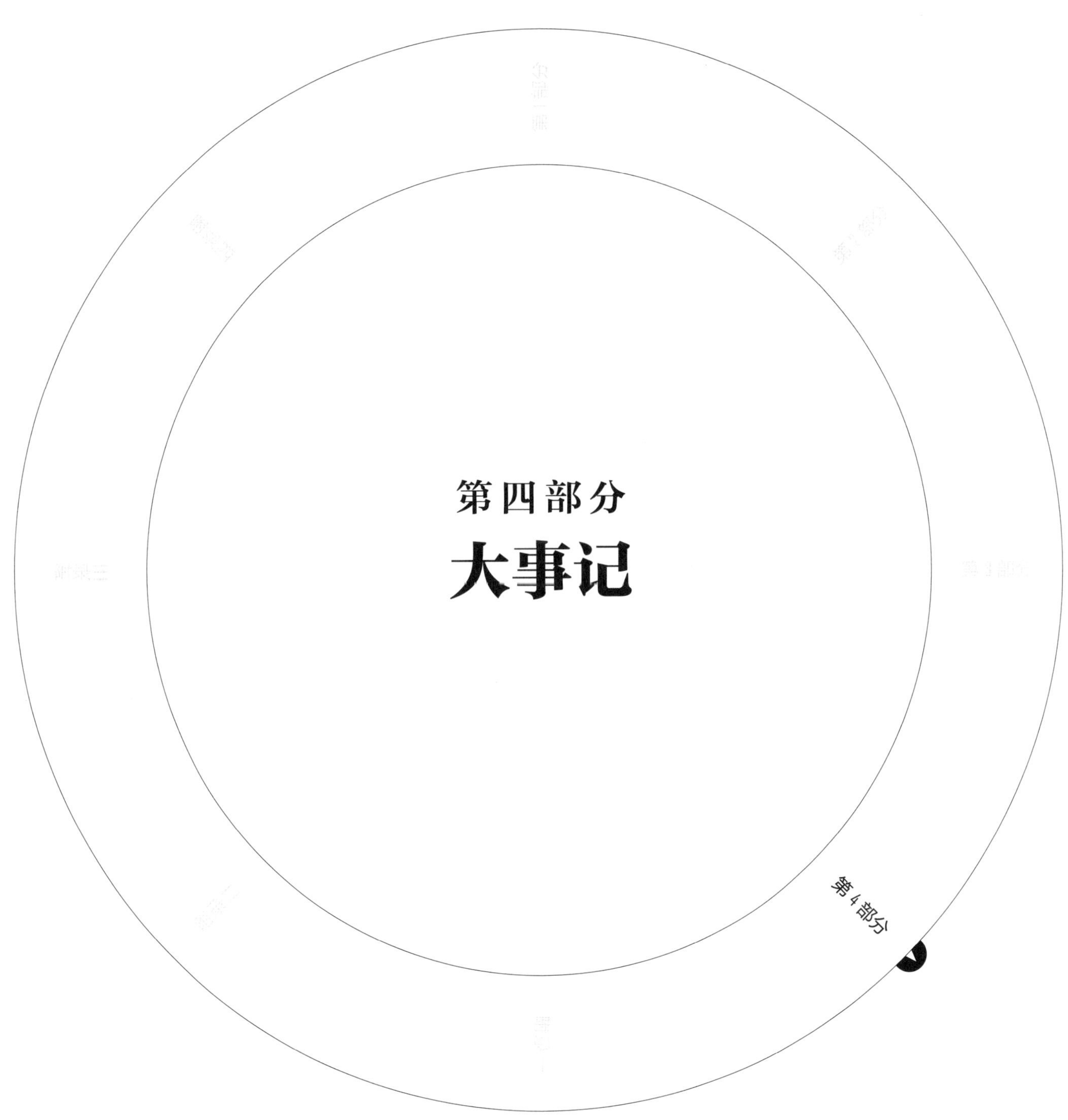

第四部分

大事记

·1月·

1月2日，财政部发布《关于延续宣传文化增值税和营业税优惠政策的通知》，明确在2017年12月31日前，免征图书批发、零售环节增值税。

1月2日，国家新闻出版广电总局出台《关于进一步完善网络剧、微电影等网络视听节目管理的补充通知》（新广电发〔2014〕2号），要求进一步完善管理，营造文明健康的网络环境，防止内容低俗、格调低下、渲染暴力色情的网络视听节目对社会产生不良影响。

1月3日至4日，2014年全国文化厅局长会议在北京举行。文化部党组书记、部长蔡武出席并做题为《深化改革，勇于创新，努力开创文化改革发展新局面》的工作报告。

1月8日，文化部下发通知，撤销广东省广州北岸文化码头国家级文化产业试验园区、辽宁省大连普利文化产业基地国家文化产业示范基地命名。

1月9日，网络文学漫画制作与发行商北京快乐工场网络科技有限公司(JoyWorks)，宣布完成A轮千万级人民币融资，投资方为麦顿投资(Milestone Capital)。

1月9日，香港比高动画有限公司宣布，联合青岛广电动画有限公司投资制作52集长篇电视动画片《长江7号》，“7仔”将以系列电视动画的形式回归。

1月12日，中国文化管理协会演艺工作委员会在北京成立。

1月16日，文化部宣布全面开展全国美术馆藏品普查。本次普查涉及的美术馆范围是我国境内（不包括港澳台地区）文化行政部门归口管理的各级各类国有美术馆（含书画名家纪念馆、艺术馆）。

1月17日，由深圳市华强数字动漫有限公司等单位联合出品的动画电影《熊出没之夺宝熊兵》在国内上映，最终累计票房为24786万元，成为国产动画电影票房新冠。

1月20日，深圳国家对外文化贸易基地挂牌。深圳成为北京、上海之后，我国第三个、华南地区唯一获得基地授牌的城市。

1月22日，国务院总理李克强主持召开国务院常务会议，决定改革中央财政科研项目和资金管理办法，部署推进文化创意和设计服务与相关产业融合发展，审议通过《南水北调工程供用水管理条例（草案）》。

1月23日，中国国际广播电台在北京举办国家多语种影视译制基地揭牌仪式。

1月23日，国家新闻出版广电总局发布《关于积极开办原创文化节目弘扬和传承优秀传统文化的通知》（广发〔2013〕97号），要求全国各广播电视机构特别是电视上星综合频道要深入挖掘传统文化资源，积极开办以弘扬和传承优秀传统文化为主旨的原创文化节目。

1月24日，国家新闻出版广电总局发布《电影院票务管理系统技术要求和测量方法》和《关于加强电影市场管理规范电影票务系统使用的通知》，被视作打击偷漏瞒报票房现象的重拳。

1月24日，文化部公布2013年全国文化市场十大案件。

1月24日，文化部启动全国演艺企业经营管理人才轮训规划制定和实施工作，将对全国约5000名演艺企业经营管理人才分批次进行科学化、系统化培训。

·2月·

2月12日，经国务院同意，国家发改委正式批复《皖南国际文化旅游示范区建设发展规划纲要》。

2月13日，文化部网站刊登《关于公开文化部目前保留的行政审批事项的通知》，公开向社会征求进一步取消和下放行政审批项目的意见和建议。根据该通知公布的信息显示，文化部目前仅保留4个行政审批事项，分别是：中外合资经营、中外合作经营的演出经纪机构设立审批，中外合资经营、中外合作经营的演出场所经营单位设立审批，互联网文化单位进口互联网文化产品内容审查，境外组织或者个人在中华人民共和国境内两个以上省、自治区、直辖市行政区域进行非物质文化遗产调查审批。

2 月 14 日，山东舜网传媒股份有限公司成功登陆新三板，在全国中小企业股份转让系统挂牌上市。这是继人民网之后全国第二家上市的新闻网站，也是山东传媒行业及互联网信息服务业第一只股票。

2 月 14 日，日本外务省公布第七届国际漫画奖获奖名单，国内新锐漫画组合 NAVAR 凭借漫画《携带者》（CARRIER）获得优秀奖，帜瑛的《我和她的这些那些》和 Chiya、柯晗、易莎的《星之引灵者》获得入选奖。

2 月 16 日，《白日焰火》获得第 64 届柏林国际电影节最佳影片金熊奖及最佳男演员银熊奖。这是第五部获得金熊奖的华语电影，也是华人演员第一次获得柏林影帝称号。

2 月 17 日，文化部印发《文化部直属艺术院团交响乐团主要乐器配置标准（试行）》，旨在推进国有文化资产科学化、精细化管理，规范文化部直属艺术院团交响乐团乐器配置管理，加强乐器资产管理与预算管理有机结合。

2 月 19 日，千龙网 · 中国首都网推出远程图表新闻《习主席的时间都去哪儿了？》。这是媒体首次发布国家主席习近平的漫画形象，这一图表漫画随即成为舆论关注焦点。

2 月 25 日，国家新闻出版广电总局召开卫视频道广告管理工作座谈会，要求为卫视频道继续规范电视购物短片广告播出，主动规范医疗资讯、健康养生和招商加盟等专题广告，加大公益广告制作播出力度。

2 月 26 日，国务院印发《关于推进文化创意和设计服务与相关产业融合发展的若干意见》（国发〔2014〕10 号），就加快推进文化创意和设计服务与实体经济深度融合做出明确要求，提出到 2020 年，文化创意和设计服务的先导产业作用更加强化，基本建立与相关产业全方位、深层次、宽领域的融合发展的格局。

2 月 26 日，中国政府网发布一组名为《图解 2 月 26 日国务院常务会议》的图片新闻，该组新闻由中国政府网与新华网多媒体产品中心联合出品，这是官方首次发布国务院总理李克强的漫画。

2 月 26 日，文化部正式启动《画廊从业人员规范》和《画廊评级标准》的制定工作。

2 月 28 日，中央全面深化改革领导小组第二次会议召开，会议审议通过《深化文化体制改革实施方案》，新一轮文化体制改革开始进入全面实施阶段。

· 3 月 ·

3 月 3 日，国务院印发《关于加快发展对外文化贸易的意见》（国发〔2014〕13 号），对加快发展对外文化贸易、推动文化产品和服务出口做出全面部署，鼓励与支持国有、民营、外资等各种所有制文化企业从事国家认律法规允许经营的对外文化贸易业务，并享有同等待遇。

3 月 3 日，山东泰山文化艺术品交易所股份有限公司版画电子交易平台正式面世，首批来自阿鸽的 290 幅版画作品成功发售。这是自 2013 年国务院清理整顿各类交易场所后首家交易所产品发布。

3 月 5 日，为推动实施《国家“十二五”时期文化改革发展规划纲要》，加快发展特色文化产业，加大对西部地区、民族地区文化产业发展的支持力度，文化部、财政部制定《藏羌彝文化产业走廊总体规划》。

3 月 5 日，《2014 年中国纪录片发展研究报告》指出，中国纪录片年生产规模超过 15 亿元，市场规模超过 22 亿元，纪录片产业由萌芽期进入高速发展期。

3 月 7 日，华特迪士尼影业和 SMG 尚世影业宣布签署一项多年期合作协议，致力于合作开发迪士尼品牌电影、推动中美电影深度合作。

3 月 13 日，国家新闻出版广电总局发布《关于 2014 年 3 月全国国产电视动画片制作备案公示的通知》。2014 年 3 月，经备案公示的全国国产电视动画片为 22

部 10353 分钟，为 2014 年全年备案数量最低月份。

3 月 14 日，国务院印发《关于推进文化创意和设计服务与相关产业融合发展的若干意见》。《意见》明确，对经认定为高新技术企业的文化创意和设计服务企业，减按 15% 的税率征收企业所得税；鼓励银行业金融机构支持文化创意和设计服务小微企业发展，探索开展无形资产质押和收益权抵（质）押贷款等业务。

3 月 17 日，文化部、中国人民银行、财政部联合印发《关于深入推进文化金融合作的意见》（文产发[2014] 14 号）。力求完善文化金融合作信贷项目库、文化产业投融资公共服务平台、贷款贴息，将直接融资、区域股权市场、普惠金融等推广到文化产业领域，鼓励有条件的地方建设文化金融专营机构，建设文化金融服务中心，创建文化金融合作试验区。

3 月 18 日，国家新闻出版广电总局与工业和信息化部联合出台《关于〈广播电视先进视频编解码（AVS +）技术应用实施指南〉的通知》（新广电发〔2014〕75 号）。旨在推进 2012 年 7 月正式颁布的 AVS + 自主创新技术在广播电视领域的产业化应用，以应用促进产业发展。

3 月 18 日，欧洲艺术基金会《TEFAF2014 全球艺术品市场报告》发布报告称，中国连续两年蝉联全球艺术品交易的第二位，占全球艺术品市场份额的 24%；美国以 38% 的市场份额再次成为全球最大的艺术品市场；第三位仍由英国保持，占有 20% 的市场份额。

3 月 19 日，由文化部牵头成立的国家公共文化服务体系建设协调组在北京召开第一次全体会议，标志着国家层面的公共文化服务协调机制正式运转。中国将争取在 3 到 5 年内逐步建立起较为完善的基本公共文化服务标准体系框架。

3 月 19 日，由文化部、中宣部、中央编办、中央文明办、国家发展改革委、教育部、科技部、财政部、国家新闻出版广电总局等 20 家成员单位组成的国家公共文化服务体系建设协调组正式成立。

3 月 20 日，文化部印发《关于贯彻落实〈国务院关于推进文化创意和设计服务与相关产业融合发展的若干意见〉的实施意见》，从文化创意和设计服务与实体经济融合发展新趋势出发，明确了文化行政部门落实相关工作部署的具体举措。

3 月 20 日至 22 日，第 22 届中国国际广播电视信息网络展览会（CCBN 2014) 在北京举行。本届展会以广电数字化、网络化、双向化、高清化的最新发展为主要内容。来自世界 30 多个国家和地区的近 1000 家企业和机构参展。

3 月 25 日，文化部、中国人民银行和财政部联合下发《关于金融支持文化产业振兴和发展繁荣的指导意见》，提出建立文化金融合作部际会商机制、完善文化金融中介服务体系、加大财政对文化金融的扶持力度、重视金融支持小微文化企业发展等政策措施。

3 月 27 日，文化部文化产业司下发《关于征集文化产业重点项目的通知》，面向全国开展 2014 年度文化产业重点项目征集工作。其中，特色文化产业重点项目和藏羌彝文化产业走廊重点项目作为征集工作重要组成部分，首次向社会公开征集。

3 月 27 日，国家新闻出版广电总局下发《关于试行国产电影属地审查的通知》。从 2014 年 4 月 1 日起，在全国范围内试行国产电影属地审查，即由各省级广电部门对本行政区域内所属电影制片单位摄制的各类影片进行审查，总局今后将主要负责宏观指导、监督。

3 月 28 日，“中俄青年友好交流年”开幕活动在俄罗斯圣彼得堡市议会大厦举行。

3 月 30 日，原上海文化广播影视集团的事业单位建制撤销，改制设立国有独资的上海文化广播影视集团有限公司正式运营；上海东方传媒集团有限公司与上海文广集团合并。

3 月 31 日，阿里巴巴“娱乐宝”正式上线。发售首日，超过 10 万人参与广娱乐宝投资，成为“电影投资人”。

3 月 31 日，中国电影院线银幕数量突破 2 万块。

3 月 31 日至 4 月 2 日，第 13 届北京电视节目交易会举行。本届交易会共实现电视剧、纪录片、动画片等电视节目意向交易额 52.21 亿元。

·4月·

4月2日，国务院办公厅发布《关于印发文化体制改革中经营性文化事业单位转制为企业和进一步支持文化企业发展两个规定的通知》，对文化企业出台了财政税收、投资融资、资产管理、土地处置、收入分配、社会保障、人员安置、工商管理等多方面支持政策。

4月9日，文化部公布《2014年文化系统体制改革工作要点》及其《分工实施方案》，指出2014年文化系统体制改革工作要点包括深入推进国有文艺院团体制改革、加快转变文化行政部门职能、统筹构建现代公共文化服务体系、推进文化企事业单位改革、建立健全现代文化市场体系、推动文化产业转型升级、建设优秀传统文化传承体系、不断提高文化开放水平、加大改革工作的组织保障力度等九项。

4月9日，由北京市文化局、天津市文化广播影视局、河北省文化厅联合举办的京津冀加强文化协同发展座谈会在北京召开。会议决定，拟建立三省市文化部门联席会议制度，协调京津冀文化系统的发展规划，研究三地文化交流与合作的政策机制，协调推动有关合作项目的落实。

4月11日，广东奥飞动漫文化股份有限公司宣布，以2500万元收购北京魔屏科技有限公司60%股权（包括增资在内）。

4月12日，广州市动漫艺术家协会在广州市文联举行成立大会，首届理事会选举著名动漫艺术家、出版人金城担任主席。

4月14日，中共中央政治局委员、中宣部部长刘奇葆出席推动媒体融合发展座谈会，强调要积极推动传统媒体与新兴媒体融合发展，加快建设形态多样、手段先进、具有强大传播力和竞争力的新型主流媒体，努力达到世界一流水平。

4月15日，国家新闻出版广电总局在北京召开2014年全国电视剧播出工作会议，宣布自2015年1月1日开始对卫视综合频道黄金时段电视剧播出方式进行调整，届时同一部电视剧每晚黄金时段联播的卫视综合频道不得超过两家，同一部电视剧在卫视综合频道每晚黄金时段播出不得超过两集。

4月16日，文化部修订印发《国家文化产业示范基地管理办法》，自2014年4月21日起全面施行。

4月16日至23日，第四届北京国际电影节举行。电影节签约总额达105.21亿元，比上届增长20%，创中国电影节展交易之最，且国际展商数首次超过国内展商数。

4月18日，骅威科技股份有限公司（002502）与日本株式会社多美和株式会社TAKARA TOMY A.R.T.S在深圳签订《业务合作基本合同》。双方将就一致选定的玩具策划及原创动漫、游戏项目在策划、开发、设计、制造、市场营销、销售业务各方面进行业务合作。

4月22日，第四届北京国际电影节主论坛“探寻电影之美高峰论坛——动画艺术与技术”在中国电影博物馆举办。来自国内外动画电影界的众多精英围绕“中外动画电影创作内容比较”“技术创新与动画电影表现力”“动画电影的产业整合与品牌运营”“动画电影人才培养与需求”四个话题展开深入探讨。

4月23日，由腾讯儿童、优扬传媒集团、天津人民美术出版社等联合主办的第三届儿童DIY微漫画大赛启动仪式暨儿童动漫高峰论坛在中新天津生态城国家动漫园举行。

4月23日，广东广播电视台正式挂牌成立。该台由原南方广播影视传媒集团、广东人民广播电台、广东电视台、南方电视台、广东广播电视技术中心整合而成。

4月25日，住房城乡建设部、文化部、国家文物局出台《关于切实加强中国传统村落保护的指导意见》。

4月28日，第十届中国国际动漫节“金猴奖”颁奖典礼以动漫交响音乐会的形式在杭州大剧院举行。大赛共收到五大洲20个国家和地区的738件参赛作品，《熊出没之夺宝熊兵》《新大头儿子和小头爸爸》《云中兰若》分别获得动画电影金奖、动画系列片金奖、漫画金奖。

4月28日至5月3日，第十届中国国际动漫节以“国际动漫·美丽杭州”为主题，围绕会展、商务、赛事、论坛、活动等五大板块，共举办53项活动，吸引74个国家和地区的602家企业和机构参展参会，有136.2万人次参与各项活动。

4月29日，第14届电影频道电影百合奖颁奖礼在北京举行。此次颁奖会共颁发优秀故事片、优秀导演等88个奖项。

4月29日，2014AC2G中国动漫游戏版权竞标大会在杭州举行，包括动画、漫画、网络小说、电视剧、电影等的十项人气作品版权标的，创造高达3970万元的成交总额。

4月29日，财政部文资办发布重新修订的《文化产业发展专项资金管理暂行办法》，对2014年的文化产业发展专项资金的重点支持内容（六大方向，九个方面）和申报条件等进行明确。

·5月·

5月1日，修改后的《商标法》开始实施，国家工商总局明确规定广告宣传禁用“驰名商标”字样。

5月3日，“中国漫画拍卖会”在杭州举槌开拍，总成交额达1781万元，总成交率为86.9%，赵延年的《阿Q正传连环画原稿》以178.25万元的全场最高价成交。

5月4日，由嵩山少林寺授权，蔡志忠工作室制作的3D动画电影《功夫少林寺》新闻发布会在少林寺禅堂举办。该片由网易和中南卡通共同投资，由蔡志忠编剧、导演，以少林寺、功夫和禅为主题，网易还将合作开发《功夫少林寺》的网游或手游。

5月6日，文化部提出以文化先行方式建设“丝绸之路文化产业带”，作为“丝绸之路经济带”的一项重要内容加以打造，通过文化经贸加强与周边国家的文化交流和贸易往来。

5月6日，全国文化行业首家企业集团财务公司——湖南出版投资控股集团 财务有限公司挂牌运营。该财务公司注册资本为10亿元，其中中南传媒出资7亿元，占比70%。

5月7日，财政部、文化部两部门联合下发《关于推动2014年年度文化金融合作有关事项的通知》，《通知》表示财政部将从2014年度文化产业发展专项资金中单独安排资金，专门用于支持相关贷款贴息项目。

5月8日，中国人民银行营业管理部与北京市国有文化资产监督管理办公室联合签署《文化金融战略合作协议》，就拓宽文化企业融资渠道、开展文化金融合作试验区建设、推进文化企业信用体系建设、搭建政银企合作平台四大方面的16项具体工作达成共识。

5月8日，财政部发布《关于进一步提高中央企业国有资本收益收取比例的通知》，明确提出从2014年起适当提高中央企业国有资本收益收取比例，其中中央文化企业向国家上缴红利比例提高5个百分点，即国有资本收益上缴比例提至10%。

5月8日，由中央电视台主办、中央电视台纪录频道承办的“2013至2014年度中国纪录片制作联盟年会”在北京召开。

5月9日，湖南卫视正式对外宣布“芒果独播”战略。从2014年4月下旬起，湖南卫视原创节目内容不再对外分销互联网版权，所有自有版权内容只在自主网络视频、IPTV和互联网电视等平台播出，全力打造“芒果TV”互联网平台。

5月12日，国家新闻出版广电总局下发《关于进一步规范出版境外著作权人授权互联网游戏作品和电子游戏出版物申报材料的通知》。

5月13日，天翼爱动漫文化传媒有限公司在中国电信合作开放大会上正式挂牌运营，这是三大通信运营商中首个进行公司化改制的数字动漫平台。

5月14日至19日，由深圳国家动漫画产业基地承办的第十届中国（深圳）国际文化产业博览交易会动漫分会场举行。围绕“十年文博·动漫狂欢”的主题，除充分展示深圳国家动漫画产业基地的发展成就外，还推出交易、展示、互动、游戏、表演以及多项动漫科普体验活动。

5月15日，上海微漫网络科技有限公司宣布，漫画速成工具“微漫 WeComics”项目获得A轮融资150万美元，投资方为北极光创投。

5月15日，光明日报社和经济日报社联合发布第六届“文化企业30强” 名单。

5月15日至19日，第十届中国（深圳）国际文化产业博览交易会举行。

5月19日至20日，由中国国际广播电台与俄通社一塔斯社共同举办的第16届世界俄文媒体大会在上海举行。其间，三方共同签署合作备忘录，中国国际广播电台正式成为世界俄文媒体联合会成员。

5月20日，商务部、中宣部、财政部、文化部、国家新闻出版广电总局等5部门联合公布《2013至2014年度国家文化出口重点企业和重点项目目录》。

5月23日，陕西、甘肃、宁夏、青海、新疆五省区文化厅签署《丝绸之路经济带西北五省区文化发展战略联盟框架协议》。

5月27日，中宣部、国家新闻出版广电总局召开全国电视非新闻类栏目节目深化社会主义核心价值观宣传工作现场会。

5月27日，国家新闻出版广电总局副局长田进出席2014年全国广播电视广告管理工作会议，指出广播电视广告同样承担着传播和弘扬社会主义核心价值观的责任和义务，始终把社会效益放在首位；要推动公益广告制作播出，创新经营模式；强调各级广播电视播出机构要从提高节目质量入手，吸引更多优质广告。

5月28日，中国广播电视网络有限公司正式挂牌，注册资金为45亿元。

5月29日，中国广播电视协会更名改制为“中国广播电影电视社会组织联合会”，并在北京召开联合会的第一次会员代表大会。

5月29日，商务部副部长房爱卿表示将对国家重点鼓励的文化产品和服务出口实行零税率或免税。

5月30日，第23届星光奖颁奖典礼在北京举行。

5月30日，华闻传媒投资集团股份有限公司宣布拟收购广州漫友文化科技发展有限公司85.61%股权，交易金额为34244万元。

5月30日，为纪念动画电影《哪吒闹海》创作35周年，Google与上海美术电影制片厂合作，在Google首页上放置特有的Doodle（涂鸦标志）。

5月31日，财政部、国家发改委、国土资源部、住房和城乡建设部、中国人民银行、国家税务总局、国家新闻出版广电总局联合发布《关于支持电影发展若干经济政策的通知》。具体政策包括加强电影事业发展专项资金的管理，切实提高资金使用效率；加大电影精品专项资金支持力度，其中每年安排1亿元资金，采取重点影片个案报批的方式，用于扶持5日至10部有影响力的重点题材影片。

5月31日至6月1日，第十三届北京电影学院漫画节举办。包括动漫作品展示、比赛及动漫作品专题研讨等一系列活动。

·6月·

6月1日，中国邮政发行首套加载增强现实技术邮票《动画——〈大闹天宫〉》特种邮票。特种邮票加载了增强现实技术，通过手机等终端扫描邮票即可观赏《大闹天宫》的动画片段，还可参与互动游戏，增强了邮票的欣赏性和趣味性。

6月4日，由联合国教科文组织牵头编制的《创意经济报告2013(特别版)》正式发布。《报告》将文化产业作为可持续发展的驱动因素，兼顾正式和非正式文化系统，经济的和非经济的文化领域，实行经济、社会、政治、文化、环境建设的“统筹兼顾”。

6月6日，国务院法制办就《中华人民共和国著作权法（修订草案送审稿）》向社会公开征求意见。送审稿规定，增加著作权行政管理部门的查封扣押权，并提高罚款数额，以强化著作权的保护力度。

6月8日，爱奇艺和PPS联合制作的网络动画《十九国》在网络平台开播，旨在将优质内容拓展到动画产业，实现品牌自制内容的全覆盖，为广大观众提供更为丰富的收视选择。

6月8日，北京广播电视台纪实频道上星播出，成为首家上星播出的地方台纪录片专业频道。

6月9日至13日，第20届上海电视节举办，颁发白玉兰奖电视电影/迷你剧、动画片、纪录片、电视连续剧四大类17个奖项。

6月10日，中央人民广播电台、四川省新闻出版广电局应急广播体系建设试点试验合作启动仪式在成都举行，标志着国家应急广播体系建设在四川省率先启动试点试验。

6月10日，阿里巴巴数字娱乐事业群推出的娱乐宝二期正式上线，筹资900万元投资动画电影《魁拔Ⅲ》，青青树动漫成为娱乐宝首个动画项目合作伙伴。

6月12日，第20届上海电视节亚洲动画创投会在上海举行颁奖典礼。由上海今日动画影视文化有限公司出品、张天晓导演的《小狗皮皮》获得最具市场投资潜力奖，奖金5万元；由上海左袋文化传播有限公司出品、缪磊导演的《艾米》获得最佳创意奖，奖金2万元。

6月12日，国家版权局、国家互联网信息办公室、工业和信息化部、公安部在京联合召开全国版权执法监管工作座谈会，正式启动第十次打击网络侵权盗版专项治理“剑网”行动。此次“剑网行动”把保护数字版权、规范网络转载作为重点任务。

6月12日至15日，第六届海峡影视季在福建厦门举行。本届海峡影视季包括“两岸影视交流合作表彰”颁奖典礼、两岸电影展等内容，并首次推出“台湾闽南语电影之夜”活动。

6月13日，第20届上海电视节“白玉兰奖”在上海东方艺术中心颁奖。《好奇小恐龙》（英国）获得最佳动画片奖，《昆塔：盒子总动员》获得最佳中国动画片奖，《男孩与异世界》（巴西）获得评委会大奖。

6月14日至22日，第17届上海国际电影节举行。其间开展金爵奖评选、国际影片展映、“亚洲新人奖”评选、电影论坛、手机电影节、电影频道传媒大奖颁奖典礼和金爵奖颁奖典礼等活动。

6月16日，上海广播电视台纪实频道上星播出，并实现全国覆盖。

6月16日，中国国际广播电台第99家海外分台——英国伦敦AM558中波台正式开播。

6月16日，北京光线传媒股份有限公司（300251）宣布，以2.84亿元收购广州蓝弧文化传播有限公司部分股权并增资，投资完成后持有蓝弧文化50.8%的股权，成为控股股东。

6月16日至17日，第二届中非媒体合作论坛在北京举行。国家新闻出版广电总局局长蔡赴朝、副局长聂辰席出席论坛，并分别做致辞、主旨演讲。来自42个非洲国家的260余名代表与会。论坛围绕政策交流、媒体合作、广播电视数字化3个议题进行深入交流，共签署22项合作协议。

6月17日，电子阅读平台“网易云阅读”宣布，漫画频道正式上线，标志着网易正式进入手机漫画阅读领域。

6月17日至19日，2014美国国际品牌授权博览会在美国拉斯维加斯举行，“阿狸”“敦品”“熊出没”“花花”“卡酷”等20余个中国品牌集体亮相“中国馆”，阿狸再次入围国际授权业协会（LIMA）评选的“年度最佳形象奖”。

6月18日，在葡萄牙访问期间，中共中央政治局常委中央书记处书记刘云山出席中央电视台与葡萄牙有关新闻机构关于《中国中央电视台与葡萄牙广播电视公司合作协议》与《中国中央电视台与葡萄牙卢萨新闻社履行合同承诺书》的签字仪式，以及两部纪录片《魅力葡萄牙》与《魅力中国》的开机仪式。

6 月 19 日，追光人动画设计（北京）有限公司宣布完成 B 轮 2000 万美元的融资，此轮融资由纪源资本（GGV）和成为基金领投，高瓴资本和 A 轮投资方 IDG 参与跟投。

6 月 20 日，网易公司为旗下经典网游《梦幻西游 2》改编动画片举行“私享梦幻动画时光”全球首映礼，并宣布联手光线传媒制作《梦幻西游 2》动画电影，打造品牌动画 IP。

6 月 20 日，国家新闻出版广电总局出台《关于加快推动下一代广播电视网标准应用的通知》（新广电发〔2014〕144 号），旨在更好地规范各地网络建设，加速推进网络互联互通，加快推动终端标准化智能化，切实增强广播电视信息安全保障能力。

6 月 22 日，国家新闻出版广电总局出台《关于大力开展智能电视操作系统 TVOS1.0 规模应用试验加快推动广播电视终端标准化智能化的通知》（新广电发〔2014〕149 号）。TVOS1.0 的成功研发和发布，对于保障三网融合文化安全，支撑广播电视数字化、网络化、智能化发展，具有重要意义。

6 月 22 日，中国大运河项目和中国与吉尔吉斯斯坦、哈萨克斯坦联合申报的丝绸之路项目分别通过第三十八届世界遗产大会审议，列入《世界遗产名录》，成为中国第 32 项和第 33 项世界文化遗产。

6 月 24 日，阿里巴巴集团完成对文化中国传播集团 60% 的股份认购，成为该公司第一大股东。8 月 5 日，文化中国传播集团更名为阿里巴巴影业集团。

6 月 24 日，国家新闻出版广电总局网络司针对互联网电视牌照商，下发《关于立即关闭互联网电视终端产品中违规视频软件下载通道的通知》。

6 月 25 日，奥飞动漫宣布与深圳市汉唐韵文化投资发展有限公司以及管理团队签署《投资合作协议》，三方约定共同出资 2000 万元在深圳市成立奥飞贝肯文化有限公司，其中奥飞动漫出资 900 万元。同时，汉唐韵文化投资发展有限公司将以 700 万美元将其持有的韩国 RG 动漫工作室原创的“贝肯熊”（Backkom）的知识产权转让给奥飞贝肯。

6 月 30 日，国家新闻出版广电总局印发《新闻从业人员职务行为信息管理办法》（新广出发〔2014〕乃号），要求新闻单位加强对新闻从业人员职务行为信息的规范管理。

·7 月·

7 月 1 日，国家标准委批准颁布的国内首个电视收视率调查国家标准《电视收视率调查准则》开始实施。

7 月 2 日，第二届国家文化产业示范基地影响力评价结果发布，中国对外文化集团公司、北京人大文化科技园建设发展有限公司、桂林广维文华旅游文化产业有限供公司、雅昌文化（集团）有限公司、常州恐龙园股份有限公司、中国宣纸股份有限公司、深圳市腾讯计算机系统有限公司、广东奥飞动漫文化股份有限公司、上海盛大网络发展有限公司、华侨城集团公司等十家企业入选。

7 月 3 日，国家旅游局局长邵琪伟指出，中国已经完成旅游资源大国向世界旅游大国的转变，但在旅游业发展质量效益、现代化水平、国际竞争力等方面，同旅游发达国家还有较大差距。

7 月 3 日，国家新闻出版广电总局与韩国文化体育观光部在韩国首尔正式签署《中韩电影合拍协议》。中韩合拍片将在中国市场享受国产片待遇，不再受进口片条件限制。

7 月 4 日至 8 日，2014 长沙国际动漫游戏展在湖南省展览馆举行，并举办湖南省首届原创动漫彩绘大赛、第五届漫印象 Cosplay 邀请赛、MF8 漫印象同人交流会、湖南电子竞技联盟大赛、腾讯微信游戏大赛以及一线知名漫画家现场签售会、3D 漫画作品展、3D 游戏体验等一系列活动。

7 月 5 日，“第四届中国十大卡通形象评选活动”终评在深圳国家动漫产业基地举行。本次终评在入围的 65 件作品中选出大奖 10 名，提名奖 10 名。

7 月 9 日，《中国广播电影电视发城川化 (2014)》

正式出版发布。

7 月 9 日，文化部印发《关于坚决制止国内艺术团组赴国外“镀金”的通知》，将采取多项措施加强监管和引导，对国内各级各类艺术团到金色大厅等国外著名演展场所或国际组织总部办公场所“镀金”现象予以坚决制止。

7 月 10 日至 14 日，第十届中国国际动漫游戏博览会（CCG EXPO)在上海世博展览馆举行，共设动画、漫画、衍生品、游戏、新媒体等六大版块，主展馆现场人次逾 22. 3 万，主会场意向总交易金额超过 20 亿元。

7 月 11 日，“中国动漫未来十年展望”研讨会在上海举行。与会专家及企业代表围绕未来十年我国动漫产业的发展方向、新的增长点、我国动漫产业与国际相比的优劣势、我国动漫游戏产业发展急需的扶持政策等方面展开讨论。

7 月 14 日，上海美术电影制片厂对外公布三年“复兴计划”：自 2015 年起，《黑猫警长》《大闹天宫》等经典动画中的主要动漫形象将通过新故事和再加工重返大银幕。

7 月 16 日，由国家新闻出版广电总局宣传司、中国动画学会、深圳广播电影电视集团共同主办的“第四届中国十大卡通形象评选活动”在深圳揭晓。

7 月 16 日，中国国际广播电台第 100 家海外分台——南非中波台正式开播，并举办南非本土化全媒体建设启动仪式。

7 月 19 日，习近平主席出访拉美，《失恋 33 天》等影视剧成“国礼”。

7 月 22 日，国务院印发《关于取消和调整一批行政审批项目等事项的决定》，据统计，此次取消和调整行政审批的项目中，涉及文化产业及相关领域的共 29 项。

7 月 25 日，骅威股份宣布拟以发行股份及支付现金方式收购第一波公司 80% 股权，交易价格为 8. 064 亿元，交易完成后第一波将成为骅威股份的全资子公司。骅威股份对第一波的业务整合和协同主要通过战略整合布局，深度挖掘双方拥有的优质 IP，在动漫影视、游戏、网络文学 等领域互相渗透、互相融合，形成多轮驱动的产业升级模式。

7 月 29 日，上海交大发布的《2014：中国文化产业发展指数报告》显示，我国文化产业“新十强”排名依次为：广东（83.85）、北京（80.59）、江苏（60.02）、上海 (57.90)、浙江（55.89）、山东（46.24）、福建（35.58）、湖南（35.23）、四川 (32.53)、安徽(28.86)。

7 月 31 日，北京卫视挂牌成立北京京视卫星传媒有限责任公司，启动广告独立运营。

·8 月·

8 月 1 日，党建网发布一条动画视频《穿军装的习近平》，利用动漫形式结合俄罗斯方块、超级玛丽经典游戏画面，展现习近平主席军旅经历及在各个阶段的军建过程和理念，引发网友热传。

8 月 1 日，腾讯内容与版权业务部在上海举办的全球数字娱乐 IP 合作大会上宣布，腾讯动漫旗下被誉为“国漫神话”的《尸兄》手游改编权独家授权中清龙图公司，《尸兄》成为国内首个打通动画、文学、游戏、周边等全产业链的明星动漫 IP。

8 月 4 日，财政部发布通知，要求财政部履行出资人职责的中央文化企业做好数字资源库项目的资本预算编制工作。充分发挥资本预算引导、示范和带动作用，有序推动中央文化企业数字资源库建设。

8 月 6 日，国家新闻出版广电总局无线局采用中国自主知识产权的 AVS+ 标准，实现编码方式的过渡，完成中央电视台部分高清节目的卫星传输任务。

8 月 6 日，经财政部、文化部批准，由中国动漫集团负责建设运营的“酷漫网”（icooman. com) 上线运营，旨在打造成为面向动漫游戏企业机构和专业个人用户的行业门户网站。

8 月 7 日，中央财政下拨 2014 年农村文化建设专项资金 45 亿元。

8月8日，文化部、财政部联合印发《关于推动特色文化产业发展的指导意见》(文产发〔2014〕28号)。《意见》提出，到2020年实现基本建立特色鲜明、重点突出、布局合理、链条完整、效益显著的特色文化产业发展格局，形成若干在全国有重要影响力的特色文化产业带等一系列目标。

8月8日，由杭州玄机科技信息技术有限公司出品的动画电影《秦时明月》在全国上映，并在全国首轮12个城市举行100场弹幕放映活动，掀起的“弹幕”观影引发各方关注和热议，影片最终票房5998万元。

8月11日至12日，国家新闻出版广电总局分别出台《关于不得超范围安装互联网电视客户端软件的通知》（新广电办发〔2014〕73号）、《关于加强互联网电视集成平台安全管理的通知》（新广电办发〔2014〕74号），明确规定未持有互联网电视集成服务和互联网电视内容许可证的机构，一律不得推出、提供用于安装在互联网电视终端产品中的客户端软件。

8月12日，中央财政下达全国博物馆、纪念馆、美术馆、公共图书馆、文化馆（站）免费开放专项资金49.57亿元，2014年共支持地方1815个博物馆、纪念馆，1005个市级和5542个县级美术馆、公共图书馆和文化馆，以及34706个乡镇 文化站面向社会免费开放，并提供基本公共文化服务。

8月12日，中央财政下拨中央补助地方文化体育与传媒事业发展专项资金23.6亿元。

8月13日，甘肃刚泰控股（集团）股份有限公司(600687)宣布与香港比高动画有限公司达成合作，投资240万元参与投资制作一部以原著电影《长江7号》的著作权素材改编衍生并以“长江7号”命名及以中国内地为主市场的华语动画电影。

8月14日，由美国梦工厂动画公司制作的《驯龙高手2》在国内上映， 累计票房收入4.03亿元，成为全年动画电影票房冠军，仅次于《功夫熊猫2》（2011年）和《冰川时代4：大陆漂移》（2012年）的成绩。

8月14日，2014中国动漫品牌授权产业高峰论坛在深圳举行。喜羊羊与灰太狼、哆啦A梦等20个知名品牌获评为2014中国动漫授权业“十大中国品牌”和“十大海外品牌”。

8月18日，中央全面深化改革领导小组第四次会议审议通过《关于推动传统媒体和新兴媒体融合发展的指导意见》。习近平总书记主持会议并发表重要讲话，强调推动传统媒体和新兴媒体融合发展，着力打造一批形态多样、手段先进、具有竞争力的新型主流媒体，

8月19日，中央人民广播电台国家应急广播首次通过广播电视网络分区域定向发布预警信息。

8月19日，文化部、工业和信息化部、财政部联合印发《关于大力支持小微文化企业发展的实施意见》（文产发〔2014〕27号）。这是在国家部委层面上首次发文对支持小微文化企业发展工作进行专门部署，为支持小微文化企业发展工作明确目标、方向和任务。

8月20日，文化部初步起草完成《文化部向社会力量购买服务管理方法》和相应的指导性目录，公益性演出也将纳入政府采购范围。转制院团将来可参与采购招标，通过提供演出服务的方式获得支持。

8月21日，国务院印发《关于促进旅游业改革发展的若干意见》，从带薪休假制度、基础设施建设、财政金融支持、土地利用政策、人才培养等五方面提出具体措施。

8月21日至23日，第12届中国国际影视节目展在北京举办。展会期间举行“丝绸之路影视桥国际合作高峰论坛”。

8月21日至25日，第六届中国国际影视动漫版权保护和贸易博览会在广东东莞举行，成交额达34.9亿元，同比增长4.18%。主会场面积近5万平方米，并举办影视动漫原创展、动漫衍生产品展、品牌授权展和动漫游戏展。

8月24日至31日，第12届中国长春电影节举行。本届电影节共设置13个奖项，影片《中国合伙人》获得最佳华语故事片奖，影片《白日焰火》和《索道医生》共同获得评委会特别奖。

8 月 25 日，国家对外文化贸易基地在北京天竺综合保税区正式开园运营。这是中国首个依托空港保税区建设的“文化保税园”，目标直指综合型文化贸易服务平台和国际口岸型产品市场、要素市场。

8 月 26 日至 27 日，中国网络电视台先后发布 iOS 版和 Android 版纯视频移动客户端产品：中国维吾尔语视频网手机客户端测试版和中国哈萨克语视频网手机客户端测试版。

8 月 27 日，国家新闻出版广电总局和韩国文化体育观光部联合主办的“2014 年韩国电影展”在北京开幕，在北京、上海集中展映近三年来出品的 10 部韩国电影新作。

8 月 27 日，中国国际广播电台与中国国家博物馆签订建立外宣战略合作关系的框架协议，共同推进中华文化向海内外传播。

8 月 27 日至 30 日，第 23 届北京广播电影电视设备展览会（BIRTV）召 开。本届展览会中外参展商共 519 家，其中国际厂商占 45%。

·9 月·

9 月 1 日，北京市国有文化资产监督管理办公室发起成立国内第一家文化融资租赁公司——北京市文化科技融资租赁股份有限公司，首期注册资本 11.2 亿元，该公司已与建行北京分行等九家银行签订合作协议，九家银行共向其授信 200 亿元。

9 月 1 日，北京市、天津市及河北省新闻出版、广电部门在北京共同签署《京津冀新闻出版广播影视协同创新战略框架协议》。

9 月 2 日，国务院总理李克强主持召开国务院常务会议，部署加快发展体育产业、促进体育消费、推动大众健身。

9 月 2 日，国家新闻出版广电总局发布《关于进一步落实网上境外影视剧管理有关规定的通知》（新广电发〔2014〕204 号），要求互联网等信息网络传播的境外影视剧，必须依法取得《电影片公映许可证》或《电视剧发行许可证》，未取得的境外影视剧不得上网播放；要求互联网视听节目服务网站将本网站在播的境外影视剧信息于 2015 年 3 月 31 日前按规定报新闻出版广电行政部门登记，自 2015 年 4 月 1 日起，未经登记的境外影视剧不得播放。

9 月 3 日，中国国际广播电台使用汉语普通话、英语、日语，音频直播报道中国人民抗日战争暨世界反法西斯战争胜利的周年纪念活动。

9 月 9 日至 10 日，第四届文化财产返还国际专家会议在甘肃敦煌召开，这是中国首次就文化财产返还主题举办国际性会议。

9 月 10 日，财政部文资办发布《2014 年度文化产业发展专项资金拟支持项目公示》，拟支持项目包括“重大项目”和“一般项目”两大类共计 800 项。北京青青树动漫科技有限公司、江通动画股份有限公司、央视动画有限公司等单位的 30 余个动漫项目获得资金扶持。

9 月 13 日，第十三届精神文明建设“五个一工程”表彰座谈会在京召开，《新大头儿子和小头爸爸》《熊出没之夺宝熊兵》《青蛙王国》《大角牛梦工场》《冲锋号》《终极大冒险》6 部动画片获得优秀作品奖。

9 月 15 日，国务院发布的《国务院关于同意建立国务院旅游工作部际联席会议制度的批复》指出，同意建立由国务院领导同志牵头负责的国务院旅游工作部际联席会议制度。

9 月 15 日，中国国际广播电台第 101 家海外分台——赞比亚 5FM 调频台正式开播。

9 月 16 日，由国家新闻出版广电总局主办、中央人民广播电台承办的首届“2014 中国应急广播大会”在北京召开。

9 月 17 日，中央人民广播电台和国家新闻出版广电总局无线局签署了《关于国家应急广播体系建设合作框架协议》，双方将联合开展国家应急广播研究、演练、保障、培训及实训实战等合作。

9 月 17 日，由文化部文化产业司主办的 2014 国家动漫品牌推介活动在北京产权交易所举行。活动以“金融资本助力品牌建设，跨界合作推动产业升级”为宗旨，为动漫产业投融资服务搭建对接平台，通过项目路演、专家点评指导、现场交流洽谈等方式，重点推介近 30 个优秀动漫项目。

9 月 17 日，中国拍卖行业协会联合美国 artnet 推出《2013 中国文物艺术品全球拍卖统计年报》。据《统计年报》显示 ,2013 年，全球中国文物艺术品拍卖市场出现回暖迹象 , 总成交额达到 548. 8 亿元 (85. 1 亿美元)，相比 2012 年增长了 28.8%。而全球从事中国文物艺术品拍卖的企业总数也同步增长 12.7%，达 662 家。

9 月 18 日至 10 月 18 日，第十二届全国美术作品展览综合画种 · 动漫作品展览在浙江省嘉兴市举办。展览共收到参赛作品 5731 件，其中综合画种作品 4221 件，动漫作品 1510 件。本次共展出综合画种作品 235 件，动漫作品 112 件（动画 66 件、漫画 46 件）。

9 月 19 日，国务院批复同意在汕头经济特区设立华侨经济文化合作试验区。

9 月 22 日，《2014 年度文化产业发展专项资金拟支持项目公示》发布。2014 年度文化产业发展专项资金拟支持项目包括“重大项目”和“一般项目”两大类共计 800 项，其中“重大项目”又包括八个类别共计 495 项，约占全部项目的 62%， 而文化金融扶持计划达到 106 项。

9 月 24 日至 27 日，第 23 届中国金鸡百花电影节在兰州举行，第 32 届大众电影百花奖在闭幕式上颁出，《一代宗师》获最佳影片奖，《周恩来的四个昼夜》与《中国合伙人》获优秀故事片奖。

9 月 25 日，国务院总理李克强与来华访问的西班牙首相在北京举行会谈，共同见证《中华人民共和国政府与西班牙王国政府关于合作拍摄电影的协议》的签署。至此，中国已与西班牙、加拿大、意大 利、法国、英国、韩国等 11 个国家签署政府间电影合拍协议。

9 月 25 日，财政部发布《关于编报 2015 年中央文化企业国有资本经营预算支出项目计划的通知》。

9 月 25 日，财政部和税务总局印发《关于进一步支持小微企业的增值税和营业税政策的通知》，规定自 2014 年 10 月 1 日至 2015 年 12 月 31 日，对月销售额 2 万元至 3 万元的增值税小规模纳税人和营业税纳税人，暂免征收增值税和营业税，政策范围涵盖小微企业、个体工商户和其他个人。

9 月 28 日，第十一届中国动漫金龙奖颁奖典礼在广州星海音乐厅举行 , 共有 31 部作品获得 9 类 26 个奖项。其中，聂峻的《向日葵男孩》获得中国漫画大奖，江苏优漫、其欣然影视、其石基金联合出品的《神秘世界历险记 2》获得动画长片金奖，张家辉的《支持者 Supporter》获得剧情漫画奖金奖。

9 月 28 日，京津冀新闻出版广电系统协同发展推进会在河北秦皇岛举行，会上签署《京津冀新闻出版广播影视协同发展项目合作推进协议》， 明确将鼓励支持三地新闻出版广电产业园区（基地）打破区域限制，开展项目合作，探索园区（基地）规模化、集约化、专业化发展道路。

9 月 28 日，投资达 10 亿元的广东广电大数据产业中心在东莞正式动工。该项目定位为华南区域核心内容节点的大数据中心，预计 2017 年全面建成。

9 月 28 日，国家新闻出版广电总局出台《关于加强有关广播电视节目、影视剧和网络视听节目制作传播管理的通知》（新广电办发〔2014〕100 号）。通知要求，各级广播电视播出机构不得邀请有吸毒、嫖娼等违法犯罪行为者参与制作广播电视节目；不得制作、播出以炒作演艺人员、名人明星等的违法犯罪行为为看点、噱头的广播电视节目；暂停播出有吸毒、嫖娼等违法犯罪行为者作为主创人员参与制作的电影、电视剧、各类广播电视节目以及代言的广告节目。

9 月 29 日，国家新闻出版广电总局出台《关于做好养生类节目制作播出工作的通知》（新广电发〔2014〕223 号），要求高度重视电视养生类节目的规范管理，切实加强养生类节目的审查把关，严禁以养生类节目形式发布广告。总局将建立养生类节目备案管理制度，严查各类违法违规行为。通知于 2015 年 1 月 1 日起正式实施。

9月30日，国家版权局和发改委联合下发《使用文字作品支付报酬办法》，该办法将于11月1日起正式施行。

·10月·

10月10日，国家知识产权局印发《关于知识产权支持小微企业发展的若干意见》。

10月10日至12日，第十届中国金鹰电视艺术节在湖南长沙举办。本届艺术节由开幕式、互联盛典颁奖、闭幕式颁奖三大主体晚会组成，其中互联盛典首次使用弹幕直播互动模式，闭幕式颁发第27届中国电视金鹰奖全部8个奖项。

10月11日，《深化新闻出版体制改革实施方案》正式出台，就五个重点方面的改革任务提出政策措施：完善新闻出版管理体制；增强新闻出版单位发展活力；建立健全多层次出版产品和要素市场；推进出版公共服务体系标准化、均等化；提高新闻出版开放水平。

10月12日，国家新闻出版广电总局启动非公有制文化企业参与对外专项出版业务试点工作，出台《非公有制文化企业参与对外专项出版业务试点办法》。

10月12日，第二十七届中国电视金鹰奖颁奖晚会在长沙举行，《新大头儿子和小头爸爸》获得最佳电视动画片奖，《老子道德三百问》《郑成功》《淮南子传奇第二季》获得优秀电视动画片奖。

10月13日，教育部公布在全国范围内近两年就业率较低的本科专业名单，包括动画等15个专业，意在加强对高校专业设置的宏观管理，引导高校主动调整学科专业结构。

10月13日，教育部、文化部“动漫高端人才联合培养实验班”2014级开班仪式暨联合工作组专家会议在北京师范大学举行。实验班采用名师指导、小班教学、工作室制和参与影视制作，以及跨校选课、学分互认等方式开展教学活动，推动动漫类专业教学改革。

10月13日，《中国知识产权指数报告2014》发布。《报告》显示，知识产权综合实力排名前十位的省（市）是：北京、江苏、上海、广东、浙江、天津、山东、辽宁、福建、重庆。

10月14日，上海文化广播影视集团有限公司、华人文化产业投资基金、华纳兄弟娱乐公司、RatPac娱乐和WPP，在上海共同宣布就文化创意产业的国际交流达成战略合作，成立跨国文化创意投资基金（CMC Creative Fund），从事境内外文化创意、娱乐产品的投融资。

10月14日，内蒙古广播电视台与蒙古国国家公共广播电台签署拓展合作协议，就互派采访、联合举办“中蒙歌会”和在乌兰巴托设立办事处等事项达成共识。

10月15日，习近平总书记在北京主持召开文艺工作座谈会并发表重要讲话。提出创作更多无愧于时代的优秀作品，强调人民需要文艺，文艺需要人民，对文艺作品以中国精神铸就民族之魂寄予期待。

10月15日，中央电视台法语国际频道在武汉举行落地仪式，实现在国内首个城市落地。

10月16日，由中国动漫集团牵头、多家动漫游戏产业协会企业等联合发起的中国动漫游戏产业联盟在北京成立。

10月17日，由优酷出品、北京互象动画联合出品的系列都市情感剧《泡芙小姐》第五季收官。《泡芙小姐》第五季累计播放量超5000万次，集均播放量超过400万次。

10月16日，为引导文化主题饭店业态的规范化发展，由商务部发布、中国饭店协会起草的《文化主题饭店经营服务规范》（SB/T 11044-2013)国家行业标准将于2014年12月1日正式实施。

10月20日，中国国际广播电台第102家海外分台——缅甸光CHERRY FM89.3调频台正式开播，每天播出12小时缅甸语和英语节目，信号有效覆盖仰光及其周边区域。

10月20日至25日，首届丝绸之路国际电影节在西安举行。来自印度、俄罗斯、日本、韩国、巴基斯坦等20多个丝绸之路沿线国家的驻华使节和中外电影导演、演员以及电影制作、发行机构的600余名嘉宾参加开幕式，签署《首届丝绸之路国际电影节国际合作共同宣言》。

10月21日，中国文化艺术政府奖第二届动漫奖在北京举行颁奖仪式。活动最终评选出12个类别的30个获奖项目和80个入围项目。

10月21日，国务院印发《关于加快发展体育产业促进体育消费的若干意见》，提出要丰富体育产业内容，推动体育与养老服务、文化创意和设计服务、教育培训等融合，促进体育旅游、体育传媒、体育会展、体育广告、体育影视等相关业态的发展。

10月21日至28日，中国广播电视代表团赴澳门出席第51届亚洲太平洋广播联盟大会。会上国家新闻出版广电总局连任理事（2015年至2017年），并当选技术常委会成员，中央电视台当选节目常委会成员。中央人民广播电台获最佳播报类大奖、公益广告类大奖，中央电视台获绿色广播技术奖。

10月22日，中央电视台与匈牙利国家电视台签署框架合作协议，开启与匈牙利公共电视机构新的合作关系，双方将加强新闻交换、节目合拍、技术交流和人员往来。

10月23日，第三届中国独立动画电影论坛在北京尤伦斯当代艺术中心举行。论坛由竞赛单元、展映单元以及讲座与工作坊三部分组成，并展映《一分钟玩真的》等八部动画作品。

10月23日至27日，由中国传媒大学和爱奇艺联合主办的第九届中国（北京）国际大学生动画节在北京举行。本届动画节“白杨奖”竞赛单元共收到1200多部参赛作品，最终程腾作品《天外有天》（*Higher Sky*）获得最佳动画短片奖。

10月27日，由文化部组织编印的《2014文化发展统计分析报告》正式发布。

10月28日，中共十八届四中全会审议通过《中共中央关于全面推进依法治国若干重大问题的决定》。《决定》指出，建立健全坚持社会主义先进化前进方向、遵循文化发展规律、有利于激发文化创造活力、保障人民基本文化权益的文化法律制度。制定公共文化服务保障法，促进基本公共文化服务标准化、均等化。制定文化产业促进法，把行之有效的文化经济政策法定化，健全促进社会效益和经济效益有机统一的制度规范。

10月29日，国家文物局下发通知，公布2012—2013年度《文物拍卖许可证》的年审结果。其中279家企业年审合格，合格率近八成，同时撤销32家企业的《文物拍卖许可证》。

10月30日至11月1日，由北京电影学院主办的第十四届“动画学院奖”在北京举行展览展映、大师讲座、高峰论坛、拍卖会等活动，动画作品《风》获得最佳短片奖。

·11月·

11月3日，最高人民法院发布《最高人民法院关于北京、上海、广州知识产权法院案件管辖的规定》，明确知识产权法院的案件管辖，保证即将成立的知识产权法院正常运转。

11月6日，国家互联网信息办公室、国家新闻出版广电总局联合召开新闻发布会，宣布从即日起至2014年12月底在全国开展清理整治网络视频有害信息专项行动，将重点围绕在线存储服务类网盘、APP下载服务、微信互动分享视频链接等五大领域，清理淫秽色情、暴力恐怖、虚假谣言等视频有害信息。

11月6日，《国家艺术基金2014年度资助项目名单的公示》，共资助项目394项。

11月11日，文化部下发《关于公布国家公共文化服务标准化试点地区等名单的通知》，成都成为国家公共文化服务标准化试点地区以及国家基层综合性文 化服务中心建设试点地区。

11月12日至14日，2014年中国（广州）国际纪录片节举行。来自全球85个国家和地区的3054部影片参加了评优、预售、展映等活动，刷新了亚洲范围纪录片节征片纪录，共揭晓 12 项金红棉奖。

11 月 13 日，国家新闻出版广电总局与韩国广播通信委员会（KCC）举行首次政策沟通圆桌会议。会议旨在落实双方 2014 年 1 月续签的《广播电视合作备忘录》，深化两国广电领域政策沟通与协调。

11 月 13 日，首都纪录片发展协会成立大会在广州召开。该协会由 30 余家首都制作发行纪录片的骨干影视机构联合发起。

11 月 13 日，国家版权贸易基地（上海）揭牌仪式在上海自贸区举行，这是长三角区域第一家国家级版权贸易基地。

11 月 13 日，财政部下达 2014 年度文化产业发展专项资金 50 亿元，比 2013 年增加 4.2%，共支持项目 800 个（其中：中央 191 个，地方 609 个），与 2013 年基本持平。

11 月 14 日，2014 年中国视听传媒发展论坛在苏州举行。论坛的主题是“探索广电媒体融合发展之路”，并首次发布“广电媒体融合发展创新榜”。

11 月 14 日，歌华有线宣布建成大样本收视数据实时采集分析系统，正式推出“歌华发布”收视数据品牌产品，联合各省市有线网络公司共同建设全国收视数据采集、分析、发布平台。

11 月 14 日，国家文物局发布《关于开展民间收藏文物鉴定试点工作的通知》。国家文物局批准天津市文物开发咨询服务中心、黑龙江省龙博文物司法鉴定所、西泠印社艺术品鉴定评估中心、厦门市文物鉴定中心、湖南省文物鉴定中心、广东省文物鉴定站、云南文博文物评估鉴定有限公司等 7 家单位开展民间收藏文物鉴定试点工作。

11 月 14 日至 15 日，第十五届国际漫画家大会（International Comic Artist Conference）在中国台湾高雄举行，本次大会由台北市漫画从业人员职业工会和台湾动漫画推广协会共同主办。近 200 位的世界知名漫画家与相关从业人员参加大会。

11 月 15 日，中国文化娱乐行业协会成立大会在北京举行，中国动漫集团有限公司副董事长金一伟当选为第一届会长。

11 月 15 日至 21 日，首届中澳国际电影节在澳大利亚布里斯班成功举办。

11 月 18 日，中国智能内容及开发者大会之数字动漫发展论坛在北京举行。

11 月 19 日，教育部与国家新闻出版广电总局在京签署《关于“全国校园电影院线”会商备忘录》，启动建设以高校为依托，覆盖中小学的全国校园电影院线。

11 月 19 日至 21 日，由国家互联网信息办公室和浙江省政府共同主办的首届世界互联网大会在浙江乌镇召开，全世界 100 个国家和地区的上千名嘉宾参会。这是中国首次举办的规模最大、层次最高的互联网大会，也是世界互联网领域一次盛况空前的高峰会议。

11 月 19 日至 21 日，国家主席习近平对新西兰进行国事访问期间，中新正式签署《中华人民共和国政府与新西兰政府关于合作制作电视片的协议》，这是首个中外政府间电视合拍协议。

11 月 19 日至 23 日，国家新闻出版广电总局副局长童刚率代表团赴印度出席第 45 届印度国际电影节。中印双方就影片合拍、互相引进播映对方影视剧等事宜进行协商。

11 月 21 日，国家新闻出版广电总局公布 2014 年“原动力”中国原创动漫出版扶持计划评选结果。经过项目申报、材料审核、专家评审等程序，评选出 31 个入选项目，其中图书类项目 21 个，多媒体动画类项目 10 个。

11 月 21 日，百视通和东方明珠正式公布重组方案。控股股东上海文化广播影视集团有限公司拥有新公司 45.07% 的股权。

11 月 24 日，文化部、工商总局、公安部、工信部联合印发《关于加强执法监督，完善管理政策，促进互联网上网服务行业健康有序发展的通知》。

11 月 26 日，国家新闻出版广电总局出台《关于广播电视节目和广告中规范使用国家通用语言文字的通知》（新广电发〔2014〕281 号）。通知要求严格规范使用国家通用语言文字，不得随意更换文字、变动结构或曲解内涵，不得在成语中随意插入网络语言或外国语言文字，不得使用或介绍根据网络语言、仿照成语形式生造的词语等。

11 月 27 日，财政部、海关总署、税务总局出台《关于继续实施支持文化企业发展若干税收政策的通知》(财税(2014)85 号)，明确经营性文化事业单位转制为企业，免征企业所得税，执行期限为 2014 年至 2018 年。

11 月 28 日，广东省动漫协会在广州举行成立大会，首批 79 家会员单位集体参会。

11 月 28 日，第十七届日本文化厅媒体艺术节获奖名单揭晓，中国漫画家李昆武与法国作家欧励行合著的《从小李到老李：一个中国人的一生》获得漫画类别优秀奖。

·12 月·

12 月 2 日，财政部等三部委联合发布《关于继续实施文化体制改革中经营性文化事业单位转制为企业若干税收政策的通知》，规定经营性文化事业单位转制为企业，可以享受免征企业所得税、免征房产税等优惠政策。此外，对从事文化产业支撑技术等领域的文化企业，按规定认定为高新技术企业的，减按 15% 的税率征收企业所得税。

12 月 2 日，文化部召开新闻通气会通报第二十二批违法违规互联网文化活动查处工作情况，以及对提供含有宣扬色情、赌博，违背社会公德等违法违规内容的互联网文化活动下发的查处名单。腾讯动漫、爱动漫、纵横中 文网、动漫之家、锋绘、有妖气、漫画志、微漫画、漫客栈等 21 家网站提供的动漫产品涉嫌内容违规。

12 月 2 日，第八届亚洲青年动漫大赛在贵阳闭幕，共评出至尊大奖、最佳设计奖、最佳技术应用奖、最佳视觉效果奖及国际合作特别奖等 23 个奖项，动画短片《鹰与鸡》获得“至尊大奖”。

12 月 3 日，文化部对外公示《第五批国家级文化产业示范（试验）园区和第六批国家文化产业示范基地推荐名单》。

12 月 3 日，中宣部、国家新闻出版广电总局、国家互联网信息办公室召开专题会议，就深入开展新闻单位驻地方机构清理整顿工作做出安排部署。要求对各级各类新闻单位驻地方机构设立、人员使用、业务开展情况进行全面清理，并把网站地方频道纳入清理整顿范围。

12 月 4 日至 5 日，由总局和上海市政府共同主办的第六届中国网络视听产业论坛在上海召开。论坛发布的最新《中国网络视听产业报告（简版）》显示，2014 年中国网络视听产业总产值达 378.4 亿元，比 2013 年增长 48.8%。

12 月 12 日，文化部文化产业司发布《关于 2014 年弘扬社会主义核心价值观动漫扶持计划有关事项的通知》（产函〔2014〕152 号)，确定“大型红色历史纪实动画《中国共产党的故事》”等 20 个产品项目，“《童子国学》系列漫画”等 42 个创意项目入选 2014 年弘扬社会主义核心价值观动漫扶持计划。

12 月 12 日，国家新闻出版广电总局发布《关于 2014 年 12 月全国国产电视动画片制作备案公示的通知》。2014 年 12 月，经备案公示的全国国产电视动画片为 41 部 21824 分钟，全年累计备案数量仅 425 部 271133 分钟，同比分别减少 8.60% 和 17.33%，为 2005 年以来最低值。

12 月 13 日至 15 日，中宣部部长刘奇葆在上海调研时强调，要深化文化体制改革，完善文化经济政策，建立有文化特色的现代企业制度，做大做强一批骨干文化企业，同时强化文化属性，确保“两个效益”相统一，更好发挥以文化人、以文育人的作用。

12 月 14 日，第九届北京国际文化创意产业博览会落幕。据不完全统计，本届文博会协议总金额达 1054. 56 亿元。

12 月 15 日，第十二届全国美术作品展览暨中国美术奖·创作奖获奖提名作品展在中国美术馆开幕，集中展出获奖及提名作品 576 件，其中 160 件为“中国美术奖·创作奖”获奖作品，包括金奖作品 7 件、银奖作品 18 件、铜奖作品 49 件、优秀奖作品 86 件。

12 月 15 日，国家文化产业创新实验区揭牌，标志着全国首家国家级文化产业创新实验区正式在北京启动建设。

12 月 15 日，中央财政下达 2014 年中央文化企业国有资本经营预算资金 10 亿元，支持 72 家由财政部代表国务院履行出资人职责的中央文化企业实施的 118 个项目。

12 月 15 日至 17 日，由中国网络视听节目服务协会主办的第二届中国网络视听大会在四川成都召开。大会以“创新融合绿色”为主题，举办中国梦网络节目创作研讨会、新技术与节目交流展示会等多种主题活动，并围绕媒体融合和产业链融合发展战略、政策导向、创新路径等议题展开讨论。

12 月 18 日，《华西都市报》发布“2014 年第九届作家榜”以及子榜单“漫画作家榜”。天津漫画家周洪滨、吉林漫画家猫小乐和上海漫画家穆逢春分别以 1245 万元、580 万元和 560 万元的作品版税收入排名前三位。

12 月 19 日，咪咕文化科技有限公司在 2014 中国移动全球合作伙伴人大会正式亮相。咪咕是中国移动旗下集数字内容领域产品运营、服务于一体的专业公司，下设咪咕音乐、咪咕视频、咪咕阅澳、咪咕游戏、咪咕动漫 5 个子公司。

12 月 19 日，中国科学院脑科学博士陆宇斐推出国内首个《中国儿童影视剧分级标准》，将儿童影视剧分为五级，即 TV 日至 K (2 日至 6 岁）、TV 日至 G Ⅰ(6 日至 7 岁）、TV 日至 7 (7 日至 10 岁）、TV 日至 PG (10 日至 14 岁）、TV 日至 14 (14 岁以下)。

12 月 25 日，中央文化企业国有资产监督管理领导小组办公室正式发布《国有文化企业发展报告（2014)》。

12 月 28 日，财政部、文化部共同启动 2014—2015 年度文化产业创业创意人才扶持计划。该计划以“提升文化产业创意创业水平，促进文化创意与相关产业融合发展”为主题，面向全国征集青年优秀创意设计作品。

12 月 29 日，国家知识产权局在北京公布国务院印发的《深入实施国家知识产权战略行动计划（2014—2020 年）》，首次明确提出“努力建设知识产权强国”的新目标，推动知识产权密集型产业发展，用创新驱动支撑产业转型升级，适应经济发展的“新常态”。

12 月 29 日，网易云阅读发布《2014 年移动阅读报告》显示 ,2014 年，中国电子书总读量已经超过 14 亿册，平均每人电子书阅读量为 5. 6 册。

12 月 30 日，国家新闻出版广电总局和财政部联合发布《关于实施中央广播电视节目无线数字化覆盖工程的通知》（新广电发〔2014〕311 号）。通知明确中央广播电视节目无限数字化覆盖工程由总局、财政部统一规划、统一标准、统一组织，各省（区、市）新闻出版广电局负责具体建设。这是国家以财政投入方式解决中央广播电视节目无线数字化全国覆盖问题，整个项项目资金为 48 亿元。

12 月 30 日，中国网络电视台少数民族语新媒体传播平台上线，正式推出蒙古语、维吾尔语、哈萨克语手机客户端和维吾尔语、哈萨克语、 藏语视频网。

12 月 30 日，文化部、财政部、国家税务总局公布《2014 年通过认定的动漫企业名单》，北京丑小鸭卡通艺术团有限公司等 82 家企业通过认定。

12 月 31 日，由上海炫动传播股份有限公司、万达影视传媒有限公司和有妖气原创漫画梦工厂联合出品的动画电影《十万个冷笑话》在国内上映，当天票房 1149 万元，最终累计票房 11960 万元，成为继《熊出没》和《喜羊羊与灰太狼》之后的又一国产动画电影项目。

附录一

文件与法规

序号	名称	文件号	发文时间
	（一）国家相关政策、规划		
1	《关于加强电影市场管理规范电影票务系统使用的通知》	新广电发〔2014〕12号	2014年1月17日
2	《关于推进文化创意和设计服务与相关产业融合发展的若干意见》	国发〔2014〕10号	2014年3月14日
3	《关于深入推进文化金融合作的意见》	文产发〔2014〕14号	2014年3月17日
4	《关于加快发展对外文化贸易的意见》	国发〔2014〕13号	2014年3月17日
5	《文化部关于贯彻落实〈国务院关于推进文化创意和设计服务与相关产业融合发展的若干意见〉的实施意见》	国发〔2014〕10号	2014年3月20日
6	《文化体制改革中经营性文化事业单位转制为企业的规定》	国办发〔2014〕15号	2014年4月16日
7	《进一步支持文化企业发展的规定》	国办发〔2014〕15号	2014年4月16日
8	《关于进一步规范出版境外著作权人授权互联网游戏作品和电子游戏出版物申报材料的通知》	新广出办函〔2014〕111号	2014年4月18日
9	《出版单位变更资本结构审批办法（试行）》	新广出办发〔2014〕40号	2014年5月26日
10	《关于支持电影发展若干经济政策的通知》	财教〔2014〕56号	2014年5月31日
11	《关于试行国产电影属地审查的通知》	文产发〔2014〕27号	2014年7月11日
12	《关于大力支持小微文化企业发展的实施意见》	文产发〔2014〕27号	2014年7月11日
13	《关于推动特色文化产业发展的指导意见》	文产发〔2014〕28号	2014年8月8日
14	《关于促进旅游业改革发展的若干意见》	国发〔2014〕31号	2014年8月9日
15	《国家新闻出版产业基地（园区）管理办法》	新广出办发〔2014〕107号	2014年10月08日
16	《历史文化名城名镇名村街区保护规划编制审批办法》	住房和城乡建设部令第20号	2014年10月15日
17	《关于继续实施文化体制改革中经营性文化事业单位转制为企业若干税收政策的通知》	财税〔2014〕84号	2014年11月27日
18	《关于继续实施支持文化企业发展若干税收政策的通知发布》	财税〔2014〕85号	2014年11月27日
19	《关于支持文化服务出口等营业税政策的通知》	财税〔2014〕118号	2014年12月30日
	（二）各省（市、自治区）相关政策、规划		
	北京市		
1	《关于加快国家对外文化贸易基地（北京）建设发展的意见》	京政发〔2014〕25号	2014年8月25日
2	《关于进一步加强金融支持小微企业发展的若干措施》	京政办发〔2014〕58号	2014年11月7日
3	《北京市人民政府关于促进文化消费的意见》	京政发〔2014〕44号	2014年12月30日
	天津市		
1	《关于促进天津市文化贸易发展的实施意见》	津商务服贸〔2014〕1号	2014年7月18日
2	《天津市关于推进文化和旅游融合发展的实施意见》	津党宣发〔2014〕19号	2014年10月29日
3	《天津市民办和行业博物馆专项补助资金管理办法（试行）》	津文广财〔2014〕74号	2014年11月6日
4	《天津市重点文物保护专项补助资金管理办法（试行）》	津文广财〔2014〕75号	2014年11月11日
	河北省		
1	《关于推进文化创意和设计服务与相关产业融合发展的实施意见》	冀政〔2014〕64号	2014年6月23日
2	《河北省省级文化产业发展引导资金使用管理办法》	冀财教〔2014〕146号	2014年9月18日
3	《河北省文化人才专项资金管理暂行办法》	冀财教〔2014〕155号	2014年9月26日
4	《河北省文艺精品扶持奖励专项资金使用管理办法（试行）》	冀财教〔2014〕189号	2014年11月11日

续表

序号	名称	文件号	发文时间
5	《关于加快金融改革发展的实施意见》	冀政〔2014〕113号	2014年12月1日
山西省			
1	《关于支持转企改制国有文艺院团改革发展的实施意见》	晋文发〔2014〕50号	2014年7月1日
2	《关于深入推进文化金融合作的实施意见》	晋文发〔2014〕39号	2014年7月28日
3	《山西省支持文化产业加快发展的若干措施》	晋政发〔2014〕30号	2014年8月23日
内蒙古自治区			
1	《关于实施创新驱动发展战略的意见》	内政发〔2014〕79号	2014年7月7日
辽宁省			
1	《关于全面推进公共文化流动服务的通知》	辽文发〔2014〕6号	2014年4月21日
2	《辽宁省非物质文化遗产条例》	辽宁省人民代表大会常务委员会公告第25号	2014年11月27日
3	《关于促进旅游产业改革发展的实施意见》	辽政发〔2014〕34号	2014年12月19日
吉林省			
1	《吉林省省级文化产业发展引导资金管理办法》	吉财教〔2014〕336号	2014年6月18日
2	《关于推进文化创意和设计服务与相关产业融合发展的实施意见》	吉政发〔２０１４〕３９号	2014年11月18日
3	《关于加快发展对外文化贸易的实施意见》	吉政发〔2014〕43号	2014年12月1日
黑龙江省			
1	《黑龙江省文化产业重点项目扶持资金管理办法（试行）》	黑政办发〔2014〕30号	2014年7月4日
上海市			
1	《中国（上海）自由贸易试验区文化市场开放项目实施细则》	沪府办发〔2014〕18号	2014年4月10日
2	《关于加快发展本市对外文化贸易的实施意见》	沪府发〔2014〕71号	2014年11月7日
江苏省			
1	《关于全面构建“畅游江苏”体系促进旅游业改革发展的实施意见》	苏政发〔2014〕85号	2014年7月30日
2	《关于推进智慧江苏建设的实施意见》	苏政发〔2014〕103号	2014年9月29日
浙江省			
1	《关于加强全省非物质文化遗产生产性保护工作的指导意见》	浙文非遗〔2014〕33号	2014年9月1日
2	《关于加快培育旅游业成为万亿产业的实施意见》	浙政发〔2014〕42号	2014年11月10日
3	《关于加强文化市场安全管理工作的通知》	浙文法〔2014〕33号	2014年12月17日
安徽省			
1	《关于促进旅游业改革发展的实施意见》	皖政〔2014〕88号	2014年12月9日
福建省			
1	《福建省人民政府关于加快发展对外文化贸易的实施意见》	闽政〔2014〕55号	2014年10月11日
2	《福建省人民政府关于推进文化创意和设计服务与相关产业融合发展八条措施的通知》	闽政〔2014〕54号	2014年10月16日
江西省			
1	《关于加快发展文化贸易的实施意见》	赣府发〔2014〕27号	2014年8月29日

续表

序号	名称	文件号	发文时间
		山东省	
1	《关于加快发展文化产业的意见》	鲁政发（2014）15 号	2014 年 9 月 26 日
2	《关于促进旅游业改革发展的实施意见》	鲁政发（2014）21 号	2014 年 11 月 27 日
		河南省	
1	《河南省文化科技创新工程实施方案》	豫政（2014）3 号	2014 年 1 月 20 日
2	《河南省新型文化业态发展专项资金管理使用方法》	豫政（2014）63 号	2014 年 6 月 6 日
3	《关于加快旅游产业转型升级的意见》	豫政（2014）44 号	2014 年 11 月 27 日
		湖北省	
1	《湖北省公共文化服务体系示范区创建过程管理规定（暂行）》	鄂文化文（2014）19 号	2014 年 3 月 3 日
2	《关于深入推进湖北省文化金融合作的实施意见》	鄂文化文（2014）54 号	2014 年 8 月 21 日
3	《关于加快发展对外文化贸易的实施意见》	鄂政发（2014）42 号	2014 年 9 月 10 日
		湖南省	
1	《湖南省人民政府关于加快文化创意产业发展的意见》	湘政发（2014）23 号	2014 年 7 月 17 日
2	《湖南省促进印刷业发展若干政策规定》	湘政办发（2014）77 号	2014 年 9 月 1 日
3	《〈网络游戏管理暂行办法〉行政处罚裁量权基准（试行）》	湘文政法（2014）197 号	2014 年 11 月 27 日
		广东省	
1	《关于加强历史建筑保护的意见》	粤府办（2014）54 号	2014 年 10 月 23 日
		重庆市	
1	《政府向社会力量购买公共文化演出服务实施方案》	渝府办发（2014）115 号	2014 年 10 月 9 日
2	《重庆市出版物鉴定管理办法》	渝文委规（2014）45 号	2014 年 7 月 24 日
3	《关于推进文化与旅游融合发展的意见》	渝府办发（2014）155 号	2014 年 12 月 17 日
4	《重庆市非物质文化遗产项目代表性传承人管理办法》	渝文委规（2014）4 号	2014 年 12 月 31 日
		四川省	
1	《关于加快发展对外文化贸易的实施意见》	川府发（2014）37 号	2014 年 6 月 26 日
		贵州省	
1	《贵州省文化产业发展专项资金使用管理暂行办法》	黔宣通（2014）3 号	2014 年 1 月 14 日
2	《关于深化改革开放加快旅游业转型发展的若干意见》	黔府发（2014）3 号	2014 年 1 月 23 日
		云南省	
1	《云南省文化产业发展专项资金管理办法》	云财文资（2014）34 号	2014 年 8 月 21 日
		西藏自治区	
1	《西藏自治区言语化产业示范基地评选命名管理（暂行）办法》	藏文厅发（2014）187 号	2014 年 7 月 22 号
		陕西省	
1	《陕西省人民政府办公厅关于印发省重大文化项目建设管理办法的通知》	陕政办发（2014）18 号	2014 年 3 月 22 日
2	《陕西省人民政府关于加快发展对外文化贸易的实施意见》	陕政发（2014）27 号	2014 年 08 月 20 日

续表

序号	名称	文件号	发文时间
	甘肃省		
1	《关于推进文化创意和设计服务与相关产业融合发展的实施意见》	甘政发〔2014〕99 号	2014 年 10 月 27 日
2	《关于加快发展对外文化贸易的实施意见》	甘政发〔2014〕98 号	2014 年 10 月 27 日
3	《关于文化体制改革中经营性文化事业单位转制为企业和进一步支持文化企业发展的实施意见》	甘政办发〔2014〕185 号	2014 年 11 月 26 日
	青海省		
1	《青海省文化产业发展专项引导资金使用管理办法》	青财行字〔2014〕1226 号	2014 年 7 月 31 日
	宁夏回族自治区		
1	《宁夏回族自治区文化产业示范基地管理办法（修订稿）》	宁文通发〔2014〕36 号	2014 年 5 月 19 日

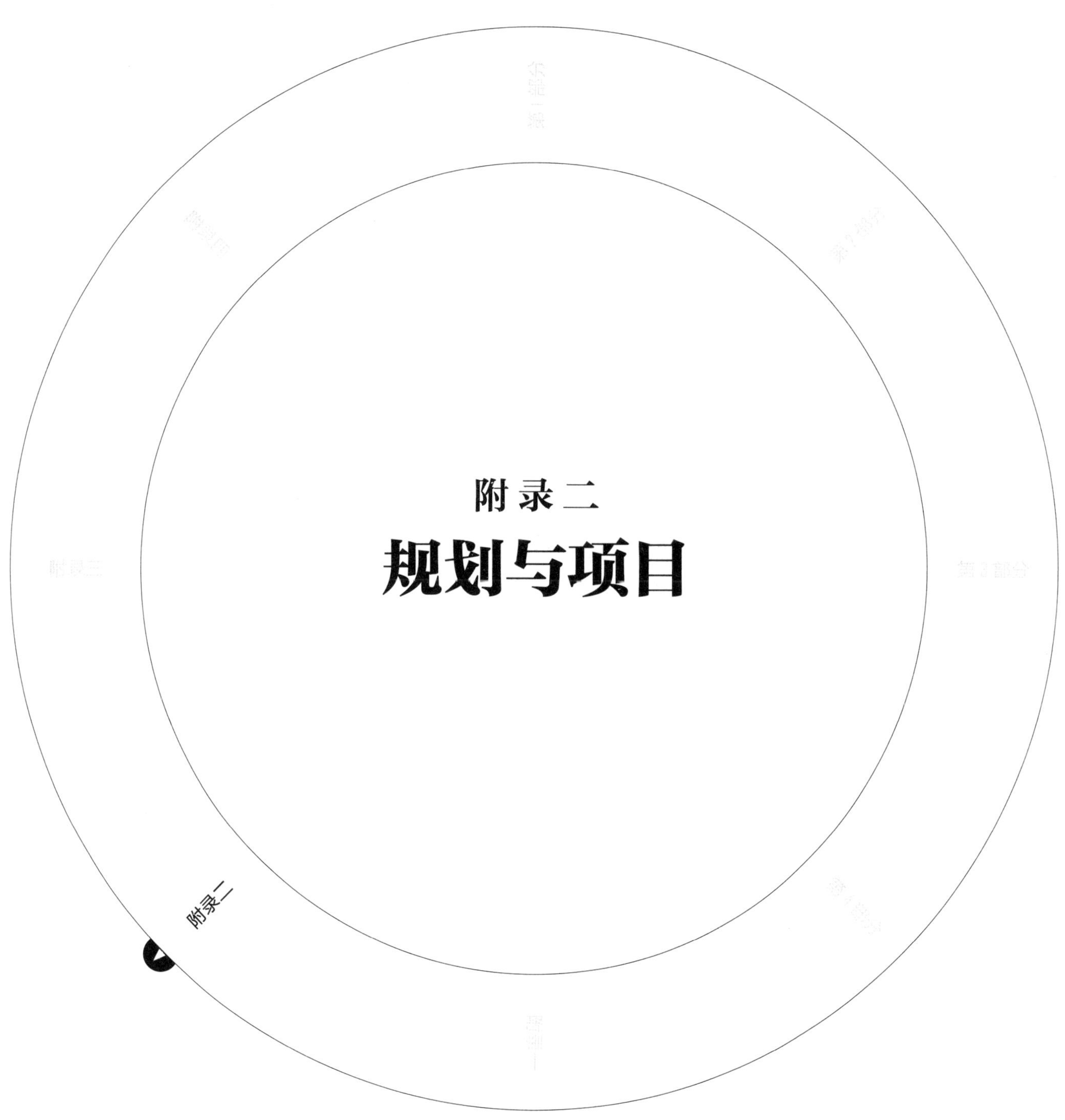

附录二
规划与项目

规 划

序号	名称	文件号	发文时间
	（一）中央各部委		
1	《中西部地区文化市场综合执法能力提升三年（2014—2016）行动计划》	文市发〔2014〕13号	2014年3月17日
	（二）各省（市、自治区）		
	北京市		
1	《北京市文化创意产业功能区建设发展规划(2014—2020年)》	京政发〔2014〕13号	2014年5月26日
	山西省		
1	《山西省推进文化创意和设计服务与相关产业融合发展行动计划》	晋政发〔2014〕29号	2014年8月19日
	辽宁省		
1	《推进文化创意和设计服务与相关产业融合发展行动计划》	辽政发〔2014〕22号	2014年8月8日
	上海市		
1	《上海市设计之都建设三年行动计划（2013—2015年）》	沪经信都〔2014〕23号	2014年1月8日
2	《上海市工艺美术产业发展三年行动计划（2014—2016）年》	沪经信都〔2014〕577号	2014年9月13日
	安徽省		
1	《安徽省推进文化创意和设计服务与相关产业融合发展行动计划》	皖政办〔2014〕35号	2014年11月26日
	山东省		
1	《山东省舞台艺术创作规划（2014—2016年）》		2014年5月20日
	甘肃省		
1	《甘肃省旅游业地方标准体系建设规划（2014—2020年）》	甘政办发〔2014〕110号	2014年6月9日
	贵州省		
1	《贵州省非特质文化遗产保护发展规划（2014—2020年）》	黔委厅字〔2014〕35号	2014年5月17日
	四川省		
1	《推进文化创意和设计服务与相关产业融合发展专项行动计划（2014—2020年）》	川办发〔2014〕82号	2014年9月19日

项　目

2014 年度国家文化创新工程项目

序号	项目名称	申报部门	承担单位	共建单位	项目类别
1	文化广场标准化建设及示范应用项目	江苏省文化厅	镇江市文化广电新闻出版局	镇江市人民政府	重点项目
2	新兴城区（开发区）现代公共文化服务 社会化的标准化建设项目	江苏省文化厅	无锡市新区社会事业局、无锡市全中文化发展有限公司、艾迪讯电子科技（无锡）有限公司	无锡市新区管委会	重点项目
3	基于实景三维 GIS 的历史文化名镇（村）现代保护与开发示范研究项目	浙江省文化厅	浙江传媒学院	浙江省杭州市余杭区人民政府	重点项目
4	收购美国布兰森市白宫剧院 打造“中国文化海外展示平台”项目	北京文化局	天创国际演艺制作交流有限公司		一般项目
5	兵团军垦特色非遗的数字化保护与传承创新教育示范项目	新疆生产建设兵团文化广播电视局	石河子大学		一般项目
6	面向特定人群的数字音频公共文化服务平台项目	文化部全国公共文化发展中心	文化部全国公共文化发展中心		一般项目
7	裸眼 3D 全息影像技术与实景演出舞台应用项目	江苏省文化厅	无锡市演艺集团有限公司		一般项目
8	文化金融服务中心建设及七大数据信用服务平台探索	江苏省文化厅	南京市文化投资控股集团有限责任公司		一般项目
9	公共文化服务“四进”零距工程项目	江苏省文化厅	渭南市文化艺术中心		一般项目
10	中国城市轨道交通站点空间设计文化与公共服务文化系统的建立关系的研究项目	中央美术学院	中央美术学院		一般项目
11	故宫书画的全媒体传播策略和关键技术研究项目	故宫博物院	故宫博物院		一般项目
12	艺术人才在线培训综合服务平台研发和示范项目	上海戏剧学院	上海戏剧学院		一般项目
13	国家文化创新体系政策研究及运行设计项目		深圳大学国家文化创新研究中心（筹）		一般项目

2014年度文化部科技创新项目

序号	类别	项目名称	承担单位	申报部门	项目负责人
1	公共文化服务	基于新媒体背景下有声读物播读评价体系研究	中国传媒大学	北京市文化局	曾志华
2		“阅读齐步走”——未成年人阅读服务城乡一体化建设工程	苏州市吴江区图书馆	江苏省文化厅	杨 阳
3		数字文化生活体验馆	苏州市公共文化中心	江苏省文化厅	曹 俊
4		内蒙古自治区蒙汉双语资源统一管理平台	内蒙古自治区图书馆	内蒙古自治区文化厅	李晓秋
5		数字图书馆知识发现系统研究	天津图书馆	天津市文化广播影视局	张为江
6	文化遗产保护、博物馆技术	徽州可计算文化态研究——以古民居测量为例	黄山学院	安徽省文化厅	沈来信
7		三峡库区水下传统建筑虚拟博物馆的研建	三峡大学	湖北省文化厅	潘彤声
8		基于立体视觉技术的文化遗产可视化研究	湖南师范大学	湖南省文化厅	段峰峰
9		湖南省文化艺术资源库网建设与研究	湖南省湖湘文化对外发展中心	湖南省文化厅	冷大洪
10		马头琴制作技艺的数字保护与新媒体展示	吉林艺术学院	吉林省文化厅	颜成宇
11		古镇文化景观三维可视化平台构建——以江西婺源为例	江西科技师范大学	江西省文化厅	卢 杰
12		动作捕捉技术在民族舞蹈艺术保护中的应用研究	大连民族学院	辽宁省文化厅	王鹏杰
13		陕西唐十八陵文化遗产的数字化研究	西安理工大学	陕西省文化厅	张 辉
14	文化市场、文化产业	基于本体的媒资知识地图研究与实现	北京诺亚星云科技有限责任公司	北京市文化局	汪 浩
15		中国人肢体语言三维运动数字化采集及反向数控机器表演研究	武汉普润传媒科技股份有限公司	湖北省文化厅	秦 军
16		虚实交互技术在青少年文化教育领域的研究与应用	江苏睿泰教育科技有限公司	江苏省文化厅	汤健铭
17		微家族网（云端家谱综合服务平台）	西安迈高数字技术有限公司	陕西省文化厅	张 昀
18		基于大数据分析的色彩设计智能软件	中国艺术科技研究所	中国艺术科技研究所	郑晓红
19		基于GPU硬件的复杂场景漫游平台	中国科学院浙江数字内容研究院	浙江省文化厅	鲍冠伯

续表

序号	类别	项目名称	承担单位	申报部门	项目负责人
20	工艺科技、乐器改革、艺术教育、文化传播	基于多彩渗透热着色技术的彩铜工艺	铜陵市青铜时代雕塑有限责任公司	安徽省文化厅	张晓红
21		天然蚕丝编织胶合仿蟒、蛇皮的关键技术研究	吉林省文化科技研究所	吉林省文化厅	邹宝明
22		以竹代木乐器声学特性鉴别	江西科技师范大学	江西省文化厅	余兆欣
23		戏曲男生变声期嗓音保护技术研究	沈阳师范大学	辽宁省文化厅	夏 敏
24		竹炭黑陶餐饮器皿的可用性测试	中国美术学院	中国美术学院	吴佩平
25		基于APP的国际美食之都创意设计与应用开发系统研究	西华大学	四川省文化厅	周 睿

2014年度国家出版基金拟资助项目

序号	项目名称	申报单位
A 马克思主义、列宁主义、毛泽东思想、邓小平理论（3个）		
1	《邓小平晚年思想研究》	四川人民出版社有限公司
2	《马克思主义经典著作基本观点研究丛书》	人民出版社
3	《新中国成立后毛泽东军队建设战略转变思想研究》	军事科学出版社
B 哲学、宗教（9个）		
1	《藏传佛教在西域和中原的传播——〈大乘要道密集〉研究初编》	北京师范大学出版社
2	《近百年儒学文献研究史》	福建人民出版社有限责任公司
3	《真理标准问题讨论资料汇编》	山东人民出版社有限公司
4	《中国百年文化思潮》	陕西人民出版社有限责任公司
5	《云南佛教源流与文物》	云南教育出版社有限责任公司
6	《藏传佛教高僧弘法手迹珍典（第1辑）》	甘肃文化出版社有限责任公司
7	《汤一介集》	中国人民大学出版社有限公司
8	《杜威全集·晚期著作》	华东师范大学出版社有限公司
9	《任继愈文集》	国家图书馆出版社
C 社会科学总论（9个）		
1	《中华民族认同论》	宁夏人民出版社有限公司
2	《上海三联人文经典书库》	上海三联书店有限公司
3	《近代名家散佚学术著作丛刊》	山西人民出版社
4	《侯外庐著作与思想研究》	长春出版社
5	《陈登原全集》	浙江古籍出版社有限公司
6	《西欧婚姻、家庭与人口史研究（1350—1850）》	现代出版社有限公司
7	张仲实文集	中央编译出版社
8	社会工作流派译库（第二期）	华东理工大学出版社有限公司
9	老龄问题研究与对策	华龄出版社

续表

序号	项目名称	申报单位
D 政治、法律（39 个）		
1	《中法建交始末——20 世纪 40-60 年代中法关系》	黄山书社
2	《中国共产党文化建设史》	黑龙江人民出版社有限公司
3	《追梦在路上——我的梦·中国梦》	广东海燕电子音像出版社有限公司
4	《中国共产党思想通史》	青岛出版社有限公司
5	《责任中国丛书》	山西人民出版社
6	《延安精神的时代价值》	陕西太白文艺出版社有限责任公司
7	《兴国之魂——社会主义核心价值体系释讲》	湖北教育出版社有限公司
8	《政府（公共）部门治理与问责系列丛书》	中国财政经济出版社
9	《俄国解密档案选编：中苏关系》	东方出版中心有限公司
10	《清代秋审文献》	中国民主法制出版社有限公司
11	《中华民国时期外交文献汇编 1911—1949》	中华书局有限公司
12	《朱镕基讲话实录（英文版）》	外文出版社有限责任公司
13	《〈中国〉多语种国情视觉图书》	外文出版社有限责任公司
14	《中国共产党如何应对挑战？》	新世界出版社有限责任公司
15	《中国边疆治理丛书》	湖南人民出版社有限责任公司
16	《马克思主义中国化与当代中国》	中南出版传媒集团股份有限公司湖南教育出版社分公司
17	《世界华侨华人研究文库（第二批）》	广州暨南大学出版社有限责任公司
18	《新中国 65 年》	中国统计出版社
19	《新时期党的宗教政策研究》	宗教文化出版社
20	《强制执行法理论研究》	中国法制出版社
21	《中国量刑改革之路》	武汉大学出版社有限责任公司
22	《区域社会发展与社会冲突比较研究》	南京大学出版社有限公司
23	《中国新闻法制通史》	南京师范大学出版社有限责任公司
24	《中国民主党派》	北京广播学院音像教材出版社
25	《改革开放口述史》	中国人民大学出版社有限公司
26	《伟业之梦》	中央教育科学研究所音像出版社
27	《世界主要政党规章制度文献》	中央编译出版社
28	《浙北村落社会变迁六十年》	复旦大学出版社有限公司
29	《法律的语言》	法律出版社
30	《徽州民间私约研究及徽州民间习惯调查》	法律出版社
31	《维吾尔族契约文书译注（维汉双语）》	新疆大学出版社
32	《新疆长治久安丛书》	新疆生产建设兵团出版社有限责任公司
33	《廉政文化文库》	中国方正出版社
34	《维护统一与制造分裂的斗争：1927 至 1950 年中英两国关于西藏问题的较量与争论》	九州出版社

续表

序号	项目名称	申报单位
35	《当前重大理论与现实问题研究丛书》	中共中央党校出版社
36	《民盟历史文献（三期）》	群言出版社
37	《21 世纪中国民族问题丛书》	社会科学文献出版社
38	《倾听与发现：妇女口述历史丛书》	中国妇女出版社
39	《中华人民共和国刑法案典》	人民法院出版社
E　军事（6 个）		
1	《蒋百里全集》	北京工业大学出版社有限责任公司
2	《野战火箭装备与技术》	国防工业出版社
3	《潜艇丛书》	海潮出版社
4	《中国军事地理图集》	星球地图出版社
5	《中国人民解放军军兵种大辞典》	中国人民解放军出版社
6	《中华人民共和国国民经济动员史》	军事科学出版社
F　经济（17 个）		
1	《潮汕侨批集成（第 3 辑）》	广西师范大学出版社有限责任公司
2	《新兴产业和高新技术现状与前景研究丛书》	广东经济出版社有限公司
3	《中国共产党经济思想史（1921—2011）》	山西经济出版社
4	《上海市档案馆馆藏近代中国金融变迁档案资料汇编》（《中央银行》分册、《周作民》分册）	上海世纪出版股份有限公司远东出版社
5	《天然气与中国能源低碳转型战略》	华南理工大学出版社有限公司
6	《风险导向的税务审计：方法及各国经验》	中国税务出版社
7	《中华人民共和国土地利用系列图》	地质出版社
8	《洞庭湖生态经济区研究丛书》	湖南大学出版社有限责任公司
9	《20 世纪中国煤矿城市发展史研究》	中国矿业大学出版社有限责任公司
10	《中国西部入境旅游发展研究》	西安地图出版社
11	《中国近代经济地理》	华东师范大学出版社有限公司
12	《会计准则趋同研究——会计信息质量及经济后果》	立信会计出版社有限公司
13	《中国经济发展史（1949—2010）》	上海财经大学出版社有限公司
14	《战略性新兴产业科普读本》	上海科学技术文献出版社有限公司
15	《中国国家审计学》	中国时代经济出版社
16	《两岸产业比较研究丛书》	南开大学出版社
17	《全球产业演进与中国竞争优势》	经济管理出版社
G　文化、科学、教育、体育（19 个）		
1	《当代中国传媒史（1978—2010）》	漓江出版社有限公司
2	《中国教育活动通史》	山东教育出版社有限公司
3	《中国视障教育珠心算教与学》	天津科学技术出版社有限公司
4	《盲残人中、小学生无障碍阅读工程》	广东大音音像出版社
5	《大国教育战略研究》	浙江教育出版社有限公司

续表

序号	项目名称	申报单位
6	《中国无障碍电影音像出版工程》	中国盲文出版社
7	《日本侵华殖民教育史料》	人民教育出版社有限公司
8	《无障碍数字文化全媒体出版工程（一期）》	天闻数媒科技（北京）有限公司
9	《民国教育史料丛刊》	大象出版社有限公司
10	《现代出版学研究丛书》	中国书籍出版社
11	《托起明天的太阳·快乐成长阶梯丛书（蒙、藏、维、哈、朝）》	民族出版社
12	《中国文化软实力研究》	湖南大学出版社有限责任公司
13	《中国朝鲜族教育研究丛书（16–23 卷）》	延边教育出版社
14	《教育神经科学与国民素质提升》	教育科学出版社
15	《中国电视图史（1958—2013）》	中国传媒大学出版社有限责任公司
16	《张伯苓全集》	南开大学出版社
17	《摇篮里的中国梦——毛泽东关怀下的延安保育院》	中国经济出版社
18	《中国近现代画报史》	中国摄影出版社
19	《西南少数民族特殊儿童社会适应性研究》	重庆大学出版社有限公司
H　语言、文字（13 个）		
1	《通用彝文字典》	贵州民族出版社有限公司
2	《闽南方言俗语大词典》	福建人民出版社有限责任公司
3	《汉语方言学大词典》	广东教育出版社有限公司
4	《新时代俄汉详解大词典》	商务印书馆有限公司
5	《明、清、民国时期珍稀老北京话历史文献整理与研究》	北京首都师范大学出版社有限责任公司
6	《汉藏语系语言的语音和词汇》	民族出版社
7	《古代埃及象形文字文献译注》	长春东北师范大学出版社有限责任公司
8	《汉英成语大词典》	大连海事大学出版社有限责任公司
9	《新世纪汉英百科大词典》	上海外语教育出版社有限公司
10	《中国符号学丛书》	四川大学出版社有限责任公司
11	《藏语言研究丛书》	西藏藏文古籍出版社
12	《〈说文〉三十部五音阴入阳对举谐声谱》	浙江大学出版社有限责任公司
13	《中国通用手语系列》	华夏出版社
I　文学（31 个）		
1	《汉末三国两晋文学批评编年》	北方联合出版传媒（集团）股份有限公司辽海出版社分公司
2	《中国史诗》	江苏凤凰文艺出版社有限公司
3	《白天鹅儿童文学书系》	接力出版社有限公司
4	《台湾儿童文学馆》	福建少年儿童出版社有限责任公司
5	《诗经学大辞典》	河北教育出版社有限责任公司
6	《伪满时期文学资料整理与研究》	黑龙江北方文艺出版社有限公司
7	《民国文学史论》	广东花城出版社有限公司

续表

序号	项目名称	申报单位
8	《百年散文探索丛书》	广东人民出版社有限公司
9	《宋代序跋全编》	山东齐鲁书社出版有限公司
10	《新编元稹集》	陕西三秦出版社有限责任公司
11	《古代维吾尔语诗歌集成》	上海世纪出版股份有限公司古籍出版社
12	《奥德赛（古希腊语－汉语对照本）》	上海世纪出版股份有限公司译文出版社
13	《中国当代少数民族女性文学研究》	上海文艺出版社
14	《最美基层干部》	四川天地出版社有限公司
15	《中国柯尔克孜族达斯坦（1–8 册）》	克孜勒苏柯尔克孜文出版社
16	《哈萨克族民间长诗一百卷(1–50 卷）》	新疆人民出版社
17	《外国文学经典翻译工程（1–100 种）》	新疆人民出版社
18	《20 世纪中国新诗理论史》	人民文学出版社有限公司
19	《王蒙文集》	人民文学出版社有限公司
20	《冯雪峰全集》	人民文学出版社有限公司
21	《诗经集校集注集评》	现代出版社有限公司
22	《班尼的奇幻历险》	白山出版社
23	《澳门文学丛书》	作家出版社
24	《世界儿童文学研究丛书》	湖南少年儿童出版社有限责任公司
25	《延安文艺大系》	湖南文艺出版社有限责任公司
26	《台静农全集》	海燕出版社有限公司
27	《英汉双解莎士比亚大词典续编》	河南人民出版社有限责任公司
28	《中国经典儿童音乐绘本书系》	北京联合出版有限责任公司
29	《“小喇叭”经典童话广播剧》	中国广播音像出版社
30	《中国民间文化遗产抢救工程——中国民间故事全书・河北承德卷》	知识产权出版社
31	《中国民间文学集成新疆卷维吾尔民间故事集》	新疆大学出版社
J 艺术（31 个）		
1	《潘玉良全集》	安徽美术出版社
2	《汉藏文化艺术交流史》	江苏凤凰文艺出版社有限公司
3	《人生若寄——齐白石的手稿》	广西美术出版社有限公司
4	《农民画在中国》	吉林摄影出版社有限责任公司
5	《八大山人研究大系》	江西美术出版社有限责任公司
6	《容庚藏帖论帖合集》	广东人民出版社有限公司
7	《中国热贡艺术精粹》	陕西三秦出版社有限责任公司
8	《西安鼓乐大典》	陕西太白文艺出版社有限责任公司
9	《中国书法史绎》	上海书画出版社有限公司
10	《周信芳全集（1–16 卷）》	上海文化出版社有限公司
11	《中国钢琴独奏作品百年经典（1913—2013 年）》	上海音乐出版社有限公司

续表

序号	项目名称	申报单位
12	《民国辽沈金石书画史（1911—1949）》	沈阳出版社
13	《曲艺大词典》	百花文艺出版社（天津）有限公司
14	《西域美术全集》	天津人民美术出版社有限公司
15	《南京 1937》	四川少年儿童出版社有限公司
16	《中国早期艺术的文化释读——审美人类学微观研究》	湖北人民出版社有限公司
17	《潘天寿全集》	浙江人民美术出版社有限公司
18	《中国音乐词典（增订版）》	人民音乐出版社有限公司
19	《昆曲百种 大师说戏》	湖南电子音像出版社有限责任公司
20	《百年中国艺术史（1900—2000）》	湖南岳麓书社有限责任公司
21	《中国传统工艺全集（第二辑）》	大象出版社有限公司
22	《大相国寺佛教音乐整理与研究》	河南文艺出版社有限公司
23	《染缬集》	北京燕山出版社有限公司
24	《邕州老戏——邕剧》	广西民族出版社
25	《善本碑帖过眼录（续编）》	文物出版社
26	《中国傩戏剧本集成》	上海大学出版社有限公司
27	《中国历代绘画大系——明画全集》	浙江大学出版社有限责任公司
28	《林风眠全集》	中国青年出版社
29	《中国民间剪纸传承大师系列丛书》	中国人民解放军总后勤部金盾出版社
30	《中华图像文化史（第一期）》	中国摄影出版社
31	《中国古代禁毁戏剧编年史》	重庆大学出版社有限公司
K　历史、地理（47 个）		
1	《徽州文化史》	安徽人民出版社
2	《西方的中国影像（1793—1949）》	黄山书社
3	《元代古籍集成第二辑》	北京师范大学出版社
4	《英国通史》	江苏人民出版社有限公司
5	《天柱文书（第一辑）》	江苏人民出版社有限公司
6	《南京博物院珍藏大系（第一辑）》	江苏凤凰美术出版社有限公司
7	《侵华日军第 731 部队罪行实录》	中国和平出版社有限责任公司
8	《中央革命根据地历史资料文库・军事系统》	江西人民出版社有限责任公司
9	《庐山文化研究丛书（第 4 辑）》	江西人民出版社有限责任公司
10	《中国少数民族文物图典》	辽宁民族出版社
11	《达斡尔族文化研究》	辽宁民族出版社
12	《近代以来中国南海诸岛稀见文献汇编》	广东教育出版社有限公司
13	《中国江河流域自然与人文遗产影像档案・三江源》	青岛出版社有限公司
14	《闽南"活"文化——非物质文化遗产系列专题片之二》	厦门音像出版有限公司
15	《夕惕藏陶》	山东画报出版社有限公司
16	《天津皇会文化遗产档案丛书》	山东教育出版社有限公司

续表

序号	项目名称	申报单位
17	《中国饮食美学史》	山东齐鲁书社出版有限公司
18	《西北革命根据地研究丛书》	陕西人民出版社有限责任公司
19	《宝鸡青铜器博物院藏商周青铜器》	上海世纪出版股份有限公司古籍出版社
20	《美国中国学发展史》	上海中西书局有限公司
21	《中国古代范铸钱币工艺》	学林出版社
22	《西夏文物（内蒙编、甘肃编）》	天津古籍出版社有限公司
23	《博物馆里的中国》	新蕾出版社（天津）有限公司
24	《中国西部民族文化通志》	云南人民出版社有限责任公司
25	《岭南民族源流史》	云南人民出版社有限责任公司
26	《非物质文化遗产丛书》	浙江人民出版社有限公司
27	《东南亚研究（第二辑）》	世界图书出版有限公司
28	《多彩中国——中国自然百科》	中国大百科全书出版社有限公司
29	《中国出土青铜器全集》	龙门书局（中国科技出版传媒股份有限公司）
30	《湖湘文化通史》	湖南岳麓书社有限责任公司
31	《中华人民共和国史编年（1960—1963年卷）》	当代中国出版社
32	《中国古代买地券研究》	厦门大学出版社有限责任公司
33	《广西铜鼓》	广西民族出版社
34	《曾侯乙编钟》	西苑出版社
35	《有图为鉴・地图上的南海诸岛》	中国地图出版社
36	《海南省非物质文化遗产丛书（第一辑）》	南方出版社
37	《把五星红旗高高地插在喜马拉雅山上：护送十世班禅大师返藏纪实》	南海出版公司
38	《中国红色旅游地图集》	湖南地图出版社有限责任公司
39	《东京审判出版工程（第二期）——远东国际军事法庭证据文献集成》	上海交通大学出版社有限公司
40	《中国传统糕饼模》	天津社会科学院出版社有限公司
41	《故宫博物院藏清代民窑瓷器》	故宫出版社
42	《青藏人文与思想》	西藏人民出版社
43	《美丽西藏》	雪域音像电子出版社
44	《哈萨克族历史文化研究全集（1–9）》	新疆美术摄影出版社
45	《中国古老文化寻踪》	中国科学技术出版社
46	《中国近代史新编》	社会科学文献出版社
47	《马克思主义史学思想史》	中国社会科学出版社
N　自然科学总论（3个）		
1	《中国学科发展战略丛书》	龙门书局（中国科技出版传媒股份有限公司）
2	《剑桥科学史・第五卷》	大象出版社有限公司
3	《中国古代科技文化及其现代启示》	中国社会科学出版社
O　数理科学和化学（1个）		
1	《光物理研究前沿系列》	上海交通大学出版社有限公司

续表

序号	项目名称	申报单位
P　天文学、地理科学（11 个）		
1	《中国地学史古代卷》	广西教育出版社有限公司
2	《松辽盆地北部页岩油气地质条件与资源潜力评价》	黑龙江科学技术出版社有限公司
3	《中国自然资源通典（第一、二辑）》	内蒙古教育出版社
4	《空间科学发展与展望丛书》	陕西人民教育出版社有限责任公司
5	《南海岛屿生态地质学》	上海世纪出版股份有限公司科学技术出版社
6	《泥石流体的流变特性与运移特征》	湖南科学技术出版社有限责任公司
7	《青藏高原地质理论创新与找矿重大突破——中华人民共和国区域地质调查报告》	地质出版社
8	《中国水旱灾害防治：战略、理论与实务》	中国社会出版社
9	《中国海洋科学技术通史》	中国海洋大学出版社有限公司
10	《中国“金钉子”——中国全球年代地层单位界线层型剖面和点位研究》	浙江大学出版社有限责任公司
11	《冰冻圈科学辞典》	气象出版社
Q　生物科学（5 个）		
1	《广西植物志（第五卷 单子叶植物）》	广西科学技术出版社有限公司
2	《中国淫羊藿属植物彩色图鉴》	贵州科技出版社有限公司
3	《新疆天山珍稀野生花卉（汉文、哈萨克文、英文）》	伊犁人民出版社
4	《中国昆虫地理》	河南科学技术出版社有限公司
5	《中国菌物资源图鉴》	中原农民出版社有限公司
R　医药、卫生（22 个）		
1	《口腔颌面头颈外科手术学》	安徽科学技术出版社
2	《藏药方剂宝库》	读者出版传媒股份有限公司甘肃民族出版社
3	《黔本草（第一卷）》	贵州科技出版社有限公司
4	《中国药用动物原色图典》	福建科学技术出版社有限责任公司
5	《中药色谱指纹图谱精细分析图集（中英文版）》	福建科学技术出版社有限责任公司
6	《当代医学新理论新技术 儿科学》	黑龙江科学技术出版社有限公司
7	《中国回药志》	阳光出版社
8	《中国出土古医书考释与研究》	上海世纪出版股份有限公司科学技术出版社
9	《现代创伤医学丛书（1–10 册）》	湖北科学技术出版社有限公司
10	《海外中医珍善本古籍丛刊》	中华书局有限公司
11	《免疫层析试纸快速检测技术》	河南科学技术出版社有限公司
12	《〈桂本草〉第二卷》	北京科学技术出版社有限公司
13	《0–6 岁残障儿童沟通能力康复训练手册》	广州中山大学出版社有限公司
14	《中华结直肠肛门外科学》	人民卫生出版社
15	《任应秋医学全集》	中国中医药出版社
16	《世界毒物全史》	西北大学出版社有限责任公司
17	《生命之窗——生命科学前沿纵览》	第四军医大学出版社

续表

序号	项目名称	申报单位
18	《医学发展考》	第四军医大学出版社
19	《心脏医疗保健学》	人民军医出版社
20	《中国当代医学名家经典手术（二期）》	人民军医出版社
21	《实用尿道下裂手术》	中国协和医科大学出版社
22	《风湿免疫病的视觉诊断》	中国协和医科大学出版社
S　农业科学（13个）		
1	《“金凤凰”农业三新出版工程（一期工程）》	江苏凤凰科学技术出版社有限公司
2	《中国小麦高产创建栽培技术规程》	山东科学技术出版社有限公司
3	《苹果标准化生产技术原理与参数》	山东科学技术出版社有限公司
4	《中国果树科学与实践（第一辑）》	陕西科学技术出版社有限责任公司
5	《农业节水的新原理和新途径——农业水资源的管理与实践》	天津科技翻译出版有限公司
6	《中国不同储粮生态区域储粮工艺研究》	四川科学技术出版社有限公司
7	《中国农业气候资源图集》	浙江科学技术出版社有限公司
8	《中国植物保护百科全书》	中国林业出版社
9	《“碳汇中国”系列丛书》	中国林业出版社
10	《动物疾病病理诊断彩色图谱》	中国农业大学出版社
11	《中国农作物病虫害（第三版）》	中国农业出版社
12	《家禽实体解剖学图谱》	中国农业出版社
13	《傣族传统灌溉技术的保护与开发》	中国科学技术出版社
T　工业技术（21个）		
1	《城市记忆——北京四合院普查成果与保护（第二卷）》	北京美术摄影出版社
2	《中国火药史（插图珍藏版）》	上海世纪出版股份有限公司远东出版社
3	《德国先进制造技术丛书（第一辑）》	湖南科学技术出版社有限责任公司
4	《中间弹道学》	北京理工大学出版社有限责任公司
5	《超超临界燃煤发电技术》	中国电力出版社有限公司
6	《中国电力百科全书（第三版）》	中国电力出版社有限公司
7	《中国水资源》	黄河水利出版社
8	《世界光电经典译丛（第一批）》	华中科技大学出版社有限责任公司
9	《长江葛洲坝水利枢纽工程关键技术研究》	长江出版社
10	《中国古代金属建筑研究》	南京东南大学出版社有限公司
11	《多语种水力机械词汇》	清华大学出版社有限公司
12	《煤层气开发理论与工程实践》	中国石油大学出版社有限公司
13	《城市地下空间防灾与安全系列丛书》	同济大学出版社有限公司
14	《风力发电工程技术丛书》	中国水利水电出版社
15	《藏文信息处理技术》	成都西南交大出版社有限公司
16	《着色配色技术手册》	中国纺织出版社
17	《现代激光技术及应用》	国防工业出版社

续表

序号	项目名称	申报单位
18	《材料延寿与可持续发展》	化学工业出版社
19	《碳酸盐岩缝洞型油藏开发理论与方法》	中国石化出版社有限公司
20	《中国古建筑丛书》	中国建筑工业出版社
21	《现代防空导弹制导控制技术》	西北工业大学出版社有限公司
U　交通运输（4 个）		
1	《茅以升全集》	天津教育出版社有限公司
2	《隧道结构设计关键技术研究与应用》	人民交通出版社
3	《国际海事组织海员行为示范》	大连海事大学出版社有限责任公司
4	《京沪高速铁路建设总结》	中国铁道出版社
V 航空、航天（6 个）		
1	《中国探月工程》	浙江科学技术出版社有限公司
2	《航天发射科学与技术》	北京理工大学出版社有限责任公司
3	《航天器轨道力学理论与工程应用》	电子工业出版社
4	《中国航天科技前沿出版工程（一期）·中国航天空间信息技术系列》	清华大学出版社有限公司
5	《飞天梦》	中央教育科学研究所音像出版社
6	《大飞机出版工程·航空发动机系列》	上海交通大学出版社有限公司
X 环境科学、劳动保护科学（3 个）		
1	《生态文明建设大辞典》	江西科学技术出版社有限责任公司
2	《美丽地球·少年环保科普丛书》	陕西科学技术出版社有限责任公司
3	《江苏省乡村人居环境调查》	商务印书馆有限公司
Z　综合性图书（4 个）		
1	《八旗满洲文献集成（第一辑）》	北方联合出版传媒（集团）股份有限公司辽海出版社分公司
2	《中华现代学术名著丛书（第二批）》	商务印书馆有限公司
3	《〈大中华文库〉多语种对照版出版项目（第二批）》	外文出版社有限责任公司
4	《百种藏汉对照惠民图画书》	西藏人民出版社

2014 年“经典中国国际出版工程” 资助项目

序号	项目名称	申请单位	著作责任者	输出文种
1	《我不是潘金莲》	北京长江新世纪文化传媒有限公司	刘震云	瑞典语、日语
2	《我叫刘跃进》	北京长江新世纪文化传媒有限公司	刘震云	意大利语
3	《一句顶一万句》	北京长江新世纪文化传媒有限公司	刘震云	意大利语、瑞典语、日语
4	《许三观卖血记》	作家出版社	余华	丹麦语
5	《活着》	作家出版社	余华	丹麦语
6	《在细雨中呼喊》	作家出版社	余华	德语

续表

序号	项目名称	申请单位	著作责任者	输出文种
7	《2010 上海世博会低碳技术应用研究报告》	上海科学技术出版社	联合国工业发展组织国际太阳能技术促进转让中心、江苏现代低碳技术研究院编著	英语
8	《板壳后屈曲行为（第二版）》	上海科学技术出版社	沈惠申	英语
9	《大国综合优势》	格致出版社	欧阳峣	英语
10	《汉语大词典》	上海辞书出版社	罗竹风	韩汉双语
11	《非常与正常：上海“文革”时期的社会生活》	上海辞书出版社	金大陆	英语
12	《谢阁兰与中国百年》	华东师范大学出版社	黄蓓 主编	法语
13	《除湿剂超声波再生技术》	上海交通大学出版社	姚晔	英语
14	《丝路帆远：海上丝绸之路文物精萃》	福建教育出版社	福建博物院	英语
15	《百年中国社会图谱（共 4 册）》	四川人民出版社	白云涛、高翠、董增刚等	阿拉伯语
16	《东方文化西传及其对近代欧洲的影响》	四川人民出版社	孙锦泉	阿拉伯语
17	《 聆听史诗丛书：格萨尔》	五洲传播出版社	降边嘉措、吴伟	土耳其语
18	《 聆听史诗丛书：江格尔》	五洲传播出版社	何德修	土耳其语
19	《 聆听史诗丛书：玛纳斯》	五洲传播出版社	贺继宏	土耳其语
20	《历史之旅 》	五洲传播出版社	邓荫柯	塞尔维亚语
21	《 追梦中国：商业领袖系列：李书福的偏执智慧》	五洲传播出版社	张明转	阿拉伯语
22	《 追梦中国：商业领袖系列：马化腾的腾讯帝国》	五洲传播出版社	林军等	阿拉伯语
23	《 追梦中国：商业领袖系列：马云的颠覆智慧》	五洲传播出版社	快刀洪七等	阿拉伯语
24	《 追梦中国：商业领袖系列：任正非的竞争智慧》	五洲传播出版社	张雨	阿拉伯语
25	《 追梦中国：商业领袖系列：王传福的创新智慧》	五洲传播出版社	李大千	阿拉伯语
26	《追梦中国：商业领袖系列：与世界对话：俞敏洪的“蜗牛”人生》	五洲传播出版社	郭亮	阿拉伯语
27	《 中外文化交流故事丛书：郑和下西洋》	五洲传播出版社	王介南	土耳其语
28	《中外文化交流故事丛书：南海 1 号与海上丝绸之路》	五洲传播出版社	李庆新	土耳其语
29	《 中外文化交流故事丛书：马可波罗的中国传奇》	五洲传播出版社	王硕丰	土耳其语
30	《麦家文集：解密》	五洲传播出版社	麦家	西班牙语
31	《暗算》	五洲传播出版社	麦家	西班牙语
32	《中国经典江苏瑰宝：淮扬菜》	江苏人民出版社	张道一主编；袁晓国	英语
33	《中国经典江苏瑰宝：昆曲》	江苏人民出版社	张道一主编；俞为民	英语
34	《中国国宝级濒危保护动物探秘：守望雪山精灵——滇金丝猴探秘》	江苏科学技术出版社	张亚平 主编；龙勇诚	英语

续表

序号	项目名称	申请单位	著作责任者	输出文种
35	《中国国宝级濒危保护动物探秘：寻踪国宝——走近大熊猫家族》	江苏科学技术出版社	张亚平 主编；胡锦矗	英语
36	《中国国宝级濒危保护动物探秘：远逝的长江女神——搜寻最后的白鳍豚》	江苏科学技术出版社	张亚平 主编；王丁	英语
37	《中国国宝级濒危保护动物探秘：风中的丹顶鹤——相伴湿地仙子的日子》	江苏科学技术出版社	张亚平 主编；吕士成	英语
38	《中国国宝级濒危保护动物探秘：探秘喀斯特精灵——白头叶猴探秘》	江苏科学技术出版社	张亚平 主编；黄乘明	英语
39	《书法有法》	译林出版社	孙晓云	朝鲜语
40	《中国博物馆海外约稿合作出版工程》	译林出版社	米里亚姆·克利福德、凯西·詹格兰德、安东尼·怀特	英文
41	《回到马克思——经济学语境中的哲学话语》	南京大学出版社	张一兵	德语
42	《中国思想家评传简明读本：孔子》	南京大学出版社	周宪、程爱民主编；周群	英语
43	《中国思想家评传简明读本：老子》	南京大学出版社	周宪、程爱民主编；高华平	英语
44	《中国思想家评传简明读本：庄子》	南京大学出版社	周宪、程爱民主编；包兆会	英语
45	《中国思想家评传简明读本：孔子》	南京大学出版社	周宪、程爱民主编	日语
46	《中国思想家评传简明读本：曹雪芹》	南京大学出版社	周宪、程爱民主编；苗怀明	日语
47	《面案上的雕塑》	三秦出版社	王海珺、王铎	法语
48	《西安碑林名碑》	三秦出版社	罗宏才	法语、日语
49	《金珍银英：中国陕西出土金银器精粹》	三秦出版社	韩建武等编著	英语
50	《中国唐卡艺术》	三秦出版社	赵荣、赵潜 主编	英语
51	《中华人文精神 》	陕西人民出版社	张岂之	法语
52	《佛说死亡》	陕西人民出版社	张岂之主编；海波	法语
53	《青木川》	太白文艺出版社	叶广芩	日语
54	《地上地下的秘密》	陕西旅游出版社	赵荣	法语
55	《100 个汉字认识中国》	德国 DCM Deutsch-Chinesische Medien GmbH	北京华韵尚德国际文化传播有限公司、赵建梅	德语
56	《百年天安门》	北京出版社	贾英廷	英语
57				
58	《非物质文化遗产丛书》	北京美术摄影出版社	哈亦琦	英语
59		北京美术摄影出版社	包世轩	英语
60	《丝绸之路古代艺术文明研究》	新疆美术摄影出版社	周菁葆、孙大卫	英语

续表

序号	项目名称	申请单位	著作责任者	输出文种
61	《新疆的传说——倾听西部的故事》	新疆美术摄影出版社	王永涛编著；梁真惠翻译	英语
62	《新疆史画》	新疆美术摄影出版社	姜浩林	土耳其语
63	《阿凡提故事画库系列丛书（共 9 册）》	新疆美术摄影出版社	赵世杰	土耳其语
64	《骆驼祥子》	人民文学出版社	老舍	朝鲜语
65	《带灯》	人民文学出版社	贾平凹	法语
66	《永远有多远》	人民文学出版社	铁凝	泰语
67	《山河入梦》	人民文学出版社	格非	法语
68	《孝庄皇后》	人民文学出版社	孟昭信	朝鲜语
69	《中国法律与中国社会》	中华书局	瞿同祖	朝鲜语
70	《服周之冕》	中华书局	阎步克	朝鲜语
71	《陶渊明传》	中华书局	钱志熙	朝鲜语
72	《中国工艺美学史》	中国美术出版总社	杭间	英语
73	《死生有命 富贵在天：周易的自然哲学》	生活·读书·新知三联书店	李零	朝鲜语
74	《百年衣裳：20 世纪中国服装流变》	生活·读书·新知三联书店	胡月、袁仄	英语
75	《阅读中国丛书（第三辑）：空山：第一部》	中国对外翻译出版有限公司	阿来	英语
76	《阅读中国丛书（第三辑）：小沙弥》	中国对外翻译出版有限公司	丹增	英语
77	《阅读中国丛书（第三辑）：身份》	中国对外翻译出版有限公司	吉狄马加	英语
78	《阅读中国丛书（第三辑）：最后的土司（原书名：妹娃要过河）》	中国对外翻译出版有限公司	叶梅	英语
79	《阅读中国丛书（第三辑）：祭语风中》	中国对外翻译出版有限公司	次仁罗布	英语
80	《书法（西班牙语版·初级）（共 2 册）》	华文出版社	欧阳中石主编	西班牙语
81	《中国种子世界花——曹文轩图画书全球合作项目（共 4 册）》	天天出版社	曹文轩	瑞典语
82	《中国梦主题书系第一辑·中国梦：中国的目标、道路及自信力》	CN TIMES INC.（美国时代出版公司）	刘明福	英文
83	《中国梦主题书系第一辑·听听中国怎么说》	CN TIMES INC.（美国时代出版公司）	新华通讯社	英文
84	《中国梦主题书系第一辑·中国远征军》	CN TIMES INC.（美国时代出版公司）	云南卫视《经典人文地理》频道	英文
85	《中国梦主题书系第一辑·中国维和行动》	CN TIMES INC.（美国时代出版公司）	尚昌仪	英文
86	《中国梦主题书系第一辑·红军：1934—1936》	CN TIMES INC.（美国时代出版公司）	师永刚	英文
87	《中国梦主题书系第一辑·我们向历史要什么》	CN TIMES INC.（美国时代出版公司）	王学泰	英文
88	《中国梦主题书系第一辑·中国年鉴 2011—2012：2012》	CN TIMES INC.（美国时代出版公司）	《中华人民共和国年鉴》编辑部	英文
89	《中国梦主题书系第一辑·金融可以颠覆历史》	CN TIMES INC.（美国时代出版公司）	王巍	英文
90	《中国梦主题书系第一辑·文化苦旅》	CN TIMES INC.（美国时代出版公司）	余秋雨	英文
91	《中国梦主题书系第一辑·中国文化 ABC》	CN TIMES INC.（美国时代出版公司）	朱法元等	英文

续表

序号	项目名称	申请单位	著作责任者	输出文种
92	《中国古代建筑展》	CN TIMES INC.（美国时代出版公司）	北京古建筑博物馆	英语
93	《中国古代诗歌经典英译系列（共2册）》	CN TIMES INC.（美国时代出版公司）	许渊冲编译	英语
94	《雷达数据处理及应用(第三版)》	电子工业出版社	何友等	英语
95	《白帽子讲Web安全》	电子工业出版社	吴翰清	英语
96	《花间一壶酒》	山西人民出版社	李零	朝鲜语
97	《中国当代青年女性作家精品书系：一、二、一》	中国言实出版社	戴来	英语
98	《中国当代青年女性作家精品书系：花好月圆》	中国言实出版社	付秀莹	英语
99	《中国当代青年女性作家精品书系：暖与凉》	中国言实出版社	魏微	英语
100	《赋心诗韵》	外语教学与研究出版社	李东东	英语
101	《外国人学中国语》	外语教学与研究出版社	朱凯、杨天戈	阿拉伯语
102	《火焰与词语——吉狄马加诗集》	外语教学与研究出版社	吉狄马加	阿拉伯语、塞尔维亚语、德语、法语、罗马尼亚语
103	《为土地和生命而写作——吉狄马加演讲集》	外语教学与研究出版社	吉狄马加	德语、法语、塞尔维亚语
104	《学剪纸说汉语丛书（共10册）》	河南科学技术出版社	马玉汴 主编	英语
105	《学剪纸说汉语丛书（共2册）》	河南科学技术出版社	马玉汴 主编	日语
106	《小康之路》	北京时代华文书局有限公司	武力主编；彤新春	法语
107	《中华国学名言(共6册)》	北京时代华文书局有限公司	冯其庸主编	英语
108	《中国纸文化的艺术呈现——纸雕塑》	中国书店出版社	李洪波	英语
109	《中国名画名家赏析(共5册)》	河北教育出版社	周林生主编	英语
110	《中国民俗文化丛书(共5册)》	安徽人民出版社	董强	英语
111	《汉英临床中药药典》	安徽科学技术出版社	江滨、杜同仿	英语
112	《新编实用针灸学》	安徽科学技术出版社	孔昭遐、屠佑生	英语
113	《圆明园图景御制墨藏》	安徽科学技术出版社	黄秀英、中国圆明园学会	英语
114 115	《徽州古村落》	安徽科学技术出版社	李传玺、胡迟等	英语
116	《中国水钟史》	安徽教育出版社	李志超	英语
117	《中国深蓝梦》	安徽教育出版社	李明春、吉国	英语
118	《余秋雨评说中国文化》	安徽文艺出版社	余秋雨	德语
119		安徽文艺出版社	余秋雨	德语
120	《儒林外史》	安徽文艺出版社	吴敬梓	阿拉伯语
121	《中国天机》	安徽文艺出版社	王蒙	越南语
122	《韩少功作品典藏：空院残月》	安徽文艺出版社	韩少功	德语
123	《韩少功作品典藏：怒目金刚》	安徽文艺出版社	韩少功	德语
124	《大侠周锐写中国琴》	安徽少年儿童出版社	周锐	英语

续表

序号	项目名称	申请单位	著作责任者	输出文种
125	《大侠周锐写中国棋》	安徽少年儿童出版社	周锐	英语
126	《大侠周锐写中国书》	安徽少年儿童出版社	周锐	英语
127	《大侠周锐写中国画》	安徽少年儿童出版社	周锐	英语
128	《爸爸树（共3册）》	安徽少年儿童出版社	刘海栖	法语
129	《跟马小跳学汉语系列（共3册）》	安徽少年儿童出版社	杨晓黎主编	土耳其语
130	《中国梦　我的梦：青春励志故事（共5册）》	黄山书社	共青团中央网络影视中心、中国青年网	法语
131	《茅盾精选集：子夜（全二册）》	黄山书社	茅盾	法语
132	《茅盾精选集：幻灭》	黄山书社	茅盾	法语
133	《茅盾精选集：动摇》	黄山书社	茅盾	法语
134	《茅盾精选集：追求》	黄山书社	茅盾	法语
135	《中国鲁迅研究名家精选集：鲁迅文化血脉还原》	安徽大学出版社	杨义	朝鲜语
136	《中国鲁迅研究名家精选集：荒野过客：鲁迅精神世界探论》	安徽大学出版社	孙玉石	朝鲜语
137	《中国鲁迅研究名家精选集：中国需要鲁迅》	安徽大学出版社	王富仁	朝鲜语
138	《中国鲁迅研究名家精选集：鲁迅与现代中国》	安徽大学出版社	孙郁	朝鲜语
139	《中国鲁迅研究名家精选集：远离鲁迅让我们变得平庸》	安徽大学出版社	张福贵	朝鲜语
140	《中国鲁迅研究名家精选集：鲁海梦游》	安徽大学出版社	张梦阳	朝鲜语
141	《中国鲁迅研究名家精选集：跨文化视野中的》	安徽大学出版社	高旭东	朝鲜语
142	《鲁迅》	安徽大学出版社	黄健	朝鲜语
143	《中国鲁迅研究名家精选集：孤独者的呐喊》	安徽大学出版社	杨剑龙	朝鲜语
144	《中国鲁迅研究名家精选集：鲁迅的乡土世界》	云南人民出版社	云南省民族民间文学楚雄调查队	朝鲜语
145	《梅葛》	云南科技出版社	云南科技出版社有限责任公司主编	朝鲜语
146	《云南普洱茶（共4册）》	外文出版社	黄华光、栾建章	英语、法语、西班牙语、俄语、德语、阿拉伯语、阿尔及利亚语
147	《中共十八大：中国梦与世界》	新世界出版社	任晓驷	英语、法语、西语、阿拉伯语、俄语、日语、朝鲜语、土语、波兰语、希伯来语、
148	《中国梦：谁的梦？》	海豚出版社	韩结根	英语
149	《钓鱼岛：历史的真相与故事》	朝华出版社	阎崇年	英语、法语
150	《古都北京》	大连理工大学出版社	Design & Vision工作室编著	英语

续表

序号	项目名称	申请单位	著作责任者	输出文种
151	《世界历史（第27册）：战后西方联盟》	江西人民出版社	周荣耀、姜南、金海	英语
152	《飞跃汉语速成系列教材（2册）》	华中师范大学出版社	万莹、李孝娴主编	越南语
153		华中师范大学出版社	万莹、李孝娴主编	越南语
154	《弹性流体动压润滑数值计算方法》	清华大学出版社	黄平	英语
155	《冲击动力学》	清华大学出版社	余同希等	英语
156	《中国文化导读》	清华大学出版社	常宗林等	法语
157	《历史的背影：一代女知识分子的教育记忆 》	教育科学出版社	姜丽静	英语
158	《地球静止轨道卫星共位控制》	国防工业出版社	李恒年	英语
159	《中国特色社会主义检察体系研究》	中国检察出版社	孙谦主编	英语
160	《飞动之美：中国文化对“动势美”的理解与阐释》	中国人民大学出版社	薛晓源	英语
161	《文化复兴：中国传统文化的现代价值》	中国人民大学出版社	金元浦 等	英语
162	《民主决策：中国集体领导体制》	中国人民大学出版社	胡鞍钢	阿拉伯语、土耳其语、希伯来语、西班牙语
163	《钓鱼岛主权归属》	中国人民大学出版社	孙东民 编	英语
164	《文物藏品定级标准图例：兵器卷》	科学出版社东京（株）	家文物局国家文物鉴定委员会编，于炳义、杨萍	日语
165	《文物藏品定级标准图例：铜器卷》	科学出版社东京（株）	家文物局国家文物鉴定委员会编，高至喜 郝本性、王海文、吴镇烽	日语
166	《文物藏品定级标准图例：造像卷》	科学出版社东京（株）	家文物局国家文物鉴定委员会编，步连生 金申 孙国璋	日语
167	《文物藏品定级标准图例：家具卷》	科学出版社东京（株）	家文物局国家文物鉴定委员会编，胡德生、郑珉中	日语
168	《文物藏品定级标准图例：文房用具卷》	科学出版社东京（株）	家文物局国家文物鉴定委员会编，吴春燕、蔡鸿茹	日语
169	《文物藏品定级标准图例：玉器卷》	科学出版社东京（株）	家文物局国家文物鉴定委员会编，杨伯达、云希正	日语
170	《中国药用真菌》	科学出版社东京（株）	吴兴亮等	日语
171	《洛镜铜华（共2册）》	科学出版社东京（株）	霍宏伟、史家珍主编	日语
172				
173	《图说中国非物质文化遗产：中国最美年画》	科学出版社东京（株）	王海霞主编邰高娣	日语

续表

序号	项目名称	申请单位	著作责任者	输出文种
174	《图说中国非物质文化遗产：中国最美皮影》	科学出版社东京(株)	王海霞主编关 红	日语
175	《图说中国非物质文化遗产：中国最美剪纸》	科学出版社东京(株)	王海霞主编周 佳	日语
176	《图说中国非物质文化遗产：中国最美面具脸谱》	科学出版社东京(株)	王海霞主编刘 莹	日语
177	《图说中国非物质文化遗产：中国最美唐卡 》	科学出版社东京(株)	王海霞主编王海霞	日语
178	《中国蝶类志（上、下册）》	科学出版社东京(株)	周尧	日语
179	《中国大熊猫》	科学出版社东京(株)	周孟棋	日语
180	《中国教育思想史（上下册）》	科学出版社东京(株)	朱永新	日语
181	《改革是中国最大的红利》	科学出版社东京(株)	高尚全主编，成思危等	日语
182	《毛泽东、周恩来与溥仪》	科学出版社东京(株)	王庆祥	日语
183	《东方的崛起：关于中国式现代化的哲学反思》	北京师范大学出版社（集团）有限公司	杨耕	英语
184	《古代中国的历史、思想与宗教》	北京师范大学出版社（集团）有限公司	葛兆光	英语
185	《现代中国的文学、教育与都市想像》	北京师范大学出版社（集团）有限公司	陈平原	英语
186	《中蒙国家关系历史编年(1949—2013)》	黑龙江教育出版社	毕奥南 主编	蒙古语
187	《当代中国哲学研究（1949—2009）》	中国社会科学出版社	郭齐勇、问永宁	英语
188	《孔子与20世纪中国》	中国社会科学出版社	林甘泉	英语
189	《全球化视野下的中国研究 》	中国社会科学出版社	周晓虹	英语
190 191	《中国绘画史图鉴》	浙江人民美术出版社	中国绘画史图鉴编委会编	英语
192	《茶人三部曲（共3册）》	浙江文艺出版社	王旭烽	俄语
193	《麦家文集：解密》	浙江文艺出版社	麦家	英语、希伯来语、德语、法语、捷克语、波兰语、荷兰语、朝鲜语、加泰隆尼亚语、意大利语、匈牙利语、瑞典语
194	《暗算》	浙江文艺出版社	麦家	英语、泰语
195	《暗算》	浙江文艺出版社	麦家	土耳其语
196	《风声》	浙江文艺出版社	麦家	土耳其语
197	《局部域上的调和分析与分形分析及其应用》	中国科技出版传媒股份有限公司	苏维宜	英语
198	《大气声学》	中国科技出版传媒股份有限公司	杨训仁	英语
199	《非线性超分辨纳米光学及其应用》	中国科技出版传媒股份有限公司	魏劲松	英语
200	《轻质板壳结构设计的振动和声学基础》	中国科技出版传媒股份有限公司	卢天建、辛锋先	英语
201	《大明宫》	中国科技出版传媒股份有限公司	杨鸿勋	日语
202	《黑焰 》	接力出版社	格日勒其木格·黑鹤	德语
203	《云朵一样的八哥》	接力出版社	郁蓉 图；白冰 文	土耳其语
204	《王立群读史记之秦始皇（上、下册）》	广西师范大学出版社集团有限公司	王立群	朝鲜语

续表

序号	项目名称	申请单位	著作责任者	输出文种
205	《古本山海经图说》	广西师范大学出版社集团有限公司	马昌仪	朝鲜语
206	《中国梦与中国道路》	社会科学文献出版社	周天勇	俄语、朝鲜语、日语
207	《清代户部银库收支和库存研究》	社会科学文献出版社	史志宏	英语
208	《冷战与新中国外交的缘起（1949—1955）》	社会科学文献出版社	牛军	英语
209	《江边中国》	英国新经典出版社	何建明	英语
210	《中国红：辛亥革命百年祭 》	英国新经典出版社	英国新经典出版社	英语
211	《习仲勋文集》	中共党史出版社	中共中央党史研究室编	德语、俄语、法语、日语、西班牙语、英语
212	《习仲勋纪念文集》	中共党史出版社	中共中央党史研究室编	英语
213	《中国传统建筑装饰艺术：中国传统建筑悬鱼装饰艺术》	机械工业出版社	刘淑婷	朝鲜语
214	《中国传统建筑装饰艺术：中国传统建筑墙、地界面装饰艺术》	机械工业出版社	崔鹤婷	朝鲜语
215	《中国传统建筑装饰艺术：中国传统建筑廊装饰艺术》	机械工业出版社	王志敏	朝鲜语
216 217	《中国共产党历史（第一卷）》	民族出版社	中共中央党史研究室	朝鲜语
218	《朝鲜中学、大学汉语教材系列：中学汉语教材学生教科书》	民族出版社	禹宾熙，朴一等	朝鲜语
219	《朝鲜中学、大学汉语教材系列：中学汉语教材教学参考书》	民族出版社	禹宾熙，朴一等	朝鲜语
220	《朝鲜中学、大学汉语教材系列：中学汉语教材学生练习册》	民族出版社	禹宾熙，朴一等	朝鲜语
221	《朝鲜中学、大学汉语教材系列：大学汉语教材学生教科书》	民族出版社	禹宾熙，朴一等	朝鲜语
222	《朝鲜中学、大学汉语教材系列：大学汉语教材教学参考书》	民族出版社	禹宾熙，朴一等	朝鲜语
223	《朝鲜中学、大学汉语教材系列：大学汉语教材学生练习册》	民族出版社	禹宾熙，朴一等	朝鲜语
224 225	《石学敏针灸学》	人民卫生出版社	石学敏编著	西班牙语
226	《新发传染病临床影像诊断》	人民卫生出版社	陆普选、周伯平编著	英语
227	《中国大运河遗产构成及价值评估》	中国水利水电出版社	谭徐明、张仁铎、邓俊等	英语
228	《动物小说名家系列：白象家族 》	新蕾出版社	沈石溪	阿拉伯语
229	《动物小说名家系列：血染的王冠》	新蕾出版社	沈石溪	阿拉伯语

续表

序号	项目名称	申请单位	著作责任者	输出文种
230	《动物小说名家系列：美丽世界的孤儿》	新蕾出版社	格日勒其木格·黑鹤	阿拉伯语
231	《动物小说名家系列：琴姆且》	新蕾出版社	格日勒其木格·黑鹤	阿拉伯语
232	《最美中国系列图画书（共3册）》	人民教育出版社	保冬妮	英语
233	《基础生命科学（第2版）》	高等教育出版社	吴庆余 编著	英语
234	《生态系统科学与应用丛书》	高等教育出版社	陈吉泉等 主编	英语
235	《印度尼西亚小学汉语一体化教学资源》	高等教育出版社	梁宇	汉语、印尼语
236	《泰国职业教育汉语教学资源建设》	高等教育出版社	梁宇	泰语
237	《韩国分技能汉语系列教材（共3册）》	高等教育出版社	陈作宏	朝鲜语
238	《中国文化强国战略》	高等教育出版社	郭建宁	英语
239	《梅兰芳京剧艺术系列（全5册）》	中国和平出版社	王文章	英语
240	《中国人系列：中国人的饮食奥秘》	中国和平出版社	熊四智	英语
241	《中国人系列：中国人的苦乐观》	中国和平出版社	李振纲	英语
242	《少儿汉语：HSK中国语（第一阶段，共7册）》	黑龙江朝鲜民族出版社	朴红永编	朝鲜语
243	《话说中国》	黑龙江朝鲜民族出版社	刘善龄、郭建、郝陵生	朝鲜语
244	《中国图书出版产业报告（第三版）》	日本侨报社	新闻出版总署图书出版管理司	日语
245	《正见民声——跨越50年的代际交流：品读外交官的"说话之道"》	日本侨报社	赵启正、吴建民	日语
246	《众神狂欢：世纪之交的中国文化现象》	日本侨报社	孟繁华	日语
247	《人间正道》	日本侨报社	韩毓海、胡鞍钢、王绍光、周建明	日语
248	《中国发展报告2013》	日本侨报社	袁卫、彭非	日语
249	《双赢的未来：全球化时代的中国经济》	日本侨报社	黄卫平、丁凯、赖明明、刘一姣、宋洋、刘可佳	日语
250	《中国人的价值观》	日本侨报社	宇文利	日语
251	《丰子恺儿童文学全集（共7册）》	日本侨报社	丰子恺	日语
252	《必读！有趣的现代中国——人民日报精选报道日译系列：2014版》	日本侨报社	人民日报社优秀记者60人	日语
253 254	《中国红色记者（共2册）》	日本侨报社	柳斌杰、李东东	日语
255	《中国名记者》	日本侨报社	柳斌杰、李东东	日语
256		日本侨报社	柳斌杰、李东东	日语
257	《中国好人》	万卷出版有限责任公司	［美］李秋雁、梁彦民	日语

续表

序号	项目名称	申请单位	著作责任者	输出文种
258	《博物趣吧丛书》	文物出版社	张自成主编；王征编著	英语
259	《中国藏书文化》	中国财政经济出版社	桑良至	英语
260	《世界的人民币》	中国财政经济出版社	孙兆东	英语
261	《中国数学教育：传统与现实》	圣智学习集团	王建磐等编著	英语
262	《中国梦是什么》	广东人民出版社	广东省省情调查研究中心编著	法语、英语、印尼语、朝鲜语、越南语
263	《快乐小猪波波飞（共 24 册）》	中国少年儿童新闻出版总社	高洪波	法语
264	《怎样教大象跳》	中国少年儿童新闻出版总社	萧袤	马来西亚语
265	《羽毛》	中国少年儿童新闻出版总社	曹文轩	英语、法语、瑞典语、葡萄牙语、马来西亚语、丹麦语

2014 年度少儿精品及国产动画发展专项资金项目

一、优秀国产动画片

特等奖：奖金 50 万元（空缺）	
一等奖：奖金 30 万元	
戚继光	北京广播电视台
超时空大冒险	上海今日动画影视文化有限公司
加油吧！三二班	江苏广电影视动漫传媒有限责任公司
木木部落	杭州定格文化创意有限公司
饼干警长 2	江通动画股份有限公司
翻开这一页	湖南金鹰卡通有限公司
美食大冒险	广州易动文化传播有限公司、广东珠江电影集团有限公司、北京电视台
正义红师（1—52）	深圳市方块动漫画文化发展有限公司
二等奖：奖金 20 万元	
我的朋友猪迪克	北京电视台、北京百视文化传媒有限公司
《赛尔号》第三季	上海淘米动画有限公司
图图的智慧王国—数学系列	上海上影大耳朵图图影视传媒有限公司
英雄冯子材	上海广播电视台、杭州玄机科技信息技术有限公司
梦飞纸客国	江苏希际数码艺术网络股份有限公司
恐龙来了	常州恐龙园股份有限公司
猪猪侠之变身战队	广东咏声文化传播有限公司
数学荒岛历险记 3 之地球，我来了	广州市达力传媒有限公司
熊出没之春日对对碰	深圳华强数字动漫有限公司
大秦五行少年传	陕西动漫产业平台管理中心有限责任公司

续表

三等奖：奖金 10 万元	
神奇阿呦之最强流星人	优扬天津动漫文化传媒有限公司
老小阿凡提	上海阿凡提投资控股有限公司
小花仙	上海淘米动画有限公司
噢咿噢——唱歌岛第三、四季	上海大模王动漫科技有限公司、上海炫动传播股份有限公司
非常小子马鸣加 2	上海炫动传播股份有限公司
兔子帮之勇闯螃蟹岛	上海炫动传播股份有限公司
小龙甜品工房	常州文化科技创意发展有限公司
蛋宝宝日记	无锡雪豹十月数码动画制作有限公司
神奇绿色心	无锡广新影视动画技术有限公司
阿优之神奇萝卜	杭州阿优文化创意有限公司
少年师爷之勇者闯江南（第 7 部）	浙江特立宙动画影视有限公司
功夫鸡	福州零壹动漫有限公司
土豆侠（第一季）	福州天之谷网络科技有限公司
二兔大梦想	河南麦草动漫科技有限公司
姓氏王国第一季 征途	湖南锦绣神州影视文化传媒有限公司
锦绣神州之奇游迹第二季	湖南锦绣神州影视文化传媒有限公司
神魄	广州奥飞文化传播有限公司
喜羊羊与灰太狼之羊羊小心愿	广东原创动力文化传播有限公司
霹雳勇士	广州市星原动偶文化活动策划有限公司

二、优秀动画电影

一等奖：奖金 15 万元	
神秘世界历险记 2	江苏省广播电视总台、北京其欣然影视文化传播有限公司
二等奖：奖金 10 万元	
秦时明月之龙腾万里	杭州玄机科技信息技术有限公司
熊出没之夺宝熊兵	深圳华强数字动漫有限公司
三等奖：奖金 5 万元	
新大头儿子和小头爸爸之秘密计划	央视动画有限公司
龙之谷：破晓奇兵	长影集团有限责任公司
龟兔再跑	珠海天娱影视制作有限公司

三、优秀学院动画短片

一等奖：奖金 5 万元	
我和老爸	中国传媒大学
重返人间	北京电影学院

续表

雾上清晨	南京艺术学院
二等奖：奖金 3 万元	
网迷宫	中国传媒大学
海的曙光	北京电影学院
游往星空的鱼	吉林动画学院
迷彩	中国传媒大学南广学院
查房	东南大学
三等奖：奖金 1 万元	
飞翔	中国传媒大学
黄狗先生	北京电影学院
敦煌	天津大学
球形锁	天津美术学院
圣域骑兵	吉林动画学院
不倒翁	上海视觉艺术学院
楚风汉韵	金陵科技学院
这儿有人了	东南大学
又做错了吗?	中国美术学院
十只桶	中国美术学院

四、优秀动画创作人才

最佳奖：奖金 3 万元	
曹梁	央视动画有限公司
陈家奇	央视动画有限公司
李严	北京广播电视台
孙海鹏	广州易动文化传播有限公司
钱国栋	深圳市方块动漫画文化发展有限公司
优秀奖：奖金 1 万元	
方凌	央视动画有限公司
周凤英	北京辉煌动画有限公司
袁梅	北京其欣然影视文化传播有限公司
陆杰	上影大耳朵图图影视传媒有限公司
吴晓刚	上海炫动传播股份有限公司
陈凌超	浙江特立宙动画影视有限公司
章成雷	杭州阿优文化创意有限公司

第九批中国民族网络游戏出版工程入选项目

序号	选题名称	开发公司	申报公司
1	延安英雄传	陕西数字互动娱乐有限公司	陕西数字互动娱乐有限公司
2	仙侠道	厦门真有趣信息科技有限公司	厦门真有趣信息科技有限公司
3	洛神	杭州凡品网络科技有限公司	杭州凡品网络科技有限公司
4	乱战	厦门吉比特网络技术股份有限公司	厦门吉比特网络技术股份有限公司
5	梦幻剑侠	成都龙游网络科技有限公司 成都泥巴科技有限公司	成都泥巴科技有限公司
6	造梦西游 Online	四三九九网络股份有限公司	四三九九网络股份有限公司
7	苍穹之剑	蓝港在线（北京）科技有限公司	蓝港在线（北京）科技有限公司
8	圣王	完美世界（北京）网络技术有限公司	完美世界（北京）网络技术有限公司
9	寻将 Online	武汉诺克斯信息技术有限公司	深圳市书城电子出版物有限责任公司
10	三国杀 Online	杭州边锋网络技术有限公司	杭州边锋网络技术有限公司
11	逆天仙魔录	北京掌上飞讯科技有限公司	北京掌上飞讯科技有限公司
12	七魄	上海畅趣网络科技有限公司	上海畅趣网络科技有限公司
13	要玩傲视苍穹游戏软件	广州要玩娱乐网络技术有限公司	广州要玩娱乐网络技术有限公司
14	孙悟空大闹天宫	麒麟互动（北京）科技有限公司	麒麟互动（北京）科技有限公司
15	莽荒纪	深圳市第一波网络科技有限公司	深圳市书城电子出版物有限责任公司
16	侠义外传	成都梦工厂网络信息有限公司	成都梦工厂网络信息有限公司
17	喵将传	上海方寸信息科技有限公司	上海方寸信息科技有限公司
18	诛邪	厦门吉比特网络技术股份有限公司	厦门吉比特网络技术股份有限公司
19	传奇永恒	盛绩信息技术（上海）有限公司	盛绩信息技术（上海）有限公司
20	争渡三国	苏州争渡科技有限公司	苏州争渡科技有限公司
21	武林神话	上海畅趣网络科技有限公司	上海畅趣网络科技有限公司

附录三

理论研究与出版

文化产业论点摘编

	题目	作者	期刊
1	《全面深化文化体制改革的“五个基本点”》	范周	《经济与管理战略研究》2014 年第 1 期
2	《国际数字动漫产业现状、趋势及对我国的启示》	熊澄宇、刘晓燕	《东岳论丛》2014 年第 1 期
3	《文化产业业态变化与文化企业经营策略研究》	陈少峰	《北京联合大学学报》（人文社会科学版）2014 年第 1 期
4	《中国动漫产业现状与发展策略分析》	王丹	《改革与战略》2014 年第 1 期
5	《文化产业竞争力评价模型及指标体系研究述评》	王文锋	《经济问题探索》2014 年第 1 期
7	《我国农村公共文化发展衰弱的生态解析》	王平	《四川行政学院学报》2014 年第 1 期
8	《县域文化产业发展方式的确定与培育》	王彦林、姚和霞、曹万鹏	《学术交流》2014 年第 1 期
9	《公共文化服务多元参与机制创新研究》	梁立新	《学术交流》2014 年第 2 期
10	《国有文化产业融资模式创新何以可能》	徐传谌、周海金、刘芹	《江汉论坛》2014 年第 2 期
11	《大数据时代我国文化创意产业知识产权保护的路径选择》	孙玉荣	《北京联合大学学报》（人文社会科学版）2014 年第 2 期
12	《我国文化产业人才培养模式的现状分析及其改进策略》	旋天颖、王玉晶、杨程	《中国人民大学教育学刊》2014 年第 2 期
13	《软实力理论反思与中国的“文化安全观”》	孙英春、王祎	《国际安全研究》2014 年第 2 期
14	《金融支持文化产业发展的国际经验与启示》	张欣怡、张学海	《云南社会科学》2014 年第 2 期
15	《国有文化企业管理体制改革：从主管主办制度到出资人制度》	傅才武	《华中师范大学学报：人文社会科学版》2014 年第 3 期
16	《中国文化产业的区域发展战略》	花建	《同济大学学报：社会科学版》2014 年第 3 期
17	《理解深化文化体制改革的战略任务》	贾旭东	《同济大学学报》（社会科学版）2014 年第 3 期
18	《我国对外文化贸易的发展现状及原因探析》	于文夫	《社会科学辑刊》2014 年第 3 期
19	《关于区域资源和文化产业功能区的几点思考》	沈望舒	《中原文化研究》2014 年第 3 期
20	《全球价值链下的文化产业升级：以大芬村为例》	蔡一帆、童昕	《人文地理》2014 年第 3 期
21	《公共文化服务的治理悖论与价值赓续》	陈浩天	《华南农业大学学报》（社会科学版）2014 年第 3 期
22	《文化产业理性发展的尺度——构建具有路标导向的中国文化产业发展指标体系》	胡惠林	《上海交通大学学报》（哲学社会科学版）2014 年第 4 期
23	《文化产业集群与区域文化品牌的关系及其“经济磁场效应”》	高式英、姚家万、欧阳友权	《湖南科技大学学报》（社会科学版）2014 年第 4 期
24	《当前我国文化产业学科建设的现状分析》	尹鸿	《解放军艺术学院学报》2014 年第 4 期
25	《我国文化产业融资现状及融资体系构建研究》	唐毅泓	《理论与改革》2014 年第 4 期
26	《国有文化经济战略性调整研究》	齐勇锋、黄威、梅声洪	《东岳论丛》2014 年第 4 期
27	《公共文化服务的财政保障：范围、标准和方式》	张启春、李淑芳	《江汉论坛》2014 年第 4 期

续表

	题目	作者	期刊
28	《创意的终极目标是完成影片的价值定位——中国电影的问道之辨》	贾磊磊	《电影艺术》2014 年第 5 期
29	《地理集聚与文化整合：区域文化产业集群发展的策略选择》	章军杰、夏春红	《东岳论坛》2014 年第 5 期
30	《互联网金融模式下文化中小企业的融资》	金元浦、欧阳神州	《学习与探索》2014 年第 6 期
31	《我国对外文化贸易发展的机遇、问题及对策建议》	刘绍坚	《国际贸易》2014 年第 6 期
32	《文化产业的风险特征与完善投融资体系研究》	范玉刚	《学习与探索》2014 年第 6 期
33	《中国文化产业发展的区域差异》	滕堂伟、翁玲玲、韦素琼	《经济地理》2014 年第 7 期
34	《新政策环境下我国对外文化贸易发展路径》	李怀亮	《国际贸易》2014 年第 10 期
35	《我国数字文化产业发展趋势、挑战与规制策略》	周庆山、罗戎	《图书情报工作》2014 年第 10 期
36	《中国文化产业投融资的现状与趋势》	魏鹏举	《前线》2014 年第 10 期
37	《文化产业集群协同效应及发展路径研究》	张惠丽、王成军、金春梅	《广西社会科学》2014 年第 10 期
38	《我国文化贸易发展存在的问题及对策研究》	张慧	《现代营销》2014 年第 11 期
39	《文化科技融合：现状・业态・路径——2013 年中国文化科技创新发展报告》	李凤亮、谢仁民	《福建论坛》2014 年第 12 期
40	《我国文化产业的融资约束及解决对策》	吕元白、侯俊军	《金融理论与实践》2014 年第 12 期
41	《文化产业发展改革中的五大关键问题》	郭全中	《青年记者》2014 年第 19 期

文化产业报刊辑览

项目	题目	作者	报刊
1	《坚持改革创新，建设社会主义文化强国》	柳斌杰	《中国新闻出版报》2014-01-10
2	《上海自贸区：增强文化产业竞争力的集结号 》	花建	《中国文化报》2014 － 01-18
3	《民营高科技企业是科技与文化有机融合的主体》	郭全中	《中国经济时报》2014-01-28
4	《文化产业发展趋势分析》	陈少峰	《中国知识产权报》2014-02-14
5	《现代公共文化服务体系的内涵与基本特征》	蒯大申	《文汇报》2014-02-24
6	《文化体制改革“强魂健体”》	孙志军	《人民日报》2014-03 － 12
7	《构建文化产业政策法律体系》	汪俊昌、郑智武	《中国社会科学报》2014-03-28
8	《深化文化金融合作，共促文化产业发展》	蔡武	《中国文化报》2014 － 04-02
9	《文化企业出海需找准“国际坐标” 》	孙永剑	《中华工商时报》2014-04-04
10	《促进文化产业与科技、金融融合发展的政策建议 》	杨晓东	《中国经济时报》2014-04-10
11	《文化产业发展进入“换挡期” 》	张晓明、王家新、章建刚	《中国文化报》2014-05 － 14

续表

12	《文化产业园区要实至名归》	陈少峰	《中国建设报》2014 – 05-21
13	《政策影响文化产业下一个十年 》	魏鹏举	《中国文化报》2014 – 05-31
14	《产学研协同创新需要文化来滋养 》	李忠鹏	《光明日报》2014-06-05
15	《发展文化产业：中国经验具有国际意义》	易娜	《中国文化报》2014-06 – 11
16	《文化政策：如何助力城市成功转身 》	李慧	《光明日报》2014-06-12
17	《互联网破解文化产业金融难题》	魏鹏举	《中国文化报》2014-07 – 05
18	《建设文化产业园区 3.0 版》	花建	《中国社会科学报》2014-07-07
19	《中国文化企业走出去的机遇与挑战》	厉无畏	《团结报》2014-07 – 21
20	《确立地方文化产业发展新方向》	贾旭东	《中国文化报》2014-09-03
21	《 “绿色”票房与文化自觉 》	尹鸿	《人民日报》2014-09-05
22	《跨界资本逐利文化产业看上去很美 》	左艳荣	《中国文化报》2014 – 10-25
23	《互联网是文化产业发展的新发力点》	花建	《光明日报》2014-12-15

文化产业图书选录

项目	书名	作者	出版社与出版时间
1	《中国影视文化创意产业发展创新研究》	胡智锋	中国传媒大学出版社，2014 年 1 月 1 日
2	《艺术设计创意产业研究》	王国华、李世忠	中国文史出版社，2014 年 1 月 1 日
3	《文化复兴：传统文化的现代价值》	金元浦	中国人民大学出版社，2014 年 2 月 1 日
4	《国际文化市场报告》	李怀亮	首都经济贸易大学出版社，2014 年 3 月 1 日
5	《文化蓝皮书：中国文化消费需求景气评价报告（2014）》	王亚南、张晓明、祁述裕等	社会科学文献出版社，2014 年 3 月 1 日
6	《文化产业与中国改革开放》	孟航	社会科学文献出版社，2014 年 3 月 1 日
7	《文化蓝皮书：中国文化产业供需协调增长测评报告（2014）》	王亚南	社会科学文献出版社，2014 年 3 月 1 日
8	《文化品牌蓝皮书：中国文化品牌发展报告（2014）》	欧阳友权	社会科学文献出版社，2014 年 4 月 1 日
9	《文化创新蓝皮书：中国文化创新报告（2014）》	于平、傅才武	社会科学文献出版社，2014 年 4 月 1 日
10	《新型城镇化与文化发展研究报告》	范周	光明日报出版社，2014 年 4 月 1 日
11	《文化蓝皮书：中国文化产业发展报告（2014）》	张晓明、王家新、章建刚	社会科学文献出版社，2014 年 4 月 1 日
12	《产业安全蓝皮书：中国文化产业安全报告（2014）》	北京印刷学院文化产业安全研究院	社会科学文献出版社，2014 年 4 月 1 日
13	《中国文化产业发展政策与法规参考》	杨积堂	法律出版社，2014 年 4 月 1 日

续表

项目	书名	作者	出版社与出版时间
14	《我国文化产业“走出去”发展研究——基于文化产品和服务的国际贸易视角》	陈柏福	厦门大学出版社，2014 年 4 月 1 日
15	《文化产业经济学》	焦斌龙	高等教育出版社，2014 年 4 月 1 日
16	《文化经纪理论与实务》	胡晓明、肖春晔	中山大学出版社，2014 年 4 月 1 日
17	《中国区域文化产业研究》	胡洪斌、李炎	云南人民出版社，2014 年 5 月 7 日
18	《2012–2013 中国动漫游戏产业年度报告》	郝振省	中国书籍出版社，2014 年 5 月 1 日
19	《世界电影发展报告》	尹鸿	中国电影出版社，2014 年 6 月 1 日
20	《区域文化产业研究》	李炎、王佳	云南大学出版社，2014 年 6 月 1 日
21	《中国文化企业报告 2014》	陈少峰	清华大学出版社，2014 年 7 月 1 日
22	《两岸文化蓝皮书：两岸文化产业合作发展报告（2014）》	胡惠林	社会科学文献出版社，2014 年 7 月 1 日
23	《中国文化产业发展战略论》	胡惠林	经济科学出版社，2014 年 7 月 1 日
24	《世界文化产业导论》	张胜冰、徐向昱等	北京大学出版社，2014 年 7 月 1 日
25	《中国纪录片发展研究报告（2014）》	张同道、胡智锋	科学出版社，2014 年 7 月 1 日
26	《中国“嵌入型”文化产业集群发展研究》	刘立云	社会科学文献出版社，2014 年 7 月 1 日
27	《大电影的拓展：中国电影海外市场竞争策略分析》	丁亚平	文化艺术出版社，2014 年 8 月 1 日
28	《文化产业与旅游产业的融合与创新发展研究》	李锋	中国环境出版社，2014 年 8 月 1 日
29	《文化产业创意与策划》	唐任伍	北京师范大学出版社，2014 年 8 月 1 日
30	《中国文化产业新思考 Ⅱ》	范周	光明日报出版社，2014 年 9 月 1 日
31	《文化根植性与产业集群发展》	魏江	科学出版社，2014 年 9 月 1 日
32	《文化科技蓝皮书：文化科技创新发展报告（2014）》	李凤亮	社会科学文献出版社，2014 年 10 月 1 日
33	《全面构建现代文化市场体系》	张晓明、惠鸣	社会科学文献出版社，2014 年 10 月 1 日
34	《国际分工视角下中国文化产业“走出去”战略研究》	郭周明	对外经贸大学出版社，2014 年 10 月 1 日
35	《文化产业：国际经验与中国路径》	刘绍坚	中国社会科学出版社，2014 年 11 月 1 日
36	《中国文化产业投融资体系研究》	魏鹏举	云南人民出版社，2014 年 11 月 30 日
37	《网络文化产业研究》	李文明、吕福玉	经济科学出版社，2014 年 11 月 1 日
38	《新型城镇化与文化产业转型发展》	胡惠林、单世联	上海人民出版社，2014 年 11 月 1 日
39	《中国文化的根基：特色文化产业研究（第 1 辑）》	齐勇峰	光明日报出版社，2014 年 12 月 1 日
40	《中国文化产业年度发展报告 (2014)》	叶朗	北京大学出版社，2014 年 12 月 1 日
41	《文化产业研究 (9)》	顾江	南京大学出版社，2014 年 12 月 1 日
42	《中国公共文化政策实验基地观察报告（2014）》	傅才武	社会科学文献出版社，2014 年 12 月 1 日
43	《中国对外文化贸易年度报告 (2014)》	向勇	北京大学出版社，2014 年 12 月 1 日

国家社科基金相关项目与部级重点课题

2014 年度国家社科基金重大项目相关立项名单

批准号	课题名称	项目负责人	责任单位
	社会学		
14ZDB112	构建 21 世纪“海上丝绸之路”的社会与文化基础研究	庄礼伟	暨南大学
	管理学		
14ZDB169	文化产业伦理研究	金元浦	上海交通大学

2014 年度国家社科基金重点项目相关立项名单

批准号	课题名称	项目负责人	责任单位
	马列・社科		
14AKS015	改革开放以来社会意识变动视阈下的国家文化安全	程伟	河南理工大学
14AKS011	文化产业社会效益研究	单世联	上海交通大学
	民族问题研究		
14AMZ005	我国少数民族文化开放与文化安全研究	李资源	中南民族大学
14AMZ007	民族地区文化产业发展的商业模式创新研究	胥悦红	中央民族大学
	管理学		
14AGL015	中国旅游产业区域集聚绩效研究	魏敏	厦门大学
14AGL025	闽台历史民俗文化资源保护与产业化问题研究	刘芝凤	厦门理工学院
14AGL012	文化企业兼并重组的实现路径及效应评价研究	潘爱玲	山东大学

2014 年度国家社科基金一般项目相关立项名单

批准号	课题名称	项目负责人	责任单位
	马列・社科		
14BKS047	中华优秀传统文化传承的动力机制研究	张文珍	山东省委党校
14BKS064	中国文化软实力评估与增进方略研究	胡键	上海社会科学院
14BKS063	中国—东盟自由贸易区背景下增强国家文化软实力	梁儒谦	广西财经学院
14BKS062	文化软实力建设视角下的中华文化走向世界战略研究	张骥	河北师范大学
14BKS129	文化软实力视野下中国动漫走出去研究	邢红梅	石家庄铁道大学
14BKS042	马克思美学思想与当代中国文化生产的价值理念关系	王济远	济南大学
	应用经济		
14BJY007	文化资源产业化开发路径与机制研究	陈朝霞	浙江财经大学
	国际问题研究		
14BGJ033	文化冷战与美国“青年领袖项目”研究	张杨	东北师范大学

续表

批准号	课题名称	项目负责人	责任单位
	民族问题研究		
14BMZ071	新型城镇化进程中的少数民族民宿旅游与文化交往实证研究	杨丽娟	成都信息工程学院
14BMZ053	边疆民族地区新型城镇化进程中民族文化交融机制研究	蒋士会	广西师范大学
14BMZ060	运河伊斯兰文化遗存与回族“运河商圈”研究	杨志娟	烟台大学
14BMZ107	西部边境民族地区城乡一体化进程中村民公共文化需求与供给研究	张仙	云南农业大学
14BMZ097	青藏高原多民族生态文化保护与旅游发展研究	邸平伟	南京旅游职业学院
	管理学		
14BGL163	我国文化产业安全预警体系构建研究	周晓宏	安徽工程大学
14BGL162	文博资源转换利用的模式研究	谢梅	电子科技大学
14BGL165	新丝绸之路视域下西部生态文化保护与旅游发展互动机制研究	余洁	西北大学
14BGL083	传统村落文化遗产保护与旅游发展共赢机制研究	邱扶东	华东师范大学
14BGL164	小微文化企业商业模式与发展研究	张振鹏	济南大学
14BGL085	京杭运河（江浙段）文化遗产资源群旅游开发适宜性评价研究	李永乐	江苏师范大学
14BGL166	引导民间资本投资文化产业研究	陈芳平	兰州商学院
14BGL087	我国大型城市中旅游业与演艺业融合发展的理论、途径与效益研究	陶婷芳	上海财经大学
	图书馆、情报与文献学		
14BTQ054	西南少数民族手工造纸技艺及传承机制研究	李忠峪	贵州师范学院
14BTQ060	非物质文化遗产档案式保护模式与实现机制研究	肖文建	湘潭大学
14BTQ040	吴地文化遗产网络知识服务研究	王小根	江南大学

2014年度国家社科基金青年项目相关立项名单

批准号	课题名称	项目负责人	责任单位
	应用经济		
14CJY061	效果均等标准下基本公共文化服务均等化制度设计	陈旭佳	广州市社会科学院
	社会学		
14CSH013	文化符号消费和生产视角下的转型时期阶层分化的文化建构研究	孟蕾	中国社会科学院
14CSH022	公共生活与农民市民化的文化机制研究	李翠玲	武汉大学
	民族问题研究		
14CMZ021	青海热贡区地方性市场发展的文化机制研究	刘生琰	甘肃政法学院
14CMZ019	非物质文化遗产学视野下的成吉思汗陵旅游文化研究	苏日娜	内蒙古大学
	管理学		
14CGL056	徽州文化资源保护与产业融合研究	秦枫	安徽师范大学
14CGL015	新市民文化消费行为、约束因素与引导措施研究	李光明	河海大学
14CGL058	文化遗产保护机制研究	墨绍山	云南民族大学
14CGL023	新型城镇化背景下我国旅游业影响经济增长的效应、机制与政策研究	赵磊	浙江工业大学
	新闻学与传播学		
14CXW013	中国独立记录片与国家文化安全研究	司达	云南师范大学

2014年度国家社科基金西部项目相关立项名单

批准号	课题名称	项目负责人	责任单位
民族问题研究			
14XMZ057	西南民族地区城市特色文化保护与培育路径研究	付德申	桂林旅游高等专科学校
14XMZ042	青海藏区新型城镇化进程中传统文化保护与利用研究	马桂芳	青海省委党校
14XMZ089	西南民族地区现代公共文化服务体系构建研究	郑迦文	贵州省社会科学院
14XMZ086	中蒙俄次区域蒙古族文化资源产业化合作研究	辛倬语	内蒙古社会科学院
14XMZ088	文化认同视角下青海藏区公共文化服务体系建设研究	甘晓莹	青海省社会科学院
14XMZ083	新疆文化安全问题研究	韩振丽	新疆社会科学院
14XMZ044	西北民族地区重要农业文化遗产保护与利用研究	梁勇	宁夏医科大学
14XMZ043	土族非物质文化遗产的传承与数字化保护研究	杨志强	青海师范大学

2014年度国家社科基金艺术学相关项目立项名单

立项批准号	项目名称	立项类别	项目负责人	项目负责人所在单位
14AB002	体制改革背景下戏剧（艺术）管理制度建设	国家重点	刘彦君	中国艺术研究院
14AH008	国家文化治理能力和体系现代化建设研究	国家重点	景小勇	中央文化管理干部学院
14AH009	国家基本公共文化服务标准体系建设研究	国家重点	刘惠平	文化部全国公共文化发展中心
14AH010	构建现代文化市场体系研究	国家重点	包国强	华中师范大学
14BA011	中国近现代书画市场发展史	国家一般	陶小军	南京艺术学院
14BC026	当代中国影视创作与传播提升世界影响力研究	国家一般	倪祥保	苏州大学
14BC028	文化科技融合视野下的数字图像视觉呈现与认知语言研究	国家一般	涂中方	吉林艺术学院
14BC030	我国电视剧的网络传播现状及管控研究	国家一般	刘永昶	南京政治学院
14BC031	中国优秀影视动画核心价值观之研究	国家一般	宁翔	青岛科技大学
14BC032	当代电视娱乐栏目的文化取向研究	国家一般	郑向荣	中国传媒大学
14BG084	中国手工产业生态状况调研与地方政策建议	国家一般	江黎	中央美术学院
14BH087	城镇化进程中构建农村公共数字文化服务体系的路径研究	国家一般	高文华	黑龙江省图书馆
14BH088	武陵山片区传统艺术活态传承模式研究——湘西北系列民族演艺品牌为例	国家一般	吴修林	湖南文理学院
14BH089	公共文化事业投入绩效评估体系研究	国家一般	董大胜	审计署
14BH091	文化集群跨区域网络构建与治理创新研究	国家一般	高红岩	北京交通大学
14BH092	国家文化创新绩效评价与对策研究	国家一般	兰静	中国艺术科技研究所
14BH095	艺术品鉴证体系建构及产业发展模式研究	国家一般	查振科	中国艺术研究院
14CB102	话剧艺术产业化：现况、困境与对策调查——以长江三角洲地区为例	国家青年	吴丹妮	上海艺术研究所
14CC103	新时期以来我国电视公益广告核心价值观研究	国家青年	张莹	黄冈师范学院
14CC104	少数民族动画资源产业化发展研究	国家青年	潘兆业	广西艺术学院
14CC105	中国电视真人秀的当代文化价值取向透视	国家青年	李翔	江苏师范大学
14CC106	政策与市场：九十年代以来的国产动画电影发展研究	国家青年	张娟	成都大学

立项批准号	项目名称	立项类别	项目负责人	项目负责人所在单位
14CC110	香港电影文化的对外传播研究	国家青年	康宁	北京电影学院
14CH138	文化旅游情境中阿诗玛传统文化的创新发展研究	国家青年	巴胜超	昆明理工大学
14CH141	艺术经济学微观基础的理论体系建构研究	国家青年	张凤华	武汉大学
14CH142	我国公共文化服务均等化与政府投入政策研究	国家青年	马静	山东财经大学
14CH143	海南黎族旅游音乐资源开发研究	国家青年	王娟	海南大学
14EC147	中国电视剧海外营销与传播研究	国家西部	何晓燕	西南大学
14EH158	非物质文化遗产文化生态保护区的规划与建设研究	国家西部	高莉花	甘肃省文化艺术研究所
14EH159	民族地区新型城镇化进程中对文化保护和传承机制研究	国家西部	李霁	西藏自治区财政厅

2014 年度文化部文化艺术科学研究项目立项名单

立项批准号	项目名称	项目负责人	项目负责人所在单位
14DC17	新世纪中国改编电影与产业关系研究	万传法	上海戏剧学院
14DD31	辰州傩戏艺术形态变迁与新型产业建构研究	李燕	湖南工业大学
14DG46	设计艺术视阈下黑龙江文化创意产业发展对策研究	张建设	东北农业大学
14DH48	公共文化服务与 文化产业协同发展研究	王彦林	河北工程大学
14DH49	艺术品传播与艺术创造活力研究	王菡薇	南京师范大学
14DH50	东北移民文化变迁促进地方特色文化产业发展研究	金凤	黑龙江省图书馆
14DH51	公共文化服务标准化、均等化研究	张卫中	浙江省文化艺术研究院
14DH52	地方传统艺术在公共文化服务体系中的功能与服务路径研究——以云南花灯为例	马云华	云南省民族艺术研究院
14DH54	公益性文化事业单位深入改革创新机制研究	方标军	南京图书馆
14DH56	陕西文化强省目标路径及指标体系研究	刘宽忍	陕西省文化厅
14DH57	非物质文化遗产文化品牌研究	刘永明	中国艺术研究院
14DH58	公共文化服务体系建设协调机制研究	彭泽明	重庆市文化艺术研究院
14DH60	面向东盟的广西艺术产业发展研究	蒙莉	广西艺术学院
14DH62	中国特色社会主义条件下国家艺术创新制度研究	赵琳宇	文化部
14DH63	文化生态保护区建设与传统村落保护研究——以徽州文化生态保护实验区和传统村落为例	汪欣	中国艺术研究院
14DH64	文化产权交易所的法律监管体系研究	黎宏河	中国文化传媒集团

2013—2014 年度国家新闻出版广电总局部级社科研究项目立项名单

序号	课题名称	申报人
1	国家广播电视媒体在重大事件中的舆论引导效果研究	张小琴
2	广播电视公共服务标准化均等化建设研究	杨六华
3	中国电影进入国际市场战略研究	张玲
4	我国电视综艺节目创新研究	李岭涛
5	我国影视节目制作经营领域股权问题及对策研究	张炜
6	视听新媒体监管体系建设研究	吕岩梅

续表

序号	课题名称	申报人
7	电视剧书写中国梦 -- 精品电视剧创作生产研究	李汀
8	广播对丝绸之路国家国际传播策略研究	赵铁骑
9	新媒体环境下广播电视战略转型研究	高福安
10	电视节目全媒体传播效果考评体系研究	黎斌
11	影视作品走出去版权战略研究	何敏
12	广播与移动互联网融合发展策略研究	陆地
13	有线电视与互联网技术新型融合发展战略研究	姜文波
14	农村电影放映工程可持续发展问题研究	张红
15	三网融合背景下电视著作权问题研究	戴进
16	完善和改进广播影视干部选拔任用机制研究	许秀中
17	中国电影的非盈利海外推广策略研究	孙向辉
18	县乡广播电视服务体制机制研究	和向东
19	新媒体环境下广播战略转型研究	赵子忠
20	多屏时代电视媒体制播分离改革路径研究	赵多佳
21	直播卫星增值业务发展研究	黄其凡
22	中国电影产业金融平台构建研究	张琦
23	少数民族地区广播影视国际传播策略研究	安思国
24	全媒体语境下边疆民族地区广播发展之路——内蒙古民族地区广播事业现状、前景及发展策略	张兴茂
25	民族语译制与国家安全战略研究——以新疆西藏地区为例	麻争旗
26	改进西藏广播新闻报道研究	张先群
27	基于网络视频的影视剧传播机制研究	张邦卫
28	手语主持现状、存在问题及对策研究	袁伟
29	加强主播队伍建设对于提升广播电视影响力的价值研究	胡智锋
30	“非遗”电视纪录片传播力研究	徐爱华
31	国家应急广播预警信息流转研究	姜海清
32	电视剧对青少年核心价值观的影响及引导机制研究	鲍芳
33	构建中国在中东欧地区舆论新格局	邢博
34	4G 前景下广电行业面临的竞争新格局及其应对策略研究	吴信训
35	探析国有电影公司的核心改革发展策略	张宏
36	城市电影市场规范经营体系建设研究	姜涛

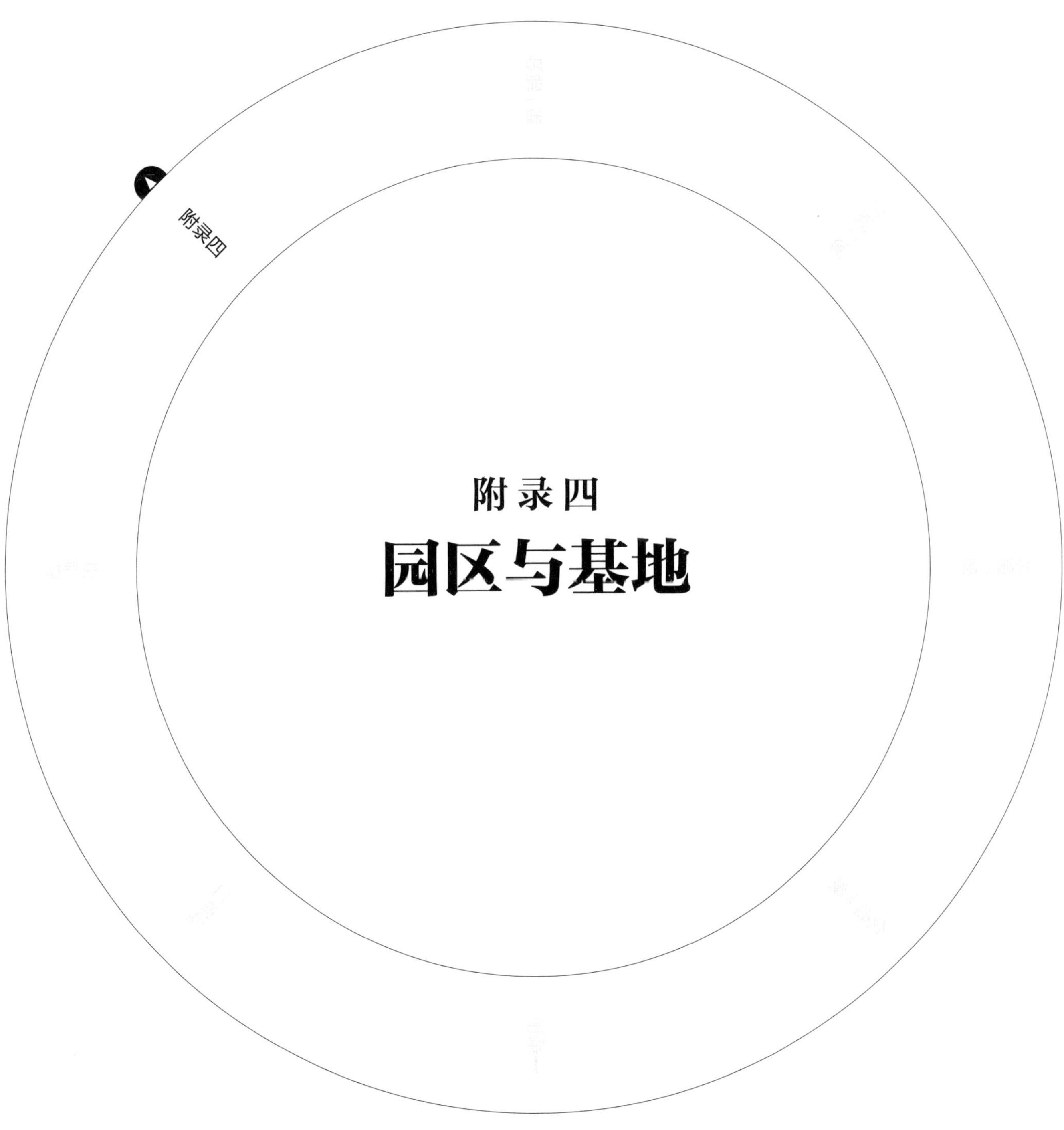

附录四

园区与基地

中央各部委命名的国家级园区和基地

国家文化产业示范园区（第五批）

1. 安徽省蚌埠大禹文化产业示范园区
2. 甘肃省敦煌文化产业园

国家文化产业试验园区（第五批）

1. 江苏省南京秦淮特色文化产业园
2. 浙江省衢州儒学文化产业园
3. 湖北省武昌长江文化创意设计产业园
4. 西藏自治区西藏文化旅游创意园

国家文化产业示范基地（第六批）

1. 华录文化产业有限公司
2. 北京中视东升文化传媒有限公司
3. 北京丑小鸭卡通艺术团有限公司
4. 北京巅峰智业旅游文化创意股份有限公司
5. 北京东道形象设计制作有限公司
6. 天津滨海航母旅游集团有限公司
7. 天津市迅龙通讯科技有限公司
8. 河北乐海乐器有限责任公司
9. 河北省曲阳县荣杰雕刻石材有限公司
10. 山西本命年文化创意有限公司
11. 平遥县唐都推光漆器有限公司
12. 内蒙古天睿文化发展有限责任公司
13. 丰远集团有限公司
14. 抚顺金信园古玩艺术市场有限公司
15. 盘锦江南风情园发展有限公司
16. 长春市宝凤剪纸艺术有限公司
17. 吉林圣鑫农业发展有限公司
18. 长春紫玉木兰工艺有限公司
19. 黑龙江满艺工艺品有限公司
20. 伊春市美江木艺有限责任公司
21. 中广国际广告创意产业基地发展有限公司
22. 上海南翔智地企业投资管理有限公司
23. 上海河马动画设计股份有限公司
24. 吴江静思园
25. 徐州大风乐器有限公司
26. 南通一八九五文博产业发展有限公司
27. 美盛文化创意股份有限公司
28. 华鸿控股集团有限公司
29. 浙江台绣服饰有限公司
30. 安徽省绩溪胡开文墨业有限公司
31. 合肥安达电子有限责任公司
32. 福建盈盛号金银饰品有限公司
33. 华昌珠宝有限公司
34. 龙人古琴文化投资（长泰）有限公司
35. 江西桐青金属工艺品有限公司
36. 江西丝黛实业有限公司
37. 景德镇佳洋陶瓷有限公司
38. 山东华夏文化旅游集团有限公司
39. 山东华艺雕塑艺术有限公司
40. 山东省儒源文化集团有限公司
41. 河南省荣昌钧瓷坊有限责任公司
42. 洛阳牡丹瓷股份有限公司
43. 郑州枫华实业有限公司
44. 武汉致盛文化创意产业有限公司
45. 湖北视纪印象科技股份有限公司
46. 张家界天门狐仙文化旅游产业有限公司
47. 湖南华凯文化创意股份有限公司
48. 佛山市新石湾美术陶瓷厂有限公司
49. 广东长城集团股份有限公司
50. 广州励丰文化科技股份有限公司
51. 广州市浩洋电子有限公司
52. 深圳市创意投资集团有限公司
53. 三亚亚龙湾云天热带森林公园有限公司
54. 海南中野旅游产业发展有限公司
55. 广西华蓝设计（集团）有限公司
56. 桂林力港网络科技有限公司
57. 重庆壹秋堂文化传播有限公司
58. 成都传媒文化投资有限公司
59. 四川省剑门关景区开发有限责任公司
60. 遵义红色旅游（集团）有限公司
61. 贵州石中玉投资集团发展有限责任公司
62. 丽江玉龙雪山印象旅游文化产业有限公司
63. 云南汇通古镇文化旅游开发集团有限公司
64. 宝鸡雪云文化产业发展有限公司
65. 平凉市正道文化艺术发展有限责任公司
66. 青海塔尔寺文化旅游资源开发有限公司

67. 循化县博艺旅游文化有限责任公司
68. 宁夏志辉实业集团有限公司
69. 宁夏盛天彩数字科技股份有限公司
70. 新疆七坊街创意产业投资有限公司
71. 吐鲁番欢乐盛典文化投资有限公司

各省（市、自治区）命名的园区与基地

·天津市·

市级创意产业园（第五批）

1. 天津空港经济区创新创业中心
2. 天津水滴 iRENA 体育文化创意产业园
3. 天津市宁河县妇女手工艺品发展中心
4. 天津市和平区创新大厦
5. 天津 101 汽车文化创意产业基地

·河北省·

省级文化产业示范基地（第四批）

1. 河北焦氏商贸有限公司
2. 石家庄百年巧匠木制品有限公司
3. 石家庄洪顺曲艺社文化传播有限公司
4. 平山县沕沕水生态风景开发有限公司
5. 河北天桂山旅游开发有限公司
6. 怀安县精武石材有限公司
7. 怀来天元特种玻璃有限公司
8. 张北成龙商务贸易有限公司
9. 张家口泥河湾产业发展有限公司
10. 承德避暑山庄碧峰门民俗文化园区有限公司
11. 兴隆县画之都文化有限公司
12. 兴隆县郑氏砂艺有限公司
13. 河北迁西景忠山旅游发展有限责任公司
14. 唐山市丰南区天娱文化传播有限公司
15. 唐山君丽文化传媒有限公司
16. 银贝壳（唐山）科技有限公司
17. 抚宁县南戴河旅游发展（集团）有限公司
18. 秦皇岛市山海关龙城旅游开发有限公司
19. 廊坊京锐釉料有限公司
20. 茗汤温泉水疗养生度假公司
21. 三河市茗文化卡通设计有限公司
22. 霸州海润俱乐部
23. 河北光彩投资有限公司
24. 涞水县天马古建材料厂
25. 曲阳县通宝雕塑建筑艺术有限公司
26. 河北古城香业集团股份有限公司
27. 保定滑氏红木家具制造有限公司
28. 河北燕都环境艺术有限公司
29. 曲阳马若特雕塑艺术有限公司
30. 刘晖民俗文化产业园
31. 河北闾里文化传播有限公司
32. 河北正阳红广告传媒有限公司
33. 河北明亮玻璃制品有限公司
34. 吴桥华艺杂技演出有限公司
35. 沧州郭氏镂空木雕艺术有限公司
36. 沙河市宝石来玻璃有限公司
37. 河北华宝古籍印刷有限公司
38. 魏县龙翔粮油食品有限公司
39. 邯郸市文化艺术中心有限责任公司
40. 河北秀谷旅游开发有限公司

·福建省·

省级文化产业示范基地（第八批）

1. 福州红坊文化产业投资管理有限公司
2. 厦门翔通动漫有限公司
3. 趣游（厦门）科技有限公司
4. 泉州市功夫动漫设计有限公司
5. 惠安县九龙工艺美术有限公司
6. 福建泉州顺美集团有限责任公司

·山东省·

省级文化产业示范园区（第二批）

1. 周村古商城文化产业园区
2. 烟台广告创意产业园区
3. 山东金宝集团文化产业园区
4. 大乳山滨海旅游度假区
5. 郓城水浒好汉城文化产业园

省级文化产业示范基地（第四批）

1. 西街工坊创意文化产业园
2. 山东世博演艺经纪有限公司
3. 青岛民俗文化产业发展有限公司
4. 青岛海都文化产业发展有限公司
5. 枣庄东林旅游开发有限公司
6. 山东长青文化发展有限公司
7. 山东省莱州工艺品集团有限责任公司
8. 山东惠影科技传媒股份有限公司
9. 歌尔声学股份有限公司
10. 邹城圣城文化旅游开发有限公司
11. 山东省金江实业有限公司
12. 济宁高新软件园服务有限公司
13. 泰安汉辰文化创意产业有限公司
14. 威海金石湾文化艺术产业发展有限公司
15. 文登市芸祥绣品有限公司
16. 山东国软信息技术有限公司
17. 山东沂蒙红色影视拍摄基地旅游开发有限公司
18. 泰山体育产业集团有限公司
19. 山东泰丰文化艺术有限公司
20. 曹县云龙木雕工艺有限公司
21. 阳谷文状元木雕文化艺术有限公司
22. 聊城金正动画有限公司

·湖北省·

省级文化产业示范基地（第四批）

1. 武汉非遗文化传播有限公司
2. 武汉海达数云技术有限公司
3. 武汉麦塔威科技有限公司
4. 武汉海山文化艺术城经营管理有限公司
5. 武汉邦维文化发展有限公司
6. 武汉七彩虹文化传媒有限公司
7. 武汉说唱团有限责任公司
8. 武汉卓尔城投资发展有限公司
9. 佑图物理应用科技发展（武汉）有限公司
10. 武汉有戏网络科技有限公司
11. 武汉盛世兴文文化发展有限公司
12. 武汉琴岛文化娱乐传播有限公司
13. 尚格会展股份有限公司
14. 湖北雷骏投资管理有限公司
15. 武汉鼎韵文化发展有限公司
16. 武汉普润传媒科技股份有限公司
17. 武汉宜尚文化投资有限公司
18. 武穴市兴章竹艺制品有限公司（非遗项目）
19. 黄石市磁湖梦文化娱乐城
20. 湖北省赵李桥茶厂有限责任公司
21. 南漳县文工团
22. 湖北葛娃食品有限公司（中华葛文化风情园项目）
23. 中国（枣阳）汉文化产业园区
24. 宜昌悠畅时尚娱乐有限公司
25. 湖北悠活连锁网吧有限公司
26. 湖北昭君旅游文化发展有限公司
27. 宜昌三峡人家文化旅游发展有限公司

·广西壮族自治区·

自治区级文化产业示范园区（第一批）

1. 桂林国家高新区创意产业园
2. 南宁高新区软件园

3. 北海高新技术创业园（北海文化产业园）
4. 石尚·1966 文化创意产业园

自治区级文化产业示范基地（第五批）

1. 广西永恒投资有限公司
2. 美丽传说股份有限公司
3. 南宁华南城有限公司
4. 南宁锦宴文化产业有限公司
5. 广西综路传媒集团有限公司
6. 南宁青秀山风景名胜旅游开发有限责任公司
7. 南宁市动物园
8. 南宁昆仑关文化旅游有限公司
9. 南宁市邕江湾美术馆
10. 武鸣县伊岭岩风景区管理处
11. 广西吉大丽原投资有限公司
12. 广西宾阳祥和工艺品有限公司
13. 广西卡斯特动漫有限公司
14. 广西千年传说动漫影视有限公司
15. 南宁大秦动漫广告有限公司
16. 广西南山白毛茶茶业有限公司
17. 柳州市演艺集团有限责任公司
18. 三江县侗乡鸟巢文化开发有限公司
19. 柳州市柳北区皇嘉凯歌大剧院
20. 广西知青文化旅游开发有限公司
21. 桂林市文艺演出有限责任公司
22. 桂林刘三姐茶园度假村有限公司
23. 桂林三源会展有限公司
24. 临桂县义江旅游开发有限责任公司
25. 桂林阳朔县蝴蝶泉旅游发展有限公司
26. 龙胜县大唐湾少数民族民俗文化发展中心
27. 桂林溶江三花酒业有限公司
28. 广西临届动漫设计有限公司
29. 桂林坤鹤文化传播有限公司
30. 岑溪市金星金砂玉贸易有限公司
31. 北海老城文化旅游投资有限公司
32. 广西三诺电子有限公司
33. 广西桂人堂金花茶产业集团股份有限公司
34. 广西钦州北部湾坭兴玉陶有限责任公司
35. 广西浦北县龙门镇海龙工艺编织厂
36. 广西浦北港龙工艺品有限公司
37. 贵港市城市公园管理处
38. 广西玉林市金拇指装饰工程集团
39. 广西博白县民族编织工艺厂
40. 广西容县美柏工艺品有限公司
41. 靖西县壮锦厂
42. 广西贺州黄姚古镇投资有限公司
43. 广西昭平县故乡茶业有限公司
44. 广西昭平县观赏石协会
45. 广西巴马长寿地质公园开发有限公司
46. 广西丹泉酒业有限公司
47. 广西都安藤王编织品有限责任公司
48. 南丹绣玉工艺品有限公司
49. 广西嘉联丝绸有限公司
50. 金秀县祥云旅游开发有限责任公司
51. 凭祥友谊红木发展有限公司
52. 大新明仕旅游发展有限公司

·贵州省·

省级文化产业示范基地（第二批）

1. 贵阳交响乐团有限公司
2. 当代贵州杂志社
3. 贵州星空影业有限公司
4. 贵阳荷塘月色文化传播有限公司
5. 贵州多彩民族民间文化艺术发展有限公司
6. 黔东南州九黎苗妹工艺品有限公司
7. 贵州晟世锦绣民族文化投资有限公司
8. 贵州古城文化旅游开发股份有限公司
9. 贵州西部茶城置业股份有限公司
10. 贵州亮欢寨餐饮娱乐管理有限公司

·宁夏回族自治区·

自治区级文化产业示范园区（第一批）

1. 中国（吴忠）回乡文化产业园
2. 银川市育成广告文化产业园
3. 宁夏贺兰山东麓葡萄文化长廊
4. 银川市新经济服务产业示范园

自治区级文化产业示范基地（第六批）

1. 宁夏沙坡头风景旅游有限公司
2. 宁夏风情园投资有限公司
3. 永宁三沙源文化产业发展有限公司
4. 宁夏电通信息产业有限公司
5. 宁夏玺月旅游文化产业投资有限公司
6. 宁夏动感飞扬广告有限公司
7. 宁夏天天为民文化旅游开发公司
8. 西吉县马兰回乡刺绣有限公司
9. 宁夏赵桂琴刺绣有限公司
10. 宁夏志辉实业集团有限公司
11. 宁夏农垦西夏王实业有限公司
12. 宁夏布哈拉民族服饰有限公司
13. 宁夏天元文化产业发展有限公司

·新疆维吾尔自治区·

自治区级文化产业示范基地（第三批）

1. 新疆年轮文化传播有限公司
2. 新疆雅辞文化发展有限公司
3. 新疆《友邻》杂志社有限责任公司
4. 新疆谱丽图柔印科技有限公司
5. 新疆塞外映像文化传媒有限公司
6. 新疆二道桥文化旅游集团有限公司
7. 新疆螺线视觉形象设计有限公司
8. 新疆心乐文化传媒有限公司
9. 乌鲁木齐市西海通工贸有限责任公司
10. 新疆天然芳香农业科技有限公司
11. 奎屯金诚源置业发展有限公司
12. 伊犁可克达拉旅游发展有限责任公司
13. 伊犁萨哈拉乌孙文化传播有限公司
14. 伊犁紫苏丽人生物科技有限公司
15. 新疆朝阳印刷有限责任公司
16. 新疆福聚祥商贸有限公司
17. 新疆天山碧玉文化旅游产业园开发有限公司
18. 哈密市精益雕刻有限公司
19. 哈密华艺文体发展有限公司
20. 布尔津县阿贡盖提民族文化旅游发展有限公司
21. 布尔津县喀纳斯文化投资有限公司
22. 喀什阿凡提文化旅游发展有限公司
23. 和田托合提瓦柯桑皮纸国际贸易有限公司
24. 新疆九歌文化传播有限公司